suhrkamp taschenbuch
wissenschaft 2153

Was hat die Kriminalliteratur mit der Paranoia und den Sozialwissenschaften zu tun? Dieser Frage geht Luc Boltanski in seinem höchst originellen, preisgekrönten Buch nach. Seine Antwort: Wie die Sozialwissenschaften entsteht auch die Kriminalliteratur um die Wende vom 19. zum 20. Jahrhundert, und in diese Zeit fällt auch die Entdeckung der Paranoia in der Psychiatrie. Zusammen zeugen sie von einem sich zunehmend verbreitenden Zweifel an der »Realität der Realität«, der als Symptom der Moderne gelten kann. Boltanski deckt diesen faszinierenden Zusammenhang zwischen Kriminalliteratur, Paranoia und Wissenschaft insbesondere durch fulminante Analysen der Romane von Arthur Conan Doyle und Georges Simenon auf.

Luc Boltanski ist einer der gegenwärtig prominentesten französischen Soziologen und Forschungsdirektor an der École des Hautes Études en Sciences Sociales. Für sein Buch *Rätsel und Komplotte* erhielt er 2012 den Prix Pétrarque de l'essai France Culture/Le Monde. Im Suhrkamp Verlag erschien zuletzt *Soziologie und Sozialkritik* (2010).

Luc Boltanski
Rätsel und Komplotte

Kriminalliteratur, Paranoia,
moderne Gesellschaft

Aus dem Französischen
von Christine Pries

Suhrkamp

Titel der Originalausgabe: *Énigmes et complots. Une enquête à propos d'enquêtes* © Éditions Gallimard, Paris, 2012

Bibliografische Information der Deutschen Nationalbibliothek
Die Deutsche Nationalbibliothek verzeichnet diese Publikation
in der Deutschen Nationalbibliografie;
detaillierte bibliografische Daten sind im Internet
über http://dnb.d-nb.de abrufbar.

suhrkamp taschenbuch wissenschaft 2153
Erste Auflage 2015
© dieser Ausgabe Suhrkamp Verlag Berlin 2013
Alle Rechte vorbehalten, insbesondere das
des öffentlichen Vortrags sowie der Übertragung
durch Rundfunk und Fernsehen, auch einzelner Teile.
Kein Teil des Werkes darf in irgendeiner Form
(durch Fotografie, Mikrofilm oder andere Verfahren)
ohne schriftliche Genehmigung des Verlages
reproduziert oder unter Verwendung elektronischer
Systeme verarbeitet, vervielfältigt oder verbreitet werden.
Umschlag nach Entwürfen
von Willy Fleckhaus und Rolf Staudt
Druck: Druckhaus Nomos, Sinzheim
Printed in Germany

ISBN 978-3-518-29753-7

Inhalt

Vorwort 13

Erstes Kapitel
REALITÄT/gegen/*Realität* 21
   Aristide Valentins Londoner Odyssee 21
   Was unter einem »Rätsel« zu verstehen ist 24
   Kriminalroman versus phantastische Erzählung und
   Schelmenroman 27
   Die Verfassung der Realität: Reales versus Realität . . 36
   Gesellschaftsroman, Kriminalroman, Spionageroman . 40
   Die Realität in der Krise: Komplottform und
   Untersuchung 43
   Realität und Nationalstaat 46
   Worum es im Kriminalroman und Spionageroman
   geht 50
   Kriminalroman und Demokratie 62
   Der englische Staat und der französische Staat 64
   Der Polizist und der Detektiv 69
   Kriminalroman, Spionageroman und Soziologie . . . 74
   Kriminalroman und Spionageroman als
   Transformationssysteme 80

Zweites Kapitel
Die Untersuchungen des Londoner Detektivs 87
   Der bindungslose Detektiv 87
   Herren und Diener 92
   Legalität und Normalität 103
   Der Detektiv als Mann der Tat 113
   Skandale und Affären 121
   Wie lässt sich ein Skandal vermeiden? 128
   Klassengesellschaft und Rechtsstaat 135

Konservative Kriminalerzählung und kritischer
Krimi 143

Drittes Kapitel
Die Untersuchungen des Pariser Polizisten 151
    Die französische Quelle des Kriminalromans 151
    Vom sozial ausgerichteten Fortsetzungsroman zum
    Justizroman 153
    Die zwei Gesichter des Staates: Administrative
    Kontinuität und politische Unstetigkeit 160
    Kommissar versus Detektiv 168
    Der gespaltene Maigret 172
    Polizeimaßnahmen 176
    Die Kompetenz des Ermittlers 180
    Maigrets Anthropologie 189
    Die persönliche Macht des einfachen
    Verwaltungsbeamten 196
    Maigret in seinem Schloss 201
    Der Kriminalroman aus Sicht des Staates 207
    Die sozialen Grundlagen der verbrecherischen
    Phantasie 211

Viertes Kapitel
Die Identifizierung von Geheimagenten 229
    Der Spionageroman als Weiterführung des
    Kriminalromans 229
    Die zwei Zustände des Staates 232
    Spionageroman und Kriegsroman 235
    Wer ist der Feind und wo befindet er sich? 237
    Die neununddreißig Stufen als Prototyp des
    Spionageromans 240
    Thema und Variationen 246
    Der Staat im ursprünglichen Spionageroman 248
    John Buchans implizite Soziologie 251
    Der Ort der Macht 254
    Staat und Nation; Volk und Kapitalismus 257

Die Judenfrage 262
Die fehlende Masse der Kausalität 266
Rund um die *Protokolle der Weisen von Zion* 268
Die Kehrtwende 277
Über dem Komplott 283
Der Spiegel der Komplotte 286
Die Symmetrisierung der Anschuldigungen 291
Die Enthüllung, dass der Staat ein Komplott darstellt 296

Fünftes Kapitel
Die endlose Untersuchung der »Paranoiker« 307
  Komplott und Paranoia 307
  Eine klinische Deutung der Paranoia 309
  Die ersten Paranoia-Konzeptionen 314
  Der Ressentimentmensch als Verkörperung der
  Moderne 318
  Der Aufstand der frustrierten Intellektuellen 324
  Nihilismus, Ambivalenz und Ressentiment 328
  Von der Individualpathologie zur Sozialpathologie . . 335
  Liberalismus oder ... Paranoia 339
  Die Paranoia-Epidemie 349
  Woran erkennt man Verschwörungstheorien? 353
  Was ist ein Komplott? 362
  Wie weit soll die Untersuchung gehen? 368
  Akzeptables und Inakzeptables 379
  Die Grammatik der Normalität 385
  Die Grammatik der Wahrscheinlichkeit 389

Sechstes Kapitel
Die Policey der soziologischen Untersuchung 399
  Die Soziologen und ihre »Dummheiten« 399
  Die Frage der Kausalität 402
  Juristische Entitäten, soziologische Entitäten und
  narrative Entitäten 409
  Der »Aberglaube« der Sozialwissenschaften 416
  Wie kann man Poppers Fluch entgehen? 425

Netzwerke und Seilschaften 440
Wie soll man mit der Multipositionalität umgehen? . . 444
Soziologische Untersuchungen, journalistische
Untersuchungen, polizeiliche Untersuchungen 449
Das Ereignis in journalistischen Schilderungen und
soziologischen Studien 461

Epilog
Und die Geschichte kopierte die Literatur 473

Danksagung 483
Namenregister 487
Sachregister 495

Für Christophe Boltanski

»Daß die Geschichte die Geschichte kopiert haben sollte, war schon bestürzend genug; daß die Geschichte die Literatur kopieren soll, ist unfaßbar …«

Jorge Luis Borges,
»Thema vom Verräter und vom Helden« (*Kunststücke*, 1944)

Vorwort

In diesem Buch geht es um die Figuren des Rätsels, des Komplotts und der Untersuchung. Es versucht zu verstehen, warum diese Figuren für die Vorstellung von der Realität seit dem Ende des 19. und dem Beginn des 20. Jahrhunderts immer wieder eine so bedeutende Rolle gespielt haben. Es nimmt zunächst Werke zweier für ein breites Publikum bestimmter literarischer Gattungen zum Gegenstand, in denen diese Figuren entfaltet wurden: den Kriminalroman und die Spionagegeschichte – und zwar in ihrer ursprünglichen Form, das heißt ungefähr von Ende des 19. bis Mitte des 20. Jahrhunderts (Kapitel 2, 3 und 4). Indem es danach die Thematik der Untersuchung – die den Kern des Kriminalromans bildet – und die des Komplotts – die das Hauptthema von Spionageromanen ist – entwickelt, gelangt das Buch zu Fragen, die nicht nur für die Vorstellung von der Realität in der Populärliteratur von Interesse sind, sondern auch für die neuen Arten, die Realität zu problematisieren, die mit der Entwicklung der Wissenschaften vom Menschen einhergehen. Diese haben die Untersuchung zu ihrem Hauptinstrument gemacht. Aber sie haben auch versucht, einen Verfahrensrahmen aufzustellen, der es erlaubt, Untersuchungen mit Anspruch auf »wissenschaftliche« Gültigkeit von den zahlreichen Ermittlungsformen zu unterscheiden, die sich in den Gesellschaften, die ihr Gegenstand waren, entwickelten – ob es sich dabei nun um polizeiliche Untersuchungen und/oder ihre fiktionalen Inszenierungen handelt, um journalistische Untersuchungen beziehungsweise Recherchen oder aber um Untersuchungen, die von manchen sozialen Akteuren angestellt werden, wenn sie sich daranmachen, die ihrer Ansicht nach realen, aber verdeckten Ursachen der Übel zu enthüllen, die sie erleiden.

Die geistes- und sozialwissenschaftlichen Bestandteile dieser Arbeit sind vor allem auf drei Gebieten entwickelt worden. Erstens auf dem Gebiet der Psychiatrie, die Anfang des 20. Jahrhunderts eine neue nosologische Entität erfunden hat: die Paranoia. Eines von deren Hauptsymptomen ist die Neigung, endlose Untersuchungen anzustellen, die in den Wahn führen können. Zweitens auf dem Gebiet der politischen Wissenschaft, die die Problematik der Paranoia aufgreift, wobei sie sie von der psychischen auf die soziale Ebene verschiebt und zum einen das Komplott beziehungsweise die Verschwörung zum Gegenstand macht und zum anderen die Neigung, die historischen Ereignisse unter Bezugnahme auf »Verschwörungstheorien« zu erklären (Kapitel 5). Das dritte berücksichtigte Gebiet ist das Gebiet der Soziologie. Es werden hier besonders diejenigen Probleme weiterverfolgt, auf die diese Disziplin stößt, wenn sie spezifische – so genannte soziale – Formen von Kausalität zu entwickeln und die individuellen oder kollektiven Entitäten zu bestimmen sucht, denen die Ereignisse zugeschrieben werden können, die das Leben von Personen, von Gruppen oder aber den Lauf der Geschichte durchziehen (Kapitel 6).

Die Verknüpfung dieser anscheinend disparaten Gegenstände erfolgt durch einen Analyserahmen, der im ersten Kapitel vorgestellt wird, das von daher als allgemeine Einleitung gelesen werden kann. Dieser Rahmen versucht, die sozialen und politischen Umstände näher zu erfassen, unter denen die Figur des Rätsels und die Figur des Komplotts an der Wende vom 19. zum 20. Jahrhundert zu Tropen geworden sind, die sowohl auf dem Gebiet der Fiktion als auch auf dem Gebiet der Deutung der historischen Ereignisse und der Funktionsweise von Gesellschaften eine herausragende Rolle spielen sollten. Meine These lautet, dass zwischen den Fragen in Bezug auf die Vorstellung von der Realität und dem Wandel, dem im fraglichen Zeitraum die Art und Weise unterworfen ist, wie die Realität selbst zustande kommt, eine Verbindung besteht. Im Zentrum dieser Analysen steht das Verhältnis von Realität und Staat. Als spezifischer Gegenstand kann das Rätsel nämlich nur auftreten, wenn es sich von einer gefestigten und vorhersehbaren Realität abhebt, deren Fragilität vom Verbrechen aufgedeckt wird. Und es ist der Nationalstaat, so wie er sich Ende des 19. Jahrhunderts entwickelt, dem sich das Projekt einer Gestaltung und Vereinheitlichung der Realität beziehungsweise, wie es die heutige Soziologie nennt, ihrer *Konstruktion* für eine Bevölkerung, auf einem Territorium, verdankt. Aber dieses im eigentlichen Sinne demiurgische Projekt sieht sich mit einer Vielzahl von Hindernissen konfrontiert, in deren Zentrum die Entwicklung des Kapitalismus steht, die auf nationale Grenzen keine Rücksicht nimmt.

Die Figur des Komplotts wiederum richtet sich auf Verdachtsmomente in Bezug auf die Machtausübung. Wo befindet sich die Macht wirklich,[1] und wer hat sie *in Wahrheit* [*en réalité*] inne? Die staatlichen Autoritäten, die diese Last eigentlich auf sich nehmen sollen, oder andere Instanzen, die im Dunkeln agieren, Bankiers, Anarchisten, Geheimbünde, die herrschende Klasse usw.? Auf diese Weise bauen sich politische Ontologien auf, denen eine geteilte Realität Halt gibt: Einer vordergründig sichtbaren, aber trotz ihres offiziellen Status trügerischen Oberflächenrealität steht eine tiefe, verdeckte, bedrohliche, inoffizielle, aber sehr viel realere Realität gegenüber. Die Abenteuer des Konflikts zwischen diesen beiden Realitäten – REALITÄT/gegen/*Realität* – bilden den roten Faden des vorliegenden Buches. Sie werden darin in verschiedenen Facetten entfaltet. Das erstmalige Auftreten und die sehr schnelle Entwicklung erst des Kriminalromans und dann des Spionageromans, die Identifizierung der Paranoia durch die Psychiatrie, die Entwicklung der Sozialwissenschaften und insbesondere der Soziologie stehen – als Prozesse, die alle ungefähr zeitgleich ablaufen – so hinter einer neuen Art und Weise, die Realität zu problematisieren und die ihr innewohnenden Widersprüche zu bearbeiten.

Das Buch endet mit einem Epilog, der als Ersatz für den unmöglichen Abschluss einer Geschichte, die offenbar noch weit

---

1 [A. d. Ü.: Frz. *réellement*; wo im Folgenden auf Deutsch die Anspielung auf die »Realität« oder das »Reale« nicht wörtlich wiedergegeben werden kann, wird in eckigen Klammern auf den französischen Ausdruck verwiesen. Auch alle anderen Anmerkungen und Ergänzungen der Übersetzerin werden im Weiteren durch eckige Klammern angezeigt.]

vom Erreichen ihres Endes entfernt ist, auf das Gebiet der Literatur zurückkommt. Aber er tut dies anlässlich eines Werkes, Franz Kafkas *Prozeß*, das mit einer Intensität, deren Genialität von den verschiedensten Kommentatoren immer wieder gepriesen worden ist, die Hauptfäden zusammenzieht, deren Knäuel wir hier – wenn auch nur ein wenig – zu entwirren versucht haben. *Der Prozeß* nimmt die Themen des Rätsels, des Komplotts und der Untersuchung, die den Kern von Kriminalromanen und Spionagegeschichten bilden, wieder auf. Indem er aber ihre Ausrichtung umkehrt und ihre Dispositive verkehrt, enthüllt er die beunruhigende Realität, die diese scheinbar harmlosen und unterhaltsamen Geschichten verbergen.

Natürlich kann man den Entschluss zweifelhaft finden, sich beim Aufgreifen der Frage der Realität zunächst einmal auf einen Textkorpus zu stützen, der aus Werken besteht, die sich bewusst als Fiktionen darstellen. Vor allem wenn es sich, wie das hier der Fall ist, um Erzählungen handelt, die üblicherweise der Imagination möglichst freien Lauf lassen, und zwar in der ausdrücklichen Absicht, den Leser zu unterhalten, und das heißt eben gerade, ihn von den Schwierigkeiten und Zwängen des Alltags und dadurch des Realen abzulenken. Man kann es jedoch auch so sehen, dass hauptsächlich durch die Vermittlung von Kriminalromanen und Spionagegeschichten Verunsicherungen in einer breiten Öffentlichkeit zum Ausdruck kamen, die eben weil sie den Kern der politischen Dispositive betrafen und die Leitlinien der Moderne selbst in Frage stellten, außerhalb von begrenzten Zirkeln nur sehr schwer direkt angesprochen werden konnten. Dann wäre die Ungewissheit in Bezug auf das, was man *die Realität der Realität* nennen kann, gerade wegen ihrer Schlüsselstellung in Richtung auf »das Imaginäre« umgeleitet worden.

Es besteht heute weitgehende Einigkeit darüber, dass Kriminalroman und Spionageroman auf dem Gebiet der Fiktion zu den hauptsächlichen Neuerungen des 20. Jahrhunderts zählen. In der englischen und französischen Literatur sind diese Gattungen Ende des 19. Jahrhunderts und in der ersten Hälfte des

20. Jahrhunderts ganz unvermittelt in Erscheinung getreten und haben sich mit bemerkenswerter Geschwindigkeit erstaunlich weit verbreitet. Zunächst waren diese auf die Figuren des Rätsels, des Komplotts und der Untersuchung hin ausgerichteten narrativen Formen Teil der so genannten Populärliteratur, doch dann haben sie sich rasch auf die anspruchsvolle Literatur ausgeweitet, die sich ihrer bevorzugten Themen annahm. Aber das Auftreten und die sehr rasche Entwicklung dieser Gattungen sind nicht nur für die Geschichte der westlichen Literatur von Interesse. Kriminal- und Spionagegeschichten, die sich seit Beginn des 20. Jahrhunderts zunächst schriftlich[2] und dann durch Kino und Fernsehen unaufhörlich vervielfältigt haben, sind heute die verbreitetsten narrativen Formen, und zwar weltweit. Dadurch spielen sie eine herausragende Rolle für die Vorstellung von der Realität, die sich von nun an allen menschlichen Wesen darbietet, sogar Analphabeten, wenn sie Zugang zu den modernen Medien haben. In diesem Sinne bilden diese Erzählungen bevorzugte Gegenstände für einen soziologischen Ansatz, der in Abkehr von einer strengen Dokumentenauswertung versucht, bestimmte symbolische Formen und besonders politische Fragestellungen wieder aufzugreifen, die sich im Laufe des 20. Jahrhunderts entwickelt haben.[3] Und zwar ein wenig in der Art und Weise, wie Geschichtswissenschaft und Philosophie die homerischen Epen für die Analyse der symbolischen Strukturen des an-

---

2 Die Untersuchung von Annie Collovald und Erik Neveu über Kriminalromane und ihre Leser zeigt, dass dieser Verlagsbereich in Frankreich beständig expandiert, was sich vor allem in der wachsenden Zahl von Verlegern und Reihen sowie durch die Diversifizierung von Autoren und Themen äußert. Die Kriminalliteratur ist keine Populärliteratur in dem Sinne, dass sie zuvörderst die unteren Bevölkerungsschichten erreicht. Die Leser rekrutieren sich aus allen Gesellschaftsschichten, wobei die Angestellten, die Vermittlungsberufe, aber auch Führungskräfte und Geistesarbeiter besonders zahlreich vertreten sind (siehe Annie Collovald/Erik Neveu, *Lire le noir. Enquête sur les lecteurs de récits policiers,* Paris, Bibliothèque du Centre Pompidou, 2004, S. 59-63 und 336-338).
3 Über den unterschiedlichen Gebrauch, den die Geschichtswissenschaft, aber auch die Soziologie von der Literatur machen kann, siehe Judith Lyon-Caen/Dinah Ribard, *L'historien et la littérature*, Paris, La Découverte, 2010.

tiken Griechenland heranziehen konnten oder die klassische Tragödie für die Erforschung der Vorstellungen von Macht im Frankreich Ludwigs XIV.

Auf begrifflicher Ebene war diese Arbeit für mich eine Gelegenheit, Fragen anzuschneiden, die ich bis dahin sorgfältig vermieden hatte, weil ich nicht nur nicht wusste, wie ich sie lösen, sondern weil ich noch nicht einmal wusste, wie ich sie formulieren sollte. Die erste ist die Frage des Staates, die für die Soziologie wahrscheinlich am schwersten zu stellen ist, und zwar vielleicht gerade aufgrund der ursprünglichen Verbindungen, die zwischen jenem Machtdispositiv und diesem Erkenntnisdispositiv bestehen. Ich möchte auch die Frage der sozialen Kausalität erwähnen, die von der gegenwärtigen Soziologie weitgehend fallengelassen worden ist; die Frage der für die soziologische Analyse relevanten Entitäten; die Frage der Vergleichsmaßstäbe (Mikro- und Makrosoziologie); und schließlich die Frage des Platzes, der den Ereignissen in den Beschreibungen, die unsere Disziplin vornimmt, eingeräumt werden sollte. Der Leser sei unbesorgt: Keines dieser großen Probleme findet hier eine befriedigende Lösung. Dass ich es aber endlich gewagt habe, ihnen ins Gesicht zu sehen, war für mich gleichwohl eine Erleichterung.

Dieses Buch war auch eine Gelegenheit, Begriffe anzuwenden, die durch ihre Bearbeitung in früheren Arbeiten jetzt schon reibungsloser funktionieren, wie Ungewissheit, Prüfung beziehungsweise Bewährungsprobe, Affäre, Kritik und vor allem eben gerade *Realität* als konstruierte Realität, die sich als ein kausales Netz darstellt, das in einer Weise auf vorab festgelegten Formaten beruht, dass Handlungen vorhersehbar werden. In *Soziologie und Sozialkritik*, das 2009 auf Französisch erschien,[4] habe ich zu zeigen versucht, dass die Idee der »Konstruktion der Realität«, die heute zum durchschnittlichen soziologischen Handwerkszeug gehört, nur unter der Bedingung sinnvoll ist, dass man

---

4 Luc Boltanski, *De la critique. Précis de sociologie de l'émancipation*, Paris, Gallimard, 2009 [dt.: *Soziologie und Sozialkritik*, Berlin, Suhrkamp Verlag, 2010].

die Art und Weise analysiert, wie sich die *Realität* an die Oberfläche dessen heftet, was ich in demselben Buch *die Welt* nenne (eine Unterscheidung, die im ersten Kapitel des vorliegenden Buches klarer wieder aufgenommen wird). Alles, was geschieht, geht aus der Welt hervor, aber auf sporadische und ontologisch nicht beherrschbare Weise, während die Realität, die auf einer Auswahl und Gestaltung einiger Möglichkeiten, die die Welt bietet, zu einem bestimmten Zeitpunkt beruht, für den Soziologen, den Historiker und auch für die sozialen Akteure ein Arrangement bilden kann, das sich insgesamt zum Gegenstand eines synthetisierenden Zugriffs eignet. Eines der in diesem Buch verfolgten Ziele ist es daher auch, das in *Soziologie und Sozialkritik* vorgelegte Begriffssystem mit Fleisch zu versehen.

Ich muss gleichwohl hinzufügen, dass ich mir, als ich es schrieb, gewünscht habe, dass auch Leser, die keine Soziologen, sondern Vertreter anderer Disziplinen (oder gar keiner Disziplin) sind, Interesse an der Lektüre dieses Textes finden könnten. Eines meiner Hauptanliegen bestand darin, symbolische Formen wieder aufzugreifen, die sich, weil sie an den Rändern der sozialen und politischen Realität liegen – dort, wo sie am handfestesten ist und fiktional besonders phantasievoll dargestellt wird –, weder dem Einsatz der klassischen soziologischen Methoden noch dem Rückgriff auf die Mittel, die die Literaturwissenschaft bereitstellt, ohne weiteres anbieten. Dies setzte eine Wiederbelebung der Verbindungen voraus, die die Soziologie immer schon in die Nähe des weiten Bereichs der »Geisteswissenschaften« gerückt haben. Auf diese Weise hoffte ich, einen Beitrag zur Analyse der politischen Metaphysiken zu leisten, die sich nicht notwendig in die kanonischen Formen der politischen Philosophie eingeschrieben, das vorige Jahrhundert aber trotzdem geprägt haben und aller Wahrscheinlichkeit nach auch in unserem jetzigen weiter herumspuken.

Erstes Kapitel
REALITÄT/gegen/*Realität*

Aristide Valentins Londoner Odyssee

Mit der Erzählung »Das blaue Kreuz« beginnt *Father Browns Einfalt*, der erste von fünf Bänden, die die von G. K. Chesterton zwischen 1911 und 1935 veröffentlichten Kriminalgeschichten enthalten.[1] Der Held dieser Geschichten – der Detektiv – ist ein katholischer Priester von kleinem Wuchs und ganz gewöhnlichem Aussehen: Father Brown. Er sieht sich einem großen Verbrecher gegenüber, einem Genie in der Kunst des Verbrechens: Flambeau, der aus Frankreich stammt, aber international, ja sogar weltweit agiert und von der Polizei mindestens dreier europäischer Länder gejagt wird – bevor es, wie man in den folgenden Geschichten sehen wird, Father Brown gelingt, ihn umzudrehen und zu einem wertvollen Mitstreiter bei der Aufgabe zu machen, eine Lösung für die Rätsel zu finden, die wie aus dem All in unsere Erdatmosphäre schießende Sternschnuppen immer wieder in unsere Welt eindringen und den anscheinend so stabilen und geordneten Aufbau der Realität durcheinanderbringen.

Am Anfang von »Das blaue Kreuz« hat sich ein französischer Detektiv – Aristide Valentin – nach England begeben, um Flambeau zu jagen, von dem er nicht mehr weiß, als dass er sich ebenfalls jenseits des Ärmelkanals befindet. Valentin ist ein waschechter Franzose und von daher der Vernunft verpflichtet. Aber gerade weil er weiß, wie die Vernunft beschaffen ist, kennt er durchaus auch ihre Grenzen. Außerdem weiß er, dass es die Vernunft unter Umständen erforderlich macht, dem die größte Aufmerksamkeit zu schenken, was sich ihr zu entziehen scheint.

---

[1] G. K. Chesterton, *Father Brown Stories*, Harmondsworth, Penguin Popular Classics, 1994 [dt.: *Father Browns Einfalt, Father Browns Geheimnis, Father Browns Skandal, Father Browns Weisheit* und *Father Browns Ungläubigkeit*, Frankfurt/M., Insel Verlag, 2008].

Und da Valentin über keinerlei Fährte verfügt, stehen ihm alle möglichen Ermittlungswege offen; keinem von ihnen scheint ein Vorrang vor den anderen zuzukommen. Valentin weiß nicht nur nicht, wo sich Flambeau befindet, sondern auch nicht, was diesen nach London getrieben hat – notwendigerweise kriminelle Machenschaften, die er geplant hat, auf deren Durchführung es aber bisher keinerlei Hinweise gibt. Valentin optiert daher für eine Vorgehensweise, die darin besteht, sich als aufmerksam gegenüber den kleinsten Ereignissen zu erweisen, die anscheinend sinnlos sind, sich aber eben dadurch als *Rätsel* darstellen.

Auf den ersten Seiten von »Das blaue Kreuz« irrt Valentin durch die Straßen von London. Er sucht nicht nach *Indizien* (wie Sherlock Holmes), weil er ja nicht einmal weiß, auf welchen kriminellen Tatbestand gewisse besondere Vorkommnisse hinweisen könnten, was es wiederum erlauben würde, zwischen diesen Vorkommnissen und jenem Tatbestand eine Referenzbeziehung herzustellen. Er erweist sich vielmehr einfach als aufmerksam gegenüber jedem Ereignis, das den Charakter eines Rätsels im eben beschriebenen Sinne hat. Erstes Rätsel: In der Absicht, ein englisches Frühstück einzunehmen, geht er zunächst in ein Restaurant – ein ruhiges, einfaches Restaurant, das altmodisch wirkt – und bestellt einen Kaffee und ein pochiertes Ei. Als er Zucker in seinen Kaffee schütten will, bemerkt er zu seinem großen Erstaunen, dass die Zuckerdose keinen Kristallzucker enthält, wie er es erwartet hatte, sondern Salz. Als er daraufhin den Salzstreuer untersucht, stellt er fest, dass der mit Zucker gefüllt ist. Auch der Kellner, den er gerufen hat, gesteht diese Merkwürdigkeit ein und schreibt sie dem Tun zweier Priester zu, einem großen und einem kleinen, beide ruhig und ehrwürdig, die einige Zeit zuvor am selben Tisch eine Suppe zu sich genommen haben. Warum eine solche Zuschreibung? Weil, erklärt der Kellner, der eine der beiden Priester sich zwar normal verhalten habe (er hat die Rechnung bezahlt und ist gegangen), der andere dagegen aber noch einen Augenblick geblieben sei, seine Suppentasse gepackt und ihren Inhalt an die Wand geschüttet habe (zweites Rätsel).

Valentin verfolgt seinen Weg weiter aufs Geratewohl und stößt vor dem Schaufenster eines Feinkostladens auf einen Stand mit Früchten: Orangen und Nüsse. Auf dem Stapel Nüsse steht nun aber (drittes Rätsel) das Schild »Mandarinen erster Güte zu zwei *Pence* das Stück« und auf dem Orangenstapel »Paranüsse, Erste Wahl«. Auf seine Nachfrage hin antwortet der Händler ihm wütend, dass zwei Priester dort vorbeigekommen seien und einer von ihnen absichtlich den Orangenkorb umgeworfen habe (viertes Rätsel). Daraufhin wendet sich Valentin an einen Polizeibeamten auf der anderen Straßenseite und fragt ihn, ob er zufällig zwei Priestern begegnet sei. Der Polizist antwortet, dass diese in einen gelben Autobus gestiegen seien und einer von ihnen betrunken gewirkt habe (was ein fünftes Rätsel aufgibt, weil Priester nicht zu dem Menschenschlag gehören, den man gemeinhin morgens in angetrunkenem Zustand durch die Straßen spazieren zu sehen erwartet). Valentin nimmt selbst einen Bus dieser Farbe und setzt sich aufs Oberdeck. Nachdem er eine Weile gefahren ist, kommt der Bus an einem Pub vorbei, dessen Fensterscheibe zertrümmert ist, als ob sie einen schweren Schlag erhalten habe (sechstes Rätsel). Auf seine Nachfrage hin sagt ihm der Besitzer, dass diese Missetat von zwei Männern in Schwarz begangen worden sei. Beim Zahlen habe einer von ihnen ihm eine Summe ausgehändigt, die dreimal so hoch gewesen sei wie der Preis der verzehrten Gerichte. »Das ist für das, was ich zerschlagen werde«, habe er gesagt, und dann habe er mit seinem Regenschirm die Scheibe zertrümmert. Schließlich, siebtes und letztes Rätsel, erzählt eine Frau, der Valentin in einem bezaubernden Süßwarengeschäft begegnet ist, ihm von einem Paket, das ein Priester ihr mit der Bitte gegeben habe, es an eine bestimmte Adresse zu schicken. Und als er der Strecke dieses Pakets folgt, kommt Valentin auf die Spur des immer noch unbekannten Verbrechers und Verbrechens, die seine Anwesenheit in London rechtfertigen.

Was unter einem »Rätsel« zu verstehen ist

Aristide Valentins Odyssee durch die Straßen von London, auf der er sich von einer Reihe *Rätsel* leiten lässt, gibt uns einen ersten Hinweis, was unter diesem Ausdruck zu verstehen ist. Das *Rätsel* wird von einem Ereignis hervorgerufen, welche Wichtigkeit diesem vordergründig auch zukommen mag, das hervorsticht, indem es sich von einem *Hintergrund* abhebt – um auf Termini aus der Gestaltpsychologie zurückzugreifen –, oder von den Spuren, die ein früheres Ereignis, bei dem der Erzähler nicht Zeuge war, in der stofflichen Beschaffenheit der Dinge hinterlassen hat. Dieser Hintergrund besteht aus den üblichen Gepflogenheiten, die man durch die Vermittlung von (vor allem erzieherischen) Autoritäten kennt und/oder aus Erfahrung, die, besonders wenn sie diese Gepflogenheiten mit Gewohnheiten verbindet, dem Handeln einen relativ vorhersehbaren Rahmen gibt. Das Rätsel ist von daher eine Eigentümlichkeit (jedes Ereignis ist eigentümlich im Sinne von singulär), allerdings eine Eigentümlichkeit, die man als *anormal* bezeichnen kann, weil sie mit der Art und Weise bricht, wie die Dinge sich unter *normalen* Bedingungen darstellen würden, so dass es dem Verstand nicht gelingt, diese beunruhigende Merkwürdigkeit in den Bereich der Realität einzuordnen. So verletzt das Rätsel das nahtlose Gewebe der Realität. Und in diesem Sinne kann man – unter Rückgriff auf die in *Soziologie und Sozialkritik* eingeführten Begriffe – sagen, dass das Rätsel das Resultat eines Hereinbrechens der *Welt* in die *Realität* ist.[2]

Unter Welt ist hier »alles, was geschieht« beziehungsweise – mit Wittgenstein gesprochen – »alles, was der Fall ist« zu verste-

---

2 Luc Boltanski, *Soziologie und Soziologiekritik*, a. a. O., S. 92-94. Derselben Auffassung des Rätsels folgen auch die wissenschaftlichen Rätsel, mit denen uns Thomas S. Kuhns Analysen vertraut gemacht haben: Sie sind im Verlauf von Experimenten auftretende Eigentümlichkeiten, die im Rahmen anerkannter Paradigmen keinen Sinn ergeben und von daher als »Rauschen« angesehen werden – bis ihre Häufung die Entwicklung eines neuen Paradigmas nach sich zieht (siehe Thomas S. Kuhn, *Die Struktur wissenschaftlicher Revolutionen* (1962), Frankfurt/M., Suhrkamp, 1967).

hen, ja sogar alles, was der Fall sein könnte, was auf die Unmöglichkeit verweist, die Welt insgesamt zu erkennen und zu beherrschen. Die Realität wird dagegen durch vorab festgelegte Formate stabilisiert, die von Institutionen getragen werden, welche zumindest in unseren Gesellschaften häufig juristischer oder parajuristischer Art sind. Diese Formate bilden eine Semantik, die besagen soll, *was es mit dem, was ist, auf sich hat*. Sie legen *Qualifikationen* fest, definieren *Entitäten, Prüfungen* (in dem Sinne, wie dieser Terminus in *Über die Rechtfertigung* verwendet wird[3]) und bestimmen das Verhältnis, das zwischen Entitäten und Prüfungen bestehen muss, damit sie akzeptiert werden. Die Realität stellt sich dadurch als ein Netz aus Kausalbeziehungen dar, die zwischen den Ereignissen, mit denen die Erfahrung konfrontiert ist, einen Zusammenhang herstellen. Die Bezugnahme auf diese Beziehungen erlaubt es, den auftretenden *Ereignissen Sinn zu verleihen*, indem die *Entitäten* bestimmt werden, denen sie *zuzuschreiben* sind.[4]

---

3 Luc Boltanski/Laurent Thévénot, *De la justification. Les économies de la grandeur*, Paris, Gallimard, 1991 [dt.: *Über die Rechtfertigung. Eine Soziologie der kritischen Urteilskraft*, Hamburg, Hamburger Edition, 2007].

4 Der Terminus »Zuschreibung« wird hier im Sinne der *Attributionstheorie* verwendet, die ursprünglich auf dem Gebiet der Sozialpsychologie entwickelt und dann in kognitive Forschungen einbezogen wurde. In der Sozialpsychologie ging es in den zuerst von Fritz Heider und dann von Harold Kelley durchgeführten Untersuchungen über die Zuschreibung in erster Linie um das Verfahren, wie jemand nach den Ursachen des Verhaltens anderer Personen sucht (siehe Fritz Heider, *The Psychology of Interpersonal Relations*, New York, Wiley, 1958 [dt.: *Psychologie der interpersonalen Beziehungen*, Stuttgart, Klett, 1977], und Harold Kelley, »Attribution Theory in Social Psychology«, in: L. Levine (Hrsg.), *Nebraska Symposium on Motivation*, University of Nebraska Press 1967, S. 192-241; siehe auch Jean-Claude Deschamps, *L'attribution de la catégorisation sociale*, Bern, Peter Lang, 1977). Diese wurden später auf die Untersuchung von kausalen Inferenzen im Allgemeinen ausgeweitet, wie sie von Akteuren, die keine Wissenschaftler sind, im täglichen Leben vollzogen werden. Eine Gesamtgeschichte der Forschungen über die Zuschreibung findet sich in Bertram Malle, *How the Mind Explains Behavior. Folk Explanations, Meaning and Social Interaction*, Cambridge (Mass.), MIT Press, 2004. Mark Martinko hat die Attributionstheorie auf die Organisationsanalyse angewendet (siehe *Attribution Theory. An Organizational Perspective*, Delray Beach, St Lucie Press, 1995). Kurz vor sei-

Solche Kausalbeziehungen werden im Allgemeinen stillschweigend als unproblematisch anerkannt; es scheint daher nicht nötig, sie zu überprüfen oder Beweise für sie zu erbringen, oder zumindest ihre Untersuchung über die Grenzen hinaus zu treiben, die durch Gewohnheit und auch in dem Vertrauen entstanden sind, das der Gültigkeit der etablierten Formate entgegengebracht wird. Dieses Vertrauen beruht – besonders, wenn die Kausalität eine soziale Dimension aufweist – auf Instanzen, die garantieren, dass Ereignisse regelmäßig vorab definierten Entitäten zugeschrieben werden, unter denen in der Moderne staatliche und juristische Instanzen eine ausschlaggebende Rolle spielen. Weiter unten werden wir sehen, dass das Recht als eines der hauptsächlichen sozialen Dispositive angesehen werden kann, die bei der Festlegung und Aufrechterhaltung dieser Zuschreibungen verwendet werden.

Im Unterschied zu Ereignissen, die man als gewöhnlich bezeichnen kann, besitzt ein Ereignis rätselhaften Charakter, wenn es einer gewissen Entität normalerweise nicht zugeschrieben werden kann (es gibt keinen triftigen Grund, warum ein Kellner in einem Café Zucker in den Salzstreuer füllen sollte) oder wenn man nicht weiß, welcher Art Entität es zugeschrieben werden könnte. Ein rätselhaftes Ereignis kann dadurch durchaus eine unmittelbare *Bedeutung* haben (dieses Gebäude ist eingestürzt), insofern der Zustandswechsel in der Situation, in der es eintritt, Gegenstand einer Beschreibung sein kann, die sich auf allgemein anerkannte physikalische Gegebenheiten beruft (wenn das Gebäude in den Himmel aufgestiegen wäre, würde man von einem »Wunder« sprechen). Man kann aber sagen, dass es keinen *Sinn* hat, weil es nicht möglich war, es einer gewissen Entität *zu-*

---

nem Tod hat der große Historiker Charles Tilly ein Buch über die Art und Weise veröffentlicht, wie Personen historische Ereignisse erklären, das sich als besonders nützlich für die hier vorliegende Arbeit erwiesen hat (Charles Tilly, *Why?*, Princeton, Princeton UP, 2006). Das nach meiner Kenntnis umfassendste Buch über die kognitiven Forschungen schließlich, die dieses Motiv neu ausgearbeitet haben, ist von Dan Sperber, David Premack und Ann James Premack: *Causal Cognition. A Multidisciplinary Debate*, Oxford, Clarendon Press, 1995.

zuschreiben oder, wenn diese Entität schon bekannt ist, deren *Intentionen* zu bestimmen. Als Eigentümlichkeit bezieht das Ereignis so seinen ganzen Sinn aus dem Bezug auf eine Entität, die über eine Identität, eine gewisse intertemporale Stabilität und über Intentionalität verfügt – ob diese sich nun in einem Bewusstseinsakt äußert oder nicht.[5] Ein Gebäude ist eingestürzt. Das ist eine »Tatsache«. Um aber diesem Ereignis Sinn zu verleihen, muss man in der Lage sein zu bestimmen, welcher Entität es zugeschrieben werden kann und aus welchen Gründen es eintritt. Lässt sich die Ursache dieses Einsturzes auf ein Erdbeben zurückführen? Auf einen Konstruktionsfehler des Architekten (hat er zum Beispiel verkehrte Materialien verwendet, um zu sparen)? Auf unlautere Machenschaften des Besitzers, der die Versicherungssumme einstreichen möchte? Auf einen Verbrecher, der darauf aus ist, den Mord zu vertuschen, den er gerade begangen hat? Auf eine Bombe, die ein Terrorist gelegt hat (und was waren, wenn das der Fall ist, wirklich [*réelles*] seine Intentionen, ist es angebracht, sie als »terroristisch« zu bezeichnen)? Wir werden im Weiteren ausführlicher auf diese Begriffe zurückkommen.

Kriminalroman versus phantastische Erzählung und Schelmenroman

Die Gattung Kriminalroman inszeniert Rätsel und ihre Auflösung. Es gehört zu ihrer Form, dass sie von einem Ereignis ausgeht und es schrittweise zu seinen Ursachen zurückverfolgt.[6] Die

---

5 Über die Möglichkeit, die Analyse von intentionalen Prozessen auf Wesen auszuweiten, die über kein Bewusstsein verfügen, oder auf nichtbewusste Funktionsabläufe, siehe Daniel Dennett, *La stratégie de l'interprète. Le sens commun et l'univers quotidien*, Paris, Gallimard, 1990 [engl. Orig.: *The Intentional Stance* (1987), 6. Aufl., Cambridge (Mass.), MIT, 1996].

6 Über die formale Struktur des Kriminalromans als Erzählung, die »rückwärts« zur Erklärung vordringt, siehe Marc Lits, *Le roman policier. Introduction à la théorie et à l'histoire d'un genre littéraire*, Lüttich, Éditions du CEFAL, 1999, S. 70-77.

Bildung dieser Gattung ist daher formal an eine bestimmte Zahl von Voraussetzungen in Bezug auf die Realität gebunden. Das Rätsel kann nämlich, wie gesagt, nur von dem Hintergrund einer gefestigten Realität abstechen. Genauer gesagt beruht der Kriminalroman auf zwei Voraussetzungen, die diese Gattung von den ihr vorhergehenden Gattungen ablösen, nämlich einerseits von den Märchen und besonders den phantastischen Erzählungen und andererseits von jenen Romanen, die man zu den Schelmenromanen zählen kann – unter dieser Bezeichnung fasst man eine narrative Richtung zusammen, die in der spanischen Literatur, in der sie entstand, und dann in der englischen sowie in der französischen Literatur ganz unterschiedliche Formen annehmen konnte.[7]

Der Kriminalroman unterscheidet sich insofern von der wundersamen oder phantastischen Erzählung, als er sich auf die Existenz einer so genannten »natürlichen« Realität stützt, das heißt auf die Art von kausaler Verkettung, die die Naturwissenschaften vornehmen. Die Ähnlichkeit der narrativen Logik des Kriminalromans mit der wissenschaftlichen Logik stand übrigens im Zentrum der ersten Analysen, deren Gegenstand diese Gattung war.[8] Der Kriminalroman wurde erst möglich, nachdem eine klare Trennungslinie zwischen der natürlichen Realität und der so genannten übernatürlichen Welt gezogen worden war. Wenn Götter oder Geister die Realität nach ihrem Gutdünken ändern können und ihre Intentionen uns unzugänglich bleiben, dann besitzt die Realität nicht die Stabilität, die nötig ist, damit sich Rätsel deutlich genug von dem Hintergrund abheben können, den der normale Ablauf der Dinge bildet. In Kriminalromanen und selbstverständlich auch in Spionageromanen wird nicht auf übernatürliche Wesen Bezug genommen – wie zum Beispiel Gespenster –, und eine solche Abwesenheit macht den Unterschied zwischen diesen literarischen Gattungen auf der einen

---

7 Über die Gattung des Schelmenromans siehe Thomas Pavel, *La pensée du roman*, Paris, Gallimard, 2003, S. 97-111.

8 Siehe Régis Messac, *Le »détective novel« et l'influence de la pensée scientifique*, Paris, Honoré Champion, 1929 (Neuausgabe: Slatkine Reprints 1975).

und den so genannten »phantastischen« Erzählungen auf der anderen Seite kenntlich. Zwar gibt es – vor allem in der zweiten Hälfte des 19. Jahrhunderts – in der Literatur zahlreiche, zur Gattung des Phantastischen gehörende Erzählungen, die nicht direkt auf das Auftreten von übernatürlichen oder auch nur märchenhaften Wesen Bezug nehmen; aber diese sind darauf aus, beim Leser Unruhe und Unbehagen hervorzurufen, indem sie gewöhnliche Situationen so schildern, dass deren Merkwürdigkeit zu Tage tritt.[9] Dieser Kunstgriff, der besonders im phantastischen Realismus von Maupassant offensichtlich ist, zielt darauf ab, die gesamte Realität einem Blick zu unterwerfen, der sie zum Eigenartigen und Beängstigenden hin umkippen lässt, häufig indem sie so gezeigt wird, wie sie sich dem Blick von jemandem darstellen würde, der wahnsinnig geworden ist. Eine solche literarische Grundentscheidung macht nun aber jegliche Entwicklung einer Kriminalhandlung unmöglich; denn wenn die gesamte Realität eine rätselhafte Form annimmt und auf die Seite des Unmöglichen und Unverständlichen geschlagen werden muss, dann gehen die Eigentümlichkeiten, auf die sich die Rätsel im Roman stützen (und deren Erklärung Aufgabe des Ermittlers ist), in einem Handlungsrahmen unter, der keine Trennung von Gewöhnlichem und Außergewöhnlichem, von Nachvollziehbarem und Unbegreiflichem mehr erlaubt.

Das Werk von Edgar Allan Poe, der sowohl ein Meister der phantastischen Literatur wie der Erfinder der Kriminalerzählung ist,[10] erlaubt eine gute Unterscheidung dieser verschiedenen Gat-

---

9 Siehe Tzvetan Todorov, *Introduction à la littérature fantastique*, Paris, Seuil, 1976 [dt.: *Einführung in die fantastische Literatur*, München, Hanser, 1972].
10 In drei zwischen 1841 und 1844 veröffentlichten Erzählungen (»Der Doppelmord in der Rue Morgue«, »Das Geheimnis der Marie Rogêt« und »Der entwendete Brief«) setzt Edgar Allan Poe erstmals die Konfiguration von Merkmalen ein, die der Kriminalerzählung als Matrix dienen wird. Unter diesen Merkmalen wird gemeinhin besonders hervorgehoben, dass der »Punkt« (wie die analytische Philosophie sagt), der den Kern der geschilderten Affäre ausmacht, von moralischen und/oder sozialen Fragen, die bis dahin in den Erzählungen zentral waren, die Kriminalfälle darstellen, in Richtung auf rein intellektuelle Fragen verschoben wird. Das Verbrechen wird

tungen. In Poes phantastischen Geschichten sind paranormale Phänomene nicht ausgeschlossen. Doch in den Erzählungen, die den Kriminalroman vorwegnehmen, treten sie niemals auf. Ebenso hält Conan Doyle, der als Privatperson ein großer Anhänger des Spiritismus war – er schrieb sogar dessen Geschichte[11] –, als Autor von Kriminalrätseln das Übernatürliche oder Paranormale von den Abenteuern fern, deren Held Sherlock Holmes ist. In diesen Erzählungen lässt er keine Ereignisse eintreten, die den kausalen Modus überschreiten könnten, den wir in unseren Gesellschaften auf »Naturgesetze« zurückzuführen gewohnt sind. Und wenn gewisse Figuren zunächst solche Phänomene anführen mögen – Gespenster treten auf, Türen öffnen oder schließen sich ohne menschliches Zutun oder technische Hilfsmittel usw. –, liefert die Untersuchung am Ende immer eine natürliche Erklärung für sie oder rechnet sie Manövern zu, die die Protagonisten der Affäre (und bei ebendieser Gelegenheit den Leser) täuschen sollen.

In den zahlreichen phantastischen Erzählungen, die Arthur

---

nicht mehr als mehr oder weniger große Gesetzesübertretung betrachtet, sondern als zu lösendes Problem. Eine weitere Neuerung, auf die wir im nächsten Kapitel zurückkommen werden, besteht darin, dass kein Polizist mehr den Ermittler verkörpert, sondern ein Amateurdetektiv. Chevalier Charles-Auguste Dupin, der (wie Eugène-François Vidocq, dessen Memoiren Poe kannte) Franzose ist, findet die Lösung der Rätsel, die aufzuklären seinem Freund, dem Polizeipräfekten G., nicht gelingt. Und schließlich werden die Merkmale, die dieser Detektiv aufweist, später von verschiedenen Autoren für eine Vielzahl von anderen Figuren weitgehend wiederverwendet. Der Detektiv ist ein gebildeter Mann aus der feinen Gesellschaft, alleinstehend, exzentrisch, er verfügt über eine außergewöhnliche Beobachtungsgabe und über außergewöhnliche analytische Fähigkeiten.

11 Arthur Conan Doyle, *Histoire du spiritisme,* Monaco, Éditions du Rocher, 1989 [engl. Orig.: *The History of Spiritualism*, London, Cassell and Company, 1926]. Arthur Conan Doyle kam 1886 in Kontakt mit der spiritistischen Bewegung und trat 1893 der Society for Psychical Research bei. Er interessierte sich besonders für Geisterfotografien beziehungsweise Psychographien. (Siehe Antoine Faivre, »Sir Arthur Conan Doyle et les esprits photographiés«, in: Gilles Menegaldo/Jean-Pierre Naugrette (Hrsg.), *R. L. Stevenson & A. Conan Doyle. Aventures de la fiction*, Actes du colloque de Cerisy, Rennes, Terre de Brume, 2003, S. 305-333.)

Conan Doyle geschrieben hat, verhält es sich offenbar anders. Vergleichen wir zum Beispiel zwei Geschichten, in denen jeweils ein geheimnisumwittertes Ungeheuer auftritt. In *Der Hund der Baskervilles*,[12] der *Kriminal*geschichte, könnte der Leser zunächst geneigt sein zu glauben, dass die gigantische Bestie, die die Dorfbewohner in Angst und Schrecken versetzt, paranormalen Ursprungs ist. Aber dieser irrationale Glaube wird durch die von Sherlock Holmes geführte Untersuchung entkräftet. Das Irrationale findet eine rationale Auflösung. In der *phantastischen* Novelle »Das Ungeheuer von Blue John Gap« werden zu Beginn rationale Argumente angeführt, aber sie finden sich durch die folgenden Ereignisse entkräftet. Die Bewohner eines abgelegenen Bergdorfes in England glauben ebenfalls an die Existenz eines schrecklichen Ungeheuers. Der Erzähler, »ein nüchterner, wissenschaftlich denkender Mann ohne jeden Hang zur Übertreibung oder Phantasie«, hat für diese »Ammenmärchen« zunächst nur Verachtung übrig und sucht nach einer rationalen Erklärung für die merkwürdigen Phänomene, von denen die Bauern berichten (das unerklärliche Verschwinden von Schafen in Neumondnächten), bevor er selbst sich einem vor ihm aus der Tiefe der Erde kommenden Ungeheuer gegenübersieht, das nun ihn angreifen wird.[13]

Eine zweite Voraussetzung betrifft die soziale Welt. Damit die Rätsel, die der Kriminalroman in Szene setzt, sich klar von dem Hintergrund der Realität abheben, muss diese Letztere nicht nur natürlichen Regeln, sondern auch sozialen Regeln folgen. Das unterscheidet den Kriminalroman von dem, was wir Schelmenroman nennen. Beide Gattungen gehören zum weiten Gebiet des Abenteuerromans. Auch in einem Kriminalroman treten

---

12 Arthur Conan Doyle, *Der Hund der Baskervilles*, Zürich/Berlin, Kein & Aber, 2011.
13 Arthur Conan Doyles »The Terror of Blue John Gap« erschien zuerst 1910 im *Strand Magazine*. Die deutsche Übersetzung »Das Ungeheuer von Blue John Gap« in: ders., *Lady Sannox. Erzählungen*, Barnstorf, Verlag 28 Eichen, 2008, S. 16-35. *Lady Sannox* enthält eine Auswahl der phantastischen Novellen von Conan Doyle, die Olaf R. Spittel herausgegeben hat.

Figuren auf, denen »Abenteuer« widerfahren; es kommt zu Zwischenfällen, Situationsumschwüngen, Überraschungseffekten usw. Aber im Unterschied zum Schelmenroman stützt sich der Kriminalroman auf eine Realität, deren Grundzüge und Zusammenhänge antizipierbar und vorhersehbar sind, und vom Hintergrund dieser gefestigten sozialen Realität hebt sich das Rätsel ab.

»In einer Welt, die nichts anderes kennt als den Zufall« und in der »Fragmentierung und Kontingenz« herrschen, »reihen sich die Abenteuer« im Schelmenroman »unter dem Verlust von Kausalbeziehungen aneinander«.[14] Denken wir zum Beispiel, nur für das Gebiet der französischen Literatur, an Alain-René Le Sages *Gil Blas von Santillana*,[15] der zwischen 1715 und 1735 unter dem Einfluss der spanischen Literatur von Beginn des 17. Jahrhunderts erschien, oder auch an Voltaires *Candide* (1759),[16] der als späte Parodie auf die Schelmenerzählung angesehen werden kann. Wie bei den Klassikern dieses Genres wird darin der Hauptakzent auf den mehr oder weniger chaotischen Charakter der verschiedenen Milieus gelegt, in die die Figuren und mit ihnen alle menschlichen Wesen unabhängig vom Zeitpunkt oder Ort, an dem sich ihr irdischen Leben abspielt, eintauchen. Nach dieser Auffassung sind die Menschen vor allem ein Spielball der glücklichen oder widrigen Umstände. Diese Umstände sind immer lokaler Art, räumlich oder zeitlich. Jeder Moment, an jedem Ort, ist von daher durch eine Art *Wettstreit der Umstände* gekennzeichnet, von dem die Situation der Figur hier und jetzt abhängt. Doch nach jeder Situation, und zwar insbesondere nach widrigen Situationen, denen sie zu entrinnen versucht, findet sich die Figur in eine andere, ebenfalls singuläre (und häufig auch nicht minder widrige) Situation versetzt. Der Verlauf des Lebens lässt sich von daher mit der Abfolge von Würfen beim Glücksspiel vergleichen – so wie man beim Würfeln von Würfen spricht –, die von keinem allgemeinen Kausalgesetz gelenkt wird, sondern von der Laune oder vom Zu-

---

14 Thomas Pavel, *La pensée du roman*, a. a. O., S. 101 und 106 [Übers. C. P.].
15 Alain René Le Sage, *Die Geschichte des Gil Blas von Santillanā*, Frankfurt/M., Insel Verlag, 1986.
16 Voltaire, *Candide oder der Optimismus*, München, dtv, 2009.

fall abhängt (Letzterer im trivialen Wortsinn, der das absolut Unvorhersehbare bezeichnet, und nicht im Sinne der Wahrscheinlichkeit, der ihm von den Mathematikern in der Nachfolge Pascals verliehen worden ist). Der Schelmenroman verwirft nicht nur das Bild einer wohlgeordneten Realität, sondern er schließt sogar jede Bezugnahme auf ein verborgenes Ordnungsprinzip aus – ob es sich dabei nun um göttliche Vorhersehung, historische Setzungen oder objektive, die Gesellschaft lenkende Gesetze handelt, die den Ereignissen, die keine Einzelperson geplant oder auch nur gewollt hat, Sinn verleihen könnten. Ein rationaler Entwurf der Sittlichkeit, wie ihn zum Beispiel Adam Smith angeregt durch Newton in seiner *Theorie der ethischen Gefühle* entfaltet hat,[17] ist das Gegenteil der Schelmenerzählung, in der es unmöglich ist, die Guten von den Bösen zu unterscheiden (und genau um die Mühen, die auf die Begründung einer sowohl auf Vorsehung wie auf Rationalität beruhenden moralischen Ordnung verwandt werden, ins Lächerliche zu ziehen, schreibt Voltaire). Seit dem 1554 erstmals anonym in Burgos erschienenen kurzen Roman *Das Leben des Lazarillo von Tormes*, der zu ihrem Prototyp werden wird,[18] macht die Schelmenerzählung Bosheit, Lüge und Täuschung zu Grundprinzipien menschlichen Verhaltens und zur treibenden Kraft hinter den Geschichten, die erratisch an sie anknüpfen. Aber diese Art von schwarzem Realismus schließt die Möglichkeit einer gefestigten Realität aus, weil die Handlungsmotive zur Gänze von zufälligen Setzungen abhängig sind. Mehr noch: Die Vorstellung von der Realität beschränkt sich darin auf eine einzige Ebene, auf der die listig eingefädelten, flüchtigen Intrigen gesponnen werden, was nicht nur die Bezugnahme auf die doppelbödige Realität verbietet, auf der der Kriminalroman notwendig aufbaut, sondern auch keinen Raum für die Inszenierung der *Ambivalenz* lässt, die sich eben gerade von der Lüge unterscheidet und eines der Hauptthemen des modernen Romans bilden wird.

---

17 Adam Smith, *Theorie der ethischen Gefühle* (1759), Hamburg, Meiner, 2010.
18 Anonymus, *Das Leben des Lazarillo von Tormes. Seine Freuden und Leiden*, München, C. H. Beck, 1992.

Die Geschichten, die Robert Louis Stevenson unter dem Titel *New Arabian Nights* (1882) versammelt und mit *More New Arabian Nights: The Dynamiter* (1885) [dt.: *Der Dynamitverschwörer – Neue arabische Nächte*] fortgesetzt hat, bilden für unseren Gegenstand ein umso deutlicheres Beispiel, als sie zeitlich mit der Erfindung des Kriminalromans zusammenfallen. Sie enthalten die meisten der Bestandteile, die sich auch in den Erzählungen wiederfinden, die für die Entstehung dieser Gattung und danach des Spionageromans kennzeichnend sind, und unterscheiden sich doch klar davon. Die Rätsel reihen sich aneinander, aber ihre Auflösung endet im Chaos, im Paradox oder im Komischen. Wie die Titel dieser Novellensammlungen anzeigen, war es Stevensons Absicht, die Gattung der arabischen Märchenerzählung wieder aufzugreifen und sie ins London seiner Zeit zu übertragen, das seit Mitte des 19. Jahrhunderts als Hauptstadt des Geheimnisses gehandelt wurde.[19] In diesen Erzählungen finden sich zwar die Art von heiklen Situationen – Fallen, Duelle usw. –, Entitäten – illegale Clubs zu perversen Zwecken wie der Selbstmörderclub, Geheimbünde usw. – und Figuren – Verbrecher, Betrüger, anarchistische Bombenleger usw. –, die den Kriminalroman und vor allem den Spionageroman übersäen werden. Aber der Logik des Märchens entsprechend kann in diesen Erzählungen alles Mögliche geschehen und ist das, was dem Helden widerfährt, vollkommen unvorhersehbar. In Begleitung

---

19 1844 veröffentlicht George Reynolds *The Mysteries of London* [dt.: *Die Geheimnisse von London oder die Folgen des jugendlichen Leichtsinns*, 1854], die großen Erfolg hatten und sofort nicht ins Französische übersetzt, sondern von Paul Féval unter dem Namen Francis Trolopp neu geschrieben und 1844 als Fortsetzungsroman veröffentlicht wurden (*Les mystères de Londres*, Paris, Phébus, 2006 [dt.: *Die Geheimnisse von London*, 1845]). Das Buch von Reynolds war wiederum von Eugène Sues *Les mystères de Paris* [dt.: *Die Geheimnisse von Paris*] beeinflusst worden, die zwischen Juni 1842 und Oktober 1843 in Paris als Fortsetzungsroman erschienen waren und unmittelbar in englischer Übersetzung in London veröffentlicht wurden. Das Buch von Paul Féval, das Anténor Joly in Auftrag gegeben hatte, sollte die Aufmerksamkeit der Leser auf die von Joly geleiteten Zeitungen lenken, wobei er das unglaubliche Interesse nutzte, das durch das Erscheinen von Eugène Sues *Geheimnisse von Paris* entstanden war.

seines treuen Adjutanten Oberst Geraldine streift Prinz Florimel, Herrscher von Böhmen, in verschiedenen Verkleidungen durch Londons Unterwelt. Er begegnet Verrückten, Hoffnungslosen, Abenteurern und Abenteurerinnen, tugendhaften Damen in verzweifelter Lage,[20] Fanatikern und Weisen, und allein unter Rückgriff auf seinen Mut und sein Ehrgefühl macht er sich zum Verfechter einer immanenten Gerechtigkeit, die sich weder der Polizei noch der Justiz verdankt. Es gibt zwar Rätsel, aber ihr Ausgang ist immer paradox. So gelingt es zum Beispiel dem Oberanarchisten Zero – im *Dynamitverschwörer* – niemals, auch nur die kleinste Bombe zur Explosion zu bringen, er ist die verkörperte Machtlosigkeit. Obwohl alle Bestandteile tagesaktuell sind, bildet sich kein Zusammenhang zwischen den verschiedenen Situationen, die in diesen mehr oder weniger unglaublichen Geschichten aufeinander folgen. Die Unwahrscheinlichkeit dieser Geschichten soll zweifellos, zumindest teilweise, den kontingenten Charakter der bestehenden Gesellschaftsordnung herausstellen. Auf die ihm eigene lässige und dandyhafte Art war Stevenson ein kritischer Beobachter der Gesellschaft seiner Zeit.[21]

Weder die phantastische Erzählung noch die Schelmenerzählung sind für die Konstruktion von Rätseln geeignet. Die phantastische Erzählung zeigt die Welt in ihrer Merkwürdigkeit, die

---

20 Über die Entstehung dieser für den englischen Roman typischen Figur am Ende des 18. Jahrhunderts siehe Robert Francis Brissenden, *Virtue in Distress. Studies in the Novel of Sentiment from Richardson to Sade*, London, Macmillan, 1974.

21 Zur Kennzeichnung der Erzählhaltung, die Stevenson einnimmt, verwendet Richard Dury in der Arbeit, die er den *New Arabian Nights* gewidmet hat, den englischen Terminus *camp*, der »um die Idee einer selbstbewussten Theatralität abseits der Bühne kreist« und von dem »ein starkes Gefühl für die Vorläufigkeit der äußeren Erscheinung« ausgeht. »*Camp* und Dandyismus ähneln sich durch den Akzent, der auf Repräsentation und Stil gelegt wird, und auf die nicht-essenzielle, künstlich hergestellte Persönlichkeit, und auch insofern beide orthodoxe Ideologien (einschließlich der Geschlechterunterschiede) von innen heraus anzuweifeln« (Richard Dury, »Le caractère camp des *Nouvelles Mille et une nuits*«, in: Gilles Menegaldo/Jean-Pierre Naugrette (Hrsg.), *R. L. Stevenson & A. Conan Doyle. Aventures de la fiction*, a.a.O., S. 119-139 [Übers. C. P.]).

Schelmenerzählung zeigt sie in ihrer Zusammenhanglosigkeit. Die Inszenierung der jeweiligen Lage der Dinge – Merkwürdigkeit und Zusammenhanglosigkeit – beruht auf ontologischen Voraussetzungen, die jeden Ausweg aus den so eingerichteten Welten versperren. Das Rätsel besteht nun aber als solches nur unter Bezug auf seine mögliche Lösung, genauer gesagt: seine Negation als Rätsel. Es stellt sich als *Anomalie*, das heißt als etwas dar, das ein Gesamtgefüge von vorhersehbaren Erwartungen durcheinanderbringt. Aber dieses Durcheinander ist nicht nur vorläufig, sondern in gewisser Weise auch trügerisch. Sowie die Lösung gefunden ist, kehrt wieder Ordnung ein.

Die Verfassung der Realität: Reales versus Realität

Zur Präzisierung der Entstehungsbedingungen des Kriminalromans stellen wir eine erste Hypothese auf: Die Bedingung der Möglichkeit für das Auftreten dieser Romangattung ist die Errichtung von etwas, das sich als *Realität* darstellen kann.

Zum besseren Verständnis des mit diesem Terminus Gemeinten werden wir zwei Arten unterscheiden, wie der Handlungskontext genannt werden kann: auf der einen Seite das *Reale* und auf der anderen die *Realität*. Die Figuren, die sich in der phantastischen Erzählung bewegen, müssen sich sehr wohl mit Realem auseinandersetzen. Wäre diese oder jene gespenstische Erscheinung nicht real, würde die Geschichte all ihren Reiz verlieren (daher die Enttäuschung des Lesers, wenn der Erzähler es am Schluss für angebracht hält, eine »rationale« Deutung der in der Erzählung geschilderten merkwürdigen Ereignisse vorzunehmen). Ebenso schlägt sich der Held der Schelmenerzählung mit völlig realen Verhältnissen herum (wenn nicht, ginge er keinerlei Risiko ein, und die Erzählung würde sich als vollkommen uninteressant erweisen). Aber die realen Umstände [*les réels*], die die Handlung berücksichtigen muss, haben einen situativen und singulären Charakter. Sie bleiben gewissermaßen an die einzelnen Ereignisse, über die sie sich äußern, und an die Situationen *ge-*

bunden, die durch diese Ereignisse entstehen. Es gibt also ebenso viele reale Umstände [*réels*], wie es Ereignisse gibt, und die Abfolge der Situationen ruft eine Abfolge von verschiedenen und häufig miteinander unvereinbaren oder einander widersprechenden realen Umständen [*réels*] hervor.

Umgekehrt setzt die Bezugnahme auf so etwas wie die *Realität* voraus, dass man sich auf eine Reihe von Regelmäßigkeiten stützen kann, die in jeder beliebigen Situation bestehen bleiben und jedes auch noch so singuläre Ereignis einrahmen. Mit Hilfe dieser Regelmäßigkeiten lässt sich eine Grenze zwischen Möglichem und Unmöglichem ziehen; sie bieten der Handlung einen allgemeinen, eine gewisse Vorhersehbarkeit oder, wenn man so will, eine Ordnung gewährenden Rahmen. In den Schelmenerzählungen oder im Märchen gibt es zwar durchaus Inseln der Ordnung, die gemeinhin auf den politischen Willen der Mächtigen zurückzuführen sind, oder auch mehr oder weniger deutlich abgesteckte Bahnen oder Strecken (Netzwerke würde man heute sagen). Aber sie bleiben wenig belastbar und leisten im Wettstreit der Umstände, der sie durcheinanderwirbelt, nur selten Widerstand. Umgekehrt stützt sich der Kriminalroman auf eine Realität *an sich*, das heißt auf *etwas*, das unabhängig von den dann jeweils *subjektiv* genannten Deutungen, die die Akteure entwickeln, als Substrat der verschiedenen Situationen dienen kann, mit denen die Handlung konfrontiert. Die Bestandteile, aus denen sich diese Realität zusammensetzt, besitzen globalen Charakter (selbst wenn ihre Ausweitung und Grenzen Probleme bereiten können). Zwischen ihnen soll ein stabiler Zusammenhang bestehen, und sie sollen ein relativ kohärentes Ensemble bilden, das eine kontextübergreifende Schilderung möglich macht (obwohl das stets unvollkommene Bild natürlich jederzeit geändert und sogar transformiert werden kann). Nur von diesem Realitätshintergrund, der als selbstverständlich gilt, kann das Rätsel sich abheben, aufblitzen und Aufmerksamkeit erregen.

Je nach historischem Kontext und dem, was wir heute »Gesellschaft« nennen, kann sich die so definierte Realität auf ganz verschiedene, zum Beispiel mit der Religion, der Verwandtschaft, dem Recht usw. zusammenhängende Formen stützen. Ursprünglich beruht dieser Realitätshintergrund im Kriminalroman auf zwei klar voneinander getrennten, aber dennoch interagierenden Ordnungen, die sich als solche erst vor relativ kurzer Zeit konstituierten. Es handelt sich zunächst um die *physische Realität*, und die ersten Analysen, zu denen diese Romangattung bei Régis Messac[22] oder Siegfried Kracauer[23] Anlass gab, haben den Zusammenhang zwischen dem Aufkommen des Kriminalromans und der Entwicklung der Wissenschaften und Techniken sehr treffend hervorgehoben. Aber es handelt sich auch, und man könnte sagen vor allem, um die *soziale Realität*.

Unter diesem Terminus ist das Projekt einer Beschreibung der Milieus, in denen Menschen leben, als Gesamtorganismus zu verstehen, der eine spezifische Logik besitzt und unabhängig von den Beweggründen und dem Willen der einzelnen Individuen seinen eigenen Gesetzen gehorcht. Dieses Gebilde setzt sich sowohl aus Individuen wie aus ganz verschiedenen Entitäten zusammen. Einige Entitäten sind juristisch definiert (zum Beispiel die Mitglieder der Anwaltskammer), andere nicht (zum Beispiel die sozialen Schichten). Sie können lokal verwurzelt sein (zum Beispiel die Einwohner dieses oder jenes Städtchens) oder räumlich verstreut sein (zum Beispiel der Adel). Und schließlich verfügen diese Entitäten gemeinhin über Eigenschaften, eine bestimmte Intentionalität und eine bestimmtes Auftreten oder einen spezifischen Charakter, die sich grob im Auftreten und im Charakter der Individuen widerspiegeln, insofern sie durch einige ihrer Eigenschaften mit diesen Entitäten in Verbindung gebracht werden können. So gibt es ein Auftreten des Bürgertums, und wer darüber schon gewisse Kenntnisse erworben hat,

---

22 Régis Messac, *Le »detective novel« et l'influence de la pensée scientifique*, a. a. O.
23 Siegfried Kracauer, *Der Detektiv-Roman. Eine Deutung*, in: ders., *Schriften*, Bd. 1, Frankfurt/M., Suhrkamp, 2006, S. 103-209. Dieser Text, der lange unveröffentlicht blieb, wurde zwischen 1922 und 1925 geschrieben. Er ist Theodor W. Adorno gewidmet.

dürfte in Gegenwart eines Bürgers auf gewisse Verhaltensweisen gefasst sein.

Andere, ältere und allgemeiner angelegte Formen der Realitätsbildung, die sich vor allem auf das Recht und auf die Verwandtschaft stützen, werden durch die Entwicklung dieser neuen Formen nicht aufgegeben. Aber die Kombination von Eigenschaften, die sich aus Spezifikationen rechtlicher Art ableiten – die man als statutarisch oder *offiziell* bezeichnen kann –, und Eigenschaften, die sich aus der Berücksichtigung von nicht-rechtlichen, *inoffiziellen* und im eigentlichen Sinne *sozialen* Entitäten ergeben, wenn man so sagen kann, stellt ein Problem dar und ruft Ungewissheit hervor. Auf diese Weise können zum Beispiel gewisse Individuen »tatsächlich« ein Auftreten haben, das nicht zu ihrer offiziellen Identität passt, und das man – häufig zum eigenen Erstaunen – entdeckt, bevor man versteht, dass ihre Eigenartigkeit mit ihren Verbindungen zu nicht-rechtlich definierten Entitäten zusammenhängt (zum Beispiel wusste man nicht, dass jener Arzt Jude war oder einfacher Herkunft, aber dann hätte …, alles findet eine Erklärung).

Die Idee, dass eine solche »objektive« Beschreibung, die sich von der physischen Realität auf die soziale Realität (und übrigens auch, wie Lorraine Daston gezeigt hat, von der sozialen, durch Gesetze, die von Gesetzgebern aufgestellt wurden, beherrschten Realität auf die physische Realität, die eigentlich ebenfalls »Gesetzen« gehorchen soll[24]) verschieben lässt, nicht nur möglich, sondern für das reibungslose Funktionieren der politischen Entitäten notwendig ist, entsteht bekanntlich am Übergang vom 18. zum 19. Jahrhundert. Sie begleitet die Entwicklung der Statistik, der politischen Ökonomie und dann, kurz vor dem Aufkommen des Kriminalromans, der Soziologie. Im gleichen intellektuellen Kontext und gestützt auf die gleichen neuen Betrachtungsweisen der menschlichen Milieus, nimmt auch der Gesellschaftsroman Gestalt an – eine Gattung, die

---

24 Siehe Lorraine Daston, »Objectivity and the Escape from Perspective«, in: *Social Studies of Science* 22 (1992), S. 597-618.

im 19. Jahrhundert eine außerordentliche Blütezeit erlebt; teilweise ist der Kriminalroman eine ihrer späten Transformationen.

Gesellschaftsroman, Kriminalroman, Spionageroman

Kriminalroman und Spionageroman treten von Anfang an als soziologische Gattungen auf – ebenso wie die allgemeinere Gattung, aus der sie hervorgehen: der Gesellschaftsroman. Bevor sich nicht eine Kategorie etabliert hat, die erst gegen Mitte des 19. Jahrhunderts die Gestalt einer im Commonsense verankerten Selbstverständlichkeit annimmt und nichts anderes ist als *die Gesellschaft*,[25] sind sie nur schwer denkbar. Von daher kann man sagen, dass die heute sehr verbreitete Gattung des exotischen oder historischen Kriminalromans anatopistisch und anachronistisch ist, weil sie eine historisch und geografisch situierte Betrachtungsweise der menschlichen Milieus auf nichtwestliche Räume oder entlegene Zeitalter projiziert. Wie im Gesellschaftsroman werden die Figuren, die die Erzählung – notwendiger Weise in begrenzter Zahl – darstellt, im Fall des Kriminalromans je nach Alter, Geschlecht, Nationalität usw. durch ihre Zugehörigkeit zu Entitäten, Gruppen und vor allem zu sozialen Schichten charakterisiert, die zusammen und in Bezug aufeinander die Gesellschaft bilden. Jede der Figuren wird also gleichzeitig als singuläres Individuum – im Hinblick auf ihren Charakter, ihre Psychologie, ihre Vergangenheit, ihr Schicksal usw. – behandelt und als typische Repräsentantin eines größeren Gebildes mit mehr oder weniger scharfen Konturen, das in der Gesellschaft vorkommt und eine ihrer Komponenten bildet.

---

25 Über die Art und Weise, wie sich der Sinn des Wortes »Gesellschaft« am Ende des 18. Jahrhunderts von seiner alten Bedeutung (die feine Gesellschaft) gelöst hat, um ein Kollektiv zu bezeichnen, über das man ohne direkte Bezugnahme auf die Einzelpersonen sprechen kann, aus denen es sich zusammensetzt, siehe Robert Nisbet, *La tradition sociologique* (1966), Paris, PUF, 1984.

Die Leserbindung beruht auf der Annahme, dass jeder beliebige Leser diesen Abgleich zwischen der Figur, die ihm mitsamt ihrer biografischen Eigenheiten präsentiert wird, und dem *Sozialtypus*, von dem diese Figur ein Exemplar (ein *token*) ist, bewerkstelligen und sogar mit realen Personen in Verbindung bringen kann, denen er im Laufe seines Alltagslebens begegnet sein mag und die er durch einen ähnlichen Abgleich zwischen realer Person, Romanfigur und Sozialtypus einordnen konnte.

Wie die Soziologie räumt auch die Art Determinismus, die dem Gesellschaftsroman zugrunde liegt, der Gesetzesübertretung und dem Verbrechen einen Platz ein, die wiederum ihrerseits erklärbar sind, wenn man die sozialen Eigenschaften der Figuren berücksichtigt. Bestand nicht eine der Großtaten, dank derer die Soziologie im 19. Jahrhundert ihre Fähigkeiten als Wissenschaft unter Beweis stellen konnte, darin, dass sie gestützt auf die Statistik zeigte, dass auch die Gesetzesübertretung und das Verbrechen selbst sozialen Regelmäßigkeiten gehorchten, die sie ebenso vorhersehbar machten wie die gewöhnlichen Verhaltensweisen (oder sogar in noch höherem Maße)?[26] Die Überschneidung von Gesellschaftsroman und Soziologie ist hier übrigens so groß, dass der Gedanke nicht abwegig scheint, dass der Publikumserfolg von einigen soziologischen Büchern in der zweiten Hälfte des 20. Jahrhunderts seinen Grund in einer Verlagerung der Leserbindung des Gesellschaftsromans auf Werke hatte, die eigentlich für sozialwissenschaftliche Fachleute bestimmt waren. Wie im Fall des Gesellschaftsromans konnten sie das Interesse von Lesern auf sich ziehen, die sich und andere Personen in den ihnen dargebotenen Tableaus wiedererkannten – Tableaus, die sie als eine Art verdichteter oder bereinigter Modelle der Gesellschaft ansahen, in die sie selbst eingebunden waren.

Im Gesellschaftsroman ist das Verbrechen – als Ereignis – ein Attribut des Verbrechers – als Ursache. Ereignis und Ursache

---

26 Die berühmtesten Beispiele dafür sind *La criminalité comparée* (1886) von Gabriel Tarde, Paris, Les empêcheurs de penser en rond, 2004, und *Le suicide* (1897) von Émile Durkheim, Paris, PUF, 1960 (1897) [dt.: *Der Selbstmord*, Neuwied/Berlin, Luchterhand, 1973].

sind untrennbar miteinander verbunden. Verbrechen und Verbrecher werfen also im Wesentlichen eine moralische Frage auf: Ist man, im Wissen um die sozialen Bedingungen, die aus einem Mann einen Verbrecher gemacht haben, berechtigt, ihn moralisch für sein Verbrechen verantwortlich zu machen, oder trägt auch die Entität, die man Gesellschaft nennt, einen Teil der Verantwortung dafür? Die Neuerung, die der Kriminalroman im Vergleich zum Gesellschaftsroman mit sich bringt, betrifft nun genau dieses Verhältnis von Verbrechen und Verbrecher. Ein Ereignis tritt ein. Es ist ein Verbrechen. Aber man weiß nicht, wem es zuzuschreiben ist. Jede der dargestellten Figuren könnte der Täter sein, auch der Erzähler (wie in Agatha Christies *Der Mord an Roger Ackroyd*) – allerdings mit Ausnahme des Detektivs.[27]

Der Kriminalroman und der Spionageroman bieten noch stärker typisierte Figuren auf und erschaffen eine noch banalere Realität als der Gesellschaftsroman. Aber diese Banalisierung der Realität bildet die Grundlage für die krisenhafte Zuspitzung, die von einem sich ereignenden Verbrechen, dessen Zuschreibung Probleme bereitet, ausgeht und die aufdeckt, wie ungewiss und wenig belastbar diese Realität doch ist. Niemand ist vor Verdächtigungen sicher. Der Spionageroman geht diesbezüglich noch einen Schritt weiter, weil sich hinter jeder noch so gewöhnlichen Figur eine andere Person mit ganz anderen Eigenschaften,

---

27 Gleichwohl gibt es eine berühmte Ausnahme, die wir ebenfalls Agatha Christie verdanken. 1946 schrieb Christie eine Geschichte, die sie in ihren Tresor einschloss und die erst nach ihrem Tod veröffentlicht werden durfte (*Vorhang. Hercule Poirots letzter Fall*, Bern, Scherz Verlag, 1976). In dieser Geschichte, die die letzte Untersuchung von Hercule Poirot schildert, ist dieser selbst der Verbrecher, aber immerhin aus mehr oder weniger ehrenwerten Motiven (er ermordet einen Verbrecher in der Annahme, dass dieser aus streng legaler Perspektive unangreifbar ist). In dem literarischen Kunststück, aus dem Detektiv einen Verbrecher zu machen, kann man ein Beispiel für die Transformationen sehen, über die wir weiter unten sprechen werden und denen der Wunsch zugrunde liegt, alle Kombinationen zu nutzen, die innerhalb eines vorgegebenen Strukturrahmens möglich sind. (Siehe Pierre Bayard, *Qui a tué Roger Ackroyd?* (1998), Paris, Minuit, 2008, S. 149-158.)

Veranlagungen und Absichten verbergen kann; und ihr gesellschaftliches Erscheinungsbild ist noch typisierter, weil es nur eine Verkleidung ist, die sowohl die anderen Figuren als auch den Leser täuschen soll. Gleichzeitig werden nicht nur die wahren [*réelles*] Identitäten, sondern auch die wahren [*réelles*] Beziehungen der Akteure untereinander ungewiss und problematisch, weil die vordergründig sichtbaren Beziehungen eines gewissen Typs eigentlich geheim gehaltene Verbindungen, Absichten und Pläne verbergen.

Die Realität in der Krise:
Komplottform und Untersuchung

Dieses einordnende, intentionale und operative Durchforsten der Realität kennzeichnet die Struktur dessen, was man *Komplottform* nennen kann. Die Komplottform hat notwendigerweise zwei Gesichter. Das Komplott ist ein Gegenstand, der aus sich heraus nicht verständlich ist. Von gewöhnlichen Beziehungen unterscheidet es sich nur durch die Operation der *Enthüllung*, dass die vordergründig sichtbare, aber fiktive, also falsche Realität und die verdeckte, aber wahre [*réelle*] Realität auf ein und derselben Ebene angesiedelt sind. Aus diesem Grund weist der Moment, in dem das Komplott aufgedeckt wird, alle Eigenschaften eines Überraschungseffekts auf.

Auf diese Weise kehrt sich die Realität, die soziale Realität, so wie sie sich zunächst den Augen eines naiven Beobachters (und Lesers) mit ihrer Ordnung, ihren Hierarchien, ihren Determinanten und Kausalgesetzen präsentiert hatte, um und enthüllt ihre Fiktionalität, hinter der sich eine andere, sehr viel realere Realität verborgen hatte, die von Dingen, Taten, Akteuren, Plänen, Verbindungen und vor allem Mächten bevölkert wird, deren Existenz, ja überhaupt Möglichkeit bisher niemand vermutet hatte. Die Frage der Mächte und dadurch der kausalen Determinanten, die die Realität prägen, sie in Bewegung versetzen und ihr ihre gewöhnlichen Konturen verleihen, ist hier von größter

Wichtigkeit.[28] Im Kriminalroman offenbart die Enthüllung, die der Detektiv vornimmt, dass sogar beziehungsweise vor allem diejenigen, die die Realität verkörpern sollten und über die nötige Macht verfügten, ihr Halt und Respekt zu verschaffen, Verbrecher sind oder sein können. Im Spionageroman wird der Verdacht so weit ausgeweitet, dass er in erster Linie die Führungsebene erreicht. Der Enthüllungsvorgang bringt an den Tag, dass diese scheinbar rechtmäßigen Inhaber der politischen Macht »eigentlich« – *in Wahrheit* [*en réalité*] – mit ihrem Einverständnis oder ohne ihr Wissen nur Marionetten sind, die von anderen Kräften gesteuert werden, deren Macht größer ist, aber im Dunkeln bleibt.

Wie im Spionageroman folgt die Enthüllung im Kriminalroman auf eine Untersuchung. Die Form der Untersuchung wirft, wie wir sehen werden, vor allem die Frage nach ihren Grenzen auf. Die Realitätsebene im oben definierten Sinne hat den Hauptvorteil, dass sie die Ungewissheit, *was es mit dem, was ist, auf sich hat,* verringert und dadurch die Ausweitung der für die alltägliche Handlungsorientierung notwendigen Untersuchungen begrenzt.[29] Wie wir gesehen haben, setzt sich eine Realitätsebene aus einem Netzwerk von vorab definierten und mehr oder weniger spezialisierten Entitäten, Regeln, Überprüfungsformaten, Konventionen usw. zusammen, die für die Handlungsorientierung sorgen, indem sie das Feld der möglichen Deutungen begrenzen. Wenn man sich an die Realität hält, ist es möglich, vernünftige Erwartungshaltungen auszubilden und anderen Entitäten und besonders Personen Absichten zu unterstellen, die ihrer »Rolle« – wie die klassische Soziologie sagt – in der Situation, in der man ihnen begegnet, entsprechen. (So unterstelle ich dem

---

28 Für einen besonders markanten literarischen Ausdruck dieser Sichtweise des Komplotts siehe das große Buch, das Philippe Roussin über Louis-Ferdinand Céline veröffentlicht hat: *Misère de la littérature, terreur de l'histoire. Céline et la littérature contemporaine*, Paris, Gallimard, 2005.

29 Über die Festlegung, *was es mit dem, was ist, auf sich hat,* und die semantische Rolle von Institutionen siehe Luc Boltanski, *Soziologie und Sozialkritik*, a.a.O., S. 82-129.

Taxifahrer die Absicht, mich zu der Adresse zu bringen, die ich ihm genannt habe, und sich nicht etwa in den Wald von Verrières zu begeben, um mich den Fängen von Verbrechern auszuliefern.) Sich auf die Realität zu verlassen, ist ökonomischer, als sie anzuzweifeln oder in Frage zu stellen. Abgesehen davon, dass sie den Handlungsverlauf unterbricht, setzt die Untersuchung die Anwendung aufwendiger Methoden voraus, weil sie mitten in nicht vorab abgesteckten und anerkannten Räumen (in dem, was wir *Welt* genannt haben) nach den Elementen suchen muss, die für die Handlungsorientierung zu berücksichtigen sind. Untersuchungen werden auch in alltäglichen Situationen angestellt. Aber solche Untersuchungen sind gemeinhin weniger eingehend. Diejenigen, die sie anstrengen, möchten keine unwiderlegbaren Beweise sammeln, sondern nur zu glaubhaften Vermutungen gelangen, die zur Handlungsorientierung ausreichen.

Im Gegensatz zu solchen gewöhnlichen Routinen inszeniert der Kriminalroman Situationen, in denen die Untersuchung bis zu ihren äußersten Grenzen weitergeführt wird. Alles Mögliche, eine Fußspur, ein umgeknickter Grashalm, eine zeitliche Abweichung von fünf Minuten in zwei Zeugenaussagen kann als Indiz oder Beweis verwendet werden. Vor dem Auftreten des Kriminalromans sind so verbissene, sorgfältige und den gewöhnlichen Praktiken so fremde Überprüfungen der Realität niemals in einem Roman geschildert worden. Wie schon oft angemerkt worden ist, kann man darin den literarischen Widerhall von Methoden sehen, die in der wissenschaftlichen Arbeit zum Einsatz kamen und Ende des 19. Jahrhunderts vor allem durch das Schul- und Pressewesen zu Bekanntheit gelangten. Aber diese Erklärung lässt die Faszination außer Acht, die die Untersuchungsverfahren ganz plötzlich auf das Zeitalter ausgeübt zu haben scheinen, in dem der Kriminalroman entstand.

Wir möchten schnell noch ein weiteres Indiz für diese neue, der Untersuchung gewidmete Aufmerksamkeit anführen, auf das wir zurückkommen werden (Kapitel 5). Der Kriminalroman entwickelt sich zeitgleich mit einer wichtigen Neuerung, diesmal auf dem Gebiet der Psychiatrie. Es handelt sich um die Erfindung und Beschreibung einer »Paranoia« genannten neuen Geisteskrankheit durch den deutschen Psychiater Emil Kraepelin im Jahre 1899. Kraepelin zufolge besteht nämlich eines der typischen Merkmale, die bei den an dieser Krankheit Leidenden auftraten, eben gerade darin, unter gewöhnlichen Lebensumständen eine Untersuchung über jedes vernünftige Maß hinaus weiterzuführen, als ob die Konturen und der Gehalt der Realität in ihren Augen weiterhin problematisch seien. Der Ermittler in den Kriminalromanen handelt also wie ein Paranoiker – mit dem Unterschied, dass er geistig gesund ist.

Ohne hier näher auf eine Analyse einzugehen, die wir später wieder aufgreifen werden, möchte ich die Idee anregen, dass dieses Insistieren auf der Untersuchung eine der äußerlich sichtbaren Formen ist, die eine allgemeinere und tiefere Störung annimmt, deren Gegenstand die Realität selbst ist. Einerseits hat sich die Realität zweifellos niemals als so organisiert, robust und dadurch so vorhersehbar dargestellt wie in den modernen westlichen Gesellschaften. Aber andererseits, und zwar vielleicht aus denselben Gründen, tritt ihre Fragilität oder das, was man dafür hält, in den Vordergrund und scheint eine noch nie dagewesene Verunsicherung hervorzurufen. Ich denke, dass der Kriminalroman diese Verunsicherung inszeniert und dass der Hauptgrund für seinen Erfolg darin zu suchen ist, wie kunstvoll er diese Verunsicherung in Bezug auf die *Realität der Realität* zum Ausdruck bringt.

Realität und Nationalstaat

Diese Verunsicherung in Bezug auf die Realität wird noch manifester im Spionageroman, dessen ungefähr zwanzig bis dreißig Jahre nach Auftreten des Kriminalromans einsetzende Entwicklung offenkundig auf die Frage ausgerichtet ist, wie es um den Staat steht. Trotzdem liegt der Gedanke nicht fern, dass schon der Kriminalroman die Frage des Staates oder vielmehr die des Verhältnisses von Staat und Realität untergründig aufwirft. Besteht nicht eine der Eigenheiten dieser Gattung darin, die Handlung in ganz besonderen Momenten anzusiedeln, in denen Angehörige der Zivilgesellschaft und Repräsentanten des Staates charakteristischerweise in ein und dieselbe Situation verwickelt sind, wobei die dramatischen Umstände es Letzteren erlauben, das Privatleben von gewöhnlichen Personen, die sich als *Verdächtige* erweisen, bis ins kleinste Detail zu durchleuchten? Über die Presse und die Untersuchungen, die Journalisten anstellen, deren bedrohliche Gegenwart im ursprünglichen Kriminalroman immer wieder in Erinnerung gerufen wird, gibt diese Einmischung von Repräsentanten der Staatsgewalt in das persönliche Leben und häufig in Familiengeheimnisse Letztere der Öffentlichkeit preis. Eine der Eigenheiten des Kriminalromans besteht also in seiner Positionierung an dem Punkt, an dem Privates und Öffentliches, Zivilgesellschaft und Staat und, radikaler noch, zwei Äußerungen der Realität ununterscheidbar werden. Nämlich einerseits die Realität, insofern sie Gegenstand einer von individuellen Akteuren in vielfältigen alltäglichen Situationen gelebten Erfahrung ist. Und andererseits die Realität als Totalität, die auf einem Raster von Formaten, Regeln, Verfahren, Kenntnissen und Prüfungen mit Allgemeinheitsanspruch aufruht und von Institutionen getragen wird, die ihre Konturen bestimmen. Gegen Ende des 19. Jahrhunderts nehmen diese Institutionen in Europa systemischen Charakter an, weil sie immer stärker unter die Autorität des Staates fallen und darüber hinaus durch die gemeinsame Bezugnahme auf Wissenschaften und Techniken eine Vereinheitlichung erfahren, unter denen die Sozialwissenschaften und insbesondere die Ökonomie und die Statistik einen nicht unbeträchtlichen Platz einnehmen.

Indem es sich auf die Wissenschaften, auf das Erziehungssystem und auf soziale Untersuchungen stützt, erhebt das damals entstehende staatliche Projekt zumindest implizit den Anspruch, den Abstand zwischen gelebter und instituierter Realität, zwischen *Subjektivitäten* und den objektiven Dispositiven, die ihnen als Rahmen dienen, zu verringern. Die Verringerung dieses Abstandes wohnt eigentlich schon der Idee des Nationalstaats selbst inne.[30] In der Zusammengesetztheit dieser politischen Utopie aus Nation und Staat bündelt sich der ganze Sinn des Projekts. Dieser besteht darin, auf der einen Seite die gelebte Realität von Einzelpersonen, deren Vielfalt in der Zugehörigkeit zur selben Nation mit ihren Sitten und ihrem so genannten Nationalcharakter auf natürliche Weise, das heißt an sich aufgeht, in einer unauflöslichen Synthese mit dem Staat als reflexiver Kontroll- und Steuerungsinstanz auf der anderen Seite zu verbinden, der über die Institutionen die Organisation, Stabilität, Sicherheit und das Bewusstsein dieser natürlichen Ordnung gewährleistet, das heißt ihre Transformation in Für-sich-Sein. Neuere Arbeiten, insbesondere die von Michel Foucault,[31] haben den Unterschied zwischen dieser neuen Konzeption des Staates als Nationalstaat und der des souveränen Staates hervorgehoben, wie er sich am Ende der Religionskriege in Europa durchsetzte.[32] Der Staat – den man, folgt man Gérard Noiriel, auch als Sozialstaat bezeichnen kann[33] –

---

30 »Unabhängig von ihren verschiedenen Ursprüngen und unterschiedlichen Entstehungszeiten kann die Geschichte des modernen Staates als Anstrengung verstanden werden, alle für die Gesellschaft wesentlichen Gesichtspunkte zu nationalisieren: die Souveränität, die Identität, das Territorium, die Sicherheit, die Gesetze und den Markt. Die Epochen, die diesem Aufstieg des Nationalstaats vorhergingen, hatten ganz verschiedene Maßstäbe angelegt, das Territorium war signifikanterweise vielfältigen Steuerungsmechanismen unterworfen und nicht der ausschließlichen Souveränität des Staates« (Saskia Sassen, *La globalisation. Une sociologie*, Paris, Gallimard, 2009, S. 21 [Übers. C.P.; engl. Orig.: *A Sociology of Globalization*, New York, Norton & Company, 2007]).

31 Siehe besonders Michel Foucault, *Sécurité, territoire, population. Cours au Collège de France, 1977-1978*, Paris, Gallimard, Seuil, Hautes Études, 2004 [dt.: *Geschichte der Gouvernementalität I: Sicherheit, Territorium, Bevölkerung*, Frankfurt/M., Suhrkamp, 2004], und Michel Foucault, *Naissance de la biopolitique. Cours au Collège de France, 1978-1979*, Paris, Gallimard, Seuil, Hautes Études, 2004 [dt.: *Geschichte der Gouvernementalität II: Die Geburt der Biopolitik*, Frankfurt/M., Suhrkamp, 2004].

32 Die meines Wissens umfassendste Analyse der Entstehung der Idee der Souveränität vor allem bei Bodin findet sich in Olivier Beaud, *La puissance de l'État*, Paris, PUF, 1994.

33 »Ende des 19. Jahrhunderts […] wird dem demokratischen Staat die neue Funktion zugewiesen, die sozialen Rechte zu schützen. […] Einerseits handelt es sich um ein *taxonomisches* Verfahren, das darauf abzielt, eine ›Klasse‹

wird nicht mehr nur als höhere Ordnungsmacht begriffen, die relativ frei von religiösen Streitigkeiten ist und ihrer eigenen Moral unterliegt (der Staatsräson), um bestenfalls die eigene Sicherheit zu gewährleisten. Er erhebt auch den Anspruch, die Realität, in der sich das Leben der unter seiner Autorität stehenden Bevölkerung abspielt, zu durchdringen, zu kontrollieren und in einem gewissen Maße zu gestalten, und er verfolgt sogar die Absicht, für ihre Erziehung zu sorgen und die Bedingungen ihres Wohlergehens so gut es geht zu organisieren.

Durch die Berücksichtigung der nach dem Modell der physischen Realität betrachteten sozialen Realität nimmt diese utopische Synthese von Staat und Nation Gestalt an; sie macht aus dem Staat den Hauptverantwortlichen und Garanten sowohl für die gelebte als auch für die instituierte Realität, das heißt, insofern sie gleichzeitig so betrachtet wird, als ob sie bereits da wäre, und so, als ob eine zusätzliche Anstrengung erforderlich ist, damit sie ankommt oder eintritt. Diese im eigentlichen Sinne demiurgische Form des staatlichen Projekts – der man den foucaultschen Terminus *Biopolitik* zuweisen kann und die im Wohlfahrtsstaat kulminiert[34] – wäre vollkommen unglaubwürdig gewesen, wenn sie sich nicht auf die Wissenschaften und ihre engen Beziehungen zum Staat gestützt hätte. Erst

---

(oder ›Kategorie‹) zu schaffen, indem mitten in ein und demselben Gebilde Elemente mit denselben Eigenschaften versammelt werden. Andererseits handelt es sich um ein Verfahren der *Identifizierung* (oder Individualisierung), das darauf abzielt, jedes Element der betreffenden Klasse zu isolieren. [...] Die Mitglieder dieser Kategorien teilen dieselbe kollektive Identität, insofern sie die Machtbeziehung verinnerlichen, der sie unterworfen sind, das heißt die Definition ihrer selbst durch diejenigen, die durch die souveräne Autorität dazu bevollmächtigt sind, die Gesetze zur Anwendung zu bringen« (Gérard Noiriel, »Représentation nationale et catégories sociales. L'exemple des réfugiés politiques«, in: *Genèses* 16 (April 1997), S. 25-54 [Übers. C. P.]).

34 Über die historische Genese des Wohlfahrtsstaats, siehe Abram de Swaan, *In Care of the State. Health Care, Education and Welfare in Europe and the USA in the Modern Era*, Cambridge, Polity Press, 1988 [dt.: *Der sorgende Staat. Wohlfahrt, Gesundheit und Bildung in Europa und den USA der Neuzeit*, Frankfurt/M./New York, Campus, 1993].

die Konvergenz zwischen dem staatlichen und dem wissenschaftlichen Projekt erlaubt die Etablierung und Stabilisierung einer Realität, die als Zusammensetzung betrachtet wird aus einerseits physikalischen Gesetzen, Techniken, ökonomischen und sozialen Gesetzen und andererseits aus Gesetzen, die von Parlamenten beschlossen werden, Ministerialerlässen, Polizeimaßnahmen und allgemeiner gesagt Rechtsmitteln sowie sozialen Repräsentations- und Steuerungstechnologien. Die Statistik spielt bei dieser Zusammenstellung eine wesentliche Rolle. War sie, wie ihr Name anzeigt, anfänglich als Wissenschaft dazu bestimmt, den Staat zu beschreiben, erlaubt sie durch ihre Mathematisierbarkeit den Abgleich von physischer und sozialer Realität.[35] Was die Soziologie anbelangt, so ist es nicht schwer zu sehen, dass die Entität, die sie zum Gegenstand nimmt, nämlich die *Gesellschaft*, ein sich innerhalb der Grenzen eines Nationalstaates befindendes, aus Bevölkerungen, Objekten und – offiziellen, wie die Gesetze, oder inoffiziellen, wie die Normen – Regeln zusammengesetztes Gebilde ist. Und man hat zeigen können, dass die sich am Ende des 19. Jahrhunderts entwickelnden Soziologien, ohne selbst notwendig nationalistisch eingestellt zu sein, die spezifischen Probleme in ihre Fragestellungen aufnehmen und häufig verallgemeinern, die der Aufbau und die Ausweitung der Form Nationalstaat in den verschiedenen europäischen Ländern aufwirft, in denen diese Disziplin entsteht.[36]

Worum es im Kriminalroman und Spionageroman geht

Die Berücksichtigung der Beziehung, die sich Ende des 19. Jahrhunderts und zu Beginn des 20. Jahrhunderts in Europa zwischen dem Aufbau des Nationalstaats einerseits und der De-

---

35 Siehe Alain Desrosières, *La politique des grands nombres*, Paris, La Découverte, 1993 [dt.: *Die Politik der großen Zahlen. Eine Geschichte der statistischen Denkweise*, Berlin/Heidelberg/New York, Springer, 2005].
36 Siehe Peter Wagner, *Soziologie der Moderne. Freiheit und Disziplin*, Frankfurt/M./New York, Campus, 1995.

terminierung und Stabilisierung der Realität andererseits entwickelt, erlaubt die genauere Bestimmung dessen, worum es im Kriminalroman und dann im Spionageroman geht. Die Verunsicherung, die diese literarischen Gattungen in Szene setzen und so bei den Lesern wachrufen – und die die besondere Art von Spannung erzeugt, die man mit dem englischen Wort *suspense* bezeichnet –, entspringt nämlich der Möglichkeit einer Infragestellung der *Realität der Realität*. Es ist anzunehmen, dass G. K. Chesterton, der den geistigen Horizont eines Metaphysikers und Theologen hatte, diese im eigentlichen Sinne metaphysische Dimension des Kriminalromans als erster geahnt hat.[37] Dadurch hat er in der Gesamtentwicklung die Rolle eines Neuerers gespielt, die darin bestand, sich der Form des Kriminalerzählung als einem Paradigma der so genannten »populären« Literatur zu bemächtigen und sie unter Rückgriff auf die und Nutzung der im eigentlichen Sinne philosophischen und moralischen Ressourcen, die diese neue literarische Gattung bot, in Richtung auf die anspruchsvolle Literatur hin zu verschieben. Nicht nur, weil er in Konzentration auf den Stellenwert des Verbrechens die Frage der Werte in die Darstellung einbezieht – den Gegensatz von Gut und Böse –, oder weil er bei der angespannten Suche nach Ursachen Vorgehensweisen und Methoden aus der Wissenschaft übernimmt, oder aber, weil er, indem er das Problem der Verantwortlichkeit anschneidet, mit der gerade entstehenden Psychoanalyse bei der Infragestellung der Grenze zwischen Bewusstem und Unbewusstem, Absichtlichem und Unabsichtlichem Hand in Hand geht, sondern zweifellos vor allem, weil er die Fragen in Bezug auf das Eine und das Viele, Ordnung und Unordnung, und das heißt eben gerade die alte ontologische Frage nach der Realität wieder auf die Tagesordnung setzt.

Ein Reiz des Kriminalromans wie des Spionageromans besteht jedoch darin, diese metaphysische Dimension in eine im eigentlichen Sinne politische Konstellation einzuarbeiten, die sie

---

37 Das sieht man besonders gut in *Der Mann, der Donnerstag war*, auf den wir im dritten Kapitel zurückkommen werden.

überlagert. Die Eigenheit der Gattungen, die uns beschäftigen, liegt in der Schaffung von Situationen, in denen der Anspruch des Staates, die Realität in den Griff zu bekommen, für einen Moment ins Leere zu laufen scheint. Dass man sieht, wie die Realität sich den Anstrengungen des Staates, sie zu durchdringen und zu stabilisieren, entzieht, ruft meiner Meinung nach die Verunsicherung und die Spannung hervor, aus denen sich Kriminalroman und Spionageroman speisen. Und das sogar, zumindest in ihrer ursprünglichen Form, wenn es dem Staat am Ende gelingt, wieder die Oberhand zu gewinnen und seine Macht über die Realität, die nichts anderes ist als die Macht, sie zu bestimmen und ihr Sinn zu verleihen, erneut bekräftigt.

Im Kriminalroman ist der Staat als für die Realität verantwortliche Instanz also so etwas wie einer *Prüfung* oder Bewährungsprobe unterworfen;[38] die empirische Überprüfung, die die Erzählung darstellt – auf die wir weiter unten zurückkommen werden – und in der Ermittler und Verbrecher miteinander ringen, ist nur eine von deren konkreten Äußerungen. In ihrer metaphysisch-politischen Dimension kommt diese Prüfung nicht durch den Mord in Gang, der kein notwendiger Bestandteil des Kriminalromans ist, ja noch nicht einmal durch das Verbrechen. Dass der Staat dazu bestimmt ist, der Unordnung und Gesetzesübertretung eine Ordnung entgegenzusetzen, oder besser gesagt, eine Ordnung einzusetzen, die die Macht hat, das zu bestimmen, was er als Gesetzesübertretung und Unordnung ausschließt, gehört schon zur Definition dieser politischen Form. Die Geschichte der Form Staat entspricht daher zwangsläufig der Geschichte der Ordnungsprinzipien, auf die sich der Staat beruft, und der Gesetzesübertretungen, um deren Bestrafung der Staat sich bemüht.

---

38 Über den Begriff der Prüfung siehe Luc Boltanski/Laurent Thévenot, *Über die Rechtfertigung*, a. a. O., S. 65-67. Über die Verwendung des Prüfungsbegriffs bei einer Analyse des Staates siehe die Arbeiten von Dominique Linhardt, vor allem »L'économie du soupçon«. Une contribution pragmatique à la sociologie de la menace«, in: *Genèses* 44 (September 2001), S. 76-98, und »Épreuve terroriste et forme affaire: Allemagne, 1964-1982«, in: Luc Boltanski/Élisabeth Claverie/Nicolas Offenstadt/Stéphane Van Damme (Hrsg.), *Affaires, scandales et grandes causes*, Paris, Stock, 2007, S. 307-328.

Hinzu kommt, dass auf dem Gebiet der Populärliteratur die Schilderung von kriminellen Großtaten und die Beschreibung der drakonischen Strafen, zu denen die Täter verurteilt werden, schon vor dem Auftreten des Kriminalromans ein breites Publikum erobert haben. Davon zeugt zum Beispiel die außergewöhnlich starke Verbreitung der »Blauen Bibliothek« im Ancien Régime, die neben Kalendereinträgen, astrologischen Vorhersagen, Märchen und Ratschlägen aller Art den Vermischten Meldungen viel Platz einräumten.[39]

Die Prüfung, der sich der Staat im Kriminalroman gegenübersieht, ist nun genau das *Rätsel* als Anomalie der Realität. Die Realität, für die eigentlich der Staat garantieren soll, wird nicht dadurch in Frage gestellt, dass es Verbrecher gibt – was in gewisser Weise schon die Rechtfertigung der politischen Ordnung selbst darstellt –, sondern durch die Ungewissheit in Bezug auf die Umstände des Verbrechens und vor allem in Bezug auf dessen Zuschreibung, da ja jede beliebige Romanfigur, so unbescholten sie auch wirken mag, der Täter sein könnte. Der Kriminalroman stellt eine in jeder Hinsicht verdächtige Realität dar: in stofflicher Hinsicht ebenso wie in geistiger, in physischer wie in sozialer. Allein die Möglichkeit, dass sich ein so allgemeiner Verdacht – ein nahezu uneingeschränkter Verdacht – verbreitet, und zwar mit einer gewissen Glaubwürdigkeit und gestützt auf eine realistische Beschreibung der Realität in ihrer größten Alltäglichkeit und Banalität, setzt den Nationalstaat an sich schon auf den Prüfstand, das heißt den Anspruch des Staates, nicht nur Ordnung walten zu lassen, sondern vor allem die Ereignisse, die möglicherweise eintreten, begreiflich und in gewissem Maße vorhersehbar zu machen. Man muss jedoch weiterhin betonen, dass es sich nicht darum handelt, die Rechtmäßigkeit des Staates

---

39 Mit dem Ausdruck »Blaue Bibliothek« bezeichnet man die Kolportageliteratur des 17. und 18. Jahrhunderts. Die in Troyes gedruckten Hefte boten den Vermischten Meldungen sehr viel Platz. Siehe Robert Mandrou, *De la culture populaire aux XVIIe et XVIIIe siècles. La Bibliothèque bleue*, Paris, Stock, 1964, und Geneviève Bollème, *La Bibliothèque bleue. Littérature populaire en France de XVIe au XIXe siècle*, Paris, Julliard, 1971.

oder die Staatsgewalt anzuzweifeln. Ursprünglich waren der Kriminalroman und erst recht der Spionageroman keineswegs kritisch ausgerichtet (man musste bis in die 1930er Jahre warten, bevor Gesellschaftskritik und politische Kritik in diesen literarischen Gattungen Einzug hielten). Die ersten konservativ, wenn nicht reaktionär gefärbten Erzeugnisse dieser Gattungen warteten mit Geschichten auf, in denen der Staat, der rechtmäßige Staat, am Ende immer den Sieg davontrug. Es geht in ihnen nicht darum, die Verunsicherungen und Spannungen, ja sogar die Widersprüche in Frage zu stellen, die dem Verhältnis von politischer Ordnung und Realität und von gelebter Realität und den Formaten oder Rahmenbedingungen, die der Realität Halt geben, wenn man sie von einem allgemeinen Standpunkt aus betrachtet, innewohnen, sondern eher darum, sie zu *bearbeiten*. Verunsicherungen und Spannungen sind zweifellos jeder politischen Ordnung inhärent, und sogar jeder Realitätserfahrung. Man kann hier der Beweisführung von Claude Lévi-Strauss folgen, wenn er zeigt, wie die Mythen die Widersprüche, für die sie keine Lösung, und sei sie dialektisch, parat haben, bearbeiten, indem sie denjenigen, die davon betroffen sind, Gegenstände an die Hand geben, mit denen sie sich so arrangieren oder, wenn man so will, mit denen sie so »klarkommen«, dass sie sich in gewisser Weise daran gewöhnen oder damit abfinden.[40]

Aber diese Verunsicherungen und Spannungen nehmen eine spezifische Form an, wenn im Kontext der zunehmenden Bedeutung der europäischen Nationalstaaten und der Entwicklung der Natur- und Sozialwissenschaften die Möglichkeit in den Blick zu treten beginnt, unterschiedliche Dimensionen der Realität –

---

40 Für Claude Lévi-Strauss liefert der Mythos bekanntlich ein logisches Modell, das einen Widerspruch entfalten und in gewisser Weise auch auflösen kann, vor allem indem es ihn mit einem Netz von Vermittlungen überzieht, was den Rückgriff auf eine Vielzahl von Vermittlungskategorien erlaubt, die in die polaren Gegensätze eindringen. Siehe Claude Lévi-Strauss, *Mythologiques IV: L'homme nu*, Paris, Plon, 1973 [dt.: *Mythologica. Bd. 4: Der nackte Mensch*, Frankfurt/M., Suhrkamp, 1975] (besonders das »Finale«, S. 732), und für einen sehr nützlichen Kommentar Frédéric Keck, *Claude Lévi-Strauss. Une introduction*, Paris, La Découverte, 2005, S. 136-143.

die physische, geographische, ökonomische, soziale, historische, rechtliche Dimension – aufeinander abzustimmen und sie in eine globale politische Form zu integrieren. Die Verunsicherungen, die sich jedes Mal unweigerlich einstellen, wenn die Realität ihre Fragilität, ihre Inkohärenzen und ihre Widersprüche zeigt, laufen dann auf den Nationalstaat als Träger dieses Entwurfs zu.[41] Von daher ist es nicht erstaunlich, dass unter diesen noch nie dagewesenen historischen Umständen relativ neue, symbolische Formen entstehen, die in der Lage sind, auf diese Spannungen und die Verunsicherungen, die sie hervorrufen, einzugehen – wobei der Versuch unternommen wird, sie zu neutralisieren, indem mehrere, unterschiedlich ausgerichtete narrative Formen gemischt werden. Einige gehen in Richtung eines platten Realismus, während andere die einfallsreichsten imaginären Kombinationen heranziehen. Die Verunsicherung, die kurzzeitig ihrem Höhepunkt zutreibt – denn nichts versteht sich mehr von selbst, die gesamte Realität befindet sich in einer Krise –, wird dann durch die Wiederherstellung der Ordnung gelindert, deren hyperrationaler wie zugleich geradezu magischer Charakter den Verdacht eines anderen möglichen Ausgangs jedoch weiterbestehen lässt – der die Realität endgültig im Chaos versinken lassen würde.

Wir werden jetzt auf einige der Spannungen und Verunsicherungen aufmerksam machen, die einen Widerhall in Kriminalroman und Spionageroman finden, und dabei versuchen, sie auf die Arten von politischer Ordnung zu beziehen, die Ende des 19. Jahrhunderts entstehen.

Eine erste Verunsicherung bezieht sich auf den Umgang mit dem Wort und betrifft von daher die Frage der Wahrheit. In den sehr zusammengewürfelten und häufig ausgesprochen großen

---

41 Wie zum Beispiel in dem Fall, wenn Aufsehen erregende, ausführlich von empörten Journalisten kommentierte Skandale vor Gericht mit Verfahrenseinstellungen enden (siehe Damien de Blic, »Cent ans de scandales financiers en France. Investissement et désinvestissement d'une forme politique«, in: Luc Boltanski/Élisabeth Claverie/Nicolas Offenstadt/Stéphane Van Damme (Hrsg.), *Affaires, Scandales et grandes causes*, a.a.O., S. 231-248).

politischen Entitäten, die die modernen Nationalstaaten bilden, können die Akteure den Handlungskontext und das, was ihnen widerfährt, immer seltener unter Bezugnahme auf lokale Gemeinschaften sinnvoll interpretieren, die sich aus Personen zusammensetzen, mit denen sie in Interaktion stehen und mit denen sie vorab festgelegte hierarchische Beziehungen verbinden. Man denke nur daran, wie es die vielen Arbeiter und Bauern im Ersten Weltkrieg in Folge von Entscheidungen, an denen weder sie noch eine andere Person in ihrem Umfeld in irgendeiner Weise beteiligt waren, mehrere Hundert Kilometer von zu Hause in die Schützengräben verschlug. Die Gesamtsituation äußert sich mit einer noch nie dagewesenen Intensität; dabei entzieht sie sich gleichzeitig dem direkten Zugriff der Einzelindividuen, die sie doch umfassen soll, affiziert deren konkrete Existenz aber dennoch.

In politischen Situationen dieser Art kommt dem von ferne geäußerten Wort von Autoritätspersonen maßgebliches Gewicht zu, in allererster Linie dem Wort der politischen Führungsspitzen, aber auch dem Wort derjenigen, die deren Diskurse weitergeben, wie Journalisten, Verwaltungsmitglieder usw. Da aber die Menschen äußerst kritisch eingestellt sind, weil sie die Erfahrung von Heuchelei und Lüge gemacht haben, gelingt es diesem Wort der Obrigkeit nur selten, sich mit so viel Kraft durchzusetzen, dass es andere Versionen dessen, was geschieht, die über Augenzeugen oder Gerüchte im Umlauf sind, zum Verstummen bringt. Die Suche nach der Wahrheit muss daher einer anhaltenden Spannung zwischen *Offiziellem* und *Inoffiziellem* Rechnung tragen. Diese Spannung bildet offenkundig den Kern der Kriminalgeschichten, deren Hauptpersonen unaufhörlich heucheln oder lügen und offizielle Erklärungen abgeben, die den unter der Hand aufgenommenen Zeugenaussagen widersprechen.

Der Spionageroman, der staatliche Lügen in Szene setzt und in dem der offizielle Diskurs der Vertreter der Autorität mit besonderer Vorsicht zu genießen ist, nimmt sich dieser Spannung noch ausdrücklicher an. Das Gewebe des Staates selbst wird durch die Gegenwart von Verrätern, heimlich zu Komplotten zusammengeschlossenen *Maulwürfen*, zerfressen. Man könnte sagen, dass der Spionageroman das, was wir an anderer Stelle *hermeneutischen Widerspruch* genannt haben,[42] systematisch nutzt, um auf die Ungewissheit in Bezug auf die Frage hinzuweisen, ob der Sprecher tatsächlich den Willen der Institution zum Ausdruck bringt oder sich unter dem Deckmantel seiner institutionellen Rolle zum Sprachrohr anderer, verdeckter Interessen macht. Wie ist es möglich, zur Wahrheit, das heißt zur Realität vorzudringen, wenn die Instanz, die ihren Schutz gewährleisten soll, sich als fragil erweist? Weil diese Instanz selbst unter der Hand manipuliert wird, ist die Realität, die sie entfaltet, eine vordergründig sichtbare und trügerische Realität, die eine sehr viel wahrere, aber verborgene Realität verdeckt.

Eine zweite offensichtliche Ähnlichkeit von moderner politischer Ordnung und Kriminalroman betrifft die Ausweitung des Verdachts. Während in einer traditionellen Ordnung das Verbrechen ein Attribut des Verbrechers ist, wie wir gesehen haben, kann das Verbrechen im Kriminalroman jeder beliebigen Figur zugeschrieben werden, wie groß sie auch sein und an welcher Stelle der Hierarchie sie sich auch befinden mag. Niemand ist also a priori vor Anschuldigungen sicher, was ein zentrales Merkmal der modernen Staaten auch in ihrer demokratischen Form ist. Im ursprünglichen Kriminalroman, der der Verteilung der Figuren auf ungleiche soziale Klassen weitgehend Rechnung trägt, äußert sich die Gleichheit deshalb vor allem in Form der *Gleichheit gegenüber dem Verbrechen*. Eher als in rechtlicher Hinsicht formal gleich, sind die Figuren real gleich gegenüber den kriminogenen Trieben. In gewisser Weise bildet die unbegrenzte Ausweitung des Verdachts die Einheit der Nation aus Sicht des Staates.

Eine andere, ebenfalls häufig auftretende Spannung schlägt sich in der Verknüpfung von Nationalstaat und Kapitalismus nieder. Sie zeigt sich im Kriminalroman und im Spionageroman unter unterschiedlichen Gesichtspunkten. Da er in einem lokalen Umfeld mit der Realität befasst ist, begegnet der Kriminal-

---

42 Siehe Luc Boltanski, *Soziologie und Sozialkritik*, a. a. O., S. 131-142.

roman ihr in Form der Spannung zwischen den zutiefst ungleichen sozialen Klassen, aus denen sich eine Nation zusammensetzt, und dem unparteilichen, übergeordneten Staat, der sich in dem Verwaltungsvertreter verkörpert, den der Polizist beziehungsweise Kommissar darstellt. Wir werden weiter unten auf die weitreichenden Folgen aufmerksam machen, die die Behandlung dieser Spannung in Bezug auf die Grundstruktur des ursprünglichen Kriminalromans gehabt hat, dessen spätere Versionen als Transformationen betrachtet werden können.

Im Fall des Spionageromans ist die Spannung zwischen Nationalstaat und Kapitalismus, besonders dem Finanzkapitalismus, noch viel deutlicher ausgeprägt, weil der Spionageroman die Frage der Beziehung zwischen dem Staat, der Nation und den Kräften, die sie bedrohen, direkt anschneidet. Ohne hier ins Detail zu gehen, könnte man sagen, dass die Spannung zwischen zwei Logiken den Kern des Spionageromans zumindest in seinen ursprünglichen Formen bildet. Einerseits die Logik des *Territoriums* als einheitlichem, eingegrenztem Raum mit einer homogenen Bevölkerung, zu deren Schutz der Staat bestimmt ist, andererseits die Logik der *Ströme*, die unbemerkt von den rechtmäßigen Bewohnern und ohne dass der Staat sie daran hindern kann das Territorium durchqueren und in Gefahr bringen.[43]

---

43 Die Spannung zwischen Territoriallogik und Stromlogik und dem Einsatz von administrativen und ideologischen Dispositiven (was Saskia Sassen »Assemblagen« nennt), die sie zum Verschwinden bringen sollen (im Grunde eine unmögliche Aufgabe), die sie einhegen, umgehen oder leugnen sollen, ist ein dauerhaftes Kennzeichen der Geschichte der politischen Einheiten, insbesondere der europäischen Staaten in der Moderne. In Epochen, die zugleich durch eine sehr schnelle Ausbreitung des Kapitalismus auf globaler Ebene und nationalistische Reaktionen darauf geprägt sind, nimmt sie jedoch übersteigerte Formen an. In Europa war das in dem Zeitraum der Fall, in dem der Spionageroman entstand, und genau genommen ist es auch in den gegenwärtigen Zeiten der Fall (für eine Geschichte des Verhältnisses von Territorien und Strömen sowie von Nationalstaaten und Kapitalismus, siehe Saskia Sassen, *Territory, Authority, Rights, from Medieval to Global Assemblages*, Princeton, Princeton UP, 2006 [dt.: *Das Paradox des Nationalen. Territorium, Autorität und Rechte im globalen Zeitalter*, Frankfurt/M., Suhrkamp, 2008]).

Diese Ströme sind heterogen zusammengesetzt. Es kann sich um Agenten handeln, die auf politischer Ebene operieren: Spione, die von anderen Mächten ausgesandt wurden, Anarchisten, Sozialisten, Agitatoren, Terroristen usw. Oder es kann sich um Ströme handeln, die direkt mit der Funktionsweise des Kapitalismus zusammenhängen: Arbeiter-, Waren- und vor allem Finanzströme, die von den Banken nach ihrem jeweiligen Eigeninteresse manipuliert werden. Obwohl die Banken und die Bankiers auf dem Territorium eines Nationalstaats angesiedelt sind, der ihnen sogar die Staatsbürgerschaft gewährt, ist der Gegenstand ihrer Tätigkeit grenzenlos.[44] Aus diesem Grund stehen die ihrem Wesen nach staatenlosen Juden, unter denen sich sowohl Revolutionäre wie Bankiers finden, im ursprünglichen Spionageroman so häufig als Feinde des Inneren da. Was das *flüssige* Geld anbelangt, dessen Verwandlung in *nationale* Währung durch ein magisches *Wechsel*-Verfahren seine fremdländische Herkunft verdeckt, und das von Hand zu Hand geht, ohne Spuren zu hinterlassen, so ist es zugleich Instrument und schlechthinniges Symbol der Korruption.

Diese dauerhafte Minderung der Reinheit und Transparenz des Territoriums durch die unsichtbaren Ströme, die sie durchqueren, verstellt letztendlich den Zugang zur Realität. Es wird zum Beispiel unmöglich, mit Gewissheit zu sagen, ob der gutmütig aussehende, wie ein bestimmter Sozialtypus wirkende Unbekannte, der sich einem vorstellt, tatsächlich der ist, der er zu sein vorgibt. Aber ebenso kann es sich mit langjährigen Freunden verhalten, deren scheinbar transparentes und unauffälliges Leben geheime und subversive Aktivitäten verbirgt. Und handelt es sich

---

44 »Weit über die sozusagen privaten Gründe hinaus, aus denen der einzelne Fremde innerhalb einer Gruppe zum Handel und zuhöchst zum Geldhandel designiert scheint, begegnen uns die ersten großen Transaktionen der neuzeitlichen Bankiers, im 16. Jahrhundert, als durchaus im Ausland sich abspielend. Das Geld ist von der lokalen Beschränktheit der meisten teleologischen Reihen emanzipiert, weil es das Mittelglied von jedem beliebigen Ausgangspunkt zu jedem beliebigen Endpunkt ist.« (Georg Simmel, *Philosophie des Geldes* (1901), in: ders., *Gesamtausgabe*, Bd. 6, Frankfurt/M., Suhrkamp 1989, S. 289.)

bei dem komfortablen und geräumigen Anwesen, in dem der Held Zuflucht gefunden hat, wirklich um ein Jagdschlösschen oder verbirgt sich dahinter eine wahre Festung, die dem Feind als Schlupfwinkel dient? Nichts ist also sicher. Nicht die Identitäten und Absichten der Personen, ja noch nicht einmal die Anordnung der Dinge. Der Generalverdacht, der eine Geisteshaltung darstellt, in der die Psychiatrie Anfang des 20. Jahrhunderts eine neue Klasse von Kranken, die Paranoiker, zu erkennen glaubte, ist daher das normale und rationale Verhalten desjenigen, der in den Kriminal-/Spionage-Kosmos eingebunden ist – ob als Autor, Figur oder Leser.

In solch einer ständigen Anzweiflung dessen, was sich als das darstellt, das es ist, aber im Verdacht steht, nicht wirklich das zu sein, sondern sich eben gerade nur als es darzustellen, und zwar sich absichtlich so darzustellen, um zu täuschen, kann man die Art und Weise sehen, wie sich im Kriminal- und/oder Spionageroman eine allgemeinere Verunsicherung äußert, die sich auf das Verhältnis von Nationalstaat und Kapitalismus bezieht. Eine der grundlegenden Erfahrungen, die mit der zunehmenden Bedeutung des Kapitalismus einhergingen und die subjektiven Befindlichkeiten im Laufe des 19. Jahrhunderts prägten, war die der Flüchtigkeit der mit den Risiken der Finanzwelt und vor allem der Börsenmärkte verbundenen Vermögen. Ein Taugenichts, ja sogar ein Jude kann in ein paar Tagen – wenn nicht in ein paar Stunden – Millionär werden, mit Ehrungen überhäuft, ja sogar geadelt werden. Umgekehrt kann der ehrbare Abkömmling eines alten Adelsgeschlechts sein Vermögen wie durch Hexerei über Nacht schwinden sehen, weil der Aktienkurs dieses oder jenes gewagten Unternehmens, in das er sein Vermögen gesteckt hat, unerklärlicherweise eingebrochen ist. So marginal Umschwünge dieser Art, deren Darstellung sich auf einige, lang und breit in der Presse kommentierte Fälle stützt, im Verhältnis zur unumstößlichen Tatsache einer langfristig stabilen Verteilung des Kapitals auch sein mögen, sind doch nicht wenige auf breiter Front in die Literatur des 19. Jahrhunderts und dann der ersten Hälfte des 20. Jahrhunderts eingegangen – von Balzac bis Claudel (in *Der*

Tausch zum Beispiel). Diese Plastizität der Vermögen und gesellschaftlichen Positionen ist nun aber nicht nur in Bezug auf die ihrerseits zu weiten Teilen phantasmatische Stabilität skandalös, die den traditionellen Ordnungen und den sie tragenden hierarchischen Werten angerechnet wird. Sie ist es vor allem mit Blick auf das neue Projekt der Stabilisierung der Realität, das sich mit der Bildung der Nationalstaaten etabliert, und zwar erst recht, wenn die dabei eingesetzten Dispositive unter Bezugnahme auf meritokratische Werte gerechtfertigt werden, wie im Fall der Demokratien.[45] Denn der Staat erweist sich als nicht in der Lage, die erratischen Veränderungen zu bändigen, die die Risiken der Finanzwelt hervorrufen. Dadurch gibt er zu erkennen, dass es ihm unmöglich ist, das Projekt zu vollenden, durch das er sich rechtfertigt, und in Bezug auf das er bei einer großen Zahl von Personen insbesondere in der aufsteigenden Mittelschicht Hoffnungen geweckt hat. Und das nicht nur, weil er auf die unlauteren Machenschaften konkurrierender Länder und die Subversionsversuche von Revolutionären – Anarchisten und Sozialisten – stößt, sondern auch, weil er unaufhörlich von den nicht minder revolutionären Zügen des Kapitalismus behindert wird, auf den er sich gleichwohl zu stützen versucht, um seine Macht zu vergrößern.

Der Widerspruch zwischen dem Anspruch des Nationalstaats, die Realität zu verwalten und zu stabilisieren, und den Auswirkungen des Kapitalismus wird natürlich im Kriminalroman oder Spionageroman selbst nicht direkt so ausgedrückt, vor allem nicht in ihren ursprünglichen Formen. Diese Gattungen, die vor allem zur Unterhaltung ihrer Leser beitragen möchten, halten sich von solchen »abstrakten« Betrachtungen fern; politische Entitäten großen Zuschnitts kommen nur in der Ver-

---

45 Als er den Begriff der Anomie entwickelt, hebt Durkheim an erster Stelle die industriellen Krisen und die Konkurse hervor. Vor allem diese pathologischen Phänomene, die durch anormale Formen der Arbeitsteilung hervorgerufen werden, machen eine »Reglementierung« erforderlich (Émile Durkheim, *De la division du travail social* (1893), Paris, PUF, 1960, S. 344-365 [dt.: *Über die Teilung der sozialen Arbeit*, Frankfurt/M., Suhrkamp, 1977, S. 395-415]).

körperung durch Figuren vor, die ihnen eine beinahe allegorische Ausprägung zu geben imstande sind, so wie Polizisten, hohe Beamte oder staatenlose Bankiers. Aber man kann diesen Widerspruch sich entlang des Handlungsverlaufs entfalten sehen; er wird unaufhörlich bearbeitet, in alle Richtungen gedreht, so dass man ihn unter verschiedenen Blickwinkeln betrachten kann – manchmal lässt er die Verunsicherungen, die er hervorruft, hervortreten, manchmal lindert er sie.

Kriminalroman und Demokratie

Versuchen wir nun, die Spannungen und Verunsicherungen, derer sich Kriminalroman und Spionageroman annehmen und für die wir gerade einige Musterbeispiele angeführt haben, etwas genauer zu fassen. Sie betreffen nicht nur das Verhältnis von Staat, Nation und Kapitalismus, sondern die Art und Weise, wie man sich die Verkoppelung dieser Entitäten in einem politischen System vorzustellen hat, das sich als demokratisch versteht und den Grundsätzen der Gleichheit und der Freiheit – in unterschiedlichen Graden – einen Wert beimisst. Die Fragen, die der Kriminalroman und stärker noch der Spionageroman aufwerfen, ermuntern dazu, sich den Grenzen und Widersprüchen des Nationalstaats zuzuwenden, wenn er sich mit dem Kapitalismus arrangieren muss – einer Entität, die man je nach der Perspektive, die man einnimmt, als in den Staat einbezogen betrachten kann, oder als äußere Macht, die ihn in Gefahr bringen könnte (oder aber man kombiniert diese beiden Betrachtungsweisen). Aber sie betreffen auch die Demokratie. Man kann sagen – wie häufig bemerkt worden ist –, dass diese Gattungen zumindest ursprünglich klar antidemokratisch ausgerichtet sind. Davon zeugen die eher konservativen, ja sogar reaktionären politischen Positionen, die ihre Autoren bezogen haben, deren Vorlieben einem starken Staat gelten, der sich der Fesseln entledigt, die die Demokratie seinem reibungslosen Funktionieren anlegt.

Andererseits jedoch ermöglicht erst der durch den demokratischen Nationalstaat entstandene politische Kontext das Auftreten von Kriminalromanen und Spionageromanen. Wie wir gesehen haben, müssen sich diese Gattungen auf eine durch die dem Staat unterstehenden Institutionen stabilisierte Realität stützen, von deren Hintergrund sich das *Rätsel* deutlich abheben kann. Um sich entfalten zu können, müssen sie sich aber auch an Leser wenden, deren kritische Fähigkeiten nicht in einem solchen Maße eingeschränkt sind, dass sie über keinerlei Freiheit mehr verfügen, und sei sie rein innerlich, Vergnügen an diesen Denkexperimenten zu finden – die darin bestehen, die Fragilität der Realität zu empfinden, was gleichbedeutend damit ist, ihren Absolutheitscharakter in Frage zu stellen. In den europäischen Demokratien Ende des 19. Jahrhunderts werden die Vereinheitlichung der Realität ebenso wie die kritischen Fähigkeiten, die – zumindest in der Vorstellung, imaginär – die Veränderung von deren Konturen erlauben, durch die Ausweitung der Bildung auf nationaler Ebene und vielleicht vor allem durch die Entwicklung des Pressewesens gefördert, dessen Rolle bei der Ausbildung eines »Nationalbewusstseins« Benedict Anderson aufgezeigt hat.[46] Die Presse, in der die ersten Kriminalerzählungen erscheinen, bietet einem immer größer werdenden Publikum also nicht nur Meinungsvielfalt, sondern vor allem die Ergebnisse einer Vielzahl von Untersuchungen oder, allgemeiner gesagt, von Bildern der Realität, von denen sich viele in literarischer Form präsentieren. Man denke nur an die Rolle, die der Gesellschaftsroman und insbesondere Eugène Sues *Geheimnisse von Paris* bei der Ausbildung der Mentalitäten gespielt haben, die sich während der Aufstände von 1848 offenbaren sollten,[47] was übrigens Napoleon III. dazu bewegen wird, diese Gattung einer strengen Zensur zu unterwerfen.

---

46 Benedict Anderson, *L'imaginaire national. Réflexions sur l'origine et l'essor du nationalisme*, Paris, La Découverte, 2006 [dt.: *Die Erfindung der Nation. Zur Karriere eines erfolgreichen Konzepts*, Frankfurt/M./New York, Campus, 1988].
47 Siehe Michèle Riot-Sarcay/Maurizio Gribaudi, *1848, la révolution oubliée*, Paris, La Découverte, 2009.

Es ist also ganz und gar nicht erstaunlich, dass der Kriminalroman und dann der Spionageroman als spezifische Gattungen in den beiden Ländern entstanden sind – Frankreich und Großbritannien –, die bei der Bildung des modernen Staates und der Errichtung von politischen Systemen eine maßgebliche Rolle gespielt haben, die sich auf die parlamentarische Demokratie berufen. Der autoritäre Staat ist für die Entwicklung des Kriminalromans nicht besonders günstig. Sein Wille, die Realität zu formen und vor allem ihre Repräsentation scharf zu kontrollieren, erreicht einen äußersten Punkt, an dem es unmöglich wird, sich den subtilen literarischen Spielereien hinzugeben, die darin bestehen, die Realität in eine Krise zu stürzen, und an dem es vor allem schlicht verboten ist und mit Gefängnis oder dem Tode bestraft wird, öffentlich, vor großem Publikum von der Macht der Imagination Gebrauch zu machen. In einem autoritären Kontext verlieren Kriminalromane und Spionageromane, wenn es sie überhaupt gibt, all ihre Pikanterie, weil der Leser auf Anhieb weiß, worauf die Untersuchung hinausläuft; denn die Figuren sind unmittelbar auf die Kategorien und Typologien verteilt, die die Identifizierung der Guten und der Bösen, der Freunde und der Feinde des betreffenden Regimes erlauben. Propagandaansprüche sind mit der Ungewissheit, auf der der *suspense* beruht, nicht vereinbar.

Der englische Staat und der französische Staat

Eine Grundentscheidung dieser Arbeit – die als Entwurf zu lesen ist – bestand darin, sich im Hinblick auf den Kriminalroman vor allem auf zwei bedeutende Werke zu stützen, die selbst ein Leser, der kein Liebhaber dieser Gattung ist, nur schwerlich ignorieren kann: auf die von Arthur Conan Doyle zwischen 1891 und 1927 geschriebenen Sherlock-Holmes-Geschichten und die von Georges Simenon zwischen 1930 und 1960 geschriebenen Abenteuer des Kommissar Maigret. Obwohl Simenons Werk auf das von Conan Doyle folgt, der nach Wilkie Collins[48] und eindeutiger noch nach Edgar Allan Poe[49] der Erfinder der Gattung ist, kann es doch in dem Sinne als ebenbürtig angesehen werden, dass es der französischen Tradition des Kriminalromans ihre kanonische Form verleiht. Diese, wie wir sehen werden, von der englischen sehr verschiedene Tradition entwickelt sich schrittweise vor allem über die Romane von Émile Gaboriau (auf die wir zurückkommen werden) aus dem Gesellschaftsroman.

Offen gestanden, bestand das Wesentliche für mich nicht darin, einen Beitrag zur Geschichte des Kriminalromans zu leisten, was meine Kenntnisse weit überstiegen hätte, vor allem wenn man die Schätze der Gelehrsamkeit kennt, die die Spezialisten für diese Gattung erschlossen haben, sondern darin, die Beziehung zwischen dem Auftreten einer literarischen Form und der Entwicklung von Arten der Regierung in deren politischem Umfeld hervorzuheben. In dieser Hinsicht war es sehr erhellend, die englischen und die französischen Ausprägungen dieser Gattung vergleichen zu können. Im Ausgang von der Annahme, dass zur Struktur des Kriminalromans das Aufbringen einen Zweifels an der Stabilität und Kohärenz der Realität mittels eines Rätsels gehört, der dann durch das Eingreifen des Staates gelindert wird, war es reizvoll, die unterschiedlichen Formen, die der Kriminalroman in England und in Frankreich angenommen hat, und die eindeutig verschiedenen Staats- und Regierungsformen zu parallelisieren, die sich in diesen beiden Ländern entwickelt haben.

Wenn diese Parallele einen Sinn hat, dann muss sie es erlauben, die Transformationen zu verfolgen, denen ein und dieselbe Struktur in politischen Kontexten und Geschichten unterliegt, die sich in wichtigen Hinsichten unterscheiden. Ohne ins Detail zu gehen, sei vermerkt, dass wir es in einem wie im anderen Fall mit Nationalstaaten zu tun haben, die mit Regierungsformen

---

48 Die beiden Hauptwerke von Wilkie Collins, *Die Frau in Weiß* (1860) und *Der Monddiamant* (1868), eine Mischung aus Abenteuerroman und Gesellschaftsroman, setzen auf eine Form der Spannung, die oft als Vorzeichen des Kriminalromans angesehen wird.
49 Edgar Allan Poe, *Das Werk*, Frankfurt/M., Zweitausendeins, 2010.

ausgestattet sind, die sich zur parlamentarischen Demokratie bekennen und mit der zunehmenden Bedeutung des Kapitalismus sowie mit sozialen Ungleichheiten von großer Tragweite konfrontiert sind. Die Beschreibung der verschiedenen sozialen Klassen ist sowohl in den Erzählungen von Conan Doyle wie in den Maigret-Geschichten sehr präsent. Die Stellung, die der Staat in Bezug auf die Nation und ihre Klasseneinteilung einnimmt, ist aber in den beiden literarischen Universen sehr unterschiedlich konstruiert. In den Geschichten von Conan Doyle stellt sich der englische Staat als Rechtsstaat dar, dessen Legitimität auf einem Kompromiss zwischen der Krone und den Parlamenten beruht, in denen die großen Adelsfamilien dominieren. Diese großen Familien regieren sowohl auf politischer wie auf ökonomischer Ebene. Ihnen obliegt daher zwangsläufig sowohl die Verteidigung des Rechtsstaates als auch die Ausweitung der Macht des Kapitals, so dass die Beziehung zwischen dem Staat, der Aristokratie, dem Bürgertum und den oligarchischen Eliten nicht als Quelle von Spannungen betrachtet wird. Die Unterschiede zwischen den sozialen Klassen sind zwar sehr markant, aber sie werden als so selbstverständlich dargestellt, wie es etwa die Unterschiede zwischen natürlichen Arten wären. Die Gesellschaft erscheint darin wie die Verschmelzung eines Volkes, einer Nation und eines Staates in einer beinahe organischen Form.

Der politische Kontext in Frankreich, den man aus der Lektüre der Geschichten, deren Held Kommissar Maigret ist, rekonstruieren kann, ist ganz anders. Der soziale Klassenunterschied tritt hier ebenfalls stark hervor, so dass eine Figur niemals auftritt, ohne dass die Attribute erwähnt werden, die auf ihre jeweilige Klassenzugehörigkeit hinweisen. Aber die Art und Weise, wie der Klassenunterschied sich äußert, bewahrt immer die Spur einer kritischen Betrachtungsweise, auch wenn diese meistens implizit bleibt. Anstatt organisch in der Nation aufzugehen, tendiert der Klassenunterschied dazu, die nationale Einheit zu schwächen oder zu zerstören. Von daher stellt sich die Nation wie ein Mosaik aus *Milieus* dar, von denen jedes seine eigene Lebensweise und seine eigenen Normen besitzt, und es gibt keine

Instanz, die imstande wäre, dieses zusammengewürfelte, ja sogar in sich widersprüchliche Gebilde zu vereinheitlichen oder auch nur zu befrieden. Vor allem nicht die Parlamente, Orte der Korruption und der Interessenkämpfe zwischen verschiedenen Fraktionen der Elite, die die Art von schwelendem Bürgerkrieg, der die Gesellschaft nicht ruhen lässt, lediglich auf das Gebiet der politischen Belange und Angelegenheiten verschieben. In diesem Kontext verkörpert sich der Staat im Sinne der Instanz, der es zukommt, die Robustheit der Realität zu bestimmen und zu kontrollieren, voll und ganz in der *Verwaltung*. Die Verwaltung ist das einzige Dispositiv, das sich oberhalb der Milieus und oberhalb der Parteien hält und dadurch imstande ist, den Staat zu verkörpern und dessen Fortbestand zu gewährleisten. Die Verwaltung lässt die verschiedenen Milieus ihre Angelegenheiten auf ihre Weise und mit den ihnen zur Verfügung stehenden normativen Mitteln handhaben, solange die allgemeinen Rahmenbedingungen, deren Aufrechterhaltung Aufgabe der Verwaltung ist, nicht gefährdet werden. Diese Rahmenbedingungen betreffen in erster Linie die Prärogative der Verwaltung selbst in Kernbereichen wie der Sicherung der öffentlichen Räume, der Kontrolle der Einwanderung oder der Steuererhebung. Wohlgemerkt ist diese Vorstellung vom Staat auf ihre Weise nicht weniger realistisch als die Konzeption des Staates in den englischen Kriminalromanen, was zum Beispiel Olivier Baruchs Buch über die französische Verwaltung zwischen Ende der 1930er und Ende der 1940er Jahre belegt. Darin sieht man die Indifferenz der Beamtenschaft gegenüber dem jeweils geltenden politischen System und ihre nahezu zwanghafte Bindung an die Aufrechterhaltung ihrer Prärogative und Routinen, die als notwendige und hinreichende Bedingungen für das Fortbestehen des Staates angesehen werden.[50]

Beenden wir diesen Abschnitt mit einem Bedauern: Das Kapitel dieser Arbeit, das den ursprünglichen Spionageroman be-

---

50 Marc-Olivier Baruch, *Servir l'État français. L'administration en France de 1940 à 1944*, Paris, Fayard, 1997.

handelt, stützt sich nur auf Bücher aus dem englischen Sprachraum, und zwar in erster Linie auf die 1915 veröffentlichten *Neununddreißig Stufen* von John Buchan, seines Zeichens ein ehemaliger Agent des britischen Geheimdienstes, der mehrere andere, zur selben Gattung gehörende Romane mit derselben Figur als Held (Richard Hannay) sowie zahlreiche andere Erzählungen geschrieben hat, die zur Gattung des Historischen Romans oder des Abenteuerromans gehören. In der englischen Populärliteratur finden sich seit Beginn des 20. Jahrhunderts Spionageromane, wie die von William Le Queux oder Phillips Oppenheim (für den John Buchan eine gewisse Bewunderung hegt, obwohl er jüdischer Herkunft war), und in literarisch anspruchsvollerer Form Erskine Childers' Buch *The Riddle of the Sands*,[51] von dem sich Buchan sicherlich hat anregen lassen. Man kann aber – mit zahlreichen Fachleuten – davon ausgehen, dass erst mit dem Erscheinen der *Neununddreißig Stufen* die Gattung wirklich kanonisiert wurde. Ebenso wie die Werke, die wir im Fall des Kriminalromans für die Untersuchung ausgewählt haben, ist auch dieses Buch den meisten Lesern vertraut, vor allem wegen seiner (im Übrigen dem Geist des Romans wenig getreuen) Adaption für den Film, bei der Alfred Hitchcock 1935 Regie führte.

Dafür haben wir in der französischen Populärliteratur kein Äquivalent gefunden. Es gibt zwar zum Beispiel die Arsène-Lupin-Geschichten von Maurice Leblanc oder die Geschichten über Rouletabille von Gaston Leroux, in denen zeitweilig Spione und vor allem Spioninnen auftreten.[52] Aber der Stoff wird darin nirgends mit der Ernsthaftigkeit behandelt, die sich in den englischen Büchern findet. Der Gedanke liegt nahe, dass die ironi-

---

51 [Robert] Erskine Childers, *The Riddle of the Sands. A Record of Secret Services* (1903), London, Penguin Classics, 2007 [dt.: *Das Rätsel der Sandbank. Ein Bericht des Geheimdienstes*, Zürich, Diogenes, 1985].
52 Die am eindeutigsten auf die Gattung des Spionageromans ausgerichteten Geschichten wurden von diesen beiden Autoren während des Ersten Weltkriegs geschrieben: von Maurice Leblanc: *L'éclat d'obus* (1915) [wörtlich: »Granatsplitter«] und von Gaston Leroux: *Rouletabille chez Krupp* (1917) [dt.: *Die Hölle an der Ruhr*]. In beiden Fällen ist der Feind offenkundig Deutschland.

sche Sichtweise, die der Autor in Abmilderung seiner kritischen Haltung einnimmt, verhindert, dass die Gattung bis zum Äußersten ausgereizt wird. Um überzeugend zu sein, muss ein Spionageroman darauf bauen, dass Autor und Leser beim Heraufbeschwören der Gefahren, denen die Nation ausgesetzt ist, zu erschaudern bereit sind. Die Spionagegeschichten französischen Stils scheinen diese Gefahren nun aber nicht ernst genug zu nehmen, als ob der Nationalismus der Autoren entweder nicht ausreichen würde oder übermäßig groß sei. Der »typisch französische« Held erweist sich als so charmant, so intelligent und so gerissen, und seine menschliche und intellektuelle Überlegenheit über seine Feinde ist so groß, dass es unmöglich ist, wirklich Angst um das gefährdete Vaterland zu haben, wenn man diese Erzählungen liest.

Der Polizist und der Detektiv

Die Verbindung von Rätsel und Verbrechen bildet eine der Grundkonventionen des Kriminalromans. Das Rätsel ist das Indiz für das Verbrechen, weil es sich ihm gegenüber wie die Ursache gegenüber der Wirkung verhält. Denn in einer wohlgeordneten Realität sollte nichts Rätselhaftes geschehen, wenn kein Verbrechen vorliegt. Daraus kann man einerseits ableiten, dass eine absolut unschuldige Welt in sich stimmig wäre und nichts Rätselhaftes hätte. Die Realität wäre darin durchsichtig wie klares Wasser. Und andererseits umgekehrt, dass eine vollständig kriminelle, mit den durch und durch korrupten amerikanischen Kleinstädten – wie *Sin City*,[53] der Metapher für Sodom und Gomorrha – vergleichbare Welt (bis auf den Racheengel natürlich, der häufig von außen kommt), die in der amerikanischen Populärliteratur etwa ab den 1920er Jahren auftritt, sich zwar für das Entstehen des Roman noir als günstig erweist, der Logik

---

[53] So der Name der Comicreihe von Frank Miller, die dem gleichnamigen Film von Robert Rodriguez und Quentin Tarantino als Vorlage diente.

des Kriminalromans aber nur wenig Raum lässt. Aus diesem Grund haben wir diese Gattung, die eine spezifische Tradition ausbildet, auch ausgespart. Die Problematik, die sie aufwirft, hat eine im Wesentlichen moralische Dimension, insofern sie um Gut und Böse kreist und eine Welt inszeniert, in der das Böse letzten Endes immer über das Gute siegt.[54] In diesem chaotischen Universum, in dem alles korrupt und unstet ist, gehört das Verbrechen zum Alltag, und der Verbrecher unterscheidet sich kaum vom Ehrlichen. Da also die Realität, so wie sie sich im Kriminalroman darstellt, nicht nur gefestigt und in sich stimmig ist – so wie es die Natur sein soll, die die Wissenschaften entdecken, wenn sie den Schleier der Isis lüften[55] –, sondern auch einer moralischen Gesetzmäßigkeit unterliegt – so wie die neuen soziologischen Kosmogonien es für die Gesellschaft annehmen –, kann sich die Äquivalenz von Rätsel und Verbrechen etablieren.

Zugleich verfügt der Verbrecher im Kriminalroman über außergewöhnliche Fähigkeiten. Diese Fähigkeiten sind intellektueller Art. Sie beruhen auf einer tiefen Kenntnis der Naturgesetze und der Gesetze der Gesellschaft und erlauben es dem Verbrecher, sein Verbrechen in den Ritzen der Realität zu verbergen. Während der gewöhnliche Verbrecher nicht versucht, vor allem die zeitlichen und räumlichen physikalischen Rahmenbedingungen unter seine Kontrolle zu bringen, und sie als Gesetzesfeind offen übertritt, gelingt es dem sachkundigen Verbrecher – wenn man so sagen kann –, die Realität zu manipulieren, das heißt eine Lücke zwischen der *vordergründig sichtbaren* Realität und der *realen* Realität zu schaffen. Dafür muss er in der Vorstellung oder Imagination die Art und Weise antizipieren können, wie die anderen die Realität wahrnehmen werden, in der sein Verbrechen sich einschreiben und verbergen soll. Sein außergewöhnliches Wissen über die Grundzüge der Realität, das ihm er-

---

54 Siehe Benoît Tadié, *Le polar américain, la modernité et le mal*, Paris, PUF, 2007.
55 Über diese Metapher siehe Pierre Hadot, *Le voile d'Isis*, Paris, Gallimard, 2004.

laubt, deren Schwachstellen herauszufinden, geht mit reflexiven und sogar, wie man sagen könnte, mit ebenso exzeptionellen empathischen Fähigkeiten einher. Er wendet die *metis*, die scharfsinnige List an, die es erlaubt, sich in der Imagination an die Stelle des anderen zu versetzen und dessen Sicht der Dinge zu übernehmen, um sie zu durchkreuzen.[56] Der große Kriminelle lässt sich also durch den Besitz von etwas *Zusätzlichem* charakterisieren, das ihn von gewöhnlichen Personen und Verbrechern niederen Rangs unterscheidet (und der Verbrecher in Kriminalromanen ist fast immer ein großer Krimineller, außer wenn der Autor eben gerade versucht, einen Überraschungseffekt zu erzielen und eine Niete mit dem Verbrechen betraut, das heißt, wenn er mit den vielfältigen strukturellen Transformationen spielt, die die Gattung erlaubt). Dieses Zusätzliche, das seine Stärke ausmacht, verdankt der Verbrecher nicht der Kontaktaufnahme mit der Geisterwelt – wie im Fall der Hexereibezichtigungen, die Jeanne Favret-Saada untersucht hat[57] –, sondern einem Realitätsverständnis, das es ihm erlaubt, ohne Rückgriff auf das, was Jeanne Favret-Saada »gewöhnliche Vermittlungen« nennt, sein Ziel zu erreichen. Er hat nämlich verstanden, dass die Realität faktisch weniger robust ist, als sie auf den ersten Blick erscheint und als diejenigen, die für die Aufrechterhaltung dieses Zustands zuständig sind, es die Naiven glauben lassen möchten. Und diese Intelligenz, die man vom Standpunkt der Vertreter der Ordnung als pervers bezeichnen kann, teilt der Verbrecher mit dem Gesellschaftskritiker – wie wir sehen werden, eine vor allem in der Spionagegeschichte häufig vorkommende Ähnlichkeit –, aber auch mit dem Soziologen.

Dieser Perversität bietet der Ermittler die Stirn. Auch er muss also über eine außergewöhnliche und vor allem ebenbürtige Intelligenz verfügen, allerdings mit dem Unterschied, dass der Verbrecher sie in den Dienst der Unterwanderung der Ordnung

---

56 Siehe Marcel Detienne/Jean-Pierre Vernant, *Les ruses de l'intelligence. La mètis des Grecs*, Paris, Flammarion, 1974.
57 Jeanne Favret-Saada, *Les mots, la mort, les sorts*, Paris, Gallimard, 1977 [dt.: *Die Wörter, der Zauber, der Tod*, Frankfurt/M., Suhrkamp, 1979].

und der Ermittler sie in den Dienst einer Rückkehr zur Ordnung stellt. Diese Konfrontation ist eine *Prüfung* oder Bewährungsprobe, aber nicht im Sinne von instituierten Überprüfungen, die öffentlichen Rechtfertigungsansprüchen unterworfen sind und Gegenstand einer meiner früheren Arbeiten waren (*Über die Rechtfertigung*). Es handelt sich vielmehr um eine reine Kraftprobe, auch wenn sie nicht hauptsächlich mit den Mitteln physischer Gewalt ausgefochten wird. Sie entzieht sich den »gewöhnlichen Vermittlungen«, insbesondere den rechtlichen Vermittlungen. Eine der Hauptlehren, die sich anscheinend stillschweigend aus dem Kriminalroman und stärker noch aus dem Spionageroman ziehen lässt, ist, dass das Recht für sich allein nicht in der Lage ist, den Rechtsstaat vor subversiven Machenschaften zu schützen. Die Aufrechterhaltung der Ordnung beruht auf einer Aussetzung oder Umgehung des Rechts, sie greift mit anderen Worten auf eine *Ausnahme*-Regelung zurück. Aber womöglich bearbeiten diese Gattungen damit nur einen Grundwiderspruch der Form Staat in ihrem Verhältnis zur Realität, besonders im Verhältnis zu den Unterschieden, Ungleichheiten und Unterteilungen, die das Gewebe der Nation zerreißen einerseits, und andererseits im Verhältnis zur Unmöglichkeit, die Nation im Zeitalter des Kapitalismus durch unüberwindliche Grenzen abzuschirmen.

Diesen Widerspruch verrät ein Charakterzug, der meiner Meinung nach schon zur Struktur des ursprünglichen Kriminalromans und Spionageromans gehört: Es handelt sich um die *Spaltung* des Ermittlers. An die Seite des Polizisten als Vertreter des Staates tritt eine andere Figur, der Detektiv, der keinen offiziellen Auftrag hat und dem doch der wesentliche Anteil der Untersuchung obliegt. Es handelt sich natürlich um Sherlock Holmes in den Geschichten, die Conan Doyle sich ausgedacht hat, aber auch um Father Brown in den Kurzgeschichten von Chesterton, um Hercule Poirot in den Romanen von Agatha Christie und um viele andere mehr. Tatsächlich kann die Kraftprobe zwischen dem Verbrecher, der, wie wir gesehen haben, über zusätzliche Kraft verfügt, und dem Ermittler der Realität nur dann wieder zu ihrem Recht verhelfen, das heißt die verbrecherischen Ereignisse am Ende einer verbrecherischen Entität zuschreiben, wenn auch der Ermittler über *zusätzliche* Kraft verfügt. Als Staatsbediensteter verfügt der Polizist nun aber nur über die Kraft, die ihm der Staat verleiht, das heißt über gewöhnliche, rechtlich eingehegte Polizeikräfte, die ausreichen, um gewöhnliche Verbrecher (die meistens der Unterschicht angehören, wie wir sehen werden) zu schnappen. Sie reicht aber nicht aus, um Spitzenverbrecher zur Strecke zu bringen. Der Polizist kennt nur die offiziell festgelegte Realität. Naiv glaubt er an deren Einzigartigkeit und Robustheit. Der Detektiv dagegen, da er dieselbe Intelligenz und dieselbe Perversität besitzt wie der große Kriminelle, weiß sich seinerseits so an die Schwachstellen und Ritzen der Realität anzuschmiegen, dass er deren Inkohärenzen nutzen kann, was womöglich ebenfalls ihre Inkonsistenz enthüllen könnte.

Man wird zu Recht einwenden, dass diese Spaltung im ursprünglichen französischen Kriminalroman fehlt, in dem der Ermittler ein Polizist ist, ein Mitglied der Verwaltung, und von daher sehr wohl ein Vertreter des Staates. Das ist schon bei der Figur von Lecoq der Fall, dem Helden der Romane von Émile Gaboriau, der gemeinhin als Wegbereiter des französischen Kriminalromans gilt, aber auch bei Maigret, der nach Sherlock Holmes unser zweiter Untersuchungsgegenstand sein wird. Ich denke trotzdem, dass auch in diesem Fall eine Form der Spaltung im Zentrum der Erzählung steht. Aber diese Spaltung erfolgt nicht über verschiedene Körper, sondern geht durch den Helden hindurch und teilt ihn in zwei Teile, ungefähr so, als wenn man von einer gespaltenen Persönlichkeit spricht. Ein Großteil der Dramaturgie der Maigret-Geschichten lebt von der Spannung zwischen zwei entgegengesetzten Personen in ein und derselben Figur. Nämlich einerseits Maigret, der *Beamte*, und andererseits Maigret, der *Mensch*, der gewöhnliche Mensch, das einfache menschliche Wesen, das auch die Verbrecher, die er jagt, einsperrt und auf die Guillotine schickt, trotz allem sind. Es gehört in diesem Fall zur Fähigkeit des Beamten, sich als aufmerksam zu erweisen gegenüber den Eigentümlichkeiten, über die sich der Mensch, mit dem er im selben Körper zusammenlebt, wundert, und die ihn nicht durch gelehrte Überlegungen erreichen, sondern über Gefühle und Intuitionen. Und diese Fähigkeit steuert die zusätzliche Kraft bei, auf die der Ermittler nicht verzichten kann, wenn er siegreich aus der Prüfung hervorgehen will.

Kriminalroman, Spionageroman und Soziologie

Kriminalroman und Spionageroman haben die Soziologie schon lange fasziniert. Zwischen diesen beiden Realitätsauffassungen, die sich ungefähr im selben Zeitraum entwickeln, erstere mit den Mitteln der Fiktion, letztere mit den Ambitionen der Wissenschaft, bestehen Übereinstimmungen, die sicherlich nicht zufällig sind. Diese Übereinstimmungen schlagen sich auf zwei verschiedenen Ebenen nieder: Die erste – auf die wir schon Gelegenheit hatten hinzuweisen – betrifft die als *Tatsache* oder *Natur* aufgefasste soziale Realität, die mit einem relativ autonomen Modus des An-sich-Seins ausgestattet ist, auch in Bezug auf das physische Substrat. Diese soziale Realität geht dem Willen der Einzelsubjekte voraus, die notwendig mit ihr rechnen müssen. Sie kann sogar als etwas angesehen werden, das ihr Handeln wesentlich bestimmt. Diese gewöhnlich als *Gesellschaft* geltende Realität wird meistens mit der Bevölkerung und vor allem mit den Regierungs-, Verwaltungs- und Rechtsdispositiven innerhalb der Grenzen eines Nationalstaats gleichgesetzt (»die französische Gesellschaft«, »die englische Gesellschaft«, »die deutsche Gesellschaft« usw.). Und mit seinen Regelmäßigkeiten, Routinen und seiner Art und Weise, den Lauf der Dinge vorhersehbar zu machen, bildet dieses Gesellschaftssubstrat nun, wie wir versucht haben zu zeigen, den Hintergrund, auf dem Kriminalroman und Spionageroman notwendig aufruhen.

Aber die Soziologie stimmt noch in anderer Hinsicht mit dem Kriminalroman überein, was weitaus besorgniserregendere Perspektiven eröffnet. Wie der Kriminalroman und womöglich vor allem der Spionageroman stellt die Soziologie immer wieder die *Realität der Realität* auf den Prüfstand oder, wenn man das vorzieht, die *vordergründig sichtbare* Realität in Frage, um zu einer sowohl versteckteren, tieferen als auch *realeren* Realität zu gelangen. Und zwar indem sie sich ebenfalls auf die Identifizierung von *Rätseln* stützt, das heißt von Ereignissen oder Tatsachen, die der Realität zu widersprechen scheinen oder sich zumindest nicht leicht in das Bild integrieren lassen, das man gemeinhin verwendet, um dem, was geschieht, Sinn zu verleihen. Diese Dekonstruktion der vordergründig sichtbaren Realität hat je nach Autor und Tradition unterschiedliche Richtungen eingeschlagen. Hier sind einige Beispiele:

Die offensichtlichsten Konvergenzen betreffen die Ansätze, die die Ungewissheit hervorheben, die das Handeln und die Art und Weise umgibt, wie die Handelnden während der alltäglichen Interaktionen die Fragilität der Realität noch in ihren scheinbar banalsten Dimensionen empfinden. Das ist in all den Traditionen der Fall, die unter dem Einfluss des Pragmatismus und/oder der Phänomenologie vom situativen Standpunkt des Handelnden ausgehen. Diese soziologischen Ansätze stellen einerseits die Konstruktion eines präsentables Bildes von sich, auf das sich die Personen bei ihren Interaktionen mit anderen verlassen, in das Zentrum ihrer Beschreibungen, und andererseits die Deutungsarbeit, die diese Personen bei dem Versuch leisten müssen, eine stabile Vorstellung von ihrem sozialen Umfeld, aber in vielen Fällen auch von der physischen Realität zu entwickeln. Das sieht man besonders in der so genannten interaktionistischen Soziologie, die Erving Goffmans Werk uns am Eindrucksvollsten vor Augen geführt hat. Mit der Betrachtung der sozialen Welt als Theater mit Bühne und Kulisse hat Goffman die alte Metapher vom *theatrum mundi*[58] und damit nicht nur den Ge-

---

58 Über die Geschichte der Metapher des *theatrum mundi* siehe Lynda Christian, *Theatrum Mundi. The History of an Idea*, New York, Garland Publishing, 1987.

gensatz von äußerem Anschein und dem, was er verbirgt, voll ausgereizt, sondern auch eine Konzeption der Realität als *artefact*, die in der philosophischen Tradition des Skeptizismus wurzelt und sie erneuert.

Auf diese Weise ließ sich zeigen, dass unter den Hauptfiguren, auf die sich Goffman bezieht, um seine Analysen – vor allem in seinen ersten Büchern über »Die Selbstdarstellung«[59] – anschaulich zu machen, *Akteure* sind – und diesen Ausdruck kann man im doppelten Wortsinn als Schauspieler und als Handelnde verstehen –, deren performative Leistung auf der Konstruktion eines äußeren Anscheins beruht, wobei der Rand, der Bühne und Kulisse trennt, der Ort par excellence ist, an dem ihre Fähigkeiten zur Transformation erkennbar werden. Dabei kann es sich um Theaterschauspieler handeln, aber auch um Hausangestellte, Kaufmänner oder Berufsgruppen, deren Tätigkeit – wie bei Betrügern, Dieben, Buchmachern, Taschendieben, Prostituierten – auf Verstellung beruht, und natürlich auch um Spione.[60] Diese Sichtweise der Realität entfernt sich weit von Goffman, aber man kann ihre verschiedenen Ausprägungen in einer Vielzahl von Arbeiten verfolgen, die seit etwa 50 Jahren entstanden sind und unter dem Einfluss der Phänomenologie, des Pragmatismus, des Interaktionismus oder der Ethnomethodologie die *Konstruktion* der Realität ins Zentrum ihrer Betrachtungsweisen gerückt haben.[61]

Die Ähnlichkeiten zwischen Kriminalroman und Spionageroman einerseits und Soziologie andererseits machen hier jedoch nicht Halt. Man kann sie auf die soziologischen Traditio-

---

59 Erving Goffman, *La mise en scène de la vie quotidienne*, Paris, Minuit, 1973 (zwei Bände: *La présentation de soi* [dt.: *Wir alle spielen Theater. Die Selbstdarstellung im Alltag*, München, Piper, 1969]. *Les relations en public* [dt.: *Das Individuum im öffentlichen Austausch. Mikrostudien zur öffentlichen Ordnung*, Frankfurt/M., Suhrkamp, 1974]).

60 Luc Boltanski, »Erving Goffman et le temps du soupçon«, in: *Information sur les sciences sociales* 12/3 (1973), S. 127-147.

61 Siehe Ian Hacking, *Entre science et réalité. La construction sociale de quoi?* (2000), Paris, La Découverte, 2008 [dt. gekürzt: *Was heißt »soziale Konstruktion«?*, Frankfurt/M., S. Fischer Verlag, 1999].

nen ausweiten, die ein Bild von der gesamten sozialen Realität, so wie sie *wirklich* ist, zeichnen möchten, wobei sie von einem übergeordneten Standpunkt ausgehen und eher vom Positivismus beeinflusst sind. Grundlage dieser Herangehensweise sind nicht, wie in den vorherigen, die Individuen, die sich in bestimmten Situationen befinden. Sie nimmt vielmehr einen globalen Standpunkt ein und ihre Beschreibungen beruhen auf der Beziehung zwischen so genannten »kollektiven« Entitäten, im Sinne von Gebilden, die eine mehr oder weniger große Zahl von menschlichen Wesen umfassen, die sich in bestimmter Hinsicht ähnlich sind. Die Statistik, die die Individuen in ihrer Gruppenzugehörigkeit betrachtet, ist ihr Lieblingsinstrument.

Den Kern der Fragestellungen dieser soziologischen Ansätze bildet die Frage der *Macht*, das heißt die Frage, wie Gesellschaft und Staat, politische Macht und ökonomische Macht sowie Kategorien, die juristisch vordefiniert sind, und jene Kategorien miteinander verknüpft sind, deren Gehalt und Robustheit statistisch ermittelt wird, wenn sie auch juristisch nicht anerkannt sind. Unter den zahlreichen Fassungen dieses Paradigmas – von denen einige eher vom amerikanischen Strukturfunktionalismus, andere eher vom Durkheimismus und wiederum andere schließlich vom Marxismus beeinflusst sind – lässt sich ein besonders erhellendes Beispiel für diese Herangehensweise in der Soziologie von Pierre Bourdieu finden. Diese betont nämlich den Abstand zwischen *Offiziellem* und *Inoffiziellem* und insbesondere zwischen der Macht, die den Akteuren oder Gruppierungen, die sich auf ein rechtliches Mandat berufen können, offiziell zuerkannt wird, und der realen Macht, die andere Akteure oder Gruppierungen unter der Hand ausüben, deren Solidarität auf unterschiedlichen Verbindungsformen beruht; ob es sich dabei nun um Familienbande handelt, gemeinsame ökonomische Interessen oder um persönliche Verbindungen freundschaftlicher Art. Während die Macht, die Erstere ausüben sollen, immerhin legitim ist, auch wenn sie sich eigentlich zum Teil als trügerisch erweist, beruht die sehr viel realere, aber verborgene Macht der Letzteren auf einer *Seilschaft*, die in einem sich als demokratisch verstehenden Nationalstaat rechtlich nicht zum Ausdruck kommt.

Erwähnt sei, dass diese Herangehensweise eine Erwartung befriedigt, auf die die Makrosoziologie notwendig eingehen muss, wenn sie als autonome Wissenschaft anerkannt werden will. Diese Erwartung betrifft den Unterschied zwischen der Soziologie und den Verwaltungsdisziplinen und dadurch die Beschaffenheit und die Bedeutung des *Mehrwerts*, den die soziologische Beschreibung gegenüber denjenigen Beschreibungen der Gesellschaft bietet, die die dem Staat unterstellten Verwaltungen hervorbringen können, wenn sie einzig und allein oder vor allem auf den offiziell anerkannten Kategorien und Einteilungen fußen, das heißt jenen, die eine rechtliche Grundlage besitzen. Offenkundig wäre der gesellschaftliche Nutzen einer Soziologie, die nur die offiziellen Einteilungen reproduzieren würde, zumindest zweifelhaft. Aber ebenso zwangsläufig weist diese Art von soziologischem Unterfangen, zumindest potenziell, eine kritische Ausrichtung auf – die je nach Strömung mehr oder weniger deutlich ausgeprägt sein kann –, weil es die offizielle Realität in Frage stellt und eine andere, sehr viel realere, aber geheim gehaltene Realität enthüllt. Dadurch zieht es sich die Feindschaft derer zu, denen an einer Verteidigung der Realität des Rechtstaates gelegen ist; es tritt in Kontroversen ein, in denen es um den Wert und das heißt zwangsläufig die Wahrheit und den gesellschaftlichen Nutzen der Bilder geht, die es zeichnet.

Das Problem des Komplotts, das den Kern des Kriminalromans und vor allem des Spionageromans ausmacht, steht ebenfalls im Zentrum dieser Kontroversen über die soziologische Beschreibung. Nach seiner weitesten Definition bezieht sich das Komplott nämlich auf Solidaritäten, Seilschaften und persönliche Verbindungen, die unter der Hand geknüpft wurden, um die Macht an sich zu reißen oder sie heimlich auszuüben. Der Soziologie kann also vorgeworfen werden, Beschreibungen hervorzubringen, die nicht bloß trügerisch sind, sondern insofern gefährlich, als sie, indem sie die offiziellen Repräsentationen anzweifeln, dazu beiträgt, den Verdacht und mit ihm die Keime der

Zwietracht in der Gesamtgesellschaft zu säen und dadurch die Autorität des Staates zu schwächen. Wie real sind die Entitäten, mit denen die Soziologie sich befasst? Inwiefern ist es akzeptabel, kollektiven Entitäten einen Willen und Intentionalität zuzuschreiben? Wie soll man den realen Solidaritätsgrad einschätzen, der die Einzelakteure verbindet, aus denen sich diese Entitäten zusammensetzen? Wie soll man dem Enthüllungsgeschäft, das sich in gewisser Weise endlos fortsetzen lässt, Grenzen setzen? So lauten einige Fragen, die die makrosoziologischen Beschreibungen aufwerfen und die wir in der Folge eingehender untersuchen werden. Für den Augenblick mag die Bemerkung genügen, dass sie sich auf ähnliche Weise für den Spionageroman stellen, wenn er groß angelegte Komplotte aufdeckt und von vielen Lesern so ernst genommen wird, dass seine Glaubhaftigkeit Anlass zu Debatten gibt und Reaktionen und Polemiken auslöst (wie man kürzlich im Fall von Dan Browns *Sakrileg* gesehen hat[62]).

Zum Abschluss dieser ersten Bemerkungen in Bezug auf die möglichen Ähnlichkeiten zwischen Kriminalroman und Spionageroman auf der einen und Soziologie auf der anderen Seite sei schließlich erwähnt, dass es zweifellos möglich ist, die Analogie noch etwas weiter zu treiben und die eher angelsächsischen und die eher kontinentalen Formen dieser beiden Arten, wie die Frage der Realität behandelt wird, miteinander in Zusammenhang zu bringen. Der bahnbrechende Aufsatz, den Carlo Ginzburg dem Indizienparadigma[63] gewidmet hat, und zahlreiche darauf

---

62 Dan Brown, *Sakrileg*, Bergisch Gladbach, Lübbe, 2004.
63 Carlo Ginzburg, »Signes, traces, pistes. Racines d'un paradigme de l'indice«, in: *Le Débat* 6 (November 1986). Originalveröffentlichung auf Italienisch in: A. Gargani (Hrsg.), *Crisi della raggione*, Turin, Einaudi, 1979, S. 79-106. Eine erweiterte Fassung dieses Textes ist unter dem Titel »Traces« enthalten in: Carlo Ginzburg, *Mythes, emblèmes, traces. Morphologie et histoire*, Paris, Flammarion, 1989, S. 139-180. Das ursprüngliche Buch auf Italienisch ist 1986 bei Einaudi unter den Titel *Miti, emblemi, spie* erschienen [dt.: Carlo Ginzburg, »Spurensicherung. Der Jäger entziffert die Fährte, Sherlock Holmes nimmt die Lupe, Freud liest Morelli – die Wissenschaft auf der Suche nach sich selbst«, in: ders., *Spurensicherung. Die Wissenschaft auf der Suche nach sich selbst*, Berlin, Wagenbach, 1995, S. 7-57].

folgende Arbeiten haben Licht auf die möglichen Analogien zwischen der Vorgehensweise von Sherlock Holmes und vor allem jenen vom Pragmatismus beeinflussten sozialwissenschaftlichen Strömungen geworfen, die auf Handlungstheorien beruhen, ob es sich dabei nun um interaktionistische soziologische oder um mikrohistorische Ansätze handelt.[64] In den Maigret-Geschichten bildet die Art und Weise, wie der Kommissar operiert, bewusst das genaue Gegenstück zu den Methoden, die Sherlock Holmes einsetzt. Trotzdem kann man auch hier noch Ähnlichkeiten mit der Soziologie feststellen, aber diesmal eher mit den soziologischen Ansätzen, die in Frankreich entstanden und sich, häufig sowohl unter dem Einfluss des Durkheimismus wie des Marxismus, auf die Untersuchung von Gruppen konzentriert haben, insbesondere auf die Entitäten, die man Milieus oder soziale Klassen nennt.

Kriminalroman und Spionageroman als Transformationssysteme

In dieser Studie habe ich mich auf die anfänglichen Ausprägungen der uns interessierenden literarischen Formen beschränkt, auf das, was ich *ursprünglichen* Kriminalroman und Spionageroman genannt habe. Ich glaube nämlich, dass der ursprüngliche Kriminalroman und der ursprüngliche Spionageroman eine Form bereitstellen, deren spätere Ausprägungen nur *Transformationen* bilden. Daraus folgt, dass die Analyse eines Textkorpus, der wenn schon nicht alle für diese Gattungen relevanten Bücher (was menschenunmöglich ist, weil es so viele sind), so doch zumindest zu verschiedenen Momenten ihrer Entwicklung erhobene Stichproben umfassen würde, diese Arbeit mit dem Ziel weiterführen könnte, Licht auf ein Transformationssystem

---

64 Über die Art und Weise, wie sich die Frage von Indizien im Fall der Mikrohistorie stellt, siehe Jacques Revel, »Micro-analyse et construction du social«, in: ders., *Un parcours critique. Douze exercises d'histoire sociale*, Paris, Galade, 2006, S. 56-84.

zu werfen, das zweifellos ziemlich strengen Regeln gehorcht. Es ist anzunehmen, dass ein solches System relativ feststehende Figuren und vor allem Aktanten umfassen würde: im Fall des Kriminalromans das Rätsel, das Verbrechen, den Verbrecher, den Polizisten beziehungsweise Kommissar, den Detektiv, die Frage der Zuschreibung usw., und im Fall des Spionageromans das Komplott, den Staat, den einsamen verfolgten Helden, Geheimbünde oder fremde Mächte usw., und natürlich in beiden Fällen die Konfrontation einer vordergründig sichtbaren, aber trügerischen Realität mit einer realen, aber verdeckten Realität. Doch die Art und Weise, wie diese Aktanten ausgefüllt werden, und der Wert, der ihnen beigemessen wird, hat im Laufe der Entwicklung dieser Gattungen sicherlich stark variiert.

Diese Variationen gehorchen wahrscheinlich gleichzeitig zwei sehr verschiedenen, aber interagierenden Antriebskräften. Nämlich einerseits einer strukturellen Notwendigkeit: Die Ausreizung einer Art von narrativem Dispositiv zieht die Suche nach innovativen Figuren nach sich, etwa so wie im Fall der Geschichte der musikalischen oder dichterischen Formen.[65] Dieses Variationsprinzip hat sicherlich an Bedeutung gewonnen, als der Kriminalroman sich allmählich zu einer spezifischen literarischen Gattung mit eigenen Distinktionsmerkmalen, das heißt zu einem *Feld* im Sinne Pierre Bourdieus[66] entwickelte. Als Feld umfasst der Kriminalroman heute sehr viele, auf verschiedene Länder und verschiedene Sprachen verteilte Autoren, die sich gegenseitig lesen und sich von ihren Vorgängern und Konkurrenten abzugrenzen versuchen, um von ihresgleichen Anerkennung zu erfahren und in den Augen des Lesers über eine eigene Identität

---

65 Zu Analysemodellen dieser Art siehe Theodor W. Adorno, *Gesammelte Schriften, Bd. 12: Philosophie der neuen Musik* (1949), Frankfurt/M., Suhrkamp, 1975. Für ein anderes Beispiel aus der französischen Dichtung siehe Jacques Roubaud, *La vieillesse d'Alexandre. Essai sur quelques états du vers français récent* (1978), Paris, Ivrea, 2000.

66 Über den Entwicklungsprozess einer populären Gattung zu einem spezifischen, nach dem Modell der so genannten »gehobenen« Gattungen geformten Feld siehe Luc Boltanski, »La constitution du champ de la bande dessinée«, in: *Actes de la recherche en sciences sociales*, I (1), 1975, S. 37-59.

zu verfügen.[67] Dieses Phänomen ist heute weltweit verbreitet, wie zum Beispiel die jüngste skandinavische Kriminalroman-Welle zeigt. Aber die Transformationen des Kriminalromans und womöglich vor allem des Spionageromans können auch eine politische Form annehmen. Ursprünglich stehen Kriminalroman und Spionageroman auf der Seite der Ordnung. Wie wir gesehen haben, nutzen sie die Möglichkeit, dass die vom Staat getragene Realität in eine Krise gerät – das aber letztendlich nur, um dem Staat die Macht zu verleihen, wieder Herr der Realität zu werden. In ihrer anfänglichen Form sind diese Gattungen also eindeutig konservativ, auch wenn einige ihrer Wendungen einen kritischen Unterton haben können. Im Laufe ihrer weiteren Entwicklung erlebt man eine Modifizierung des Wertes, der den verschiedenen Aktanten und insbesondere dem Staat und seinen Repräsentanten zugewiesen wird. So bleibt der Privatdetektiv im amerikanischen Roman noir, der zwischen dem Ende der 1920er Jahre und den 1940er Jahren die Bühne betritt, ein mehr oder weniger streng moralisches und menschlich authentisches Wesen (obwohl es sich um einen armen Kerl handelt und nicht länger um einen Übermenschen), aber er sieht sich mit zwei Arten von Widersachern und/oder Partnern konfrontiert: auf der einen Seite mit korrupten Polizeibeamten und auf der anderen mit Verbrechern, die sich ihrerseits weitestgehend entsprechend ihrer sozialen Klasse und/oder ihrem Gebiet in echte Perverse und unterdrückte, manipulierte Quasi-Opfer aufteilen. Und dieses Schema findet sich weitestgehend in den Formen des Kriminalromans (dem »Neo-noir«-Krimi) wieder, die sich in Europa in den 1970er Jahren, vor allem mit dem Werk von Jean-Patrick Manchette, durchsetzen.

Der Spionageroman ist zumindest zum Teil von ähnlichen Transformationen betroffen, allerdings in noch radikalerer Form. Ungefähr ab den 1950er Jahren werden die Figuren, in denen sich das Negative verkörpert, nicht mehr nur von Geheimbün-

---

[67] Über die Bildung eines Kriminalroman-Feldes in der französischsprachigen Literatur siehe Annie Collovald/Erik Neveu, *Lire le noir*, a. a. O., S. 319 f.

den, Anarchisten oder Agenten fremder Mächte ausgefüllt, sondern auch von den Mitgliedern des eigenen staatlichen Geheimdienstes, dem der Held angehört, oder zumindest von einigen von ihnen, die umso zynischer sind, je höher die Position ist, die sie in diesen Diensten bekleiden.[68] Durch die in den 1920er Jahren veröffentlichten Kurzgeschichten, in denen Somerset Maugham seine Erfahrung als Agent des britischen Nachrichtendienstes während des Ersten Weltkrieges nutzte, hielten eine skeptische und desillusionierte Einstellung und eine Art Dandyismus in diese Gattung Einzug, die sich in vielen späteren Büchern wiederfinden. Aber Somerset Maugham nimmt den Staat nicht direkt aufs Korn.[69] Anders verhält es sich mit Eric Ambler (dessen Beitrag wir in dem Kapitel über den Spionageroman untersuchen werden), der in den sechs Spionageromanen, die er zwischen 1936 und 1940 schreibt, die Perversität der staatlichen Geheimdienste darstellt – in erster Linie in den faschistischen Ländern, aber auch in Großbritannien. Gemeinhin nimmt man an, dass sein Werk auf die beiden Meister des englischen Spionageromans, Graham Greene und John Le Carré, großen Einfluss ausgeübt hat. Gleichwohl fällt der Gedanke schwer, dass diese Entwicklung, die den Staat vom Agenten der öffentlichen Sicherheit angesichts von Verbrechern in einen verbrecherischen Staat transformiert – der einen bedeutenden Unsicherheitsfaktor darstellt –, einzig und allein das Produkt interner Transformationsgesetze der fraglichen Gattungen sein soll. Der Zeitraum, der den Aufstieg der faschistischen und stalinistischen Staaten umfasst, dann den Zweiten Weltkrieg und dann noch den Kalten Krieg, war geprägt durch eine noch nie dagewesene Entwicklung der Geheimdienste im Schoße der westlichen Demokratien und ihrer Operationen ebenso innerhalb wie außerhalb der Nationalstaaten.

---

68 Über diese Umkehrung siehe Clive Bloom (Hrsg.), *Spy Thrillers. From Buchan to Le Carré*, London, Macmillan, 1990.

69 William Somerset Maugham, *Collected Short Stories*, Harmondsworth, Penguin Books, 1977 [dt.: *Gesammelte Erzählungen*, 10 Bde., Zürich, Diogenes, 1976, darin vor allem Bd. 7: *Ashenden oder der britische Geheimagent*].

Mit einer je nach Fall mehr oder weniger großen Verzögerung hat der investigative Journalismus sich bemüht, die Art und Weise zu beschreiben und öffentlich zu machen, wie Staatsbedienstete insgeheim Gewalt- oder Täuschungsakte vollziehen, die nicht nur moralisch, sondern auch rechtlich verwerflich sind und von daher vom Staat bestraft werden würden, wenn gewöhnliche Personen sie begangen hätten. Die Darstellung der Figur des verbrecherischen Staates setzt voraus, dass die Person des Staates sich auf zwei verschiedene Aktanten verteilt, die jeweils verschiedene Akte vollziehen. Nämlich einerseits den Staat als juristische Person, die öffentlich sichtbar ist. Deren Taten oder Akte resultieren aus legitimen (sich auf das Recht stützenden) und transparenten Entscheidungen: Sie müssen öffentlich gerechtfertigt werden. Und andererseits den Staat als rohe Kraft, der im Geheimen nach seinem eigenen Gesetz außerhalb der gewöhnlichen Moral und aus Motiven agiert, die in der Staatsräson liegen. Auch Taten oder Akte um der Staatsräson willen können mehr schlecht als recht noch als Notwehr gerechtfertigt werden, es kann sich aber nicht um eine moralische Rechtfertigung handeln. Die Gewalt, die diesen Taten innewohnt, kann nur rückwirkend und konsequentialistisch gerechtfertigt werden. Hätte man diese Taten nicht begangen, wäre das Überleben des Staates in Gefahr gewesen. Um öffentlich gemacht werden zu können, müssen solche Rechtfertigungen auf eine Äquivalenz von Staatsschutz und Wahrung des Gemeinwohls setzen, die vor allem in Zeiten und Weltregionen, in denen die Macht abrupt in andere Hände übergegangen ist, häufig höchst zweifelhaft erscheint.

Durch die Existenz eines Gefälles zwischen den Werten, auf die sich der legitime Staat beruft, und den Taten und Gesten der Gewalt und der Täuschung, die er unter der Hand vollzieht – zwischen offizieller Realität und verdeckter Realität –, erfährt letztlich der Gehalt der Realität selbst eine starke Eintrübung. Denn zusammen mit seinem Gefolge aus Sprechern, Journalisten, Experten, Wissenschaftlern, Richtern, Professoren usw. bildet der Staat die Institution, die, wie wir gesehen haben, in letzter Instanz für die Realität garantiert. Ihm kommt die Aufgabe zu, die Realität durch ein wahres Wort wieder in ihr Recht einzusetzen, wenn sie durch mysteriöse Ereignisse in Unruhe versetzt worden ist, die einer Vielzahl von unvereinbaren Deutungen und infolgedessen Streitigkeiten, ja sogar einem zumindest schwelenden Beinahe-Bürgerkrieg den Weg bahnen. Aber diese Wahrheitsfunktion, von der der Glaube an die Realität der Realität abhängt und die eine der maßgeblichen, ja sogar seine Existenz rechtfertigenden Aufgaben des Staates als Institution der Institutionen ist, wird weitgehend in Zweifel gezogen, wenn der Widerspruch zwischen diesen beiden Avataren, dem transparenten und gerechten Offiziellen und dem versteckten und verbrecherischen Inoffiziellen, offen zu Tage tritt. Wenn schon der Verdacht, dass es groß angelegte Komplotte gegen den Staat unter Beteiligung einer großen Zahl von Akteuren mit zwei Gesichtern gibt, eine tiefe Beunruhigung in Bezug auf die Realität verursacht, und zwar auch in den alltäglichsten Situationen, kann diese Beunruhigung nur noch dramatisch anwachsen, wenn der Staat selbst unter Verdacht steht, der Hauptanstifter von Komplotten zu sein.

Dieser Argwohn verstärkt sich durch die beträchtlichen Mittel, auf die der Staat Zugriff hat. Die großen Staaten verfügen heute noch über Ressourcen, die mit denen nicht zu vergleichen sind, zu denen private Organisationen – Firmen, Verbände, NGOs, Kirchen, (von den Staaten) so genannte »kriminelle« Vereinigungen usw. – Zugang haben können. Von der Verfügbarkeit enormer finanzieller Ressourcen abgesehen, besitzen die Staaten die Macht, das Handeln einer Vielzahl von Operatoren zu koordinieren, die das bei weitem übersteigt, was ihre nichtstaatlichen Konkurrenten auf diesem Gebiet zu leisten vermögen. Die Möglichkeit, die Einzelaktionen einer großen Zahl von Personen zu koordinieren, die einander noch nicht einmal kennen, bildet nun aber eines der Hauptmerkmale des Komplotts – mit dem einzigen Unterschied, dass die Koordination im Fall des Komplotts im Geheimen erfolgt, wohingegen sie im Fall von Operationen, die offiziell von Staaten durchgeführt werden, öffentlich und von daher allen bekannt sein soll. Doch wie steht es dann um die staatlichen Unternehmungen, die geheim sind oder zumindest nicht öffentlich und trotzdem eine große Tragweite haben?

Hier rühren wir an die Konvergenz von Interessen und Verunsicherungen, von denen auf der einen Seite Kriminalroman und Spionageroman und auf der anderen die Soziologie und schließlich auch die Personen durchdrungen sind, die man als Paranoiker bezeichnet. Kriminalroman und Soziologie haben mit den Paranoikern gemein, dass sie die Frage im ersten Fall problematisch werden lassen und im zweiten Fall problematisieren, wie es um die Realität steht, was sie zusammenhält, über welche Argumentationshilfen und Beweissysteme wir verfügen, wenn wir einem bestimmten Bild der Realität eher Glauben schenken als einem anderen. Man kann deshalb die Hypothese aufstellen, dass sich vom Ende des 19. Jahrhunderts bis in unsere Tage in einer Gattung der Populärliteratur, in der Erfindung einer neuen Geisteskrankheit, in einer Disziplin mit wissenschaftlichem Anspruch und im Gemüt von zahlreichen, wenn nicht allen Personen ein und dieselbe Art von Verunsicherung niedergeschlagen hat.

Zweites Kapitel[1]
Die Untersuchungen des Londoner Detektivs

Der bindungslose Detektiv

Warum hat sich die Kriminalerzählung, die, wie ihr Name schon andeutet, erzählt, womit sich die Kriminalpolizei befasst, zumindest in ihrer ursprünglichen Gestalt auf die Unterscheidung, ja die Gegenüberstellung der Figur des Detektivs einerseits und der des Polizisten oder Kommissars andererseits gegründet? Diese Unterscheidung tritt noch stärker hervor, wenn der Detektiv wie in den meisten Fällen seiner Arbeit als Privatperson oder sogar als bloßer Amateur nachgeht. Diejenigen, die versucht haben, diese Trennung zu deuten, haben sich größtenteils darauf konzentriert, kategorial zu unterscheiden zwischen einerseits den vom Detektiv zur Lösung eines Rätsels eingesetzten intellektuellen Ermittlungsmethoden und andererseits den zur Staatsgewalt gehörenden Instrumenten, über die der Polizist verfügt – eine Unterscheidung, die offensichtlich die hierarchische Trennung zwischen (vornehmen) intellektuellen und (gemeinen) materiellen Aufgaben reproduziert. Zu Recht verblüfft hat diese Autoren also vor allem die Analogie zwischen den intellektuellen Methoden, die der Detektiv in einem Unternehmen anwendet, das wohlgemerkt eine Art Menschenjagd ist, und den intellektuellen Methoden, deren sich der Wissenschaftler bedient, um ein wissenschaftliches Rätsel zu lösen – eine Analogie, die übrigens die Meister der Gattung mit Nachdruck in Erinnerung gerufen

---

[1] [Eine frühere, sehr viel kürzere Fassung dieses Kapitels ist bereits von Eva Buddeberg und Robin Celikates unter dem Titel »Eine Studie in Schwarz. Recht und soziale Ordnung im Kriminalroman« für die Festschrift zum 60. Geburtstag von Axel Honneth ins Deutsche übersetzt worden (in: Rainer Forst et al. (Hrsg.), *Sozialphilosophie und Kritik*, Frankfurt/M., Suhrkamp, 2009, S. 454-480). Übersetzerin und Verlag danken Eva Buddeberg und Robin Celikates für die freundliche Genehmigung, ihren Text der hier vorliegenden Übersetzung zugrunde legen zu dürfen.]

haben. So ist für Siegfried Kracauer[2] – einen der ersten Philosophen, der sich für diese niedere Kunstgattung interessiert hat – die Kriminalerzählung zuallererst das Symptom der Durchdringung der Realität durch das, was er *ratio* nennt, das heißt durch einen rein instrumentellen Gebrauch der Vernunft, der ihm zufolge zu einer »Zweckmäßigkeit ohne Zweck« geworden ist, angewandt auf das »Gestell«, das der für die Moderne charakteristischen sinnentleerten Welt entspricht. Ebendiesem schlussfolgernden, inferentiellen Denkstil des Detektivs widmet Carlo Ginzburg sechzig Jahre später seinen berühmten Aufsatz zum »Indizienparadigma«,[3] dem zahlreiche Studien folgten, in denen vor allem auch eine Parallele zwischen der Methode von Sherlock Holmes und der Semiologie gezogen wurde, die ungefähr zeitgleich von Charles S. Peirce entwickelt worden ist.[4]

Ohne das Interesse für jene Denkweise außer Acht zu lassen, mit der die ersten Krimiautoren die Figur des Detektivs ausstatteten – auf die ich noch zurückkommen werde –, möchte ich zunächst einen anderen Aspekt der Trennung zwischen der Arbeit des Detektivs – nur mit dem Kopf – und der des Polizisten – nur mit Kraft – hervorheben und mich dabei auf Arthur Conan Doyles Werke stützen. Diese Trennung kommt wohlgemerkt im alltäglichen, wirklichen [*réelle*] Leben fast nicht oder zumindest nur sehr selten vor, sie ist eine Erfindung der Kriminalerzählung, ja sogar ihre Haupterfindung in dem Sinne, dass sie für die Gattung selbst konstitutiv ist. Die ersten Werke der Kriminalliteratur, insbesondere die Erzählungen von Edgar

---

2 Siehe Siegfried Kracauer, *Der Detektiv-Roman*, a.a.O.
3 Carlo Ginzburg, »Spurensicherung. Der Jäger entziffert die Fährte, Sherlock Holmes nimmt die Lupe, Freud liest Morelli – die Wissenschaft auf der Suche nach sich selbst«, a.a.O.
4 Siehe Umberto Eco/Thomas A. Sebeok (Hrsg.), *The Sign of Three: Dupin, Holmes, Peirce*, Bloomington, Indiana UP, 1983 [dt.: *Der Zirkel oder im Zeichen der Drei. Dupin, Holmes, Peirce*, München, Fink, 1985]. Außer dem bereits zitierten Aufsatz von Carlo Ginzburg enthält dieser Band mehrere Beiträge, die die Denkweise von Sherlock Holmes mit der modernen Logik (Jaakko Hintikka) und mit der Semiologie von Peirce (vor allem bei Thomas A. Sebeok und bei Nancy Harrowitz) vergleichen.

Allen Poe[5] und Arthur Conan Doyle,[6] die die Gattung nachhaltig prägen, haben eine bestimmte Struktur vorgegeben; und die zahlreichen ihnen nachfolgenden Bücher, die in ihrer Thematik oder ihrer ästhetischen, moralischen oder politischen Ausrichtung häufig grundverschieden sind, können als Transformationen dieser Struktur betrachtet werden, wie ich im vorigen Kapitel angedeutet habe.

Die zwischen 1887 und 1927 veröffentlichten 56 Kurzgeschichten und vier Romane, die die Abenteuer von Sherlock Holmes erzählen, können alle einer ganz eigenen Gruppierung zugeordnet werden, die sich aus sehr verschiedenen, vom sprachlichen Niveau stark voneinander abweichenden literarischen Werken zusammensetzt. Gemeinsam ist ihnen, dass sie ein narratives Äquivalent zu kategoriellen Arrangements und zu Dispositiven

---

5 Conan Doyle hegte eine sehr große Bewunderung für Poe (siehe Robert S. Paul, *Sherlock Holmes, Detective Fiction, Popular Theology and Society*, Carbonate, Southern Illinois UP, 1991, S. 25). Trotzdem wollte er aus Sherlock Holmes eine noch stärkere Detektivfigur als Dupin machen. Während einer Unterhaltung mit Dr. Watson macht Sherlock Holmes zum Beispiel einmal eine Bemerkung über Dupin, die die Überlegenheit seiner Methode gegenüber der seines Vorgängers kenntlich machen soll (in *A Study in Scarlet* [dt.: *Eine Studie in Scharlachrot*]).

6 Was die Kurzgeschichten angeht, habe ich mich auf die Ausgabe gestützt, die ich zur Hand hatte: Sir Arthur Conan Doyle, *Sherlock Holmes. The Complete Illustrated Short Stories*, London, Chancellor Press, 1985. Die vier Romane Arthur Conan Doyles, in denen Sherlock Holmes vorkommt (*A Study in Scarlet*, *The Sign of Four*, *The Hound of the Baskervilles*, *The Valley of Fear*), sind in der Reihe Oxford World Classics erschienen [dt. als *Eine Studie in Scharlachrot*, *Das Zeichen der Vier*, *Der Hund der Baskervilles*, *Das Tal der Angst*, in: Sir Arthur Conan Doyle, *Sherlock Holmes. Werkausgabe in neun Einzelbänden*, Zürich/Berlin, Kein & Aber, 2005]. Obwohl ich seit mehr als dreißig Jahren immer wieder ziemlich häufig in Conan Doyles Schriften gelesen habe, wäre es mir ohne Rückgriff auf den wertvollen, von Lucien-Jean Bard herausgegebenen Band *Dictionnaire Sherlock Holmes*, Paris, Le Cherche-midi, 2006, schwergefallen, mich an alle für die Abfassung dieses Kapitels notwendigen Details zu erinnern. Alle Figuren, die Dr. Watson in seinen Schilderungen erwähnt, werden in diesem Lexikon namentlich aufgeführt und, wenn die von Conan Doyle gelieferten Informationen hinreichend sind, kurz beschrieben. Auch Richard Lancelyn Greens exzellente Einleitung in *The Adventures of Sherlock Holmes*, Oxford, Oxford UP, 1994, war für mich von großem Nutzen.

geliefert und in Figuren verkörpert haben, die zu einem bestimmten historischen Zeitpunkt für die Entstehung neuer gesellschaftlicher und politischer Formen kennzeichnend waren. Gerade diese historische Verortung hat jenen Werken ihren quasi universellen Bekanntheitsgrad verliehen. Wenige literarische Figuren haben sich so rasch und so dauerhaft durchgesetzt wie Sherlock Holmes. Seit den 1890er Jahren verzeichneten die Sherlock-Holmes-Geschichten großen Erfolg, der sich schnell international ausbreitete und im Laufe der ersten Hälfte des 20. Jahrhunderts immer größer wurde. Dieser Erfolg zwang Conan Doyle, der seine Figur 1893 getötet hatte (*The Final Problem* [dt.: *Das letzte Problem*]), sie 1901 wieder zum Leben zu erwecken (*Der Hund der Baskervilles*). Unter verschiedenen Namen mehren sich seit Beginn des 20. Jahrhunderts die Sherlock-Holmes-Doppelgänger (wie Maurice Leblancs Herlock Sholmes) und dann vor allem nach dem Zweiten Weltkrieg die so genannten »apokryphen« Romane (die Fachleute haben ungefähr 50 Bücher gezählt[7]). Deren Autoren bestücken häufig die zahlreichen Rätsel mit Details, deren Titel Dr. Watson in den Sherlock-Holmes-Geschichten nur kurz im Zusammenhang mit Geschichten erwähnt, die er erst später erzählen möchte und die Conan Doyle nie geschrieben hat. Die Sherlock-Holmes-Geschichten wurden schon vor dem Ersten Weltkrieg für das Kino adaptiert; bis zum heutigen Tag gibt es mehr als 200 Adaptionen.[8] Und schließlich

---

7 Das neueste ist meines Wissens Caleb Carrs 2005 erschienener Roman *The Italian Secretary. A Further Adventure of Sherlock Holmes*, New York, Carroll & Graf Publishers [dt.: *Das Blut der Schande. Roman*, München, Heyne, 2009].

8 Einige der auf Conan Doyles Erzählungen basierenden Filme versetzen die Sherlock-Holmes-Figur in Zeiten und historische Kontexte, die sie nicht erlebt haben kann, was dem Detektiv den zeitlosen Charakter eines mythischen Helden verleiht. Das ist in *Die Geheimwaffe* (*Sherlock Holmes and the Secret Weapon*) der Fall, bei dem Roy William Neill 1942/1943 Regie führte und den Jean-Pierre Naugrette minutiös und wissenschaftlich fundiert analysiert hat. In diesem frei an Conan Doyles Kurzgeschichte »Die tanzenden Männchen« angelehnten Film »werden Holmes und Watson direkt in den weltweiten Konflikt verwickelt, der sich zu dieser Zeit abspielt« (siehe Jean-Pierre Naugrette, »Sherlock Holmes et l'arme secrète. Les nazis,

entstanden ab 1934 Clubs für die Holmesianer (der erste war *The Baker Street Irregular* in New York); heute gibt es davon weltweit ungefähr 500.[9] Wie Julian Symons bemerkt, behandeln die Sherlock-Holmes-Fanatiker diese fiktive Figur immer mehr so, als handele es sich um eine reale Person, zum Beispiel, wenn sie sich in seine Ermittlungen einschalten und andere Lösungen vorschlagen oder wenn sie Reliquien seines irdischen Daseins sammeln wie im Fall seines Sessels, der mit seinem Namen versehen in einem Pub steht.[10]

Genau genommen verdanken die dergestalt vergötterten Werke die Faszination, die sie ausüben, dem Umstand, dass sie sich mit den in einer bestimmten sozialen Ordnung verankerten Widersprüchen befassen, die im genannten Zeitraum besonders stören und auffallen, weil diese noch nicht gesicherten Ordnungen gerade erst im Entstehen begriffen sind. Der Umstand, dass sie auf die Arbeit des Widerspruchs gerichtet sind, die die unvereinbaren, aber nichtsdestoweniger alle für die Realisierung einer bestimmten Ordnung notwendigen Arten von Kategorien betrifft, verleiht diesen Werken einen stärker metaphysischen als literarischen Charakter. Die Bezugnahme auf diese Widersprüche erlaubt es, die schon häufig bemerkte Analogie zwischen solchen Werken und den Mythen genauer zu fassen, die, wie wir Lévi-Strauss folgend gesehen haben, Operatoren bilden, die einen Widerspruch in alle erdenklichen Richtungen drehen und wenden, nicht um ihn dialektisch zu überwinden, sondern schlicht und einfach, damit man sich an ihn gewöhnt. Die Einbeziehung des Widerspruchs in die Handlung verleiht ihm letztlich den Charakter einer Evidenz, eines Immer-Schon-Dagewesenen, mit dem man leben kann, oder macht ihn, wenn man so will, stillschweigend als selbstverständlich tolerierbar. Als ein anderes Beispiel für solch mythische Werke ließe sich eine der berühmtesten (und großartigsten) von den zahlreichen Erzählungen anführen,

---

Moriatry et Londres sous le blitz«, in: *Ligeia. Dossiers sur l'art* 61-62-63-64 (Juli-Dezember 2005), S. 124-134 [Übers. C. P.]).
9 Siehe Bernard Oudin, *Enquête sur Sherlock Holmes*, Paris, Gallimard, 1997.
10 Julian Symons, *Criminal Practices*, London, Macmillan, 1994, S. 25.

die Robert Louis Stevenson geschrieben hat: *The Strange Case of Dr Jekyll and Mr Hyde*, die auf dem Doppelgängermotiv beruht und keineswegs ohne Bezug auf den Gegenstand dieser Arbeit ist.[11]

Herren und Diener

Zunächst ein Wort zur sozialen Welt, in der der Detektiv operiert. Aus dem (naiven) Blickwinkel der Soziologie stellt sich die Gesellschaft, in der Sherlock Holmes sich bewegt, mit großer, geradezu natürlich wirkender Selbstverständlichkeit als Klassengesellschaft dar. Allerdings handelt es sich um eine ziemlich besondere Klassengesellschaft, die sich vereinfacht folgendermaßen charakterisieren lässt: Sie setzt sich, nach dem Modell zahlreicher viktorianischer Romane, im Wesentlichen aus Herren und Dienern zusammen. Die Herren, die natürlich über Grundbesitz oder finanzielles Vermögen verfügen, zeichnen sich vor allem durch ihre Zugehörigkeit zu großen und alten Familien aus.[12] Ihr Wohlstand stammt ebenso aus einer Grundrente

---

11 Robert Louis Stevenson, *The Strange Case of Dr Jekyll and Mr Hyde* (1886), London, Penguin Classics, 2000 [dt.: *Der seltsame Fall des Dr. Jekyll und Mr. Hyde*, Frankfurt/M., Insel Verlag, 1987]. Als er die vielen Ungeheuer analysiert, die die englische Literatur am Ende des 19. Jahrhunderts hervorgebracht hat (Dracula, der verrückte Doktor in *Die Insel des Dr. Moreau*, der Held von *Das Bildnis des Dorian Gray* usw.), bemerkt Roger Bozzetto, dass »anscheinend alle monströsen Helden einen Punkt gemeinsam haben. Sie folgen dem Doppelgängermotiv.« In einer unbescholtenen Figur steckt ein Doppelgänger, ein Ungeheuer, das in dieser narrativen Form »niemals das Wort« hat, das heißt, wenn man das Wort mit dem Menschsein assoziiert, das reine Inhumane ist (siehe Roger Bozzetto, »L'impossible portrait du monstre«, in: Gilles Menegaldo/Jean-Pierre Naugrette (Hrsg.), *R. L. Stevenson & A. Conan Doyle. Aventures de la fiction*, a. a. O., S. 141-151 [Übers. C. P.]).
12 Einige Kostproben: Sir Charles Baskerville, Erbe des Grundbesitzes und des Namens der Baskervilles (*Der Hund der Baskervilles*). Der Herzog von Holdernesse, ein sehr reicher britischer Aristokrat, der als ein »aus dem Ei gepellter, großer und majestätischer Mann« beschrieben wird (*The Priory School* [dt.: *Die Abteischule*]). Lady Frances Carfax, letzte Nachkommin

wie aus der Wertsteigerung von Kapital, hat sich doch die englische Aristokratie zeitiger und stärker als die des Kontinents in Handelsgesellschaften, im Bergbau, in der Industrie oder in Finanzunternehmen, die häufig im Zusammenhang mit der Ausweitung des *Empire* standen, engagiert.[13] Der Unterschied zwischen Adel und Bürgertum hat von daher einen anderen Charakter als zum Beispiel im selben Zeitraum in Frankreich. Bei gleichem Reichtum bildet die Zugehörigkeit der alteingesessenen Familien zur herrschenden Klasse dennoch ein sehr stichhaltiges Unterscheidungskriterium, insbesondere im Hinblick auf das Ansehen, das heißt auf den Grad, in dem eine Person als a priori unbescholten betrachtet werden kann oder aber umgekehrt als a priori mehr oder weniger *verdächtig*. Auf diese Weise (wir kommen gleich darauf zurück) unterscheiden sich die Herren von denen, die man die Neureichen nennen kann, deren Reichtum das Ergebnis der im Laufe ihres Lebens geleisteten Arbeit (häufig in fragwürdigen Unternehmen in Amerika oder Südafrika) und kein Erbe ist. Während die Herren von Natur aus feinsinnig und vielschichtig sind, erscheinen die Neureichen häufig brutal und grob.

Bedienstete sind alle diejenigen, die auf die eine oder andere Weise der Größe ihrer Herren dienen. Sie können ihrerseits in zwei Klassen eingeteilt werden. Die erste setzt sich zusammen aus dem, was man das Bedienstetenvolk nennen kann. Zur zweiten gehören die Elitebediensteten. Das Bedienstetenvolk um-

---

der Grafen von Rufton (*The Disappearance of Lady F. Carfax* [dt.: *Das Verschwinden der Lady Frances Carfax*]). Lord Blackwater, Besitzer eines Gestüts in der Heidelandschaft von Dartmoor (*Silver Blaze* [dt.: *Silberstern*]). Lord Bellinger, der Sherlock Holmes nach dem Verschwinden eines Dokuments von höchster Wichtigkeit für die britische Außenpolitik zu Hilfe ruft (*The Second Stain* [dt.: *Der zweite Fleck*]). Es ließen sich etliche Beispiele finden. Dem Index in Lucien-Jean Bords bereits erwähntem Buch zufolge kommen in den Sherlock-Holmes-Geschichten mehr als 100 Herren vor.

13 Vgl. Michael Mann, *The Sources of Social Power*, Bd. 2: *The Rise of Class and Nation-States, 1760-1914*, Cambridge, Cambridge UP 1993, besonders S. 92-136 [dt. gekürzt in: *Die Geschichte der Macht*, Bd. 3: *Die Entstehung von Klassen und Nationalstaaten (1760-1914)*, Frankfurt/M./New York, Campus, Teil 1 1998, S. 113-152, Teil 2 2000, S. 40-88].

fasst alle Mitglieder der unteren Schichten – Bauern, Arbeiter, Gärtner, Gastwirte, Köche, Dienstmädchen, Kutscher usw. –, die nur in Bezug auf das Unterordnungsverhältnis[14] in den Blick geraten, in dem sie zu den Herren stehen, denen sie dienen oder deren Pläne sie umsetzen.[15] Was die Elitebediensteten anbelangt, so sind sie eine Kopie ihrer Herren ohne deren Größe: Verwalter, persönliche Kammerdiener, Gouvernanten, Lehrer und, vor allem, die Hauslehrer, die mit der Erziehung der Kinder betraut sind. Diejenigen, die zum Bedienstetenvolk gehören – man könnte auch einfach sagen: das Volk –, sind von beschränkter Intelligenz, wenn sie nicht schlicht dumm, sichtlich grob und potenziell straffällig sind.[16] Da sie nichts besitzen, haben sie auch

---

14 Mitte des 19. Jahrhunderts definiert der Jurist Raymond-Théodore Troplong die Dienerschaft folgendermaßen: »Die Dienerschaft [...] gehört als zum sozialen Elend verdammte Klasse zum Freien Stand und erinnert am meisten an die Sklaverei. Sie entspricht dem Bedürfnis, das bei den Völkern, wo Sklaverei herrscht, die Knechtschaft befriedigen soll. Sie bildet die unterste Stufe der Gesellschaft; denn von allen sozialen Lagen setzt sie am wenigsten Unabhängigkeit und Produktivität voraus.« (Zitiert nach Mikhaïl Xifaras, *La propriété, étude de philosophie du droit*, Paris, PUF, 2004, S. 68 [Übers. C. P.].)

15 Die Zahl der Bediensteten bleibt das ganze 19. Jahrhundert über hoch. So hat Peter Laslett ausgerechnet, dass in Westeuropa ungefähr 40 Prozent der Kinder im Laufe ihrer Adoleszenz Diener wurden (vgl. *Family Life and Illicit Love in Earlier Generations*, Cambridge, Cambridge UP, 1977, S. 43).

16 Auch hierfür gibt es etliche Beispiele. Der von Lucien-Jean Bord zusammengestellte Index verzeichnet 62 Diener und Hausangestellte. Die Dienstmädchen und Zofen, häufig bäuerlicher Herkunft, sind besonders beschränkt, unehrlich und sexuell wenig empfehlenswert (Agatha, das Dienstmädchen von Charles Milverton, das Sherlock Holmes in *Charles Augustus Milverton* als Klempner verkleidet verführt, um Auskünfte von ihr zu erlangen; Catherine Cusack, die diebische Zofe der Gräfin von Morcar in *The Blue Carbuncle* [dt.: *Der blaue Karbunkel*]; die »üppige und schamlose« Carrie Evans, Zofe von Lady Beatrice Falder in *Shoscombe Old Place* [dt.: *Das Abenteuer von Shoscombe Old Place*] usw.). Die Gastwirte und Kutscher zeichnen sich besonders durch Grobheit und Brutalität aus (zum Beispiel Reuben Hays, Gastwirt und ehemaliger Kutscher des Herzogs von Holderesse, Mörder von Professor Heidegger in *Die Abteischule*. Toller, Stallbursche der Rucastles, der in *The Copper Beeches* [dt.: *Das Haus bei den Blutbuchen*] als »derbes und grobes Individuum« dargestellt wird, noch dazu als »Trunken-

nichts zu verteidigen, also auch keine oder nur wenige Werte im moralischen Sinne des Wortes, und sie sind nie weit davon entfernt, in einen Zustand der Anarchie zu verfallen. Dennoch sind sie zwei sich widersprechenden Arten von Gesetzen unterworfen. Einerseits sind ihre Handlungen durch recht einfache und sehr strikte Regeln bestimmt, denen sie im Laufe ihrer alltäglichen Tätigkeiten folgen müssen: Pferde satteln, den Haushalt führen, Alleen harken usw. Diese Regeln rahmen die kleinteiligen, meist manuellen Aufgaben ein, deren Umsetzung genau spezifiziert werden kann, weil sie in feststehenden Kontexten erfolgt. Andererseits aber treibt ihre spontan regelüberschreitende und potenziell widerspenstige Natur sie dazu, sich diesen Regeln immer dann zu entziehen, wenn sie glauben, es ohne Gefahr tun zu können. Allerdings gehorcht diese Natur selbst – samt ihrer rebellischen Dimensionen – Gesetzen, die mit denjenigen der Naturwissenschaften vergleichbar sind, so dass sich ihr Verhalten leicht deuten lässt – und zwar auch in den zahlreichen Fällen, in denen sie die zu befolgenden Regeln überschreiten. Darin weisen sie einigermaßen große Ähnlichkeiten mit Haustieren auf: Sie sind dressiert, dabei leicht widerspenstig, aber immer auf voraussehbare Weise für den, der sich mit ihrer Natur auskennt.

Die Elitebediensteten erfüllen Aufgaben, die teilweise oder vollständig intellektueller Art sind.[17] Diese Aufgaben unterscheiden sich kaum von denjenigen, die die Herren erfüllen könnten oder sollten – mit dem Unterschied, dass sie auf einige spezielle Gebiete beschränkt sind, während die Herren eine Aktivität entfalten, die dazu bestimmt ist, alle Aspekte der Realität zu umfassen. Die Elitebediensteten ersetzen also die Herren bei besonderen Aufgaben: die Ländereien verwalten, die Kinder unterrichten oder aber, wie im Fall der Gouvernanten, des Butlers oder des

---

bold«, oder aber John Cobb, Stallknecht von Charles McCarthy in *The Boscombe Valley Mystery* [dt.: *Das Rätsel vom Boscombe-Tal*]).

17 Zum Beispiel die des Verwalters oder Butlers wie Richard Brunton, Butler von Reginald Musgrave in Harlstone (*The Musgrave Ritual* [dt.: *Das Musgrave-Ritual*]).

persönlichen Kammerdieners,[18] die im Allgemeinen nicht mehr ganz jung sind, über die belanglosesten Dinge des Alltagslebens zu wachen, was diese Figur verpflichtet, in die Intimsphäre ihres Herrn einzudringen und sich dabei seine Gewohnheiten und Manieren im Kleinen – aufgrund der Lächerlichkeit, die damit einhergeht – häufig spöttisch zu Eigen zu machen. Und schließlich können die Elitebediensteten, obwohl sie, wie die einfachen Bediensteten, ihrem Herrn absolut untergeordnet sind, trotzdem Aufträge von ihm erhalten, die ihnen Macht über die Untergebenen verleihen.

Auch die Herren sind nicht untätig. Sie haben Funktionen inne, die sie in Verbindung mit moralisch hochstehenden Entitäten oder Persönlichkeiten handeln lassen – im Dienste von Zielen, die sie als natürliche Personen übersteigen. Diese Entitäten werden manchmal mit Ausdrücken wie dem Empire, der Krone oder dem Staat – die als Mächte gelten – spezifiziert oder aber im Vagen belassen, so dass man ohne Täuschungsgefahr sagen kann, dass diese großen Figuren im Dienste jenes verschwommenen Gebildes stehen, auf das die holmessche Rhetorik Bezug nimmt, wenn von der Verteidigung »der Gesellschaft« oder »der Ordnung« die Rede ist. Da ihre Handlungen darauf ausgerichtet sind, sehr allgemeinen Zielen zu genügen, dürfen sie nicht durch strikte Regeln eingeschränkt werden. Die Befolgung von Regeln ist nämlich ein Handicap, wenn der Kontext der Handlung ungewiss ist und sich unaufhörlich ändert, wie im Fall der meisten Situationen, in denen das Eingreifen der Herren erforderlich ist.[19] Das sieht man besonders gut, wenn die zu erreichenden

---

18 Die ausgesprochen zahlreich sind. Zu nennen wären beispielsweise John Barrymore, Butler von Sir Charles Baskerville (*Der Hund der Baskervilles*), oder aber Ames, (»der steife, achtbare und tüchtige«) Butler von John Douglas in Birlstone (*Das Tal der Angst*). Mrs. Dixon, Gouvernante von Mr. Carruthers in Chiltern Grange, ist eine »sehr ehrenwerte alte Dame« (*The Solitary Cyclist* [dt.: *Die einsame Radfahrerin*]).

19 Ich danke Ève Chiapello, die mich darauf aufmerksam gemacht hat, dass es ein Unterschied ist, ob man eine Regel befolgt oder ein Ziel verfolgt – ein Unterschied, der vor allem in den Kontrolltheorien im Management eine wichtige Rolle spielt. Zu diesem Unterschied siehe auch die verschiedenen

Ziele – wie es häufig der Fall ist – das Verhältnis des Staates (oder Empires) zu anderen Staaten (oder anderen Reichen) und von daher Fragen der Diplomatie und Strategie betreffen, in denen es um Krieg und Frieden geht.[20]

Wie diejenigen, die dem Bedienstetenvolk angehören, können die Herren gezwungen sein, die Regeln nicht zu befolgen, um die ihnen eigenen höheren Ziele zu erreichen. Gleichwohl werden in ihrem Falle die Regeln nicht wirklich übertreten. Sie werden nur ausgesetzt oder zeitweise umgangen. Während im Falle des Volkes die Übertretung der Regel einer Mischung aus angeborener Wildheit und reinem Eigeninteresse gehorcht, ist das Umgehen der Regel im Falle der Herren durch die Sorge um das Gemeinwohl motiviert, so dass es immer dem »Geist der Regel« verpflichtet bleibt. Die Fähigkeit der Herren, sich an den Geist der Gesetze zu halten, ist quasi untadelig – und sei es auch nur, weil sie selbst die Gesetze machen.

Diese verschiedenen Bezugsmöglichkeiten auf die Regel, die Herren und Diener unterscheiden, gehen mit verschiedenen Erziehungsweisen einher. Das Bedienstetenvolk war einem Lernprozess unterworfen, der einer Dressur oder Abrichtung nahekommt. Er kann also von recht kurzer Dauer und nicht besonders mühsam sein, er verharrt an der Oberfläche und erreicht nicht die tiefsten Schichten ihrer Natur, die widerspenstig und dumm bleiben. Aus diesem Grund muss ihr Verhalten auch von nahem und dauernd kontrolliert werden. Da er durch Bestrafungen ausgebildet worden ist, kann ihr Sinn für Gehorsam jedoch jederzeit durch neue Bestrafungen oder deren Androhung reaktiviert

---

Arten des planmäßigen Handelns, wie Laurent Thévenot sie analysiert (*L'action au pluriel. Sociologie des régimes d'engagement*, Paris, La Découverte, 2006).

[20] Über die Geheimhaltung, die das staatliche Handeln besonders auf dem Gebiet der internationalen Beziehungen umgibt, und über die Autonomie, über die Diplomaten im Hinblick auf gewöhnliche Regeln verfügen, einschließlich derer, die das Funktionieren des Staates regulieren sollen, vor allem weil die Ziele schwanken, die sie verfolgen, siehe Michael Mann, *States, War and Capitalism. Studies in Political Sociology*, Oxford, Basil Blackwell, 1988, S. 151-153.

werden. Da sie dagegen unscharf umrissene Ziele erfüllen sollen, deren Ausrichtung sich mit dem Wandel des jeweiligen Handlungskontextes ändern kann, und da sie nur erfolgreich sein können, wenn sie autonom sind, was voraussetzt, dass sie nicht ständig kontrolliert werden, durchlaufen die Herren eine lange und mühsame Erziehung. Sie muss die tiefsten Schichten ihrer Natur erreichen beziehungsweise, wenn man so will (mit einem Ausdruck, den Pierre Bourdieu häufig verwendet hat), die Ausbildung einer »Zweiten Natur« hervorbringen, die sie zur Selbstkontrolle oder Selbstbeherrschung befähigt. Diese Notwendigkeit rechtfertigt die anspruchsvolle und zuweilen ausufernde pädagogische Arbeit – eine Mischung aus klassischer humanistischer Bildung, Religion, Sexualkontrolle und ausgetüftelten körperlichen Züchtigungen –, die an den Schulen für die Kinder der herrschenden Klasse verrichtet wird.

Die Elitebediensteten nehmen in Bezug auf das Verhältnis zur Regel eine ambivalente, instabile und riskante Position ein. Da sie Aufgaben erfüllen sollen, bei denen sie ihre Herren ersetzen, können sie der Regel nicht genauso strikt unterworfen sein wie die Angehörigen des Bedienstetenvolkes. Gewiss sind diese Aufgaben auf einige spezielle Gebiete beschränkt, und ihr Anwendungsfeld betrifft nicht das Gemeinwohl des Staates oder des *Empire*, sondern allein die Pfründe des Herrn. Gleichwohl müssen die Elitebediensteten, um diese Aufgaben zufriedenstellend zu erledigen, zwischen verschiedenen Alternativen wählen, was voraussetzt, dass sie über eine gewisse Autonomie verfügen. Ihre Handlungen können nicht ständig kontrolliert werden und sind Gegenstand einer pauschalen, an den erzielten Ergebnissen orientierten Beurteilung. Die Ausbildung, die diese Elitebediensteten, deren Aufgaben intellektuelle Fähigkeiten erfordern, durchlaufen haben, liegt auf halbem Wege zwischen der Ausbildung der Herren und der des Volkes. Von ihnen wird weniger erwartet, dass sie im Geiste des Gesetzes handeln, als dass sie im Geiste ihrer Herren handeln, das heißt so wie ihre Herren unter den Umständen handeln würden, in denen ihr Eingreifen erforderlich ist. Doch der ihnen gewährte Spielraum birgt immer etwas

Ungewissheit und ein gewisses Risiko, weil die begrenzte Ausbildung, die sie erhalten haben, nicht garantiert, dass sie zu einem höheren Maß an Selbstbeherrschung fähig sind. Sie wissen genug, um gute Manieren nachäffen zu können, aber man kann sich nie sicher sein, dass sie sie wirklich verinnerlicht haben. Deshalb versammeln sich die zwielichtigen, scheinheiligen und falschen Individuen in dieser Gruppe, denen man misstrauen sollte.

Zu den Hauptpersonen, zumindest der Zahl nach, kommen noch einige Nebenfiguren hinzu, deren Rolle bei der Konstruktion von Rätseln trotzdem wichtig, ja sogar wesentlich ist. Zunächst wäre da der Neureiche, den wir schon Gelegenheit hatten zu erwähnen. Vulgär und hart aufgrund seiner Herkunft aus dem Volk, aber intelligent (sonst hätte er kein Vermögen gemacht), verfolgt er strikt eigennützige Ziele, ohne einen Gedanken auf das Gemeinwohl zu verschwenden. Trotzdem kann der Neureiche seine Umgebung täuschen, denn er hat das Äußere eines Herrn: Geld, Macht, Ländereien, ein großes Anwesen, Bedienstete[21] usw. Sein zweifelhafter Charakter sticht besonders stark hervor, wenn es sich, wie es häufig der Fall ist, um einen Ausländer handelt. Hinzu kommt, dass Ausländer ganz allgemein unergründlich sind und Verhaltensweisen an den Tag legen, die häufig schwer zu entschlüsseln sind, was sie natürlich verdächtig macht.[22] Solche beunruhigenden Charakterzüge tre-

---

21 Einige Musterbeispiele: John Douglas, der in den kalifornischen Goldminen ein Vermögen gemacht hat und das Herrenhaus von Birlstone besitzt. Er hat ein »verwittertes Gesicht mit stark ausgeprägten Kieferknochen« und vermittelt den Eindruck, »das Leben in gesellschaftlichen Schichten kennengelernt (zu haben), die wohl einiges unter dem Niveau der Gutsherren der Grafschaft Sussex lagen« (*Das Tal der Angst*). Josiah Amberley, Farbfabrikant im Ruhestand, hat ein »grimmiges und gieriges Gesicht« (*The Retired Colourman* [dt.: *Der Farbenhändler im Ruhestand*]). Sir Eustace Brackenstall ist einer der reichsten Grundbesitzer von Kent, aber ein »brutaler und jähzorniger Trunkenbold« (*The Abbey Grange* [dt.: *Abbey Grange*]). Tito Castalotte, nordamerikanischer Geschäftsmann. Als Hauptteilhaber der New Yorker Im- und Exportfirma Castalotte und Zamba ist er Mitglied des Roten Kreises, eines napoletanischen Geheimbundes, der sich als Erbe des Karbonarismus versteht (*The Red Circle* [dt.: *Der Rote Kreis*]).
22 Es kann sich entweder um Spione handeln (wie von Bork und Baron von

ten noch deutlicher bei Frauen hervor, was englische Männer dazu bewegen sollte, englische Frauen den ausländischen Frauen vorzuzuziehen.[23] Leider ist das nicht immer der Fall, und einige zahlen einen hohen Preis dafür, dass sie in ihrer Jugend und/oder auf Reisen von exotischen Schönheiten verführt worden sind – die gefährlichsten stammen anscheinend aus Spanien oder Lateinamerika, wo die Frauen besonders heißblütig sind und nur wenig Selbstbeherrschung zeigen.[24] Und es wäre hinzuzufügen, wie schon häufig bemerkt worden ist, dass ein solcher Verdacht leicht auf die Frauen im Allgemeinen übergreift, die

---

Herling in *His Last Bow* [dt.: *Seine Abschiedsvorstellung*]) oder um Betrüger und Verbrecher (wie Graf Negretto in *The Mazarin Stone* [dt.: *Der Mazarin-Stein*]) oder aber um Revolutionäre und Anarchisten oder Mitglieder von Geheimbünden (wie der Anarchist Klopman in *Seine Abschiedsvorstellung*, das Paar Gennaro und Emilia Lucca in *Der Rote Kreis*, Pietro Venussi in *The Six Napoleons* [dt.: *Die sechs Napoleons*]). In der holmesschen Geopolitik stellen sich die fremden Länder, und zwar insbesondere Kontinentaleuropa, aber auch Russland und Südamerika, als Orte dar, die keine Ruhe vor revolutionären Kräften haben, die von blutrünstigen und verbrecherischen Wesen angeführt werden. Brave Engländer haben von daher die Pflicht, Großbritannien, als Raum, wo Ordnung herrscht, vor dem Ansteckungsrisiko zu schützen, das von auswärtigen Agenten ausgeht (siehe zum Beispiel die Presseauszüge, die am Anfang des 6. Kapitels von *Eine Studie in Scharlachrot* zitiert werden). Diese Entgegensetzung eines liberalen Englands, dessen vernünftige Bevölkerung vernünftig regiert wird, und den fremden Ländern, vor allem den südlichen, die der Gewalt, der Leidenschaft und revolutionären Ausbrüchen ausgeliefert sind, ist ein Gemeinplatz der viktorianischen Literatur (vgl. G.D. Klingopulos, »Notes on The Victorian Scene«, in: Boris Ford (Hrsg.), *The New Pelican Guide to English Literature*. Bd. 6: *From Dickens to Hardy*, Harmondsworth, Penguin, 1982, S. 24f.).

23 Siehe Hélène Grignon, »Sous le signe des tropiques«, in: Denis Mellier (Hrsg.), *Sherlock Holmes et le signe de la fiction*, Lyon, ENS Éditions, 2002, S. 25-43.

24 Wie zum Beispiel im Fall von Isadora Klein, einer »sehr schönen Frau«, allerdings einer spanischstämmigen, internationalen Abenteurerin, der Verlobten des Herzogs von Lomond (*The Three Gables* [dt.: *Die drei Giebel*]), von Madame Fournaye, die kreolischer Herkunft ist und ihren Mann aus Eifersucht ersticht (*Der zweite Fleck*) oder aber der unglücklichen Gattin von Robert Ferguson mit ihrem feurigen Temperament, die er aus Peru mitgebracht hat und die – übrigens zu Unrecht – beschuldigt wird, ihrem eigenen Kind das Blut ausgesaugt zu haben (*The Sussex Vampire* [dt.: *Der Vampir von Sussex*]).

entweder idealisiert (als »*die* Frau«) oder stereotyp und eher abschätzig dargestellt werden. Mit ihren Pfeifen, Clubs, ihrem Whisky und ihren großen Kriminellen bleibt die holmessche Gesellschaft »ganz den Männern vorbehalten«. So merkt der Kriminal- und Spionageroman-Historiker LeRoy Panek an,[25] dass der narrative Rahmen, in dem sich die Sherlock-Holmes-Geschichten abspielen, nämlich der der edwardianischen Abenteuererzählung, mit dem durchtränkt ist, was dieser Autor »Kultur der *public school*« nennt – mit ihren Geschichten für Heranwachsende, die die Freundschaft betonen, den Mut, die Kraft, die Ehrmoral, die Selbstbeherrschung; die Gründung der Pfadfinder-Bewegung durch Baden Powell im Jahre 1907 war eine ihrer Ausdrucksformen.[26] Diese Kultur der Männlichkeit und der Beziehungen von Jungs untereinander macht es unvorstellbar, in der Erzählung explizit auf Sexualität Bezug zu nehmen; schon die Möglichkeit, Frauen als etwas anderes zu betrachten denn als Anhängsel, Opfer oder Gefahrenquelle, ist ausgeschlossen.[27]

Die Beamten: Sie treten im Wesentlichen in Gestalt des Polizisten als dem Repräsentanten der Sicherheit und des Rechtsstaates in Erscheinung. Er ist eine Art Elitebediensteter – allerdings mit dem Unterschied, dass er dem Staat und nicht den Pfründen eines Herrn unterstellt ist. Als etwas beschränkte Persönlichkeit neigt er dazu, das Gesetz wortgetreu anzuwenden, weil dessen Geist ihm verschlossen bleibt. Trotzdem ist er immer ehrbar, das heißt aus einem Guss. Bei ihm gibt es keine Falschheit. Innerhalb der Grenzen seiner Fähigkeiten kann man ihm vertrauen.[28]

---

25 Siehe LeRoy Panek, *The Special Branch. The British Spy Novel, 1890-1980*, Bowling Green, Bowling Green UP, 1981, S. 43-45.
26 Die Reihe »Signe de pistes« und Serge Dallens' Geschichten vom Prinzen Éric bilden ein spätes (ungefähr von den 1930er bis in die 1950er Jahre) und faszinierendes französisches Äquivalent zu dieser literarischen Gattung.
27 Siehe Joseph A. Kestner, *The Edwardian Detective, 1901-1915*, Ashgate, Aldershot, 2000, S. 44 f.
28 Die Gewöhnlichkeit der Polizisten lässt sich häufig an ihren Gesichtern ablesen, zum Beispiel an denen von Anderson und Bardle (Polizisten im Flecken Fulworth). Der erste ist »ein großgewachsener Kerl mit einem gelblichen Schnurrbart, der der für die Grafschaft Sussex typischen Langsam-

Schließlich kann man auch nicht stillschweigend über ein Wesen hinweggehen, das eine Spezies für sich allein darstellt, deren einziger Vertreter es ist. Es handelt sich um den genialen Bösewicht: Professor Moriatry. Er hat alle Eigenschaften eines Herrn: höhere soziale Herkunft, Erziehung in den besten Einrichtungen, große Kultur, bemerkenswerte Intelligenz; dazu kommt eine unerschütterliche Kaltblütigkeit, die in gewisser Weise von seinen Selbstbeherrschungsfähigkeiten zeugt. Doch all diese Fähigkeiten werden in den Dienst des Bösen gestellt. Sein einziges Ziel ist die Zerstörung nicht nur der nationalen, sondern auch der transnationalen Gesellschaftsordnung. In ihm verbinden sich die Eigenschaften des Schwerverbrechers und des Revolutionärs. Er ist ein Anarchist. Er ist sozusagen der Anti-Herr. Während der Herr über ein Volk von Bediensteten gebietet, regiert er ein Volk von Halunken, die er mobilisiert und manipuliert, um sein großes Komplott gegen die organisierte Gesellschaft durchzuziehen. Bedienstete oder Halunken – das sind die beiden Dinge, die das Volk werden kann. Domestiziert im einen, verwildert im anderen Fall. Wenn es ihm gelingt, das Handeln dieser Halunken und zumindest potenziell aller Verbrecher zu koordinieren, verfügt der Anti-Herr über eine wahrhafte Armee. Er ist der Gegenspieler des Detektivs par excellence, sein spiegelverkehrter Doppelgänger. Obwohl Moriatry auf seine Art einzigartig ist[29] (ebenso wie Sherlock Holmes[30]), finden sich einige seiner Charakterzüge bei anderen Übeltätern wieder, die

---

keit und Bodenständigkeit alle Ehre macht und hinter dessen schwerfälligem und stillem Äußeren sich viel gesunder Menschenverstand verbirgt«. Der zweite ist ein »ruhiger, passiver, fast stoischer Mann« (*The Lion's Mane* [dt.: *Die Löwenmähne,* Übers. C. P.]). Baynes, der Polizeiinspektor von Surrey, der in der Wisteria-Lodge-Affäre einschreitet, ist ein »kräftiger, feister, rotgesichtiger Mann von vulgärem Aussehen« (*Wisteria Lodge*).

29 Professor Moriatry ist ein Mann, »der es sich nicht leisten kann, zu versagen – ein […] Mann, dessen einzigartige Position allein auf der Tatsache beruht, dass alles, was er tut, gelingen muß«. In den Dienst dieses Gelingens stellt er »ein großes Gehirn« und »eine riesige Organisation«, die sich über die ganze Welt erstreckt (*Das Tal der Angst*).

30 »Ich bin einzigartig auf der Welt«, sagt Sherlock Holmes von sich selbst (*Das Zeichen der Vier*).

kriminelle Instinkte mit asozialer (das heißt revolutionärer) Leidenschaft verbinden und deren besondere Perversität darauf zurückgeht, dass sie, die von höherer sozialer Herkunft sind, ihre Klasse verraten haben.[31]

Legalität und Normalität

Wie wir gesehen haben, tritt das Rätsel in Form einer Eigentümlichkeit auf, als Quelle einer Ungewissheit, die umso deutlicher hervorsticht, je stärker sie sich vom Hintergrund einer besonders robusten Realität abhebt, in der alles zusammenpasst und mithin vorhersehbar wirkt. Die besagte Eigentümlichkeit scheint häufig von geringer Bedeutung oder folgenlos zu sein, zieht aber gleichwohl die Aufmerksamkeit einer Figur auf sich – derjenigen nämlich, die zu Beginn jeder Geschichte den Detektiv bittet einzugreifen. Und die Ratlosigkeit, die sie bei dieser Figur hervorruft, verdankt sich der simplen Tatsache, dass es sich um eine Eigentümlichkeit handelt, also um eine Handlung, ein Wort, eine Weltanschauung, ein Ereignis, die den gewöhnlichen Lauf der Dinge (den diese Figur bisher für zufriedenstellend gehalten hat-

---

31 Einige Musterbeispiele: Baron Aldebert Gruner, internationaler Abenteurer, Betrüger und Mörder. Er ist auch ein großer Sammler von chinesischem Porzellan und ein anerkannter Experte auf diesem Gebiet (*The Illustrious Client* [dt.: *Der illustre Klient*]). Sergius Coram, Gelehrter russischer Herkunft, der ein großes Buch über die koptischen Manuskripte aus Syrien und Ägypten vorbereitet. Er ist ein Revolutionär, der, nachdem er seine Gefährten verraten und im Stich gelassen hat, aus Russland geflohen ist und sich unter falschem Namen in England niedergelassen hat (*The Golden Pince-Nez* [dt.: *Der goldene Kneifer*]). John Clay, Mörder, Geldschrankknacker, Dieb und Fälscher, ist der Nachkomme eines Herzogs königlichen Geblüts und in Eton und Oxford erzogen worden. Er ist einer der gefährlichsten Männer Großbritanniens (*The Red-Headed-League* [dt.: *Der Bund der Rothaarigen*]). Colonel Sebastian Moran, Großwildjäger und engster Vertrauter von Moriatry (*The Empty House* [dt.: *Das leere Haus*]). Man könnte auch noch Charles Augustus Milverton nennen, den widerlichen mondänen Meistersänger (*Charles Augustus Milverton*), oder aber den Anarchisten Klopman, der versucht, den Grafen von und zu Grafenstein zu ermorden (*Seine Abschiedsvorstellung*).

te oder auch nicht) unterbricht. Das Rätsel besteht also darin, dass sich in der funktionierenden sozialen Ordnung ein »Etwas« zeigen kann (um auf einen Ausdruck von Siegfried Kracauer zurückzugreifen), das imstande ist, deren Regelmäßigkeit zu durchbrechen. Die Arbeit des Detektivs besteht darin, den gleitenden Übergang von der Eigentümlichkeit zum Verbrechen in Gedanken zu antizipieren, der in der Abfolge der geschilderten Ereignisse dann auch tatsächlich eintritt. Jede Eigentümlichkeit wird also als potenzielles Verbrechen dargestellt, das heißt nicht allein als Anzeichen oder Symptom eines Verbrechens, sondern bereits in sich als so etwas wie ein Verbrechen.

Dennoch sind diese Eigentümlichkeiten selbst meistens nicht illegal, sie stehen diesseits der Rechtsordnung. Sie zeigen aber die Möglichkeit einer Übertretung der natürlichen Ordnung der Gesellschaft, das heißt derjenigen Realität auf, die als eine höhere und grundlegendere Form von Legalität zu verstehen ist: Die Legalität im Sinne der Gesetze, die »die Prinzen machen« (wie Durkheim es sinngemäß formuliert, um sie von den sozialen Gesetzen zu unterscheiden), ist davon nur eine grobe Entsprechung. Denn selbst wenn der legale und vom Staat nicht trennbare Rahmen das regulative Prinzip der Realität in dem Sinne bildet, dass er dem Staat die notwendige Autorität verleiht, seine Macht über die Realität auszuüben, kann er doch nie die ganze Realität umfassen. Die Idee einer Realität, in der jedes Verhalten von einer expliziten gesetzlichen Regelung umrahmt wird, ist nur schwer vorstellbar, so dass die Legalität sich nicht anders denn als unterstützender Zusatz zur Normalität verstehen lässt. Verbrechen sind genau genommen nur Risse in der Normalität und betreffen diejenigen Elemente, die in den Lauf der Dinge eingreifen und dabei nicht nur Normen unterworfen sind, sondern von jenen explizit ins Recht integrierten Regeln bestimmt werden, die in ihrer Gesamtheit die Legalität als solche bilden. Gleichwohl existiert aus denselben Gründen ein Kontinuum von der Legalität zur Normalität, ohne dass es möglich wäre, letzterer klare Grenzen zuzuweisen. Die Legalität hat die Aufgabe, das gesamte Feld der Normalität abzudecken, was ihr allein aus Gründen, die man praktisch, technisch oder ökonomisch nennen kann – in Anbetracht der Kosten nicht allein des Verfassens von Gesetzen, sondern vor allem ihrer Anwendung durch eine Exekutivgewalt –, immer nur unvollständig gelingen wird. Und, so muss man hinzufügen, immer nur in Einzelfällen. Denn wenn die Umstände es erfordern, das heißt, wenn der Staat sich gefährdet sieht und sich deshalb ein Recht auf Notwehr gewährt, kann die ungewisse Grenze zwischen Normalität und Legalität noch weiter verschwimmen. Der Staat ermächtigt sich dann nicht nur, darüber zu entscheiden, wie es um die Normalität in ihrer Gesamtheit steht, sondern auch noch dazu, auf dem gesamten Gebiet der Normalität so einzugreifen, wie er auf dem gesamten Gebiet der Legalität eingreifen würde. Durch einen solchen Vorgang, der für den Ausnahmezustand kennzeichnend ist, wird die Legalität abgeschafft.

Die Eigentümlichkeiten heben sich vom Hintergrund der Normalität ab, und die darauf reagierenden Subjekte demonstrieren in ihrer Verunsicherung das, was man ihren *gewöhnlichen Normalitätssinn* nennen kann. Dieser Sinn ist implizit als *Commonsense*, als *gesunder Menschenverstand* zu verstehen, der folglich auch beim Detektiv zu finden ist. Und über diesen *Commonsense* und den mit ihm einhergehenden Normalitätssinn weckt die Verunsicherung der gewöhnlichen und durch ihre begrenzten Aufgaben beschränkten Figuren das Interesse des Detektivs, wodurch seine unbegrenzte Begabung in Gang kommt, all jene Verkettungen zu rekonstruieren, die die Realität zusammenhalten. Darin besteht seine außergewöhnliche Intelligenz.

Dabei handelt es sich um die Intelligenz der Höherstehenden oder Vorgesetzten, selbst wenn die eigentliche Handlungsmacht des Detektivs im Unterschied zu seiner Intelligenz zwar nicht gleich null, aber, wie wir gesehen haben, doch begrenzt ist. Diese Macht zeigt sich – vor allem in jenen Abschnitten der Erzählung, in denen die Geschichte ihre Auflösung erfährt – in Handlungen, die darauf abzielen, die Normalität durch wiedergutmachende Sanktionen wiederherzustellen, wobei diese Handlungen häufig freilich selbst die Grenzen der Legalität überschreiten. Wie oben für den Ausnahmezustand ausgeführt, steht der Detektiv demnach am Scheidepunkt von Eigentümlichkeit und Verbrechen, da, wo beide – und mit ihnen Normalität und Legalität – noch ununterscheidbar sind. Er ist gleichzeitig der allerhöchste Bevollmächtigte des Gesetzes und steht doch über den Gesetzen. Er ist der verlängerte Arm der Gerechtigkeit in ihrer transzendentalen Dimension, das heißt, er macht zugleich die Schwächen der immanenten Gerechtigkeit und die Lücken der staatlichen Gerechtigkeit wett, wenn deren Hände durch die Verpflichtung zur Legalität gebunden sind. Deshalb ist er derjenige, der die Transzendenz des Staates gegenüber jener Neigung zur Kapitulation behauptet, die den Rechtsstaat fortwährend bedroht.

Darin vor allem unterscheidet sich der Detektiv vom Polizisten, mit dem er trotzdem zusammenarbeitet. Sie gehen Hand in Hand in ihrer Bindung an die Normalität und folglich ihrer Abscheu vor dem Verbrechen und natürlich vor der Eigentümlichkeit, die das Verbrechen nicht allein antizipiert und anzeigt, sondern in gewisser Weise genauso beschaffen ist wie es. Gleichwohl unterscheidet sich der Detektiv aber dadurch vom Polizisten als dem einfachen, anständigen, auf seine Funktion beschränkten Beamten, dass nicht nur dessen Handeln, sondern sogar dessen Intelligenz auf die Grenzen der Legalität festgelegt ist. Der Polizist neigt dazu, das Böse nur dort zu sehen, wo das Verhalten des Beschuldigten eine explizite gesetzliche Regel übertritt. Aus diesem Grund irrt er sich so häufig, wenn er urteilt, was leicht zu Fehlurteilen und Justizirrtümern führen kann. Der Detektiv dagegen *sieht das Böse überall*. Er weiß, dass das Böse insofern überall ist, als die Anormalität, die jederzeit in die Ordnung der Normalität, das heißt der Realität einzudringen droht, überall ist. Die kleinste Eigentümlichkeit, die kleinste Unregelmäßigkeit, die das makellose Gewebe der Realität verletzt, bildet für ihn einen Aufhänger, der ihm den Zugriff auf dieses versteckte Böse erlaubt und die Leidenschaft für die Menschenjagd in ihm weckt. Als heimliches Wesen dieser Verbrecherjagd offenbart sich erst in der abschließenden Enthüllung die Jagd auf die *Verdächtigen*. Denn jeder, der seinen Weg kreuzt, ist in seinen Augen verdächtig. In diesem Generalverdacht zeigt sich seine Leidenschaft für die Gerechtigkeit.

In Anbetracht der Eigentümlichkeiten, deren Zeugen sie zu sein behaupten, greifen diejenigen, die sich an den Detektiv wenden, damit er ihre Verunsicherung in ein Rätsel verwandelt, in ihrer Naivität auf zwei Deutungsmuster zurück, die ihr Gesprächspartner immer gleich beiseiteschiebt. Das erste beruft sich auf das Übernatürliche.[32] Das zweite auf pathologische Verhaltensweisen im Sinne der Psychiatrie. Die Bezugnahme auf das Übernatürliche setzt voraus, dass die Welt von Göttern, Geistern oder Teufeln bevölkert ist, die normalerweise an der Schwelle zur Realität stehenbleiben, manchmal aber auch entscheiden, sie zu überschreiten, um die Ordnung zu stören. Deren Wille, Begehren, Psychologie und die Art und Weise, wie sie mit der Dingwelt interagieren, bieten keinerlei Ansatzpunkt für die Art des logischen Denkens, die der Detektiv meisterhaft beherrscht. Denn seine Denkweise unterstellt die Existenz einer robusten Realität, das heißt einer Realität, in der insofern alles zusammenpasst, als jede neue Aussage, um als akzeptabel gelten zu können, die Beziehung rechtfertigen können muss, in der sie zu anderen bereits für wahr befundenen Aussagen steht. So ermöglicht das von seiner Konstruktion her unbegrenzte propositionale Netzwerk inferentielle Verbindungen zwischen einer Vielzahl von

---

32 Viele Rätsel werden von den Zeugen, die auf die Dienste von Sherlock Holmes zurückgreifen, zunächst übernatürlichen Phänomenen zugerechnet. Das bekannteste Beispiel ist das im vorigen Kapitel erwähnte Beispiel des Hundes der Baskervilles, dessen Opfer wie im Märchen an einen alten Fluch glauben, der auf dieser adligen Familie lastet. Aber man könnte noch viele andere Beispiele nennen. So denkt Mr. Robert Ferguson zunächst, dass die Wunden am Hals seines einjährigen Sohnes von einem Vampir stammen – eine Annahme, die der Detektiv für absurd hält und deren Gegenstandslosigkeit er zeigt (*Der Vampir von Sussex*). Wie wir schon Gelegenheit hatten anzumerken, hat sich Conan Doyle (der 1930 stirbt) mit etwa 30 Jahren dem Spiritismus zugewandt, dessen leidenschaftlicher Verfechter er wurde. Dieses wachsende Interesse für Geister und das Paranatürliche hatte jedoch keinerlei Auswirkungen auf die Sherlock-Holmes-Geschichten, die Conan Doyle weiterhin verfasste, als ob die beiden Universen strukturell nicht miteinander vereinbar seien.

Wesen – natürlichen Gegenständen, Artefakten, Ereignissen, mit sozialen, psychischen und physischen Eigenschaften ausgestatteten Menschen, durch ihre Instinkte bestimmten Tieren usw. –, zwischen denen, so unterschiedlich sie auch sein mögen, trotzdem einheitliche Kräfte und Strömungen zirkulieren.[33] Davon zeugt die Tatsache, dass sie in derselben Sprache beschreibbar sind, was die Beziehungen zwischen diesen Wesen grundsätzlich berechenbar macht.

Die Fähigkeit des Detektivs, diese grundsätzliche Berechenbarkeit produktiv zu nutzen, ist das charakteristische Merkmal seiner Intelligenz. Er würde bestimmt scheitern, wenn einige Aussagen nach einem inferentiellen Dispositiv und andere nach einem anderen inferentiellen Dispositiv berechenbar wären, ohne dass die Beziehung zwischen diesen beiden Dispositiven selbst eine bestimmte Form annehmen würde. Denn letztlich beruht die intellektuelle Überlegenheit von Sherlock Holmes vollständig auf der Art und Weise, wie er die grundlegenden Voraussetzungen des Commonsense, nämlich die Gewissheit einer Übereinstimmung zwischen der Struktur der Realität und der Struktur der kognitiven Fähigkeiten und Methoden der Menschen, die ihnen einen Weg zur Erkenntnis der Realität eröffnen, bis zum Äußersten ausreizt.[34] Weil er sich auf diese Übereinstimmung stützt, kann der Detektiv Rätsel lösen, die für die meisten

---

33 Über die »kontinuistische Konzeption des Realen«, die im ursprünglichen Kriminalroman die Verbindung von »materieller Welt« und »moralischer Welt« erlaubt, siehe Hélène L'Heuillet, *Basse politique, haute politique. Une approche historique et philosophique de la police*, Paris, Fayard, 2001, S. 317-320.

34 So hat Laurent Jaffro zeigen können, dass das Commonsense-Argument reaktiven Charakter hatte, weil es vor allen Dingen entwickelt worden ist, um gefährdete moralische Positionen zu verteidigen. So wurde es häufig zur Widerlegung jener theoretischen Ansätze angeführt, die über den Skeptizismus und Relativismus den Weg für eine Kritik bahnten, insbesondere im Fall der cartesianischen Herangehensweise der schottischen Aufklärung (siehe Laurent Jaffro, »Les recours philosophiques au sens commun dans les Lumières britanniques«, in: Pierre Guenancia/Jean-Pierre Sylvestre (Hrsg.), *Le sens commun. Théories et pratiques*, Dijon, Éditions universitaires de Dijon, 2004, S. 19-46).

Beobachter weiterhin undurchsichtig sind. Nicht, weil Letztere keinen Zugang zu den Indizien finden, die dem Detektiv ins Auge springen, und noch weniger, weil ihnen die kognitiven Werkzeuge fehlen, über die er verfügt, sondern ganz einfach, weil sie nicht genug Vertrauen in die Robustheit und Einfachheit der Realität haben und es ihnen so zwangsläufig an Vertrauen in ihre eigenen Fähigkeiten als genuin menschliche Wesen fehlt. Sherlock Holmes verfügt zwar sicherlich über einen breiteren Wissensschatz als die meisten seiner Zeitgenossen (der von der Chemie über ganz besondere Kenntnisse wie das Unterscheidenkönnen der Asche von verschiedenen Tabaksorten[35] bis zu mittelalterlichen Handschriften reicht), und er bemüht sich, diesen Wissensschatz zu pflegen und ihn methodisch zu verwerten.[36] Letztlich macht er freilich nichts anderes, als genau die große Sensibilität für Details und die Fähigkeit, diese Details unter allgemeine Gesetze zu subsumieren,[37] die wir alle, gewissermaßen ohne es zu wissen, im Alltag einsetzen, auf bestmögliche Weise zu nutzen: »Ganz einfach, mein lieber Watson«.[38]

Allerdings besitzt, wie schon häufig bemerkt worden ist – vor allem von Kracauer, der dieses Thema zum Kern seiner Argumentation macht –, das, was man wohl das Postulat einer Rea-

---

35 Über dieses Thema und über die verschiedenen Fußabdrücke und den Einfluss des Berufes auf die Form der Hand hat Sherlock Holmes eine Studie verfasst (*Das Zeichen der Vier*).
36 Vor allem durch Besuche in der Bibliothek des British Museum, wo er sich gewöhnlich informiert (siehe zum Beispiel *Wisteria Lodge*).
37 Zu Beginn seiner Karriere war Conan Doyle Arzt. Den Historikern des Kriminalromans zufolge hat Dr. Joseph Bell, bei dem Conan Doyle am Krankenhaus von Edinburgh Medizin studiert hat, Modell für die außergewöhnliche Beobachtungsgabe von Sherlock Holmes gestanden (siehe Joseph A. Kastner, *The Edwardian Detective*, a. a. O., S. 16). Zweifellos um den Wert des *klinischen Blicks* hervorzuheben, hat Conan Doyle in seinen Erzählungen den kriminaltechnischen Methoden, die sich im selben Zeitraum zu entwickeln begannen, nicht viel Raum gegeben (siehe Julian Symons, *Criminal Practices*, a. a. O., S. 23).
38 Den Exegeten von Conan Doyles Werk zufolge ist diese Äußerung apokryph. Sie kommt in keinem von Conan Doyles Texten vor. Trotzdem hat sie als Kurzformel für die Methode des Detektivs paradigmatischen Wert erlangt (siehe Bernard Oudin, *Enquête sur Sherlock Holmes*, a. a. O., S. 29).

lität nennen muss, die Gegenstand einer homogenen Beschreibung in einer einheitlichen Sprache sein kann, zwangsläufig auch eine ideologische Dimension. Es setzt nämlich ein Universum voraus, in dem alle Beziehungen berechenbar sind und sich grundsätzlich nichts der Macht desjenigen entziehen kann, der die Kunst des Rechnens meisterhaft beherrscht – ein Universum also, in dem die *Welt* mit der *Realität* zusammenfällt. In der ursprünglichen Kriminalerzählung kann diese Macht nun aber nur als rein intellektuelle, das heißt allein auf die Berechnung der Beziehungen in der Imagination abzielende Macht dargestellt werden, weil sie auf künstliche Weise von jener anderen Macht getrennt wird, die auf die Beziehungen zwischen den Körpern selbst – den Körpern der Gegenstände und den Körpern der Menschen – einwirken kann. Diese andere Macht kann beispielsweise einige dieser Körper gegen ihren Willen gesetzlich dazu zwingen, die eigenen vier Wände gegen Gefängnismauern einzutauschen.

Hier findet sich die Abspaltung der Figur des Detektivs als reinem Gehirn, das in seine Berechnungen versunken ist, von der Figur des Polizisten wieder, der die politische Macht des Staates in die Tat umsetzt. Es ist also die *ratio* – um den von Kracauer verwendeten Terminus wieder aufzugreifen –, die die Verbindung herstellt zwischen der Macht des frei assoziierenden Denkens und der staatlichen Zwangsgewalt oder, wenn man so will, zwischen logischer Inferenz und Gewalt. Sie unterscheiden sich und sind wie auf einem Möbiusband ineinander verschlungen. Zumindest in den narrativen Abschnitten, die von der Arbeit an des Rätsels Lösung erzählen, stellt sich die *ratio* – um noch einmal die Ausdrucksweise wieder aufzugreifen, die Kracauer von Kant übernimmt – im Fall des Detektivs eindeutig als eine »Zweckmäßigkeit ohne Zweck« dar, als L'art pour l'art – eine Geste, die sich in der Äußerung der eigenen Schönheit erschöpft. Aber auch für den Polizisten und für den Staat, in dessen Namen er handelt, ist sie eine »Zweckmäßigkeit ohne Zweck«, insofern die Faszinationskraft der polizeilichen Geste darauf beruht, wie stark es ihr gelingt, die Realität mit sich selbst zur Deckung zu bringen und ihre Fortdauer zu sichern, als ob sie ihre eigene Rechtfertigung enthielte.

Auch das zweite Deutungsmuster, auf das sich die mit einer unverständlichen Eigentümlichkeit konfrontierten Zeugen häufig beziehen, wird vom Detektiv schnell wieder verworfen. Es beruht auf dem, was der Commonsense im Sinne des gesunden Menschenverstandes unter Normalität im Sinne der Psychiatrie versteht.[39] Offenbar wird es erst dann ins Spiel gebracht, wenn sich die besagte Eigentümlichkeit in Form einer Abweichung äußert, die das Verhalten einer bis dahin normalen Person plötzlich verändert und die von den (naiven) Zeugen leicht dem Auftreten einer Geisteskrankheit zugerechnet wird.[40] Im Unterschied zur übernatürlichen Deutung ist die Geisteskrankheits-Deutung mit dem inferentiellen Netzwerk der *ratio* völlig vereinbar. Die Gründe ihrer Zurückweisung durch den Detektiv müssen also woanders gesucht werden. Sie hängen in diesem Fall mit der Schwierigkeit zusammen, vom Rätsel zum Verbrechen zu gelangen beziehungsweise von der Überschreitung der Normalität zu einer Überschreitung der Legalität. Angesichts eines Falles von Wahnsinn wird die Menschenjagd mangels eines Verbrechers abgebrochen. Denn aus liberaler Perspektive kann die Überschreitung der Legalität nur als Verbrechen bezeichnet werden, wenn der Schuldige für seine Taten verantwortlich gemacht werden

---

39 Zum gesunden Menschenverstand und dem damit einhergehenden Normalitätssinn (der Ausdruck Normalität bezeichnet hier das Gegenteil von Wahnsinn) siehe Luc Boltanski, »La dénonciation publique«, in: ders., *L'amour et la justice comme compétences. Trois essais de sociologie de l'action (1990)*, Paris, Gallimard, 2011. Dieses Thema wird im fünften Kapitel ausführlicher untersucht.

40 Ein Beispiel von vielen: Trevor Bennett, junger Akademiker, Assistent des hoch verehrten und wohlhabenden, an der Universität von Camford (Zusammenziehung von Cambridge und Oxford) Physiologie lehrenden Professor Presbury und Verlobter von dessen einziger Tochter, rechnet das zeitweilig sehr merkwürdige Verhalten seines zukünftigen Schwiegervaters und insbesondere den Umstand, dass er sich kriechend fortbewegt, zunächst vorübergehenden Wahnsinnsanfällen zu. Sherlock Holmes löst das Rätsel, indem er die Gründe enthüllt, die dieses abweichende Verhalten rational erklären (*The Creeping Man* [dt.: *Der Mann mit dem geduckten Gang*]).

kann, was bei einem Wahnsinnigen nicht der Fall ist. Damit entzieht sich die Gesetzesübertretung aber auch einer moralischen Beurteilung, wenn auch in geringerem Maße. Hier stößt man auf eine andere Dimension des Commonsense und des damit einhergehenden Normalitätssinns, auf die sich die Imagination des Detektivs stützt, nämlich den moralischen Sinn, das *Moralgefühl*. Auf ihm basiert letztlich das Eingreifen des Detektivs in den narrativen Schlusssequenzen, in denen er vom Nachdenken zum Handeln übergeht: von der – strikt intellektuellen – Auflösung des Rätsels zur Wiedergutmachung, zur Reparatur der Unordnung in der Realität, für die deren Eigentümlichkeiten das erste Anzeichen waren.

Diese Wiedergutmachung erfolgt nicht allein über die Identifizierung des oder der Schuldigen, sondern auch über deren Bestrafung. Doch nimmt diese – wie wir später noch besser sehen werden – nicht notwendigerweise, ja sogar nur selten die Form einer legalen Sanktion an. Das Handeln des Detektivs liegt sowohl diesseits der Legalität – er handelt häufig, bevor der Polizist als Vertreter der Rechtsordnung überhaupt dazu in der Lage ist – als auch jenseits: Sein Handeln beruht auf einer moralischen Grundlage, die der rechtlichen Grundlage überlegen zu sein, ja sie sogar zu transzendieren scheint. Davon zeugen auch die zahlreichen rechtlichen Verrenkungen, zu denen sich der Detektiv veranlasst sieht, um seine Ziele zu erreichen. Er rechtfertigt sie unter Verweis auf moralische Erwägungen, denen rechtliche Formen nur ansatzweise nahe kommen, wenn sie ihnen nicht sogar widersprechen. Indes werden die Regelverstöße des Detektivs vom Polizisten nicht bestraft, der vor ihnen die Augen verschließt, als sei es für ihn offensichtlich, dass diese Verstöße, wie weit sie in Anbetracht der Umstände auch gehen mögen (und sie können ziemlich weit gehen), im Geiste der Regel erfolgen. Moral und Polizei befinden sich zwar auf zwei unterschiedlichen Ebenen, gehen aber immer Hand in Hand und hören nicht auf, sich zu unterstützen und zu verständigen.

Der Detektiv als Mann der Tat

Diese beiden Momente der *ratio* – die logische Reflexion, die das Rätsel entwirrt, und die moralische Tat, die den Schuldigen bestraft – treten immer gemeinsam auf; sie geraten mithin niemals in Widerspruch. Andernfalls würde die Erzählung eine tragische Wendung nehmen, das heißt in die Nähe einer von unüberwindlichen Widersprüchen gezeichneten Welt rücken, die sich der Realität auf eine Weise bemächtigen können, die jede Versöhnung der Realität mit sich selbst unmöglich macht. Die beiden Momente der *ratio* stützen sich auf die Grundeigenschaft der Realität, nämlich unverbrüchlich logisch *und* moralisch geordnet zu sein – das setzt sie der inferentiellen Macht ebenso aus wie der Macht des moralischen Urteils, auf das Gewalt und Strafe folgen, kurz: der Macht als solcher. Diese Synthese von Logik und Moral beruht auf einer Soziologie, von der wiederum die wirkmächtige Sozialpsychologie abgeleitet ist, die der Detektiv auf unfehlbare Weise anwendet. Für die Menschen (und ebenso in geringerem Umfang auch für die Tiere) ist sie das Äquivalent zum Satz vom zureichenden Grund, der die Beständigkeit der gegenständlichen Welt sichert und das menschliche Verhalten vorhersehbar macht. In Bezug auf diejenigen, die zum Bedienstetenvolk gehören, kann diese Sozialpsychologie ziemlich oberflächlich bleiben – so oberflächlich, dass sogar – von Natur aus eher beschränkte – Polizisten in der Lage sind, sie einzusetzen. Denn wie wir gesehen haben, wohnen den Angehörigen des Bedienstetenvolks zwei sich widersprechende Kräfte inne. Nämlich einerseits die Kraft, die mit den – je nach ihrer Funktion relativ variablen – Regeln verbunden ist, die ihnen eingetrichtert wurden und bei ihnen die Form von auch körperlichen Gewohnheiten angenommen haben, und andererseits die urwüchsige, bei allen ungefähr gleiche Kraft, die sich ihrer einfachen Herkunft verdankt und sie quasi instinktiv drängt, diese Regeln zu übertreten. Das wesentliche psychologische Problem besteht dann darin zu beurteilen, in welchem Zustand das Verhältnis dieser beiden Kräfte ist. Das ist vor allem eine Frage der Beobachtung, und zwar insbesondere der Beobachtung von Charakterzügen und physischen Eigenheiten. Die moralischen Qualitäten schlagen sich bei allen Menschen mehr oder weniger deutlich in biophysischen Eigenschaften nieder – entsprechend der allseits bekannten Thematik der Charakterkunde und der Biotypologie, die bis zur Mitte des 20. Jahrhunderts einen wesentlichen Bestandteil des medizinischen Wissens bilden.[41] Das Innenleben, das nicht direkt beobachtbar ist, und insbesondere die Intentionalität, die erst nach vollzogener Tat – und das heißt im Fall von Verbrechern (zu denen potenziell alle Mitglieder des Volkes gehören) zu spät – rekonstruiert werden kann, wird so äußerlich sichtbar, was zwar nicht unbedingt die genaue Vorhersage von krummen Dingern erlaubt, aber doch zumindest böse Überraschungen zu vermeiden hilft.

Mit der Klasse der Herren verhält es sich aber natürlich ganz anders. Deren Persönlichkeit ist notwendigerweise komplexer, zum einen, weil sie nicht auf die Erfüllung einer bestimmten Aufgabe abgerichtet, sondern für die Erlangung von Zielen in Situationen der Ungewissheit ausgebildet wurden, und zum anderen, weil ihr höherer Grad an Selbstbeherrschung es ihnen erlaubt, verdeckte Motive oder sogar ununterdrückbare Triebe zu verbergen. Denn vor inneren Störungen, und zwar besonders solchen, die in affektiven Bindungen ihre Quelle haben, sind auch die Herren nicht vollständig sicher.[42] Wäre das der Fall, wären sie

---

41 Sherlock Holmes hat zwei kurze Studien über die anthropometrischen Besonderheiten des menschlichen Ohres im *Anthropological Journal* veröffentlicht (siehe *The Cardboard Box* [dt.: *Die Pappschachtel*]). Obwohl er selbst kriminaltechnische Verfahren eher selten verwendet, ist er doch ein erklärter Bewunderer von Alphonse Bertillon, der 1870 das erste kriminaltechnische Labor einrichtete und das anthropometrische Verfahren zur Identifizierung von Personen erfand, die die Polizei als Wiederholungstäter oder auch nur als potenzielle Verbrecher betrachtete.

42 Die Entgegensetzung des polizeilichen Erfassens von Verdächtigen, die zum Bedienstetenvolk gehören, unter Zuhilfenahme von biotypologischen Identifizierungen einerseits und des Zugriffs auf das subtile Innenleben der Herren andererseits, in das der Detektiv dank seines sozio-logischen Scharfsinnes eindringt, entspricht Foucaults Unterscheidung zwischen den soziotechnischen Eingriffen im Rahmen der Dispositive der Sexualität der Unterschich-

keine richtigen Menschen und folglich nicht wirklich *groß*.⁴³ Die *Selfmademen* geben dagegen ein Beispiel für jene unmöglich zu verbergende Härte und Brutalität ab, die ihre einfache Herkunft verraten, ihnen den Zugang zur Größe verschließen und im Übrigen ihr Verhalten ziemlich vorhersehbar machen.

Die Klasse, die die deutlichsten sozialpsychologischen Probleme bereitet und die größten Überraschungen bereithält, ist jedoch zweifelsohne die der Elitebediensteten. Die soziale Zwiespältigkeit liegt bei ihnen einer Art psychologischer Zwiespältigkeit zugrunde, die, selbst wenn sie die besten Absichten haben, wie gegen ihren eigenen Willen von ihnen Besitz ergreift, ungefähr so, wie sich die Inquisition die Marranen vorstellte. Von so genannter einfacher oder »bescheidener« Herkunft erfüllen sie Funktionen und erledigen sie Aufgaben, die sie nicht nur physisch den Herren nahebringen, sondern sie auch bei gewissen Gelegenheiten an deren Stelle treten lassen. In einer »zivilisierten«, ja sogar mit demokratischen Voreingenommenheiten infizierten Gesellschaft können sie nicht dauerhaft durch Gewalt oder deren Androhung in Schach gehalten werden – so wie sich Herren in Tyranneien hochrangige Sklaven halten konnten, die mit verantwortungsvollen und besonders mit finanziellen Aufgaben betraut wurden. Im letzteren Fall unterscheidet die totale Abhängigkeit vom Herrn, die bis zu seiner Hinrichtung im Falle einer Verfehlung gehen kann, den Sklaven vom Vasallen, der immer anderen Loyalitäten den Vorzug geben und (vor allem je

---

ten und den psychotechnischen Eingriffen, die auf psychoanalytischen Deutungen beruhen können und die sexuelle Regulierung der Mitglieder des Bürgertums im familiären Rahmen gewährleisten (siehe Mauro Basaure, »Être ›juste‹ avec Foucault«, in: *Incidence*, März 2009).

43 In dem Sinne, wie Laurent Thévenot und ich den Terminus »groß« in *Über die Rechtfertigung* verwenden (a.a.O. [Der Untertitel dieses Buches lautet im Original *»Les économies de la grandeur«* und enthält daher schon den Ausdruck »Größe«]). Groß ist derjenige, der eine gewisse, dem »Gemeinwesen« eigene Größenordnung am umfassendsten verkörpert. Um aber diese Größe verwirklichen zu können, muss er gleichzeitig seine Fähigkeit, auf andere Größenordnungen umzuschwenken, unter Beweis stellen, was eine wichtige Eigenschaft von echten Menschen darstellt.

nach Verwandtschaftsgrad) woanders Unterstützung finden kann. Darin liegt ja gerade der besondere Wert des Sklaven.[44] Im Fall der Elitebediensteten bleibt den Herren nun aber nichts anderes übrig, als ihnen mehr schlecht als recht zu vertrauen. Dieses Vertrauen ist zwar nicht blind; es beruht auf biographischen Spuren, die der Bedienstete aufweisen kann: Angaben über seine familiäre Herkunft, über die Einrichtungen, in denen er erzogen wurde, Zeugnisse von früheren Arbeitgebern. Aber diese Reputationsindizien, diese Hinweise auf seinen Leumund haben ihre Schwachstellen. Der Elitebedienstete kann sich zum Beispiel insgeheim eine Loyalität gegenüber einem früheren Herrn bewahrt haben, die sich als stärker erweist als die Loyalität, die er seinem jetzigen Herrn schuldet.[45] Denn weil sie menschlicher als die Angehörigen des Bedienstetenvolks (dieser ungehobelten Beinahe-Tiere) und in gewissen Hinsichten fast ebenso menschlich wie ihre Herren sind, haben die Elitebediensteten affektive Bindungen und Gefühle. Zu ihnen zählen in erster Linie die Art von Neid, die man *Ressentiment* nennt (das wir ausführlicher im fünften Kapitel untersuchen werden), das heißt jene Überschätzung der eigenen unterdrückten Fähigkeiten, die einerseits mit dem Ekel vor der eigenen untergeordneten Stellung zusammenhängt und andererseits mit der brennenden Eifersucht in Bezug auf ihren Herrn, die sich bis in den Hass auf denjenigen steigern kann, der das Zentrum ihres Lebens ausmacht – als Dienstmädchenvariante des Selbsthasses.

---

44 Für Beispiele aus der Ethnologie siehe Alain Testart, *Les morts d'accompagnement. La servitude volontaire I*, Paris, Errance, 2004, und *L'origine de l'État. La servitude volontaire II*, Paris, Errance, 2004, besonders Kapitel 2: »Les hommes du roi«, S. 45-80.

45 Wie im Fall von Bannister, dem Kammerdiener von Mr. Hilton Soames am St. Luke's College. Letzterer weiß nicht, dass sein Diener früher in den Diensten von Sir Jabez Gilchrist stand, einem verarmten Adligen, dessen Sohn am St. Luke's College studiert. Das Dilemma von Bannister, der beobachtet hat, wie dieser Student die Prüfungsthemen für die Erlangung des Fortescue-Stipendiums entwendete, nimmt von daher die Gestalt eines Loyalitätskonflikts zwischen seinem alten und seinem neuen Herrn an (*The Three Students* [dt.: *Die drei Studenten*]).

Angesichts dieser Bedingungen versteht man, wie weit die Fähigkeiten und Kenntnisse reichen, die der Detektiv besitzen muss. Sie müssen ihm den Anschluss an das gemeinsame inferentielle Netz von Aussagen über das Verhalten der Dinge und über das Verhalten der Menschen erlauben. In beiden Fällen müssen diese Kenntnisse verhindern, dass er sich von Nebensächlichkeiten täuschen lässt. Das gelingt ihm, wenn er seine Überlegungen auf jene Ersten Ursachen stützt, zu denen einzig die Wissenschaften Zugang verschaffen – nämlich im ersten Fall die Naturwissenschaften, die den trügerischen äußeren Anschein zerstreuen, und im zweiten Fall die Wissenschaften vom Menschen, die uns Einblicke in die Tiefe dieser Wesen verschaffen, in ihre Gemüter, Absichten, Neigungen, Veranlagungen und Triebe, indem sie über das hinausgehen, was bei den Menschen der Fähigkeit, etwas zu verbergen, zugrunde liegt: die Sprache. Nicht, dass der Detektiv den Aussagen der Verdächtigen keine Aufmerksamkeit schenken würde, aber sein kostbarstes Vermögen liegt darin, aus den Aussagen nicht das herauszuziehen, was sie sagen, sondern das, was sie verstecken. So findet er Zugang zur Wahrheit, die immer im Verborgenen liegt.[46] Aus diesem Grund besteht eine der Haupttätigkeiten des Detektivs – die seine Gegner aus dem Konzept bringt – darin, die geschilderten Tatsachen in eine andere Sprache zu übersetzen, das heißt die Realität so *neu zu bestimmen*, dass das enthüllt wird, was der Verdächtige sich zu verstecken bemüht und was dennoch mit den Händen greifbar ist und (wie im paradigmatischen *Entwendeten Brief*[47]) so offensichtlich daliegt, dass es unsichtbar geworden ist.[48] Deswegen ge-

---

46 Carlo Ginzburg hebt in seinem Aufsatz über das Indizienparadigma die formalen Analogien zwischen Sherlock Holmes' Denkweise und dem von Freud erfundenen analytischen Verfahren hervor.

47 1955 hat Jacques Lacan der Lektüre des *Entwendeten Briefes* ein heute noch berühmtes Seminar gewidmet (in: ders., *Écrits*, Paris, Seuil, coll. Le Champ freudien, 1966 [dt.: *Schriften I*, Weinheim/Berlin, Quadriga Verlag, 1986, S. 7-60].

48 Ich danke Gabriel Bergougnioux, mich auf diese im eigentlichen Sinne sprachlichen Dimensionen der Arbeit des Detektivs aufmerksam gemacht zu haben.

hört die *Analepse* zu den dauerhaftesten formalen Strukturen der ursprünglichen Kriminalerzählung. Auf eine erste Erzählung – die der Untersuchung oder Ermittlung –, die notwendigerweise lückenhaft ist, so dass eine Erwartung erzeugt wird, folgt eine zweite Erzählung – die des Verbrechens –, die, indem sie die während der ersten Erzählung gelieferten Bestandteile stückweise und gewissermaßen beiläufig neu organisiert, »die Entstehung und den Ablauf eines Verbrechens darlegt, von dem bis dahin nur die Auswirkungen geschildert wurden«.[49] Erst in dieser zweiten Erzählung kehrt der Detektiv sein Wissen heraus, das heißt seine Fähigkeit *zu sagen, was es mit dem, was ist, auf sich hat*, die – wie schon häufig angemerkt wurde – semiotischer Art ist. Indem er unbedeutende oder nicht weiter nennenswerte Zwischenfälle neu bestimmt, verleiht er ihnen »Sinn«, er verwandelt sie mit anderen Worten in »Tatsachen«, so dass am Verbrechen kein Zweifel mehr besteht und es als solches begründet wird.

Da er das für die Untersuchung erforderliche Wissen meisterhaft beherrscht, ist der Detektiv eigentlich der Gelehrte par excellence. Dennoch wären ihm diese rein intellektuellen Fähigkeiten überhaupt nicht von Nutzen, wenn sie nicht mit anderen Fähigkeiten auf der Ebene der Entscheidung und der Strategie und schließlich einfach mit gesundem Menschenverstand einhergingen, die den Mann der Tat auszeichnen. Die Sherlock-Holmes-Geschichten sind voller Gelehrtenfiguren, die, weil sie allein über intellektuelle Fähigkeiten verfügen, die schlimmsten Fehler begehen. Die Verbindung beider Qualitäten erlaubt es dagegen dem Detektiv, so zu verfahren, dass die Ordnung in den beiden Hinsichten wiederhergestellt wird, die untrennbar voneinander sind: im Sinne der logischen und im Sinne der moralischen Ordnung. Schließlich entsteht erst auf der Grundlage des gemeinsamen Bekenntnisses zur moralischen Ordnung, so wie sie ist und wie sie nicht anders sein kann, ein unzerstörbares Band zwischen dem exzentrischen Detektiv und dem anständi-

---

49 Jean-Claude Vareille, *L'homme masqué, le justicier et le detective*, Lyon, PUL, 1989, S. 56f. [Übers. C.P.].

gen, hypernormalen Engländer, dem ehemaligen Militärchirurgen Dr. Watson, der immer zur Stelle ist, wenn es darum geht, die Binsenweisheiten der gewöhnlichen Moral in Erinnerung zu rufen oder einen Revolver einzustecken, um auf jede erdenkliche Weise irgendwelche seltsamen und verhaltensauffälligen Figuren, Verbrecher, Gewerkschafter und/oder Anarchisten zu jagen.[50]

Diese Rückkehr zur Ordnung besteht schlicht und einfach darin, der Realität wieder zu ihrem Recht zu verhelfen, das heißt ihre Geschlossenheit wiederherzustellen, indem die Risse repariert werden, die durch das Rätsel entstanden sind und die sich allgemein all jenen in der Welt enthaltenen latenten Möglichkeiten verdanken, die, weil die Realität ihnen ausgeliefert ist, dem Verbrechen Tür und Tor öffnen. In der entscheidenden Phase der Erzählung ergibt sich die Lösung des Rätsels aus jenen Eigentümlichkeiten, die zunächst die logische Konsistenz der Realität bedrohen, um dann als solche aufgelöst zu werden. Dieses Verfahren erlaubt es, die Möglichkeit einer radikalen Ungewissheit zugunsten jener segensreichen Banalität zu reduzieren, die die Realität auch in ihren verbrecherischen Dimensionen berechenbar und folglich regierbar macht. In der Schlussphase der Erzäh-

---

50 Die Gleichsetzung der Figur des Revolutionärs mit der des Verbrechers sieht man nirgends so gut wie in *Das Tal der Angst*. Die Bergleute und Metallarbeiter, die die »Freimaurerloge 341, Vermissa« bilden, sind sowohl Mitglieder eines initiatischen Geheimbundes als auch Gewerkschafter im Kampf gegen die Arbeitgeber, zur Zerstörung der Gesellschaftsordnung entschlossene Anarchisten und hartgesottene Verbrecher. Der Agent (Birdy Edwards alias John Douglas alias John McMurdo), dem es gelingt, sich in ihre Reihen einzuschleichen, und der ihre Anführer um die Ecke bringt, bevor er selbst Moriarty zum Opfer fällt (mit dem die Freimaurer sich verbündet haben), gehört zur Agentur Pinkerton. Diese Entität, die nicht nur in Conan Doyles Erzählungen Operationen durchführte, sondern auch in der damaligen Realität, war eine Sicherheitsagentur, die im Dienst der großen kapitalistischen Firmen stand und auf die Infiltrierung der Gewerkschaften und die physische Eliminierung von Gewerkschafts- und Revolutionsführern spezialisiert war. Die Arbeitgeber wendeten sich auch an diese Agentur, um Streiks zu brechen (über den Ursprung und die Funktionsweise der Agentur Pinkerton siehe Dominique Kalifa, *Histoire des détectives privés, 1832-1942*, Paris, Nouveau Monde Éditions, 2007, S. 105-111).

lung setzt der Detektiv der Störung der öffentlichen Ordnung, die eine Störung der moralischen Ordnung ist, ein Ende, indem er die Unruhestifter fasst oder sie zumindest unschädlich macht. Dieses Verfahren der Wiederherstellung der moralischen Ordnung verbindet zwei Formen von Gewalt. Die erste ist verbal: Konfrontiert mit der Enthüllung der Wahrheit durch den Detektiv und seine Version der Geschichte, wie es ihm gelungen ist, das Rätsel zu lösen, müsste der Beschuldigte eigentlich zusammenbrechen und seine Verbrechen gestehen. Die zweite Gewalt ist physischer Art: Die Bereitschaft des Beschuldigten, sich der enthüllten Wahrheit zu beugen, wird gerade bei einem hartgesottenen Verbrecher (also bei einem, der nicht sein erstes Verbrechen begeht, sondern ein »Wiederholungstäter« ist), in hohem Maße dadurch begünstigt, dass er sich eingekreist, überwältigt, gefesselt, durch eine Waffe bedroht usw. sieht.

Zu den Freiheiten, die er sich gegenüber der Rechtsordnung herausnimmt und ohne die er in den meisten Fällen seine Zwecke nicht erreichen würde, ist der Detektiv dadurch ermächtigt, dass er eine im Vergleich zur Legalität höhere moralische Ordnung verkörpert. Dass er die moralische Ordnung verkörpert, die zwangsläufig immer auch eine soziale Ordnung ist, versetzt den Detektiv in eine Lage, die sich spiegelverkehrt zu der des Verbrechers verhält beziehungsweise, was auf dasselbe hinausläuft, zu der des Revolutionärs oder Anarchisten, deren ganze Leidenschaft auf die Zerstörung dieser Ordnung gerichtet ist. Aus diesem Grund teilt der Detektiv aber auch mit dem Verbrecher – zumindest mit den ganz wenigen hochkarätigen Verbrechern, die ihm wirklich ebenbürtig sind – eine sehr große Anzahl von Eigenschaften: hohe Bildung, überlegene Intelligenz, häufig eine höhere soziale Herkunft, nicht nachlassender Mut und unablässige Hartnäckigkeit. Wie der große Kriminelle besitzt der Detektiv mehrere geheime Zufluchtsorte in Londons Unterwelt, in die er sich zurückziehen kann, um seine Schachzüge vorzubereiten und vor allem, um sich zu verkleiden (wie zum Beispiel in *Black Peter* [dt.: Der schwarze Peter]). Wie er ist er ein Waffenexperte und Experte in der Kunst, die unerwartetsten Mittel zu gebrauchen, um sich eines Feindes zu entledigen und um zu töten. Diese Symmetrie wird durch die zahlreichen Charakterzüge verstärkt, die die Exzentrik des Detektivs herausstellen und ihn sogar für abweichendes Verhalten anfällig machen, von denen die Kokainsucht die bekannteste ist.[51] Wie der Verbrecher empfindet der Detektiv die Fragilität der Normalität gewissermaßen körperlich. Letzterer versteht Ersteren und kann dessen geheimste Absichten ergründen, weil er ihm ganz nahe ist und zwischen ihnen eine Art Gefühlsaffinität besteht. Aber diese Nähe verstärkt nur den einzigen wirklich relevanten Unterschied zwischen ihnen, und zwar das im einen Fall negative und im anderen Fall positive Verhältnis, das sie zur Realität als Realisierung einer gewissen soziomoralischen Ordnung unterhalten, die mithin auch anders sein könnte, als sie hier und jetzt ist, was voraussetzt, sie zumindest stillschweigend als Artefakt anzuerkennen.

Skandale und Affären

Nehmen wir die zu Beginn dieses Kapitels gestellte Frage wieder auf. Wenn das, was die ursprüngliche Kriminalerzählung uns sagen will, allein die Aufrechterhaltung der Ordnung mit der Entlarvung und Bestrafung eines Verbrechers als Höhepunkt betrifft, warum beschränkt sie sich nicht einfach auf die Polizei? Warum beruht sie auf der Arbeitsteilung zwischen Detektiv und Polizist, die gemeinsam die Aufgabe der Wiederherstellung der Ordnung übernehmen? Auf der Suche nach einer Antwort auf diese Frage verstehen wir vielleicht auch die Entstehung und Entwicklung der Kriminalerzählung in der zweiten Hälfte des 19. Jahrhunderts besser. Hier stehen wir nämlich vor dem Rätsel, dass weder die Kriminalpolizei noch die anderen Ordnungskräfte, weder die Tatverdächtigen noch die anderen Unru-

---

[51] Wenn er geistig nicht vollständig mit einem zu lösenden Rätsel beschäftigt ist, braucht Sherlock Holmes drei Kokainspritzen pro Tag. Sein Unterarm ist mit unzähligen Einstichen und Narben übersät (*Das Zeichen der Vier*).

hestifter auf diese Epoche gewartet haben, um von sich reden zu machen. Sie waren schon viel früher Gegenstand jener leidenschaftlichen Aufmerksamkeit, die Ereignisse und Gegenstände hervorrufen, die an der stets instabilen und allgemein die Konturen unserer Realität bestimmenden Grenze zwischen dem Legitimen und dem Illegitimen, dem Zulässigen und dem Unzulässigen sowie der Ordnung und der Unordnung liegen.

Es ist an dieser Stelle nicht möglich, die genealogische Arbeit in Angriff zu nehmen, die notwendig wäre, um auf diese Frage zu antworten, die uns bisher als roter Faden gedient hat. Stattdessen versetzen wir uns in das noch weiter zurückliegende Jahrhundert zurück – diesmal ins Frankreich des Ancien Régime und nicht nach Großbritannien –, an einen besonders markanten Zeitpunkt der Justizgeschichte, an dem sich Ereignisse aus dem Bereich des Verbrechens und aus dem Bereich der Politik überschneiden oder vielmehr bestimmte Transformationsprozesse eine Übersetzung des Kriminellen ins Register des Politischen erlauben. Zu diesem Zeitpunkt kommt es, so kann man mit der gegenwärtigen Geschichtsschreibung sagen, zur Geburt der Öffentlichkeit[52] als Raum umfassender Debatten, in denen sich die für das Alltagsleben relevanten Probleme mit Fragen der Legitimität der politischen Ordnung und folglich der Macht verbinden, und zwar besonders, wenn es um Gerichtsentscheidungen geht. In der zweiten Hälfte des 18. Jahrhunderts lässt sich die Entstehung einer sozialen Form mit großer politischer Zukunft beobachten, die man »Affären-Form« nennen kann.[53] In Frankreich wird ihre Gestalt besonders durch das weitgehend vom Geist der englischen Aufklärung beeinflusste Vorgehen Voltaires geprägt, der

---

52 Siehe insbesondere Jürgen Habermas, *Strukturwandel der Öffentlichkeit. Untersuchungen zu einer Kategorie der bürgerlichen Gesellschaft* (1962), Frankfurt/M., Suhrkamp, 1990 und Reinhart Koselleck, *Kritik und Krise. Eine Studie zur Pathogenese der bürgerlichen Welt* (1959), Frankfurt/M., Suhrkamp, 1997.

53 Zur Struktur und Geschichte der Affären-Form siehe Luc Boltanski/Elisabeth Claverie/Nicolas Offenstadt/Stéphane Van Damme (Hrsg.), *Affaires, scandales et grandes causes*, a. a. O.

in verschiedenen Kriminalfällen aktiv wurde. Diese Fälle schienen in der Lage zu sein, das Verhältnis zwischen der religiösen und der politischen Macht in Frage zu stellen und, da es sich ja um einen Staat von Gottes Gnaden handelte, sogar die Legitimität der herrschenden Macht als solcher. Insbesondere gilt dies für die Affären um Jean Calas[54] und den Chevalier de La Barre.[55]

Beide Affären nehmen ihren Ausgangspunkt in der Beschuldigung einer Person, aus religiösen Beweggründen ein Verbrechen begangen zu haben. Der dem Toulouser Bürgertum angehörende Calas wird beschuldigt, seinen Sohn aus dem Fenster gestoßen zu haben, weil dieser vorhatte, zum Katholizismus zu konvertieren. La Barre, ein junger Mann aus guter Familie in Abbeville, wird beschuldigt, in Begleitung seiner wie er selbst durch die Lektüre freizügiger Schriften verdorbenen Kumpanen mit seinem Schwert ein auf einer Brücke in der Stadt angebrachtes Kruzifix beschädigt zu haben (in seiner Wohnung fand die Polizei ein Exemplar von Voltaires *Philosophischem Wörterbuch*). Diese trotz fehlender Beweise als unleugbar präsentierte blasphemische Tat wird vor Ort auf eine Weise inszeniert, die einhellige Empörung hervorruft. Voltaires Leistung bestand darin, diese Justizgeschichte aus ihrem lokalen Kontext herauszulösen, indem er eine Reihe von Pamphleten – genauer gesagt: Schmähschriften – über sie verfasste, in denen er die Version der Polizei und damit die offizielle Wahrheit zugunsten einer anderen Erzählung anzweifelte.[56] Seine eigene Geschichte nimmt zum ei-

---

54 Im Europa der Aufklärung verbreiteten sich Nachrichten über die Calas-Affäre und die Affäre um den Chevalier de La Barre in Windeseile. So ergriff auch David Hume in der Calas-Affäre Partei.

55 Siehe Elisabeth Claverie, »Procès, affaire, cause. Voltaire et l'innovation critique«, in: *Politix* 26 (1994), S. 76-86, sowie dies., »La naissance d'une forme politique. L'affaire du chevalier de La Barre«, in: Philippe Roussin (Hrsg.), *Critique et affaires de blasphème à l'époque des Lumières*, Paris, Honoré Champion, 1998, S. 185-260.

56 Über die Rolle von Schmähschriften als Werkzeugen bei der Transformation einer »privaten Geschichte« in eine »öffentliche Affäre« und daher als politische Kampfmittel in der zweiten Hälfte des 18. Jahrhunderts siehe Sarah Maza, *Vies privées, affaires publiques. Les causes célèbres de la France prérévolutionnaire*, Paris, Fayard, 1995.

nen auf minutiöse Weise die Ermittlungen wieder auf, um mit Hilfe einer genauen Untersuchung der Tatsachen die Nichtigkeit der Anschuldigungen zu zeigen; zum anderen enthüllt sie deren politische Dimension. Voltaire entlastet La Barre nicht nur, sondern kehrt die Anschuldigung um und stellt die Autoritäten selbst in Frage, und zwar bis hin zum König, der das Todesurteil gegen La Barre mitgetragen hatte (La Barre sollte hingerichtet und sein Körper zusammen mit dem *Philosophischen Wörterbuch* verbrannt werden). Herausgelöst aus seinem lokalen Kontext, beschäftigt der Fall des Chevalier de La Barre bald die gesamte Öffentlichkeit und wird zu einer Affäre nationalen Ausmaßes, die die Menschen über die Tatsachen und ihre Bedeutung im Ungewissen lässt. Es kommt zur Ausbildung gegnerischer Lager, deren Positionen sich in einer Art Aufstieg zum Allgemeinen von diesem speziellen Fall ablösen und eine politische Wendung nehmen.

Dieselbe Form findet eineinhalb Jahrhunderte später in der Dreyfus-Affäre[57] ihre berühmteste Veranschaulichung und wird im Laufe des 20. Jahrhunderts zu einem der mächtigsten Werkzeuge der politischen Kritik. Ihre gewaltige kritische Wirkung vermag sie zu entfalten, weil sie die Konstruktion *einer anderen Realität* erlaubt, die der offiziellen Realität entgegengesetzt werden kann, die eine mit den der Staatsmacht zur Verfügung stehenden Mitteln – ob diese nun dem Bereich der Erzählung oder dem der Polizeigewalt entstammen – konstruierte und durchgesetzte Realität ist. Die von der kritischen Erzählung vorgebrachte alternative Realität geht von den Tatsachen aus und wird sozusagen als reale Realität präsentiert. Auf sie kann man sich fortan stützen, um die Legitimität der bestehenden politischen Ordnung zu dekonstruieren. Da sie auf einer Umkehrung der

---

57 In den 1980er Jahren veröffentlichte der englische Holmesianer Michael Hardwick einen Roman, in dem es der Detektiv war, der die Unschuld von Dreyfus erwies (*Sherlock Holmes et le prisonnier de l'île du Diable* [im engl. Orig.: *Prisoner of the Devil*, 1979]). Diese unwahrscheinliche Hypothese ist ein Zeugnis von vielen für die kritische Umkehrung der Kriminalerzählung ab den 1970er Jahren (siehe unten).

Anschuldigung beruht und öffentlich ist,[58] vereinigt die Affäre in sich ein enormes politisches Gewaltreservoir, das als eine Art Gegenfeuer zur (tatsächlichen oder angedrohten) Rechtsgewalt mobilisiert werden kann, die der Staat für sich beansprucht.[59] So lässt sich übrigens zeigen, dass im Laufe des 19. und insbesondere des 20. Jahrhunderts der normative Rahmen westlicher Gesellschaften größtenteils im Zuge von Affären modifiziert worden ist, in deren Verlauf der Wahrheitsgehalt der angeführten Tatsachen und vor allem ihre rechtliche Einschätzung zum Gegenstand öffentlicher Debatten wurden. Dies führte schließlich auch zu folgenreichen Abänderungen der Rechtsordnung und häufig zu einem tief greifenden Wandel der Kategoriensysteme, Ontologien und, allgemeiner noch, der metaphysischen Grundlagen, auf denen jene Werkzeuge beruhen, die der Realität ihre Robustheit und Gestalt verleihen.[60] Um Beispiele aus den letzten

---

58 Die Gewalt wohnt der öffentlichen Anschuldigung selbst inne, und sogar das Vorlegen von Entlastungsmaterial setzt zumindest implizit eine vorherige Anschuldigung voraus (siehe J. L. Austin, »A Plea for Excuses« (1956), in: ders., *Philosophical Papers*, Oxford, Oxford UP, 1979, S. 175-204 [dt.: »Ein Plädoyer für Entschuldigungen«, in: ders., *Gesammelte philosophische Aufsätze*, Stuttgart, Reclam, 1986, S. 229-268]. Sebastian McEvoy hat daher darin erinnert, dass die Anschuldigung die Ankündigung und Rechtfertigung einer Strafe darstellt (*L'invention défensive. Poétique, linguistique, droit*, Paris, Métailé, 1995).

59 »Denn die rechtserhaltende Gewalt ist eine drohende. Und zwar hat ihre Drohung nicht den Sinn der Abschreckung, in dem ununterrichtete liberale Theoretiker sie interpretieren. Zur Abschreckung im exakten Sinn würde eine Bestimmtheit gehören, welche dem Wesen der Drohung widerspricht, auch von keinem Gesetz erreicht wird, da die Hoffnung besteht, seinem Arm zu entgehen. Um so mehr erweist es sich drohend wie das Schicksal, bei dem es ja steht, ob ihm der Verbrecher verfällt.« (Walter Benjamin, »Zur Kritik der Gewalt« (1921), in: ders., *Gesammelte Schriften*, Bd. II, 1, Frankfurt/M., Suhrkamp, 1977, S. 179-203, hier S. 188.)

60 Wie man an der Geschichte von Chevalier de La Barre sieht (aber es ließe sich manch anderes, aktuelleres Beispiel finden), verwandelt sich ein Fall häufig in eine öffentliche Affäre, wenn sich eine bestimmte Form der Fahndung und Anklageerhebung vor Gericht auf einen Kontext verschiebt, in dem die Akteure aufgrund ihrer sozialen Eigenschaften keine »guten Beispiele« (im Sinne der Kategorisierungstheorie) für die Art von Beschuldigungen abgeben, die gemeinhin in den Geltungsbereich dieser Form fallen. Selbst wenn aus strikt kriminalistischer Sicht jeder per definitionem ein po-

Jahren herauszugreifen, denke man hier nur an den Wandel, dem die rechtliche Regelung der Abtreibung,[61] der Homosexualität oder – auf einer ganz anderen Ebene – der Finanz- und Arbeitswelt unterworfen waren. Auch für unsere Gegenwart ließe sich zeigen, dass sich die langsamen Veränderungen des normativen Rahmens, in dem es etwa um die Frage der Sterbehilfe geht, über Affären vollziehen.[62]

Die Affären-Form unterhält komplexe Beziehungen zu einer anderen, älteren Form: der des Skandals.[63] Es kommt zu einem Skandal, wenn Verhaltensweisen, die als Gesetzesübertretung gelten können, mit einem Sprechakt öffentlich – und vor der Ausbildung einer Medienöffentlichkeit heißt das in einem institutionell strukturierten, allseits bekannten Raum – angeprangert werden. Derjenige, der den Skandal öffentlich macht, übermittelt nicht bloß ein Gerücht, denn er nimmt die Risiken einer

---

tenzieller Verdächtiger ist, werden die Akteure dennoch in den Augen der Öffentlichkeit stillschweigend in einer Art *Verdachtsraum* hierarchisiert. Eher als präzise Faktoren ist es also die Tatsache, dass die angeklagte Person oder die angeklagten Personen in anderen Hinsichten als dem Verbrechen, dessen sie bezichtigt werden, relativ unbescholten wirken, die zu Beginn der Affäre eine Ungewissheit ins Spiel bringt. Insofern stützt sich die Affäre zwar am Anfang auf einen gesunden Realitätssinn. Aber durch ihre Eigendynamik trägt sie zu dessen Transformation bei oder zumindest zu seiner Störung, indem sie Beispiele zum Vorschein bringt, die nicht mit den stillschweigenden oder expliziten (vor allem rechtlichen) Definitionen übereinstimmen, die sie einrahmen.

61 Zur Rolle von Affären in dem Kampf, der zur Legalisierung der Abtreibung geführt hat, siehe Luc Boltanski, *La condition foetale. Une sociologie de l'engendrement et de l'avortement*, Paris, Gallimard, 2004, S. 216-235 [dt.: *Soziologie der Abtreibung*, Frankfurt/M., Suhrkamp, 2007, S. 287-315].

62 Man denke vor allem an die Humbert-Affäre, in der es um den Fall einer Mutter geht, die ihrem querschnittsgelähmten Sohn auf seinen Wunsch hin, wie sie sagt, eine tödliche Spritze verabreichte. Diese Affäre hat eine wichtige Rolle im Kampf für die Legalisierung der Sterbehilfe gespielt (siehe Catherine Leguay/Henri Caillavet/Marie Humbert, *Respecter la vie, disposer de sa mort! Pour une loi Vincent Humbert*, Paris, L'Harmattan, 2005).

63 Zum Verhältnis von Affäre und Skandal siehe vor allem Cyril Lemieux' Beitrag »L'accusation tolérante. Remarques sur les rapports entre commérage, scandale et affaire«, in: Luc Boltanski/Elisabeth Claverie/Nicolas Offenstadt/Stéphane Van Damme (Hrsg.), *Affaires, scandales et grandes causes*, a. a. O., S. 367-394.

Anschuldigung in Kauf, die in ihrem Ruf nach Sanktionen einen Gewaltakt darstellt, der jederzeit auf den Ankläger zurückfallen kann. Die Aufdeckung eines Skandals setzt wie die (im ersten Kapitel erwähnte) Aufdeckung eines Komplotts die Bezugnahme auf zwei Räume voraus: In dem einen spielen sich die geheim gehaltenen Taten ab, der andere ist der offizielle Raum, in dem diese Taten näher bestimmt, beurteilt und gegebenenfalls bestraft werden. Die Enthüllung einer »Dissimulation«, also von etwas Unterschlagenem oder Verborgenen, ist von daher ein notwendiger Bestandteil der Anklageerhebung.[64] Damit es aber zu einem Skandal kommt, muss die fragliche Tat von einem Angehörigen der Elite, das heißt der herrschenden Klasse, begangen worden sein.[65] Die Gesetzesübertretungen der unteren Schichten verursachen nämlich keine Skandale, weil es gewissermaßen in ihrer Natur liegt, Regeln zu übertreten, deren Einhaltung der Staat oder jedes andere Kontrollorgan anstrebt. Wenn dagegen eine Gesetzesübertretung von ebenjenen begangen wird, die in ihrer Person die geltende soziale und politische Ordnung verkörpern, birgt sie ein großes Skandalrisiko. Im Unterschied zur Affären-Form erlaubt die Skandal-Form in ihrem Verlauf keine Umkehrung der Anschuldigung. Die Empörung kann also einhellig ausfallen, ohne dass sich um eine Ungewissheit herum entgegengesetzte politische Lager bilden. Das einer Gesetzesübertretung bezichtigte Mitglied der Elite steht mit anderen Worten so lange im Mittelpunkt eines »einfachen« Skandals – wenn man so sagen kann – und keiner Affäre, bis jemand sich die Mühe macht, für ihn Partei zu ergreifen oder versucht, die Anschuldi-

---

64 Siehe John Thompson, *Political Scandal. Power and Visibility in the Media Age*, Cambridge, Polity Press, 2000.
65 So wie Jean-Louis Flandrin schreibt: »Schließlich wird die Empörung [der Skandal, C. P.] in die für die hierarchischen Beziehungen charakteristischen Gefühle eingeordnet, denn es ist niemals der Untergeordnete, der seinen Übergeordneten empört, sondern stets dieser, der jenen empört. […] Denn […] der Untergeordnete (hat) nicht die Macht, seinen Übergeordneten zu korrigieren« (*Familles, parenté, maison, sexualité dans l'ancienne société*, Paris, Hachette, 1976, S. 144 [dt.: *Familien. Soziologie – Ökonomie – Sexualität*, Frankfurt/M./Berlin/Wien, Ullstein, 1978, S. 173]).

gung gegen ihn zu einem politischen Fall zu machen. Trotzdem birgt mit dem Aufkommen und der weiteren Entwicklung der Öffentlichkeit jeder Skandal, der ein Mitglied der Elite oder eine bekannte Person betrifft, das Risiko, sich zu einer Affäre auszuweiten, die durch die Entstehung einer Ungewissheit, eine Umkehrung der Anschuldigung und durch die Infragestellung der Gerichtsbarkeit oder des Rechtssystems und infolgedessen der bestehenden politischen Ordnung gekennzeichnet ist.

Wie lässt sich ein Skandal vermeiden?

Kommen wir auf die Figur des Detektivs und ihren Unterschied zum Polizisten zurück. In der ursprünglichen Kriminalerzählung und besonders in den von Arthur Conan Doyle erfundenen Geschichten ist der Detektiv als Privatperson tätig. Im Gegensatz zum Polizisten ist er kein Staatsbeamter. Auch wenn dies selten ausdrücklich erwähnt wird, versteht es sich doch von selbst, dass er von seinen Klienten bezahlt wird und daher von den Einnahmen lebt, die ihm seine Tätigkeit einbringt. Seine Klienten wiederum gehören größtenteils der britischen oder gar europäischen Oberschicht an. Sie sind nicht nur sehr wohlhabend, sondern haben oft auch hochrangige Funktionen inne, sei es direkt im Staatsapparat, etwa im höheren diplomatischen oder öffentlichen Dienst, oder aber im Bereich der Bildung, der Kultur oder der Wirtschaft. Sherlock Holmes ist der Detektiv der Großen. Diese nehmen seine Dienste in Anspruch, wenn sie in Probleme geraten, die tatsächlich oder zumindest potenziell mit einem Verbrechen zusammenhängen und die sie nicht aus eigener Kraft und in einer ihre Geheimhaltung garantierenden häuslichen Intimität zu lösen in der Lage sind. Zugleich wollen sie es, so gut es eben geht, vermeiden, dass die Polizei ihre Nase in diese Angelegenheiten steckt.[66]

---

66 Sherlock Holmes bekommt es mit unendlich vielen Skandalen zu tun. Sie können Staatsaffären betreffen, wie in der Geschichte über die gestohlenen

Als für die Aufrechterhaltung der öffentlichen Ordnung und die Achtung des Gesetzes verantwortliches Organ des Rechtsstaates kann nämlich die Polizei nur im Zuge ihrer Ermittlungen auf mehr oder weniger diskrete Weise verfahren. Und selbst in diesem Stadium besteht jederzeit die Gefahr, dass die Neugier der Presse, die in einem Land, dessen Regierung die eigene Legitimität auf liberale Prinzipien gründet, nur schwer in Schach zu halten ist, der Öffentlichkeit – also nicht nur den Gleichrangigen, sondern besonders den Niedriggestellteren – Einzelheiten zum Fraß vorwirft, die die Herrschaften zu kompromittieren und ihren ehrenhaften und moralisch untadeligen Ruf zu beflecken vermögen. Dieser Ruf ist aber gerade nötig, um in einer politischen Gesellschaft, die sich ihrer Struktur nach als demokratisch versteht (und nicht etwa im Gottesgnadentum begründet ist), ihre Größe aufrechtzuerhalten und die Privilegien, die sie genießen, zu legitimieren. Darüber hinaus führt eine Ermittlung normalerweise zu einem Gerichtsverfahren oder zumindest zu einem richterlichen Urteil – und sei es nur der Einstellung des Verfahrens –, die öffentlich sind. Was auch immer der Ausgang der polizeilichen Ermittlung ist, allein die Tatsache, dass sie eingeleitet worden ist, stellt demnach für sich schon eine Art Strafe

---

Geheimpläne für ein neuartiges Unterseeboot (*The Bruce Partington Plans* [dt.: *Die Bruce-Partington-Pläne*]), oder die Ehre hochgestellter Persönlichkeiten, wie im Fall der Verlobungsauflösung, mit der der Meistersänger Milverton droht (*Charles Augustus Milverton*). Im Mittelpunkt der berühmtesten dieser Skandale steht die Sängerin Irene Adler, die die Geliebte von Wilhelm von Ormstein, dem Böhmischen König, gewesen ist und in deren Besitz sich Briefe und ein Foto befinden, die dessen Ehe gefährden könnten (*A Scandal in Bohemia* [dt.: *Ein Skandal in Böhmen*]). Wie man an diesem Beispiel sieht, entstehen die Skandale, um die es geht, meistens an dem Punkt, an dem das staatliche Leben und das Intimleben der Mitglieder der Oberschicht ununterscheidbar sind, das heißt in Bereichen, in denen das Private und das Öffentliche keinen Unterschied mehr aufweisen. So gerät in der Geschichte des Diebstahls des Flottenvertrags, einer Staatsaffäre, der junge Beamte Percy Phelps aus dem Auswärtigen Amt, Neffe von Lord Holdhurst, durch die Schuld seines künftigen Schwiegervaters Joseph Harrison in eine missliche Lage, weil diese »skrupellose«, infolge von zweifelhaften Geldgeschäften hoch verschuldete Person zu »allem bereit« ist, um an Geld zu kommen (*The Naval Treaty* [dt.: *Der Flottenvertrag*]).

dar, die den Ruf der in dem fraglichen Fall betroffenen Herrschaften beeinträchtigt – ob nun zu Recht oder zu Unrecht, direkt oder indirekt. Sobald ihr Name in der Öffentlichkeit gefallen ist, sind sie in einen Skandal verwickelt.

Die Sherlock Holmes zufallende Rolle besteht demnach in erster Linie in der möglichst diskreten Entwirrung problematischer und gefährlicher Situationen, mit denen die Herrschaften konfrontiert sind, wobei jegliche Einmischung der Polizei und journalistische Indiskretion zu vermeiden ist.[67] Auf diese Weise soll er einen Skandal verhindern, der sich stets zu einer Affäre ausweiten kann und damit nicht nur die politische Ordnung, sondern die Robustheit der Realität selbst und ihrer grundlegenden kategorialen Unterscheidungen und Hierarchien zu gefährden droht. Aus diesem Grund kann der Detektiv kein bloßer Helfer der Polizei sein, kein bloßer Experte, an den die Polizisten sich wenden, wenn sie vor einem in ihren Augen unlösbaren Rätsel stehen. Vielmehr muss er selber die Ärmel hochkrempeln und das Problem lösen, mit dem er nicht nur intellektuell, sondern auch ganz praktisch konfrontiert ist. Sherlock Holmes dringt als Privatperson in das Privatleben seiner Klienten ein. Darin ist er annähernd mit jenen beiden Figuren vergleichbar, die im 19. Jahrhundert für den reibungslosen Ablauf des bürgerlichen Lebens unentbehrlich sind, nämlich mit dem Arzt und dem Rechtsanwalt, an die ihre Patienten beziehungsweise Klienten sich wenden können, weil sie auf ihre Diskretion vertrauen. Wie der Arzt oder der Rechtsanwalt füllt der (im Unterschied zu seinen realen Entsprechungen, deren Tätigkeiten ihre Zeitgenossen häufig widerlich fanden) angesehene Privatdetektiv Sherlock Holmes die Lücke aus, die in einer liberalen Gesellschaft zwischen dem privaten und dem öffentlichen Raum entsteht. Im Privaten bringt er Privatangelegenheiten in Ordnung, die ohne

---

67 Zum Verständnis des Journalisten als Ermittler und der Entwicklung der Rubrik »Vermischte Meldungen« um 1900 in Frankreich siehe Dominique Kalifa, *L'encre et le sang. Récits de crimes et société à la Belle Époque*, Paris, Fayard, 1995.

sein Eingreifen Gefahr laufen würden, an die Öffentlichkeit zu dringen.[68]

Es gibt aber noch einen weiteren Grund, der das Eingreifen des Detektivs sozial notwendig macht. Nämlich dass die Fälle,

---

[68] Kate Summerscale sieht in der Affäre um den »Mord von Road Hill House« ein Ereignis, das dem ursprünglichen englischen Kriminalroman viele seiner Zutaten geliefert hat. Dieses mysteriöse Verbrechen – der Mord an einem Kind im Babyalter im Kreise seiner ungemein angesehenen Familie, deren zahlreiche Mitglieder umgeben von ebenso zahlreichen Bediensteten zusammen ein großes Anwesen bewohnten – hat in den Jahren zwischen 1860 und 1870 für enormes Aufsehen gesorgt. Aus Anlass dieses Verbrechens, bemerkt Kate Summerscale, drangen Staatsgewalt und Öffentlichkeit gleichermaßen in das Innere des herrschaftlichen Hauses ein: Die privatesten und intimsten Dinge wurden dabei von einem wirklich niederträchtigen Polizisten ermittelt und zugleich von einer nach Skandalen gierenden Presse öffentlich breitgetreten. Das Rätsel erwies sich in diesem Fall als besonders diffizil und wurde sogar immer undurchdringlicher, je mehr offenkundig zufällige Details die Ermittler zusammentrugen – Details, die sich durch die Bedeutung, die ihnen beigemessen wurde, in Tatsachen verwandelten, derer sich wiederum die Presse bemächtigte, um die Affäre immer weiter zu treiben, indem sie immer wieder neue Deutungen ins Feld führte. Alle diese Vorgänge führten offenbar dazu, dass noch die schmutzigsten kleinen Geheimnisse ausgegraben wurden. Doch Kate Summerscale vernachlässigt in ihrer Deutung die wesentlichen Unterschiede zwischen Vermischten Meldungen und Rätseln auf Papier. Diese bestehen nicht nur darin – worauf sie selbst hinweist –, dass die Affäre um das Road Hill House auf familialer und sexueller Ebene einen gewaltsameren und gesetzesübertretenderen Charakter hat, als das gemeinhin bei fiktiven Rätseln der Fall ist. Deren Verfasser lassen nämlich jene anzüglichen Details gerade weg, über die die Presse genüsslich berichten kann, weil sie vermeintlich real sind und die Presse dabei nichts anderes zu tun hätte, als ihrer Informationspflicht nachzukommen. Sondern im Fall von fiktiven Geschichten wäre durch die Bezugnahme auf so skandalöse Vorfälle die vom Detektiv bei der Wiederherstellung der sozialen Ordnung gespielte Rolle nicht länger rechtfertigbar. Die Unterschiede zeigen sich also in der narrativen Struktur: Zumindest in vielen Fällen zielt Sherlock Holmes' Eingreifen eben gerade darauf ab, dem Risiko, dass die Affären der angesehenen Persönlichkeiten und Familien ans Licht der Öffentlichkeit gelangen, vorzubeugen – natürlich unter der Bedingung, dass ihre Verantwortung für diese Affären auf moralischer Ebene verzeihlich ist (siehe Kate Summerscale, *Der Verdacht des Mr. Whitcher. Der Mord von Road Hill House*, Berlin, Bloomsbury Verlag, 2008, Taschenb. Berlin, Berliner Taschenbuchverlag, 2011).

die ihn zum Eingreifen veranlassen, einfach zu komplex für den grobschlächtigen Verstand der Polizisten als einfachen Staatsbeamten sind, und zwar vor allem für die schlichten Werkzeuge, die ihnen zur Verfügung stehen und auf legalen Mitteln beruhen. Solche Mittel reichen weitestgehend aus, wenn die Beschuldigten zum Bedienstetenvolk gehören, und Sherlock Holmes zögert im Übrigen auch nicht, diejenigen von ihnen der Polizei zu übergeben, die in untergeordneter Rolle in die Fälle verwickelt sind, die er lösen soll. Doch diese Mittel, die dazu taugen, Bürger zu fassen und zu bestrafen, die strenge und einfache Regeln befolgen sollen, das heißt die Regeln des gemeinen Volkes, deren Übertretung ebenso einfach und leicht feststellbar ist, taugen nicht mehr, wenn es sich darum handelt, die Motive, Handlungen und eventuell die zumindest scheinbaren Gesetzesübertretungen der Angehörigen der Elite zu verstehen und zu beurteilen, die, weil sie komplexe Ziele in einem instabilen Kontext erreichen müssen, nicht zur Befolgung von strengen Regeln gezwungen werden können, die ihre Handlungsfähigkeit einschränken würden, was sich mithin als nachteilig für das nationale Gemeinwohl erweisen würde. Dies gilt besonders für die Mitglieder der herrschenden Klasse, deren Tätigkeit sich direkt auf staatliche Funktionen auswirkt, also hohe Beamte und vor allem Diplomaten, deren geopolitischer Einsatzbereich sich wandelt und relativ unvorhersehbar ist, weil jeder ihrer Schritte von der Reaktion der anderen Staaten auf die vorherigen Schritte abhängt. Da darüber hinaus die meisten Operationen, an denen der Staat direkt beteiligt ist, ob sie nun die innere Sicherheit (das heißt die Aufrechterhaltung der Ordnung in den territorialen Grenzen) oder die äußere Sicherheit (das heißt das Kräfteverhältnis zwischen souveränen Entitäten) betreffen, im Geheimen durchgeführt werden, würde jegliches Öffentlichmachen der Rätsel, mit denen diese staatliche Elite konfrontiert ist – ob nun durch die Polizei, die Justiz oder die Presse –, dem nationalen Interesse schaden.

Zu diesen direkt aus der den Eliten überantworteten sozialen Rolle folgenden Motiven kommen noch jene eher spezifisch psychologischen und moralischen Gründe hinzu, die mit der

Persönlichkeit derer zu tun haben, die in der Gesellschaft eine herausragende Stellung einnehmen. Die Angehörigen der Elite besitzen nämlich im Unterschied zum gemeinen Volk eine sehr komplexe Psyche. Ihr Leben ist kompliziert, weil sie in verschiedenen Bereichen Verantwortung tragen. Ihre Loyalitäten – gegenüber der Verwandtschaft, dem Staat, ihren Vertragspartnern usw. – sind vielfältig und oft schwer miteinander zu vereinbaren oder zu hierarchisieren. Deshalb kann es häufig vorkommen, dass sie sich in einem moralischen Dilemma wiederfinden, das heißt in einer Situation, in der unterschiedliche moralische Ansprüche miteinander in Konflikt geraten. Solche Dilemmata entstehen insbesondere an der Schnittstelle zwischen ihrem Gefühlsleben und ihrem Auftreten in der Öffentlichkeit. Auch wenn sich die Herrschaften durch ein höheres Maß an Selbstkontrolle auszeichnen, sind sie häufig doch nicht vor jenen Schwächen gefeit, die meistens mit ihrer affektiven Bindung an eine Person zusammenhängen, die das in sie gesetzte Vertrauen nicht verdient. Diese Bindungen können familiärer Natur sein (wenn es etwa um einen manchmal auch unehelichen[69] Sohn geht oder um einen Schwiegersohn, eine Ehefrau, die man unüberlegt geheiratet hat, da sie aus dem Ausland stammt, usw.) oder, was die Sache noch verschlimmert, mit einem beziehungsweise (noch häufiger) einer Elitebediensteten zu tun haben. Ein permanentes Risiko stellen in diesem Zusammenhang die jungen, hübschen, gebildeten, häufig aus angesehenen, aber ruinierten Familien stammenden, schutzlosen und mithin anrührenden Kindermädchen dar.[70] Erwartungsgemäß sind Frauen ganz allgemein häufig eine

---

69 Wie im Fall des Privatsekretärs James Wilder, der in Wirklichkeit der Sohn des Herzogs von Holdernesse ist und in *Die Abteischule* versucht, seinen Halbbruder Lord Saltire entführen zu lassen.
70 Diese Figur ist bekanntlich eine Stereotype in der englischen Romanliteratur des 18. und 19. Jahrhunderts (für das 18. Jahrhundert siehe R. F. Brissenden, *Virtue in Distress*, a. a. O., und für das 19. Jahrhundert siehe F. Kaplan, *Sacred Tears. Sentimentality in Victorian Literature*, Princeton, Princeton UP, 1987). Innerhalb des holmesschen Textkorpus ist die Figur von Grace Dunbar ein ziemlich gutes Beispiel. Der als »brünette, schöne, große und schlanke junge Frau« vorgestellten Gouvernante macht der Ehemann

Quelle von Schwierigkeiten, vor allem wenn es sich, wie wir gesehen haben, nicht um Engländerinnen handelt. Auch die Herren können somit zuweilen Fehler begehen. Dennoch sind diese Fehler, oder besser: diese Schwächen, in den meisten Fällen verzeihlich (was das Verständnis eines einfachen Polizisten übersteigen dürfte), zumindest wenn man die Umstände durchschaut hat, unter denen sie zustande kamen. Auch wenn die Herren dem Anschein nach eine Regel übertreten haben, geschah das nur unter dem Druck unglücklicher Umstände und oft, um ein noch größeres Übel zu verhindern. Der Spielraum, den sie sich in Bezug auf die Regel herausgenommen haben, stellt also genau genommen gar keine Regelübertretung dar, da er sich der moralischen Logik des geringeren Übels verdankt, die eine derart starke Bindung an die Regel, ja eine Identifikation mit ihr voraussetzt, dass es auch möglich ist, ihren genauen Wortlaut außer Acht zu lassen, um ihren Geist besser befolgen zu können.

Im Übrigen erreicht auch der Detektiv seine Ziele, indem er sich desselben moralischen Registers bedient. Auch er muss manchmal gegen die strikte Legalität verstoßen, um der Gerechtigkeit zu dienen und das fragile Gewebe der Realität wiederherzustellen – damit alles wieder in Ordnung kommt. Er beschafft sich eine Waffe und zögert nicht, jene zu bedrohen, die sich ihm in den Weg zu stellen versuchen. Er verbrennt kompromittierende Dokumente, damit sie der Polizei nicht in die Hände fallen. Er ermöglicht Menschen die Flucht, die gerade einen Mord begangen haben, dabei aber aus Notwehr oder mit vollem Recht handelten. Im Grunde sind ihm alle, sogar die illegalsten Mittel recht, um seine Ziele zu erreichen. Diese Ziele gehören aber stets einer höheren moralischen Ordnung an.

Der Detektiv, der einen höheren Sinn für Moral hat, weiß um

---

ihrer Dienstherrin den Hof, die ermordet zu haben sie beschuldigt wird. Sherlock Holmes gelingt es, ihre Unschuld zu erweisen (*The Problem of Thor Bridge* [dt.: *Das Rätsel der Thor-Brücke*]). Man könnte auch Kitty Winter nennen, ein von Baron Gruber entehrtes junges Mädchen. Sie hilft Sherlock Holmes und rächt sich, indem sie dem Baron Schwefelsäure ins Gesicht schüttet (*Der illustre Klient*).

die enge Verbindung zwischen dem Register der Moral und dem Strafregister. Die hochgestellten, aber gleichwohl trotz allem mehr oder weniger schuldigen Persönlichkeiten, die er vor dem polizeilichen Zugriff bewahrt und für die er strafrechtliche Konsequenzen vermeidet, kommen darum auch nicht ohne Schadensbegleichung davon. Ihre gerechte Strafe wird je nach dem Grad der Schuld und dem sozialen Status der betroffenen Personen abgestuft und aufgefächert. Die Mitglieder des gemeinen Volkes unterliegen einer immanenten Gerechtigkeit, die sie aus der Welt der Lebenden abberuft, oder sie werden der Polizei übergeben, und damit ist die Angelegenheit erledigt. Die Herren sind moralisch leidensfähig, was für sich schon Erlösung bringt; sie ziehen sich aus dem öffentlichen Leben zurück, um in der Abgeschiedenheit ihrer riesigen Anwesen nachzudenken und Buße zu tun. Den Angehörigen der mittleren Klassen wiederum, Elitebediensteten oder mehr oder weniger illegitimen Mitgliedern der herrschaftlichen Familien, gibt man eine zweite Chance, indem man sie auf den Schlachtfeldern der Kolonialkriege umkommen lässt,[71] usw.

Klassengesellschaft und Rechtsstaat

Was sagen uns diese Geschichten? In welchem Zusammenhang stehen sie mit dem historischen Zeitraum – dem Ende des 19. und dem ersten Drittel des 20. Jahrhunderts –, in dem sie entstanden sind? Warum haben sie mehrere Generationen von Lesern so fasziniert, und warum stoßen sie auch heute noch auf so großes Interesse, dass sie regelmäßig als Taschenbücher neu

---

71 Wie dem Burenkrieg (auf den übrigens in *The Blanched Soldier* [dt.: *Der erbleichte Soldat*] angespielt wird). Conan Doyle war 1899 mitten im Burenkrieg nach Südafrika gereist, um den Bau eines Krankenhauses zu beaufsichtigen. Nach seiner Rückkehr schrieb er ein Buch, in dem er das Vorgehen der Briten in Südafrika verteidigte: *The War in South Africa. Its Cause and Conduct* [dt.: *Der Krieg in Südafrika. Seine Ursachen und Führung. Eine Streitschrift*, Barnsdorf, Verlag 28 Eichen, 2009]).

aufgelegt werden? Abschließend möchte ich die These vertreten, dass diese Geschichten ihren Hauptgegenstand und ihre Faszinationskraft der Art und Weise verdanken, wie sie den Rechtsstaat und seine Widersprüche in Szene setzen.

Zunächst ist ein Aspekt zu nennen, den Carlo Ginzburg am Ende seines Aufsatzes über die Beziehung zwischen Morelli, Sherlock Holmes und Freud hervorgehoben hat. Er betrifft den Zusammenhang zwischen der Entwicklung des von ihm so genannten Indizienparadigmas mit jenen neuartigen Problemen, auf die die Staatsmacht in ihrem Bestreben stößt, die Gesellschaften zu kontrollieren, in denen das Anwachsen der räumlichen Mobilität, die hohe Bevölkerungskonzentration in den Städten und die Entwicklung der Klassenkämpfe für die Autorität des Staates und die Stabilität der sozialen Ordnung ein dauerhaftes Risiko darstellen.[72] Die Erfindung von Methoden zur Identifizierung von Personen, insbesondere aber zur Wiedererkennung rückfälliger Verbrecher auf der Basis von Indizien, die gewissermaßen an deren Körpern haften und daher nicht leicht zu fälschen sind – wie die von Bertillon erfundenen technisierten Porträts oder die von Galton entwickelten Fingerabdrücke –, stellen mithin eine Antwort auf das *Kontrolldefizit* dar, das aus dem Abbau lokaler Formen der Abhängigkeit und der Kontrolle resultiert.[73]

Doch dieses technische Argument kann auf die politische Ebene ausgeweitet werden. Der fragliche Zeitraum ist sowohl durch ein Anwachsen der Ambitionen des Staates gekennzeichnet, die Bevölkerung zu kontrollieren, die das Territorium be-

---

72 Über die Entwicklung des Themas der »Unsicherheit« zu einem vordringlichen gesellschaftlichen Problem in der ersten Hälfte des 19. Jahrhunderts, das mit der Urbanisierung und dem enormen Anwachsen der Zahl von »Arbeitsimmigranten, die in den Vorstädten und verarmten Stadtvierteln zusammengepfercht sind«, in Zusammenhang steht, siehe Dominique Kalifa, *Crime et culture au XIXe siècle*, Paris, Perrin, 2005, vor allem S. 316-322 [Übers. C. P.].

73 Über die Geschichte der sozialen Kontrolltechniken siehe James Beniger, *The Control Revolution. Technological and Economic Origins of the Information Society*, Cambridge/Mass., Harvard UP, 1986.

wohnt, über das er Macht hat, das heißt über das, was man ab der ersten Hälfte des 19. Jahrhunderts »die Gesellschaft« als weitestgehend mit den Grenzen des Nationalstaats identisches Gebilde nennt, als auch durch die Entwicklung von Regierungslogiken, die zu unterschiedlichen Graden unter dem Einfluss des Liberalismus stehen. Letztere stützen sich – wie Michel Foucault gezeigt hat[74] – auf neue Verwaltungstechniken zur statistischen oder rechnerischen Totalisierung und auf Techniken zur Identifizierung von Personen, das heißt Bürgern, wie Ausweispapiere[75] oder die Techniken zur Identitätsermittlung, die auf jenen physischen Indizien beruhen, die Carlo Ginzburgs Aufmerksamkeit auf sich gezogen haben. In beiden Fällen besteht das Problem darin, die formal freien Individuen indirekt, von weitem zu lenken, entweder indem ihre Verhaltensweisen umfassend, in Form von Aggregaten berechenbar und vorhersehbar gemacht oder indem sie individuell kontrollierbar gemacht werden, das heißt – mit einem anachronistischen Ausdruck – indem die *lückenlose Rückverfolgbarkeit* ihrer Spuren gewährleistet wird.[76]

---

74 Michel Foucault, *Sicherheit, Territorium, Bevölkerung*, a. a. O. Aus ähnlicher Perspektive siehe auch Alain Desrosières, *Die Politik der großen Zahlen*, a. a. O.

75 Siehe Gérard Noiriel (Hrsg.), *L'identification. Genèse d'un travail d'État*, Paris, Belin, 2007.

76 Die Spannung zwischen dem statistischen Ansatz und der individuellen Identifizierung spielt in den Schriften von Conan Doyle eine große Rolle. Zum Beispiel in diesem Dialog zwischen Watson und Holmes: »Schauen Sie mal, die Leute da drüben, wie sie im Licht der Gaslaternen herumschwärmen! – Die kommen von der Arbeit in der Werft. – Die Kerle sehen ja übel aus, und doch muß man wohl annehmen, daß in jedem ein Fünkchen Unsterblichkeit verborgen liegt. Kaum zu glauben, wenn man sie so betrachtet. Jedenfalls besteht dafür keinerlei apriorische Gewißheit. Ein seltsam enigmatisch Wesen ist der Mensch! – Irgendjemand hat es so formuliert: Des Menschen Seele steckt in einem Tier, bemerkte ich. – Winwood Reade hat einen interessanten Beitrag zu diesem Thema geleistet, fuhr Holmes fort. Er sagt, daß der Mensch, wiewohl als Einzelner ein undurchdringliches Rätsel, in der Masse zu einer mathematisch berechenbaren Größe wird. So ist es zum Beispiel nicht möglich, vorauszusagen, was irgendein bestimmter Mensch tun wird, aber man kann mit Gewißheit sagen, wie der Durchschnitt handeln wird. Das Verhalten des Individuums

An dieser Stelle können wir die von Michael Mann in verschiedenen Arbeiten entwickelten Unterscheidungen zwischen absolutistischen und konstitutionellen Staaten sowie zwischen der von ihm so genannten »despotischen« und der »infrastrukturellen« Macht des Staates wieder aufgreifen.[77] Im Fall der despotischen Macht besitzt die einen Souverän umgebende Staatselite eine »geradezu unbegrenzte« Macht über die Untertanen. Aber eine solche Macht lässt sich nur von nahem vollständig ausüben. Wer sich dem Blick der Staatselite und ihrer Polizei (der »*red queen*«, wie Michael Mann sie nennt) zu entziehen vermag, ist nur schwer wieder einzufangen. Es ist demnach möglich, dieser totalen Macht zu entkommen (indem man sich etwa in schwer zugänglichen Gegenden wie dem Gebirge versteckt). Umgekehrt gilt für den Fall der infrastrukturellen Macht, die Michael Mann zufolge für »kapitalistische Demokratien« charakteristisch ist, aber auch, wie wir hinzufügen können, für die liberalen Regierungsformen, dass die Macht des Staates durch das Recht kontrolliert und begrenzt wird. Zugleich versucht dieser Staat jedoch, in alle Bereiche des sozialen Lebens einzudringen, so dass es für die Bürger sehr schwierig wird, unbemerkt zu bleiben und der Kontrolle des Staates zu entgehen. Hinzugefügt sei, dass sich diese infrastrukturelle Macht seit dem Ende des 19. Jahrhunderts, und zwar insbesondere unter dem Druck der durch die Arbeiterbewegung artikulierten sozialen Ansprüche und der Forderungen nach einer egalitäreren Gesellschaft, immer weiter verstärkt und schließlich ihren Höhepunkt im Wohlfahrtsstaat gefunden hat.[78]

---

    ist eine Variable, das von Bevölkerungsanteilen hingegen eine Konstante; so spricht der Statistiker« (*Das Zeichen der Vier*).

77 Michael Mann, »The Autonomous Power of the State. Its Origins, Mechanisms and Results«, in: *Archives européennes de sociologie* 25 (1984), S. 185-213.

78 Über die Geschichte der Verknüpfung des Wandels der Verwaltungsmethoden der Bevölkerung mit der Erfindung von neuen Formen der Polizeiarbeit am Ende des Ancien Régime und während der Französischen Revolution siehe Paolo Napoli, *Naissance de la police moderne. Pouvoir, normes, société*, Paris, La Découverte, 2003. Über die Rolle statistischer Technologien bei

Eine der Auswirkungen des Übergangs von der despotischen Macht des absolutistischen Staates zu den Formen infrastruktureller Macht des liberalen Staates ist die Beseitigung ständischer Privilegien insbesondere im Rechtssystem. In formaler Hinsicht sind die Bürger von nun an vor dem Gesetz gleich. Das bedeutet aber auch, dass sie in den Augen des Staates und seiner Polizei zumindest im Prinzip damit auch alle gleich *verdächtig* sind. Die räumliche Mobilität und die Urbanisierung auf der einen und die politische Gleichheit auf der anderen Seite bewirken zusammengenommen, dass jeder nun seine »Ohnmacht« erfahren kann, weil er sich in eine »serielle Totalität« eingebunden sieht, in der alle »objektiven Realitäten« und alle »Totalisierungsschemata«, die mobilisiert werden können, um der Realität Sinn zu verleihen, in sich und »für jeden« nach einer »unendlichen Serialität«, deren »praktisch-inerte Einheit« ein »Trennungsindex« ist, »*die Anderen*« sind.[79] Jeder kann nun also jede Person beobachten, mit der er »*von weitem*« in einer Interaktion steht beziehungsweise im Zustand einer »Unbestimmbarkeit, (die) groß genug ist, daß man nicht wissen kann, mit wem man es zu tun hat«, und sie dadurch nicht unter dem Aspekt der »Wechselseitigkeit« (auch der negativen) betrachten, sondern unter dem der »Alterität«, nicht als »Menschen«, sondern als »Gegen-Menschen«.[80]

Genau diese Struktur der seriellen Alterität macht sich die ursprüngliche Kriminalerzählung in erster Linie zunutze. In Robert L. Stevensons Kurzgeschichte *Der seltsame Fall des Dr. Jekyll und Mr. Hyde* nimmt sie ihre auffälligste, nachgerade mythische Form an und wird so zum Paradigma unzähliger narrativer Konstruktionen, in denen sich gerade die sich als vollkommen harmlos darstellende und damit über jeden moralischen Zweifel erha-

---

der Durchsetzung neuer Regierungsformen siehe auch Emmanuel Didier, *En quoi consiste l'Amérique? Les statistiques, le New Deal et la démocratie*, Paris, La Découverte, 2009.
79 Jean-Paul Sartre, *Critique de la raison dialectique*, Paris, Gallimard, 1960, S. 339 [dt.: *Kritik der dialektischen Vernunft*, Reinbek bei Hamburg, Rowohlt, 1967, S. 313].
80 Ebd., S. 317.

bene, am wenigsten verdächtig wirkende Figur als im höchsten Maße amoralisch und kriminell erweist. Wie Dr. Jekyll und Mr. Hyde oder Joseph Jastrows Hasenente, die zu einem Paradigma der nachwittgensteinianischen Philosophie werden sollte, handelt es sich dabei stets um eine Figur, die zugleich – und zwar nicht nur abhängig von der Perspektive, aus der man sie betrachtet, sondern real: an sich – die charmante ältere Dame *und* die Giftmörderin, der strenge Geistliche *und* der skrupellose Betrüger, der junge, verantwortungsvolle Rechtsanwalt *und* der Serienmörder ist, usw.

Selbst wenn diese dualistischen Identitäten in der ursprünglichen Kriminalerzählung in ihrer negativen und beunruhigenden Form aufgegriffen und dort folglich als pathologische Ausnahmefälle behandelt werden, kennzeichnen sie doch – wie Malcolm Bull gezeigt hat[81] – in gleichem Maße die modernen liberalen Gesellschaften, die zutiefst ambivalent sind, da in ihnen die personale Identität stets unter Bezugnahme auf widersprüchliche Prozesse bestimmt wird. Auf der einen Seite stehen jene Prozesse, die den Personen eine bestimmte Position innerhalb der Herrschaftsverhältnisse zwischen den Geschlechtern, ethnischen Gruppen, Nationen, Verbänden und, insbesondere nach dem Siegeszug des Kapitalismus, zwischen den sozialen Klassen zuweisen. Auf der anderen Seite befinden sich jene Emanzipationsprozesse, die denselben Personen ein Ideal rein rechtlicher, formaler Gleichheit in Aussicht stellt – das aber nur unter der Bedingung versprochen wurde, dass sie jedes Streben nach Veränderung der ihnen innerhalb der hierarchischen Strukturen zugewiesenen Position aufgeben, die sie, besonders wenn sie unterdrückt werden, für willkürlich halten könnten. Sie müssen also den Plan aufgeben, Gerechtigkeit zu schaffen, sei es aus eigener Kraft, sei es indem sie die geringe Kraft eines jeden Einzelnen durch solidarisches, gemeinschaftliches Handeln um ein Vielfaches verstärken – entlang jener Trennlinien, die ihrerseits durch

---

[81] Siehe Malcolm Bull, *Seeing Things Hidden. Apocalypse, Vision and Totality*, London, Verso, 1999.

die Herrschaftsverhältnisse bestimmt sind, gegen die sie aufbegehren. Dieses Opfer, dieser Verzicht auf jede Form von Gewalt, mag sie nun individuell oder kollektiv, körperlich oder symbolisch sein, zugunsten der vom Rechtsstaat als einzigem legitimen Inhaber des Gewaltmonopols (nach Max Webers berühmter Definition) ausgeübten Herrschaft verschafft ihnen im Gegenzug nun aber eine Reihe von Vorteilen, die ambivalenter Natur sind.

Diese Vorteile der Demokratie sind keineswegs vollkommen illusorisch oder fiktiv. Andernfalls könnte man, sobald man ihre völlige Wirkungslosigkeit durchschaut hätte, umgehend die Zustimmung zu ihnen verweigern. Diese Vorteile gewähren durchaus einen relativen Schutz, wenn auch nicht gegen alle Formen der persönlichen Abhängigkeit, so doch zumindest gegen ihre unerträglichsten und tyrannischsten Formen.[82] Für sich genommen, sind sie allerdings nicht im Geringsten in der Lage, die Herrschaftsverhältnisse zu verändern, die von den individuellen Rechten überlagert werden, wenn diese sie nicht sogar verstärken. Hier ist vor allem an den Zusammenhang zwischen indivi-

---

82 Gegen die persönliche Abhängigkeit wendet sich das republikanische Verständnis des Staates zuerst. Das sieht man besonders gut im Fall von Rousseau. Der zentrale und nahezu zwanghafte Charakter, den bei ihm die Abscheu vor jeder Form von persönlicher Abhängigkeit annimmt, ist in vielen Abschnitten der *Bekenntnisse* hinlänglich sichtbar, in denen er die Ungerechtigkeiten schildert, die er im Hinblick auf Gegenseitigkeit und Vertrauen bei seinem Umgang mit den Großen (vor allem mit den Gönnerinnen aus der feinen Gesellschaft) erlitten hat, ebenso im polemischen Streit, in den er mit Hume geraten ist und in dem er allem Anschein nach in allen Belangen Unrecht hat (siehe Antoine Lilti, »De la dispute à l'affaire. La querelle entre David Hume und Jean-Jacques Rousseau«, in: Luc Boltanski/Elisabeth Claverie/Nicolas Offenstadt/Stéphane Van Damme (Hrsg.), *Affaires, scandales et grandes causes*, a. a. O., S. 177-197). In dieser Hinsicht ist es möglich, im *Gesellschaftsvertrag* vor allem einen Versuch zu sehen, die Möglichkeit einer politischen Ordnung ins Auge zu fassen, in der es keinerlei persönliche Abhängigkeit gibt. So verstanden, wäre der *Gesellschaftsvertrag* die politische Lösung für Rousseaus persönliche Situation (siehe Jean Starobinski, *Jean-Jacques Rousseau. La transparence et l'obstacle*, Paris, Gallimard, 1971 [dt.: *Rousseau. Eine Welt von Widerständen*, München/Wien, Hanser, 1988].

duellen Rechten und der Fragmentierung zu denken, die jeden Einzelnen zu einem schutzlosen Wesen macht, das den anderen potenziell ausgeliefert ist, weil sie Träger der dem Recht zugrunde liegenden und von ihm verdeckten Mächte sind. So entziehen sich diese Mächte sogar dem Blick des Staates und seines Polizeiapparats, dessen Kraft in Beziehungen absoluter Alterität, die einer seriellen Prozesslogik folgen, auf dem Prüfstand steht. Die identitäre Doppelung, die sich die ursprüngliche Kriminalerzählung zunutze machte und die eine wesentliche Triebfeder für die Konstruktion der Rätsel ist, deren Auflösung sie inszeniert, verdankt ihre Fähigkeit, den Leser in Atem zu halten und Generation um Generation in ihren Bann zu schlagen, der Tatsache, dass sie der Identität fast aller Mitglieder moderner, vor allem nationalstaatlicher Gesellschaften[83] zugrunde liegt, die auf liberalen Rechtfertigungsformen fußen. Die Kriminalerzählung enthüllt eine zentrale Eigenschaft dieser Gesellschaften: dass sie nämlich unauflöslich *Gesellschaften der Anerkennung* und *Gesellschaften der Missachtung* sind.[84]

In früheren Gemeinschaften, und zwar besonders in teilweise autonomen, bäuerlichen Gemeinschaften (die sich vor allem in Ländern mit schwer zugänglichen Bergregionen entwickelt haben), konnten die Akteure eine gewisse Form von Freiheit erfahren, als Gemeinschaftsmitglieder allerdings vor allem gegenüber äußeren Mächten, das heißt nicht nur um den Preis eines Verzichts auf individuelle Verhaltensabweichungen, die leicht als verwerfliche Extravaganzen gebrandmarkt werden konnten, sondern auch um den Preis einer Ablehnung jeglicher identitärer Vielfalt, die unmittelbar als moralisch zweifelhaft verurteilt wur-

---

83 Siehe Zygmunt Bauman, *Modernity and Ambivalence*, Cambridge, Polity Press, 1993 [dt.: *Moderne und Ambivalenz*, Hamburg, Hamburger Edition, 2005].
84 Siehe etwa die in französischer Übersetzung in *La société du mépris. Vers une nouvelle théorie critique*, Paris, La Découverte, 2007, zusammengestellten Arbeiten von Axel Honneth [die im deutschen Original in verschiedenen Zeitschriften, Sammelbänden, vor allem aber in Honneths beiden Aufsatzsammlungen *Das Andere der Gerechtigkeit*, Frankfurt/M., Suhrkamp, 2000, und *Unsichtbarkeit*, Frankfurt/M., Suhrkamp, 2003, erschienen sind].

de.[85] Umgekehrt leben in den modernen liberalen Gesellschaften Einzelpersonen eng zusammen, die von vornherein ambivalent eingestellt sind, und sei es nur, weil sie gleichzeitig und auf gleiche Weise emanzipiert sind und beherrscht werden, was ihrer Identität einen widersprüchlichen Charakter verleiht. Sie haben deshalb alle jederzeit etwas zu verbergen, selbst wenn je nach der sozialen Situation, in der sie auftreten, jeweils andere Seiten ihrer Identität als unerhört gelten.[86]

Konservative Kriminalerzählung und kritischer Krimi

Halten wir fest, dass diese Abkehr von den Identitätsmerkmalen bereits für sich genommen eines der Hauptmotive der Affären-Form bildet und sicherlich zumindest teilweise dem Erfolg von Voltaires Pamphleten zugrunde liegt, um die sich die Leser rissen und die sie so verschlangen, wie man es heute mit »Krimis« tut. Auf diese Weise hat Voltaire, um das Beispiel des Chevalier de La Barre wiederaufzugreifen, hinter dem stereotypisierten Bild eines verkommenen, von den Behörden an den Pranger gestellten Libertins die Figur eines aufrichtigen, naiven, seinem Alter entsprechend zugleich tiefsinnigen und leichtfertigen, kurz: eines authentischen jungen Mannes zum Vorschein gebracht. Die Pamphlete, die Voltaire schreibt und in Umlauf bringt, antizipieren so die Entwicklung der modernen liberalen Gesellschaften. Gestützt auf die Öffentlichkeit als Ort von Debatten und Kritiken, stellen sie die von der Gesellschaft des Ancien Régime verkündete Einmütigkeit in Frage, indem sie aufdecken, dass diese

---

85 Siehe zum Beispiel Élisabeth Claverie/Pierre Lamaison, *L'impossible mariage. Violence et parenté en Gévaudan, XVIIe siècle, XVIIIe siècle, XIXe siècle*, Paris, Hachette, 1982.

86 Der Wandel, dem die Selbstdarstellung in unterschiedlichen alltäglichen Situationen unterliegt, bildet eines der Hauptmotive des Werkes von Erving Goffman, siehe besonders *Wir alle spielen Theater. Die Selbstdarstellung im Alltag*, a. a. O.

Gesellschaft nicht die organische Einheit ist, die sie vorgibt zu sein, sondern eine durch Angst und Zwang erzeugte künstliche Einheit, ein reines Produkt der Tyrannei. Aus diesem Blickwinkel betrachtet, ist der Privatmann Voltaire, der eigenständig eine wirklich alternative Untersuchung durchführt, die aufmerksam für das kleinste Detail ist und die mit Hilfe zahlreicher scharfsinniger Briefpartner und Freigeister gesammelten Fakten berücksichtigt, eigentlich der Prototyp des Detektivs – allerdings eines kritischen Detektivs.

Wenn die ursprüngliche Kriminalerzählung sich durch dieses Beispiel hätte anregen lassen, hätte sie sich ganz anders entwickelt und einen kritischen Weg eingeschlagen – ungefähr so, wie jene alternativen Kriminalerzählungen, die zwischen 1930 und 1940 in den USA und in Frankreich vor allem in dem Jahrzehnt erschienen, das auf die Ereignisse vom Mai 1968 folgte.[87] In diesen alternativen Erzählungen, deren Zahl während der letzten 20 Jahre in Frankreich enorm angestiegen ist,[88] entwickelt sich der Erzählrahmen weiterhin aus der Struktur der ursprünglichen Kriminalerzählung, besonders was die grundlegende Entgegensetzung des Privatdetektivs und des Polizisten als Vertreter des Staates anbelangt. Doch die Position der Hauptmotive

---

[87] Für die Jahre zwischen 1930 und 1940 ist natürlich an die Begründer des amerikanischen Roman noir Dashiell Hammett, Raymond Chandler und vielleicht vor allem etwas später an Chester Himes zu denken, der als Afroamerikaner in seiner Jugend sieben Jahre wegen bewaffneten Raubüberfalls im Gefängnis saß, was ein guter Ausgangspunkt ist, um die Korruptheit der Polizei und der amerikanischen Gesellschaft der damaligen Zeit zu beschreiben. Was die französische Kriminalliteratur angeht, die in den auf den Mai 1968 folgenden Jahren erschien, ist der repräsentativste Autor unbestreitbar Jean-Patrick Manchette, der aus dem Linksextremismus kam und in seine Kriminalromane die Debatten der ersten Hälfte der 1970er Jahre über die Rechtmäßigkeit politischer Gewalt einbaute. In *Nada* (1972 [dt. 2002]) schildert er zum Beispiel die Entführung des amerikanischen Botschafters in Paris und die Repressionen, der die Mitglieder der Gruppe ausgesetzt sind, die diese Operation durchgeführt hat. Siehe Jacques Baudou/Jean-Jacques Schleret (Hrsg.), *Le polar*, Paris, Larousse, 2001.

[88] Über die kritischen Dimensionen des zeitgenössischen französischen Krimis siehe Elfriede Müller/Alexander Ruoff, *Le polar français. Crime et histoire*, Paris, La Fabrique, 2002.

und der Wert, der ihnen beigemessen wird, kehren sich nach der Logik jener strukturellen Transformationen um, die für den Fall des Mythos schon mehrfach beleuchtet worden sind. Der Privatdetektiv kämpft dabei nicht mehr im zumindest stillschweigenden Einvernehmen mit dem Polizisten gegen das Verbrechen, sondern auch oder vielmehr vor allem gegen den Polizisten selbst, als korruptem Vertreter einer nicht minder korrupten Verwaltung und Verteidiger einer als »verkommen« dargestellten Gesellschaft. Voltaire kann in gewisser Weise spontan einen solchen kritischen Weg einschlagen, weil seine Schilderung darauf abgestellt ist, eine Ordnung in Frage zu stellen, die Ordnung des Ancien Régimes, die – als Ständegesellschaft – unauflöslich sowohl sozial wie – als absolutistische Macht – auch politisch ist. Aber die kritische Erzählschiene, deren Möglichkeit Voltaire eröffnet, wird auf dem Gebiet der Kriminalliteratur zumindest in den auf sein Eingreifen folgenden eineinhalb Jahrhunderten nicht beziehungsweise praktisch nicht genutzt. Und natürlich hatte Voltaire damit ohnehin weniger die Literatur als vielmehr die politische und rechtliche Realität selbst ändern wollen.

Die ursprüngliche Kriminalerzählung entwickelt sich Ende des 19. und zu Beginn des 20. Jahrhunderts in eine andere, nicht in eine kritische, sondern in eine konservative Richtung. Es geht ihr nicht darum, Keile in eine sich als robust darstellende Realität zu treiben, indem sie sie unter Ausnutzung der Lücke zwischen inoffiziellen Wahrheiten und offiziellen Lügen als Artefakt oder, wenn man unbedingt – mit einem soziologischen Neologismus – will, als *konstruierte* Realität entlarvt. Das spezifische Problem, dessen sie sich annimmt, ist vielmehr die Verunsicherung, die durch eine fragile Realität hervorgerufen wird, in der ständig Rätsel aufzutreten drohen. Eine solche Verunsicherung entsteht in Situationen, in denen die Lage der Dinge nicht mehr mit den symbolischen Formen übereinzustimmen scheint, die offiziell mit ihr in Verbindung gebracht werden und gewöhnlich ihrer näheren Bestimmung dienen, und in denen folglich der Ablauf der Ereignisse eine unvorhersehbare Wendung nehmen kann, die sich nicht beherrschen lässt. Diese Verletzlichkeit der sozialen

Welt wird noch verstärkt durch die Transparenz, die ihr in einem nationalen Rahmen und manchmal auch darüber hinaus aus der Entstehung der Öffentlichkeit einerseits – die durch die zunehmende Bedeutung des Pressewesens gekennzeichnet ist – und zusammen damit andererseits aus den Zwängen erwächst, die einer liberalen politischen Ordnung auferlegt sind, wenn ihr, zumindest idealiter, nur Mittel zur Verfügung stehen, die den Boden der Legalität nicht verlassen, welche ihrerseits einem öffentlichen Anspruch gehorcht. Was legitimerweise von der Realität zu erwarten ist, sieht sich dadurch unablässig mit dem Risiko des Scheiterns, des Skandals und durch die Entstehung von Affären mit der Ungewissheit konfrontiert, was es mit dem, was ist, *wirklich* auf sich hat. Diese Ungewissheit wird durch die vielen verschiedenen Versionen von Ereignisfolgen hervorgerufen, deren Deutungen unweigerlich den Boden der Tatsachen verlassen.

Diesen neuen Zustand der sozialen und politischen Ordnung schlachtet die ursprüngliche Kriminalerzählung auf zwei verschiedene Weisen aus. Einerseits inszeniert und dramatisiert sie die mit dieser Ordnung einhergehende Ungewissheit, indem sie ihr eine allerdings stilisierte, fiktionale Form verleiht, die die Verunsicherung, mit der sich ein jeder konfrontiert sieht, hervorruft und sie eben durch ihren übertriebenen, überlebensgroßen Charakter zugleich neutralisiert. Andererseits demonstriert sie die Möglichkeit eines Abbaus dieser Ungewissheiten und einer Rückkehr zur Ordnung. Die im ersten Moment erschütterte Realität geht daraus gestärkt hervor. Sie ist noch viel robuster, als es zunächst den Anschein hatte. Die ursprüngliche Kriminalerzählung reizt die Ordnungsliebhaber zunächst, um sie im nächsten Schritt zu besänftigen. Als Lektüre, die den einsamen Momenten vor dem Einschlafen vorbehalten ist, fesselt sie unsere Aufmerksamkeit nur für eine gewisse Zeit, um uns kurz darauf umso besser schlafen zu lassen.

Vor allem aber der Detektiv zeigt durch seinen übermenschlichen Scharfsinn und Mut, dass die Ordnung trotz der Schwachstellen des Staates beziehungsweise trotz der Grenzen, die der Rechtsstaat seinen Beamten, also der Polizei und der Richterschaft, auferlegt, aufrechterhalten werden kann. Die Schwäche des Staates ist dadurch bedingt, dass er an das Legalitätsprinzip gebunden ist, das seine Legitimitätsgrundlage darstellt, insbesondere aber an den Anspruch der Gleichbehandlung aller Tatverdächtigen, die bedauerlicherweise, zumindest mehrheitlich, gleichzeitig Staatsbürger sind, weshalb man sie trotz allem nicht einfach behandeln kann, wie es einem passt. Diese Gleichbehandlung passt aber nicht zur Realität einer Klassengesellschaft. Selbst der bestens ausgebildete Polizist mit den besten Absichten ist aufgrund der ihm beigebrachten Denkweisen, die vor allem auf den routinemäßigen Umgang mit alltäglichen Verbrechen zugeschnitten sind, die von einfachen Leuten verübt oder erlitten werden, einfach nicht dazu in der Lage, die Subtilitäten der Kriminalität der Eliten samt ihren Rätseln, Dilemmata, Geheimnissen und Gewissensentscheidungen zu durchschauen. Noch weniger vermag er mit den ihm zur Verfügung stehenden Mitteln, die den gewöhnlichen Störungen der Ordnung angemessen sind und die allein die Achtung der Gesetze zulässt, die schlimmen Folgen zu vermeiden oder aufzuhalten, die die Gesetzesverstöße der Eliten für die öffentliche Ordnung haben können, selbst wenn gar keine Schädigung beabsichtigt war.

Der von der ursprünglichen Kriminalerzählung inszenierte Widerspruch, der von ihr aufgedeckt und im gleichen Zug wieder verdeckt wird, ist also nichts anderes als der Widerspruch, in den der Rechtsstaat gerät, wenn er auf eine kapitalistische Klassengesellschaft trifft. Die Abspaltung des Detektivs vom Polizisten zeugt von diesem Widerspruch, indem sie herausstellt, dass der Staat die seine Existenz rechtfertigenden Ziele – namentlich die Gewährleistung der öffentlichen Ordnung – mit jenen Mitteln allein nicht vollständig zu erreichen vermag, deren Einsatz ihm rechtmäßig zusteht und auf die er sich offiziell beschränkt. Hinter der offen zu Tage liegenden Rechtsordnung muss damit zumindest implizit der Bezug auf eine höhere Ordnung aufrechterhalten werden, die man zu Recht als moralische Ordnung bezeichnen kann. Diese erscheint aber nicht als alternative Ordnung, die allein den Machtinhabern vorbehalten wäre; das wäre der Fall, wenn sie den Wert der öffentlichen Regeln, auf deren Achtung die Rechtsordnung beruht, unter der Hand und mittels der Geheimdienste oder im Namen der Staatsräson bestreiten oder relativieren würde. Im Gegenteil: Bei jener höheren Ordnung, die in Erscheinung tritt, wenn die sozialen Beziehungen unter den Bürgern sich spontan an die hierarchischen Gesellschaftsstrukturen anpassen, handelt es sich um ebenjene Ordnung, die die Rechtsordnung zu erlangen versucht, die sie aber mit ihren groben Mitteln niemals vollkommen zu erreichen vermag. Ist diese Ordnung gefährdet, so ermöglicht gerade das Abweichen von der Regel eine möglichst große Nähe zu ihrem Geist und damit eine Realisierung der Kraft, die von ihr ausgeht. Dementsprechend ließe sich behaupten, dass der wirkliche Held der von Conan Doyle erfundenen Geschichten gar nicht Sherlock Holmes, sondern sein älterer Bruder Mycroft ist. Diese mysteriöse Figur (die nur in *The Greek Interpreter* [dt.: *Der griechische Dolmetscher*], *Die Bruce-Partington-Pläne*, *Das letzte Problem* und *Das leere Haus* auftritt und von der es heißt, dass sie den Diogenes Club nie verlässt, zu deren Gründungsmitgliedern sie gehört) ist eine der wenigen Personen auf der Welt, die Sherlock Holmes zu bewundern scheint und die er für sich selbst überlegen hält. Wird nicht suggeriert, dass es sich bei Mycroft Holmes um einen verdeckt arbeitenden Regierungsberater, vielleicht sogar um den Chef des Geheimdienstes handelt? Sherlock Holmes wäre dann nur der sich mit der konkreten Realität messende, sichtbare, wenn auch diskrete Doppelgänger dieser unsichtbaren Verkörperung der souveränen Macht.[89]

---

89 Wenn er die Beziehungen von Sherlock Holmes zu den Machtinhabern in Großbritannien analysiert, schreibt Jean-Pierre Naugrette denn auch Folgendes: »Als ob es ihm (Sherlock Holmes) durch eine schöne Umkehrung nicht genügte, für das Außenministerium zu arbeiten, *war* er das Außenministerium in Person, so wie sein genialer Bruder Mycroft, der in Whitehall arbeitet und sich dabei durch sein Gehirn, das wie ein Computer avant la lettre funktioniert, für die Regierung unentbehrlich macht, ganz allein zur britischen Regierung wird.« (Jean-Pierre Naugrette, »Sherlock Holmes et les affaires étrangères«, in: Suzy Halimi (Hrsg.), *Les institutions politiques au Royaume-Uni. Hommage à Monica Charlot*, Paris, Presses de la Sorbonne

Genau genommen ist also auch die Figur des Detektivs souverän, weil es ihr vorbehalten ist, sich an die Stelle des Staates zu setzen, um das zu realisieren, was dem liberalen Staat in einer demokratisch-kapitalistischen Gesellschaft verwehrt ist, will er nicht seine eigene Widersprüchlichkeit offenlegen. Der Detektiv kann tun, was der Staat zumindest nicht permanent und nicht offiziell tun kann, ohne Kritik, Widerspruch und Rebellion hervorzurufen, das heißt, er kann in ein und derselben Bewegung die der Souveränität gebührenden Rechtshandlungen vollziehen und sich ihnen in einem souveränen Akt entziehen.[90] Der Detektiv ist der Staat im alltäglichen Ausnahmezustand.

---

nouvelle, 2006, S. 61-73 [Übers. C. P.].) Dieses narrative Dispositiv, das die Figur eines Doppelgängers einführt, findet sich schon bei Edgar Allan Poe. Gestützt auf eine gründliche Analyse von Poes *Entwendetem Brief*, legt Jean-Claude Milner ernstzunehmende Argumente vor, die zu der Annahme berechtigen, dass Dupin (von dem man weiß, dass er aus einer »berühmten Familie« stammt) der jüngere Bruder des Ministers ist. In unterschiedlicher Form findet sich also dieselbe Struktur bei Poe und bei Conan Doyle wieder (siehe »Retour à *La lettre volée*«, in: ders., *Détections fictives*, Paris, Seuil, 1985, S. 9-44). (Ich danke Gabriel Bergounioux für den Hinweis auf diesen Aufsatz.)

90 Siehe Giorgio Agamben, *Ausnahmezustand*, Frankfurt/M., Suhrkamp, 2004.

Drittes Kapitel
Die Untersuchungen des Pariser Polizisten

Die französische Quelle des Kriminalromans

Neben Edgar Allan Poe und Arthur Conan Doyle gilt gemeinhin Émile Gaboriau, dessen Bücher chronologisch zwischen denen der beiden Erstgenannten liegen, als einer der Begründer des Kriminalromans.[1] Diese Gattung, die die Welt erobert hat, wäre so in zwei verschiedenen Traditionen verwurzelt, die eine englisch, die andere französisch. Im Vergleich zu dem Charakteristikum, das uns für den Einstieg in die Sherlock-Holmes-Geschichten relevant erschien – und das schon bei Poe vorhanden war, wie wir gesehen haben –, nämlich die Trennung von Detektiv und Polizist, besteht die Eigentümlichkeit von Gaboriaus Romanen darin, diese Unterscheidung zu ignorieren und einen ganz gewöhnlichen Polizisten zu präsentieren: einen Polizisten, sonst nichts. Und während in den englischsprachigen Kriminalromanen die Trennung von Detektiv und Polizist noch lange zum Kern der narrativen Struktur gehören wird, setzen die französischen Kriminalromane weiterhin ungerührt die Person des Polizisten in Szene, wie wir sehen werden.

Trotzdem werde ich zu zeigen versuchen, dass sich die Romanhandlung in der französischen Version dieser Gattung nicht nur innerhalb des Tropus von Gesetzesübertretung, Untersuchung und Rückkehr zur Ordnung bewegt, wie es der Fall sein würde, wenn die Handlung in einem eindimensionalen beziehungsweise nur durch den Gegensatz von Verbrechen und Strafen oder

---

1 Conan Doyle hat Gaboriaus Bücher gelesen, die rasch ins Englische übersetzt wurden und großen Erfolg in Großbritannien hatten. Am Anfang von *Eine Studie in Scharlachrot* macht Sherlock Holmes übrigens eine herablassende Bemerkung über Émile Gaboriau und seinen Kommissar Lecoq (über den Einfluss von Émile Gaboriau auf Conan Doyle siehe Lancelyn Greens Einleitung zu *The Adventures of Sherlock Holmes*).

Gut und Böse strukturierten Rahmen angesiedelt wäre. Sie bezieht ihre Verführungskraft und einen Teil ihrer Dynamik darüber hinaus aus einer anderen Art von Spaltung, die man – grob gesagt – als *Persönlichkeitsspaltung* bezeichnen kann. Die Trennung verteilt sich nämlich nicht auf verschiedene Körper wie im Fall der Unterscheidung Detektiv/Polizist. Sie schlägt sich vielmehr in der Person des Polizisten selbst nieder, deren Identität, praktische Erfahrungen und moralische Einstellungen aufgeteilt sind – und manchmal sogar in Konflikt miteinander geraten –, in Eigenschaften, die seine Zugehörigkeit zur Verwaltung dem Helden verleihen, und Eigenschaften, die er als Mensch hat, als Mensch wie jeder andere, das heißt als jemand, aber nicht als irgendwer: Er ist männlichen Geschlechts, Franzose, Kind französischer Eltern und folglich nicht ohne »Wurzeln«.

Dieses Thema werde ich vor allem anhand der Figur des Kommissar Maigret aus den Romanen von Georges Simenon veranschaulichen. Man kann nämlich in den Geschichten, deren Held Maigret ist und die zwischen 1931 und 1972 verfasst wurden,[2] die vollendete Form beziehungsweise den Prototypen des typisch französischen Kriminalromans sehen, als dessen Transformationen mithin viele andere, ob nun zeitgenössische oder spätere (und in gewisser Weise sogar frühere), Exemplare dieser Gattung behandelt werden können.

Bevor wir den Fall Maigret in Angriff nehmen, sollten wir uns allerdings rasch einige genealogische Details dieser Gattung in Erinnerung rufen. Sie wurzelt im sozial ausgerichteten Fortsetzungsroman des 19. Jahrhunderts, dessen Spuren in den Kriminalromanen, die Simenon geschrieben hat, immer noch gegenwärtig sind und sicherlich auch darüber hinaus. Unter Verwendung von Arbeiten über die Geschichte der französischen

---

2 Die Simenon-Spezialisten verfolgen Maigrets Entstehung bis in die Zeit vor 1931 zurück, als der erste Roman unter Simenons Namen erschien, in dem der Kommissar vorkommt. Verschiedene Figuren in den »Populärromanen«, die Simenon unter diversen Pseudonymen veröffentlichte, weisen Züge auf, in deren Verdichtung sich die Maigret-Figur abzeichnet. Siehe Francis Lacassin, *La véritable naissance de Maigret*, Paris, Le Rocher, 1992.

Verwaltung im 19. und 20. Jahrhundert werde ich danach versuchen, die Art und Weise zu verstehen, wie sich in den Erzählungen, deren Held Maigret ist, die Beziehung zwischen zwei voneinander unabhängigen, ja sogar heterogenen Instanzen entwickelt, deren dynamisches Zusammenspiel jene Entität erzeugt, die den unüberschreitbaren Rahmen für jede Handlung abgibt, nämlich *die Gesellschaft*. Auf der einen Seite sind das die Milieus oder Klassen, deren wirres Durcheinander eine Art Gesellschaftssubstrat bildet, und darüber wölbt sich auf der anderen Seite die Verwaltung, aus Fleisch und Blut, Kollegen, Formularen, Büros (und bei Simenon im Winter aus Öfen, die Maigret gedankenverloren schürt). Sie ist die Instanz, in der sich die substanzlose juristische Person des Staates verkörpert. Zwischen den Manifestationen dieser beiden Instanzen im Körper des Helden herrscht eine beständige Spannung. Diese Spannung ist zugleich objektiv und subjektiv. Sie ist konstitutiv für das Sein der Gesellschaft selbst und wird in der Seinsweise ihrer Mitglieder subjektiviert. In gewisser Hinsicht ist sie das Hauptthema der Erzählungen, der Gegenstand, der sich hinter dem Handlungsverlauf versteckt.

Vom sozial ausgerichteten Fortsetzungsroman zum Justizroman

Bevor er die von ihm selbst so genannten »Justizromane« schrieb, hatte sich Émile Gaboriau in verschiedenen »Berufen« versucht (Anwaltsgehilfe, Husar in Afrika, Rennstallbesitzer), war journalistisch tätig gewesen und wurde dann Privatsekretär von Paul Féval. Dieser hatte 1844 unter dem Namen Francis Trolopp den Fortsetzungsroman *Londoner Mysterien* veröffentlicht (der dem gleichnamigen Werk von Reynolds nachempfunden war), den der Leiter von *L'Époque*, Anténor July, bei ihm in Auftrag gegeben hatte, um die enorme Begeisterung zu nutzen, die Eugènes Sues *Geheimnisse von Paris* hervorgerufen hatten, die zwischen Juni 1842 und Oktober 1843 vom *Journal des débats* abgedruckt worden waren. Je weiter der Fortsetzungsroman voranschritt, desto stärker mischte Eugène Sue Gesellschaftskritik unter die epischen Schilderungen der Elendsviertel,[3] und zwar – wie Judith Lyon-Caen gezeigt hat – einerseits, um sich vom Vorwurf der Obszönität zu entlasten und seinem Roman einen moralischen Anstrich zu geben, der auch die Philanthropen anzusprechen vermochte, und andererseits unter dem Einfluss der vielen Zuschriften, die er von seinen Lesern erhielt, insbesondere der Briefe von Arbeitern, die sozialistischen Zirkeln angehörten.[4] Paul Féval zieht dagegen die pittoresken[5] und Aufsehen erregenden Seiten des Erzählens vor. Mit diesem konservativen Beamtensohn aus katholischem und royalistischem Milieu, der seine Laufbahn als Anwalt begann, nimmt die Entpolitisierung des Fortsetzungsromans ihren Anfang. Die Gesellschaftskritik – die sowohl die Opfer wie deren Beleidiger in einen Gesamtzusammenhang stellt, nämlich die *Gesellschaftsordnung*, die sie anklagt – wird zugunsten von sentimentalem Mitgefühl und moralischer Entrüstung aus ihm verbannt. Die Gattung geht in den »Verbrecherroman« über, weshalb sie im politischen Kontext des Zweiten Kaiserreichs trotz der gegenüber der Julimonarchie

---

3 Der aus einer wohlhabenden Familie stammende Eugène Sue war in seiner Jugend ein Dandy, wandte sich dann dem Sozialismus zu und wurde sozialistischer Abgeordneter im Paris der Zweiten Französischen Republik. Sein politisch engagiertester, 1857 vollendeter Roman *Les Mystères du peuple* [dt.: *Die Geheimnisse des Volkes*] wurde im Zweiten Kaiserreich zensiert, die Exemplare wurden beschlagnahmt und vernichtet.

4 Siehe Judith Lyon-Caen, *La lecture et la vie. Les usages du roman au temps de Balzac*, Paris, Tallandier, 2008, besonders S. 256-262.

5 Die Kategorie des »Pittoresken« geht auf die ästhetischen Betrachtungen am Ende des 18. Jahrhunderts zurück. Sie zielt auf die Beschreibung von Gegenständen, die weder »schön« noch »erhaben« sind, aber dem Mann von Geschmack und Gefühl in gewisser Weise trotz ihrer Hässlichkeit und Belanglosigkeit oder sogar wegen ihnen ästhetischen Genuss bereiten. Sie wird von daher für die Beschreibung der Unterschichten in ihrem Elend oder im Hinblick auf ihre Gesetzesübertretungen verwendet (siehe Christopher Hussey, *The Picturesque. Studies in a Point of View* (1927), London, Frank Cass & Co, 1983, und für einen Kommentar zu den sozialen Verwendungsweisen dieser ästhetischen Kategorie Luc Boltanski, *La souffrance à distance* (1993), Paris, Gallimard, 2007, S. 221-226).

deutlich schärferen Zensur (wurden nicht die Fortsetzungsromane für die Junitage verantwortlich gemacht?) florieren konnte.

In Bezug auf den Verbrecherroman, dessen Projekt er weiterverfolgt, besteht Gaboriaus Originalität darin, die affektive Bindung des Lesers auf einen neuen Gegenstand zu verlagern: Er ersetzt die genussvolle Empörung, die die Schilderung von Heruntergekommenheit, Verrufenheit, Zwielichtigkeit und Schlüpfrigkeit auslöst, durch die in höherem Maße intellektuelle und weniger sexuelle Spannung, die hervorgerufen wird, wenn die Handlung aus einem Rätsel und seiner Auflösung besteht. Auf diese Weise kann der Populärroman seinen Leserkreis ausweiten und erreicht nun ein Publikum, das vorher von den unzüchtigen Szenen abgeschreckt gewesen sein dürfte, selbst wenn diese unter dem Deckmäntelchen verletzter Moralvorstellungen präsentiert worden waren. Das Verbrechen steht zwar nach wie vor im Zentrum der Handlung, wird aber nicht mehr mit allerlei Abscheulichkeiten ausgeschmückt, so dass allein das Geheimnis, das sowohl die äußeren technischen wie die psychologischen Umstände seiner Ausführung umgibt, hervorsticht. Diese Verschiebung wird dadurch begünstigt, dass die vielfachen verschiedenen Gesetzesübertretungen, deren Qualifikation strittig sein könnte, durch einen einzigen *Mord* ersetzt werden, der im Zentrum der Handlung steht. Mord gilt ohnehin ganz allgemein als eine so schwerwiegende Tat, dass sein verbrecherisches Wesen außer Frage steht, was darüber hinaus auch immer die Vorzüge und Fehler des- oder derjenigen gewesen sein mögen, der oder die ihm zum Opfer fällt (außer es handelt sich um ein politisches Verbrechen; das verweist auf eine andere literarische Gattung, zum Beispiel auf die Erzählungen, in denen Anarchisten auftreten und die wir später untersuchen werden). Die Gesetzesübertretung muss außerdem noch nicht einmal außergewöhnlich abstoßend geschildert werden oder ein ganz besonders reizendes Wesen (zum Beispiel ein unschuldiges junges Mädchen) treffen, um die Aufmerksamkeit des Lesers auf sich zu ziehen, wenn nur die Identität des Täters, der üblicherweise notwendig einer der Figuren ist, die in der Erzählung vorkommen, so lange wie möglich im Dunkeln gelassen wird. Die Aufmerksamkeit kann sich dann auf dessen Ergreifung richten, wobei der Leser sich mit dem für die Untersuchung zuständigen Polizisten, das heißt mit einem Vertreter der Ordnung identifiziert, zu dessen Gehilfen er in gewisser Weise wird. Die Neuerung, die Gaboriau einführt, besteht darin, dass jede »Äußerung« auf das »Rätsel ausgerichtet ist, weil die Erzählung keine andere Absicht verfolgt«.[6]

Von den traditionellen, sozial ausgerichteten Fortsetzungsromanen behält Émile Gaboriau, dessen Erzählungen ab 1866 im *Petit Journal* erscheinen, mindestens drei Charakteristika bei. Erstens bettet er die im eigentlichen Sinne kriminalistische Handlung episodisch in die Wechselfälle von endlosen Familiengeschichten ein.[7] Zweitens siedelt er die Affären, die den Rahmen des Romans bilden, bei den »einfachen«, gewöhnlichen Leuten an, was ihm Gelegenheit gibt, die *sozialen Milieus* auf eine Weise zu schildern, die man später als »naturalistisch« bezeichnen wird, nämlich so, dass sie spezifisch, pittoresk und gleichzeitig realistisch wirken. Das dritte Charakteristikum betrifft die Figur des Polizisten. Gaboriaus Held Lecoq, Beamter bei der Sûreté und einfallsreicher Ermittler, der die neuesten kriminaltechnischen Entdeckungen zu nutzen weiß, ist ein »ehemaliger Straftäter, der mit dem Gesetz im Reinen ist«. Diese Seite der Figur war sicherlich durch die *Memoiren* von Eugène-François Vidocq[8] an-

---

6 Jacques Dubois, *Le roman policier ou la modernité*, Paris, Armand Colin, 1992, S. 41 [Übers. C. P.].

7 Deshalb wird er häufig mit Wilkie Collins verglichen, der insbesondere in *The Lady in White* (London, Penguin Popular Classics, 2000 [dt.: *Die Frau in Weiß*, München, dtv, 2010]) familiäre Intrigen mit kriminalistischen Rätseln vermengt.

8 Mit 16 Jahren meldet sich der Bäckerssohn Eugène-François Vidocq freiwillig zur Revolutionsarmee, aus der er 1793 entlassen wird. Als Dieb und Betrüger wird er zu Zwangsarbeit verurteilt, entkommt aber dem Straflager von Brest. Nach seiner neuerlichen Verhaftung wird er ins Straflager von Toulon geschickt, aus dem er abermals entkommt. Im Kaiserreich wird er Polizeispitzel, dann versetzt ihn der Polizeichef an die Spitze einer Abteilung der Sûreté, die aus »reuigen« Straftätern besteht. Diese Abteilung wird zur wichtigsten Truppe der »Kriminalpolizei« im Paris der Restauration. Nach einer ersten Verabschiedung 1827 wird er zu Beginn der Julimonarchie wie-

geregt, die am Ursprung eines Tropus stehen, von dem es in der Literatur des 19. Jahrhunderts zahlreiche Versionen gibt. Seine berühmtesten Ausprägungen sind bekanntlich die Figur des Vautrin[9] in Balzacs *Menschlicher Komödie* und die Figur des Javert[10] in Victor Hugos *Elenden*. Die Verkörperung des Geächteten – des Verbrechers als Gesetzesfeind – und des Polizeibeamten –

---

der einberufen, um den republikanischen Aufstand von 1832 niederzuschlagen. In der Absicht, das Ansehen seiner Dienststelle zu verbessern, ordnet der Polizeichef, Präfekt Gisquet, eine Säuberungsaktion an und schließt ihn endgültig aus. Daraufhin gründet Vidocq die erste private Polizeiagentur: das Bureau de renseignements universels dans l'intérêt du commerce [Büro für Auskünfte aller Art im Interesse des Handelsverkehrs]. 1828 veröffentlichte Vidocq seine Memoiren. Sie hatten großen Erfolg und riefen gleich nach ihrem Erscheinen gewichtige kritische Stimmen auf den Plan, die sich bis in unsere Tage fortsetzen. Die unablässige Faszination, die von Vidocq ausgeht, beruht auf seiner Stellung an dem Punkt, an dem Volk und Oberschicht, Revolution und Restauration, Niederungen der Politik und Verbrechen, Unterwelt und Staat, politische Polizei und Kriminalpolizei ununterscheidbar werden. Außerdem beruht sie auf der Art und Weise, wie es ihm – wie zahlreichen seiner Zeitgenossen – gelungen ist, Nutzen aus den verschiedenen politischen Systemen zu ziehen, in deren Auftrag er die schmutzigen kleinen Geschäfte erledigte (siehe vor allem Dominique Kalifa, *Histoire des détectives privés en France, 1832-1942*, a. a. O., S. 22-30). François Rivière zufolge, dem Verfasser des Vorworts zur Neuausgabe des ersten, von Émile Gaboriau veröffentlichten Justizromans, *L'Affaire Lerouge*, Paris, Éditions du Masque, 2004 [dt.: *Die Affäre Lerouge*, Frankfurt/M., Insel Verlag, 2004, ohne Rivières Vorwort, dafür aber mit einem Nachwort von Richard Alewyn], hat Gaboriau auch Anregungen aus den Memoiren von Vidocqs Nachfolger als Chef der Sûreté, Canler, bezogen, die erst 1862 erschienen (*Mémoires de Canler, ancien chef du service de Sûreté (1797-1865)*, Paris, Mercure de France, 1986). Fünf Jahre nach Vidocqs Tod veröffentlicht, äußern sich Canlers Memoiren sehr kritisch über seinen Vorgänger. Indem sie aber Gerüchten Glauben schenkten, trugen sie zur Legendenbildung um seine Person bei.

9 Vautrin ist ein ehemaliger Zwangsarbeiter, der aus den Straflagern von Toulon und Rochefort geflohen ist. Er versteckt seine wahre Identität hinter verschiedenen Pseudonymen und verfolgt seine kriminellen Aktivitäten von Roman zu Roman weiter, bevor er Polizeispion wird und schließlich Polizist.

10 Javert ist selbst kein ehemaliger Verbrecher, aber er entstammt der Welt des Verbrechens, weil er der Sohn einer Zigeunerin und eines Galeerensträflings ist und im Gefängnis geboren wurde. In seiner Jugend hat er in den Lagern Dienst getan, bevor er mit 40 Jahren Polizeiinspektor wurde.

als erbitterter Verteidiger des Gesetzes – in ein und derselben Figur hat einen starken Relativierungseffekt, der potenziell eine radikale Kritik an der staatlichen Macht enthält und der unablässigen Faszination zugrunde liegt, die von den zwielichtigen Figuren ausgeht, für die Vidocq Modell gestanden hat. Bei der Aufrechterhaltung der Ordnung im Dienste des Staates legen diese Inspektoren der Sûreté nämlich dieselbe Verbissenheit, dieselbe Raffinesse und vor allem dieselbe Skrupellosigkeit an den Tag, die sie während ihrer Verbrecherlaufbahn so erfolgreich gemacht hatte. Der Staat, dessen Beamte sie sind, erweist sich dabei auf eine Weise als reine Macht, dass das Legitimitätsprinzip, um dessen willen diese Macht eigentlich ausgeübt wird, im Dunkeln bleibt. Die Gesetze werden lediglich als eines der vielen Mittel behandelt, die der Macht zur Verfügung stehen – als bloßes Hilfsmittel, das zur Unterstützung der Schlagkraft herangezogen wird. Das heißt, dass sie meistens im Munde geführt werden, ohne dass auf eine Entität Bezug genommen würde, die über jedem Einzelnen – ob nun als einfachem Bürger oder als Vertreter der Staatsgewalt – steht. Das wäre nur dann der Fall, wenn das, was man »den Rechtsstaat« als Rechtfertigungsprinzip der Macht und der Gewaltanwendung nennt, ernst genommen würde.

Das Hauptmerkmal der Polizistentradition, die von der durch Vidocq im kollektiven Gedächtnis hinterlassenen Spur auf dem Papier begründet worden ist, besteht also darin, dass es sich dabei nicht um reine Polizisten handelt, sondern um hybride Wesen, halb Verbrecher, halb Polizist. Diese erste Art von Persönlichkeitsspaltung wird im Übrigen so präsentiert, als ob eigentlich sie den Leistungen, die wir diesen Polizisten zuschreiben, zugrunde liegt. Da sie selbst aus der Unterschicht stammen, das heißt aus den einfachsten Verhältnissen, besitzen diese Chimären oder Monstren (in dem Sinne, dass sie so gegensätzliche Eigenschaften wie Ordnung und Unordnung auf sich vereinen) die soziale Kompetenz, die ihnen zu verstehen erlaubt, wie die einfachen Leute denken und handeln. Dadurch haben sie ein besonderes Talent für die Aufgabe, Verbrecher dingfest zu machen, die, selbst wenn sie nicht aus dem Volk stammen, nicht umhinkönnen, niederträchtig zu denken und zu handeln – das heißt entsprechend der Vorstellung, die die Mitglieder der feinen Gesellschaft vom Volk haben. Da der Polizist im Grunde ein ganz gewöhnlicher Verbrecher ist, allerdings ein vom Staat mit Macht ausgestatteter Verbrecher, ist er besonders gut für die Arbeit geeignet, die man von ihm erwartet und die im Wesentlichen darin besteht, ein politisches Regime, dem es zu einem bestimmten Zeitpunkt und häufig vorübergehend gelungen ist, den Staatsapparat an sich zu reißen, von Akteuren zu befreien, die diesem Letzteren gefährlich werden könnten und unter die vage und breit gefächerte Kategorie des *Verbrechers* fallen.

In der Darstellung der einfachen Leute, die zwar ehrbar sind, aber trotzdem von der Polizei als Vertreterin des Staates gejagt werden, als ob sie Verbrecher wären, erhält sich im »Verbrecherroman« dennoch etwas von der früheren politischen und kritischen Dimension der ersten, während der Julimonarchie veröffentlichten Fortsetzungsromane. Dass sich geächtete und verfolgte Individuen unter ganz gewöhnlichen Lebensumständen als großzügiger, moralisch authentischer und dadurch als ehrbarer erweisen können als die Machtinhaber oder ihre Vertreter, belebt eine Kritik an der Staatsräson neu, die erstmals Ende des 16. und zu Beginn des 17. Jahrhunderts vor allem in der ganzen Literatur über Machiavelli aufkam.[11] Diese Kritik stellt die (angeblich) höhere, auf das Gemeinwohl ausgerichtete Moral in Frage, auf die sich der Staat beruft, wenn er für sich das Gewaltmonopol in Anspruch nimmt, um im Namen der Rechte und Pflichten der gewöhnlichen Moral der einfachen Leute, die »guten Willens« sind, auf einem Territorium Ordnung walten zu lassen.

---

11 Siehe Ariane Boltanski, »›Messieurs les Machiavélistes‹. Des conseillers italiens du roi dans les années 1560 et 1570«, in: *Cahiers parisien/Parisian Notebooks* (Zeitschrift des Pariser Zentrums der Universität von Chicago), Akten des von J. Balsamo am 8. Juni 2007 organisierten Studientages »Machiavélisme – antimachiavélisme: Figures françaises«, 4 (2008), S. 463-475.

Die zwei Gesichter des Staates:
Administrative Kontinuität und politische Unstetigkeit

Die vorangegangenen Seiten legen nahe, dass die Spaltung, die in der Tradition des französischen Kriminalromans von Anfang an für die durch Vidocq angeregte Person des Polizisten konstitutiv ist, und die Art Rechtsrelativismus, der dadurch diese Gattung durchzieht, offenkundig auf eine politische Geschichte zurückgeführt werden müssen, in der seit mindestens einem Jahrhundert eine Vielzahl von verschiedenen, nach Revolutionen ein- und wieder abgesetzten politischen Regimen und Systemen aufeinander folgen. So gesehen, kann das ganze politische und soziale Leben als Bürgerkrieg betrachtet werden, von dem sich – mit einem Neologismus – sagen ließe, dass er in gewöhnlichen Zeiten von »geringer Intensität« ist, aber zu verschiedenen Anlässen und insbesondere während der Junitage und der Pariser Kommune zu Massakern großen Ausmaßes führt. Dieser schwelende und manchmal gewaltsame Bürgerkrieg hat mindestens zwei Hauptachsen. In ihm stehen sich auf der einen Seite die ihrerseits in sich geteilte Arbeiterklasse, die sich zu einem Großteil noch aus Handwerkern zusammensetzt,[12] und auf der anderen die herrschenden Klassen gegenüber. Doch auch diese Letzteren sind wiederum von verschiedenen Trennungslinien durchzogen (es gibt Sozialisten, gemäßigte Republikaner, Liberale, Bonapartisten, Orléanisten, Legitimisten usw.), die, wenn die politische Situation bedrohlich wird und Bündnisse sich als notwendig erweisen, zu verschwimmen beginnen und zwei entgegengesetzten Lagern weichen: In dem einen sammeln sich die eher republikanischen, säkularen und progressiven Teile des Bürgertums, das andere umfasst die katholischen und konservativen Teile des Bürgertums, die sich der Aristokratie anschließen.

In einem historischen Kontext dieser Art verteilt sich die juristische Person des Staates letztendlich auf verschiedene Aktanten, die wiederum von Personen besetzt werden, deren Aufgaben,

---

12 Siehe Pierre Ansart, *Naissance de l'anarchisme*, Paris, PUF, 1970.

Herkunft, sozialer Werdegang und Machtausübungsbedingungen weitgehend verschieden sind. Nämlich auf der einen Seite die politischen Aktanten und auf der anderen die administrativen Aktanten. Die an Parteien gebundenen politischen Aktanten haben lokale oder nationale Macht. Lokale Macht wird von angesehenen Persönlichkeiten ausgeübt, nationale Macht von den Kabinetts- oder Parlamentsmitgliedern, die die Gesetze machen. In beiden Fällen hängt die Schlagkraft, über die sie verfügen, jedoch im Wesentlichen von der Größe, vom Zusammenhalt und von der Robustheit der teils familiären, teils freundschaftlichen, teils über Beziehungen geknüpften Netzwerke ab, in die sie eingebunden sind. Das macht die Seilschaften, von denen sie profitieren, und den Einfluss, den sie nehmen können, so wichtig. Das heißt, dass diese Macht immer einen persönlichen, mit der Reputation zusammenhängenden Charakter bewahrt, der nicht nur an ererbten Reichtum gebunden ist, sondern auch an die Alteingesessenheit der Familie, die Reichweite der Familienbande, das Ansehen, die Stärke der Verwurzelung in einem Klan usw. Davon hängt das Vertrauen ab, das jemandem von den anderen entgegengebracht wird. Diese Macht äußert sich also par excellence in Empfehlungen oder Kaltstellungen, als Förderung oder Fallenlassen, Ernennung oder Ausgrenzung, und ihr bevorzugtes Ziel ist die Rekrutierung von Personen, die sich um begehrte Posten in der Welt der Wirtschaft oder der Politik bewerben. Wie groß aber die Macht ist, von der die Mitglieder jedes Klans profitieren, hängt von der lokalen politischen Lage ab, die variabel ist, und vor allem von der Art des Regimes, das auf nationaler Ebene an der Macht ist.

Die andere Gestalt des Staates ist die Verwaltung. Seine Leistungsfähigkeit beruht weitgehend auf administrativen Handlungen. Ohne die Mittel der Präfekturbehörden, der Steuer- und der Polizeiverwaltung wären seine häufig zeitweiligen Herrscher machtlos, von der Armee ganz zu schweigen. In unbeständigen politischen Zeiten, die durch häufige Regierungswechsel gekennzeichnet sind, obliegt die Gewährleistung der »Kontinuität des Staates« ebenfalls der Verwaltung. Das heißt, sie hat die Aufgabe, die systematischen Zwänge aufrechtzuerhalten, denen das tägliche Leben unterliegt und die für die gewöhnlichen Menschen das greifbare Zeichen sind, dass es in der Ferne oder, wie man heute sagt, »irgendwo« so etwas wie den Staat gibt. Darüber hinaus hat die Verwaltung den Auftrag und den Anspruch, die verschiedenartigen Regionen (die zahlreiche Charakterzüge der vormaligen Provinzen bewahrt haben),[13] Länder und Landstriche (die mit ihren Hierarchien, moralischen Normen und weiterhin, wenn auch unausgesprochen, eingehaltenen Sitten und Gebräuchen, vor allem in Bezug auf die Erbfolge, jeweils Eigentümlichkeiten ausbilden) und schließlich die vielschichtigen, häufig antagonistischen sozialen Milieus mit einem einheitlichen Rahmen zu versehen, ohne den der territoriale Nationalstaat nicht beanspruchen könnte, einen homogenen Raum zu bilden, der über eine spezifische, mit einem »Nationalcharakter« verbundene Identität verfügt.[14]

In dieser Hinsicht betrachten sich die Mitglieder der Verwaltung daher letztlich selber als die wahren Repräsentanten des Staates, weil ja das dauerhafte Fortbestehen einer von der jeweiligen Regierung unabhängigen Staatsgewalt von ihrer Tatkraft und ihrer Hingabe abhängt.[15] Aus den gleichen Gründen lassen sie sich auch dazu verleiten, die im eigentlichen Sinne staatstragende Dimension derjenigen, die sich in den tagesaktuellen politischen Konflikten engagieren, und insbesondere der angesehenen Persönlichkeiten zu relativieren, deren Anspruch, dem Ge-

---

13 Siehe Élisabeth Claverie, »De la difficulté de faire un citoyen. Les ›acquittements scandaleux‹ du jury dans la France provincial du début du XIXe siècle«, in: *Études rurales* 95/96 (Januar-Juni 1984).

14 Über die administrative Homogenisierungsarbeit von nationalen Räumen siehe Emmanuel Didier, *En quoi consiste l'Amérique? Les statistiques, le New Deal et la démocratie*, a.a.O.

15 Für diesen ganzen Teil siehe Guy Thuillier, *Bureaucratie et bureaucrates en France au XIXe siècle*, Genf, Droz, 1980 (Vorwort von Jean Tulard), Guy Thuillier/Jean Tulard, *Histoire de l'administration française*, Paris, PUF, 1994, und zur Rolle, die die Verwaltung in Frankreich bei der Ausbildung der Vorstellungen über den Staat vor allem über den Umweg der Literatur gespielt hat, Robert Catherine/Guy Thuillier, *L'être administratif et l'imaginaire*, Paris, Economica, 1982.

meinwohl zu dienen, durch die Hartnäckigkeit, mit der sie für Partikularinteressen zu werben versuchen, ständig konterkariert wird. Und trotzdem sind sie eng auf Letztere angewiesen, zumindest insofern deren Mitglieder, einmal in die politischen Kreise eingeführt, dazu beitragen, Gesetze zu machen, aus denen die Verordnungen und Erlässe hervorgehen, die die Verwaltungsbeamten anwenden sollen. Darüber hinaus hängt der Zugang selbst zu bescheidenen Verwaltungsposten ebenso wie der Verlauf der Karriere von dem Vertrauen ab, das die Mitglieder der Verwaltung auf Seiten der angesehenen Persönlichkeiten und allgemeiner noch der politischen Eliten genießen – von deren Wohlwollen, deren Empfehlungen bei Dienstvorgesetzten und von der Förderung, die sie ihnen zuteilwerden lassen können. Und dieses Vertrauen, ohne das der Zugang zum Öffentlichen Dienst und das Vorankommen auf der Karriereleiter schlechterdings unmöglich sind, und zwar umso mehr, je höher die betreffende Hierarchieebene ist, hängt nun größtenteils von der politischen Couleur ab, der die Bewerber möglichst entsprechen sollten und die ihrerseits von dem guten oder schlechten Ruf abhängig ist, den die Familie, aus der sie stammen, genießt oder unter dem sie leidet.

Diese Situation endet bei weitem nicht mit der Stabilität, die ein republikanisches System gewährt, sondern setzt sich mindestens bis Mitte des 20. Jahrhunderts fort. Aus diesem Grund stellte die in Vereinigungen, Verbänden oder Gewerkschaften organisierte Beamtenschaft, gleich nachdem deren Gründung zu Beginn des 20. Jahrhunderts gelungen war, den Unabhängigkeitsanspruch der Verwaltung gegenüber den jeweiligen politischen Mächten ins Zentrum ihrer Forderungen. Ihre Bewegung kämpfte für die Einführung von Rechtsmitteln, die diese Unabhängigkeit zu garantieren in der Lage waren, wie der Beamtenstatus, anonyme Bewerbungsverfahren und ein Bewertungssystem, das auf Kompetenz gründet, auf Berufsethos und auf die Einhaltung der Dienstvorschriften.

Die Unabhängigkeit, auf die sich die Verwaltung gegenüber dem Staat als politischem Ort beruft, hat mehrere Konsequenzen. Die erste betrifft die Aufgaben, deren Erfüllung ihr obliegt. Sie werden ihr mehr oder weniger von der Regierung diktiert, das heißt von der Instanz, die das politische Gesicht des Staates ist. Aber diese Aufgaben sind administrativ nur dann verbindlich und überhaupt nur ausführbar, wenn sie in eine administrative Logik eingeordnet und rückübersetzt werden können. Wesentlich für diese Wiederaneignung ist ihre Zerlegung in ihre Bestandteile, damit sie auf eine große Zahl von miteinander in Funktions- oder Hierarchieketten verbundenen Beamten verteilt werden können, und ihre Anbindung an bereits vorhandene Routinen, und zwar so, dass die Beziehung zwischen diesen Aufgaben und den Zwecken, denen sie aus politischer Sicht dienen, verleugnet wird. Auf Seiten der Beamten kann die Erfüllung dieser Aufgaben also nur mit einem Aussetzen des Urteils – einer *epoché*, wenn man so will – über die übergeordneten und abschließenden Ziele einhergehen, die sie verfolgen. Diese *epoché* ist allerdings nicht total. Es ist dem Beamten nicht verboten, über die Arbeit, die er zu verrichten hat, eine Meinung zu haben – dies aber nur unter der Bedingung, dass diese Meinung in seinem *tiefsten Inneren* verbleibt oder zumindest nur bei streng privaten Gelegenheiten geäußert wird; sie darf keinerlei Konsequenzen für die Art und Weise haben, wie die kleinteiligen Aufgaben erfüllt werden, die zu den Arbeitsroutinen eines jeden gehören.

Unter den Verwaltungsmitgliedern folgt daraus eine Neigung zur Spaltung, die es ihnen erlaubt, den Staatsbeamten – der die kleinteiligen Aufgaben erledigt, die man von ihm erwartet – von dem Privatmann zu trennen, oder, wenn man so will, von dem Menschen, der in Sachen Politik, Moral oder Religion zwar seine persönliche Meinung hat, daran aber nur so wenig wie möglich denken sollte, damit dies die Art und Weise, wie er seine Aufgabe erfüllt, nicht beeinträchtigt. Am meisten kommt es darauf an, dass keiner je aus den Augen verliert, dass sein eigenes Schicksal fest mit dem Schicksal der Verwaltung insgesamt verknüpft ist, und seine Pflicht folglich darin besteht, so zu handeln, dass die Organisation, der er angehört, weiterbesteht. Der Zweck, den die Verwaltung verfolgt, ist daher vor allem selbstreferentieller Natur: In dem Maße, wie es der Verwaltung gelingt, ihr eigenes Weiterbestehen zu sichern, wird die Ordnung, deren Verteidigung ihr obliegt, aufrechterhalten. Die Hauptaufgabe der Verwaltung besteht darin, das Fortbestehen der Verwaltung zu gewährleisten.

Im Unterschied zu dem, was eine von Max Webers (zweifellos wiederum aus der Erfahrung der preußischen Verwaltung entstandenes) Bürokratiemodell beeinflusste Verwaltungssoziologie anscheinend lange geglaubt hat, sollte man sich trotzdem vor dem Gedanken hüten, dass die relative Exterritorialität der französischen Verwaltung in ihrem Legalismus oder sogar in ihrem Formalismus begründet liegt. Natürlich bildet das Gesetz den Horizont der Verwaltung – das kann gar nicht anders sein –, es verbleibt aber in den Randbereichen ihrer praktischen Arbeit und bringt sich nur in den seltenen Fällen von Skandalen und Sanktionen in Erinnerung. Die praktische Arbeit selbst wird weniger durch explizite Regeln bestimmt (die ohnehin immer wieder geändert werden können) als durch häufig unausgesprochene Gewohnheiten, Routinen, Sitten und Gebräuche. Und schließlich steht das Verwaltungsmilieu vor allem unter dem Regiment von persönlichen Beziehungen, der Gunst der Vorgesetzten (von der das alles in allem ziemlich langsame Vorankommen auf der Karriereleiter abhängt), Gerüchten, Überzeugungen, Freundschaften, brüderlichen und väterlichen Verhältnissen. Zu weiten Teilen funktioniert dieses Universum nach einer *häuslichen* Logik (in dem Sinne, wie dieser Ausdruck in *Über die Rechtfertigung* verwendet wird). Die größte Rolle darin spielen Günstlingsbeziehungen.[16] Die Welt der gewöhnlichen Polizisten ist eine große Familie. Maigret hat zu seinen Mitarbeitern ein väterliches Verhältnis, wie zum Beispiel zu den Inspektoren Janvier

---

16 Diese Anmerkungen schließen an die Ergebnisse von Alexis Spires Studie über die Beamten der Pariser Polizeipräfektur an, die mit den Ausländerakten betraut sind. Siehe Alexis Spire, *Étrangers à la carte. L'administration de l'immigration en France (1945-1975)*, Paris, Grasset & Fasquelle, 2005, und *Accueillir ou reconduire. Enquête sur les guichets de l'immigration*, Paris, Liber, 2008.

und Lucas in *Maigret als möblierter Herr*.[17] »Janvier gehörte gewiss seiner Familie, vergötterte seine Frau und seine Kinder. Dennoch hatte Maigret den Eindruck, dass er sich vor allem der Kriminalpolizei zugehörig fühlte« (S. 33). »In Lucas' Berichten (über Maigret) nannte Maigret ihn oft ›mein Sohn‹, obwohl der Altersunterschied zwischen ihnen kaum mehr als zehn Jahre betrug« (S. 172).

Dieser Verselbstständigungsprozess des Verwaltungsamtes verlagert jedoch die bei der Entstehung der republikanischen Gesellschaftsordnung so wichtige Trennungslinie zwischen Öffentlichem und Privatem in den mit dessen Durchführung betrauten Amtsträger selbst. Denn Beamter ist er nur in den wenigen Stunden, in denen er seinen Dienst versieht. Die übrige Zeit ist er ein gewöhnlicher Mensch und Bürger, der seine politischen Ansichten hat, seine moralischen Optionen, seine Vorlieben in Bezug auf seinen Lebensstil und vor allem – in einem Land, in dem die politischen Konflikte sich seit der Revolution immer wieder an der konfessionellen Zugehörigkeit entzünden – seine Überzeugungen und affektiven Bindungen auf dem Gebiet der Religion. Diese Trennung kann freilich ziemlich locker gehandhabt werden. Die zahlreichen Affären, die vor den Verwaltungsgerichten bis in die höchste Instanz verhandelt werden, zeugen davon. Dabei geht es um die Zuweisung von Verantwortung, und die Gerichte müssen über die Frage entscheiden, ob derjenige, dem eine bestimmte Handlung zugeschrieben werden kann, der Beamte ist (in diesem Fall trüge die Verwaltung als solche die Verantwortung) oder die Privatperson, deren gute oder schlechte Taten nur sie selbst etwas angehen. Es kann aber passieren – und womöglich ist dies der häufigste Fall –, dass eine zufriedenstellende Erledigung der einschlägigen dienstlichen Aufgaben es erforderlich macht, dass derjenige, der sie erfüllt, nicht nur fachliche Kompetenzen in seine Tätigkeit einfließen lässt, sondern auch die Eigenschaften und Qualitäten, die er »als Mensch« be-

---

17 Georges Simenon, *Maigret en meublé* (1951), Paris, Le Livre de Poche, 1999 [dt.: *Maigret als möblierter Herr*, Zürich, Diogenes, 2009].

sitzt. Bei Grundschul- und Gymnasiallehrern ist das zum Beispiel schlechthinnig der Fall, weil die Grenze zwischen dem Lehrer, der in ethischer und religiöser Hinsicht als neutral geltende Kenntnisse vermitteln soll (wie das Erlernen des Rechnens und des Lesens), und dem Erzieher, der moralische Werte vermittelt und im umfassendsten Sinne Weltanschauungen prägt, sehr unscharf ist. Und das ist zweifellos auch der Grund, warum der Lehrkörper besonders streng überwacht wird und es dauernd zu Konflikten kommt.

Wie wir im Folgenden genauer sehen werden, ist das in anderen Hinsichten auch bei der Art von Eingreifen der Fall, die von einem Polizeiinspektor erwartet wird, der ein Rätsel entwirren und einen Verbrecher entlarven soll. Um dabei erfolgreich zu sein, muss dieser nämlich nicht nur spezifische fachliche Kompetenzen einbringen, sondern auch sein persönliches Wissen über das Leben und die ganz unterschiedlichen Menschen, mit denen er im Laufe der Untersuchung in Kontakt kommt. Und dieses Wissen ist, kurz gesagt, eine Frage der Intuition. Die Bedeutung dieser persönlichen Qualitäten nimmt im Fall des Polizisten im Roman schlicht noch dadurch zu, dass diese Figur von einer Persönlichkeit ausgefüllt werden muss, die sie in den Augen des Lesers reizvoll oder zumindest interessant macht. Es genügt also nicht, dass sie ein Verwaltungsbeamter ist, ein Funktionär, sie muss auch eine andere, unverkennbar menschliche Seite besitzen. Über den Umweg dieser Humanität kann sie sich der Kälte der Verwaltungsmaschinerie entziehen – die ja, wie man zugeben muss, nichts wirklich Verführerisches hat. Dadurch nähert sie sich nicht nur dem Los von ganz gewöhnlichen Menschen – des Volkes –, sondern eben auch von Verbrechern, und sei es nur insofern sie sie kennen, sie spüren muss, das heißt sich in gewisser Weise in Gedanken an ihre Stelle versetzen muss, um sie schnappen und einsperren zu können. Dieser menschliche Anspruch ist auch dafür verantwortlich, dass sich im Kern der Romanfigur des Polizisten, der ein braver Beamter geworden ist, eine Spur von dem ursprünglichen Polizisten erhält, der in der Populärliteratur des 19. Jahrhunderts unter dem Einfluss der medienwirksamen und schillernden Figur von Vidocq erschaffen wurde. Die Hervorhebung der bescheidenen, ja volkstümlichen Herkunft des Polizisten und die im Grunde zufälligen Umstände, die dazu geführt haben, dass er Polizist geworden ist, garantieren, dass er, obwohl er sich für die Verteidigung der Ordnung entschieden hat, gleichwohl (»irgendwo«) ein gewöhnlicher Mensch geblieben ist, das heißt ein potenzieller Straftäter.

Kommissar versus Detektiv

Nachdem er erst einmal in das eingetreten ist, was man (in Absetzung sowohl von den Romanen der Anfangsjahre wie von seinen späteren Ausprägungen in den 1960er Jahren, die teilweise vom amerikanischen Roman noir beeinflusst waren) seine klassische Periode nennen kann, ist es leicht, in der Figur des Kommissar Maigret den paradigmatischen Helden des typisch französischen Kriminalromans zu erkennen. Doch warum hat sie solch einen exemplarischen Charakter? Meiner Meinung nach liegt das nicht daran, dass sie »realistischer« gezeichnet ist als ihre Vorgänger, und auch nicht daran, dass sich in ihr auf deutlichere Weise so etwas wie ein »Nationalcharakter« äußert (beides Deutungen, die neben vielen anderen manchmal vorgebracht werden). Ihre Beispielhaftigkeit beruht vielmehr darauf, dass die Zwänge, die dem politischen Aufbau des Nationalstaates innewohnen, so wie er sich im Laufe des 19. und 20. Jahrhunderts in Frankreich herausgebildet hat, auf einen Romantypus projiziert wurden. Zur Überprüfung dieser Behauptung werden wir zunächst einen Vergleich der Figur des Kommissars mit der Figur des englischen Detektivs, der ihm voranging, vornehmen. Über diesen Zwischenschritt werden wir dann vor allem unter Berücksichtigung ihres unterschiedlichen Verhältnisses zur liberalen Gesellschaftsordnung verschiedene politische Strukturen herausarbeiten.

Ungefähr von 1860 bis 1914 befanden sich die englischsprachigen und französischen Bücher, die am Ursprung des Kriminalromans stehen, in einem ständigen Dialog miteinander, Imitation verband sich mit Konflikt. Gaboriau kannte Poe, Conan Doyle zitierte Gaboriau und legte Sherlock Holmes missbilligende Äußerungen über Lecoq in den Mund. Gaston Leroux kannte offenbar Conan Doyles Schriften, und Maurice Leblanc verwendete die Sherlock-Figur in einem seiner Romane[18] usw. Nachdem die auf Anhieb enorm erfolgreichen Werke, deren Held Sherlock Holmes ist, auf Französisch veröffentlicht worden waren, begannen französische Autoren, davon Varianten zu erschaffen. Sie übernahmen eine große Zahl von Charakterzügen des Londoner Detektivs, veränderten sie aber oder kehrten sie um, so dass die Helden, die sie auf den Markt warfen, einen nationalen Anstrich, und das heißt immer eine nationalistische und zugleich kritische Dimension bekamen. Diese Helden sind Sherlock Holmes darin ähnlich, dass sie, obwohl sie in Kriminalfälle eingreifen, selbst keine Polizisten sind und überdies über außergewöhnliche intellektuelle Fähigkeiten verfügen. Wie Sherlock geht Rouletabille logisch-methodisch vor, und Arsène Lupin ist so ungewöhnlich intelligent, dass er Sherlock leicht den Rang ablaufen könnte. Doch durch die Distanz, die sie gegenüber der moralischen und sozialen Ordnung an den Tag legen, unterscheiden sie sich von ihm. Gaston Leroux ist ein militanter Gegner der Todesstrafe und lebt in wilder Ehe; Maurice Leblanc, ein radikalsozialistischer Freidenker, lässt sich bei der Erschaffung der Arsène-Lupin-Figur von Anarchisten inspirieren, deren Gestalt durch ihre mediale Aura verklärt worden ist, usw.

Je nach sozialer Lage und ihren Lebensumständen entsprechend können dieselben Aktanten mal mehr zur Gesetzesübertretung neigen, mal mehr zur Aufrechterhaltung der Ordnung, ohne dass die Sympathie, die diese Helden beim Leser hervorrufen sollen, dadurch Schaden nehmen würde – vorausgesetzt sie besitzen jene moralischen Qualitäten wie Mut, Kühnheit, Geist,

---

18 Maurice Leblanc, *Arsène Lupin contre Herlock Sholmes* (1908), Paris, Le Livre de Poche, 2010 [dt.: *Arsène Lupin kontra Herlock Sholmes*, Zürich, Diogenes, 1983].

Großzügigkeit, Ritterlichkeit usw., in denen sich ihre Überlegenheit kenntlich macht. Wohlgemerkt setzt übrigens schon diese Vorstellung eine Art Relativierung der Rechtsordnung und der moralischen Ordnung voraus, in der sich der Skeptizismus einer zutiefst in antagonistische politische Kräfte gespaltenen Gesellschaft innerhalb der Populärliteratur widerspiegelt. Der Populärroman muss, weil er ja möglichst vielen Lesern gefallen soll, allzu sichtbare Zeichen von Parteilichkeit vermeiden und ist deshalb mit Figuren ausgestattet, deren Eigenschaften als genuin »französisch« wiedererkannt werden können. Über sie treten die stereotypen französischen Werte auf den Plan (Charme, Verführung, Schlauheit, Mut, Kühnheit, geistige Unabhängigkeit usw.) – im Gegensatz zur Borniertheit der Angelsachsen, vom deutschen Erbfeind ganz zu schweigen, so dass die Eigenschaften, die auf den ersten Blick zur Gesetzesübertretung zu neigen scheinen, ohne Mühe in den Dienst des Patriotismus, ja sogar des Nationalismus gestellt werden können.

Doch Maigret hebt sich klar von diesen Sherlock-Holmes-Avataren ab, zunächst durch den bloßen Umstand, dass er (wie Lecoq) ein Berufspolizist ist, der dem Staat untersteht, und nicht Amateur- oder Privatdetektiv. Ein anderer Unterschied hängt mit der Art von Affären zusammen, aus deren Verlauf die Handlung der Erzählungen besteht. In den Sherlock-Holmes-Geschichten sind sie sehr verschieden. Es kann sich um Betrügereien handeln, Familiendramen, Spionageaffären, Verbrechen aus Leidenschaft, politisch motivierte Verbrechen usw. Außerdem reichen diese Affären kontinuierlich vom Intimsten (wenn etwa eine unpassende Liebesbeziehung in ihrem Zentrum steht) bis zum Öffentlichsten (wenn in ihnen etwa die Sicherheit des Staates auf dem Spiel steht), oder aber sie stellen, wie es häufig der Fall ist, eine Mischung aus privaten Motiven insbesondere häuslicher oder familiärer Art und deren Folgen für die Öffentlichkeit, genauer gesagt für die Politik dar. Wie wir im vorigen Kapitel vorgeschlagen haben, geht diese bunte Mischung aus privaten und öffentlichen Figuren auf die sozialen Eigenschaften der Protagonisten dieser Affären zurück. Es handelt sich nämlich in einer erheblichen Anzahl von Erzählungen um hochrangige Persönlichkeiten, die Familien angehören, die reich sind oder Titel tragen und deren Bedeutung sowohl auf ihre noble Abstammung und ihr vornehmes Milieu zurückzuführen ist als auch auf die herausragende Rolle, die sie für das reibungslose Funktionieren des kapitalistischen Kosmos und als öffentliche Personen für das politische Leben, die Regierung und den Staat spielen. Besonders angesichts anarchistischer Bedrohungen sind Holmes und Watson stolz darauf, zu den Verteidigern der sozialen Ordnung zu gehören.

Ganz anders die Verbrechen, mit denen Maigret befasst ist. Die Rätsel, die er entwirren muss, haben nichts Politisches an sich. Sie betreffen keine Staatsaffären und erst recht keine Spionageaffären. Sie beschränken sich ganz auf Persönliches, auf das Privat- und Familienleben der Protagonisten. Diese gehören schließlich meistens dem kleinen und mittleren Bürgertum an und selbst wenn man sie, was sehr viel seltener ist, zum Großbürgertum zählen muss, sind die Affären, in deren Zentrum sie stehen, rein privater Natur: eine Mischung aus Geld und Leidenschaft, die in keiner Weise an das Schicksal des im Staat personifizierten Kollektivs rührt. Es ist so, als ob sich die Romangattung des Kriminalabenteuers etwa ab der Zwischenkriegszeit in zwei ganz verschiedene Stränge verzweigt hätte. Nämlich auf der einen Seite den Kriminalroman im eigentlichen Sinne, in dem die Polizei und/oder ein Detektiv eine Mordaffäre aufklärt, die durch Privatinteressen motiviert ist; und auf der anderen den Spionageroman, der Affären inszeniert, in denen das kollektive Handeln auf dem Spiel steht und die die Frage des Staates aufwerfen. Maigret und seine Kollegen verteidigen die soziale Ordnung denn auch nicht mit der Leidenschaft, die Sherlock und Watson beseelt. Man kann zwar sagen, dass sie als Polizisten die soziale Ordnung verteidigen, gewissermaßen ohne sich lauthals zu ihr zu bekennen. Sie machen bloß ihre *Arbeit*.

Der gespaltene Maigret

Soll das heißen, dass dieser Aktant, dem die Aufgabe zukommt, rätselhafte Verbrechen zu entwirren, und der sich, wie wir gesehen haben, im Fall des englischsprachigen Kriminalromans auf zwei Figuren verteilt hatte – nämlich Detektiv und Polizist –, im französischen Kriminalroman aus einem Guss ist? Beileibe nicht, aber die Teilung führt hier nicht zur Bildung von zwei unterschiedlichen Figuren. Sie vollzieht sich innerhalb ein und derselben Figur, die gewissermaßen in zwei Aktanten aufgespalten wird, die sich beobachten und sich gegenseitig beurteilen können. Diese Aufspaltung äußert sich vor allem in der Fähigkeit des Kommissars, besonders im Umgang mit Verbrechern auf Abstand zu seiner sozialen Rolle zu gehen. Sie ist nicht nur psychologischer Art, sondern Teil der persönlichen Geschichte des Kommissars. So haben wir gesehen, dass Lecoq, nach dem Vorbild von Vidocq, ein »ehemaliger Straftäter« ist, »der mit dem Gesetz im Reinen ist«. Was Maigret anbelangt, der aus dem Kleinbürgertum stammt (sein Vater war Gutsverwalter), so hat er als gewöhnlicher Mensch beziehungsweise Mann ganz ähnliche Eigenschaften wie die meisten Protagonisten der Affären, deren Rätselhaftigkeit er auflöst. Diese Aufspaltung verteilt also den Aktanten, der ermittelt, innerhalb ein und derselben Figur auf eine öffentliche Person und einen Privatmann oder vielmehr ganz einfach einen Mann.

Die öffentliche Person ist ein Funktionär, ein Staatsbeamter, und daher kommt in den Geschichten, die uns erzählt werden, durch sie der Staat ins Spiel. Aber dieser Staat zeigt sich hier nur als Verwaltungswesen, niemals als abstraktes Souveränitätsprinzip oder auch nur als Staatsgewalt. Und noch weniger als Rechtsstaat. In den Maigret-Geschichten glänzt die Frage des Rechts ohnehin durch Abwesenheit. Von den Grenzen, die dem polizeilichen Handeln aus Achtung vor dem Gesetz gesetzt sind, ist zum Beispiel nie die Rede, und häufig ist schwer zu unterscheiden, wann der Polizist als Beamter handelt und wann er wie ein gewöhnlicher Mann handelt. Noch seltener wird auf die

Rechte Bezug genommen, die die Verdächtigen haben könnten, gegen die die Polizei ermittelt. Und so etwas wie die in den Sherlock-Holmes-Geschichten so präsente umfassende soziale Ordnung, die mit einer immerzu gefährdeten moralischen Ordnung einhergeht und deshalb erbittert verteidigt werden muss, lässt sich in den Maigret-Geschichten auch nicht entdecken. Der symbolische Ort, an dem Gesellschaft und Staat miteinander verschmelzen, weil sie beide in einer Klasse verkörpert sind, die nicht nur ökonomisch, politisch und gesellschaftlich das Sagen hat und dabei auch noch moralisch überlegen ist, sondern sich auch rechtlich untadelig verhält, ist hier leer beziehungsweise fehlt ganz.

Man kann in den Geschichten, deren Held Maigret ist, trotzdem so etwas wie eine Gesamtstruktur erkennen. Obwohl sie ebenfalls auf einer Einteilung in Klassen fußt,[19] ist sie ganz anders als die Struktur, die den Sherlock-Holmes-Geschichten zugrunde liegt. Ihre Konstruktionsbasis ist die Unterscheidung, ja sogar Gegensätzlichkeit von *Gesellschaft* und *Verwaltung*. Die Gesellschaft setzt sich mosaikartig aus sozioprofessionellen Milieus zusammen. Jedes dieser Milieus hat zwar eine Position im sozialen Klassengefüge inne, lässt sich aber nicht auf diese Position reduzieren. Es existiert gewissermaßen für sich selbst, besitzt seine eigenen internen Hierarchien, lokalen Eliten und vor allem die Fähigkeit, seinen eigenen Sitten und Gebräuchen zu Anerkennung zu verhelfen und seine eigenen Normen zu generieren. Diese Sitten und Gebräuche und diese Normen werden häufig erwähnt, und dabei haben sie immer Vorrang vor dem Gesetz, auf das selten Bezug genommen wird.

Als die einzige materielle Körperschaft, durch die der Staat sich zu erkennen gibt, überwacht die Verwaltung dieses Milieumosaik. Zumindest solange diese sozioprofessionellen Milieus zur Selbstverwaltung imstande sind und für die Einhaltung ihrer

---

19 Über die Bedeutung, die den sozialen Klassen in den Maigret-Geschichten zukommt, siehe Jacques Dubois, *Le roman policier ou la modernité*, a. a. O., S. 174-177.

Normen und internen Hierarchien sorgen, greift sie aber so selten wie möglich direkt ein. Das allerdings nur, wenn die Interessen, deren Schutz die Verwaltungen gewährleisten sollen, nicht allzu deutlich in Frage gestellt werden – egal, ob es sich dabei um staatliche Interessen (Steuer, Wehrpflicht usw.) oder Privatinteressen, das heißt im Wesentlichen um Eigentumsinteressen handelt. Ein Mord ist nun aber, selbst wenn er nur Privatpersonen und -interessen betrifft, eine so bedeutende Gesetzesübertretung, dass die Verwaltung – in diesem Fall die Polizei – davor nicht die Augen verschließen kann. Schließlich ist die Verwaltung für sich genommen sowohl ein Milieu von vielen, mit seiner hierarchischen Ordnung, seinen Vorlieben, seinen Eliten, seinen Regeln und vor allem seinen meistens unausgesprochenen internen Normen, als auch ein Milieu, das außerhalb und oberhalb der anderen Milieus steht, da es ja unter gewissen Umständen Macht über sie hat, die ihm vom Gesetz verliehen wird.

Natürlich ist es ein Pleonasmus, wenn es heißt, dass die Verwaltungsbeamten und besonders die Polizeibeamten auf der Seite der Ordnung stehen, weil ihre berufliche Aufgabe ja gerade in der Aufrechterhaltung der öffentlichen Ordnung besteht, das heißt in der Aufrechterhaltung der Realität, so, wie sie ist, der geltenden Hierarchien, des Eigentums, der Autorität usw., und auf privater Ebene besteht sie im Schutz der guten Sitten und der körperlichen Unversehrtheit jedes Einzelnen. In den Maigret-Geschichten wird dieses Festhalten an der Ordnung aber weder moralisiert noch über das hinaus verabsolutiert, was von den Inspektoren für die Erfüllung ihrer beruflichen Aufgaben verlangt wird. Es ist so, als ob die Verknüpfung von sozialer, moralischer und politischer Ordnung den möglichen Spielraum zwischen diesen drei untereinander nicht vollkommen deckungsgleichen Komponenten einschränken würde. Das zeigt sich zum Beispiel daran, dass die von Simenon geschriebenen Kriminalromane ostentativ apolitisch sind. Die Polizeibeamten gehen darin ihrer Arbeit nach und gewährleisten so die Verteidigung der sozialen Ordnung. Dabei verbinden sie die Aufrechterhaltung der Ordnung aber nicht mit Werten, die damit verknüpft sein und ihre Entsprechung in politischen Optionen finden könnten. Ebenso wird die Frage, welches die politischen, moralischen oder religiösen Bindungen der im Roman dargestellten Beamten sein könnten, vollständig ausgeklammert. Es gibt zwar etwas, dem Achtung zu verschaffen sie verpflichtet sind, aber dieses Etwas ist mehr oder weniger undurchsichtig. Man kann es, wenn man »allgemein werden« und sich der Textauslegung widmen will, »Staat« nennen, das aber nur, wenn man die Politik davon abkoppelt. Es ist die Verwaltung, der die dargestellten Inspektoren zuweilen unter Lebensgefahr[20] ihre Loyalität erweisen, und zwar eben weil sie den verschiedenen sozioprofessionellen Milieus mit ihren Normen und Partikularinteressen, in die ihre Ermittlungen sie führen, relativ äußerlich gegenübersteht.

Ohne sich gleich in gelehrte Nachforschungen stürzen zu müssen, kann man wahrscheinlich davon ausgehen, dass Simenon kein Leser von Durkheim war. Trotzdem ist es schwer, über die Ähnlichkeiten der Staatskonzeption, die sich bei der Lektüre der Maigret-Geschichten herausschält, mit Durkheims Staatstheorie nicht verwundert zu sein. So hat Dominique Linhardt nach einer neuerlichen Durchsicht von Durkheims Texten über den Staat gezeigt, dass der Begründer der französischen Soziologie den Staat mit einer »Gruppe von Beamten *sui generis*« gleichsetzt, deren Rolle darin besteht, »die Gesamtheit zu bilden«.[21] Diese Beamtengruppe »stellt sich als eine beliebige Gruppe neben anderen dar; in gewisser Hinsicht unterscheidet sie sich aber von ihnen und besetzt sie einen Sonderplatz innerhalb der sozialen Morphologie: Sie ist die einzige Gruppe, deren Funktion eine Ausrichtung auf die politische Gesellschaft impliziert, die von allen anderen Gruppen gemeinsam gebildet wird«. Die Beamten, das heißt die Verwaltung, das heißt der Staat, befinden

---

20 Wie zum Beispiel im Fall von Inspektor Janvier, der in *Maigret als möblierter Herr*, a. a. O., durch eine Revolverkugel schwer verletzt wird.
21 Dominique Linhardt, »L'embarras de la sociologie avec l'État«, in dem von Laurence Kaufmann und Danny Trom herausgegebenen Schwerpunkt »Qu'est-ce qu'un collectif?«, in: *Raisons pratiques* 20 (2010), EHESS, S. 295-330 [Übers. hier und im Folgenden C. P.].

sich also zugleich in der Gesellschaft und über ihr, das heißt über den »Lokalmächten« und den »kollektiven Partikularismen«. Aus diesem Grund optierte Durkheim (wie Maigret) für eine apolitische Haltung der Beamtenschaft und stand besonders ihrem Zusammenschluss in Gewerkschaften feindlich gegenüber. Während das konkrete politische Leben von Leidenschaften, Interessen, Partikularismen und lokalen Angelegenheiten durchdrungen ist und bleibt, sollen die Beamten eben deshalb Abstand von den politischen Kämpfen und Debatten halten, weil sie der Staat *sind*, den man gerade in dem Sinne als politisches – oder vielmehr metapolitisches – Organ bezeichnen kann, dass er die kleinteiligen Gegensätze und Unterscheidungen transzendiert. Diese Distanz und diese Neutralität sollen es den Beamten erlauben, sich gegenüber der »Gesellschaft« so zu verhalten, wie der »Arzt« sich gegenüber dem Körper seiner Patienten verhält, nämlich dergestalt, sagt Durkheim, dass er »dem Ausbrechen von Krankheiten durch gründliche Hygiene« vorbeugt und versucht, »sie zu heilen, wenn sie zum Ausbruch gekommen sind«.

Polizeimaßnahmen

Den Konturen entsprechend, die sich auf Basis der Maigret-Geschichten rekonstruieren lassen, richtet sich die Verwaltung also nach einem Ideal, das demjenigen stark ähnelt, das die Sozialwissenschaften und insbesondere die Soziologie ihrem positivistischen Verständnis nach geltend machen und dessen Entstehung historisch einerseits mit der Ausbildung des Verwaltungsethos einhergeht und andererseits mit der Entstehung des Kriminalromans als literarischer Gattung. Neben dem Mosaik aus sozioprofessionellen Milieus als Quellen spezifischer Normen und der sozialen Klassenhierarchie, die realiter die Gesellschaftsordnung bilden und deren Geltung und Existenzberechtigung als solche nicht in Frage stehen, ist noch Raum für zwei weitere Instanzen. Nämlich auf der einen Seite für die Sozialwissenschaften, die sie objektiv zu erkennen in der Lage sein sollen, das heißt von einer neutralen Position aus oder, wenn man so will, von einem Forschungslabor aus, und auf der anderen Seite für eine Instanz, die über die nötige Autorität verfügt, im Bedarfsfall, und zwar unabhängig von der politischen Situation, der Klasse und dem Milieu, in das kollektive Leben einzugreifen, das heißt die Polizei. Das Eingreifen der Polizei soll die Beachtung der Gesellschaftsordnung gewährleisten, das heißt die Beachtung ebenjenes Gebildes, in dem neben dem Mosaik aus sozioprofessionellen Milieus, sozialen Klassen, politischen Vorlieben, moralischen und religiösen Optionen auch ein unveränderliches und relativ unabhängiges Wesen vertreten ist, das man Verwaltung nennt. In beiden Fällen stützt sich das Neutralitätsgebot hauptsächlich auf eine Logik der Kompetenz. Diese kann im Bedarfsfall, das heißt, wenn sie sich Anfechtungen gegenübersieht, im ersten Fall auf den Absolutheitsanspruch der Wissenschaft pochen und im zweiten auf den Absolutheitsanspruch des Staates, ohne dass es dadurch gleich nötig würde, sich allzu viele Gedanken über den Gehalt dieser beiden gleichermaßen abstrakten Garanten zu machen.

Wenn die Behörden es für nötig halten, kann die Verwaltung und besonders die Polizei in den Alltag der Personen, aus denen die verschiedenen sozialen Milieus bestehen, auf zwei verschiedene Weisen eingreifen. Nämlich erstens durch Strafaktionen, die auf Gruppen welcher Art und welchen Umfangs auch immer gerichtet sind, lokal, beruflich, religiös, ethnisch usw., das heißt durch *Polizeimaßnahmen*, wenn die unterschiedlichen Taten, die es zu ahnden gilt, sich als gleichwertig erweisen und einem Kollektiv zugeschrieben werden können.[22] Eine Polizeimaßnahme ist ein hybrides Dispositiv, das zwischen Legalität und der Situation vor Ort steht. Ob sie nun die Form eines Erlasses annimmt, einer Weisung, einer Vorschrift, eines Textes usw.: Sie will weder ein allgemeines Gesetz sein noch stützt sie sich auf

---

22 Über den Begriff der »Polizeimaßnahme« siehe Paolo Napoli, »Misura di polizia. Una prospettiva storico-concettuale in età moderna«, in: *Quaderni storici* 131/2 (2009).

eine politische Struktur, die ihr auf welcher Grundlage auch immer Rechtmäßigkeit zusichert. Sie verwahrt sich aber gleichwohl dagegen, willkürlich zu sein; denn sie erhebt Anspruch auf eine korrekte Analyse der Umstände, die sie erforderlich gemacht haben, das heißt der Situation, die zu einem bestimmten Zeitpunkt an einem bestimmten Ort herrscht. Weil sie sowohl persönlich als auch administrativ, situationsabhängig und kollektiv ist, müssen genaue Kriterien dafür angegeben werden, auf welche Bevölkerungsgruppe die Polizeimaßnahme abzielt. Diejenigen, deren Eigenschaften (zum Beispiel, dass sie in einem bestimmten Bezirk leben, einen bestimmten Beruf oder eine bestimmte Religion ausüben, einer bestimmten ethnischen Gruppe angehören usw.) diesen Kriterien entsprechen, sind von den fraglichen Maßnahmen betroffen (Ausgangssperre, Berufsverbot, Registrierungspflicht usw.). In den Maigret-Geschichten finden sich Interventionen, die die Form von Polizeimaßnahmen annehmen; wie wir sehen werden, sind sie aber nicht das entscheidende Mittel, über das der Kommissar verfügt. Hier ist ein Beispiel:

In *Maigret und sein Toter*[23] stellt Simenon die Durchführung einer »Razzia« ins Zentrum des Geschehens, das zur Entdeckung der Kriminellen führt. Diese Razzia wird detailliert und im offenkundigen Bemühen um Realismus über ungefähr 20 Seiten beschrieben, die im Kern der Erzählung stehen und den Moment markieren, in dem während der Ermittlung die anfängliche Ungewissheit dem Einsatz von Mitteln weicht, der zur Lösung des Rätsels und Bestrafung der Schuldigen führt. Diese Razzia findet nun aber im Marais-Viertel statt, das Simenon »Ghetto« nennt und das sich rund um die Rue des Rosiers erstreckt. Als das Buch 1947 geschrieben wurde, war dieses Viertel das jüdische Viertel von Paris, in dem damals vor allem aschkenasische, aus Mitteleuropa stammende Juden, das heißt Überlebende lebten. Simenon beschreibt es als eine widerwärtige, von zwielich-

---

23 Georges Simenon, *Maigret et son mort*, Paris, Presses de la Cité, 1947 [dt.: *Maigret und sein Toter*, Zürich, Diogenes, 2008].

tigen, gefährlichen, vaterlandslosen, sich hinter falschen Identitäten verbergenden Ausländern ohne Papiere bewohnte Kloake. In *Maigret und sein Toter* will die Polizei durch diesen Fischzug einen besonders blutrünstigen tschechischen Banditen fassen. Die Razzia wird wie eine Operation des öffentlichen Gesundheitswesens dargestellt, ohne dass auch nur das geringste Anzeichen zu erkennen wäre, dass der Autor die Absicht hat, sich von dem Verhalten der Polizei, das er beschreibt, zu distanzieren. Obwohl die brutalen Typen, die es der Polizei bei dieser Gelegenheit zu erwischen gelingt, Familiennamen haben, die ihre jüdische Herkunft eindeutig verraten, findet dieses »Detail« nirgends Erwähnung.[24] Aber die Beschreibung dieser von Maigret angeordneten und angeführten Razzia, bei der Ausländer, die versuchen zu fliehen, auf den Straßen in die Enge getrieben werden, und die Brutalität, mit der sie in die Polizeiwagen gedrängt und dann an Orte zum Aussortieren verbracht werden, muss einfach die realen Razzien in Erinnerung rufen, deren Zeuge dieses Viertel drei oder vier Jahre, bevor das Buch geschrieben wurde, war.

---

[24] In seiner Simenon-Biografie nimmt Pierre Assouline nur auf *Maigret und sein Toter* Bezug, um Simenons Groll auf Produzenten hervorzuheben. In *Maigret und sein Toter* ist der Chef der tschechischen Bande, Jean Bronsky, tatsächlich Produzent, aber den jüdischen Beiklang seines Nachnamens erwähnt Assouline nicht – ebenso wenig wie den der anderen »Produzenten«, die in anderen Romanen in wenig schmeichelhaftem Licht erscheinen (Art Levinson in *Maigret auf Reisen*, 1958, Weill in *Die grünen Fensterläden*, 1950, Élie Wermster in *Émile à Bruxelles*, 1941). Simenons Antisemitismus bereitet seinen Biographen Probleme. Als ganz junger Mann hat Simenon 1921 anscheinend angeregt durch die *Protokolle der Weisen von Zion* (einer Fälschung, über die im vierten Kapitel zu sprechen sein wird) eine Reihe von stark antisemitischen Artikeln für *La Gazette de Liège* geschrieben. Es ist aber schwer zu sagen, ob diese Artikel so etwas wie eine »Überzeugung« zum Ausdruck brachten oder rein opportunistischer Natur waren. Ebenso war Simenon während der Okkupation kein aktiver Vichy-Kollaborateur, obwohl die Verdachtsmomente, die bei der Befreiung gegen ihn bestanden, für sein Exil in den Vereinigten Staaten eine Rolle gespielt haben. Durchdrungen von den zu seiner Zeit vorherrschenden Ideen, war er wohl auf eine passive und ganz gewöhnliche Weise einfach Antisemit und Vichy-Kollaborateur (siehe Pierre Assouline, *Simenon*, Paris, Gallimard, Folio, 1996, S. 63-70, 243, 360, 480-487).

Maigret zögert zwar nicht, auf Polizeimaßnahmen wie Razzien, Grenzkontrollen, Abriegelungen ganzer Viertel usw. zurückzugreifen, aber er nimmt doch vor allem individuell zugeschnittene Interventionen vor. Strafaktionen dieser zweiten Art richten sich nicht gegen Gruppen, die nach bestimmten Kategorien zusammengesetzt sind, sondern gegen Einzelindividuen, und zwar genau in ihrer Singularität. Das ist jedes Mal vor allem dann der Fall, wenn die Polizei einen Verbrecher sucht, der allem Anschein nach nicht auf Befehl, in Verbindung mit einem Kollektiv (einer »kriminellen Vereinigung«) und aus politischen Motiven gehandelt hat, zum Beispiel in der Absicht, die Verwaltung zu schädigen und dadurch indirekt auch den Staat, sondern allein und aus strikt privaten Beweggründen gehandelt zu haben scheint. Bei Individualverbrechen sind Polizeimaßnahmen weitgehend wirkungslos. Es ist schwer (aber nicht unmöglich), die Bewohner einer Stadt, alle Mitglieder eines Berufsstandes oder die Gesamtheit der Personen, die aus einem bestimmten fremden Land stammen, zum Beispiel mit einer Ausgangssperre zu belegen, weil einer von ihnen im Verdacht steht, aus privaten Beweggründen ein Verbrechen begangen zu haben. Im letzten Fall, der typisch für den ursprünglichen französischen Kriminalroman ist (in dessen Gerichtsbarkeit politische Verbrechen und Staatsaffären nicht vorkommen, wie wir gesehen haben), beruht das, was die Polizei tut, auf dem Knowhow von Beamten, die in der Lage sind, einen einzelnen Verbrecher zu fassen, das heißt von Beamten, die mit der nötigen Kompetenz ausgestattet sind, ein sehr viel feinmaschigeres Netz auszuspannen, als Polizeimaßnahmen das könnten.

Die Kompetenz des Ermittlers

Von welcher Art ist diese Kompetenz? Rein administrativ kann sie nicht sein, denn das Funktionieren der Verwaltung beruht auf dem Einsatz von Routinen und Maßnahmen, die, auch wenn sie unter besonderen Umständen angewendet werden, mehr oder weniger allgemein gehalten sind. Nur wenn sie einen im Wesentlichen prozeduralen und kategorialen Interventionsmodus praktiziert, kann die Verwaltung ihren Neutralitätsanspruch aufrechterhalten, der sich als fragwürdig erweist, wenn ihre Strafaktion das anpeilt, was an Personen singulär ist. Wenn es nun aber um die Identifizierung und Ergreifung von Verbrechern geht, ist ein solcher Aktionsmodus vollends ungenügend. Der Inspektor, der als eine Art Streifenpolizist (oder »bürgernaher« Polizist, wie wir heute sagen würden) die polizeilichen Untersuchungen führt, muss also im Gegensatz zum Verwaltungsmann die Fähigkeit besitzen, den Sinn einer besonderen Ereigniskonstellation zu verstehen und in einer Menge ein einzelnes Individuum zu identifizieren. Diese Fähigkeit ergibt sich nicht aus seiner Verwaltungskompetenz. Sie muss individueller Art sein und auf persönlicher Kompetenz beruhen.

Diese Kompetenz kann zweierlei Art sein. Sie kann, wie wir im Fall von Sherlock Holmes gesehen haben, kognitiv sein. Der Detektiv, und darin unterscheidet er sich vom Polizisten, setzt eine kognitive Kompetenz ein, zu der der Polizist keinen Zugang hat, der vollständig auf seinen administrativen Seinsmodus beschränkt ist und vor allem die Gesetze beachten muss. Sie kann aber auch von anderer Art sein, wie man im Fall von Kommissar Maigret sieht. Die Maigret-Figur ist als Gegenfigur zu Sherlock Holmes und seinen französischen Kopien konstruiert. Im Unterschied zu diesen »herausragenden« und in gewisser Weise (wie Karl Mannheim zufolge die großen Intellektuellen[25]) »bindungslosen« »Abenteuer-Detektiven« ist Maigret ein gewöhnlicher Beamter und ein gewöhnlicher Mann. Er wird nicht als besonders intelligent dargestellt und er hegt sogar darüber hinaus ein gewisses Misstrauen gegenüber intellektuellen Glanzleistungen und wissenschaftlichen Ermittlungsmethoden. Er stammt aus dem ländlichen Kleinbürgertum und hat seine Mutter sehr früh verloren; er hat die Gemeindeschule (und die

---

25 Karl Mannheim, *Ideologie und Utopie* (1929), Frankfurt/M., Klostermann, 8. Aufl. 1995.

Kirche, wo er Chorknabe war) und dann als Internatsschüler das Gymnasium besucht, bevor er ein Medizinstudium begann, das er nach dem Tod seines Vaters abbrechen musste; dem folgte bald der Tod seiner Tante, einer Bäckerin, die ihn aufgenommen hatte. Durch Zufall und mangels anderer Alternativen, aber nicht aus Berufung tritt er im Alter von 22 Jahren in den Polizeidienst ein, wo er zunächst einer bescheidenen Beschäftigung nachgeht (Fahrradstreife), bevor er die Hierarchieleiter erklimmt, erst Inspektor, dann Kommissar und schließlich Hauptkommissar, Leiter der Mordkommission, wird.[26] Maigrets bester (und praktisch einziger) Freund ist ein Arzt, Doktor Pardon, bei dem das Ehepaar Maigret jeden Monat zum Essen eingeladen wird. Als Doktor Pardon ihn eines Tages fragt: »Haben Sie nie in Erwägung gezogen, Mediziner zu werden?«, antwortet Maigret »fast errötend, daß er sich in der Tat ursprünglich dazu berufen gefühlt habe, aber der Tod seines Vaters hatte ihn gezwungen, das Studium aufzugeben. War es nicht seltsam, daß sie es nach so vielen Jahren noch immer spürten? Ihre Art wie die seine, sich für den Menschen zu interessieren, seinen Leiden und seinem Scheitern gegenüberzustehen, war fast die gleiche«.[27] Müssen nicht auch die Polizisten – wie die Mediziner, die gegen Mitte des 19. Jahrhunderts eine ganz zentrale biopolitische Rolle einnehmen, weil sie mit den Notaren und den Priestern als einzige den Abstand zwischen dem sexuellen, biologischen und psychologischen Intimbereich der individuellen und familiären Existenzen und der im Staat verkörperten Allgemeinheit überwinden können – die Menschen, das heißt die Verdächtigen, so genau wie möglich durchleuchten, um die Verteidigung des öffentlichen Wohls zu gewährleisten? Die Hygiene- und/oder Sicherheitsanforderungen mildern letztlich in beiden Fällen die

---

26 Maigrets biographische Daten spielen besonders in *L'affaire Saint-Fiacre*, Paris Fayard, 1932 [dt.: *Maigret und die Affäre Saint-Fiacre*, Zürich, Diogenes, 1986), und in *Les mémoires de Maigret*, Paris, Presses de la Cité, 1951 [dt.: *Maigrets Memoiren*, Zürich, Diogenes, 1978], eine Rolle.
27 Georges Simenon, *Maigret tend un piège*, Paris, Presses de la Cité, 1955, S. 26 [dt.: *Maigret stellt eine Falle*, Zürich, Diogenes, 1985, S. 29].

Unterscheidung von Privatem und Öffentlichem ab. Ganz zu schweigen davon, dass Polizisten, wie Ärzte, berechtigt sind, gewisse Formen von individueller oder kollektiver Gewalt auszuüben (was die Ärzte betrifft, zum Beispiel im Fall von Seuchen[28]), weil die Schmerzen, die sie zufügen, ja der Wiederherstellung der Gesundheit der individuellen beziehungsweise politischen Körper dienen.

Da er die doppelte Identität des französischen Verwaltungswesens auf paradigmatische Weise verkörpert, weil er in einer Hinsicht ein disziplinierter Beamter ist und in anderer Hinsicht ganz einfach ein anständiger Kerl (der sich als solcher zurückhält, sich aber insgeheim sein Teil denkt), ist Maigret für Untersuchungen vor Ort besonders qualifiziert. Sein Können geht auf das Geschick zurück, mit dem er typisch menschliche Fähigkeiten, wie zum Beispiel seine sozial erworbenen Kompetenzen, in den Dienst seiner polizeilichen Aufgaben stellt.

Darin nimmt Maigret die Figur des Soziologen vorweg, der Einrichtungen angehört, die dem Staat unterstehen, ebenfalls Beamter ist und sich erst 30 Jahre nach den Anfängen des Kommissars, zwischen 1950 und 1960, wirklich etabliert. Maigrets Kompetenz und Handlungsweisen ähneln denen, die von einem Soziologen erwartet werden, sehr. Wie dieser besitzt er zugleich eine gewöhnliche soziale Kompetenz und eine spezifische Kompetenz, die es ihm erlaubt, Untersuchungen – deren Gegenstand im Fall des Soziologen allerdings keine Einzelindividuen, sondern Kollektive sind – relativ unabhängig zu einem guten Ende zu bringen, so dass der Enthusiasmus, mit dem er seine Aufgabe erfüllt, nicht durch eine allzu starke Verunsicherung in Bezug auf die Frage, welchen Nutzen seine Arbeit haben könnte, gebremst wird. Überhaupt ist es genau diese geistige Unabhängigkeit, die es den sozialwissenschaftlichen »Experten« in den Augen der Machtinhaber erlaubt, die unterschwelligen Tendenzen

---

[28] Über die sehr wichtige Rolle des Kampfes gegen Seuchen bei der Entwicklung jener Vorsorgemaßnahmen, die im Wohlfahrtsstaat münden, siehe Abram de Swaan, *Der sorgende Staat*, a. a. O.

einer Gesellschaft aufzuspüren, und die ihn folglich in den Augen der »Verantwortlichen« manchmal nützlich und wertvoll macht. Hat Maigret nicht die Devise »verstehen, nicht urteilen« – eine Formulierung, in der man die moralische Version der berühmten »axiologischen Neutralität« sehen kann, die zu den Grundkenntnissen gehört, die Soziologiestudenten schon in den ersten Semestern vermittelt werden? Als Polizist lässt er zwar die Schuldigen, beziehungsweise die Verdächtigen, einsperren, so dass der Abstand, den er von den konkreten Auswirkungen seines Tuns halten kann, geringer ausfällt als beim Experten. Aber dieser Abstand bleibt trotzdem so groß, dass er häufig einen kritischen Blick auf den Justizapparat werfen kann, auf die Gerichte und auf die Richter,[29] das heißt auf diejenigen, die die endgültige Entscheidung treffen, ob ein Angeklagter verurteilt oder freigesprochen wird – diejenigen also, die, weil die meisten aus dem Bürgertum stammen und implizit mit den anderen angesehenen Persönlichkeiten unter einer Decke stecken, von Klassenvorurteilen durchdrungen sind, die sie urteilen lassen, ohne zu verstehen.[30]

---

29 Siehe besonders *La tête d'un homme*, Paris, Fayard, 1931 [dt.: *Maigret kämpft um den Kopf eines Mannes*, Zürich, Diogenes, 1979], und *Maigret aux assises*, Paris, Presses de la Cité, 1960 [dt.: *Maigret vor dem Schwurgericht*, Zürich, Diogenes, 1979].

30 Zu diesem Punkt siehe die Analysen von Philippe Corcuff und Lison Fleury, »Profondeur du social et critique politique. Hypothèses comparatives sur Maigret et le néo-polar«, in: *Mouvements* 15-16 (2001), S. 28-34. Die Autoren zitieren einen besonders eindeutigen Abschnitt aus *Une confidence de Maigret*, Paris, Presses de la Cité, 1959 [dt.: *Maigrets Geständnis*, Zürich, Diogenes, 1982], in dem Simenon die Art und Weise beschreibt, wie Maigret den Untersuchungsrichter Coméliau einschätzt: »Die Tatsache, dass Coméliau dem Kommissar und seinen Methoden schon immer misstraut hatte, war auf die Kluft zwischen seinen und Maigrets Lebensanschauungen zurückzuführen. Und das wiederum war eine Folge ihrer unterschiedlichen Herkunft. Während die Welt sich von Tag zu Tag veränderte, blieb der Richter sich selber und seinem angestammten Milieu treu. Sein Großvater war Vorsitzender der Dritten Kammer gewesen. Sein Vater saß immer noch im Staatsrat. Und einer seiner Onkel war französischer Botschafter in Finnland. Er selbst hatte sich auf eine Karriere bei der Finanzverwaltung vorbereitet

Ebenso wie die Gegenstände der Soziologie erfahren auch die Kriminalfälle, mit denen Maigret betraut ist, immer eine äußerst sorgfältige soziale Einordnung.[31] Sie spielen entweder in lokalen Milieus[32] oder in spezifischen sozioprofessionellen Milieus (und

> und sich erst, nachdem er bei den Zulassungsprüfungen durchgefallen war, dem Richteramt zugewandt. Er lebte ganz in seiner Welt, klammerte sich sklavisch an ihre Spielregeln, ihre Sprache, an feste Gewohnheiten. Dass ihm seine täglichen Erfahrungen im Palais de Justice ein anderes Weltbild vermitteln würden, wäre eigentlich zu erwarten gewesen. Doch nein, in den entscheidenden Augenblicken ließ er sich einzig und allein von der Betrachtungsweise beeinflussen, die in seinen Kreisen als richtig galt« (S. 122 f.).

[31] Jacques Dubois spricht daher von Simenons »Determinismus«: »Der einzelne ist ›determiniert‹: Er ist das Produkt eines Milieus und einer Geschichte.« (*Les romanciers du réel. De Balzac à Simenon*, Paris, Seuil, 2000, S. 320 [Übers. C. P.].)

[32] Das ist zum Beispiel in zahlreichen Romanen der ersten Schaffensperiode der Fall, die in Häfen spielen, also an Orten, die sich besonders gut für den Aufbau von vernebelten »Atmosphären« und folglich für das Verbergen von nicht ganz astreinen Geheimnissen eignen: *Le chien jaune*, Paris, Fayard, 1931 [dt.: *Maigret und der gelbe Hund*, Zürich, Diogenes, 1979], in Concarneau, *Un crime en Hollande*, Paris, Fayard, 1931 [dt.: *Maigret und das Verbrechen in Holland*, Zürich, Diogenes, 1980], in Delfzijl, *Au rendez-vous des terres-neuvas*, Paris, Fayard, 1931 [dt.: *Maigret am Treffen der Neufundlandfahrer*, Zürich, Diogenes, 1980], in Fécamp, *Le port des brumes*, Paris, Fayard, 1932 [dt.: *Maigret und der geheimnisvolle Kapitän*, Zürich, Diogenes, 1984], in Ouistreham. Die Ortsbeschreibung spielt auch in den Romanen eine große Rolle, die nach dem Krieg geschrieben wurden, zum Beispiel in *Maigret à New York*, Paris, Presses de la Cité, 1947 [dt.: *Maigret in New York*, Zürich, Diogenes, 1985], oder in *Maigret à Vichy*, Paris, Presses de la Cité, 1968 [dt.: *Maigret in Kur*, Zürich, Diogenes, 1978]. Viele Romane setzen auch Pariser Viertel in Szene, vor allem das XI. Arrondissement (in dem Maigret wohnt), aber auch die meisten der anderen Viertel im Zentrum der Hauptstadt, zum Beispiel Montparnasse in *Maigret kämpft um den Kopf eines Mannes*, a. a. O., oder Montmartre in *Maigret stellt eine Falle*, a. a. O., und auch noch die Viertel an den Ufern der Seine wie die Île Saint-Louis oder natürlich die Île de la Cité (systematisch wird das Verfahren, Kriminalgeschichten in einem Viertel anzusiedeln, dann von Léo Malet in dem Zyklus *Die neuen Geheimnisse von Paris* angewandt). Und im Verlauf unzähliger Geschichten werden schließlich die Wege, die Maigret in Paris zurücklegt, minutiös beschrieben, wie vor allem in *Maigret s'amuse*, Paris, Presses de la Cité, 1957 [dt.: *Maigret amüsiert sich*, Zürich, Diogenes, 1978]. (Ein Verzeichnis der geographischen Orte, an denen Simenons Romane spielen,

häufig auch in allen beiden)³³ oder aber in dem, was man »das Milieu« nennt. Auch dieses ist lokal in Paris angesiedelt, genauer gesagt in Pigalle, und wird nicht anders behandelt als die anderen auch.³⁴ Oder vielleicht sollte man besser sagen, dass alle Milieus, welche es auch immer sind, so behandelt werden, wie die Populärliteratur gewöhnlich »das Milieu« beschreibt, das heißt wie einen durch spezifische Regeln gelenkten, autonomen sozialen Mikrokosmos. Die sozialen Milieus sind alle dadurch gekennzeichnet, dass sie eigene Hierarchien und Normen besitzen, ob sie nun am unteren Ende oder an der Spitze der sozialen Hierarchieleiter stehen. Die Gesamtgesellschaft ist mit dem Mosaik dieser verschiedenen Milieus identisch. Die Umrisse dieser Milieus stecken das Feld ab, in dessen Grenzen nach dem Verbrecher gefahndet werden kann. Wie ein Soziologe oder Sozialschriftsteller beginnt Maigret damit, in das Milieu einzutauchen, in dem das Verbrechen stattgefunden hat. Er erkundet

---

findet man in Michel Lemoine, *Simenon. Écrire l'homme*, Paris, Gallimard, 2003, S. 130-133.

33 Man kann zum Beispiel vier Romane nennen, die im Milieu der Schleusenwärter, der Fährmänner, der Lastkähne, der Flüsse und der Kanäle spielen: *Le charretier de la »Providence«*, Paris, Fayard, 1931 [dt.: *Maigret und der Treidler der »Providence«*, Zürich, Diogenes, 1983], *La guinguette à deux sous*, Paris, Fayard, 1932 [*Maigret und die kleine Landkneipe*, Zürich, Diogenes, 1986], *L'écluse n° 1*, Paris, Fayard, 1933 [dt.: *Maigret in Nöten*, Zürich, Diogenes, 1987], *Maigret et le clochard*, Paris, Presses de la Cité, 1963 [dt.: *Maigret und der Clochard*, Zürich, Diogenes, 1989]; oder aber Geschichten, die im Kino-Milieu spielen, wie *Le voleur de Maigret*, Paris, Presses de la Cité, 1967 [dt.: *Maigret in Künstlerkreisen*, Zürich, Diogenes 1990), hinter den Kulissen eines Luxushotels wie »Les caves du Majestic« (in: *Maigret revient*, Paris, Gallimard, 1942 [dt.: *Maigret und die Keller des »Majestic«*, Zürich, Diogenes, 1982]), in der Geschäftswelt (*Maigret et les témoins récalcitrants*, Paris, Presses de la Cité, 1959 [dt.: *Maigret und die widerspenstigen Zeugen*, Zürich, Diogenes, 1980]) usw.

34 Siehe vor allem *La danseuse du Gai-moulin*, Paris, Fayard, 1931 [dt.: *Maigret und der Spion*, Zürich, Diogenes, 1986], *Maigret au Picratt's*, Paris, Presses de la Cité, 1951 [dt.: *Maigret, die Tänzerin und die Gräfin*, Zürich, Diogenes, 1986], *La patience de Maigret*, Paris, Presses de la Cité, 1965 [dt.: *Maigret lässt sich Zeit*, Zürich, Diogenes 1982], oder *Maigret et l'indicateur*, Paris, Presse de la Cité, 1971 [dt.: *Maigret und der Spitzel*, Zürich, Diogenes, 1990].

dessen Hierarchien, Gewohnheiten, Sitten, Gebräuche und implizite Normen, über die er keine Urteile fällt. Diese wachsende Kenntnis des Milieus bringt ihn auf die Spur des Täters. Oder vielleicht sollte man besser sagen, dass das Milieu, wenn diese genaue Kenntnis des Milieus gehaltvoll genug geworden ist, den Polizisten quasi als einen der Seinen anerkennt und ihm den Täter freiwillig ausliefert.

Weil Maigrets Kompetenz als Ermittler sozial erworben ist, nicht nur durch seine berufliche Erfahrung bei der Polizei, sondern vor allem durch die frühen Lehrjahre, die er durchlaufen hat, durch das, was er in seiner Kindheit und Jugend erlebte und kennenlernte, durch das, was – um Pierre Bourdieus Ausdrucksweise wieder aufzugreifen – seinen *Habitus* geformt hat, fühlt Maigret sich in den verschiedenen Milieus, in denen er eingreifen muss, nicht gleichermaßen wohl. Maigret ist mit einem schwerfälligen Körper gesegnet, bewegt sich nur langsam und hat der Beschreibung nach sowohl das typische Auftreten eines Mannes aus dem Volke (die Wortkargheit, die Freude an gutem Essen, Bier und Schnaps, die Großzügigkeit, der Mut usw.) als auch die stereotypen Charakterzüge der kleinbürgerlichen Lebensweise (die Ordnungsliebe, die Schlichtheit, die Vorliebe für »einfache« kleine Lokale, in denen es ungezwungen zugeht, usw.). Deshalb fühlt er sich unwohl, wenn seine Ermittlungen ihn ins bürgerliche Milieu führen. Weil er auf einer Stufe mit ihnen steht und sie bei ihm menschliche Gefühle auslösen (was ihn nicht daran hindert, sie einsperren zu lassen, denn er ist trotz allem in erster Linie ein eifriger Beamter, denkt sich aber häufig sein Teil), sind die Verbrecher aus dem Volk Maigret am liebsten. Einfache Leute, wie er selbst, die Pech gehabt haben und durch die Umstände auf die falsche Seite geraten sind. Nicht jeder hat das Glück, Polizist zu werden. Diese Menschlichkeit, die den Kern seines Charakters bildet, erlaubt es ihm, die Leute, die gewöhnlichen Leute zu verstehen und zu spüren, was sie als singuläre Wesen wirklich sind, das heißt als vollständige menschliche Wesen, wie er selbst, und das erlaubt es ihm auch, sie zu identifizieren, zu jagen und sie ins Kittchen zu stecken (wenn auch häufig »schweren Herzens«[35]). Aber diese Menschlichkeit kann ihn in einigen Fällen auch dazu bewegen, sich großherzig zu zeigen und darauf zu verzichten, sie zu verhaften, damit sie Selbstmord begehen oder eines natürlichen Todes sterben können (zum Beispiel durch Alkoholismus wie Jaja, die Besitzerin der Liberty-Bar[36]), wenn »das Leben« sie seiner Meinung nach ohnehin schon genug bestraft hat, so dass eine Hinrichtung oder auch nur eine einfache Gefängnisstrafe gar nicht nötig sind, um der Gerechtigkeit Genüge zu tun, weil das ja unterm Strich nichts an ihrem unglücklichen Schicksal ändern würde.

Dass er gelebt hat, dass er jemand Gewöhnliches ist und weiß, was ein soziales Milieu mit seinen Normen, Zwängen, seiner Moral und auch seinen Formen von Solidarität ist (die im Verbrechensfall häufig die Form eines »Schweigekartells« gegenüber der Polizei annimmt), erlaubt es Maigret, Milieus zu durchschauen, die ihm bis dahin fremd waren, und das zu deuten, was dort passiert. Er kann ein guter Soziologe sein, weil er selbst ein sozial verankertes und sozial kompetentes Wesen ist. Die Tatsache, dass er auch Verwaltungsbeamter ist, das heißt einem Milieu angehört, das zugleich neben und über den anderen Milieus steht, spielt in diesem Fall ungefähr dieselbe Rolle wie die Zugehörigkeit zur Universität oder die Anbindung an ein Forschungslabor für einen professionellen Soziologen. Es ist diese Art von Spaltung, die es ihm erlaubt, nicht nur ein gewöhnliches soziales Wesen zu sein, das ohne nachzudenken habituell und seinem Habitus gemäß handelt, als ob sich das von selbst verstünde oder es für ihn keine andere Handlungsmöglichkeit gäbe, etwa so, wenn man so will, wie Tiere instinktiv handeln; diese Art Spaltung erlaubt ihm auch, eine reflexive Position gegenüber dem einzunehmen, was es bedeutet, einem sozialen Milieu anzugehören, ob nun dem eigenen oder einem anderen. Diese Reflexivität kommt zuallererst bei ihm selbst zum Einsatz. Die Spaltung zwischen

---

35 Wie in *Maigret und die kleine Landkneipe*, a.a.O., oder in *Maigret als möblierter Herr*, a.a.O.
36 In *Liberty-bar*, Paris, Fayard, 1932 [dt.: *Maigret in der Liberty-Bar*, Zürich, Diogenes, 1986].

dem voll in der Verwaltung aufgehenden Beamten und dem gewöhnlichen Mann in seiner vollen Menschlichkeit liegt den zahlreichen »Gewissensentscheidungen« zugrunde, die die Erzählungen, in denen Maigret eingreift, spicken und die nötig sind, um seine Menschlichkeit zu demonstrieren. Aber diese reflexive Haltung liegt auch der Gabe zugrunde, dass er versteht, was in den anderen Milieus vorgeht, die sich voneinander und von seinem eigenen so unterscheiden wie Sprachen oder Mundarten, und folglich trägt sie zur vorbildlichen Erledigung seiner Arbeit als Polizist bei.

Maigrets Anthropologie

Das Problem ist jedoch, dass diese Milieus von ihrer Konstruktion her so grenzenlos verschieden sind, dass der Ermittler trotzdem Gefahr liefe, sich darin zu verlieren, wenn seine soziologische Kompetenz nicht mit einer fundierten Anthropologie im Sinne der Philosophischen Anthropologie unterfüttert und ausgerüstet wäre. Maigret weiß, was den Menschen eigentlich ausmacht und was ihn letztendlich in allen Lebenslagen zum Handeln bewegt. Er kennt mit anderen Worten den Grund, warum alle Menschen potenzielle Verbrecher sind. Das Verbrechen ist dabei nur die spektakulärste Äußerung von etwas, das das menschliche Schicksal insgesamt kennzeichnet, nämlich das Scheitern.[37] Weil er weiß, dass alle Menschen zumindest potenzielle Verbrecher sind, relativiert sich für ihn ohnehin der Abstand zwischen wirklichen [*réels*] und möglichen Verbrechern, der einem Beamten abgrundtief vorkommen mag. Dadurch kann er Menschlichkeit oder Mitleid gegenüber denjenigen zeigen, die

---

37 »Und wenn meine Figuren scheitern, dann weil der Mensch zwangsläufig scheitert. Er scheitert bewusst oder unbewusst. Allein darin besteht in meinen Augen das ganze Drama« (Brief an André Gide vom 29. März 1948, zitiert nach M. Lemoine, a. a. O., S. 117 [Übers. C. P. In der deutschen Ausgabe des Briefwechsels zwischen Simenon und Gide (Zürich, Diogenes, 1977) ist dieser Brief nicht enthalten].

im Grunde genommen bloß durch unglückliche Umstände ins Verbrechen abgerutscht sind. Diese Anthropologie, die – zweifellos ohne dass Maigret es weiß – in einer der nobelsten und bittersten, vor allem auf Hobbes zurückgehenden Traditionen politischer Philosophie im Westen steht, ist eine pessimistische beziehungsweise negative Anthropologie. Was den Menschen, insbesondere die Männer, aber auf unauffälligere Weise auch die Frauen, eigentlich ausmacht, sind die beiden Arten von Leidenschaften, die ihn leiten: die sexuelle Leidenschaft und die Leidenschaft fürs Geld. Im privaten Raum, in dem Maigret vorrangig interveniert, wie wir gesehen haben (aber es wäre wohl ganz ähnlich, wenn seine Arbeit ihn bei Staatsaffären zum Eingreifen nötigen würde), nehmen diese Leidenschaften in Nachbarschaftsbeziehungen und Liebes- und/oder Familienbeziehungen freien Lauf. Der Wunsch, irgendwie – durch Betrügereien, Identitätsmissbrauch, Vermögens- oder Erbschaftsveruntreuungen, Erpressung usw. – an Geld zu gelangen, ist hier, wie häufig im Kriminalroman, ein starkes Verbrechensmotiv. Die Geldgier geht jedoch in den Maigret-Geschichten fast immer mit sexuellem Begehren einher, das sogar noch stärker ausgeprägt ist. Die Stärke und Banalität des sexuellen Begehrens erklärt die Wirtschaftskriminalität und führt zu Gewaltverbrechen. Sex – Eifersucht, Ehebruch, Ausschweifungen, Wollust usw. – bildet so zusammen mit der Geldgier, die auf ihn folgt, nahezu das einzige, in jedem Fall aber das Hauptmotiv, das die Verbrecher handeln lässt; denn es lässt auch die Menschen im Allgemeinen handeln, welcher sozialen Schicht, welchem sozioprofessionellen Milieu sie auch angehören mögen, an welchem Ort sie auch zufällig leben usw.

Der allgemeine – anthropologische – Charakter des sexuellen Motivs zeigt sich daran, dass keine Figur, welchen sozialen Status oder welches Alter sie auch haben mag, in sexueller Hinsicht a priori als unschuldig betrachtet wird. Das gilt besonders für die Frauen, die Maigret bei der ersten Begegnung immer dadurch beurteilt, dass er sie aus der Perspektive eines sie begehrenden Mannes betrachtet; denn gemäß dieser Anthropologie kann jede

Frau, egal wie alt oder schön sie ist, einen Mann erregen, wenn die Umstände danach sind (und umgekehrt). Die Darstellung der weiblichen Figuren geht so immer mit Bemerkungen einher, die auf ihren Wert als Sexualobjekt hinweisen. Wie zum Beispiel Madame Thouret (die Witwe des ermordeten Mannes), ihre Schwester und ihre Tochter am Anfang von *Maigret und der Mann auf der Bank*.[38] Madame Thouret: »Sie war ungefähr so alt wie ihr Mann, aber dicker als er, ohne jedoch fett zu wirken. Sie hatte einen kräftigen Knochenbau und eine straffe Figur. Über ihrem grauen Kleid trug sie eine Schürze, die sie mechanisch abstreifte. Sie wirkte streng.« (S. 16) Madame Thourets Schwester: »Während Maigret die Decke vom Gesicht des Toten zurückschlug, beobachtete er die beiden Frauen, die er jetzt zum ersten Mal in vollem Licht sah. Vorhin im Straßendunkel hatte er sie für Zwillinge gehalten. Jetzt erkannte er, dass die Schwester drei oder vier Jahre jünger war und dass ihr Körper eine gewisse, wohl auch bald schwindende Geschmeidigkeit bewahrt hatte.« (S. 20f.) Madame Thourets Tochter: »Monique war recht hübsch. Sie sah ihrer Mutter nicht besonders ähnlich, hatte von ihr nur den starken Knochenbau, der aber wegen ihrer jugendlichen und sonst zierlichen Gestalt weniger auffiel.« (S. 26) Ähnliche Beispiele ließen sich fast allen Romanen entnehmen. Wie zum Beispiel die Beschreibung von Mademoiselle Clément, der Inhaberin der Pension, um die es in *Maigret als möblierter Herr* geht:[39] »Sie glich einem Riesenbaby mit rosiger Haut, unbestimmten Formen, großen blauen Augen, hellblondem Haar und einem bonbonfarbenen Kleid.« (S. 18) Und weiter unten: »Mademoiselle Clément eilte ihm aufgeregt entgegen, wobei ihre dicken Brüste unter dem Mieder bei jeder Bewegung wie Gelatine wackelten.« (S. 38) Dieselbe Frau, aus der Perspektive von Inspektor Vacher (einem Mitarbeiter Maigrets) betrachtet: »Die dicke Mademoiselle Clément hat mir alles hiergelassen, was ich

---

38 *Maigret et l'homme du banc* (1953), Paris, Le Livre de Poche, 2001 [dt.: *Maigret und der Mann auf der Bank*, Zürich, Diogenes, 1978].
39 A. a. O.

brauche. Sie ist vorhin aufgestanden, um mir Kaffee zu kochen. Sie war im Hemd. Wenn ich nicht im Dienst gewesen wäre, hätte ich gerne ein paar Worte mir ihr gewechselt.« (S. 149) Ein Hotelgast (Mademoiselle Blanche, eine Schauspielerin) ist »ein hübsches Mädchen« (S. 42) und »eine kleine faule Dirne, die den lieben langen Tag Romane auf ihrem Bett las« (S. 99). Maigret verhört sie in ihrem Zimmer: »Sie trug wie immer einen Morgenrock und offensichtlich nichts darunter.« (S. 118 f.) Dem Inspektor bot sie »ihre Reize in einem mehr als halboffenen Morgenrock dar [...]«. (S. 179) Außerdem wäre da noch »eine junge Stenotypistin, die sich nachts im Taxi nach Hause bringen ließ« (S. 99), usw. Im selben Roman wird die »Toilettenfrau« eines Nachtclubs als »eine rundliche verblühte Schönheit« (S. 20) beschrieben. Es gäbe noch viele weitere Beispiele.

Wie in den kontraktualistischen Ansätzen der politischen Philosophie, in denen diese pessimistische Anthropologie die Funktion hat, die Notwendigkeit des Staates zu begründen und ihn als Urteils- und Sanktionsinstanz zu legitimieren, die über den von ihren Leidenschaften aufgezehrten Einzelindividuen steht und deshalb auch Sitz der Staatsräson als politischer Vernunft ist, das heißt als Vernunft schlechthin, rechtfertigt Maigrets pessimistische Anthropologie in seinen Augen, und vor allem in den Augen des Lesers, die Gewalt, die er bei der Ausübung seines Metiers als Polizist, mit anderen Worten beim Erfüllen seiner Pflicht als Beamter, ohne Zögern anwendet, wenn es sein muss. Diese Gewalt erfährt aber nur dann eine legitime Verwendung, wenn Maigret, obwohl auch er nur ein Mann wie alle anderen, ein gewöhnlicher Mensch ist, sich als Beamter trotzdem von den anderen Menschen unterscheidet, das heißt, insofern er im Auftrag einer Institution handelt, die das Monopol auf die legitime Anwendung physischer Gewalt besitzt.

Zu den tiefsitzendsten und in gewisser Weise beunruhigendsten Charakterzügen der Figur gehört, dass Maigret persönlich weder an Geld noch an Sex noch, wie man hinzufügen muss, an Politik interessiert ist. Maigret findet Freude an einfachen Dingen – eine kleine Wohnung in einem beliebten Viertel, kleine Restaurants, widerstandsfähige, wenig elegante Kleidung, Urlaub auf dem Land oder im Familienkreis usw. –, für deren Befriedigung sein bescheidenes Gehalt ausreicht. Sex – und das ist schon von vielen Kommentatoren bemerkt worden – scheint in Maigrets Leben nicht vorzukommen. Maigret ist zwar verheiratet, aber über seine Gattin Louise – eine Elsässerin aus Colmar, die aus demselben Milieu stammt wie er – wird uns praktisch nicht mehr verraten als ihre fast krankhafte Sorge um den Haushalt (wie die Deutschen oder die Schweizer stehen die Elsässer in dem Ruf, der Sauberkeit größte Bedeutung beizumessen) und wie kunstvoll sie kleine Leckerbissen für ihren Gatten zubereitet, in die sie ihre ganze Liebe legt.[40] Was die Leidenschaften anbelangt, so kennen wir von Maigret, abgesehen von der Leidenschaft für gute Arbeit, nur die für Tabak, gutes Essen und – ohne dass er ihr jemals übertrieben freien Lauf lassen würde – für ein paar Gläschen in den Bistros, an denen er zufällig vorbeikommt. Wenn der Reiz von Sex und Geld gemeinhin das Verhalten der Menschen beherrscht, dann offenbart sich im Widerstand gegen die Lust darauf – vielleicht sollte man besser sagen in ihrer vollständigen Verdrängung, denn es gibt nicht den geringsten Hinweis auch nur auf eine mögliche Versuchung[41] – in der Person des Mannes Maigret der Inbegriff des Beamten. In dieser Abstinenz wird die *Differenz* deutlich, die für die Maigret-Figur konstitutiv ist, das heißt das, was die Integrität einer durchaus in einem ganz gewöhnlichen Menschen aus Fleisch und Blut (und, wie wir gesehen haben, nicht in außergewöhnlichen kog-

---

40 Die Liste der von Madame Maigret gekochten kleinen Gerichte und die für ihre Zubereitung nötigen Angaben finden sich in Robert J. Courtine, *Cahier de recettes de Madame Maigret*, Paris, Robert Laffont, 1974 [dt.: *Die geheimen Rezepte der Madame Maigret*, München, Heyne, 1979].

41 In *Maigret se défend*, Paris, Presses de la Cité, 1964 [dt.: *Maigret verteidigt sich*, Zürich, Diogenes, 2009], wird der Kommissar von der Tochter eines hohen Beamten, der er zu Hilfe gekommen ist, beschuldigt, dass er versucht habe, sie zu verführen, was ihm eine Vorladung beim Polizeipräfekten und eine vorübergehende Suspendierung vom Dienst einträgt. Der Roman erzählt, wie es ihm gelingt, diese alberne Anschuldigung zu entkräften.

nitiven Fähigkeiten) wurzelnden Urteilsweise vor den blinden Kräften schützt, die von der Heftigkeit des Begehrens oder der Verfolgung von Eigeninteressen entfesselt werden und sie korrumpieren könnten.

Die unterschwellig immer vorhandene Spannung zwischen den beiden Körpern Maigrets, zwischen dem Menschen und dem Beamten, ist der dramatische Dreh- und Angelpunkt von zahlreichen Romanen. Ein ziemlich häufig verwendetes Verfahren, um sie zur Geltung zu bringen, besteht darin, dass von bereits bestehenden Verbindungen – die zu persönlichen Verbindlichkeiten führen könnten – zwischen Maigret und anderen Akteuren ausgegangen wird, die in die Affäre verwickelt sind: als Opfer (wie Marcelin[42] oder Maigrets alter Bekannter Ferdinand Duval[43]), als Verdächtiger (wie der Schulkamerad Léon Florentin[44]) oder sogar als Ermittler (wie Maigrets Neffe, Inspektor Lauer[45]). Allgemeiner gesagt werden wiederholt die zahlreichen »Gewissensentscheidungen« hervorgehoben, die Maigret bewegen und jedes Mal »innere Konflikte« in ihm auslösen, wenn seine Pflicht als Polizist seinen Sympathien zuwiderläuft. Genau genommen jedes Mal, wenn die Verwaltungsprinzipien des Urteils, die er anwenden soll, nicht mit den Urteilen übereinstimmen, die er fällen würde, wenn er sich allein mit seiner persönlichen Moral begnügen dürfte, die im Übrigen mit der Alltagsmoral zusammenfällt.[46]

Dass Maigret sich gegenüber der Politik gleichgültig zeigt, die ebenfalls als subjektive Leidenschaft betrachtet wird und insofern als korrumpierende Kraft, folgt derselben Logik. Davon

---

42 In *Mon ami Maigret*, Paris, Presses de la Cité, 1949 [dt.: *Mein Freund Maigret*, Zürich, Diogenes, 1978].
43 In *Un échec de Maigret*, Paris, Presses de la Cité, 1956 [dt.: *Maigret erlebt eine Niederlage*, Zürich, Diogenes, 1978].
44 In *L'ami d'enfance de Maigret*, Paris, Presses de la Cité, 1968 [dt.: *Maigret und sein Jugendfreund*, Zürich, Diogenes, 1988].
45 In *Maigret*, Paris, Fayard, 1934 [dt.: *Maigret und sein Neffe*, Zürich, Diogenes, 1989].
46 Zum Beispiel in *Maigret und das Verbrechen in Holland*, a. a. O., oder in *Maigret und die kleine Landkneipe*, a. a. O.

zeugt der besonders fragwürdige Eindruck, den die Geschichte abgibt, in der Maigret von einem Regierungsbeamten gerufen wird und im politischen Milieu ermitteln muss, in dem ihm nichts begegnet als Korruption, Skrupellosigkeit, Ehrgeiz, Niederträchtigkeit, Lüge usw.[47] Und genau weil er sich abseits von der Politik hält und keine anderen Ziele verfolgt, als ihm seine Vorgesetzten aufgeben, können Maigrets Kompetenzen bei jeder beliebigen Politik zum Einsatz kommen, egal welche Zwecke sie verfolgt; Maigret hütet sich davor, sich mit diesen Zwecken näher zu befassen, als ob er nur so die friedliche Koexistenz der beiden Avatare in sich aufrechterhalten könne.

In den bescheidenen Vergnügungen, die Maigret sich zugesteht – Schlemmereien, Spaziergänge und Tabak –, sind leicht die Art von kleinen Schwächen wiederzuerkennen, die man Pfarrern leichthin nachsieht, als ob diese sie nötig hätten, um ein jener höherwertigen Institution, deren Repräsentanten sie auf dieser Erde sind, geweihtes, ihr ganz und gar ergebenes Leben führen und auf die Vergnügungen und Leidenschaften der gewöhnlichen Menschen verzichten zu können, nämlich eben genau auf Geld und auf Sex. Obwohl Simenon ansonsten ziemlich großzügig mit biographischen Informationen über seine Figur ist, erklärt er nicht, warum Maigret keine Kinder hat. Der Gedanke liegt nicht fern, dass diese Besonderheit, die mit dem Fehlen von Sex verkoppelt ist, was aus seiner Ehe ein Beinahe-Zölibat macht, die Ähnlichkeit zwischen dem Status des Polizisten – zumindest so, wie er in diesen Erzählungen konstruiert ist – und dem Status des Priesters noch mehr hervorheben soll. Muss denn nicht auch der Priester, der qua seines Amtes dazu bestimmt ist, ganz alltäglichen Situationen ins Gesicht zu sehen (im Unterschied zum Mönch, der sich, einmal von den weltlichen Sorgen befreit, außergewöhnlicheren und intensiveren Formen des Umgangs mit dem Heiligen zuwenden kann), so sehr er auch Priester sein und so authentisch in gewisser Weise sonst seine

---

47 In *Maigret chez le ministre*, Paris, Presses de la Cité, 1954 [dt.: *Maigret und der Minister*, Zürich, Diogenes, 1978].

Frömmigkeit auch sein mag, ein gewöhnlicher und von Menschlichkeit erfüllter Mann sein, damit er die gewöhnlichen Menschen, mit denen er zu tun hat, versteht, ihnen vergibt oder sie zumindest nur maßvoll und mit dem Ziel bestraft, sie auf den rechten Weg zurückzuführen?

Die persönliche Macht des einfachen Verwaltungsbeamten

Als Mitglied der Verwaltung ist Maigret ein Untergebener. Sein Berufsleben hängt von der Wertschätzung seiner Vorgesetzten ab, die praktisch alle Macht über den Verlauf seiner Karriere haben. Seine Berufspraxis ist zwei Dingen unterworfen: dem Gehorsam, den die Rangordnung gebietet, und dem Reglementierungsrahmen, der einerseits auf dem Gesetz und andererseits auf den bürokratischen Routinen aufruht, die zwar den üblichen Gepflogenheiten folgen, sich aber trotzdem wie eine Regel aufdrängen. Als Untergebener gehorcht er Anweisungen und setzt er Maßnahmen um, in denen sich eine Macht äußert, über die er nicht wirklich verfügt und die er lediglich vollstreckt. In dieser Hinsicht hat Maigret etwas von einem Proletarier. Aus einem anderen Blickwinkel betrachtet, verfügt Maigret aber über beträchtliche Macht, weil seine Tätigkeit sich auf andere Menschen erstreckt – in Situationen, die immer singulär sind und deren Ausgang häufig von dringlichen Entscheidungen abhängt, so dass pragmatisches Handeln über die Semantik der Regel die Oberhand gewinnt. So wie sie uns beschrieben wird, geht Maigrets Macht auf die Stärke zurück, die er als Mensch besitzt und die Teil seiner Persönlichkeit ist: ruhig, schwerfällig, schweigsam, nachdenklich, stur, gerecht usw. Die Männlichkeit dieser Stärke tritt paradoxerweise umso deutlicher hervor, je mehr derjenige, der über sie verfügt, seine Sexualität opfert, darin einem Priester vergleichbar. Wie im Fall des Priesters ist diese Stärke stellvertretend und persönlich zugleich. Es handelt sich um eine väterliche Stärke: die väterliche Stärke von jemandem, der niemandes Vater ist, sich jedoch dadurch ein väterliches Wesen aneignen kann, als ob er jedermanns Vater wäre. Aber obwohl die Beschreibung die physische Seite dieser Stärke unterstreicht, geht sie doch in erster Linie auf die Deutungsmacht zurück, die Maigret als Mensch über die Regel hat, der er als einfacher Beamter, das heißt als Quasi-Proletarier unterworfen ist.

Guy Debords noch heute berühmte Definition des Proletariers lautet: Der Proletarier ist der, der weiß, dass er »jede Macht über die Bestimmung seines Lebens verloren« hat.[48] In diesem Sinne lässt sich das einfache Verwaltungspersonal mit einer Art Proletariat vergleichen, allerdings mit einem staatlichen Proletariat. Wie die bereits zitierte Arbeit von Alexis Spire klar gezeigt hat, stammen die Mitglieder der Pariser Polizeipräfektur – und stammten sie vor allem in der Dritten und dann in der Vierten Republik – häufig aus der armen Bauernschaft, sind beziehungsweise waren Arbeiterkinder und Kinder von einfachen Angestellten aus kleinen Provinzstädten. Ihre Lage unterscheidet sich von der Lage der Proletarier durch die Sicherheit ihres Arbeitsplatzes. Für diese Sicherheit zahlen sie allerdings den Preis einer sehr großen Abhängigkeit von der Organisation, der sie im wahrsten Sinne des Wortes (an)gehören. Ihre Karriere und damit ihr Lebensweg ist nahezu vollständig vorhersehbar, und sie haben praktisch keinerlei Einflussmöglichkeit darauf. In den Jahren zwischen 1930 und 1950 waren die Arbeits-, Anstellungs- und Lebensbedingungen der Fabrikarbeiter zwar ausgesprochen prekär, aber im Gegenzug ließ diese Prekarität Raum für eine gewisse Unverfrorenheit gegenüber den Herrschaftsstrukturen; davon zeugt zum Beispiel die Bedeutung des *turnover*, des Fernbleibens von der Arbeit bei den so genannten wilden Streiks in Frankreich Mitte der 1930er Jahre. Umgekehrt sind die einfachen Verwaltungsangestellten in ein sehr stabiles Umfeld eingebettet; davon zeugt vor allem der Umstand, dass dieses Umfeld die Jahre der Okkupation ohne größere Umwälzungen überstanden hat. Aber

---

48 Was Anselm Jappe in *Guy Debord*, Paris, Denoël, 2001, kommentiert.

für die relative Rückversicherung, die sie erhalten, immer »von etwas« leben zu können, weil sie ja in den Genuss einer »bescheidenen Pension« kommen werden, zahlen sie den Preis großer Willfährigkeit und der beständigen Furcht, ihren unmittelbaren Vorgesetzten zu missfallen.

In Bezug auf diese Gesamtcharakteristik ist aber trotzdem ein wichtiges Unterscheidungsmerkmal hervorzuheben, das jenen einfachen Verwaltungsangestellten eigen ist, die Aufgaben versehen, die sie in direkten Kontakt mit Personen bringen, die über fast keine beziehungsweise aller Wahrscheinlichkeit nach über weniger Rechte verfügen als sie selbst. Diese einfachen Angestellten, die praktisch keine Macht darüber haben, wie sich ihr eigenes Leben abspielt, dessen Verlauf weitestgehend von den Organisationen abhängt, in denen sie tätig sind, verfügen über eine Macht, die sich in einer Art Ermessensspielraum gegenüber den Menschen zeigen kann, die ihnen in die Hände geraten, die sie aber nur als jeweils zu bearbeitende *Fälle* kennen. Es kann sich – wie in dem Beispiel, das Alexis Spire untersucht hat – um Immigranten handeln, die sich um eine Aufenthaltsgenehmigung bemühen,[49] oder aber um Menschen, die den Mitarbeitern der Sozialhilfebehörden hilflos gegenübersitzen. Solch eine außergewöhnliche Macht gegenüber Menschen in Bedrängnis ist allerdings offenkundig noch charakteristischer für die Position des Polizisten während einer laufenden Ermittlung.

In diesen verschiedenen Fällen besteht die Asymmetrie in erster Linie im Umgang mit dem Wort und entsprechend dazu in der Möglichkeit, die eigenen Deutungsfähigkeiten einzusetzen oder nicht. Ob es sich nun um Immigranten handelt, um Sozialhilfeempfänger oder um Verdächtige: Das Schicksal der Menschen, deren Fall die einfachen Angestellten zu bearbeiten haben, hängt zu weiten Teilen von den Erzählungen ab, die sie zu liefern in der Lage sind. Diese Erzählungen betreffen ihre länger zurückliegende Vergangenheit oder ihr jüngstes Tun und Trei-

---

49 Siehe Alexis Spire, *Acceuillir ou reconduire. Enquête sur les guichets de l'immigration*, a.a.O.

ben.⁵⁰ Aber sie erfolgen im Rahmen stark asymmetrischer Dialogbeziehungen, und sei es nur insofern der Angestellte, dem diese Personen gegenübersitzen, ein hart durchgreifender (häufig unter Eid stehender) Beamter ist, der die Befragung monopolisiert. Diese Beamten befinden sich in der Position, einerseits über die Glaubwürdigkeit jener Erzählungen urteilen und andererseits daraus Konsequenzen ziehen zu müssen, indem sie sich dem zu bearbeitenden Fall mit einer ganzen Palette von mehr oder weniger uneinheitlichen und häufig widersprüchlichen Anweisungen und Regeln nähern, die sie in Form von Weisungen aus den höheren Etagen erreichen. Das heißt, sie haben eine doppelte Deutungsmacht. Einerseits deuten sie, was ihnen die Person, die sie vor sich haben, auf ihre Fragen antwortet. Und andererseits deuten sie die Anweisungen, Richtlinien und Regeln, die sie je nachdem, wie sie den betreffenden Fall einschätzen, anwenden werden. Konkret heißt das, dass sie die Entscheidung treffen, sich vor allem auf die eine oder auf eine andere der ihnen zur Verfügung stehenden Weisungen zu stützen, von denen die Legalität ihrer Tätigkeit abhängt und auf die sie verweisen können, wenn sie zufällig doch einmal genötigt sein sollten, sich vor ihren Vorgesetzten rechtfertigen zu müssen.

Die Folgen dieser von Untergebenen ohne Exekutivmacht ausgeübten Deutungsmacht sollte man nicht unterschätzen. Die Deutungsmacht hat nämlich insofern sehr große Durchschlagskraft, als andere Äußerungen der Macht weitestgehend auf ihr beruhen. Das gilt besonders für die Möglichkeit direkter physischer Gewalt, zumindest wenn sie rechtmäßig ausgeübt wird, ganz zu schweigen von jenen indirekten Gewaltformen, die darin bestehen, jemandem das Recht auf Eigentum an einer Sache zuzuerkennen oder aber es ihr zu verweigern.⁵¹ Und diese Deutungsmacht hat nun immer etwas Persönliches (was zum Beispiel in der Rechtsprechung im Verweis auf die »innerste Über-

---

50 Für Beispiele aus dem Bereich der sozialen Einrichtungen siehe Isabelle Astier, *Revenu minimum et souci d'insertion*, Paris, Desclée de Brouwer, 1997.
51 Siehe zu diesem Punkt Luc Boltanski, *Soziologie und Sozialkritik*, a.a.O., S. 206-220.

zeugung« des Richters zum Ausdruck kommt). Ob es sich um das Deuten der Erzählung eines Verdächtigen oder von jemandem handelt, der aus einer Position der Schwäche heraus Papiere oder finanzielle Unterstützung beantragt (und der immer auch ein Verdächtiger ist, weil man argwöhnt, dass er lügt, um zu Unrecht in den Genuss einer Vergünstigung zu kommen): Die Deutung ist weder in dem nüchternen Protokoll der Erzählung noch in der unpersönlichen Formulierung der im betreffenden Fall anwendbaren Regeln enthalten. Sie kann nur von einer Person kommen, die eben gerade in der Lage ist, einerseits Abstand von der wortwörtlichen Erzählung zu gewinnen, um die Absichten, die hinter ihr stehen, in den Blick zu bekommen. Und die andererseits vom genauen Wortlaut der Regel abrücken kann, um ihren Sinn zu erschließen und dadurch wiederum einschätzen zu können, wie sie in diesem konkreten Fall trennscharf zum Einsatz kommen könnte, was meistens praktisch darauf hinausläuft, dass eine Auswahl aus verschiedenen, vagen und manchmal widersprüchlichen Regeln getroffen wird.

Daraus folgt, dass die Deutungsmacht notwendigerweise an dem Punkt angesiedelt ist, an dem der Interpret als Mann – als ganz gewöhnlicher Mensch – und als Verwaltungsbeamter, als Repräsentant der Staatsgewalt, sich nicht unterscheiden lassen. Diese Ununterscheidbarkeit ist umso größer, je weniger die zu deutende Situation in ein Gewebe aus legalen Ansprüchen eingebunden ist, unmissverständlich gesagt: je weniger der Antragsteller und/oder Verdächtige in der Lage ist, individuelle Rechte geltend zu machen. Eben das bemerkt Maigret mit dem Scharfsinn, den wir von ihm gewohnt sind: »Ein Verdächtiger, den man verhaftet«, pflegt er gerne zu sagen, »empfindet entgegen jeder Annahme eine gewisse Erleichterung, denn er weiß dann, auf welchem Gelände er sich befindet. Er braucht sich nicht mehr zu fragen, ob man ihn verfolgt, ob man ihn belauert, ob man ihn verdächtigt oder ob man dabei ist, ihm eine Falle zu stellen. Man klagt ihn an. Also verteidigt er sich. Und er genießt fortan den Schutz des Gesetzes. Im Gefängnis wird er zu einem beinahe geheiligten Wesen, und alles, was man gegen ihn unternimmt, vollzieht sich nach einer Anzahl genau festgelegter Regeln«.[52]

Maigret in seinem Schloss

Die für die Situation des Verwaltungsangestellten konstitutive und zugleich praktisch so schwer, wenn nicht unmöglich zu realisierende Unterscheidung zwischen dem Menschen und dem Beamten geht mit unzähligen Schwierigkeiten und einem großen Kuddelmuddel einher. Wie wir gesehen haben, gehen darauf die zahlreichen Gewissensentscheidungen zurück, deren offene Zurschaustellung nach Einschätzung vieler Kommentatoren Simenons Krimis psychologisch so interessant macht und ihnen ihren ganz eigenen Charme verleiht. Vor allem aber versteht man so die ganz besondere Art von Sadismus, die die Maigret-Figur kennzeichnet und die mit dem außergewöhnlichen Erfolg der Bücher, deren Held er ist, sicherlich viel zu tun hat. Maigrets diskreter oder, wenn man so will, spießiger Sadismus unterscheidet sich von der simplen Grausamkeit des primitiven und brutalen Polizisten eben gerade dadurch, dass dem Verdächtigen seine Zugehörigkeit zur menschlichen Gemeinschaft zuerkannt und im selben Atemzug praktisch wieder abgesprochen wird, weil ja dieses »Subjekt« – wie Sade sagt, wenn er von Personen spricht, die als Genussobjekt betrachtet werden – nur dazu da ist, als eine Art Behelf die Fähigkeiten zu stimulieren, die der Polizist benötigt, um es aufzuspüren und zu bezwingen, wie er es mit einem Tier tun würde, oder um es wie ein Sammlerstück zu ergattern. Dieser Sadismus ist deshalb immer dann besonders gut sichtbar, wenn Maigret seinen typisch menschlichen Qualitäten freien Lauf lässt und sich mit der Menschlichkeit von Personen beschäftigt, die er verfolgen, verdächtigen, verhören, in die Falle

---

52 Georges Simenon, *Maigret et le corps sans tête* (1955), Paris, Presses de la Cité, 1995, S. 143 [dt.: *Maigret und die kopflose Leiche*, Zürich, Diogenes, 1980, S. 159].

locken und schließlich einsperren muss – mit allen daraus folgenden Konsequenzen, das heißt für einige dem Tod auf dem Schafott.

Wie wir gesehen haben, ist diese Menschlichkeit, aus der häufig Mitleid spricht, ja sogar Wertschätzung und Achtung, die wesentliche Qualität, die Maigret während seiner Ermittlungen entfaltet. Es handelt sich um eine Qualität, die aus seinem Inneren kommt. Die ihm gewissermaßen innewohnt. Diese Menschlichkeit zeigt sich in zahlreichen kleinen Details, mit denen die Romane gespickt sind und die seine Gewohnheiten betreffen, auch beziehungsweise vor allem die ganz banalen, seine Schwächen, seine Zweifel, seine spontanen Vorlieben, seinen Geschmack (vor allem bei Nahrungsmitteln) und seine Abneigungen usw. Und weil er selbst ein zutiefst menschliches Wesen ist, ein Mensch wie jeder andere, weder besser noch schlechter, kann er die menschlichen Wesen verstehen, denen er während seiner Ermittlungen begegnet. Aber diese Fähigkeit, ja sogar Neigung, die darin besteht, jene gewöhnlichen menschlichen Wesen, die er verfolgt, verdächtigt, verhört, in die Falle lockt usw., als gewöhnliche menschliche Wesen zu verstehen, stellt er in den Dienst seiner Verwaltungsaufgaben, das heißt seiner Polizeiarbeit, die eben gerade darin besteht, menschliche Wesen zu jagen und hinter dem gutmütigen Äußeren eines gewöhnlichen Menschen das zu entlarven, was letztendlich jeder Mensch ist, nämlich ein tatsächlicher oder potenzieller Krimineller. Und er erfüllt seinen strafenden Auftrag niemals so gut wie dann, wenn er das Joch der Verwaltung abzuschütteln und vor allem die unpersönlichen, bürokratischen (unmenschlichen) Regeln und pedantischen Regulierungen in den Wind zu schlagen scheint.

Warum also von Sadismus sprechen? Natürlich fügt Maigret anderen Menschen Schmerzen zu; sie weinen zum Beispiel in seinem Büro, brechen nach stundenlangen Verhören zusammen usw., und die Beschreibung dieser Schmerzen wird dem Leser keineswegs erspart. Es wird jedoch nirgends nahegelegt, dass Maigret diese Misshandlungen sexuell oder auch nur persönlich genießen würde. Gleichwohl kann man sich die Frage stellen, ob

Maigrets Sadismus nicht der Spaltung, die ihn charakterisiert, innewohnt. Er hätte dann gewissermaßen einen strukturalen Charakter. Es heißt zwar nicht, dass Maigret es genießt, jemandem wehzutun, aber es wird zu verstehen gegeben, dass er (und mit ihm der Leser) die Macht genießt, die er über sich und andere hat, wenn er seine Stärke in ihren beiden, allem Anschein nach widersprüchlichen Formen demonstriert. Die unpersönliche Stärke des Beamten bereitet enorm viele Qualen, um den Polizeiauftrag zu erfüllen. Die persönliche Stärke des Menschen wirft einen mitleidigen, ja wohlwollenden Blick auf die Opfer des Polizisten und manchmal auch einen bewundernden Blick auf den Polizisten selbst, der seine menschliche, allzu menschliche Schwäche überwindet und ohne Zögern Gewalt anwendet, wozu es ihn als Menschen nicht drängen würde. Maigret genießt also immer sich selbst.

Das heißt, dass hier die sadistische Wirkung dem Differenzial der Menschlichkeit des Mannes, die ihn dazu bringt, die menschlichen Wesen als menschliche Wesen wirklich zu verstehen und über das Antlitz *des Anderen*, das die Gewalt des Polizisten enthüllt hat, in seiner Fragilität nachzudenken einerseits und seiner Loyalität gegenüber dem Verwaltungssystem, dem er mit Leidenschaft dient, andererseits innewohnt. Maigret ist nämlich niemals ein so guter Polizist wie dann, wenn er sich so menschlich wie möglich zeigt, weil diese Menschlichkeit ihm das Verstehen und deshalb auch den Irrtum erlaubt. Diese Zweideutigkeit äußert sich besonders in den Szenen, in denen Maigret einen Verdächtigen vernimmt. Er weiß besser als alle seine Kollegen, wie man ein Verhör führt, Fragen stellt, die harmlos klingen und von denen er selber nicht immer weiß, warum er sie stellt. Er weiß, dass man vorsichtig fragen muss, und dass zum Beispiel noch nichts gewonnen ist, wenn der Polizist vorschnell glaubt, zum Kern des Rätsels vorgedrungen zu sein. Aber aus Erfahrung weiß er auch, dass niemand ein mehrstündiges, gnadenloses Verhör übersteht, an dem sich mehrere Polizisten beteiligen, vor allem nicht, wenn dieses Verhör zum richtigen Zeitpunkt stattfindet. Und er weiß auch, und zwar weiterhin aus Erfahrung, dass man, wenn man sich während solcher Verhöre als menschlich erweist (zum Beispiel indem man dem Beschuldigten eine Zigarette anbietet oder aber den Diensthabenden losschickt, um in der Brasserie gegenüber belegte Brote und Bier zu holen), das erwünschte Ergebnis erzielt, das heißt das Geständnis. Und zwar, weil niemand standhält, standhalten kann. Man muss nur den »›Riss‹ abwarten, den Augenblick, an dem die Figur die Maske lüftet«.[53] Sind nicht die Intelligentesten, die Selbstsichersten, die Abgefeimtesten (und die Unschuldigsten, wäre man versucht hinzuzufügen) im Grunde auch die Fragilsten? Der Genuss des effizienten Beamten ist das Gegenstück zur Menschlichkeit des anständigen Kerls, der das Zufügen von Schmerzen zu begrenzen weiß. Und dennoch, obwohl sie untrennbar sind, scheinen sich diese beiden Veranlagungen auf zwei verschiedene Wesen zu verteilen. Der Mensch verspürt Mitleid. Der Beamte empfindet Genuss. Diesen Genuss bereitet eine asymmetrische Deutungsmacht – als Vorform physischer Gewalt –, die etwas Absolutes hat. Sie wohnt Maigrets größter Waffe inne, die nichts anderes ist als die Frage, wie wir gesehen haben. Er stellt Fragen, auf die seine Gesprächspartner (wenn man so sagen darf) nicht nicht antworten können, selbst wenn sie sich durch den Kindertrick des Lügens davor zu schützen suchen. Das aber letzten Endes nur, um schließlich »auszupacken«.

Die sadistische Wirkung, in der die Persönlichkeitsspaltung zum Ausdruck kommt, die Simenons Erzählungen in Szene setzen, zeigt sich niemals so gut wie dann, wenn Maigret es mit Wesen zu tun hat, die als besonders schwach dargestellt werden, zum Beispiel Jugendliche und Frauen. In diesem Fall kommt nämlich Maigrets Menschlichkeit am eindrucksvollsten zum Ausdruck, ebenso wie seine Fähigkeit, Mitleid zu empfinden und vor allem sein Verständnis unter Beweis zu stellen. Es heißt nirgendwo, dass Maigret sich in die Frauen, denen er während seiner Ermittlungen nahekommt, verliebt, auch nicht, dass er sie

---

[53] Bernard de Fallois, *Simenon* (1961), Paris, Gallimard, 2003 [Übers. C. P.].

begehren würde, obwohl einige von ihnen seine Aufmerksamkeit stärker auf sich ziehen als andere »Verdächtige« (die häufig durchaus auch etwas Verdächtiges hat). Aber er bemüht sich besonders hartnäckig, sie zu verstehen. Dieses Bemühen ist natürlich durch das gerechtfertigt, was uns der Autor über den irrationalen und folglich unverständlichen Charakter der Frauen im Allgemeinen sagt. Zwischen den Zeilen bekommt der Leser aber mit, dass Maigrets Neigung zur Deutung von Frauen ihren Grund nicht nur in einer naiven (und sexistischen) Theorie über den Geschlechterunterschied hat. Er wünscht sich *wahnsinnig*, diese Frauen, die er in die Enge treiben, in die Falle locken, inhaftieren usw. wird, zu verstehen. Und dieser Wunsch, dieses Begehren klärt sich auf, wenn man es mit einer Bemerkung über die Frauen in Verbindung bringt, die Amiel in seinem *Tagebuch* notiert hat – dieser Selbstanalyse von mehr als 20 000 Seiten, auf denen der Genfer Professor seine Wünsche und seine Unfähigkeit, sie zu realisieren, bis zum Überdruss wiederholt: »in sie einzudringen, heißt, sie zu besitzen; sie zu verstehen, heißt, sie zu nehmen«.[54] Eine solche Wunschmaschine läge außer Reichweite, wenn die Verwaltung einer strikt rationalen – und legalistischen – Logik gehorchen würde, wie die Soziologen häufig glauben, die zu viel (und nicht gründlich genug) Max Weber gelesen haben. Sie ist nur durch die oben angeführten Eigenschaften der französischen Verwaltung möglich als Verkörperung des Staates in einem Menschen, der den anderen ähnlich und doch zugleich anders ist als sie, weil er sie überragt.

Hier ein Beispiel, auf welche Weise Maigret seine Opfer menschlich behandelt. Der mindestens zweideutige Charakter von Maigrets tief »menschlichen« Gefühlen ist besonders gut in der Beschreibung seiner Beziehung zur Figur der Maria in *Maigret und sein Toter* sichtbar. Maria, die als eine außergewöhnlich schöne und wilde junge Frau, kurz gesagt: wie eine Art Tier

---

54 Siehe Luc Boltanski, »Pouvoir et impuissance. Projet intellectuel et sexualité dans le *Journal* d'Amiel«, in: *Actes de la recherche en sciences sociales* 1/5-6 (1975), S. 80-108.

beschrieben wird, ist die Chefin einer Handvoll aus Mitteleuropa stammender blutrünstiger Banditen. Als sie im Zuge einer Razzia in der Rue des Rosiers im Marais-Viertel (das wir schon Gelegenheit hatten zu erwähnen) festgenommen wird, bringt sie gerade ein Kind zur Welt, dessen Vater jeder der Banditen sein kann, die sich diese Frau geteilt haben. Maigret lässt Maria ins Hôpital Laennec bringen, wo sie einige Tage unter Polizeibewachung bleibt, bevor sie in die Krankenstation des Zuchthauses gebracht wird. Für ihn besteht kein Zweifel, dass sie zum Tode verurteilt werden wird. Aus Menschlichkeit lässt er aber die Blumen in ihr Zimmer bringen, die eine andere Kranke beim Verlassen des Krankenhauses zurückgelassen hat. Auch als Verbrecherin ist sie doch Mutter. Und er ist weiterhin von derselben überbordenden Menschlichkeit geleitet, als er der (unfruchtbaren) Frau eines von einem Bandenmitglied getöteten Wirts vorschlägt, das Kind zu adoptieren, das Waise zu werden drohe, da ja, wie er sagt, seine Mutter geköpft werden würde. (Was wohlgemerkt weder unmöglich noch unrealistisch ist. So wurden zum Beispiel in vielen Fällen während der Verfolgung von Gewerkschaftern und Mitgliedern linker Parteien durch die argentinische Militärjunta zu Beginn der 1970er Jahre die Kinder von getöteten Aktivisten im Babyalter von der Polizei entführt, damit sie von kinderlosen Frauen aus der feinen Gesellschaft adoptiert werden konnten. Dieses von den »verrückten Weibern vom Maiplatz« angeprangerte Phänomen kam so oft vor, dass 30 Jahre später eine Massenbewegung von Männern und Frauen entstand, die nicht zuletzt gerichtlich verlangten, dass ihnen ihre wahre Identität zurückgegeben werde.) Die, wie man sagen muss, besonders düstere Geschichte von Maria wirft ein grelles Licht auf den ganz gewöhnlichen Sadismus, der Maigrets Abenteuer durchzieht. Er entsteht durch das Differenzial der Gewalt, die Maigret als Beamter ausübt, und des Mitgefühls, das er darüber hinaus, als Mensch, aufbringt – allerdings ohne dass Letzteres auch nur die geringste Auswirkung auf Erstere hätte. Damit die Gewalt, die vom Staat ausgeht, ihre sadistische Seite enthüllt, muss nämlich die Menschlichkeit derjenigen, die sie trifft, betont werden. Wäre Maria nur ein Tier, wäre es kein Problem, sie zu töten. Nur weil sie als schöne, sexuell aufregende Frau und darüber hinaus als Mutter eines Neugeborenen beschrieben wird, was sie interessant, ja geradezu rührend macht, versetzt die Ankündigung ihrer Hinrichtung nicht nur das Gemüt des Polizisten in Wallung, sondern auch, was vom literarischen Standpunkt aus am wichtigsten ist, das des Lesers.

Der Kriminalroman aus Sicht des Staates

Im Fall von Sherlock Holmes wie im Fall von Kommissar Maigret wird das Eingreifen des Detektivs im ersten und des Polizisten im zweiten Fall durch ein Ereignis ausgelöst, dessen plötzliches Eintreten das bis dahin makellos erscheinende Gewebe der Realität zerreißt. Die daraufhin einsetzende Untersuchung sucht nach den Ursprüngen dieser Schwachstelle und versucht, das mehr oder weniger große Gebiet zu bestimmen, das von dieser Störung betroffen ist. Im einen wie im anderen Fall hat die Untersuchung zwar einen Enthüllungseffekt. Unterhalb der Realität befindet sich ein *Etwas*, das es zu identifizieren gilt, weil es den Fortbestand und den ordnungsgemäßen Ablauf der Realität gefährdet. Aber diese für den Kriminalroman als Gattung konstitutive allgemeine Struktur schlägt sich in den Sherlock-Holmes-Geschichten ganz anders nieder als in denen über Maigret.

In den Sherlock-Holmes-Geschichten sind die Störungen, von denen die Realität betroffen ist, räumlich und zeitlich begrenzt. Die Realität verfügt nämlich über einen guten Zusammenhalt, so dass das, was äußerlich von ihr zu sehen ist, im Allgemeinen dem ziemlich nahekommt, was sie faktisch sein dürfte. Es besteht kein Grund, gegenüber der *Realität der Realität* von vornherein Verdacht zu hegen. Die Akteure können ihre Umwelt also normalerweise so behandeln, als sei sie eine ebene Fläche; sie müssen nicht davon ausgehen, dass sich unterhalb der Realität eine andere Welt befindet, die von der Realität verborgen wird. Die Neigung zu Verdächtigungen ist folglich nicht nur keine

Veranlagung, die notwendig ist, um die soziale Welt in den Griff zu bekommen und dafür zum Beispiel erfolgversprechende Strategien einzusetzen, sie ist vielmehr ganz im Gegenteil eine beinahe pathologische Lebenseinstellung, die angemessenes Handeln gerade verhindert. Eine derartige Realität gründet nämlich auf einer liberal geprägten Rechtsordnung, deren Robustheit zahlreiche Juristen mit ihrer Kompetenz gewährleisten, die über ein Netzwerk aus Verträgen wachen, das alle zu achten angehalten sind. Sie beruht also auf einem *Vertrauenspostulat*, das heißt auf dem gemeinsamen Bekenntnis zur bestehenden Gesellschaftsordnung, so dass jemand, der in dieser Situation einen Hang zum Misstrauen an den Tag legt oder auch nur leise Zweifel in Bezug auf die Realität der Realität äußert, auf dem besten Wege ist, jegliche Glaubwürdigkeit zu verlieren und so an den Rand der Gesellschaft gedrängt oder aus ihr ausgeschlossen zu werden. Aus diesem Grund ist das Eingreifen des Detektivs sozial auch so nötig. Sobald so etwas wie ein Rätsel, das heißt eine Schwachstelle der Realität auftritt, ist es dringend geboten, sie zu beseitigen, um zu vermeiden, dass der durch ein lokales Versagen entstandene Zweifel sich zu einer Infragestellung des Bekenntnisses zur Realität insgesamt auswächst, genauer gesagt zur Zerstörung des Glaubens an die Gültigkeit der Verträge.

Eine Möglichkeit bleibt jedoch, von der der englische Kriminalroman besessen ist, und zwar die des *perfekten Verbrechens*. Die Problematik des perfekten Verbrechens hat im französischen Kriminalroman nur langsam unter dem Einfluss der englischsprachigen Meister Einzug gehalten – in den Geschichten mit Maigret, für den nichts perfekt ist, noch nicht einmal das Verbrechen, spielt sie nirgends eine Rolle. Die Idee des perfekten Verbrechens bezieht ihre Bedeutung nämlich nur aus einer sozialen und politischen Welt, deren Mitglieder als berechnend betrachtet werden, so dass das Gesamtgleichgewicht nichts weiter ist als die Addition einer Vielzahl von Einzelrechnungen oder -kalküle. In einer solchen Welt ist jemand ein guter Rechner, wenn er seine Erfolgsaussichten entsprechend der Trümpfe, die er in Händen hält, richtig einschätzt und folglich auch die Trümpfe seiner

Konkurrenten und deren Erfolgsaussichten richtig einschätzt. Das Vorhandensein eines solchen natürlichen Gleichgewichts erlaubt es, das staatliche Handeln vor allem auf das Bestrafen und Verbessern jener schlechten Rechner zu beschränken, die ihre Möglichkeiten überschätzt, die sich ihnen bietenden Gelegenheiten schlecht berechnet und durch Verbrechen versucht haben, ihre scheinbaren Erfolgsaussichten zu vergrößern.[55] Da aber diese Verbrecher nun einmal schlecht rechnen können, scheitert sogar ihre Verbrecherkarriere, so dass sie ziemlich leicht ausfindig und unschädlich gemacht werden können. Eine Möglichkeit bleibt jedoch, die in diesem Zusammenhang etwas phantastisch wirkt, nämlich die Möglichkeit eines Verbrechers, der trotzdem ein *guter Rechner* und manchmal sogar ein beinahe genialer Rechner ist. In diesem Fall können wir von einem *geborenen Verbrecher* sprechen, denn seine Perversität entspringt nicht dem Bemühen, eine als schlecht eingeschätzte Situation wieder geradezubiegen, sondern liegt ihm gewissermaßen im Blut. Der gut rechnende Verbrecher ist deshalb der Einzige, der imstande ist, eine auf das Gleichgewicht der Einzelkalküle gegründete Gesellschaft zu erschüttern. Und aus diesem Grund muss der einzige Gegner, der imstande ist, ihn zum Scheitern zu bringen, ebenfalls ein genialer Rechner sein – wie der Detektiv im Roman.

In den Geschichten, deren Held Kommissar Maigret ist, erscheint die Problematik des Verbrechens in ganz anderem Licht. Auch in diesen Geschichten enthüllt die Untersuchung etwas, das sich unterhalb der Realität befindet. Aber dieses Etwas ist bei weitem nicht zeitlich und räumlich begrenzt oder das Ergebnis der perversen Machenschaften eines genialen Rechners. Es ist allumfassend und dauerhaft. Die Vorstellung der sozialen Welt, die sich hier entfaltet, ist nämlich ohne Einschränkungen auf die Entgegensetzung des trügerischen Äußeren einer Oberflächenrealität und der unnachgiebigeren Realität der Beziehun-

---

55 Zu diesem Punkt siehe die Analysen von Christian Laval, *L'homme économique. Essai sur les racines du néolibéralisme*, Paris, Gallimard, 2007, vor allem S. 309-320.

gen, Motive und Leidenschaften gegründet, die sich hinter ihr verbirgt. Die Schwachstellen der Realität entstehen nicht anlässlich oder wegen des böswilligen Handelns von zwielichtigen Gestalten (in den Sherlock-Holmes-Geschichten gewöhnlich Anarchisten, Ausländer und/oder Frauen). Sondern immer dadurch, und zwar gewissermaßen essenziell, dass die reale Realität – wenn man so sagen kann – sich von dem unterscheidet, was von ihr sichtbar ist und nur eine Illusion darstellt. Und diese Wahrheit, die die Untersuchung unter Umständen enthüllt, die so außergewöhnlich sind, dass sie die Aufrechterhaltung der Illusionen nicht länger erlauben – das heißt anlässlich von Morden –, ist nun wiederum keine vollkommen geheime, hoffnungslos unzugängliche Wahrheit. Sie ist das, was alle Welt weiß, aber nicht sehen, wissen, sagen und anerkennen will, zumindest nicht öffentlich.

Diese soziologische Haltung gegenüber der Beschaffenheit der sozialen Welt ist jedes Mal (das heißt in fast allen Romanen) dann besonders gut sichtbar, wenn die Untersuchung an den Punkt gelangt, wo die vordergründig sichtbare Ehrbarkeit einer Stadt, eines Milieus, eines Berufsstandes oder einer Familie in Frage steht. Besonders deutlich äußert sie sich, wenn Maigret im Zuge der Ermittlung in das Bürgertum vordringt, zum Beispiel in den Kreis der angesehenen Persönlichkeiten einer Provinzstadt, in der er, um die Wahrheit aufzudecken, die Mauer des Schweigens durchbrechen und die Heuchler entlarven muss. Weil sie dem Verbrechen von Natur aus näherstehen, haben nämlich die unteren Schichten weniger zu verbergen, ebenso wie die Mitglieder der internationalen High Society, die häufig aus Ausländern mit Familiennamen besteht, deren Klang auf eine mitteleuropäische, angelsächsische oder jüdische Herkunft schließen lässt. Dass aber in normalen Zeiten, das heißt, wenn die Routinen des Gesellschaftslebens nicht durch einen Mord gestört werden, alle Welt weiß, dass jeder lügt, etwas Schändliches verbirgt, sich verstellt und die anderen in Bezug auf das, was er wirklich ist, in die Irre führt – insbesondere auf dem Gebiet des Sexuallebens oder in Geldangelegenheiten –, verhindert in keiner Weise, dass das Mosaik der Milieus, die die Gesellschaft bilden, wie gewöhnlich funktioniert. Und im Grunde genommen geht dies auch niemanden etwas an, nicht einmal die Verwaltung, zumindest solange ihre unmittelbaren Eigeninteressen nicht betroffen sind.

Eben weil sie nicht liberal ist und folglich nicht auf einem Bekenntnis der Bürger zu einer allgemeinen, unverbrüchlich rechtlichen, moralischen und ökonomischen Ordnung beruht, ist der Staat in einer derartigen Gesellschaft zugleich allgegenwärtig und sehr weit entfernt. Er überwacht und schließt dabei gleichzeitig die Augen. Die nur leicht durch die Beachtung des Rechts begrenzte Gewalt, mit der der Staat möglicherweise hin und wieder, zum Beispiel im Fall von sozialen Unruhen, durchgreift, geht Hand in Hand mit einer Art Laxheit gegenüber allem, was das zivile Leben betrifft, zumindest wenn der äußere Anschein gewahrt bleibt. Der Verwaltungsbeamte und ganz speziell der Polizist lässt sich darin mit einem Kolonialbeamten vergleichen, der, weil er weiß, dass die Eingeborenen immer Eingeborene bleiben werden, zwar kontinuierlich wachsam ist, aber nur dann direkt eingreift, wenn die Interessen der Besatzungsmacht gefährdet sind. Und auch die gewöhnlichen Leute haben im Laufe Jahrhunderte währender sozialer Kämpfe gelernt, mit der Scheinheiligkeit zu leben, das heißt zwischen der Anerkennung einer formalen Gleichheit, die ihnen als Bürger eines Nationalstaats gewährt wird, und den tatsächlichen Statusunterschieden zu trennen, die jeden von ihnen in eine Position oder in eine Lage versetzt, von der er, wenn er realistisch ist, weiß, dass es sehr schwer werden dürfte, ihr zu entrinnen, es sei denn durch Tricks, Durchtriebenheit, Betrug und manchmal auch durch Verbrechen.

*Die sozialen Grundlagen
der verbrecherischen Phantasie*

Sherlock Holmes ist ein exzellenter Beleg für den Ordnungstypus, auf den sich das postviktorianische England beruft. Diese

Ordnung ist unverbrüchlich aristokratisch, kapitalistisch und liberal. Die Einteilung der menschlichen Milieus in Klassen wird darin wie eine natürliche, beinahe gottgegebene Ordnung behandelt. Und die Souveränität des Staates oder vielmehr des Empire verkörpert sich in der Doppelmacht von Krone und Parlamenten, die weitestgehend von Aristokraten dominiert werden, die sich schon frühzeitig dem Kapitalismus zugewandt haben.[56] Es besteht also keine Kluft zwischen der Art, wie die Beziehungen zwischen den auf staatlichem Territorium lebenden Einzelindividuen und Gruppen aufgebaut sind, und der Art und Weise, wie der Staat aufgestellt ist. Ihnen wohnt dieselbe Logik inne. Dasselbe nahtlose Gewebe verbindet vor allem den Bereich der ökonomischen Macht und den Bereich der politischen Autorität, so dass man sie fast nicht mehr voneinander unter-

---

56 Im viktorianischen und edwardianischen England ist der Unterschied zwischen dem Großbürgertum und dem Adel bei weitem nicht so deutlich wie in Frankreich. Einerseits weil standesübergreifende Eheschließungen und Erhebungen in den Adelsstand eine größere Rolle spielen, andererseits weil der Landadel sich entweder auf britischem Boden oder in den zum Britischen Empire gehörenden Territorien ebenfalls sehr früh weitreichenden, für die Entwicklung des Kapitalismus notwendigen Unternehmungen zugewandt hatte. Und schließlich weil die Besitzer der großen bürgerlichen Vermögen riesige Landgüter erwarben, was ihre Aufnahme in die Oberschicht erleichterte. Der »faktische Reichtum« stellte – wie Monica Charlot und Roland Marx schreiben – einen »starken Assimilationsfaktor« dar. Den Katasterunterlagen von 1873 zufolge besaßen 7000 Personen vier Fünftel des Grund und Bodens. Ungefähr ein Drittel dieser großen Ländereien gehörten »Leuten ohne Adelstitel«. Vor Ort übernahmen zahlreiche Mitglieder der Oberschicht »Verwaltungsaufgaben und richterliche Funktionen«, die in Frankreich »durch entlohnte Beamte gewährleistet wurden«. Aus dieser sozialen Elite rekrutierte sich auch die politische Elite auf Landesebene. 1886 stammten fast die Hälfte der Volksvertreter im britischen Unterhaus aus den großen britischen und irischen Gutsbesitzerfamilien. Vor allem wegen der Kosten der Wahlkämpfe musste man »reich sein, um einen Sitz im Parlament zu ergattern«. »In sozialer Hinsicht blieb die britische Regierungselite lange Zeit aristokratischen Ursprungs. Von 103 Kabinettsmitgliedern zwischen 1830 und 1868 stammten 56 aus dem gehobenen Landadel, 12 aus dem niederen Landadel.« 21 sind Geschäftsmänner oder Privatiers. Erst 1874 gelang zwei Arbeitern der Einzug in das Unterhaus. (Siehe Monica Charlot/Roland Marx, *La société victorienne*, Paris, Armand Colin, 1978, S. 54-57 und 197-202 [Übers. C. P.].)

scheiden kann (zumindest wenn man von den reichen Prassern absieht, die fast immer Neureiche oder Ausländer sind).

Der Staat ist zwar ein Organisationsprinzip. Aber seine organisatorische Rolle beschränkt sich den liberalen Grundsätzen entsprechend darauf, einen Rahmen vorzugeben, in dem die Potenziale der menschlichen Milieus – das heißt der in klar unterschiedene soziale Klassen unterteilten aristokratisch-kapitalistischen Ordnung – sich entfalten können. Der Staat hat durchaus auch einen Strafauftrag. Aber dieser besteht im Kampf gegen widrige Kräfte, die jene Selbstorganisation der menschlichen Milieus beeinträchtigen könnten und an denen Anarchisten, Ausländer, Betrüger, die sich nicht an Verträge halten, und manchmal auch Neureiche beteiligt sind, sowie ganz allgemein im Kampf gegen rebellische Anwandlungen in den unteren Klassen. In diesen verschiedenen Fällen ist das Handeln der Polizei als Vertreterin des Staates nützlich und sogar notwendig, damit die menschlichen Milieus ihr Gleichgewicht wiedererlangen und ihre autonome Entwicklung fortsetzen können. Ebenso kann der Staat unter dem Einfluss von Philanthropen Reformprojekte unterstützen, vor allem auf dem Gebiet der Bildung, um die Auswüchse der Armut zu bekämpfen (die vor allem der Widerborstigkeit und Niedertracht des Volkes entspringen), wenn diese die Harmonie der ökonomisch-politischen Ordnung gefährden.[57] Maßnahmen dieser Art sind aber nur eine Demonstration der Wohltätigkeit, die die Reichen beseelt (wenn es sich um gute Reiche handelt), das heißt von denjenigen, die außerdem legitimerweise über politische Autorität verfügen, deren Grundlage die Autorität der Parlamente bildet.

In einer derartigen politischen Ordnung, die zwangsläufig immer auch eine soziale Ordnung ist, ist die Unterscheidung von Öffentlichem und Privatem auf grundsätzlicher Ebene von größter Bedeutung und doch in der Praxis völlig nebensächlich. Sie spielt insofern eine zentrale Rolle, als sie eine Trennung von Ver-

---

57 Siehe Gertrude Himmelfarb, *Poverty and Compassion. The Moral Imagination of the Late Victorians*, New York, Knopf, 1991.

fassungsrang vollzieht, nämlich den Rechtsakt, der die Macht des Staates und dabei gleichzeitig deren Grenzen festlegt. In diesem Sinne schützt sie die auf dem staatlichen Hoheitsgebiet lebenden Personen vor ungerechtfertigten Interventionen des Staates, und sie hemmt die übergriffigen Tendenzen, die jede Verwaltung aufweist.[58] Von der Verwaltung wird dabei vor allem eine gewisse Regeltreue und eine gewisse Transparenz verlangt, so dass vermieden wird, dass die Verwaltungsmaßnahmen auf willkürliche und/oder verdeckte Weise durchgeführt werden. Das Prinzip der Öffentlichkeit ist das Gegenstück zum Prinzip der Privatheit. Das staatliche Handeln muss öffentlich gemacht werden, vor allem durch die Presse, während die Handlungen, die Personen in ihrem Privatleben vollziehen, Diskretion beanspruchen und sogar geheim bleiben können. Die Privatangelegenheiten von Privatpersonen sind ihre Angelegenheit. Erst die Verknüpfung von Öffentlichkeitsgebot in Bezug auf die öffentliche Hand und Diskretionsgebot für das Privatleben erlaubt die Ausbildung von so etwas wie einer »Zivilgesellschaft«.

In der Praxis wird dieser prinzipielle Unterschied jedoch weitestgehend relativiert, und zwar umso mehr, je höher die Position ist, die die betreffenden Personen in der Rangordnung bekleiden. Die Mächtigen, deren besonders gute Position sowohl auf ihre Zugehörigkeit zu einer alteingesessenen, angesehenen, reichen und oft adligen Familie als auch auf die Bedeutung ihrer ökonomischen Rolle zurückgeht, sind nämlich auch diejenigen,

---

58 »Die Herrschaft des Gesetzes setzt sich [...] im Rahmen von drei Prinzipien durch, die bereits 1885 von Albert Venn Dicey festgelegt wurden. Das *Legalitätsprinzip* schließt jegliche willkürliche oder wahllose Machtausübung aus und verleiht dem Gesetz seine wesentliche Rolle, das Individuum vor dem Zugriff der Macht zu schützen [...]. Das *Prinzip der Unparteilichkeit* setzt für jeden Bürger die gleichen Rechte und Pflichten vor dem Gesetz fest [...]. Und dem *Prinzip der Verfassungskonformität* zufolge darf schließlich kein Gesetz qua Definition verfassungswidrig sein – was letztlich heißt, dass gewöhnlich ein Votum des Parlaments ausreicht, um einen beliebigen Bestandteil der ›Verfassung‹ oder der Menschen- und britischen Bürgerrechte wie zum Beispiel die Monarchie oder den *Habeas Corpus* abzuschaffen oder zu ändern.« (Monica Charlot, *Le système politique britannique*, Paris, Armand Colin, 1976, S. 7f. [Übers. C.P.].)

die den Staat führen. In ihrem Fall ist es folglich sehr schwer, zwischen den Handlungen, die sich allein auf ihr Privatleben (ihre Geschäftsbeziehungen, ihr Familien- oder Liebesleben usw.) auswirken, und den Handlungen, die sich auf den Staatsbetrieb auswirken, klar zu unterscheiden. Alles, was sie betrifft, gelangt also tendenziell an die Öffentlichkeit, weil die Blicke der Öffentlichkeit (und zwar vor allem die der Journalisten) ununterbrochen auf sie gerichtet sind und jede noch so unbedeutende Handlung sich auf ihre *Reputation* auswirkt. Es gehört nämlich zur Reputationslogik, dass davon Personen (und/oder die Familien, denen sie angehören) in ihrer Gesamtheit betroffen sind und nicht einzelne Handlungen, die sie zu einem bestimmten Zeitpunkt, unter bestimmten Umständen und auf einem genau abgegrenzten Gebiet vollzogen haben mögen. Es ist zum Beispiel schwer, die Behauptung aufrechtzuerhalten, dass ein Staatsmann sein Amt perfekt ausfüllt und deshalb perfekt dafür geeignet ist, wenn er in Finanzfragen ganz ähnlich wie ein Betrüger handelt oder wenn er ein ausschweifendes Sexualleben führt. Natürlich sind schon viele Staatsmänner anderweitig Quasibetrüger gewesen, von ihrem Sexualleben ganz zu schweigen, aber diese Charakterzüge blieben zumindest so lange im Dunkeln, wie sie an der Macht waren. Die Reputationslogik wirkt sich also letztlich auf Akteure, die offizielle Positionen bekleiden, in einer Weise aus, dass die Trennungslinie zwischen Privatperson und öffentlicher Person verschwimmt.

Einer solchen politischen Ordnung, die Aristokratismus (in dem Sinne, dass sie auf dem Ansehen alteingesessener, ehrwürdiger Familien beruht), Kapitalismus und Umfragedemokratie in sich vereint – das heißt einer liberalen Ordnung –, wohnt daher eine Art innerer Widerspruch inne. Dieser geht einerseits auf die Bedeutung zurück, die der juristischen Unterscheidung von Öffentlichem und Privatem beigemessen wird – sie soll die Menschen vor staatlichen Übergriffen schützen und ihnen freie Hand lassen, ihre Angelegenheiten so zu regeln, wie sie es möchten, zumindest solange sie nicht kriminell sind –, und andererseits auf das Transparenzgebot für öffentliche Personen und öffentliches Handeln, über dessen Einhaltung eine zumindest idealiter gegenüber dem Staat autonome Presse wacht, die sich auf die Aufgabe beruft, die öffentliche Meinung aufzuklären. Deren penetrante Wachsamkeit verleiht den Reputationseffekten sehr großes Gewicht. Diese Spannung ist Teil der bedeutenden Persönlichkeiten selbst, und zwar aus mindestens drei Gründen.

Der erste Grund liegt in der Beschaffenheit des liberalen Staates selbst. Im Vergleich zu anderen politischen Ordnungen (zum Beispiel zu den absolutistischen Monarchien von Gottes Gnaden oder den heutigen bürokratischen Staaten) besteht dessen Hauptmerkmal nämlich in der Abschwächung der Vorstellung vom Staat als Wesen *an sich*. Ein Staat an sich wirkt so massiv wie ein großes Wesen aus Fleisch und Blut mit seiner Anatomie (dem Aufbau der Machtpositionen), seinem Reproduktionsmodus (zum Beispiel durch Wettkämpfe wie im von Max Weber beschriebenen chinesischen Mandarinentum), seinen Sitten und einer ihm eigenen Moral (der Staatsräson). Er verfügt so über eine Art autonomer Existenz, die von der Existenz der Menschen relativ unabhängig ist, die Positionen innerhalb des Staatskörpers bekleiden, sein Funktionieren gewährleisten und quasi – wenn man mir diese leviathanische Metapher einmal durchgehen lassen möge – seine Nahrung darstellen. Der Liberalismus verfolgt dagegen nun gerade die Absicht, den Hang des Leviathan zu verringern, sich über alle menschlichen Milieus auszubreiten und sie zu verschlingen. Dafür erfindet er eine neue Entität, die »Zivilgesellschaft«, der er großes Gewicht verleiht. In dem Maße, wie er das tut, rückt der Liberalismus nun aber letztlich die Einzelpersonen, die für das Funktionieren des Staates sorgen, so stark an den Staat heran, dem sie bei seiner Realisierung unter die Arme greifen, dass sie fast miteinander verschwimmen. Dieser Effekt des Verschwimmens verstärkt sich in der Demokratie (was Olivier Beaud »Bürgerstaat« nennt[59]), weil ja die Demokratie dem Prinzip nach, wenn auch offenkun-

---

59 Olivier Beaud, *La puissance de l'État*, a. a. O., S. 201.

dig nicht in der Praxis, davon ausgeht, dass jeder beliebige Bürger in der Lage ist, staatliche Ämter zu übernehmen.

Ein zweiter Grund liegt in der faktischen Verflechtung von Kapitalismus und Staat. Diese ist besonders klar zu erkennen, wenn dieselben Personen, die für das Funktionieren des Staates sorgen, auch den Grundbesitz kontrollieren, die Produktionsmittel, das Finanzkapital und dadurch die Arbeitskraft, das heißt den Rest der bürgerlichen Bevölkerung (beziehungsweise die Arbeiterschaft ohne staatsbürgerliche Rechte). Im edwardianischen England war das der Fall (in liberalen politischen Ordnungen ist das freilich praktisch immer der Fall). Nun liegt es aber in der Logik des Kapitalismus, dass er weder auf die Verbindung mit dem Staat verzichten kann noch in seinen Grenzen herrschen kann, ohne sie unaufhörlich zu überschreiten.

Der Kapitalismus wird nämlich durch private Aktivitäten in Gang gehalten. In ihm sind Individuen aktiv, die ihren Standpunkt geltend machen und ihre Eigeninteressen vertreten, aber in keiner Weise befugt sind, sie anderen aufzudrängen, selbst wenn sie konkret die Macht dazu hätten, so dass der Kapitalismus im Prinzip keinen Gehorsam verlangen kann, sondern nur die freiwillige Beteiligung derer, die er ausbeutet. In diesem Sinne kann man sagen, dass der Kapitalismus keine eigenen *Institutionen* besitzt, zumindest wenn man übereinkommt, Institutionen als körperlose Wesen zu betrachten, die vor allem semantisch für die nähere Bestimmung des Zusammenhangs zwischen der Lage der Dinge und den symbolischen Formen ausschlaggebend sind. Diese Autorität stützt sich auf ein Legitimitätsprinzip, das zwar immer weiter in den Hintergrund gedrängt und dadurch quasi unbestimmbar wird, das aber den Institutionen genügend Souveränität verleiht, um die Qualifikationen und den Wert der ihm unterworfenen Wesen zu bestimmen, ob es sich dabei nun um menschliche Wesen handelt oder um Dinge.[60] Daraus folgt, dass das, was man wie Williamson »Institutionen

---

60 Siehe Luc Boltanski, *Soziologie und Sozialkritik*, a.a.O., S. 82-129.

des Kapitalismus« nennen kann,[61] immer im Staat oder in zwischenstaatlichen Abkommen verwurzelt sein muss. Der Grund dafür liegt zweifellos darin, dass der Kapitalismus, selbst wenn er auf Mittel zurückgreift, die beileibe nicht gewaltfrei sind, im Unterschied zum Staat nicht das »Monopol legitimer physischer Gewaltsamkeit« besitzt. Die Gewalt, die er entweder über die Bürger einer Nation hat, in deren Händen die kapitalistischen Unternehmen liegen, oder auf noch sichtbarere Weise über die unterworfenen Einwohner eroberter Gebiete, besitzt deshalb ohne staatliche Unterstützung keine Durchschlagskraft, wie das Beispiel des Kolonialismus in aller Deutlichkeit zeigt. Die direkte Übernahme staatlicher Funktionen durch kapitalistische Akteure ist von daher das probateste Mittel, um die staatliche Autorität in den Dienst des Kapitalismus zu stellen – ob es dabei nun um die Gewährleistung von Eigentumsrechten, von Verträgen und von Regulierungen geht, die der Handelsverkehr zu befolgen hat, oder aber darum, durch Standards und Codes festzulegen, welche Eigenschaften die Dinge aufweisen müssen, die in Warenform zirkulieren sollen, usw.

Allerdings kann der Kapitalismus auch nicht florieren, wenn er auf die Rechtslogik des Staates eingeschränkt ist oder wenn er sich den nationalen Interessen und nationalistischen Ideologien vollständig verschreibt, mit denen – gerechtfertigt durch das Streben nach einem Gemeinwohl, das mit dem Wohl einer an ein Territorium und an eine Bevölkerung gebundenen Nation verwechselt wurde – die liberalen Staatskonzeptionen unterfüttert waren. Das Kapital, das als solches nur existiert, wenn es zirkuliert, und dessen Fortbestand oder Anwachsen deshalb vom Fließen der symbolischen Geldströme abhängt, die es verkörpern und/oder repräsentieren, entzieht sich letztlich allen auch noch so ernsthaften Versuchen, die Kapitalbewegungen einzudämmen – entweder indem sie strengen Regulierungen unter-

---

61 Oliver Williamson, *The Economic Institutions of Capitalism*, New York, Free Press, 1985 [dt.: *Die ökonomischen Institutionen des Kapitalismus*, Tübingen, Mohr, 1990].

worfen oder indem sie in Grenzen eingeschlossen werden. Dieselbe Ambiguität bestimmt das Verhältnis des Kapitalismus zum Bereich der Regulierungen und besonders der Rechtsnormen. Einerseits kommt der Kapitalismus, wie gesagt, nicht ohne die vom Staat erlassenen und durchgesetzten Regulierungen aus, um seine Umwelt zu stabilisieren und vor allem um den Wettbewerb einzuschränken und zwischen legitimem und unlauterem Wettbewerb unterscheiden zu können, aber andererseits setzt sich der Kapitalismus schon durch seine Funktionsweise unablässig über die Regeln hinweg, die ihm auferlegt sind. Jeder Operator möchte seine Konkurrenten Regeln unterwerfen, die er selbst zu umgehen sich größte Mühe gibt. Dieses, gelinde gesagt, ambivalente Verhältnis zur Regel nutzt den Spielraum, den der internationale Handelsverkehr durch das breite, den rechtlichen Rahmenbedingungen in den Ländern, zwischen denen das Kapital zirkuliert, entsprechende Spektrum von verschiedenen Vorschriften eröffnet.

Eine der Folgen aus diesem ambivalenten Verhältnis von Kapitalismus und Staat ist, dass die großen Persönlichkeiten, die in den liberalen kapitalistischen Demokratien an der Landesregierung beteiligt und meistens gleichzeitig wichtige Akteure im Wirtschaftsbetrieb sind, sich als Geschäftsmänner Freiheiten herausnehmen, die sich immer wieder auf ihre Reputation als Regierende auszuwirken drohen.

Wie dem auch sei: Es handelt sich schließlich um Männer! Das heißt übrigens, dass in der zwar liberalen, aber immer noch patriarchalisch geprägten Gesellschaft, in der der Kriminalroman entsteht, die männlichen Exemplare der menschlichen Gattung mehr noch als heute von Leidenschaften, Neigungen und ununterdrückbaren Trieben gepeinigt werden, die sie möglicherweise zu Taten verleiten, die, würden sie öffentlich bekannt, sich stark auf ihre Reputation auswirken dürften. In absolutistischen oder bürokratischen Staaten an sich können diejenigen, die die Staatsmacht verkörpern, im Übrigen durchaus ein Leben führen, das vor allem in sexueller Hinsicht einen einfachen Bürger in Misskredit bringen würde, ohne dass es ihnen schadet. In einer liberalen politischen Ordnung müssen die an der Landesregierung Beteiligten sich dagegen gerade deshalb zu einem Leben zwingen, das der gängigen Moral entspricht (dem, was man früher »bürgerliche Moral« nannte), weil der Staat, in dem sie einen wichtigen Platz einnehmen, schwächer ist und den Personen nähersteht, die ihm dienen und denen er im Gegenzug dient. Sie müssen also einer besonders sorgfältigen und anspruchsvollen Erziehungsarbeit unterzogen werden, damit sie über ein starkes *Über-Ich* verfügen, das imstande ist, ihr Vermögen zur Selbstkontrolle zu stärken.

Das Über-Ich[62] ist in diesem Fall eine Vermittlungsinstanz zwischen der individuellen Psyche – den menschlichen, zur Selbstorganisation fähigen Milieus – und dem Staat, insofern seine Aufgabe darin besteht, den reibungslosen Ablauf dieser Selbstorganisation zu fördern und das zu bekämpfen, was sie gefährden könnte. Dieses Über-Ich soll die wichtigen und verantwortlichen Akteure bei der Ausübung ihrer öffentlichen Ämter von betrügerischem Handeln – wie der Veruntreuung von Geldern –, korruptem Handeln oder Verrat abhalten. In diesem Fall wird aber das Vertrauen, das wir in sie legen können, zu einem Großteil von der Kontrolle durch die Verwaltung abgesichert, der sie unterliegen. Das Über-Ich der Großen muss also vor allem in Bezug auf alles, was ihr Privatleben betrifft, wirksam sein. Wenn man nämlich vermeiden will, dass der Staat ins Innere der bürgerlichen und aristokratischen Häuser vordringt, dürfen die Handlungen, die sich dort abspielen, die Gesetze nicht allzu sehr übertreten; im Verhältnis zu den geltenden – nicht unter Verweis auf die Staatsräson, sondern im Hinblick auf das gewöhnliche Moralgefühl derjenigen, die Untertanen des Staates sind, bestimmten – moralischen Normen müssen sie mehr oder weniger einwandfrei sein.

Das gilt für alles, was die Verwaltung des gemeinschaftlichen

---

62 Über die politischen Dimensionen des Über-Ichs siehe Étienne Balibar, »Freud et Kelsen 1922. L'invention du Surmoi«, in: *Incidence* 3 (Oktober 2007), S. 21-74.

Erbes oder das Geschäftsgebaren anbelangt, mehr aber noch für das, was das Familien- und Sexualleben betrifft. Die riesigen Anwesen, in denen die großen Persönlichkeiten leben, beherbergen viele Bewohner, Herren und Bedienstete gemischt, ganz zu schweigen von den Verwandten, vor allem den armen Verwandten – alte Jungfern oder junge und unschuldige Waisenmädchen –, die vom Status eine Zwischenstellung zwischen beiden einnehmen und wegen ihrer Schwäche voll und ganz der Macht des oder der Hausherren unterstehen. Man kennt die Art und Weise, wie der englische Liebesroman und dann der Schauerroman diese Geschlossenen Gesellschaften zu nutzen wussten, um in ihnen eine äußerst zwielichtige und spannungsgeladene Atmosphäre zu erzeugen. Das Über-Ich der Herren soll ihnen erlauben, sich den Versuchungen zu entziehen, vor allem den sexuellen, die sich in solchen Situationen bieten, oder, wenn ihnen das nicht gelingt, ihr Fehlverhalten diesseits einer Grenze zu bewahren, jenseits derer es schwierig werden dürfte, es versteckt zu halten.

In seiner englischsprachigen Form liefert der Kriminalroman also eine Darstellung der Dilemmata, die sich in der liberalen Gesellschaft um die Spannung zwischen zwei gegensätzlichen Prinzipien ranken. Nämlich einerseits die Aufrechterhaltung der Trennung von Öffentlichem und Privatem sowie die Achtung des Privatlebens der Menschen und andererseits das Transparenzgebot, das vor allem über die Pressefreiheit eine Kontrolle des Handelns von öffentlichen Personen, einschließlich ihrer Handlungen im Bereich des Privatlebens, durch die öffentliche Meinung erlauben soll. Im Rätsel, vor allem wenn es kriminelle Bestandteile aufweist (was allerdings fast immer der Fall ist), kommen Umstände zusammen, unter denen die öffentliche Hand in ihren beiden Gestalten, nämlich erstens in der im Staat verkörperten und zweitens in der durch die Presse repräsentierten Gestalt, dazu berechtigt ist, bis in das Innere der ob nun bürgerlichen oder adligen Häuser vorzudringen, um dort die widerwärtigsten Geheimnisse auszugraben und zu enthüllen.

Der liberale Kontext, dessen Umrisse wir gerade in Erinnerung gerufen haben, fehlt in den Geschichten, deren Held Maigret ist. Als französischer Polizist ist Maigret mit einer sozialen Realität konfrontiert, die sich historisch aus einem ganz anderen Verhältnis der menschlichen Milieus zum Staat ergibt. Auch in diesem Kontext sind die menschlichen Milieus fähig, sich selbst zu organisieren. Aber diese Selbstorganisation erfolgt bruchstückhaft, sie verbirgt sich hinter der Macht der Gewohnheit und neigt immerfort zu Gesetzesübertretungen. Sie vollzieht sich unabhängig vom Staat und unter Umständen auch gegen ihn, und von daher mehr oder weniger ungeordnet. Die daraus entstehenden Teilstücke bilden spezifische »Milieus« – manche sind räumlich begrenzt, andere professionell oder an gewisse soziale Klassen gebunden –, die jeweils eigene Normen oder vielmehr »Sitten« haben, und für die »das Milieu«, das heißt die Welt der Banditen und der Gesetzesübertretung das Modell abgibt. Sie nehmen also leicht den Charakter einer »Mafia« an. Die selbstorganisierte Vielfalt von ausdifferenzierten Milieus entzieht sich so jeder Form von unmittelbarer Totalisierung. Ohne den Gestaltungswillen des Staates wären sie nicht in der Lage, sich untereinander zu einer *Gesellschaft* zu verbinden. Manchmal verschließt der Staat vor ihrem sozialen und moralischen Leben eher die Augen und lässt sie sich nach ihren besonderen Sitten selbst verwalten, manchmal zeigt er sich ihnen gegenüber autoritär und gelegentlich sogar gewalttätig, wenn diese Sitten seiner Einschätzung nach die Gesetze zu sehr übertreten und schon die Möglichkeit einer umfassenden Ordnung in Frage stellen. Die Existenz einer Nation, die vor den auf ihre Erschaffung verwandten Bemühungen nicht bestanden hat, hängt also im Wesentlichen vom staatlichen Handeln ab. Ohne das gestalterische Handeln des Staates würden lokale Teilgebiete, Klassensolidaritäten oder politische Seilschaften sich notwendig gegenüber der Schaffung einer Totalität durchsetzen – einer Totalität, die stets durch Gegensätzlichkeiten gefährdet ist, die zu ihrer Zersplitterung führen, wenn sie nicht sogar die Form eines Bürgerkriegs annehmen.

Diese in Simenons Geschichten enthaltene Art, die Realität

zu konturieren, rückt also zu weiten Teilen von der Art Realität ab, die Conan Doyles Erzählungen zeichnen. Im liberalen postviktorianischen Staat beruht die Feinabstimmung zwischen Gesellschaft und Staat auf der Existenz einer herrschenden Klasse, die zugleich den Kern der zivilen und der politischen Gesellschaft bildet. Umgekehrt sind in der sozialen Realität, die sich in den Maigret-Geschichten entfaltet, die auf die menschlichen Milieus einwirkenden Kräfte von der Macht des Staates zumindest dem Prinzip nach, wenn nicht faktisch abgespalten. In diesem narrativen Dispositiv verkörpert sich der Staat als Legitimationsinstanz in der Verwaltung, und zwar ausschließlich in ihr. Es ist die Verwaltung, über die sich die Staatsgewalt manifestiert und die deren Fortbestand gewährleistet, auf welchem politischen System eine stets als vorübergehend und als mehr oder weniger beliebig behandelte Regierung auch immer beruhen mag. Das kann nur sie allein, denn sie hat als Einzige eine den anderen übergeordnete Position inne, die ihre Unabhängigkeit von den verschiedenen Milieus gewährleistet, von den lokalen Mächten, den ökonomischen Kräften, den politischen oder religiösen Voreingenommenheiten oder Parteilichkeiten und auch gegenüber dem Staat selbst als politischer Entität. Ihre Unabhängigkeit im Hinblick auf die lokalen Mächte und Hierarchien garantiert ihre Unparteilichkeit. Aber sie ist auch um größtmögliche – sich aber zu ihrem Bedauern immer nur als relativ darstellende – Autonomie gegenüber den politischen Mächten bemüht, die dem Prinzip nach die Regierung jener Totalität stellen, die der Nationalstaat bildet. Die politische Macht und besonders die Macht, die sich in den Parlamenten verkörpert, infolgedessen aber auch in den Ministerien und Kabinetten, kann nämlich je nach dem Kräfteverhältnis zwischen den verschiedenen Fraktionen der herrschenden Klasse, von diesen oder jenen Vertretern der ökonomischen Macht, von diesen oder jenen parteipolitischen oder religiösen Fraktionen mehr oder weniger stark vereinnahmt werden. Oder sie kann durch interessengebundene Gefälligkeiten verzerrt werden, die man diesem oder jenem lokalen sozialen Milieu schuldig ist. Der Staat läuft immer Gefahr, korrumpiert zu werden, wenn er in bestimmten politischen Kräften leibhaftig wird. In diesem zutiefst antiliberalen, das heißt sowohl antiparlamentarischen als auch im Hinblick auf die Reichen und Mächtigen[63] grundsätzlich misstrauischen und kritischen Romanuniversum befinden sich die einzigen Kräfte, auf die sich die Verwaltung als Garantin der Integrität des Staates stützen kann, unter den »Kapazitäten«.

Diese gebildeten und folglich aufgeschlossenen Mitglieder des kleinen und mittleren Bürgertums, die häufig aus »einfachen Verhältnissen« kommen und ihre Position nur ihren Verdiensten verdanken, und unter ihnen vor allem die Ärzte, verkörpern jene Mischung aus Uneigennützigkeit, Aufopferung für das Gemeinwohl und auch illusionslosem Rationalismus beziehungsweise humanistischem Materialismus, die einen guten Beamten ausmacht. Wie wir gesehen haben, hatte Maigret, der aus einer einfachen Familie stammt, bevor er in den Polizeidienst eintrat, ein Medizinstudium begonnen, das er mangels ausreichender ökonomischer Mittel abbrechen musste. Nur weil er nicht nur ein seiner Verwaltung ergebener Polizeibeamter ist, sondern wie alle anständigen Ärzte ein Mann, dem man sich anvertrauen kann, der in der Lage ist zuzuhören und Verständnis zu zeigen, gelingt es Maigret, die kriminalistischen Rätsel zu entwirren. Wie ein guter Arzt weiß er alles über »den Menschen« im Allgemeinen, über seine Neigungen, seine Triebe, und wie ein echter Soziologe weiß er auch alles, was jeder Einzelne den sozialen Bedingungen verdankt, in die er hineingeboren wurde.

Die Parallelisierung der Krimiuniversen von Sherlock Holmes auf der einen und von Maigret auf der anderen Seite eröffnet so eine interessante Perspektive auf die in Frankreich mit der Entgegensetzung von links und rechts einhergehenden Empfindlichkeiten. Am besten sagen wir gleich, dass beide Universen auf ihre jeweilige Art gleichermaßen reaktionär und nationalis-

---

63 Die Jahre, in denen Simenon einen Großteil der Maigrèt-Geschichten schrieb, waren auch die Jahre der größten Aufmerksamkeit für den »Mythos« von den zweihundert Familien (siehe René Sédillot, *Les deux cents familles*, Paris, Perrin, 1988).

tisch sind. Die Frauen werden im einen wie im anderen Fall herabgewürdigt, sie werden im Wesentlichen entweder als Opfer betrachtet oder – in den englischen Erzählungen – als Gefahrenquelle und – in den französischen Erzählungen – als Sexualobjekt. Die von der Norm abweichen, sind zumindest potenzielle Verbrecher und deshalb immer verdächtig. Ebenso verhält es sich mit den Ausländern, besonders mit den Ausländern in einer so genannten »irregulären« Situation, die in zahlreichen Fällen außerdem noch gefährliche Revolutionäre mit anarchistischen und kriminellen Neigungen sind. Für den französischen Leser ist Sherlock Holmes' Welt klar konservativ, aber auf eine archaische Weise, die verhindert, dass man das gleichwohl zutiefst politische Ziel, das hinter den Erzählungen steht, zu ernst nimmt. Die Bedeutung, die in diesen Geschichten den Mitgliedern der reichen und adligen Familien beigemessen wird, lässt keinen Zweifel am Konservatismus des Autors aufkommen, aber die Figuren, die er darstellt, sind exotisch genug, dass der romantische Charme des edwardianischen England am Ende über alle anderen Erwägungen obsiegt. Wenn man Sherlock Holmes als dem Helden der liberalen Welt gerecht werden will, sollte man dennoch nicht unterschlagen, dass er einen Staat verteidigt, der immerhin ein Rechtsstaat ist, das heißt ein Staat, in dem das Privatleben relativ geschützt ist, außer wenn es durch ein Gewaltverbrechen an die Außenwelt gezerrt wird, in dem man nicht irgendwann irgendjemanden für irgendetwas einsperren kann, in dem nicht einmal die (häufig miteinander verwechselten) Verbrecher oder Ausländer von der Polizei über Gebühr misshandelt werden und in dem auch die Reichen und Mächtigen möglicherweise vor Gericht Rechenschaft ablegen und öffentliche Schmach über sich ergehen lassen müssen. Um ihnen ebendiesen Affront zu ersparen, klärt Sherlock Holmes die jämmerlichen Affären, in die sie sich haben verstricken lassen, ja gerade heimlich, still und leise auf.

Die Geschichten und die Figur von Maigret können weiterhin beim französischen Leser den Eindruck hinterlassen, links zu sein, das »Einfache« zu bevorzugen. Maigret ist, wie gesagt,

»einfacher Herkunft«. Seine persönlichen Vorlieben liegen eher auf Seiten der »einfachen« Leute als bei den wichtigen Persönlichkeiten, die ihn einschüchtern und abstoßen. Er mag »einfache« Dinge (seine Pfeife, die man sich prall mit Feinschnitt gefüllt vorstellt, Calvados, gutes und schweres Essen ganz wie bei Muttern, kleine Bistros und das Kino). Seine Denkweise ist »einfach«: Er versteht alles intuitiv, hat gesunden Menschenverstand und gibt sich niemals eitlen Spekulationen hin; er hat nichts von einem Intellektuellen, und an keiner Stelle wird er als jemand beschrieben, der gerade dabei ist, etwas zu lesen, das einem Buch auch nur entfernt ähnlich sieht. Und »einfach«, also bescheiden, sind vor allem seine finanziellen Mittel. Er hat kein Interesse an Geld, strebt auch nicht danach und verabscheut die Reichen. Obwohl er seine private politische Meinung nicht bekundet und sich insgesamt als eher konservativ zeigt, hat Maigret also etwas »Linkes«, zumindest in dem Sinne, dass ihm das liberale Denken vollkommen fremd ist.

Man sollte jedoch beachten, dass der Antiparlamentarismus, der sich durch zahlreiche Maigret-Geschichten zieht, nicht gerade von demokratischen Neigungen zeugt. Darüber hinaus ist der Unterschied zwischen dem, was automatisch in den Machtbereich der Verwaltung fällt, und dem, was außerhalb ihrer Reichweite bleiben sollte, weil es zur Privatsphäre gehört, für Maigret und für die Polizei, der er angehört, vollkommen unerheblich. Und schließlich sei hinzugefügt, so paradox das auch erscheinen mag, dass die Welt der Verwaltung und insbesondere der Polizei, so wie sie in den Maigret-Geschichten beschrieben wird, keinerlei rechtlichen Zwängen unterliegt. Aus ihr atmet eher ein häuslicher und patriarchalischer Geist. Der Staat, dem Maigret treu ergeben ist, ist bei weitem kein Rechtsstaat. Das Handeln der Polizei ist undurchsichtig, und die von allen verachteten Journalisten werden manipuliert oder absichtlich fehlinformiert und auf falsche Fährten gelockt, damit sie die Öffentlichkeit in die Irre führen. Ebenso zögern die Polizisten keine Sekunde, die Verdächtigen mit ziemlich fiesen Winkelzügen zu verwirren und sie im Zuge endlos langer Verhöre zusammenzuschlagen. Maigret selbst lässt sich manchmal dazu hinreißen, sie zu ohrfeigen, vor allem wenn es sich um sehr junge Leute handelt, die auf die »schiefe Bahn« geraten sind, aber immer nur, wird präzisiert, wie ein Vater (ein »guter Familienvater«), der seinen Sohn auf den rechten Weg zurückführen möchte. Im »linken« Klang von Simenons Romanen, so dürfte man verstanden haben, kommt die antiliberale Linke auf ganz besondere Weise zum Ausdruck. So wie unter dem Vichy-Regime, als es darum ging, zwischen autoritärem Etatismus, allgegenwärtiger Verwaltung, patriarchalischer Ideologie, Traditionalismus, der Feier des gesunden Volksempfindens, Fremdenfeindlichkeit und übersteigertem Nationalismus einen Kompromiss zu finden. Man muss jedoch hinzufügen, dass auch Maigrets Vichyismus, wie seine ganze Person, »einfach« und bescheiden, gewissermaßen unbewusst oder natürlich ist. Maigret hat, wie gesagt, keine genauen politischen Vorstellungen und erst recht keine Ideologie. Nichts weiter als einen aufrichtigen gesunden Menschenverstand und einen soliden Realismus. Seinen Neigungen nach scheint er sogar eher ein Skeptiker oder sogar Relativist zu sein. Aber Skeptizismus, Relativismus und sogar Humanismus können sich im Leben und vor allem im Innenleben in ganz besonderen Augenblicken äußern, ohne das Gesamtbekenntnis zu einer sozialen Ordnung zu gefährden, die diese Weltanschauungen ablehnt, wenn die Realität ganz und gar von faschistoiden Dispositiven durchdrungen und geprägt ist. Der Realismus ist dann nichts weiter als die Transformation dieser Dispositive in Dispositionen, die einen quasi natürlichen Charakter annehmen, wenn sie in subjektive Befindlichkeiten übergehen.

Viertes Kapitel
Die Identifizierung von Geheimagenten

Der Spionageroman als Weiterführung des Kriminalromans

Als eigenständige Gattung setzt sich der Spionageroman etwa dreißig Jahre nach der Entstehung der Kriminalerzählung durch. Selbst wenn Spion- und Spionagegeschichten in französischen Romanen schon zu Beginn des 20. Jahrhunderts (vor allem bei Maurice Leblanc) vorkommen, dürfte doch Großbritannien als das Land anzusehen sein, in dem sich diese Gattung in kanonischer Form vor und nach dem Anfang des Ersten Weltkrieges etabliert. Zur Freilegung ihrer Strukturen werden wir uns auf eine Erzählung stützen, die bei der Begründung dieser Gattung eine unleugbare Rolle gespielt hat: Es handelt sich um John Buchans 1915 erschienenen Roman *Die neununddreißig Stufen*.[1] Dieser Roman kann insofern Anspruch auf *Originalität* erheben, als er die Hauptanforderungen festlegt, denen diese Gattung genügen muss. Deshalb werde ich, wie im Fall des Kriminalromans, die These vertreten, dass die unzähligen Spionageromane, die in der Folgezeit und insbesondere während des Kalten Krieges ab den 1950er Jahren entstanden, als Transformationen angesehen werden können, die zwar manchmal umgekehrte Wertungen vornehmen (wenn zum Beispiel der ausspionierte/spionierende Staat nicht mehr Opfer, sondern Aggressor ist), aber grundsätzlich nach dem von Buchan vorgegebenen Muster vorgehen.

Der ursprüngliche Spionageroman hat mit der Gattung des Kriminalromans vieles gemeinsam. Im einen wie im anderen Fall sind Staatsbedienstete und/oder Privatpersonen mit Rät-

---

[1] John Buchan, *The Thirty-Nine Steps* (1915), Harmondsworth, Penguin, 1994 [dt.: *Die neununddreißig Stufen*, Zürich, Diogenes, 1975].

seln, Bedrohungen und Gewalt konfrontiert. Vor allem aber greifen beide Gattungen auf denselben Kunstgriff zurück. Dieser besteht zunächst darin, im Hinblick auf die Robustheit und Stabilität der *Realität* eine Verunsicherung zu erzeugen. Hinter dem, was man gewöhnlich für real hält, verbirgt sich eine andere, undurchdringliche und finstere Realität. Vordergründig ehrbare und unproblematische Personen (zum Beispiel ein gebildeter älterer Herr, der sich in eine bezaubernde Villa an der Küste zurückgezogen hat) offenbaren eine andere Identität, und ihre vordergründig folgenlosen Taten lassen den Verdacht auf heimtückische und beunruhigende Absichten aufkommen. Vordergründig gewöhnliche und friedliche Situationen (zum Beispiel eine Partie Bridge unter Nachbarn in einem Salon, in dessen Kamin ein schönes Holzfeuer brennt) sind plötzlich voller unberechenbarer Gefahren usw. Aber der Kunstgriff besteht auch darin, die so hervorgerufene Verunsicherung nach zahlreichen überraschenden Wendungen wieder abzubauen und die Erschütterung der Realität zu beheben. Sowohl beim Auslösen als auch beim Abmildern dieser Verunsicherung kommen die Erwartungen zum Tragen, die in den Staat gesetzt werden. Zunächst wird die Fähigkeit des Staates in Zweifel gezogen, die Aufgabe zu erfüllen, die er sich selbst gesetzt hat, als er sich zum nationalstaatlichen Träger der Souveränität machte, das heißt seinen Anspruch, die Sicherheit der Bevölkerung eines Territoriums in allen Lebensbereichen zu gewährleisten, was eine nahezu vollständige Beherrschung der Realität voraussetzt. Nachdem man kurz daran zweifeln konnte, dass dieser Anspruch den anstehenden Herausforderungen gerecht wird, erweist der Staat sich schließlich doch noch als auf der Höhe der Anforderungen, die er an sich stellt. Kriminalroman und deutlicher noch der Spionageroman funktionieren also wie narrative Dispositive, die den Staat vor *Prüfungen* stellen und zeigen, wie es ihm gelingt, sich vorteilhaft aus der Affäre zu ziehen, was – zumindest aus der Optik, die in den ursprünglichen Formen dieser beiden Gattungen vorherrscht – auch dem nationalen Interesse zugutekommt.

Vor diesem gemeinsamen Motiv zeichnen sich weitere, zweitrangige Charakterzüge ab. Gewalt natürlich und die Notwehr, die der Staat in Reaktion auf die von kriminellen oder subversiven Subjekten begangenen Gewalttaten (oder ihre Androhung) durch die Gewalttätigkeit seiner Beamten oder anderer wohlmeinender Menschen ausübt, die sich in seinen Dienst stellen. Lüge und doppeltes Spiel: Die Möglichkeit des doppelten Spiels ruft eine radikale Ungewissheit in Bezug auf die Handlungen, Absichten und sogar die Identitäten der Hauptakteure hervor. In beiden Fällen ist niemand vor Verdächtigungen sicher, was bedeutet, dass die Eigenschaften, die die Akteure bei ihrer Selbstdarstellung und näheren Bestimmung an den Tag legen, in keiner Weise als authentisch gelten können. Und schließlich – im Spionageroman vielleicht noch stärker als im Kriminalroman – eine Geisteshaltung, die unter normalen Bedingungen leicht und mit guten Gründen ein Indiz für eine so genannte *paranoide* Persönlichkeit abgeben würde. Die Hauptpersonen sind nämlich in einer so großen Ungewissheit befangen, dass die Forderung nach Beweisen für die Realität dessen, was sich als real darstellt, letztlich in einen unendlichen Regress führt.

Auch eine letzte Figur, die wir im ursprünglichen Kriminalroman identifizieren konnten, ist im Spionageroman ebenfalls präsent: die Spaltung des Helden. Es handelt sich nicht mehr um die Spaltung Detektiv *versus* Polizist (wie in den Sherlock-Holmes-Geschichten) und auch nicht um die Persönlichkeitsspaltung, die ein und denselben Akteur in den Beamten und den Menschen zweiteilt (wie in den Maigret-Geschichten), sondern um eine noch beträchtlichere Form der Spaltung. Der Held sieht sich in zwei Wesen geteilt: eines, das jagt, und eines, das gejagt wird. Im ursprünglichen Spionageroman hängt das Schicksal des Staates von einem gewöhnlichen Mann ab, der nicht nur nicht im Staatsdienst steht, sondern beschuldigt und verfolgt wird – einerseits von den Staatsfeinden und andererseits von den offiziellen Vertretern, ob nun Polizisten oder Verräter, des Staates, den zu retten er sich gewissermaßen gegen dessen Willen gerade anschickt. Wie wir sehen werden, ist das bei Richard Hannay, dem Helden von John Buchan, der Fall, aber auch bei Carruther und Davies, den Helden von Erskine Childers' Roman *Das Rätsel der Sandbank* (1903), der in manchen Gesichtspunkten Buchans Bücher vorwegnimmt,[2] und in deren Folge dann in den von Eric Ambler und Graham Greene in den Jahren zwischen 1930 und 1940 verfassten Spionageerzählungen (dabei ist insbesondere an das 1943 erschienene *Zentrum des Schreckens* zu denken).

Die zwei Zustände des Staates[3]

Es besteht jedoch ein wichtiger Unterschied zwischen dem Kriminalroman und dem Spionageroman. Dieser betrifft *den Zustand des Staates*, wenn man so sagen kann. Der Kriminalroman setzt einen Staat im *Friedenszustand* in Szene, der Spionageroman einen Staat im *Kriegszustand*. Das nahtlose Gewebe der Realität als ein nach feststehenden Kausalbeziehungen strukturierter Tatsachenkomplex, der Vorhersehbarkeit erlaubt, wird in beiden Fällen durch Gewalt, Unordnung oder Anomalien zerrissen, die sich zunächst in Form von *Rätseln* darstellen. Wenn man vom Staat im Friedenszustand ausgeht, werden diese Anomalien aber von einzelnen oder wenigen beteiligten Personen verursacht, die aus privaten Motiven handeln (Geld, Reputation, Sex usw.), das heißt nach Maßgabe von persönlichen Interessen. Die Anomalien sind also *lokale Eigentümlichkeiten* und haben Ereignischarakter. Wie alle Ereignisse sind sie speziell, aber die Entitäten, denen sie zuzuschreiben sind, damit sie Sinn ergeben – worin die Aufgabe der Untersuchung besteht –, sind ebenfalls einzelne, singuläre Personen. Ihr Auftreten stellt zwar eine Herausforderung für die Erwartung einer stabilen Realität dar (weil ja die Sicherheit nicht mehr gewährleistet wäre, wenn

---

2 Zu diesem Punkt siehe David Seed, »The Adventure of Spying. Erskine Childers's ›The Riddle of the Sand‹«, in: Clive Bloom (Hrsg.), *Spy Thrillers*, a. a. O., S. 28-34.

3 [Frz. *états de l'état*; Wortspiel mit den zwei Bedeutungen von »état« als »Staat« und »Zustand«, das sich im Deutschen so nicht wiedergeben lässt.]

sich diese Eigentümlichkeiten häufen würden) und die Realität verteilt sich sehr wohl auf eine vordergründig sichtbare, aber teilweise oder vollständig trügerische *Oberflächenrealität* auf der einen und eine verdeckte, aber reale *tiefe Realität* auf der anderen Seite. Aber diese Dualität bedroht die Realität trotzdem nicht unmittelbar und insgesamt, weil diese Ereignisse nicht intentional gegen den Staat als Garanten der Realität gerichtet sind. Man kann sagen, dass der Kriminalroman in dem Sinne apolitisch ist, dass der Staat darin nicht von Feinden angegriffen wird (obwohl die großen Kriminellen als »Feinde der öffentlichen Ordnung Nummer eins« bezeichnet und dadurch mit »Terroristen« verglichen werden können).

Die Veränderung der Realität betrifft in diesem Rahmen also nicht die Gesamtgesellschaft, sondern einen speziellen Punkt, ein Dorf, ein Milieu, eine Organisation, eine Person oder eine Personengruppe usw., deren Korruptheit plötzlich durch ein auftretendes Rätsel und seine Auflösung enthüllt wird. Aber zumindest im ursprünglichen Kriminalroman bleibt der Staat dabei integer – das heißt unversehrt. Erst in den Transformationen, denen diese Form gegen Mitte des 20. Jahrhunderts vor allem seit der Entstehung des amerikanischen Roman noir unterworfen ist, weitet sich die zuvor als lokal dargestellte Korruption offen auf die Gesamtgesellschaft aus und betrifft schließlich auch den Staat und seine Repräsentanten selbst, die manchmal ebenso zwiespältig oder korrupt wirken wie die Verbrecher. Diese Art Immunität oder besser noch Exteriorität, die der Staat im ursprünglichen Kriminalroman genießt, verleiht dieser Entität die Macht, die Risse im Gewebe der Realität, die sich auf lokaler Ebene im Verbrechen und seiner rätselhaften Aura manifestieren, wieder auszubessern. Diese Macht leitet sich aus der legitimen Autorität ab, über die der Staat verfügt. Aber eben weil diese Macht, wie wir gesehen haben, durch die Legalität einer Selbstbeschränkung unterliegt, macht ihre Ausübung häufig den Rückgriff auf etwas *Zusätzliches* erforderlich – entweder indem zusätzliche Personen eingreifen (Amateurdetektive wie Sherlock Holmes), besonders wenn die Verbrecher zur Elite gehören und

Funktionen innerhalb des Staates bekleiden, oder indem menschliche Fähigkeiten im eigentlichen Sinne zum Einsatz kommen, die die Verwaltungsrichtlinien überschreiten und manchmal umgehen (wie im Fall von Maigret).

Natürlich kann man die Vorstellung ablehnen, dass die ursprünglichen Kriminalromane apolitisch sind, und sie für konservativ halten, weil sie sich auf die Seite der Ordnung stellen. Aber eine solche Transformation hieße, sie von einem Standpunkt aus zu betrachten, der ihnen äußerlich ist und von dem aus ein kritisches Urteil über die fragliche Ordnung gefällt werden kann. Denn es gehört zur Struktur des Kriminalromans, dass die Ordnungskräfte am Ende immer den Sieg davontragen. Der Staat im Frieden ist deshalb insofern ein starker Staat, als es ihm gelingt, störende Faktoren in den Griff zu bekommen und die Grundzüge einer vorhersehbaren Realität wiederherzustellen. Wenn die zwiespältigen Akteure erst einmal aufgeflogen sind, besteht kein Anlass zu Verdächtigungen mehr, und der äußere Anschein stimmt wieder mit der Realität überein.

Der ursprüngliche Spionageroman wiederum stellt einen deutlich anderen Fall dar. Er inszeniert nämlich einen Staat im *Kriegszustand*, ob die für den Staat Verantwortlichen sich dessen nun bewusst sind oder ob sie, wie in *Die neununddreißig Stufen,* die Bedrohung verkennen oder die Bedeutung des Angriffs unterschätzen, dem die öffentliche Hand ausgesetzt ist. Ein Staat im Kriegszustand ist in erster Linie ein fragiler Staat, weil er als Entität, das heißt als juristische Person einer Prüfung unterworfen ist, bei der zu verstehen gegeben wird, dass er nicht siegreich daraus hervorgehen könnte (sonst wäre es weder spannend noch ein Roman). Ein Staat im Krieg hat es nicht nur mit einzelnen oder mehreren Individuen – Verbrechern – zu tun. Er kämpft gegen ein mehr oder weniger wichtiges, mehr oder weniger organisiertes Bündnis, das seine persönliche Integrität bedroht. In diesem Fall muss also der Staat als Quasi-Individuum sein Leben um jeden Preis verteidigen. Deshalb ist der Spionageroman schon von seiner Konstruktion her *politisch*, weil es in ihm um einen Kampf geht, den ein Kollektiv – das im Nationalstaat verkörpert ist – gegen ein anderes Kollektiv führt, das sein Feind ist, ob dieses Kollektiv nun einen Namen hat – wenn es sich um einen anderen Nationalstaat handelt – oder unscharf bleibt – etwa wenn der Staat sich gegen schwer nachweisbare subversive Machenschaften verteidigen muss.

Durch diese dramatische Lage erhöht sich die Ungewissheit beträchtlich, die allgemeinen Charakter annimmt. Der Staat selbst ist davon betroffen; er ist von nun an weder vor doppeltem Spiel noch vor Verdächtigungen sicher. Das gilt offenbar für die Regierungen fremder Mächte, deren Spionageaktivitäten auf nationalem Territorium stattfinden. Aber es gilt auch – wie im Fall der kanonischen Fassung der Spionageerzählung, die uns als Beispiel dient – für den Staat, der die Gesellschaft leiten und schützen soll. Die gesamte Gesellschaft wird durch die Machenschaften – die die Form von Komplotten annehmen – von subversiven und geheimen Großorganisationen gefährdet, deren Umfang den territorialen Rahmen einer Nation weit übersteigt und deren Verzweigungen bis in den Kern des Staates selbst reichen, der dadurch teilweise oder vollständig korrumpiert oder zumindest handlungsunfähig gemacht wird. Die Verteidigung der Gesellschaft kommt also irgendjemandem zu, einer beliebigen Person, die über keinerlei offiziellen Auftrag verfügt, aber über ein Gewissen, Intelligenz und den außergewöhnlichen Mut, diese Aufgabe auf eigenes Risiko und auf eigene Gefahr hin zu übernehmen. Und zwar ohne die Hilfe des Staates und manchmal sogar gegen ihn.

Spionageroman und Kriegsroman

Obwohl er sich aus Kämpfen speist, die von politischen Entitäten bis aufs Messer ausgefochten werden, sollte man den Spionageroman nicht mit jener anderen Gattung verwechseln, die der Kriegsroman bildet. Ohne hier ins Detail zu gehen, sei vermerkt, dass der Kriegsroman im Wesentlichen zwei Formen annehmen kann. Nämlich auf der einen Seite eine heroische Form, in der alle an einem Strang ziehen, und auf der anderen eine individualistische und zumindest potenziell kritische Form. Im ersten Fall nimmt der Autor den Standpunkt der Gesamtheit ein und schildert uns, selbst wenn er Einzelpersonen darstellt, wie eine Nation unter staatlicher Führung heroisch und in großer Geschlossenheit der Gewalt die Stirn bietet, die ein oder mehrere andere Nationalstaaten ausüben. In seiner individualistischen Form beschreibt der Kriegsroman die unvorhersehbaren Ereignisse und Wendungen, mit denen Menschen konfrontiert sind, in denen sich häufig ein Sozialtypus verkörpert, der gegen seinen Willen in diesen Krieg hineingeraten ist. In den zahlreichen Erzählungen dieser Art nach dem Ersten Weltkrieg (für die *Tod auf Kredit* von Louis-Ferdinand Céline oder im Kino *Die große Illusion* von Jean Renoir gute Beispiele abgeben) finden sich heroische oder feige Figuren, die bereit sind für das Vaterland zu sterben oder alles tun würden, um ihre Haut zu retten, in Geschehnisse verstrickt, auf deren Ursachen, Verlauf und manchmal sogar Finalität sie keinen Einfluss haben. Diese Art Kriegsroman entwickelt sich weitestgehend aus der Divergenz von Individualschicksalen und den blind entfesselten kollektiven Kräften. Man sieht darin, wie die Realität als strukturiertes Netz vorhersehbarer Kausalzusammenhänge zusammenbricht und wie ein jeder an dem Ort, an dem er sich gerade befindet, diesen Zusammenbruch erlebt. Dadurch haben diese Erzählungen etwas mit dem Schelmenroman zu tun, der sich ja aus den Drangsalen eines beliebigen Individuums speist, das nicht besser und nicht schlechter ist als jeder andere und in eine unzusammenhängende, gefährliche und unvorhersehbare soziale Welt gerät, in der sich die Konturen der Realität letztlich unaufhörlich ändern und verformen (der vormalige Beschützer wird zum Beispiel am nächsten Tag zum Angreifer), was jede vernünftige Erwartungshaltung gegenstandslos macht. Eine Folge davon ist, dass diese Erzählungen sich ebenso wie die Schelmenromane wenig für die Konstruktion von Rätseln eignen, weil von vornherein alles Mögliche geschehen kann. Das Rätsel sticht nämlich nur vor dem Hintergrund einer stabilen Realität heraus. Der Krieg, der Erste Weltkrieg, der offene Krieg zwischen Staaten ist nicht nur der Gegenpol des Friedens, weil die Menschen versuchen, einander zu vernichten, statt zu tolerieren, dass die anderen leben und sogar konkurrierende Interessen verfolgen, sondern auch, weil das Zusammenspiel der gewöhnlichen alltäglichen Interaktionen die Stabilität der Realität, die für den Friedenszustand kennzeichnend ist, nicht länger gewährleistet. Entweder nimmt die Rolle des Staates bei der Aufrechterhaltung der Realität eine extrem dirigistische Form an, so dass er seine autoritärste Seite enthüllt, oder es entstehen Situationen, in denen die Realität sich aufzulösen beginnt, was Momente der Panik, des Zusammenbruchs und der Flucht am schlagendsten vor Augen führen.[4]

Wer ist der Feind und wo befindet er sich?

Der Hauptunterschied zwischen der Kriegserzählung und den Spionagegeschichten besteht darin, dass Letztere so etwas wie einen friedlichen Rahmen haben. Der Spionageroman bietet zwar das Bild eines Krieges, es handelt sich aber um einen Krieg unter dem Deckmantel eines vordergründigen Friedens. Er erzählt, was ein Krieg zu Friedenszeiten ist, ein geheimer Krieg. Die Durchschnittsbürger und häufig sogar die für den Staat Verantwortlichen oder zumindest die meisten von ihnen glauben naiverweise, dass der Staat sich im Frieden befindet, und handeln entsprechend. Faktisch befindet sich der Staat aber unablässig im Krieg. Was der Spionageroman uns sagen will, sein eigentlicher Antrieb, ist, dass der Staat sich *immer* im Krieg befindet, immer bedroht, immer fragil ist, selbst wenn die gewöhnlichen, das heißt blinden Leute das nicht wissen. Oder aber, wenn man so will, dass es zum Wesen des Staates gehört, sich im Krieg zu befinden.

---

4 Man denke zum Beispiel an die fesselnde Beschreibung der Niederlage von 1940, die Antoine Saint-Exupéry zu Beginn von *Pilote de guerre* (1942) gibt, Paris, Gallimard, 1972 [dt.: *Flug nach Arras*, Reinbek bei Hamburg, Rowohlt, 1995].

Dieser fortwährende, geheime, unter dem Deckmantel des Friedens geführte Krieg richtet sich gegen Feinde, die üblicherweise zur Schattenarmee anderer Staaten gehören, wie die Militärs und Beamten des Geheimdienstes. In den ersten Original-Spionageerzählungen und besonders in den Romanen, die zwischen 1908 und 1914 in England verfasst wurden und vor John Buchans *Neununddreißig Stufen* von 1915 erschienen, handelt es sich dabei im Allgemeinen um Deutschland. Die hauptsächliche Neuerung bei Buchan, die in der Folgezeit weitgehend übernommen wird, ist die starke Vermischung von zwei relativ verschiedenen Gattungen, die erst kurz zuvor erstmals aufgetreten waren: nämlich einerseits der Spionageerzählung, in der die Feinde Agenten einer ausländischen Macht sind, und andererseits der Geschichten über subversive Komplotte, die ab Ende des 19. Jahrhunderts mancherlei Handlungssträngen zugrunde lagen und für die Joseph Conrads 1908 erschienener *Geheimagent*, auf den wir zurückkommen werden, eines der berühmtesten Beispiele ist. In diesem letzten Fall sind die Feinde, die die Gesellschaft bedrohen, Agenten sozialistischer, kommunistischer oder anarchistischer Kräfte.

Der Held der ursprünglichen Spionageerzählung, wie Buchan sie etabliert hat, muss sich also mit einem verborgenen Feind auseinandersetzen, der untrennbar zugleich ein Feind von außen und ein Feind von innen ist. Die Figur des Feindes – oder, wenn man so will, des Opponenten, um eine von A. J. Greimas übernommene, aktantielle Kategorie zu verwenden[5] – kann sowohl von Agenten anderer Staaten ausgefüllt werden wie von subversiven Gruppierungen, von Ausländern wie von (scheinbaren) Bürgern, von niederträchtigen Menschen wie von (anscheinend) ehrenwerten Menschen, ob sie nun arm oder reich sind, Privatpersonen oder für den Staat verantwortlich (von denen die große Mehrheit aus Naivlingen, Feiglingen oder Verrätern besteht)

---

5 Algirdas Julien Greimas, *Sémantique structurale* (1966), Paris, PUF, 1986, S. 178-180 [dt.: *Strukturale Semantik. Methodologische Untersuchungen*, Braunschweig, Vieweg, 1971, S. 163-165].

usw. Der Verdacht, aus dem sich der Kriminalroman speist, wird hier an seine äußersten Grenzen getrieben. Dass jeder Beliebige fragwürdig werden und alles Mögliche geschehen kann, ist nicht mehr örtlich auf ein bestimmtes Viertel oder ein bestimmtes Dorf im Umfeld dieses oder jenes Verbrechens beschränkt. Etwas kann sich überall und jederzeit als Verbrechen erweisen oder nicht. Im Spionageroman nimmt das Rätsel keinen zentralen Platz ein, weil die Möglichkeit des Verbrechens hier bereits konstitutiv für die Realität ist. Der Augenblick des Verbrechens hebt sich kaum vom gewöhnlichen Handlungsverlauf ab, weil das Töten oder Getötetwerden Teil der normalen zwischenmenschlichen Beziehungen ist – wie im Krieg, aber mit dem Unterschied, dass es im narrativen Kontext des Spionageromans schwierig ist, zwischen Todesfällen, deren Eintreten den Dienstanforderungen genügt, und Morden aus persönlichen Motiven klar zu unterscheiden. Dafür sind Freunde und Feinde zu sehr miteinander verwoben, häufig in Freundschafts- oder sogar Liebesverhältnissen. Der nahe und unsichtbare Feind bedroht die Nation zugleich von außen und von innen. Der Spionageroman steht daher genau an dem Punkt, an dem Innen und Außen, Öffentliches und Privates ununterscheidbar werden und der für den Ausnahmezustand kennzeichnend ist.[6] Auf nationaler Ebene macht die Verteidigung des Staates als Garanten der Realität es erforderlich, alle Bürger und darüber hinaus alle Menschen, ob sie nun auf dem Staatsgebiet leben oder aus der Ferne agieren, als reale oder potenzielle Verdächtige zu betrachten. Und es gibt auch keine noch so banal wirkende Situation, die nicht den Keim einer Bedrohung enthielte.

---

6 Siehe Giorgio Agamben, *Ausnahmezustand*, a. a. O.

Die neununddreißig Stufen *als Prototyp des Spionageromans*

Bevor wir mit der Untersuchung fortfahren, sollten wir John Buchans Roman, der am Anfang von allem steht, in groben Zügen zusammenfassen.

Der Held der *Neununddreißig Stufen* ist ein junger Brite aus der südafrikanischen Kapkolonie, Richard Hannay, der sich, nachdem er ein ansehnliches Vermögen angehäuft und sich im Burenkrieg hervorgetan hatte, in London niedergelassen hat, um die Annehmlichkeiten der Hauptstadt zu genießen, in der ihn allerdings alles langweilt, ja sogar anekelt, weil es weit von dem rauen Leben im Busch mit seinen wilden Eingeborenen (auf die man schießen kann wie auf Kaninchen) und seinen Goldminen entfernt ist. Dieser koloniale Ursprung ist übrigens ein wichtiges Merkmal des ursprünglichen Spionageromans, der sich – wie Clive Bloom bemerkt[7] – an der Schnittstelle von Kriminalroman und dem bildet, was dieser Autor »Imperialroman« nennt.[8] Mit diesem Ausdruck bezeichnet er die Abenteuerromane, die im Rahmen des Kolonialreiches spielen; Henry Rider Haggard, der wie John Buchan selbst[9] während des Burenkriegs in der Verwaltung Südafrikas Dienst tat, war zum Zeitpunkt des Erscheinens der *Neununddreißig Stufen* einer von dessen popu-

---

7 Siehe Clive Bloom (Hrsg.), *Spy Thrillers*, a. a. O., Einleitung.
8 Wenn man der von Simon Winder in seinem Buch über Ian Fleming aufgestellten These glaubt, dann schließt sich mit der Erschaffung der James-Bond-Figur im Jahre 1952 der Kreis, den den Spionageroman in seiner konservativen und nationalistischen Ausprägung mit der Kolonialgeschichte des britischen Empires verbindet. Simon Winder zufolge müssen nämlich die Erfindung von James Bond, strahlender Geheimagent im Dienste Ihrer Majestät, und der sensationelle Erfolg, den die Bücher, die ihn in Szene setzen, unmittelbar gefeiert haben, als Reaktionen auf die Demütigung verstanden werden, die der Niedergang des Empire und allgemeiner die Bedeutungslosigkeit Großbritanniens nach dem Krieg bedeuteten. Siehe Simon Winder, *James Bond, l'homme que sauva l'Angleterre*, Paris, Demopolis, 2008.
9 Die biographischen Daten von John Buchan sind Denis Butts' »The Hunter and the Hunted. The Suspense Novels of John Buchan«, in: Clive Bloom (Hrsg.), *Spy Thrillers*, a. a. O., S. 44-57, entnommen.

lärsten Repräsentanten. Es ist nicht abwegig, in Allan Quatermain, dem Helden der 18 afrikanischen Abenteuergeschichten, die Haggard zwischen Mitte der 1880er und den 1920er Jahren veröffentlichte,[10] eine der Figuren zu sehen, die bei der Schaffung von Richard Hannay Pate gestanden haben.[11]

Zu Beginn des Romans spricht ein Mann den gerade nach Hause kommenden Richard Hannay an und will ihn auf der Stelle sprechen. Dieser Mann, ein Amerikaner namens Scudder, erzählt ihm eine so haarsträubende Geschichte, dass Hannay sich zunächst fragt, ob es sich um einen Verrückten handelt. Der Unbekannte behauptet, er sei auf einen Geheimbund, der sich »Der Schwarze Stein« nennt, gestoßen, dessen Mitglieder einen griechischen Staatsmann, Constantin Karolides, bei seinem demnächst anstehenden London-Besuch ermorden wollten. Scudder ist der einzige Mensch, der diese Verschwörung noch zum Scheitern bringen könnte, deren geheime Hintergründe er beim Einholen von Auskünften in ganz Europa entdeckt habe (»in einem Gasthaus in Tirol«, »in einem Pelzgeschäft im galizischen Viertel von Buda«, »in einem Fremdenclub in Wien«, »in einer kleinen Buchhandlung um die Ecke von der Rackwitzstraße in Leipzig«, in Paris, Hamburg, Bergen usw.). Aber die Männer des »Schwarzen Steins« hätten seine Absichten entdeckt und wollten ihn töten. Es sei ihm gelungen, sich als tot auszugeben, um seinen Verfolgern zu entkommen.

Der mysteriöse Scudder, der in seinem früheren Leben viel

---

10 Die ersten drei Bücher dieses produktiven Autors sind die berühmtesten geblieben. Es handelt sich um *King Solomon's Mines* (1885) [dt.: *König Salomons Schatzkammer*], *Allan Quatermain* (1887) [dt.: *Allan Quatermain*] und *She* (1887) [dt.: *Sie*]. Sie sind in der Reihe Penguin Popular Classics greifbar. Haggards Einfluss auf die Populärliteratur des 20. Jahrhunderts war beträchtlich (vor allem durch den berühmten Nachahmer Edgar Rice Burroughs). Viele seiner Romane sind für das Kino und das Fernsehen adaptiert worden.

11 Richard Hannay ist auch der Held von vier weiteren Romanen, die nach den *Neununddreißig Stufen* erschienen: *Greenmantle* (1916) [dt.: *Grünmantel*], *Mr Standfast* (1919) [dt.: *Mister Standfast oder im Westen was Neues*], *The Three Hostages* (1924) [dt.: *Die drei Geiseln*] und *The Island of Sheep* (1936) [dt.: *Das Tablett aus Jade*].

herumgekommen ist, verrät Richard Hannay seine Vision der hohen Politik:

> Weit im Hintergrund hinter allen Regierungen und Heeren war ein großes, unterirdisches Unternehmen im Gange, das von sehr gefährlichen Leuten gesteuert wurde. Er war zufällig darauf gestoßen; es faszinierte ihn; er ging der Sache nach, und dann hatte er sich darin verfangen. Es schien, dass die meisten daran beteiligten Leute vom Schlag des Anarchisten waren, der Revolutionen macht, dass aber außer ihnen noch Finanzleute dabei waren, denen es um Geld ging. Ein gewitzter Mann kann aus einer Baisse großen Gewinn schlagen, und es passte allen Beteiligten gut in den Kram, die Staaten Europas gegeneinander aufzuhetzen. Er erzählte mir einige sonderbare Dinge, die mir vieles erklärten, worüber ich mir selbst schon Gedanken gemacht hatte: wieso ein Staat plötzlich Oberwasser bekam, warum Bündnisse gemacht und gebrochen wurden, wieso gewisse Leute einfach von der Bildfläche verschwanden und woher die Mittel zur Kriegführung kamen. Das Ziel der ganzen Verschwörung war, Russland und Deutschland zum Krieg gegeneinander aufzuhetzen. Als ich fragte, warum, sagte er, die Anarchisten glaubten, dass dann ihre Stunde gekommen sei. Alles wäre dann im Schmelztiegel, und sie würden eine neue Welt daraus erstehen sehen. Die Kapitalisten würden die Zechinen einstreichen und ein Vermögen daran verdienen, die Trümmer aufzukaufen. Das Kapital, sagte er, habe weder Gewissen noch Vaterland. Außerdem stehe der Jude dahinter, und der Jude hasse Russland mehr als die Hölle. (S. 15 f.)

Nachdem Hannay sich allmählich von der Rechtschaffenheit Scudders überzeugt hat, ist er bereit, ihn zu beherbergen und zu verstecken. Aber Scudders Feinde – die Mitglieder des mysteriösen »Schwarzen Steins« – verfolgen seine Spur weiter. Als er eines Abends nach Hause kommt, entdeckt Richard Hannay den ermordeten Scudder. Beim Durchsuchen der Kleidung des

Leichnams fällt Hannay ein schwarzes Notizbuch mit zahlreichen chiffrierten Einträgen in die Hand, deren Deutung ihm gelingt. Von da an ist Richard Hannay der einzige ehrliche Mann, der weiß, dass eine schreckliche Verschwörung Europas Sozialordnung bedroht. Er macht sich Scudders Sache zu eigen und versucht seinerseits, die Schuldigen zu entlarven. Doch er wird von der englischen Polizei beschuldigt, das Verbrechen in seiner Wohnung begangen zu haben. Verkleidet gelingt ihm die Flucht. Er nimmt einen Zug nach Schottland und steigt an einem Bahnhof auf dem Lande aus. Als schottischer Hirte verkleidet, irrt er durch die Heidelandschaft und wird dabei sowohl von den Polizisten seines Landes als auch von den Agenten des »Schwarzen Steins« verfolgt, die alle seiner Fährte gefolgt sind. In dieser wilden Gegend ist Richard Hannay wieder ganz in seinem Element. Er hat tatsächlich sämtliche Charakterzüge eines Sportsmannes, und dies bildet einen weiteren Gemeinplatz des ursprünglichen Spionageromans, dessen Spur man vom Segler Davies – einer der Hauptfiguren der Abenteuergeschichte *Das Rätsel der Sandbank*, die Erskine Childers 1903 veröffentlichte[12] und die den Spionageroman vorwegnahm – bis zum einsamen Helden von *Einzelgänger, männlich* verfolgen kann, dem großartigen, 1939 veröffentlichten (in Frankreich verkannten und spät übersetzten) Roman von Geoffrey Household.[13] Diese, in der ersten Person geschriebene Erzählung stellt einen Jäger dar, der aus Rache für die geliebte Frau, die der Nazibarbarei zum Opfer gefallen ist, versucht, Hitler in Berchtesgaden zu ermorden, so wie man ein Großwild erlegen würde. Als er scheitert, identifiziert er sich selbst mit einem verfolgten wilden Tier und gräbt eine Art von Fuchsbau, um den Agenten der Nazis, die versuchen, ihn gefangen zu nehmen, zu entkommen.

Auf seinen Irrwegen macht Hannay verschiedene Bekannt-

---

12 A. a. O.
13 Geoffrey Household, *Rogue Male* (1939), London, Orion, 2002 [dt.: *Einzelgänger, männlich*, Zürich, Kein & Aber, 2009]. Unter dem Titel *Man Hunt* [dt.: *Menschenjagd*] wurde *Rogue Male* 1941 von Fritz Lang für die Leinwand adaptiert.

schaften: einen dichtenden Gastwirt, einen Kandidaten der Liberalen, einen Steinklopfer, einen kahlköpfigen Archäologen, einen Angler usw. Jeder von ihnen weist die Charakterzüge eines gewöhnlichen Engländers auf, das heißt, er ist liebenswürdig und hat zugleich Eigenschaften oder Ticks, die an Exzentrik grenzen. Ist die Exzentrik nicht Ausdruck jener Freiheit, die das liberale England gewährt? Einige, die sich a priori durch nichts identifizieren lassen, sind jedoch gefährliche Agenten des »Schwarzen Steins«. Das trifft besonders auf einen »älteren Herrn« zu, der einen für die Gegend »üblichen Hochmoorhof« bewohnt, in den Hannay sich flüchtet, als ihn eine Meute Polizisten verfolgt. Der »alte Herr« »saß vor Papieren und aufgeschlagenen Büchern«, »eine große Brille saß ihm auf der Nase«. »Sein Gesicht war rund und blank wie das von Mr. Pickwick«, im Grunde der Inbegriff eines Engländers. Dennoch handelt es sich um einen der Anführer des »Schwarzen Steins«. Für Hannay verrät ihn sein Blick: »Während er sprach, schienen seine Augenlider zu zittern und ein wenig über die scharfen grauen Augen hinunterzufallen. Wie ein Blitz fiel mir jener Satz von Scudder ein, mit dem er den Mann beschrieben hatte, den er am meisten fürchtete auf der ganzen Welt. Er hatte gesagt, der könne ›die Augendeckel herunterklappen wie ein Habicht‹. Da erkannte ich, dass ich schnurstracks ins Hauptquartier des Feindes hinein marschiert war.« (S. 132) Hannay gelingt die Flucht. Der Mann, dem er, wie er glaubt, zufällig am Ufer eines Flusses begegnet, ist kein anderer als Sir Walter, ein hochrangiges Regierungs- und Geheimdienstmitglied. Dieser vollkommene englische Gentleman (»so achtungsgebietend, sicher und unerschütterlich«), der in einem »hübschen Landhaus« lebt, serviert Hannay »einen vorzüglichen Champagner« und »einen ungewöhnlich guten Port« »in seinem Arbeitszimmer, einem gemütlichen Raum voller Bücher und Jagdtrophäen«. Aus dem Mund von Sir Walter erfährt Hannay, dass er die ganze Zeit über seine Bewegungen informiert war und ihm keines seiner Missgeschicke entgangen ist. Sir Walter kannte Scudder. Hannays Unschuld ist erwiesen. Aber Karolides wird ermordet. Hannay arbeitet daraufhin mit hochgestellten

Persönlichkeiten zusammen, um zu verhindern, dass Dokumente von größter Bedeutung für die Marineabwehr, die ein Abgesandter aus Frankreich überbringt, während eines geheimen Treffens gestohlen werden, an dem der Großadmiral der Flotte teilnehmen soll. Nur fünf Personen aus der Staatsspitze wissen von diesem Treffen. Das Treffen findet statt. Auch der Großadmiral ist anwesend, aber es handelt sich um einen vom »Schwarzen Stein« eingeschleusten Doppelgänger. Die Agenten des »Schwarzen Steins« verschaffen sich also die Geheimdokumente. Wird es ihnen gelingen, England zu verlassen? Nein. Indem er weiterhin den Angaben aus Scudders schwarzem Notizbuch folgt, erfährt Hannay, dass eine Yacht den Spion am Fuße einer Treppe erwartet, deren 39 Stufen zum Meer hinunterführen. Mit Hilfe der Admiralität findet er heraus, wo sich diese Treppe befindet: Sie geht durch die Klippen unterhalb des Gartens einer reichen, friedlichen Villa, in der ein betagter Herr wohnt, der über jeden Verdacht erhaben und ebenfalls englischer ist, als man sich vorstellen kann (Golf, Bridge, Tennis, Smoking, über dem Kamin prangt das Porträt einer alten Dame usw.). Der englischen Marine gelingt es, den Spion zu ergreifen und die Geheimdokumente zurückzuerlangen. Aber der Krieg bricht aus: »Alle Welt weiß, dass wir sieben Wochen später Krieg hatten. Ich meldete mich während der ersten Woche freiwillig, und dank meiner Erfahrung im Matabele-Krieg wurde ich sofort Captain.« Der Krieg

> kam – so sicher wie Weihnachten: er war, behauptete Scudder, schon seit Februar 1912 geplant. Karolides würde der Anlass sein. [...] Aus Scudders Notizen war ersichtlich, dass nichts auf der Welt das verhindern konnte. [...] Das zweite war, dass dieser Krieg für England eine gewaltige Überraschung sein würde. Karolides' Tod würde im Balkan Verwirrung stiften, und dann würde Österreich mit einem Ultimatum intervenieren. Das würde Russland nicht passen, und es würde einen aufgeregten Notenwechsel geben. Aber dann würde Berlin den Friedensstifter spielen und Öl auf die Wel-

len gießen, bis es plötzlich einen Grund zum Streit fand, die Gelegenheit wahrnahm und innerhalb von fünf Stunden gegen uns losschlug. Das war die Idee – und gar keine schlechte. Süßholzgeraspel und edle Reden, und dann im Dunkeln zuschlagen. Während wir noch vom guten Willen und den edlen Absichten Deutschlands redeten, würden unsere Küsten in aller Stille mit einem Minengürtel umgeben werden, und auf jedes Kriegsschiff würden Unterseeboote warten. (S. 77)

Thema und Variationen

Wenn man diese Zusammenfassung liest, bemerkt man, dass die zentralen Themen des Spionageromans in Buchans kurzem Roman konzentriert sind. Das Schema, dem John Buchan eine kanonische Form gegeben hat, ist dann auch bis heute in einer großen Zahl von Romanen, Filmen, Comics, Fernsehserien usw. wieder aufgegriffen worden. Ähnlich wie in der Logik des mündlich überlieferten Volksmärchens oder des Mythos weisen diese vielfältigen Varianten dabei allerdings in verschiedenen Hinsichten die gleichen Widersprüche auf. Hier sei nur ein Beispiel angeführt, das aus einem untypischen Roman von Agatha Christie, der nach Conan Doyle berühmtesten Kriminalschriftstellerin, stammt: *Die großen Vier*.[14] Die meisten Romane von Agatha Christie sind bekanntlich klassische Kriminalromane, die – nach dem von Conan Doyle geprägten Muster – eine Spaltung in Form eines genialen Detektivs (Hercule Poirot) und eines beschränkten Polizisten (»der brave Japp«) enthalten und in denen das Rätsel sich auf ein von einer oder mehreren Privatpersonen in einem engen Kontext (zum Beispiel einem Dorf) aus persönlichen Motiven und Eigeninteressen begangenes Verbrechen (immer ein Gewaltverbrechen) bezieht. Politische Untertöne, die

---

14 Agatha Christie, *Die großen Vier. Roman*, Frankfurt/M., S. Fischer, 2006 (Originaltitel: *The Big Four*).

das Schicksal und die Sicherheit von Staaten betreffen würden, fehlen darin völlig. *Die großen Vier*, ein Roman, der 1927, in einer unruhigen (durch ihre Scheidung und ihr mysteriöses Verschwinden geprägten) Zeit im Leben von Agatha Christie geschrieben wurde, bricht mit diesem gewohnten Format. *Die großen Vier* zeigt nämlich den Kampf, den Hercule Poirot und sein Freund Hastings gegen vier unheilbringende und geniale Verbündete führen, die eine Verschwörung angezettelt haben (»Die Großen Vier«, »die größte Macht, das größte Übel, welches heute auf der Welt existiert«), um die »Weltherrschaft« zu erlangen. Li Chang Yen, ein Chinese (Inkarnation der »gelben Gefahr«), ist »das Gehirn der Großen Vier«. »Er hat die Leitung und ist die treibende Kraft.« Er ist die Nummer 1. Dieser »Mandarin« erscheint niemals »im Rampenlicht«, »er verlässt seinen Palast in Peking nie. Doch zieht er an seinen Fäden – und weit entfernt geschehen Dinge«. Er ist »als Mann im Hintergrund für alles verantwortlich«, »für die Unruhe in der ganzen Welt, die Störungen des Arbeitsfriedens, von denen jede Nation befallen ist, für Revolutionen, die da und dort ausbrechen. Es gibt Leute, und zwar keine Schwätzer, die behaupten, dass eine geheime Macht hinter dem Weltgeschehen steht«. So sprach »in Russland alles dafür, dass Lenin und Trotzki nichts weiter als Marionetten waren, deren Handlungen durch das Gehirn eines anderen geleitet wurden«. Die Regierenden sind Hampelmänner, »die von Meisterhand geleitet werden, und diese Hand ist Li Chang Yens Hand«. Die »einflussreichen Personen, die in der breiten Öffentlichkeit auftreten«, haben »meistens nur geringen oder gar keinen Einfluss«. Die »Großen Vier« verfügen über unbeschränkte Geldmittel, die zur Bestechung und für Propagandazwecke bestimmt sind, denn die Nummer 2 ist ein amerikanischer Milliardär (Abe Ryland), der reichste Mann der Welt. Schließlich sind die »Großen Vier« im Besitz »einer außerordentlich wirksamen drahtlosen Erfindung – einer Konzentration von Energie, weit über die bisherigen Erfahrungen hinausreichend«. Die Nummer 3, eine Frau, die Französin Madame Olivier, eine geniale Wissenschaftlerin, hat nämlich aus den »Gammastrahlen«, die beim »Radium C«

auftreten, eine tödliche Waffe entwickelt. Die Nummer 4 schließlich ist »der Zerstörer«. Er begeht die Verbrechen. Er ist in gewisser Weise der mysteriöseste und am wenigsten greifbare der vier, denn das ihm eigene Genie besteht in der außergewöhnlichen Fähigkeit, Rollen zu spielen und seine äußere Erscheinung und seinen Charakter vollständig zu verändern, so dass jede beliebige Person, so liebenswürdig sie auch scheinen mag, in den Verdacht gerät, die mysteriöse Nummer 4 zu sein. Gleichwohl hat die Nummer 4 den Tick, mit Brot zu spielen und Kügelchen aus Brotkrumen zu formen, wenn er beim Essen sitzt. Und dieser Tick erlaubt letztlich seine Identifizierung. Die Vier verfügen über ein geheimes Versteck. Ein ausgedienter Steinbruch in den Dolomiten, der zu einem italienischen Unternehmen gehört, aber in Wahrheit [*réalité*] im Besitz von Abe Ryland ist, birgt ein »Felsenlabyrinth«: »umfangreiche unterirdische Gänge in den Bergen [...] Von dort werden die Leiter der Organisation drahtlos ihre Befehle an ihre Agenten ergehen lassen, die zahlenmäßig zu Tausenden in jedem Lande verfügbar sind. Und von jener Felsenspitze aus, inmitten der Dolomiten, werden die neuen Diktatoren der Welt ihre Macht ergreifen.« (S. 190)

Der Staat im ursprünglichen Spionageroman

Von den spezifischen Eigenschaften des ursprünglichen Spionageromans sind für unser Anliegen diejenigen am relevantesten, die die Frage des Staates betreffen und die Frage, wie sehr man ihm vertrauen kann. Sie lassen sich auf folgende Weise zusammenfassen: a) Der Staat wird von bedeutenden Persönlichkeiten verkörpert, von kultivierten, vornehmen und reichen Angehörigen der Oberschicht. Aber der Staat ist b) in drei Untergruppen zersplittert: eine – die wichtigste – Untergruppe umfasst naive und blinde Personen; eine zweite Untergruppe umfasst die Verräter; eine dritte umfasst die wenigen Personen, die die Bedrohung erkannt haben und zum Kampf bereit sind. Aber diesen Kampf müssen sie im Geheimen führen, weil sie niemandem vertrauen können, nicht einmal an der Spitze des Staates. c) Weil der Staat so schwach ist, kommt es einem weitblickenden, unerschrockenen, sportlichen, einfachen Bürger zu, den Staat gegen seinen Willen zu retten. d) Die wenigen Mitglieder der Elite, die sich als vertrauenswürdig erweisen, unterscheiden sich in nichts von den Verrätern: Sie haben alle nahezu dieselben Eigenschaften und sind alle gleichermaßen kultiviert, vornehm und reich. e) Die Polizei besteht aus disziplinierten, aber dummen Personen niederer Herkunft. f) Das Volk, das heißt in diesem Zusammenhang die Bauern und Fischer im Gegensatz zu den degenerierten Proletariern aus der Stadt, besteht aus mutigen Kerlen, Patrioten, großherzig und treu. Aber es wird von den (so genannten) Eliten getäuscht und missbraucht. g) Die rechtschaffenen (aber blinden) Teilbereiche des Staates unterliegen zum großen Teil einem trügerischen Mechanismus. Die Regierungen glauben, eine Macht innezuhaben, die sie nicht haben. Die wahre Macht ist ihnen entzogen. Hinter dem Apparat und dem äußeren Anschein der offiziellen Macht verbirgt sich die inoffizielle Macht, die in den Händen von dunklen und subversiven Kräften liegt. Von daher ist der Staat ein Theater, in dem sich Marionetten bewegen, deren Fäden von geschickten Manipulatoren hinter den Kulissen gezogen werden. h) Als solcher ist der Staat nicht für den Krieg und seine extreme Gewalt verantwortlich. Er hat ihn nicht gewollt, wurde aber von den dunklen Kräften, die die Welt manipulieren, dazu gezwungen. Ist der Krieg jedoch erst einmal entfesselt, muss sich jeder bereithalten und bis zum Äußersten kämpfen.

Wie wir eben gesehen haben, ist das Verhältnis zum Staat in den *Neununddreißig Stufen* ziemlich zwiespältig. Es handelt sich um einen Staat, der von seinem Prinzip her unantastbar ist, sich aber als fehlbar und unsicher erweist. In dem Doppel, das der Nationalstaat bildet, siegt die Nation über den Staat, wie es in Zeiten, in denen sich eine nationalistische Kritik an Parlamentarismus und Demokratie Bahn bricht, immer der Fall ist. Die Nation, die sich in der Person von Richard Hannay und des aufrechten schottischen Bauern verkörpert, dem er auf seiner Odyssee zufällig begegnet, ist stark. Aber der Staat ist schwach. Auf einer Ebene, die man als metaphysisch bezeichnen könnte, zeigt sich seine Schwäche in seiner Unfähigkeit, den äußeren Anschein der Realität mit ihrem Wesen zur Deckung zu bringen. Was sich als Realität ausgibt, ist trügerisch, und was real ist, liegt im Verborgenen. Auch kann, wie wir schon bemerkt haben, jeder in Wahrheit [*réalité*] anders sein, als er erscheint. Die Ambivalenz, die als sichtbarstes Zeichen des modernen Niedergangs, das heißt der Demokratie gilt, ist die Regel. Aus den Trümmern des Staates erhebt sich ein Held, der die Nation verkörpert. Wie ich gleich zeigen werde, kann man sagen, dass der Spionageroman, wenn er in diese Richtung geht, die Möglichkeit zum Ausdruck bringt, dass der Nationalstaat in seine beiden Komponenten zerfällt, und er spielt mit den psychologischen und zugleich objektbezogenen Störungen, die dieses Auseinanderbrechen auslöst. Diese bemächtigen sich nämlich nicht nur des Gemüts der Figuren und (wovon zumindest die Leserbindung ausgeht) des Lesers, sondern auch der gesamten Realität. Denn die vom nationalen Substrat untrennbare soziale Realität oder, wenn man so will, *die Gesellschaft*, ist so nicht länger im Staat lebendig oder von ihm geschützt. Der Staat erweist sich vielmehr nicht nur als unnütze parasitäre Form, sondern auch, wenn man diese Logik bis zum Äußersten ausreizt, als eine Art innerer Feind.

Im Vergleich zu dieser zwiespältigen Situation besteht der positive Effekt des Krieges, des offenen Krieges, der an die Stelle des verdeckten Krieges tritt, darin, die Ambivalenz unmöglich zu machen. Im Kampf zeigt sich jeder, wie er wirklich ist, Held oder Memme, Patriot oder Verräter. Der kriegerische Augenblick ist der Augenblick der Entscheidung, das heißt der Augenblick, an dem die Grenze von Freund und – äußerem oder innerem – Feind deutlich wird, und von daher, glaubt man Carl Schmitt, der Augenblick der politischen Entschlossenheit selbst. Der Krieg, in dem sich alle Bemühungen auf die Verteidigung des Territoriums konzentrieren, macht die Grenzen dicht.

Die Frage der Grenze, des Verhältnisses zwischen dem Territorium, das die Grenzen umschließen, und dem, was die Grenzen als Außen bestimmen, ist hier zentral. Der Nationalstaat hat nur so lange Sinn, wie er sich als fähig erweist, seinen Anspruch aufrechtzuerhalten, eine geeinte Nation zu begründen und zu repräsentieren, das heißt eine Nation, in der jedes Fleckchen Erde und jeder Einwohner demselben Realitätsprinzip unterworfen ist. Die inneren Feinde, Agenten von außen, gegen die Hannay fast allein einen ungleichen Kampf führt, befinden sich nun aber an einem Punkt, an dem Innen und Außen zusammenfallen. Die innere Realität, deren Garant der Staat sein sollte, und der Staat selbst werden nämlich von Kräften ausgehöhlt, unterwandert und zerfressen, die zugleich innerlich und äußerlich sind und insgeheim ihre Macht unaufhörlich zur Geltung bringen.

John Buchans implizite Soziologie

Wie, nach welchem Schlüssel soll man einen Roman wie *Die neununddreißig Stufen* verstehen; wie ernst muss man ihn nehmen? Oberflächlich gesehen ist die Geschichte, die uns erzählt wird, eindeutig zur Unterhaltung gedacht. Sie tritt ganz offensichtlich als *Fiktion* auf, die außergewöhnliche und wenig wahrscheinliche Situationen enthält und keine andere Absicht verfolgt, als den Leser zu zerstreuen, das heißt ihn genau von jenen Spannungen zu entlasten, die der Realität insbesondere in ebendiesem sehr angespannten historischen Augenblick zu Beginn des Ersten Weltkriegs innewohnen. Man kann jedoch, wie ich gerade nahegelegt habe, bei der Lektüre dieses Buches auch versuchen, die politische Metaphysik freizulegen, die hinter ihm steht. Eine solche zwiespältige Position am Kreuzungspunkt von Imaginärem – und als solchem Folgenlosen – und Politischem – das realisiert werden kann und von daher unbestreitbare Folgen hat – bildet im Übrigen ein Spezifikum der literarischen Gattungen, die uns hier interessieren. Sie macht es ihnen möglich, Symbolwelten zu entwerfen, die letztlich, wie die Allegorie, den Abstand zwischen lllusorischem und Wahrhaftigem überwinden. Und gerade ihre Fähigkeit, Gemütszustände hervorzurufen, die zwischen Glauben und Ungläubigkeit schwanken, erlaubt es diesen Romanen, die politischen und sozialen Spannungen ganz ungestraft – wenn man so sagen kann – zu bearbeiten, deren Entfaltung Misstrauen und Widerspruch hervorrufen würde, wenn sie mit Argumenten dargelegt werden würden, die gerechtfertigt werden müssen und explizit zum Handeln auffordern.

Um die implizite Soziologie von John Buchan ernst zu nehmen, genügt es vielleicht, sie – auf eine Weise, die unweigerlich missbräuchlich erscheinen dürfte – mit der expliziten Soziologie von Hitler und dem harten Kern der Naziführer in Zusammenhang zu bringen, so wie Florant Brayard sie in seinem Buch über die Kategorisierungen und Rechtfertigungen wiedergegeben hat, mit denen die Entscheidung einherging, die »Endlösung« zum Abschluss zu bringen.[15] Die Konzeption der Gesellschaft, die sich der Führer* zurechtgezimmert hatte, war das Ergebnis seiner Grübeleien über die deutsche Niederlage von 1918 und über die Rolle, die die spartakistische Bewegung bei dieser Schlappe gespielt hatte. Aber diese »Vision« der sozialen Welt, deren »prophetischen« Charakter die Propaganda rühmte, war eigentlich in keiner Weise originell, wie auch die meisten anderen (in erster Linie rassistischen) »Ideen« nicht, die die Nazis bis zum Äußersten ausreizten. Diese wurden von den nationalsozialistischen Führungszirkeln oder Hitler selbst mehr schlecht als recht zusammengebastelt aus einer Vielzahl von Büchern – Essays oder Fiktionen –, die Hitler »bulimisch« verschlungen hatte und in denen seit Ende des 19. Jahrhunderts die Themen des Sozialdarwinismus, der Eugenik, des Rassenkrieges, des Antisemitismus, der Verfehlungen der internationalen Hochfinanz, des Lebensraums, des gegenüber der Passivität der Massen heroischen und einsamen Führers usw. entwickelt worden wa-

---

15 Florent Brayard, *La »solution finale de la question juive«. La technique, le temps et les catégories de la décision*, Paris, Fayard, 2006.

* [Mit einem Sternchen versehene Wörter sind im Original deutsch.]

ren.¹⁶ Wie man sich leicht vorstellen kann, war Hitler bei weitem nicht der einzige Leser dieser Art von Büchern. In zahlreichen Varianten überschwemmten sie damals den europäischen Buchmarkt, und ihr repetitiver Charakter verlieh den Ängsten, die sie schürten, und den Heilmitteln, die sie propagierten, schließlich eine Art Evidenz, so dass man in den Diskussionszusammenhang, den sie zu schaffen und für sich zu beanspruchen versuchten, hineingezogen wurde, ohne dass es überhaupt notwendig war, ihnen vollständig zuzustimmen.

So zeigt Florent Brayart, dass die Gesellschaft sich Hitler zufolge in drei Gruppen aufteilte: eine »idealistische« Minderheit, eine Mehrheit von »Drückebergern und Feiglingen«, eine »negativistische« Minderheit, die mit Verbrechern in Zusammenhang gebracht wird und einen »vielgestaltigen und schwer zu greifenden« »inneren Feind« darstellt.¹⁷ Die politische Pflicht des Führers als letztem Garanten sozialer Gerechtigkeit besteht deshalb darin, »Idealisten« und »Negativisten« zahlenmäßig in einem Gleichgewicht zu halten. In Kriegszeiten ist diese Pflicht von besonderer Dringlichkeit: Wie Goebbels in seinen *Tagebüchern* schreibt, könne das, was in Friedenszeiten ein harmloses Delikt sei, in Zeiten des Krieges ein Staatsverbrechen sein.¹⁸ Wenn hunderttausende Idealisten an der Front getötet würden, sei es notwendig, eine entsprechende Zahl von Negativisten – Anarchisten, Kommunisten und zuallererst Juden, die den sichtbarsten Bestandteil dieser Gruppe bildeten¹⁹ – zu beseitigen, um die Macht zu begrenzen, die sie über die passiven Massen haben können, und um sie daran zu hindern, diese Massen zum Aufstand anzustacheln. Dieser politischen Konstruktion zufolge weist die Rolle des Führers* durchaus eine Analogie zu der Rolle auf, die dem einsamen Helden im Spionageroman zukommt. An

---

16 Über den Ursprung der »Ideen« von Hitler und des Nationalsozialismus siehe Ian Kershaw, *Hitlers Macht. Das Profil der NS-Herrschaft*, München, dtv, 1992, 2. durchges. Aufl. 2000, S. 31-56.
17 Florent Brayard, *La »solution finale de la question juive«*, a. a. O., S. 468.
18 Vgl. ebd., S. 467-470.
19 Vgl. ebd., S. 468.

einem entscheidenden historischen Augenblick, an dem sie von »innerer Brunnenvergiftung« und einer »Vergiftung« durch das Ausland bedroht ist[20] und sie sich angesichts einer tödlichen, »unerträglichen Gefahr« in einem erbitterten Kampf um ihre »Existenz« befindet,[21] hängt das Schicksal der Nation von ihm und nur von ihm allein ab. Daraus folgt, dass seine Autorität sich nicht aus dem formalen »Verfassungsrecht« ableitet, sondern ein essenzielles, »substanzhaftes Recht« begründet, wie es in einem Aufsatz heißt, den Carl Schmitt geschrieben hat, um die »Nacht der langen Messer« zu rechtfertigen: »In der höchsten Not bewährt sich das höchste Recht und erscheint der höchste Grad richterlich rächender Verwirklichung dieses Rechts. Alles Recht stammt aus dem *Lebensrecht* des Volkes«.[22] Dieses essenzielle Recht wird durch sein »Ziel« gerechtfertigt: »*die Verteidigung der Gesellschaft*, und zwar die Verteidigung gegen innere und äußere, offene und versteckte, gegenwärtige oder künftige *Feinde*«.[23]

Der Ort der Macht

Wie man sich denken kann, geht John Buchans implizite Soziologie nicht im Mindesten auf ihn selbst zurück. Dieser Autor, dessen intellektuelle Ansprüche bescheiden sind, gibt nur ein Unbehagen wieder, das alle westlichen Länder im ersten Drittel

---

20 Rede von Hitler am 13. Juli 1934, zitiert bei Florent Brayard, *La »solution finale de la question juive«*, a.a.O., S. 443 [dt. in: Erhard Klöss (Hrsg.), *Reden des Führers. Politik und Propaganda Adolf Hitlers 1922-1945*, München, dtv, 1967, S. 132-157, hier S. 152].
21 Florent Brayard, *La »solution finale de la question juive«*, a.a.O., S. 445 [dt.: Erhard Klöss (Hrsg.), *Reden des Führers*, a.a.O., S. 150 und 152].
22 Aufsatz von Carl Schmitt von 1934, zitiert nach Florent Brayard, *La »solution finale de la question juive«*, a.a.O., S. 443-445 [dt.: Carl Schmitt, »Der Führer schützt das Recht«, in: *Deutsche Juristen-Zeitung* 15 (1. August 1934), Spalte 945-950, hier Spalte 945 und Spalte 947].
23 Zitiert nach Florent Brayard, *La »solution finale de la question juive«*, a.a.O., S. 444 [dt.: Carl Schmitt, »Der Führer schützt das Recht«, a.a.O., Spalte 948].

des 20. Jahrhunderts erfasst, und zwar besonders diejenigen von ihnen, die sich von einem demokratischen Ideal leiten lassen. Es wird von einer Ungewissheit in Bezug auf den Ort der Macht und die Grundlagen der Autorität hervorgerufen. Das heißt, es betrifft nicht nur die Frage, wo sich die Macht befindet, wer sie innehat und wer legitimerweise autorisiert ist, sie auszuüben, sondern auch die Suche nach passenden Entitäten – ob es sich dabei nun um Personen oder aber vor allem um Kollektive handelt –, die über genügend Kraft zu verfügen scheinen, um den historischen und sozialen Ereignissen durch ihre Deutung nach Kausalgesetzen Sinn zu verleihen. Wer steht hinter der Geschichte der Gegenwart? Die Staaten und ihre Regierungen? Die Nation? Die herrschende Klasse und das Bürgertum? Die Bankiers und der Kapitalismus? Die internationale Arbeiterschaft? Die Juden? Die Anarchisten und Sozialisten? Konkurrierende, neidische und bösartige fremde Mächte? Oder aber die Moderne insgesamt? Wer ist verantwortlich für das Elend, die Ungleichheiten, die Kriege (und zwar besonders für den Ersten Weltkrieg), den Egoismus, den Immoralismus, die Demoralisierung? Für den Verlust des Sinnes für das Gemeininteresse und darüber hinaus des Moralgefühls und des Commonsense?

Den Kern dieser Ungewissheit, die bis in die hintersten Winkel des gesellschaftlichen Lebens reicht, bildet vor allem die Frage, worin die reale Verbindung zwischen dem Staat, der Nation, dem Volk, dem Territorium und jener anderen, sich immer weiter ausbreitenden, zugleich sehr abstrakten und sehr konkreten Entität besteht, die man seit dem 19. Jahrhundert als Kapitalismus bezeichnet. Es sind zwar jene Staaten genannten Entitäten, die durch die Stimme derer, die sie führen, beanspruchen, die legitimen Orte der Macht zu sein. Aber regieren diese Regierenden wirklich [*réellement*] oder sind sie nur Marionetten, die aus den Kulissen gegen ihren Willen oder unter ihrer aktiven Mitarbeit von Kräften manipuliert werden, die stärker sind als sie? Und wenn ja: Auf welche Entitäten sind diese Kräfte zurückzuführen? Alle diese Nachfragen weisen in die Richtung eines Komplotts. Um nämlich eine Antwort auf sie finden zu können, muss man in der Lage sein, diejenigen zu identifizieren, die diesen Entitäten angehören, und man muss die Beschaffenheit der Solidarbindungen näher bestimmen, die verschiedene und vor allem versprengte Individuen so handeln lassen, als seien sie *ein einziger Mensch*. Die Frage der sozialen Bindungen, ihrer Beschaffenheit und Art ihres Aufbaus steht nun aber im Zentrum der Problematik des Komplotts, das, wenn man es, wie in der Thematik, die hier Gegenstand ist, im erweiterten und quasi metaphorischen Sinne versteht, vor allem Bindungen bezeichnet, deren allgemeinstes Kennzeichen nicht nur darin besteht, im eigentlichen Sinne geheim zu sein. Jede Art von sozialer Bindung beruht vielmehr auf einem Komplott; ihre Konturen, und seien sie noch so verschwommen, ergeben sich aus dem Kraftfeld eines Gebildes, das keiner vom Recht explizit anerkannten Entität entspricht oder dazu erklärt wurde und deshalb keinen offiziellen Charakter besitzt.

Wo die Realität zusammenhält, zeigt sie sich in erster Linie als ein vorab festgelegtes Kausalsystem, das die Ereignisse vorhersehbar oder zumindest erklärbar macht. Gestört oder sogar aufgelöst wird sie nun aber, wenn widrige Ereignisse – wie zum Beispiel bittere Not – und vor allem Katastrophen eintreten: nationale Katastrophen, die allein durch die Berufung auf kausale Faktoren, die von einer bestimmten Bevölkerung auf einem bestimmten Territorium als gültig anerkannt werden, nicht mehr erklärbar sind. Dann entsteht ein Graben zwischen den Vorhersagen und Erklärungen, die die Autoritäten liefern, und dem, was *tatsächlich* passiert; zwischen den offiziellen Beschreibungen und den inoffiziellen Versionen der Geschichten, die sich in das Raster der Realität einschreiben und es deformieren. Und ebendieser Graben zwischen gewöhnlichen Kausalitäten und außergewöhnlichen Tatsachen vervollständigt die Deutung, dass hinter der offiziellen und unechten Macht noch eine reale, eine wirkliche Macht verborgen liegt. Die Ursachen dessen, was geschieht, sind nicht in der Realität zu suchen, die sich uns zeigt. Sie liegen woanders.

Staat und Nation; Volk und Kapitalismus

Diese Ungewissheit in Bezug auf den Ort der Macht setzt an dem Punkt ein, an dem sich die staatlichen Ambitionen, die Realität zu organisieren, und der mit der Entwicklung des Kapitalismus einhergehende Zerfall der traditionellen Gemeinschaften und etablierten sozialen Bindungen überschneiden. Dadurch berührt sie die Frage des Verhältnisses von Staat und Nation oder, anders gesagt, von führenden und/oder ökonomischen Eliten und Volk. In dem Zeitraum, der uns hier interessiert, hat diese Ungewissheit im Wesentlichen zwei Formen angenommen: erstens eine revolutionäre und internationalistische Linke, zweitens eine – mit einem Ausdruck von Zeev Sternhell[24] – revolutionäre und nationalistische Rechte. Beide wenden sich gegen den Kapitalismus in seiner Eigenschaft als Volksfeind, der in der Romanliteratur meistens in der Gestalt des *Magnaten*, des Bankiers oder Firmenbosses, insbesondere in der Rüstungsindustrie, verkörpert ist. Aber sie unterscheiden sich auch: einerseits durch das, was jeweils mit dem Ausdruck »Volk« gemeint ist, und andererseits dadurch, wie sie die mit dem Kapitalismus in Verbindung gebrachten Feinde des Volkes verstehen, die außerhalb des Staates und zugleich als seine Parasiten im Inneren die reale Macht innehaben. Im Vergleich zur offiziellen, rechtlich legitimierten staatlichen Macht vollziehen sich solche schädlichen und illegalen Bündnisse stillschweigend, ja sogar im Verborgenen. Diejenigen, die innerhalb dieser Bündnisse oder zu ihren Gunsten tätig sind, leugnen ihre Existenz. Manchmal wissen sie sogar gar nichts davon, so dass eine sorgfältige und häufig gefährliche Enthüllungsarbeit notwendig ist, um sie zu Tage zu fördern.

Die Infragestellung der Autonomie des Staates durch die revolutionäre Linke hat von Ende des 19. Jahrhunderts bis zum ersten Drittel des 20. Jahrhunderts zu einer Flut von theoretischen

---

24 Zeev Sternhell, *La droite révolutionnaire, 1885-1914* (1978), Paris, Gallimard, 1997.

und politischen Publikationen, aber auch von Romanliteratur geführt. In diesen fiktiven Werken bezeichnet der Ausdruck »Volk« das Proletariat, und die reale Macht liegt nicht in den Händen des Staates, sondern bei der »herrschenden Klasse« oder der »führenden Klasse«, die das Volk ausbeutet und die staatliche Macht umleitet, um sie in den Dienst der eigenen Zwecke zu stellen. Hinter den angeblich um das Gemeinwohl bemühten Führungseliten und auch hinter den »Kapazitäten«, wie man im 19. Jahrhundert sagte, also hinter den begabten, verdienstvollen und verantwortungsbewussten Männern, den wohltätigen, sich für die Sache aufopfernden Persönlichkeiten – Juristen, Professoren, Priestern, Verwaltungsbeamten usw. – verbergen sich die Kapitalisten, die die ökonomische Macht innehaben. Diese Thematik, die in abgeschwächter Form schon zahlreiche viktorianische Romane unterfüttert, deren kritische Haltung manchmal eher mit Sentimentalität einhergeht (wie bei Charles Dickens[25]) und manchmal mit schärfster Ironie (wie bei Samuel Butler[26]), findet ihren eigentlichen revolutionären Ausdruck im ersten Drittel des 20. Jahrhunderts in Werken, deren Realismus sich häufig absichtlich auf der Grenze zwischen Romanform, journalistischer Reportage und erlebter Zeugenschaft bewegt.

Ein besonders berühmtes Beispiel dafür findet sich in den Büchern von Jack London, der neben zahlreichen Romanen auch politische Schriften und Reportagen verfasst hat, in denen er das Elend und die Ausbeutung der Unterschichten anprangert. Im Schlusskapitel – zum Beispiel – jener Art von ethnologischer Beschreibung der Elendsviertel des Londoner East Ends, die er

---

25 Über die ungemein wichtige Rolle, die Dickens als Gesellschaftskritiker gespielt hat, siehe Gertrude Himmelfarb, *The Idea of Poverty. England in the Early Industrial Age*, New York, Alfred Knopf, 1984.
26 In *Erewhon oder jenseits der Berge* (1872), das in der Tradition des imaginären Reisens eine bissige Kritik an der viktorianischen Gesellschaft enthält, und auch in *Der Weg allen Fleisches*, das 30 Jahre später erschien und auf realistische, ironische und unerbittliche Weise die Sitten der feinen Gesellschaft in England beschreibt (beide Bücher wurden in der Zwischenkriegszeit von Valéry Larbaud ins Französische übersetzt und erschienen bei Gallimard).

1903 unter dem Titel *The People of the Abyss* veröffentlicht,[27] stellt er Fragen an »Die Verwaltung«. Er hinterfragt das »als das britische Empire bekannte politische Getriebe« und die »Verwaltung«, die die »Oberherrschaft« ausübt, »sich grober und verbrecherischer Fehler schuldig gemacht« und »dem Vereinigten Königreich sein Lebensblut entzogen hat« (S. 255). Er vergleicht diese »Verwaltungsschicht« (S. 256) (»die 400 000 englischen Gentlemen, ohne Beschäftigung, nach ihrer eigenen Angabe bei der Volkszählung von 1881«, S. 254) mit Quasikriminellen, von denen sich keiner »vor dem Gericht des Menschen als nicht schuldig bekennen« kann: »Die Speisen, die diese Verwaltungsschicht ißt, der Wein, den sie trinkt, das Gepränge, das sie veranstaltet, und die feinen Kleider, die sie trägt, werden von acht Millionen Mündern angeklagt, die nie genug hatten, sich zu füllen, und von zweimal acht Millionen Leibern, die nie angemessen gekleidet und untergebracht waren.« (S. 256) In seinen Romanen hat Jack London dem Klassenkampf breiten Raum gegeben (auf allegorische Weise vor allem in *Meuterei auf der Elsinore*[28]), aber die Form der Spionageerzählung hat er nicht verwendet. Er hat sich ihr aber mit dem unvollendeten Roman *Das Mordbüro* genähert, der innerhalb dieser Gattung eine ziemliche Sonderstellung einnimmt, auf die wir noch zurückkommen werden. Erst in der zweiten Hälfte der 1930er Jahre besetzt die Linke – besonders mit dem Werk von Eric Ambler, das wir gleich untersuchen werden – die Thematik des Spionageromans wieder in der Form, die John Buchan ihr gegeben hat.

Im ursprünglichen Spionageroman kann man eine der zahlreichen Äußerungen der Art und Weise sehen, wie sich die revolutionäre Rechte die linke Kritik am Staat durch eine Transformation angeeignet hat. In dieser Version bezieht sich der Ausdruck »Volk« nicht auf die Unterschichten oder das Proletariat, er bezeichnet vielmehr die Nation. Die Widersacher des Volkes

---

27 Jack London, *Die Menschen des Abgrunds*, Berlin, Verlag Neues Leben, 1974 (Originaltitel: *The People of the Abyss*, London, Macmillan, 1903).
28 Jack London, *Meuterei auf der Elsinore*, Frankfurt/M./Berlin, Ullstein, 1987 (Originaltitel: *Mutiny of the Elsinore*, London, Macmillan, 1914).

sind in diesem Fall einerseits die Kapitalisten, wie bei der linken Kritik, und andererseits die sozialistischen und anarchistischen Revolutionäre, die so dargestellt werden, als ob sie in geheimer Verbindung mit den Kapitalisten stünden, die zu bekämpfen sie nur vorgeben. Zumindest implizit gehört auch der liberale Staat zu den Feinden, weil er wegen seiner Inkompetenz für unfähig gehalten wird, den Kapitalismus so einzuhegen, dass er dem Gemeinwohl nicht mehr schadet, und weil seine naive und tadelnswerte Nachgiebigkeit den internationalistischen subversiven Kräften in die Hände spielt, die die Nation unterwandern.

So stehen sich nicht nur zwei Komplottanschuldigungen gegenüber, sondern auch zwei Gegenanschuldigungen, die in Reaktion auf Erstere den trügerischen Glauben des Gegners an das Vorhandensein eines gegen das Volk geschmiedeten Komplotts in Frage stellen, das im einen Fall als ausgebeutete Unterschicht – als Proletariat – verstanden wird und im anderen als Nation. Auf die nach der Logik des Komplotts gedeutete Anschuldigung, dass diejenigen, die die Eliten der Nation bilden, eigentlich nur eine herrschende Klasse seien, deren Mitglieder den Staat unter sich aufteilen, um das Volk auszubeuten, antwortet die Spionageliteratur – in ihrer ursprünglichen Form – mit der Aufdeckung eines anderen, symmetrisch spiegelverkehrten Komplotts: nämlich des Komplotts, das die internationalistischen Anarchisten in geheimer Übereinkunft mit einem seinerseits internationalen Kapitalismus schmieden, dessen Feinde zu sein sie vorgeben, um sich des Staates zu bemächtigen und ihn von der Nation abzukoppeln. Während die Einbeziehung der Eliten in ein Komplott eine Lüge sei, sei das anarcho-kapitalistische Komplott sehr wohl real, behauptet diese Literatur. Davon zeugten die miteinander übereinstimmenden zerstörerischen Auswirkungen von Kapitalismus und anarchistischer Gewalt, die den Klassenkampf preise und dadurch die Nation entzweie. Kapitalisten und Anarchisten, Verteidiger und Kritiker der liberalen Ordnung sind also durch dieselbe geheime Leidenschaft verbunden, die nichts anderes ist als der Nihilismus, das heißt die Negierung der nationalen Werte. Während die Kapitalisten nur den Wert des Geldes kennen, verkünden die Anarchisten und mit ihnen die Sozialisten universelle Werte, die, weil ihnen jegliche Verankerung fehlt, nur Illusionen mit verbrecherischen Auswirkungen sind. Es gibt nichts Reales, das unter die rein formale Kategorie des »Proletariats« und noch weniger unter die missgünstige Bezeichnung »herrschende Klasse« subsumiert werden könnte. Die Art von Solidarität, die die revolutionäre Linke der »herrschenden Klasse« oder der »Bourgeoisie« zuschreibt, gibt es also nicht. Nur durch eine gefährliche Abstraktion lässt sich zwischen Menschen, die sich nicht persönlich kennen, die nicht zur selben Familie gehören, die nicht am selben Ort leben und die wenig gemeinsam haben (außer ihren nationalen Wurzeln) – zum Beispiel zwischen einem Firmenchef, einem Arzt, einem Philosophen und einem Richter –, so etwas wie eine so genannte »Klassensolidarität« feststellen. Es gibt nur Personen, jede mit ihrem Charakter, ihren Schwächen, ihren Vorlieben und Abneigungen, ihren Fehlern und ihren Tugenden.

Diesen potenziell kriminellen Illusionen stehen die Einfachheit und *Authentizität* des Helden gegenüber, derer sich nur diejenigen rühmen können, die sich nicht von ihren Wurzeln entfernt haben. Also sowohl einfache und bescheidene Leute – wie Bauern und auf ihren trostlosen Heidegebieten verlorene Hirten – als auch gestandene, aufrechte Persönlichkeiten, die die wahren Eliten der Nation bilden. Dass Erstere arm sind und Letztere reich, ob sie Untergebene sind oder Besitzende, wird hier wie ein völlig unbedeutendes Detail behandelt. Beide Gruppen sind aus demselben Holz geschnitzt und handeln Hand in Hand, wenn die Pflicht ruft. Hinter ihrem fiktiven, nur zur Unterhaltung bestimmten Äußeren haben *Die neununddreißig Stufen* und ähnliche Bücher also sehr wohl eine kritische Seite, insofern sie explizit die Feinde der Nation und implizit die Kapitulation des Staates entlarven und anprangern. Aber in der kritischen Position, die so eingenommen wird, spiegelt sich etwas: die Kritik einer Kritik.

Die Judenfrage

In *Die neununddreißig Stufen* enden Scudders geopolitische Ausführungen mit der (übrigens in der französischen Übersetzung des Buches ausgelassenen) Bemerkung, dass »der Jude dahinter stehe«. Diese sybillinische Bemerkung kann so stehen bleiben und bedarf keiner langen Erklärung, weil sie sich für den damaligen Leser von selbst versteht. Trotzdem lässt Buchan (in einem in der französischen Fassung ebenfalls ausgelassenen Abschnitt) Scudder mit einer Metapher eine Erläuterung versuchen, was mit dieser Behauptung gemeint ist:

> Der Jude ist überall, aber Sie müssen die Hintertreppe hinuntersteigen, wenn Sie ihn finden wollen. Nehmen Sie irgendeinen großen teutonischen Geschäftskonzern. Wenn Sie mit ihm verhandeln, ist der erste, den Sie kennenlernen, ein Prinz von und zu Irgendwas, ein eleganter junger Mann, der Eton- und Harrow-Englisch spricht. Aber der hat nichts zu sagen [*he cuts no ice*]. Wenn Ihre Sache wichtig ist, sind Sie bald eine Tür weiter bei einem Westfalen mit einem Pferdegebiß und fliehender Stirn und den Manieren eines Wildschweins, der Typ, vor dem Ihre englischen Zeitungen zittern. Wenn Sie aber etwas außerordentlich Interessantes anzubieten haben und mit dem eigentlichen Boss verhandeln müssen, dann steht es zehn zu eins, daß Sie sich einem kleinen blassen Juden im Rollstuhl gegenüberfinden, der einen Blick hat wie eine Klapperschlange. Jawohl, er ist der Mann, der im Augenblick die Welt regiert. (S. 16 f.)

So ist noch nicht einmal der deutsche Feind wirklich für den Ersten Weltkrieg verantwortlich, der am Ende des Buches ausbrechen wird, denn die wahre [*réel*] und verdeckte Macht liegt bei den Juden.

In der politischen Metaphysik der revolutionären Rechten verkörpern die Juden eine Spannung, die dem Verhältnis zwischen dem, was zu den Strömen gehört, die im Fluss sind, und dem, was zum Territorium gehört, innewohnt. Der Antagonismus zwischen Kapitalismus und Nation ist nur ein Ausdruck davon. So wie der Kapitalismus gehören die Juden, selbst wenn sie arm sind und nichts besitzen, zu den Strömen, die die territoriale Logik, das heißt die nationale Identität, stören und durchkreuzen. Die Juden bilden nicht nur deshalb die auffälligste Verkörperung des Gegners, weil sie grundsätzlich vaterlandslos sind – selbst wenn ein Staat das Risiko eingeht, ihnen die Staatsbürgerschaft zu gewähren –, sondern auch, weil sowohl die Bankiers auf der einen als auch die Anarchisten und Sozialisten auf der anderen Seite aus ihren Reihen stammen. Die Spaltung der Realität in eine vordergründige, unechte Realität und eine verborgene, aber reale Realität kommt in ihnen am schlagendsten zum Ausdruck. Sie sind gleichzeitig Bürger und vaterlandslos, reiche Bankiers und arme Anarchisten.[29] Ebenso wie die hinter einem vollkommen harmlosen Äußeren verborgenen Verbrecher im Kriminalroman und die unter der Identität eines angesehenen Bürgers verdeckt arbeitenden Agenten in den Spionageerzählungen können sie abrupt die Gestalt wechseln – je nach dem Blickwinkel, aus dem man sie betrachtet, der zunächst trügen mag, aber dann plötzlich Klarheit bringt. Dadurch verkörpern sie – wie

---

29 Ganz erstaunlich ist, wie viele Ähnlichkeiten die Darstellung der Gestalt des »Juden« in der antisemitischen Literatur Europas Ende des 19. Jahrhunderts und in der ersten Hälfte des 20. Jahrhunderts mit dem Bild hat, das heute in der islamfeindlichen Literatur vom in Europa lebenden »Araber« konstruiert wird. In beiden Fällen wird eine Bevölkerungsgruppe nicht nur stigmatisiert, weil ihr die »Nationalkultur« und die »nationalen« »Werte« angeblich fremd sind, sondern auch weil sie gleichzeitig skandalösen Reichtum (die »Ölscheichs« übernehmen den Platz der »jüdischen Hochfinanz«), abstoßende Armut (die »Ghettos« auf der einen, die »Banlieues« auf der anderen Seite) und eine große politische Gefahr zu verkörpern scheinen (der »Islamismus« tritt dabei an die Stelle des Anarchismus und Kommunismus). Wir verdanken John Le Carré eine kritische Beschreibung der gegenwärtigen Islamophobie, besonders bei der Polizei, die er kürzlich in den Rahmen eines Spionageromans eingebettet hat (John Le Carré, *A Most Wanted Man*, London, Sceptre Books, 2009 [dt.: *Marionetten. Roman*, Berlin, Ullstein, 2009]).

Zygmunt Bauman gut gesehen hat[30] – die als Krankheit der Moderne betrachtete *Ambivalenz*.

Jude ist also der Name für das, was sich nicht in das nationale Raster einfügt, nicht nur weil es Juden in allen europäischen Nationen und in den Vereinigten Staaten gibt, sondern vor allem weil ihre jüdische Identität sich in ihrem Fall immer gegen ihre nationale Identität durchsetzen wird. Die Fäden, die sie untereinander spinnen, nehmen die Form eines riesigen Netzes an, das sich wie ein Spinnennetz (ein in antisemitischen Karikaturen immer wieder verwendetes Bild) über die Nationen ausbreitet und deren Integrität bedroht. Ab der zweiten Hälfte des 19. Jahrhunderts werden die Juden bezichtigt, eine Verbindungsform zu verkörpern, die weder juristisch begründet ist wie die Staatsbürgerschaft noch an einen traditionellen Boden gebunden ist. Dadurch stellen sie die Staaten vor ein unlösbares Problem, das sich in dem Ausdruck *Judenfrage* zu erkennen gibt. Da sie weder natürlich noch juristisch ist, nimmt die Art von Beziehung, die sich zwischen Juden entspinnt, immer die Form eines Komplotts an. Sie ist sogar dessen Verkörperung und wird zu dessen Symbol.

Tatsächlich hat die Loyalität, die wir den Juden zurechnen, weiterhin überwiegend das Jüdischsein zum Gegenstand, so dass das großzügige demokratische Projekt, sie zu integrieren, notwendig zum Scheitern verurteilt ist. Denn dass sie integriert sind, zeigt sich nur, wenn sie einwilligen, auf die Benennung Jude und die Verbindungsformen, die sie voraussetzt, zu verzichten. Dann sind es aber keine Juden mehr, die integriert sind, sondern ganz gewöhnliche Personen, ohne Eigenschaften, wenn man so will. Wenn sie dagegen weiterhin hartnäckig den Anspruch erheben, Jude zu sein, ist ihre Integration nur Täuschung.[31] Aus diesem Grund sind die Juden, und zwar vor allem die zumindest dem Anschein nach am besten integrierten Juden, das heißt gemeinhin die reichsten oder gebildetsten, par excellence Feinde

---

30 Zygmunt Bauman, *Moderne und Ambivalenz*, a. a. O.
31 Siehe Jeffrey Alexander, *The Civil Sphere*, Boston, Oxford UP, 2006, S. 459-500.

des Inneren. Sie sind die Ambivalenz selbst, die Hasenente, deren Form sich je nach Blickwinkel ändert, die beunruhigende Fremdheit, in der sich das Scheitern des Ziels zeigt, eine zusammenhängende Realität zu schaffen, das heißt eine Gesellschaft, ein real existierendes Wesen, das, obwohl es sich aus einer Vielheit von menschlichen Wesen zusammensetzt, einen ausgeprägten, starken und nationalen Charakter hätte: ein Wesen aus einem Guss. Ist es nötig zu erwähnen, dass viele von denen, die man mit der Benennung Jude versehen hat, und sogar viele von denen, die dies für sich beanspruchen, für jenes seltsame, untrennbar mit der Idee der Integration verbundene Projekt eingetreten sind: einen Zustand der Resorption des Judentums zu leben, der einen ähnlichen Gehalt hätte wie die heilenden Moleküle in homöopathischen Medikamenten? Die jüdische Erinnerung sollte trotz allem bewahrt bleiben – wie beim »Gedächtnis des Wassers«.[32]

Doch das war blind gegenüber der Tatsache, dass mit der zunehmenden Bedeutung der Nationalstaaten auf der einen und des Kapitalismus auf der anderen Seite, die zugleich Gegner und Komplizen sind, die Benennung Jude eine solche Verbreitung und Bedeutungsvielfalt angenommen hat, dass sie mehr oder weniger allem und jedem zugeschrieben werden konnte (zum Beispiel indem man das Adjektiv »jüdisch« durch den in der antisemitischen Literatur häufig verwendeten Ausdruck »verjudet« ersetzte). Sie bezeichnet alles, was die Ambivalenz der nationalistisch-kapitalistischen Moderne zum Vorschein bringt, so wie sie sich in den liberalen Demokratien ebenso wie in den traditionellen und autoritären, im Widerstand gegen den Liberalismus erstarrten Staaten ausgebreitet hat, und sie ist dazu berufen, weit über die Grenzen der Religionen, Traditionen oder Ethnien hinauszugehen. Sie ist der Name für alles, was zirkuliert und dabei mit den Grenzen spielt, ob es sich nun um Personen handelt –

---

32 [Frz. *mémoire de l'eau*, wie der französische Mediziner Jacques Benveniste 1988 seine in der Folgezeit umstrittene Annahme bezeichnete, dass ein Wirkstoff, der in homöopathisch verdünnten, wässrigen Lösungen nicht mehr nachweisbar ist, seine Wirkung auf das Wasser übertragen kann.]

Bankiers oder Anarchisten –, um Ideen – des Liberalismus oder Sozialismus – oder allgemeiner noch um Waren und Geld, das heißt für alles, was in Strömen die Territorien durchquert und dadurch die Bemühungen der Staaten, die Völker zufriedenzustellen, null und nichtig macht.

Die fehlende Masse der Kausalität

Wie man verstanden haben dürfte, geht es nicht darum, Buchan des Antisemitismus zu bezichtigen. Wahrscheinlich war er Antisemit, das aber nicht mehr und nicht weniger als viele der damaligen Schriftsteller.[33] Schon die Struktur der Erzählgattung, die er begründet, macht es erforderlich, die Akteure oder vielmehr die Faktoren zu benennen, zu identifizieren und zu verfolgen, auf denen die *fehlende Masse der Kausalität* beruht, die die Ereignisse unverständlich und absurd macht. Und zwar egal, welcher Name dieser fehlenden Kausalität – dieser dunklen Kausalität, so wie man von dunkler Materie spricht – zu einem bestimmten historischen Zeitpunkt gegeben wird.

Buchan, der ein Rechter und Mitglied des *Establishment* ist

---

33 Auch in anderen Büchern von John Buchan lassen sich antisemitische Bemerkungen entdecken, vor allem in *Grünmantel*, das 1916 erschien und im Nahen Osten spielt, und in *Die drei Geiseln*. So wird der Vater einer der Geiseln, Mr. Julius Victor, ein amerikanischer Milliardär, als einer der »weißesten Juden seit dem Apostel Paulus« beschrieben (*The Three Hostages*, London, Nelson, 1924, S. 27 [dt.: *Die drei Geiseln*, Zürich, Diogenes, 1980, S. 21]). Auch diese Bemerkung wurde wohlgemerkt in der französischen Übersetzung des Buches weggelassen (Paris, Arthaud, 1962). Als er Buchans Antisemitismus diskutiert, meint Miles Donald, in gewisser Weise um ihn zu entlasten, zum einen anmerken zu müssen, dass er persönlich »jüdische Freunde« hatte, zum anderen, dass er »vor dem Holocaust« geschrieben habe, und schließlich, dass seine Bücher »ausgewogene« Porträts von Juden enthielten, die nicht alle ganz schlecht wegkämen (Miles Donald, »John Buchan. The reader's trap«, in: Clive Bloom (Hrsg.), *Spy Thrillers*, a.a.O., S. 59-72). Und tatsächlich hat Buchans Haltung nichts Anormales. Man könnte Ende des 19. Jahrhunderts und im ersten Drittel des 20. Jahrhunderts Entsprechendes bei sehr vielen, um nicht zu sagen den meisten bekannten französischen oder englischen Schriftstellern finden.

(nachdem er Parlamentsmitglied gewesen war und kurz dem britischen Geheimdienst angehört hatte, beendete er seine Karriere als Vizekönig von Kanada) und sein Buch mitten im Krieg mit dem erklärten Ziel der Vaterlandspropaganda schreibt, erfindet nichts, zumindest nicht auf der ideologischen Ebene. Er begnügt sich damit, in den Abenteuerroman einen politischen Tropus einzuführen, der im letzten Drittel des 19. Jahrhunderts entstand und im Laufe der ersten Hälfte des 20. Jahrhunderts großen Erfolg hatte, vor allem in den 1930er Jahren. Die Krise von 1929 und die Unfähigkeit der Staaten, ihre Auswirkungen in den Griff zu bekommen, verleiht der Idee, dass die offiziell Regierenden im Vergleich zur wahren [*réelle*], aber verdeckten Macht derjenigen, die im Kapitalismus die Fäden ziehen, nur machtlose Marionetten oder aber eigentlich nur Mittelsmänner und Komplizen der Herren über das Kapital seien, großes Gewicht. Eine solche Vorstellung kann auf der Rechten wie auf der Linken zirkulieren. Doch während sie auf der Linken internationalistische Werte zumindest eines Teils der Arbeiterbewegung berücksichtigen muss, bildet diese Weltsicht einen zentralen Bestandteil derjenigen Überzeugungen, dem die sich gleichzeitig als antikapitalistisch und als nationalistisch verstehenden Bewegungen wie der Faschismus und in gewissem Maße auch der Nazismus (dessen ideologischer Kern stärker rassistisch als nationalistisch war) anhängen. Indem sie verkünden, dass sie über der Entgegensetzung von Links und Rechts stehen, können diese Bewegungen in der Gestalt des Feindes zwei Kräfte zusammenlaufen lassen, die sich dem Anschein nach bekämpfen: die des Kapitals und die der Gegner des Kapitalismus.

Die Idee, dass die Integrität von Völkern und Nationen durch groß angelegte, von mehr oder weniger geheimen Kollektiven angezettelte Verschwörungen bedroht ist, deren Mitglieder sich auf verschiedene Länder verteilen, und zwar besonders auf feindliche Länder, begleitet so sowohl die Bildung des Nationalismus als auch die angestrengten Versuche, die Ursachen der Revolutionen und allgemeiner noch der Fehlentwicklungen der Moderne (zu denen der Kapitalismus gehört) zu entdecken. Historisch haben ziemlich unterschiedliche Kollektive den Platz des unsichtbaren Feindes eingenommen: im 18. Jahrhundert zunächst die Jesuiten, dann vor allem die bayerischen *Illuminati*, die Freimaurer, die Intellektuellen der Aufklärung usw. – diese verschiedenen Entitäten teilen eine vermeintliche Indifferenz gegenüber dem Nationalen. In den Ländern, in denen Nationalismus mit Katholizismus einhergeht (wie in Frankreich mit dem Gallikanismus), wird der der Freimaurerei zugeschriebene Antiklerikalismus als antinationale Tendenz angesehen. Die Geschichte dieser historisch-ideologischen Konstruktionen, unter denen Abbé Barruel (der selber Jesuit war) mit seinen *Denkwürdigkeiten zur Geschichte des Jakobinismus* eine Pionierstellung einnimmt, ist heute breit dokumentiert.

In der zweiten Hälfte des 19. Jahrhunderts besetzen die Juden einen zentralen Platz innerhalb dieser Konstruktionen. Wie wir gesehen haben, verkörpern sich in ihnen alle als vaterlandslos geltenden Kräfte, das heißt einerseits die Kräfte des Geldes (für die die Rothschilds das Symbol sind), das ungebremst zwischen den nationalstaatlichen Territorien zirkuliert, und andererseits die internationalistischen revolutionären Kräfte (Marx), die die als äußerste Grenze der liberalen Pathologie verstandene soziale Revolution von einem Land zum anderen tragen.

Rund um die Protokolle der Weisen von Zion

Die *Protokolle der Weisen von Zion* spielen eine bedeutende Rolle in dem Sammelsurium von widerlichen Geschichten – welche sich von höchst ausgefallenen Fiktionen bis zu realistischen Schilderungen in ihrer rohsten und tragischsten Form erstrecken –, die die subjektiven Befindlichkeiten in Europa zu Beginn des 20. Jahrhunderts mitgeprägt haben und aus denen wir hier einige Fäden herauszuarbeiten versuchen. Dieser Text wird als ein Bericht über geheime jüdisch-freimaurerische Zusammenkünfte präsentiert (was auf die Allgemeine Israelitische Allianz gemünzt ist), auf denen ein »Weiser von Zion« zu den Führern des jüdischen Volkes spricht, um ihnen einen Geheimplan zur Erlangung der Weltherrschaft nach der Zerstörung der christlichen Kultur zu unterbreiten. Hinterlist, Kriege, Revolutionen und der Kapitalismus werden in die Planungen einbezogen. Auf unseren Gegenstand beziehen sich die *Protokolle* in verschiedenerlei Hinsicht. Einerseits bilden sie ein wichtiges Zeugnis des europäischen Antisemitismus, dessen Produkt sie sind, an dessen Rechtfertigung und Verbreitung sie aber auch beteiligt waren. Offenbar haben sie auch beim gleitenden Übergang von der Ausrottungsideologie zur aktiven Vernichtung der europäischen Juden eine Rolle gespielt. Andererseits liegt der Gedanke nicht fern – ohne dass es einen Beweis dafür gäbe –, dass sie eine der Quellen für die von Buchan geschilderte Geschichte Scudders sind oder zumindest dass Buchan eine weit verbreitete Thematik wiedergibt, zu deren systematischen Ausgestaltungen die *Protokolle* gehörten.

Aber die zentrale Bedeutung der *Protokolle* für unser Anliegen beschränkt sich nicht darauf. Die *Protokolle* berühren auch den Kern- oder Knotenpunkt der Probleme, die die Frage des *Komplotts* umgeben. Wie wir sehen werden, nimmt diese Frage seit mehr als einem Jahrhundert – und vielleicht noch heute – in den ideologischen Streitigkeiten und in den sozialwissenschaftlichen Debatten einen zentralen Platz ein. Die *Protokolle* stehen erstens schon dadurch mit der Frage des Komplotts in Zusammenhang, dass sie vorgeben, ein weltweites *Komplott aufzudecken*, nämlich das der Juden. Die Folgen dieser angeblichen Aufdeckung sind bekannt. Aber sie stehen auch noch auf indirektere Weise mit der Frage des Komplotts in Zusammenhang. Als sich 50 Jahre später in den Sozialwissenschaften eine Strömung bildete – deren Genese wir weiter unten untersuchen werden –, die den Glauben an die Existenz von Komplotten zu ihrem Generalthema machte und ihn untersuchen, meistens aber auch seine verheerenden Folgen anprangern wollte, galten die *Protokolle* als offensichtlichstes Beispiel für eine *Verschwörungstheorie*. Seither stehen sie im Zentrum dieser in der Politikwissenschaft, aber auch von gewöhnlichen Leuten häufig verwendeten Kategorie; sie bilden gewissermaßen deren Symbol. Das hat dazu geführt, dass die Schändlichkeit, von der man in Bezug auf die *Protokolle* zu Recht sprechen kann, zumindest implizit auf viele andere, seither identifizierte und angeprangerte Überzeugungen – welchen Inhalts auch immer – abgefärbt hat, die als Verschwörungstheorien interpretiert wurden.

Schließlich sei noch hinzugefügt, dass die historische Rekonstruktion der Art und Weise, wie die *Protokolle* fabriziert und verbreitet worden sind, ins Zentrum der Ende des 19. Jahrhunderts und im Laufe des 20. Jahrhunderts von den europäischen Ländern – besonders von Russland und Frankreich – eingesetzten Polizei- und Spionagedispositive führt. Deswegen können die *Protokolle* völlig zu Recht als *Resultat eines Komplotts* betrachtet werden, so dass zumindest in diesem Fall mit guten Gründen auf Erklärungen jener Art zurückgegriffen werden kann, die Konstruktionen geltend machen, die als Verschwörungstheorien einzustufen sind. Was die Geschichte dieser historischen Rekonstruktion selbst angeht[34] – die verbissen bis in unsere Tage fortgesetzt wird –, so gewinnt man den Eindruck, dass sich für sie leicht ein Platz in einer der atemberaubenden Geschichten des investigativen Journalismus, ja sogar in einem Spionageroman finden ließe. Sie ist so gut dokumentiert und so bekannt, dass es reicht, kurz an sie zu erinnern.

Die *Protokolle der Weisen von Zion* sind eine 1897 oder 1898 in Paris angefertigte Fälschung. Der Text wurde von einem antisemitischen Aktivisten (den der russische Historiker Mikhail Lépekhine als den Publizisten Mathieu Golovinski identifizierte) auf Französisch verfasst, der für einen in Paris ansässigen Agenten der Geheimpolizei des zaristischen Russlands – der Ochrana – arbeitete. Oder vielleicht, wie Carlo Ginzburg in

---

34 Ein wichtiger Schritt war die Veröffentlichung von Henri Rollins Buch *L'Apocalypse de notre temps* im Jahr 1939 (Paris, Allia, 2005). Rollin war Mitglied des französischen Deuxième Bureau [1871 gegründeter militärischer Auslandsnachrichtendienst], sein Buch wurde 1940 von den Deutschen eingestampft.

einem kürzlich erschienenen Buch nahelegt, von oder unter Mithilfe von Édouard Drumont.[35] 1905 wurde der Text von dem orthodoxen, Nikolaus II. nahestehenden »Mystiker« Serge Nilus ins Russische übersetzt und in Russland erstmals veröffentlicht. In der Folgezeit fand der Text weite Verbreitung in Russland, wo er in den Dienst der antisemitischen Politik gestellt wurde, die der Staat mit Unterstützung der reaktionären Kreise und orthodoxen Eliten verfolgte. Seine Verbreitung leistete wahrscheinlich ideologische Schützenhilfe bei den zahlreichen Pogromen, die in diesem Zeitraum stattfanden. Laut Norman Cohn, einem der Wegbereiter der Geschichte der *Protokolle*, war diese Fälschung nicht die erste ihrer Art. In Russland ging ihnen 1869 die Veröffentlichung des *Buches vom Kahal* voraus, einer Fälschung, in der der Autor – Jacob Brafmann, ein zum orthodoxen Glauben konvertierter Jude – vorgab, Berichte über geheime Zusammenkünfte von jüdischen Gemeinden entdeckt zu haben, die zu erkennen gäben, dass der Kahal (der Gemeinderat) »in jeder Stadt die jüdischen Händler bei dem Bestreben (unterstützt), ihre christlichen Konkurrenten zu ruinieren und sich schließlich allen Besitz der Christen anzueignen«. Dieses auf Kosten der Regierung veröffentlichte Buch wurde unter den russischen Beamten verteilt.[36] Mehrere Bücher der gleichen Art folgten. Ganz allgemein häufen sich die Aufsätze und Bücher, die eine jüdische Weltverschwörung anprangerten und eine geheime Regierung in der Hand von jüdischen Geheimbünden aufgedeckt zu haben meinten, Ende des 19. Jahrhunderts in den meisten europäischen Ländern, in Russland, aber auch in Frankreich und stärker noch in Deutschland.[37] Das heißt, dass die *Protokolle* sicherlich nicht so unkritisch aufgenommen worden wären, wenn ihre Hauptthemen, die sie in einer besonders unglaublichen Version präsentie-

---

35 Carlo Ginzburg, *Le fil et les traces. Vrai, faux, fictif*, Paris, Verdier, 2010, S. 175-203.
36 Norman Cohn, *Die Protokolle der Weisen von Zion. Der Mythos von der jüdischen Weltverschwörung*, Köln/Berlin, Kiepenheuer und Witsch, 1969, S. 55.
37 Ebd., S. 40.

ren, im europäischen Bürgertum ideologisch nicht bereits so gut implementiert gewesen wären.

Wirklich internationale Tragweite erlangten die *Protokolle* jedoch erst in den 1920er Jahren. In dieser Zeit wird das Buch in verschiedene Sprachen übersetzt und hält in den meisten europäischen Ländern Einzug: in England, Frankreich (wo es 1921 bei Grasset erscheint) und vor allem in Deutschland, wo es zu einem der Hauptargumente wurde, die den von den Nazis gefassten und später realisierten Plan der Vernichtung der europäischen Juden stützen sollten. In welchem Maße diesem Text Glauben geschenkt wurde, merkt man daran, dass er 1920 als berücksichtigenswerte Quelle von der Londoner *Times* zitiert wurde (in einem Artikel mit dem Titel: »Die jüdische Gefahr, ein beunruhigendes Pamphlet verlangt nach Untersuchung«). Erst im folgenden Jahr erfolgt ein Dementi nach einer Entdeckung, die sich Philip Graves verdankt, dem Korrespondenten dieses angesehenen Blattes in Konstantinopel, der mit den seither nicht mehr abreißenden Nachforschungen begann, den Ursprung dieser Fälschung aufzudecken und ihre Spur lückenlos zurückzuverfolgen. Philip Graves bemerkte nämlich, dass die Hauptargumente, die den angeblichen Anführern des internationalen jüdischen Komplotts in den Mund gelegt werden, einem Pamphlet gegen Napoleon III. entnommen sind, in dem dieser bezichtigt wird, ein Komplott geschmiedet zu haben, um die Macht vollständig an sich zu reißen. Dieses Pamphlet war Graves zufällig in die Hände gefallen (er hatte einen russischen Immigranten zum Freund, der einem ehemaligen Ochrana-Offizier, der ebenfalls nach Konstantinopel geflüchtet war, einen Stapel alter Bücher abgekauft hatte). Es war 1864 in Brüssel von einem Republikaner, dem französischen Rechtsanwalt Maurice Joly, unter dem Titel *Gespräche in der Unterwelt zwischen Machiavelli und Montesquieu* anonym veröffentlicht und dann heimlich von Helfern nach Frankreich geschmuggelt worden, von denen einige sicherlich Spitzel der französischen Polizei waren.[38] Fast alle Exem-

---

38 Maurice Joly, *Dialogue aux Enfers entre Machiavel et Monetsquieu* (1864),

plare des Buches wurden daraufhin von der Polizei beschlagnahmt und vernichtet. Der Autor wurde identifiziert, verhaftet und in das Gefängnis von Sainte-Pélagie verbracht, das er erst 1867 wieder verließ. Nach 1871 versuchte Maurice Joly, sich den Republikanern, vor allem den Brüdern Péreire (die ihm einen Posten in ihrer Zeitung *La Liberté* verschafften) und Jules Grévy anzuschließen, zerstritt sich dann aber mit ihnen und war nach einigen Forderungen zum Duell zum Schweigen verurteilt. Die *Gespräche* und ihr streitbarer, begabter Autor gerieten völlig in Vergessenheit.

Philip Graves ließ Nachforschungen im British Museum anstellen, wo man ein Exemplar der verbotenen Ausgabe der *Gespräche* fand. Die Übereinstimmung zwischen den in beiden Texten enthaltenen Bestandteilen erlaubte die fundierte Feststellung, dass die *Protokolle* aus den *Gesprächen* abgeschrieben worden waren. Die Gemeinsamkeiten waren umso überzeugender, als sie häufig Details betrafen (zum Beispiel die Bezugnahme auf den indischen »Gott Wischnu«[39]) – entsprechend dem Indizienparadigma, auf das Carlo Ginzburg aufmerksam gemacht hat, indem er die Methode des Kunsthistorikers Morelli und die Entdeckung der Psychoanalyse miteinander in Verbindung brachte. Die Nähe der beiden Texte ist jedoch vor allem erstaunlich, wenn man die Argumente untersucht, die Machiavelli in den Mund gelegt werden, der in den *Gesprächen* das Sprachrohr von Napoleon III. ist. Von diesen Argumenten sind für unsere Belange diejenigen am interessantesten, die die Idee vertreten, dass der Zugang zur totalen Herrschaft von der Fähigkeit abhängt, sowohl die Finanzkräfte auf der einen als auch die revolutionären Kräfte auf der anderen Seite zu manipulieren, um diese dem Anschein nach entgegengesetzten Kräfte in eine gemeinsame Richtung zu lenken, nämlich in die des Krieges. So erklärt Machiavelli zum Beispiel:

Paris, Calmann-Lévy, 1968 [dt.: *Gespräche in der Unterwelt zwischen Machiavelli und Montesquieu oder Der Machiavellismus im XIX. Jahrhundert*, Hamburg, Meiner, 1948].
39 Ebd., S. 95.

Nur auf dem Wege der Verordnung werde ich beispielsweise riesige Finanzmonopole errichten, Aufspeicherungen des Volksvermögens, von denen das Schicksal aller Privatvermögen derart unmittelbar abhängen müßte, dass sie am ersten Tage nach einer politischen Katastrophe ebenso verschwinden müßten wie der Staatskredit. (*Gespräche*, S. 49)

In den *Protokollen* wird das auf folgende Weise wieder aufgegriffen:

Sehr bald werden wir uns im Tauschverkehr riesige Alleinrechte (Monopole) sichern, die jeden fremden Wettbewerb ausschließen und für uns eine Quelle gewaltigen Reichtums bilden werden. Von diesen jüdischen Alleinrechten werden selbst die großen Vermögen der Nichtjuden in einer Weise abhängen, dass sie am ersten Tage nach dem großen Zusammenbruche der alten Regierung ebenso verschwinden werden wie das in die Zahlungsfähigkeit der Staaten gesetzte Vertrauen (Staatskredite).[40]

Die Manipulation der Revolutionäre, um Zugang zur Macht zu erlangen, klingt bei Maurice Joly – aus Machiavellis Mund – so:

Nach außen hin muß man von einem Ende Europas bis zum andern die revolutionäre Gärung anregen, die man im eigenen Lande unterdrückt. Daraus ergeben sich zwei beträchtliche Vorteile: Die Agitation für die Freiheit im Ausland lenkt die Aufmerksamkeit von der Unterdrückung im Innern ab. Überdies hält man damit alle anderen Mächte in Schach, bei denen man nach Belieben Ordnung schaffen oder Unordnung stiften kann. Die Hauptsache ist, durch Kabinettsintri-

---

40 *Protokolle*, Sechste Sitzung, zitiert nach Cohn, a.a.O., S. 301 [siehe auch Jeffrey L. Sammons (Hrsg.), *Die Protokolle der Weisen von Zion. Die Grundlage des modernen Antisemitismus – eine Fälschung. Text und Kommentar*, Göttingen, Wallstein, 1998, S. 50].

gen alle Fäden der europäischen Politik so zu verwirren, dass man die Mächte, mit denen man es zu tun bekommt, gegeneinander ausspielen kann. (*Gespräche*, S. 50f.)

Seine Hauptidee fasst Machiavelli in einer Formulierung zusammen, die Scudder alle Ehre machen würde:

> Um die Darstellung des ganzen Systems in einem Satz zusammenzufassen: Die Revolution wird durch den Staat selbst zurückgehalten, auf der einen Seite durch die Angst vor der Anarchie, auf der anderen durch die Furcht vor dem infolge einer Revolution eintretenden Staatsbankerott und im ganzen durch den allgemeinen Kriegszustand. (Ebd., S. 51)

Diese Formulierung, die die Politik von Napoleon III. ironisch darstellen soll, legen die *Protokolle* den Juden in den Mund. Auch der Rat, den der Weise den Juden gibt, offizielle Vorstellungen von der Welt zu verbreiten, so dass die Realität verborgen wird, ist aus den *Gesprächen* übernommen. Machiavelli sagt: »Aber das, was Sie heute die offizielle Diplomatensprache nennen, muß hierzu in einem durchschlagenden Gegensatz stehen. Hier kann man den Geist der Loyalität und des Entgegenkommens gar nicht genug zur Schau tragen. Die Völker, die den Schein für bare Münze nehmen, werden einem Herrscher, der sich so zu benehmen versteht, auch noch seine Anständigkeit nachrühmen.« (Ebd., S. 51) »Die Macht, von der ich träume«, fügt Machiavelli/Joly hinzu,

> ist, wie Sie sehen, keineswegs mit barbarischen Manieren verbunden. Sie muß alle Kräfte und alle Talente der Kultur an sich ziehen, in der wir leben. Sie muß sich mit Journalisten, Advokaten, Rechtsgelehrten, Männern der Praxis und mit Verwaltungsbeamten umgeben, mit solchen Leuten, die von Grund aus alle Geheimnisse, alle Triebfedern des sozialen Lebens kennen, die alle Sprachen sprechen, die die Men-

schen kennen in jedem Milieu. Man muß sie von überall her nehmen, wo man sie findet; denn diese Menschen leisten erstaunliche Dienste, wenn sie ihre geistreichen Methoden auf die Politik anwenden. Außerdem gehört dazu ein ganzer Stab von Volkswirten, Bankiers, Industriellen, Kapitalisten, Erfindern, Rechnern; denn im letzten Grunde wird sich alles in ein Rechenexempel auflösen. (Ebd., S. 52)

Es ist also tatsächlich eine solche pamphletistische Beschreibung der Machtübernahme von Napoleon III. in Frankreich, die 30 Jahre später wieder aufgenommen und verallgemeinert wird; dabei wird der Kaiser durch die Juden und ihre Geheimbünde und Frankreich durch die ganze Welt ersetzt. Die ökonomischen und sozialen Auswirkungen der von den Kapitalismushistorikern so genannten ersten Globalisierung, die damals mit einem ganzen Schwanz von Krisen, Arbeitslosigkeit, Elend und Korruption im Gang war, bildeten sicherlich einen Nährboden, der den Nationalismus verstärkte und die Verbreitung von Geschichtsauffassungen begünstigte, die auf der Aufdeckung eines weltweiten Komplotts beruhen. Diese entlasteten die nationalen Entitäten und das nationalistische Bürgertum von jeglicher Verantwortung für die unheilvollen Zeitläufte, die im Untergrund agierenden, allmächtigen Kräften zur Last gelegt wurden, welche unzusammenhängend wirken, aber doch gemeinsam und unbemerkt oder unter Mithilfe der offiziell Regierenden aktiv sind. Also genau die Geschichtsauffassung, die Scudder zu Beginn der *Neununddreißig Stufen* dem zunächst ungläubigen, aber dann durch die Ereignisse, deren Zeuge er wird, von ihrer Wahrhaftigkeit überzeugten Richard Hannay zu Gehör bringt, bevor dieser ungewollt zu einem ihrer Akteure wird.

Die Kehrtwende

Lassen wir *Die neununddreißig Stufen* für den Moment beiseite und öffnen wir einen anderen, 25 Jahre später von Eric Ambler verfassten Spionageroman: *Ungewöhnliche Gefahr*.[41] Dieser Roman – die zweite von sechs Geschichten, die Eric Ambler zwischen 1936 und 1940 schrieb[42] – ist für uns deshalb von Interesse, weil er *Die neununddreißig Stufen* gewissermaßen andersherum reproduziert. Deren Handlungsgerüst beziehungsweise aktantielle Erzählstruktur bleibt genau gleich, aber die Aktanten werden grundlegend verändert: Sie werden ganz anders ausgefüllt. Diese Kehrtwende hat Ambler bewusst vollzogen: »Ich suchte nach etwas, das ich ändern konnte, und beschloss, dass das der Spionagethriller sein sollte, den ich vom Kopf auf die Füße stellen wollte, indem ich aus dem Helden einen Linken und aus den Leuten aus dem Volk Hauptfiguren machte«.[43] Ambler, der Sozialist ist und in Paris, wo er damals wohnte, die Volksfront erlebt hat, möchte die Gattung sowohl auf literarischer als auch auf politischer Ebene verändern, indem er die Kämpfe, die Europa entzweien, zum Gegenstand macht und politisch von links auf sie eingeht. Das Komplott steht immer noch im Zentrum der Geschichte. Kern dieses Komplotts sind immer noch die Industriemagnaten und Bankiers, insofern sie den Kapitalismus verkörpern. Aber die Verbündeten der Bankiers sind nicht mehr, wie bei Buchan, die Sozialisten, die Anarchisten, die Vaterlands-

---

41 Eric Ambler, *Ungewöhnliche Gefahr* (1937), Zürich, Diogenes, 1979 [Originaltitel: *Uncommon Danger*, US-Titel: *Background to Danger*].
42 Es handelt sich um: *The Dark Frontier* [dt.: *Der dunkle Grenzbezirk*] (1936), *Epitaph for a Spy* [dt.: *Die Stunde des Spions*] (1938), *Cause for Alarm* [dt.: *Anlass zur Unruhe*] (1938), *The Mask of Dimitrios* [US-Titel: *A Coffin for Dimitrios*, dt.: *Die Maske des Dimitrios*] (1939), sein berühmtestes Buch, in dem es um die Konflikte geht, die die Türkei zu Beginn der Zwischenkriegszeit entzweien, und schließlich *Journey into Fear* [dt.: *Die Angst reist mit*] (1940).
43 Äußerung von Eric Ambler, zitiert nach Brett F. Woods, *Neutral Ground. A Political History of Espionage Fiction*, New York, Algora, 2008, S. 61 [Übers. C. P.].

losen und die Juden. Es handelt sich ganz im Gegenteil um Nationalisten, Faschisten und ganz allgemein um die Mitglieder der Führungseliten, die zusammen etwas bilden, was man herrschende Klasse nennen kann. Auf diese Weise kommt nahezu zum ersten Mal jene andere, von der revolutionären Linken erhobene Komplottanschuldigung im Spionageroman vor, die die Seilschaften zwischen dem Bürgertum, den Machteliten und dem »Großkapital« anprangert. Gleichzeitig enthüllt diese Kehrtwende den reaktiven Charakter der Komplottanschuldigungen, auf denen die Bücher beruhten, um die es hier bisher ging.

Fassen wir die Geschichte kurz zusammen, die Eric Ambler uns erzählt. Eine Mineralölgesellschaft, die Pan-Eurasian Petroleum Company, steht im Mittelpunkt eines internationalen Bankennetzes, das seinen Sitz in London hat und dessen Mitglieder zur herrschenden Klasse Englands und zur Oberschicht gehören (wie Lord Welterfield, millionenschwerer Eigentümer von Kohlebergwerken und Sportmäzen). Der Mann, der dieses Netzwerk leitet, Präsident der »Pan-Eurasischen Oelgesellschaft« und etwa 15 weiterer Unternehmen, Aufsichtsratsmitglied von 30 anderen, »ein großes Tier in der Londoner Geschäftswelt«, Balterghen – der Autor legt nahe, dass er aus dem Nahen Osten stammt (sein Sekretär hört ihn eine Sprache sprechen, die eine »Mischung aus Russisch und Italienisch« zu sein scheint) –, lebt zwischen seinem Rolls-Royce und seinem Büro, das mit dem »Salon einer Dirne« verglichen wird, weil sich teure und geschmacklose Gegenstände in ihm stapeln. Balterghen hat einen Handlanger, Colonel Robinson, an dem nur der Name englisch ist. Eigentlich handelt es sich um Saridza, einen Agent provocateur, dem ein sadistischer Killer zur Seite steht: Captain Mailler, ehemals Polizist in einer britischen Spezialeinheit in Irland. Zu Beginn des Romans beruft Balterghen den Aufsichtsrat der Pan-Eurasian Petroleum Company ein, um ihn über seine Hauptsorge zu informieren. Damit es sein Aufrüstungsprogramm fortsetzen kann, benötigt Italien Öl aus Rumänien. Balterghen übt Druck auf die rumänische Regierung aus, damit das Parlament den Gesetzen zustimmt, die die alten Konzessionen wieder verwertbar machen, die die Pan-Eurasian in Rumänien gehabt hatte. Die Abstimmung verzögert sich jedoch aufgrund eines Artikels in einer sozialistischen Zeitung (»›Kommunisten!‹, rief Lord Welterfield empört«). Dieser, »Die Aasgeier kreisen« betitelte Artikel prangert die der Pan-Eurasian zugutekommenden »kapitalistischen Machenschaften« in den Regierungskreisen und die Korruption an, die dort herrscht. Der Held des Buches, der freie Journalist Kenton, ist Engländer, aber seine Mutter ist Französin und sein Vater stammt aus Nordirland. Man könnte ihn für einen »Amerikaner« halten. Nach schweren Verlusten beim Spiel begegnet ein völlig mittelloser Kenton, der Nürnberg verlassen hat, um nach Wien zu fahren, wo er an Geld zu kommen hofft, im Zug einem Mann – Herrn Sachs –, der sich als Deutscher und Jude ausgibt und behauptet, verfolgt zu werden. Gegen eine stattliche Summe vertraut ihm dieser Mann einen Umschlag an, den er ihn in einem Hotel in Linz abzugeben bittet. Herr Sachs wird ermordet. Kenton wird des Verbrechens bezichtigt. Da begegnet er zwei sowjetischen Agenten, Zaleshoff und dessen Schwester Tamara, die versuchen, den Umschlag wiederzubekommen, denn dieser enthält fingierte Geheimpläne für den Einmarsch der Russen in Bessarabien, die, wenn sie entdeckt würden, den Absichten der Pan-Eurasian Petroleum Company zupass kämen. Sachs, ein übergelaufener, ehemaliger kommunistischer Agent, war im Begriff gewesen, sie der Führungsspitze dieser Gesellschaft zu übergeben. Kenton sieht sich nun von den Handlangern im Auftrag der Pan-Eurasian und gleichzeitig von der Polizei verfolgt, die wegen des Mordes an Sachs nach ihm sucht. Er macht gemeinsame Sache mit Zaleshoff und Tamara, denen es nach zahlreichen gefährlichen Abenteuern gelingt, ihn aus den Klauen des berüchtigten Colonel Robinson zu befreien und den Umschlag wiederzubekommen, dessen Inhalt sie vernichten.

Die Ähnlichkeiten mit den *Neununddreißig Stufen* springen ins Auge. Der Held ist ein alleinstehender, nicht mehr ganz junger Mann. Er wird zufällig und gegen seinen Willen in eine Affäre hineingezogen, die ihn überfordert, und er nimmt unter Lebensgefahr eine höchst wichtige politische Angelegenheit in die

Hand, ohne von irgendeinem Staat dazu bevollmächtigt zu sein. Von seinem Handeln hängt das Schicksal von mehreren Ländern ab, die Gefahr laufen, sich in entsetzliche Konflikte zu verstricken (in den Ersten Weltkrieg in *Die neununddreißig Stufen* und in den Zweiten Weltkrieg in *Ungewöhnliche Gefahr*). Er entdeckt eine groß angelegte Verschwörung und eine Parallelwelt. Er muss sich mit einem internationalen Geheimbund herumschlagen, der zu allem bereit ist, um seine Ziele zu erreichen: »In Italien herrscht der Faschismus, in Deutschland der Nationalsozialismus, in Belgien hat's Rexisten, in Frankreich gibt's La Croix de Feu [...], sogar in England ist die zunehmende Macht der Bürokratie symptomatisch«. (S. 137) Seine Gegner wechseln ständig die Identität, so dass er nie wirklich weiß, mit wem er es zu tun hat, mit Freund oder Feind (selbst der schreckliche Colonel Robinson sieht in seinem »Tweedanzug wie ein Landedelmann aus«). Er handelt spontan nach Moral- und Solidaritätsprinzipien, die er gewissermaßen im Blut hat. Er wird von der offiziellen, staatlichen Polizei und gleichzeitig von den Verschwörern gejagt, deren Absichten er durchkreuzt.

Auch die politische Metaphysik, die hinter den Geschichten steht – die Metaphysik der zwei politischen Realitäten, deutlich sichtbar, aber fiktiv die eine, real, aber verdeckt die andere –, wird offenkundig von Buchan und Ambler geteilt.

> Nicht reiflich erwogene Entschlüsse von Staatsmännern lenkten das Schicksal der Nationen, sondern Wirtschaftsmächte. [...] gemacht wurde die Politik [...] von den Männern des Big Business, also Bankiers und ihren Trabanten, von Waffenfabrikanten, Ölgesellschaften und Großindustriellen. Big Business schuf und schürte Krisen, wie es ihm gerade paßte. Big Business lieferte aber auch die Lösungen [...] Die richtige [Erklärung] findet man nur, wenn man das Börsengeschehen in Paris, London und New York [...] erforscht. [...] obschon man natürlich nie wissen konnte. [...] Da wurde von lauter feinen Leuten in Konferenzräumen und bei Wochenendjagdpartien etwas ausgeheckt, das dann von *commis voyageurs* des

Verbrechens, von Figuren wie Sachs, in Zügen, billigen Hotels, häßlichen Vorstädten in die Tat umgesetzt wurde, an düstern Orten [...]. (S. 97 f.)

Was die Mitglieder der feinen Gesellschaft angeht – das wahre Komplott –, so benutzen sie Killer, weil sie nicht genug Mut haben, die »schmutzige Arbeit« selbst zu übernehmen. »Es sind eben gutherzige Leute mit einem guten Gewissen. Sie stellen sich vor, dass die Leute, die sie ausbeuten, sich gerne von ihnen ausbeuten lassen. Am liebsten sitzen sie in ihren Büros und tätigen korrekte Geschäfte mit ihresgleichen. Und darum sind sie natürlich auf einen Saridza [den Agent provocateur] angewiesen.« (S. 135)

Hinzugefügt sei schließlich, dass der Staat bei Ambler in noch schlechterem Licht dasteht als bei Buchan. Während er bei Buchan von liberalen oder sogar krypto-sozialistischen Maulwürfen unterwandert wird, die ihn daran hindern, seinen Aufgaben ordentlich nachzukommen, steckt der Staat bei Ambler schlicht und einfach mit der herrschenden Klasse unter einer Decke, für die er nur ein Werkzeug ist. Wo Hannay am Ende seines Abenteuers innerhalb des britischen Staatsapparates mutige Persönlichkeiten findet, die ihm beim Kampf gegen die Landesfeinde helfen, ist das bei Kenton in keiner Weise der Fall. Er verdankt sein Heil allein dem aktiven Eingreifen der Kommunisten, die in dieser Geschichte nicht als Agenten eines anderen, des sowjetischen, Staates betrachtet werden, sondern allein als freie Aktivisten, die der Sache des Volkes treu ergeben sind.

So wie *Die neununddreißig Stufen* als Matrix für viele nationalistisch gesonnene Spionageromane gelten können, entwickelt Ambler eine Form, deren Transformationen sich an vielen antifaschistischen Thrillern der 1940er Jahre ablesen lassen. So ist zum Beispiel Arthur Rowe, der Held von Graham Greenes *Zentrum des Schreckens*,[44] sicherlich dem berühmtesten Buch dieser

---

44 Graham Greene, *The Ministry of Fear* (1943), Harmondsworth, Penguin, 1973 [dt.: *Zentrum des Schreckens*, Wien, Zsolnay, 1952].

Art (das Fritz Lang auf eine Weise verfilmt hat, die dem Geist des Romans ziemlich treu ist), ein einsamer, verloren wirkender Mann. Als er aus einer psychiatrischen Anstalt entlassen wird, in der er zwei Jahre lang eingesperrt war, weil er aus Mitleid seine an einer schweren Krankheit leidende Frau vergiftet hat, findet er sich mitten im Bombenregen des Londoner *Blitz* wieder. Auf einer Wohltätigkeitsveranstaltung gewinnt er irrtümlich einen Kuchen, in dem ein Mikrofilm versteckt ist, auf dem sich der Geheimplan zur Verteidigung der englischen Küsten befindet. Nachdem ein Mordanschlag auf ihn verübt worden ist, nimmt er Kontakt zu der Organisation, die die Wohltätigkeitsveranstaltung ausgerichtet hat (»Die Mütter der freien Welt«), und zu ihren Leitern auf, einem charmanten österreichischen Flüchtling und seiner (noch charmanteren) Schwester. Nach einer Reihe von Zwischenfällen findet er sich in einer von der dämonischen Mrs. Bellairs organisierten spiritistischen Sitzung wieder. Er nimmt in der spiritistischen Runde Platz, die schon deshalb ein Symbol des Komplotts ist, weil – außer ihm – alle Teilnehmer Nazi-Spione sind. Das Licht geht aus. Ein Mann wird umgebracht. Rowe wird des Mordes beschuldigt und gleichzeitig von der Polizei und von den Spionen gejagt, deren Chef kein anderer als der charmante Flüchtling ist (glücklicherweise ohne dass seine charmante Schwester davon weiß). Die Schlüsselfigur der Spione ist Dr. Forester, ein berühmter Psychiater, der sich als Geheimdienstberater in das Zentrum des britischen Staates eingeschlichen hat.

Um diese Reihe abzuschließen, sei noch ein etwas späterer Roman erwähnt (er erschien 1949 und spielt gleich nach dem Krieg in New York). In John Gearons *Le puits de velours* (*The Velvet Well*) ist der Held ein militanter Antifaschist, der, wie Arthur Rowe, aus einer psychiatrischen Anstalt entlassen wird.[45] Allein und verlassen, muss er sich mit einer in Südamerika sitzenden internationalen Vereinigung ehemaliger Nazis herumschlagen, die versuchen, einen Koffer mit Uran in ihren Besitz zu bringen;

---

45 John Gearon, *Le puits de velours*, Paris, Gallimard, 1949.

gleichzeitig wird er von der Polizei beschuldigt, den Wissenschaftler umgebracht zu haben, dem der Koffer gestohlen wurde. Auch in diesem Fall ließen sich noch viele weitere Beispiele für diese Gattung finden.

Über dem Komplott

Durch die Kehrtwende kann die Transformation der Spionageerzählung noch eine andere Gestalt annehmen. Diese befasst sich weiterhin mit der Frage des Komplotts, die für diese literarische Gattung konstitutiv ist, aber dabei versucht sie, der zwingenden Alternative zu entgehen, entweder von einer nationalistischen Position aus ein Komplott, in dem sich Sozialisten und/oder Anarchisten (und Juden) mit dem Kapitalismus verbünden, aufzudecken und anzuprangern, oder von einer sozialistischen oder anarchistischen Position aus ein Komplott, in dem sich die herrschende Klasse und/oder die internationalen Eliten mit dem Kapitalismus verbünden. Diese Versuche bemühen sich nämlich, narrative Formen zu entwickeln, mit deren Hilfe die gesamte Realität als ein *groß angelegtes Komplott* beschrieben werden kann; dadurch versuchen sie, die Verlagerung dessen, was man für die vorherrschende Figur der politischen Metaphysik des 20. Jahrhunderts halten kann, auf das Gebiet der literarischen Repräsentation abzuschließen. Dabei nehmen sie aber einen übergeordneten Standpunkt ein, der den Konflikt zwischen den unterschiedlichen Deutungen, was Gegenstand des Komplotts ist, der Akteure, die daran beteiligt sind, und der Kräfte, die diese miteinander verbinden, überwinden soll. Diese Verschiebung setzt also die Konstruktion einer Äußerungsposition voraus, von der aus es möglich ist, sich mit den verschiedenen Ausprägungen der Komplottanschuldigung gleichzeitig zu befassen.

Wir werden diesen Prozess anhand dreier sehr verschiedener Formen nacheinander untersuchen. Die erste, die man als archaisch betrachten kann – sie entsteht zu Beginn des 20. Jahrhunderts –, besteht darin, verschiedene Komplottanschuldigungen so weit aneinander anzunähern, dass ihre Konvergenz zu Tage tritt. Die zweite, die sich vor allem während des Kalten Krieges – 50 Jahre später – entwickelt, sieht die verschiedenen Komplotte letztendlich als symmetrisch an und behandelt sie parallel, wobei die Unterschiede zwischen ihnen gewahrt bleiben. Die dritte schließlich zielt ganz allgemein auf die *Komplottform* ab, die für sich genommen betrachtet wird – wenn man so will, *an sich*: als konstitutive Form nicht nur der Politik, sondern der gesamten Realität in einem von der Technik durchdrungenen Kosmos, die wiederum alternativ oder gleichzeitig im Dienst des allmächtigen Staates und der kapitalistischen Hybris steht. Das heißt, es wird in einem geschlossenen Kosmos betrachtet, in dem es eigentlich unmöglich ist, sich der Herrschaft des Komplotts zu entziehen und ihm gegenüber sogar so viel Abstand zu gewinnen, dass man es objektivieren und seine Umrisse erkennen kann.

Damit sich die Unterschiede zwischen diesen Figuren wahrnehmen lassen, muss man die Position einbeziehen, von der aus die gegnerischen Komplotte betrachtet und auch beurteilt werden; in den Erzählungen selbst wird sie gemeinhin nicht explizit ausgewiesen. Diese übergeordnete Position ist nämlich immer normativ. Im Fall der ältesten Erzählungen handelt es sich aber um eine Position, die man als radikal, extrem oder auch, wenn man so will, als *eschatologisch* bezeichnen kann. Die bestehende Realität und die ihr innewohnenden Komplotte werden von einem Fluchtpunkt aus betrachtet; dieser Fluchtpunkt ist das Jüngste Gericht. Aus diesem Grund haben die ersten Erzählungen, in denen diese Möglichkeit ausgeschöpft wird, auch mehr oder weniger den Charakter von Utopien, die ins Phantastische gehen.

In denjenigen Ausprägungen dieses Schemas, die sich während des Kalten Krieges entwickeln und realistisch sein sollen, werden die gegnerischen Komplotte von einer übergeordneten normativen Position aus betrachtet, die man als humanistisch und/oder liberal bezeichnen kann (und deren Grundlage wir ausführlicher im nächsten Kapitel untersuchen werden). In ihrer

Beschreibung der beiden Komplotte wird vor allem auf das Handeln der Geheimdienste abgehoben, die den gegeneinander kämpfenden Mächten – den Vereinigten Staaten und ihren Verbündeten und der UdSSR und ihren Verbündeten – unterstellt sind. Das kommunistische Komplott und das demokratisch-kapitalistische beziehungsweise antikommunistische Komplott werden in ihrer Ähnlichkeit betrachtet, aber sie werden nicht zur Deckung gebracht. Sie werden also behandelt, als ob sie zwei Fehlentwicklungen von Staaten seien, die einem inhumanen bürokratischen Gestell und politischen Extremismen zum Opfer gefallen sind, die, wenn auch in verschiedener Hinsicht und manchmal in verschiedenem Grad, beide gleich verwerflich sind.

Die dritte Möglichkeit weist schließlich eine implizite normative Position auf, die man vorläufig als Sehnsucht nach *authentischen* menschlichen Beziehungen in dem Sinne bezeichnen könnte, dass diese in der Lage sind, sich der Vermittlung der Apparate und der Staaten zu entziehen, so dass sie häufig in Bezug auf ein direktes Gegenüber, eine zufällige und unvorhersehbare Begegnung, ein Sich-Treiben-Lassen und dadurch in zahlreichen Fällen auch auf die Liebe auftreten. Es handelt sich also – wenn man so will – um einen sich selbst für aussichtslos haltenden Versuch, den Unterschied zwischen dem aufzuheben, was wir *Realität* genannt haben – als vor allem durch den Zwang, der von den Formaten staatlichen Ursprungs ausgeht, *konstruierte* Realität – und der als »alles, was der Fall ist« betrachteten *Welt*. Die Welt, die durch persönliche Erfahrungen und besonders über die Sexualität in das Leben eindringt, das bis dahin auf den geschlossenen Rahmen der Realität beschränkt gewesen war, erschüttert die Realität und bringt an den Tag, dass sie eigentlich auf Komplotten und Komplottanschuldigungen beruht. Diese narrativen Positionen, für die wir einige Beispiele anführen werden, bahnen sich einen komplizierten Weg, der keineswegs nur in den Spionagegeschichten im eigentlichen Sinne Spuren hinterlässt. Sie entstehen in den Jahren um den Ersten Weltkrieg, verbreiten sich im Zeitraum von 1950-1970 allgemein und setzen ihre Entwicklung bis in unsere Tage fort.

Um diese verschiedenen Versuche zu unterscheiden, deren Gegenstand die Figur des Komplotts ist, werden wir, freilich ohne auf die unerbittlichen Antagonismen einzugehen, die diese Figur voraussetzt und hervorruft, im ersten Fall von *Spekularität* sprechen, im zweiten von *Symmetrisierung* und im dritten von *Enthüllung*.

Der Spiegel der Komplotte

Die Figur der *Spekularität* werden wir anhand zweier Erzählungen herausarbeiten, die zwar keine Spionageerzählungen im eigentlichen Sinne sind, aber doch zumindest in den Grenzbereich der umfangreichen Literatur über Anarchisten fallen. Ihre besondere Herangehensweise besteht darin, dass sie die Komplottanschuldigungen und Gegenanschuldigungen am Ende zur Deckung bringen, als ob sie dadurch den scheinbar wohlgeordneten Aufbau der Realität zerstören und deren Zwiespältigkeit und Eigenartigkeit aufdecken wollten. Durch die konsequente Weiterentwicklung der Idee eines groß angelegten Komplotts und der Vorstellung, dass hinter der vordergründig sichtbaren Realität eine verdeckte Realität verborgen liegt, setzen sie eine Fiktionsmaschinerie in Gang, die wie auf einem Möbiusband die jeweiligen Anschuldigungen so lange miteinander verquickt, bis sie ununterscheidbar werden. Entsprechend des schon zehn bis zwanzig Jahre zuvor entstandenen und bereits in zahlreichen fiktiven Erzählungen ausgearbeiteten Themas der Darstellung der Gefahren, in die die Gesellschaftsordnung durch den Anarchismus gerät, tun G. K. Chesterton (in *Der Mann, der Donnerstag war*) und Jack London (in *Das Mordbüro*) zunächst so, als wollten sie den Leser in die finstere Schilderung eines anarchistischen Komplotts hineinziehen. Aber dieses Thema wird nach und nach unterlaufen, zunächst dadurch, dass der Kampf zwischen den Verteidigern der Ordnung und den Unruhestiftern in Form von zwei symmetrischen Komplotten dargestellt wird. Beide verbergen sich auf dieselbe Weise und verwenden ähnliche Methoden.

Dann, indem offenbar wird, dass an beiden Komplotten – dem, das auf die Zerstörung der Ordnung aus ist, und dem, das die Ordnung zu verteidigen meint – dieselben Agenten beteiligt sind. Unter verschiedenen Identitäten sind in beiden Komplotten dieselben Akteure am Werk. Und beide Komplotte sind gleichermaßen unfähig, Unordnung zu schaffen oder eine Ordnung zu verteidigen, die selbst nur eine Form der Unordnung ist.

Die Ausgangsidee, dass es zwei Realitäten und zwei Machtzentren gibt – das eine vordergründig sichtbar, aber fiktiv, das andere verborgen, aber real –, wird also nur dazu genutzt, um zu zeigen, wie wahr und zugleich absurd sie ist. Die Vertreter der Ordnung prangern hinter der vordergründig sichtbaren Ordnung zu Recht die Machenschaften eines sozialistisch-anarchistischen Komplotts an, und die Anarchisten prangern hinter der vordergründig sichtbaren Ordnung zu Recht ein groß angelegtes Komplott von Seiten der Kapitalisten und der herrschenden Klasse (der »besseren Gesellschaft«) an. Es gibt also nichts, was sich als Gesellschaftsordnung bezeichnen ließe, aber die Feinde der Ordnung existieren ebenso wenig. Diese Vorführung, die sich nach außen hin äußerst skeptisch gibt, weil sie ja die Unterscheidung von Ordnung und Unordnung aufheben möchte, entgeht dem Nihilismus dadurch, dass sie auf einen Fluchtpunkt ausgerichtet ist, der in beiden Erzählungen implizit bleibt: Bei Chesterton ist es ein allumfassendes Christentum, bei London die totale Revolution. Keine von beiden schließt die Möglichkeit eines normativen Anspruchs aus, von dem aus die bestehende Realität in ihrer Gesamtheit beurteilt und verurteilt werden kann. Aber diese normative Grundlage kann nicht ausgewiesen, ja noch nicht einmal benannt werden, weil sie in der gegenwärtigen Situation der gegebenen Realität so fremd ist, dass keiner sich die Transformationen der Realität und mit ihr der moralischen Leitlinien vorzustellen vermag, die eine Einbeziehung der einen oder anderen dieser beiden Orientierungen in die Struktur der – im ersten Fall durch den Terminus des Fleisches und im zweiten mit Hilfe der materialistischen Rhetorik vermittelten – realen Welt nach sich ziehen würde. Integrales Christentum und totale

Revolution sind im Augenblick nur im Phantom-Zustand wirksam; sie eignen sich zwar als Grundlage für die Empörung über und die Kritik an der skandalösen Realität, aber in der nahen Zukunft sind sie nicht zugänglich, selbst wenn man diese rein utopisch anlegen würde.[46]

G. K. Chestertons 1908 erschienenen Roman *Der Mann, der Donnerstag war* kann man deshalb als Allegorie auf jenen Spiegelzustand ansehen, in dem Komplottanschuldigungen und vor allem der Glaube, dass andere sich zu einem Komplott verschworen haben, wechselseitig aufeinander verweisen. Lucien Gregory, ein zum Nihilismus neigender Dichter, führt seinen Freund Gabriel Syme, einen Vertreter der Ordnung, in den Geheimbund ein, dem er selber angehört. Nachdem auch Syme – unter dem Namen Donnerstag – dort Mitglied geworden ist, vertraut er seinem Freund Gregory unter dem Siegel der Verschwiegenheit an, dass er eigentlich Polizist ist, genauer gesagt dem Geheimdienst angehört, der Jagd auf Anarchisten macht. Nach und nach stellt Syme nun aber fest, dass das auch auf die sechs anderen Ratsmitglieder zutrifft, die – unter dem Namen der jeweiligen Wochentage – diesen Geheimbund leiten – mit Ausnahme seines geheimnisumwitterten Präsidenten, der sich Sonntag nennt. Letzteren erkennt man nur an der Stimme, die manchmal in einem dunklen Raum zu hören ist; gesehen hat ihn bisher niemand. Wie sich herausstellt, ist er, der die anderen Mitglieder angeworben hat, die alle zur Polizei gehören, gleichzeitig Chef der Polizei und Chef der Anarchisten. Die Gruppe, die die Anarchisten als Vertreter des *Chaos* darstellen, umfasst also dieselben Elemente wie die Gruppe, die die Polizeimitglieder als Repräsentanten der *Ordnung* bilden. Ordnung und Chaos sind ununterscheidbar.

Ungefähr im selben Zeitraum – wahrscheinlich etwa 1910 – beginnt Jack London mit der Abfassung des Romans *Das Mordbüro*, der unvollendet bleiben wird. Erst nach seinem Selbstmord 1916 wird er in seinen Papieren entdeckt. Robert L. Fisk

---

46 Siehe Bernard Yack, *The Longing for Total Revolution*, Berkeley, University of California Press, 1992.

schreibt die Auflösung nach den von London hinterlassenen Notizen. Die Hauptfigur ist ein steinreicher Russe, ein ehemaliger Anarchist und Schüler von Kropotkin, der nach zahlreichen gefährlichen Abenteuern die Identität seines toten Schwagers angenommen hat und mit seiner kleinen Tochter Grunja in die USA gegangen ist. Seine Tochter zieht er in dem Glauben auf, dass sie seine Nichte sei. Diese Figur hat zwei Identitäten: die von Serge Constantine, Chef der großen russischen Importfirma Constantine & Co., und die von Iwan Dragomiloff, Chef eines anderen Unternehmens, das geheim ist: des Mordbüros, das gegen Bezahlung Auftragsmorde begeht. Dieses zweite, sehr effiziente Unternehmen wird mit der gleichen Rationalität wie eine kapitalistische Firma organisiert und geleitet. Aber ihre Besonderheit besteht darin, dass sie einer strengen Moral unterworfen ist, einer Moral, die sehr viel strenger ist als die liberale Moral, auf die sich der Kapitalismus beruft. Diese Moral ist einerseits bei der Entscheidung gefordert, ob die von den Kunden genannten Zielpersonen getötet werden oder nicht, und andererseits bei der Einhaltung des Vertrages, den das Büro mit den Kunden geschlossen hat. Die Kunden können ebenso gut Mitglieder der Oberschicht sein – zum Beispiel Kapitalisten, die sich an einem Kontrahenten rächen möchten, der seinen Verpflichtungen nicht nachgekommen ist – wie Anarchisten, die Polizisten oder Vertreter von kapitalistischen Firmen loswerden wollen. Diesen Anarchisten wirft Dragomiloff vor, dass sie Utopisten sind, Träumer, die unfähig sind, ihre subversiven Unternehmungen erfolgreich zu Ende zu bringen, und im Grunde zu human und zu schwach sind, um sich zu einem Blutvergießen zu entschließen. Er möchte gleichzeitig ein Moralist und ein Mann der Tat sein. Bevor er den Wunsch eines Kunden erfüllt, führt Dragomiloff eine Untersuchung durch. Die Zielperson wird nur dann umgebracht, wenn er zu der Überzeugung gelangt, dass es sich um ein Wesen handelt, das ein schweres Vergehen begangen hat oder der Gesellschaft schadet. Seine Tochter (die mutmaßliche Nichte) Grunja wächst heran und wird humanitäre Sozialistin, die der unermesslich reiche Dragomiloff mit den nötigen Mitteln für ihre Wohltätigkeitsaktionen versorgt (die er sinnlos findet). Sie begegnet Winter Hall, und die beiden jungen Leute verlieben sich ineinander. Auch Winter Hall, der von seinen Eltern ein ansehnliches Vermögen geerbt hat, ist Sozialist und Humanist. Um die für die erfolgreiche Durchführung seiner sozialen Projekte erforderlichen Kenntnisse zu erlangen, hat er Ökonomie und Soziologie studiert. Er ist Anhänger des pragmatischen Sozialismus. Ohne von der Verbindung zwischen Grunja und Dragomiloff zu wissen, fasst er den Plan, das Mordbüro unschädlich zu machen, auf dessen Existenz er zufällig gestoßen ist. Hall trifft den Chef des Mordbüros und bittet ihn, jemanden zu töten. Um wen handelt es sich? Um Dragomiloff selbst. Dragomiloff geht auf seine Bitte ein, verlangt aber entsprechend der Regel, die er befolgt, dass seine eigene Ermordung gerechtfertigt sein müsse. Daraufhin messen sich Hall und Dragomiloff, beide fanatisch moralisch, in einem Streit über die Ethik des Verbrechens. Am Ende trägt Hall den Sieg davon. Dragomiloff gibt zu, dass sein Mordunternehmen moralisch verwerflich ist. Er weigert sich aber, das Büro aufzulösen, wie Hall von ihm verlangt, und pocht auf die Einhaltung der zweiten Regel, die besagt, dass das Büro, nachdem der Vertrag unterschrieben worden ist, alles unternimmt, um seinen Chef, mit anderen Worten ihn selbst, zu töten. Wenn es ihm nach einer Vertragslaufzeit von einem Jahr gelungen ist, am Leben zu bleiben, wird der Vertrag aufgelöst, und er kann unbehelligt weiterleben. Hall beauftragt er nicht nur, sich während dieses Zeitraums um seine Tochter Grunja zu kümmern, sondern er macht ihn auch zum Bevollmächtigten, der das reibungslose Funktionieren des Büros gewährleisten soll.

Aus dieser – zugegebenermaßen unglaublichen, aber mit größtem Ernst erzählten – Geschichte lassen sich mehrere Lehren ziehen. Erstens – wie bei Jack London üblich – die Leugnung der Moral – als einer heuchlerischen Rechtfertigung, die den Schwachen zum Schutz vor den Starken dient – zugunsten der Kraft, der reinen Lebenskraft, entsprechend einer mehr oder weniger von Nietzsche inspirierten Einstellung (*Also sprach Zarathustra* gehörte zu Londons Lieblingsbüchern). Dragomiloff verfügt über

Bärenkräfte, und sein Überlebenswille ist unermesslich groß, wie der weitere Handlungsverlauf zeigt, der der Jagd des Mordbüros auf den Kopf seines Chefs gewidmet ist. Aber hier entsteht auch ein Äquivalenzverhältnis zwischen den anarchistischen Verschwörungen und den nicht minder geheimen Intrigen, auf denen die Funktionsweise des Kapitalismus und das Leben der Oberschicht im Allgemeinen unter der Hand beruhen. In dieser Parabel werden die Sozialisten (»mit den langen Haaren«) zu lächerlichen Humanisten, die die soziale Not, die sie zu lindern vorgeben, nur weiter verlängern. Die utopischen Anarchisten sind völlig unfähig, auch nur die geringste Unruhe zu stiften. Was die Kapitalisten, die Mitglieder der Oberschicht, angeht, so sind sie Verbrecher, so kriminell wie die Gesellschaftsordnung, von der sie profitieren. Und mit einer Mischung aus roher Gewalt und abstraktem Moralismus legt Dragomiloff selbst bei seinen legalen, aber – wie jedes kapitalistische Unternehmen – verbrecherischen Geschäften dasselbe Gebaren an den Tag wie bei seinen verbrecherischen und illegalen Aktivitäten.

Die Symmetrisierung der Anschuldigungen

Für eine kurze Darstellung der Figur der *Symmetrisierung* stützen wir uns vor allem auf John Le Carrés 1963 erschienenes Buch *Der Spion, der aus der Kälte kam*.[47] In diesem fast unmittelbar für das Kino adaptierten Buch, das zu einem Welterfolg werden sollte (insgesamt wurden 20 Millionen Exemplare verkauft), findet die Figur der Symmetrisierung wahrscheinlich ihre vollendetste, später häufig imitierte und auch vom Autor selbst großzügig immer wieder verwertete Form – der *Spion* war ein Jugendwerk und der erste Roman, der sich ganz und gar der Spionage widmete. Zu beachten ist jedoch, dass viele Merkmale der Figur der Symmetrisierung bereits früher entwickelt worden sind, und zwar

---

47 John Le Carré, *Der Spion, der aus der Kälte kam*, Wien/Hamburg, Zsolnay, 1964 (Originaltitel: *The Spy Who Came In from the Cold*, 1963).

vor allem von Somerset Maugham (für den *Spion* hat Le Carré übrigens den Somerset-Maugham-Preis erhalten) und dann von Graham Greene – Schriftstellern, die wie John Le Carré in ihren literarischen Schriften ihre Erfahrungen aus den Jahren nutzten, in denen sie selbst dem britischen Geheimdienst angehörten.

Unter dem Titel *Ashenden or the British Agent*[48] veröffentlicht der damals als Roman- und Theaterschriftsteller sehr berühmte Somerset Maugham 1927 eine Novellensammlung mit Spionagegeschichten. Der in der Schweiz während des Ersten Weltkrieges operierende britische Agent Ashenden ist das Alter Ego des Autors, der – zweifellos teilweise in der Absicht, seinen Erfahrungsschatz für seine spätere Tätigkeit als Schriftsteller zu erweitern – während des Krieges einen Posten beim britischen Geheimdienst übernommen hatte.[49] Die von Somerset Maugham eingeführte Neuerung besteht darin, die Hauptfigur kleiner zu machen. Bei Maugham ist der Agent ein gewöhnlicher Mann, der zumindest die meiste Zeit gewöhnliche, bürokratische und langweilige Routineaufgaben erledigt, bei dieser Gelegenheit aber auch Kontakte zu zwielichtigen Gestalten knüpft und nutzt, um nicht ganz astreine Operationen einzufädeln. Das tut er mit einer gewissen Distanziertheit, ja sogar einem gewissen, an Zynismus grenzenden Amoralismus. In diesen Novellen wird der Geheimdienst nicht explizit kritisiert, noch weniger der Staat und die Staatsräson, aber dass die Banalität der Spionage als Spielart der Banalität des Bösen dargestellt wird, trägt doch zur Verringerung der Aura bei, in deren Genuss die wie ein Heldenepos erzählten Spionagegeschichten bis dahin gekommen waren.

Einer der hauptsächlichen Beiträge von Graham Greene zum

---

48 Wiederveröffentlicht in: Somerset Maugham, *Collected Short Stories*, a. a. O. [dt.: *Ashenden oder der britische Geheimagent. Erzählungen*, Zürich, Diogenes, 1987].

49 Somerset Maughams Operationsgebiet war vor allem die Schweiz, aber mit dem Ziel, die Kerenski-Regierung zu retten, hat er auch eine Mission in Russland erfüllt. Siehe Brett F. Woods, *Neutral Ground. A Political History of Espionage Fiction*, a. a. O., S. 54-60.

Spionageroman, den Le Carré zu weiten Teilen wieder aufgegriffen hat, besteht darin, im Sinne des katholischen Personalismus, dem Graham Greene nahestand, die Geschichten, in die großformatige, historisch bedeutende Entitäten wie etwa Staaten verstrickt sind, vom Standpunkt einer *Person* aus zu erzählen. Die so von ihrer intimsten und verletzlichsten Seite geschilderten Personen unterschieden sich durch ihre Fragilität, ihre verzweifelten Gefühle und das Durcheinander oder die Ambivalenz ihrer Empfindungen deutlich von den Heldengestalten, ja sogar von der Kraft, die notwendigerweise von Figuren mit einer klaren, ausgeprägten und starken Persönlichkeit ausgeht. Das ist zum Beispiel bei D. der Fall, der Hauptfigur von *Jagd im Nebel* (im Original: *The Confidential Agent*, 1939 veröffentlicht), Abgesandter der republikanischen Regierung Spaniens, der heimlich in Großbritannien über den Kauf von für die Ökonomie seines Landes lebensnotwendiger Kohle verhandelt, eben noch ein angesehener Professor und jetzt ein von L., einem von den Faschisten ausgesandten und in die feine englische Gesellschaft eingeschleusten Aristokraten, gepeinigter und verfolgter Mann.[50] Das ist auch bei Arthur Rowe der Fall, dem Anti-Helden von *Zentrum des Schreckens*, dessen Abenteuer wir uns oben in Erinnerung gerufen haben. Es ließen sich vergleichbare Beispiele in mehreren Romanen finden, die Greene in der Folgezeit veröffentlichte und die der Gattung des Kriminal- und/oder Spionageromans unterschiedlich stark verpflichtet sind, wie *Der dritte Mann* (1950)[51] oder sehr viel später *Der menschliche Faktor* (1978),[52] in dessen Handlung *Mikro*- und *Makro*-Ebene miteinander verschmelzen: Im Mittelpunkt steht – im sozialen Nahbereich – die Geschichte eines Paares, der Mann ist Engländer, die Frau Afrikanerin, und – auf der Bühne der großen Politik – zugleich die Schilderung einer Manipulation, von der die briti-

---

50 Graham Greene, *Jagd im Nebel* (1939), München, dtv, 1995.
51 Graham Greene, *Der dritte Mann* (1950), München, dtv, 1994. Diesen Text schrieb Graham Greene von vornherein als Vorlage für den gleichnamigen Film von Carol Reed.
52 Graham Greene, *Der menschliche Faktor* (1978), München, dtv, 2011.

schen Interessen in Südafrika betroffen sind. In diesem Roman, der beim Geheimdienst spielt, kann man eine Art Hommage von Graham Greene an John Le Carré sehen, dessen Werk wiederum den Büchern seines berühmten Vorgängers viel verdankt. Ein Resultat dieser Fokussierung auf die Fragilität der menschlichen Person besteht darin, dass durch das Spielen mit den Maßstäben ein dramatischer Effekt erzielt wird. Die winzigen und wehrlosen Menschen werden von riesigen Entitäten manipuliert und erdrückt, die, obwohl sie Maschinen ähneln, über eine mächtige, aber unergründliche Intentionalität verfügen. Daraus folgt, dass die Opfer dieser Manipulationen gar nichts anderes tun können, als Widerstand gegen sie zu leisten, meistens allerdings ohne zu wissen, was wirklich von ihnen erwartet wird, wer ihre Freunde und wer ihre Feinde sind, und deshalb im Allgemeinen ohne Erfolg.

In *Der Spion, der aus der Kälte kam* werden die gerade erwähnten, verschiedenen Themen zur Andeutung einer im Spionageroman relativ neuen Kritik an der *Bürokratie* als Komplott verwoben. Darin zeichnet sich wiederum eine noch radikalere, hier nicht zu Ende geführte Kritik ab, auf die ich weiter unten eingehen werde und die in der Enthüllung besteht, dass der Staat, welcher es auch sei und was immer er tut, ein Komplott darstellt. Mehr noch als bei seinen Vorgängern, die ebenfalls aus dem geheimdienstlichen Universum kamen, wird das Spionieren bei Le Carré als Beruf behandelt, dessen Ausübung innerhalb der mächtigen staatlichen Organisationen erfolgt. Diejenigen, die diesen Beruf ausüben, sind ebenso wie die anderen Staatsbediensteten einer armseligen und pedantischen Disziplin unterworfen, deren Details der Autor uns keineswegs erspart (Spesenabrechnungen, Ruhegehaltssätze, Strafversetzungen, beschränkte Vorgesetzte, vorgeschriebene Dienstzeiten usw.). Aber ihr Beruf ist das Töten. Mehr noch und auf anstößigere, weil verdecktere Weise als beim Militär riskieren die Mitglieder dieser geheimen Armee ihr Leben und schalten sie ihre Gegner aus, das heißt die vermeintlichen Gegner der Staaten, bei denen sie angestellt sind. Trotzdem sind die gegnerischen Bürokratien, die diese Profis beschäftigen, keine bloßen Instrumente der Staatsräson. Für sich genommen, sind sie ihr eigener Zweck oder vielmehr – mit einem Ausdruck, den wir bei der Abhandlung des Kriminalromans von Kracauer übernommen hatten – *Zweckmäßigkeiten ohne Zweck*. Und diese objektiven Zweckmäßigkeiten, die ihnen innewohnen und sie antreiben, haben kein anderes Ziel als das Gedeihen des Komplotts. Das Komplott wird von ihnen geschaffen und ist gleichzeitig die Energie, die sie speist.

Und schließlich spiegeln sich alle diese miteinander kämpfenden Bürokratien wechselseitig ineinander wider. Ihre Ausrichtung, ihre Normen, ihre Funktionsweise, ihre Brutalität, ihre Verachtung für die Menschen, die sie benutzen, manipulieren und vernichten, ähneln sich. Was die Leserbindung, die bei Le Carré entsteht und auf die der Erfolg des Buches sicherlich größtenteils zurückgeht, so ungewöhnlich macht, ist, dass sie eine Komplizenschaft mit dem Leser herstellt, die auf einen relativistischen Standpunkt hinausläuft. Es gibt zwar zwei verschiedene Komplotte, aber beide sind nur in Bezug auf das jeweils andere gerechtfertigt, so dass sie zu Komplizen werden (entsprechend dem Paradigma von *Lager* und *Widerlager,* das Michel Serres' Analyse des Carpaccio-Bildes vom Kampf des Heiligen Georg mit dem Drachen herausarbeitet[53]).

Diese Komplizenschaft zeigt sich gleich zu Beginn des Buches, als Leamas vom Chef mit der Aufgabe betraut wird, den Leiter der ostdeutschen Spionageabwehr, Mundt, einen »Totschläger«, dessen Brutalität seine Ermordung rechtfertigt, auszuschalten:

> Die Ethik unserer Arbeit, (fuhr der Chef fort), wie ich sie verstehe, basiert auf einer einzigen Voraussetzung: daß wir nie die Angreifer sein werden. […] Auf diese Weise tun wir unangenehme Dinge, aber wir sind in der Verteidigung. Das, glau-

---

53 Michel Serres, *Esthétiques sur Carpaccio*, Paris, Hermann, 1978, S. 34-45 [dt.: *Carpaccio. Ästhetische Zugänge*, Reinbek bei Hamburg, Rowohlt, 1981, S. 32-62].

be ich, ist noch recht. Wir tun unangenehme Dinge, damit hier und anderswo gewöhnliche Menschen nachts sicher in ihren Betten schlafen können. Ist das zu romantisch? Freilich, gelegentlich tun wir sehr böse Dinge (er grinste wie ein Schuljunge). Und indem wir die moralischen Aspekte gegeneinander aufwiegen, lassen wir uns auf unehrliche Vergleiche ein; man kann schließlich nicht die Ideale der einen Seite mit den Methoden der anderen in Vergleich setzen, geben Sie mir recht? […] Ich meine, man muß Methode mit Methode vergleichen, und Ideal mit Ideal. Ich möchte sagen, daß sich unsere Methoden seit dem Krieg weitgehend denen des Gegners angeglichen haben, ich meine, wir sollten nicht rücksichtsvoller als der Gegner sein, wenn es dafür keinen anderen Grund gibt als den, daß die Politik der eigenen Regierung ehrlicher ist. So ist es doch, oder? (Er lachte vor sich hin.) Das würde nie genügen. […] Darum (fuhr der Chef fort) meine ich, wir sollten versuchen, Mundt loszuwerden. (S. 26 f.)

Die Enthüllung, dass der Staat ein Komplott darstellt

Wenn man die Bahn, auf die uns die Beschreibung der Symmetrisierung gelenkt hat, weiterverfolgt, gelangt man zu einer letzten, noch radikaleren Figur, deren Analyse uns zwingt, die Grenzen des Spionageromans zu überschreiten, obwohl sie sich auch in einigen um die 1970er Jahre herum veröffentlichten Werken, vor allem bei Jean-Patrick Manchette, abzuzeichnen beginnt. Diese Figur besteht darin, dass in diesen Beschreibungen nicht der Geheimdienst die Komplotte einfädelt, sondern *der Staat selbst*, insofern er mit der Technik und auf offene oder verdeckte Weise mit dem Kapitalismus im Bunde ist und dadurch in all seinen Ausprägungen und Dimensionen ein *groß angelegtes Komplott* darstellt.

So kann man jedenfalls meiner Meinung nach ein Buch wie

George Orwells *1984*[54] verstehen, das 1950 erschien und als Science-Fiction-Erzählung präsentiert wird. Es ist jedoch nicht zu übersehen, dass dieses Buch eine Zwischenstellung zwischen literarischer Imagination und einer quasi soziologischen Analyse der Funktionsweise moderner Gesellschaften einnimmt. *1984* gilt aus guten Gründen gemeinhin als ein Pamphlet, das sich gegen totalitäre Herrschaftsformen richtet, insbesondere gegen stalinistische Regime,[55] ja sogar, das allerdings zu Unrecht, als Kritik am Sozialismus im Allgemeinen.[56] Man könnte jedoch leicht zeigen, dass die Leser auf viele Merkmale der in *1984* dargestellten imaginären Gesellschaft zurückgreifen könnten, um die Gesellschaft zu deuten, in der sie leben oder in die sie hineingeboren worden sind. Das ist sogar bei den Gesellschaften der Fall, die nicht im Geringsten als totalitär etikettiert werden können und sich unter Einbeziehung des Kapitalismus als Demokratien verstehen. Wahrscheinlich zielt das in *1984* gezeichnete apokalyptische Bild auf die modernen Ausprägungen des staatlichen Projekts in seiner allgemeinsten Form ab.[57] Das Universum, in das

---

54 George Orwell, *1984*, Berlin, Ullstein, 1984, 27. Aufl. 2005 (die Seitenangaben im Text beziehen sich auf diese Ausgabe).
55 Zweifellos teilweise angeregt durch den von Jewgenij Samjatin 1920/1921 verfassten, als prophetisch anzusehenden Zukunftsroman *Nous autres*, Paris, Gallimard, 1971 [dt.: *Wir*, Köln, Kiepenheuer & Witsch, 1958]. (Dank an Éric Vigne, der mich zur Lektüre dieses Buches gedrängt hat. Ich bedaure sehr, es erst so spät zur Kenntnis genommen zu haben.)
56 In seinem Buch über Orwell führt John Newsinger die Untersuchungen auf, die *1984* als das Buch brandmarken, das Orwells Bruch mit dem Sozialismus markiert, und die sich dabei argumentativ vor allem auf die Verwendungen stützen, die dieses Buch in dezidiert antikommunistischen oder rechtsradikalen Kreisen fand. Newsinger zeigt, dass Orwell nicht die Absicht hatte, sich vom Sozialismus loszusagen, sondern ihn mit anderen Mitteln weiterverfolgen wollte. Sein Tod kurz nach dem Erscheinen des Buches hat ihm aber nicht mehr die Zeit gelassen, diese irrigen Interpretationen von *1984* öffentlich richtigzustellen (John Newsinger, *La politique selon Orwell*, Marseille, Agone, 2006, S. 211-217).
57 Durch diesen sehr viel allgemeineren Kritikrahmen unterscheidet sich *1984* von dem 1943/1944 geschriebenen Buch *Farm der Tiere* (Zürich, Diogenes, 2005), das sich ganz deutlich als Pamphlet gegen die Sowjetunion von einem anarchistischen oder trotzkistischen Standpunkt aus darstellt, wie Orwell selbst in einem Brief an Dwight Macdonald klarstellt (siehe John

der Leser von heute eintaucht, wenn er sich in *1984* vertieft, erscheint ihm aus diesem Grund keineswegs fremd; er kann darin sogar – natürlich äußerst übertriebene – Züge eines politischen Kosmos wiedererkennen, der ihm durch seine Erfahrungen und durch die Vermittlung der kritischen Analysen vertraut ist, an denen er seine Erfahrungen ausrichtet und in die er sie einordnet. Zwei davon sind für unsere Zwecke besonders relevant.

Zum Ersten das Verhältnis der Realität zu ihrer Repräsentation. Es stimmt mit den vielen konstruktivistisch und/oder dekonstruktivistisch geprägten Analysen überein, die entweder an der analytischen Sprachphilosophie oder an der von der Frankfurter Schule entwickelten Erkenntnistheorie oder aber an der Totsagung der Metaphysik durch die Technik oder Heideggers Destruktion orientiert sind und den *geringen Realitätsgehalt der Realität* hervorheben. Die Realität ist konstruiert. Diese mittlerweile banale Behauptung geht weit über die Beharrlichkeit hinaus, mit der etwa in der satirischen Literatur der Übergangszeit von der desillusionierten Moralistik des 17. Jahrhunderts zur Sozialkritik im Zeitalter der Aufklärung *Lug und Trug* generell als grundlegende menschliche Triebkräfte dargestellt wurden. Sie geht auch weit über die Anprangerung des staatlichen Lügenapparats hinaus, die Hauptgegenstand der Gattung des Pamphlets als zumindest insofern dominanter literarischer Gattung war, als sie besonders in Frankreich von Mitte des 19. bis Mitte des 20. Jahrhunderts einen der Hauptorte stilistischer Innovation darstellte.[58] Hinzu kommt, dass sie sich auch nicht auf eine sich auf den Marxismus berufende Ideologiekritik reduzieren lässt, die sich zumindest in ihren gängigen Ausprägungen meistens auf eine positivistische und sogar szientistische Konzeption der

---

Newsinger, *La politique selon Orwell*, a. a. O., S. 206). In diesem Sinne liegt die *Farm der Tiere* auf einer direkten Linie mit Orwells Erfahrungen in den Reihen der POUM [Arbeiterpartei der Marxistischen Einheit] während des Spanischen Bürgerkrieges (siehe George Orwell, *Mein Katalonien. Bericht über den spanischen Bürgerkrieg* (1938), Zürich, Diogenes, 2000).

58 Siehe Marc Angenot, *La parole pamphlétaire. Typologie des discours modernes*, Paris, Payot, 1982.

Wahrheit gestützt hat. Und sie ist auch keine Auswirkung der literarischen Aneignung der freudschen Topik, die ebenfalls auf der Grundlage wissenschaftlicher Errungenschaften von der allgemeinen Herrschaft des Unbewussten über das Bewusste ausgeht.

In ihrer extremen Form bietet sich die Idee, dass die Realität konstruiert ist, lediglich als neues Schlagwort für einen im »Zeitalter des Misstrauens« beziehungsweise Verdachts – also in einer Zeit, in der die Werte der Wissenschaft und der Mediendemokratie dominieren – weit verbreiteten Glauben an, der aber als solcher trotzdem ein Glaube bleibt. Dieser Idee zufolge löst sich die Realität in verschiedenartige, um ihre Konstruktion wetteifernde Operationen auf. Gleichzeitig lässt sie sich nicht mehr von ihrer Repräsentation und von der Repräsentation ihrer Repräsentation unterscheiden, was einen abgründigen Prozess nach sich zieht, der die metaphysische Grundlage zerstört, auf der das historische (und dadurch auch das allgemeine soziale) Verstehen beruht, und folglich auch die Deutung der eigenen Erfahrungen, das heißt die *Kausalität*. Wie ich im ersten Kapitel nahegelegt habe, ist das Hauptwerkzeug bei der Herstellung von Kausalbeziehungen die *Zuschreibung*, weil Ereignisse und Entitäten durch sie aufeinander bezogen werden können. Und dieser Prozess setzt voraus, dass zumindest einer der beiden Terme dieser Bezugnahme feststeht. Wenn nun aber die relevanten Entitäten nach Maßgabe der Ereignisse, die ihnen zuzuschreiben zu einem bestimmten Zeitpunkt politisch geboten zu sein scheint, *konstruiert* sind, und wenn die Ereignisse ihrerseits *konstruiert* sind, so dass die Entität, der sie jeweils zugeschrieben werden, zweifelhaft wird, löst sich die grundlegende Aufgabe der historischen Erklärung und auch der soziologischen Analyse in eine kreisende Bewegung auf, die sich nicht mehr anhalten lässt.[59] »Der Golf-

---

59 Über die Art und Weise, wie seit der enormen Vermehrung der Erfolgsbilanzen (*benchmarking*), die nicht nur als Registrierungsinstrumente, sondern auch als Regierungsinstrumente verwendet werden, die Diskussionen über die »Realität« der beobachteten Phänomene die Debatten, in denen es um statistische »Daten« geht, überschwemmt haben, siehe Emmanuel Didier,

krieg hat nicht stattgefunden.«[60] Eine solche Auflösung der vergangenen und gegenwärtigen Realität in ihrer Repräsentation, die durch Manipulationen erfolgt, welche eine unabschließbare Deutungskette nach sich ziehen, ist nun aber gerade eine der Hauptauswirkungen der Logik des Komplotts, wie sie im Roman zum Ausdruck kommt. Der Roman greift sie auf, um sie anzuprangern und gleichzeitig beim Leser ein *Schwindelgefühl* auszulösen, in dem Angst spielerisch mit Lust einhergeht, und zugleich Spannung mit Entspannung. Und dieses Schwindelgefühl ruft in jedem von uns die Möglichkeit wach, in eine soziale Umgebung zu geraten, in der das Kausalgesetz nicht gilt, so dass die gesamte erlebte Realität zum Resultat einer seriellen oder stochastischen Manipulation wird, die von Unbekannten ausgeheckt worden ist, die ihrerseits manipuliert wurden und so weiter.

In *1984* bildet das Komplott den Kern des Staates – das Komplott *ist* der Staat –, und zwar in verschiedenerlei Hinsicht. Eine Spezifität von Orwells soziologischer Kunst besteht nämlich darin, dass es ihm gelingt, zwei Dinge in ein und dieselbe politische Konfiguration zu integrieren: den offenkundigen Zwang, der durch die Hyperorganisiertheit des Staates mit seinen Regeln, Hierarchien und Disziplinarvorschriften auf dem Einzelnen lastet, und die diffuse Bedrohung, die durch die Art auf ihm lastet, wie die Macht insgeheim auf die Instanzen und Personen verteilt ist, deren Situation ebenfalls instabil und häufig undurchsichtig wirkt, auch für sie selbst. Man kann also unmöglich wissen, wer Freund und wer Feind ist (»Winston hatte nie sicher sein können […], ob O'Brien Freund oder Feind war«, S. 34), wer Untergebener und wer Vorgesetzter, wer fügsam und wer rebellisch ist, so dass das Leben in seinen alltäglichsten Hinsichten sowohl streng determiniert als auch absolut unvorhersehbar verläuft. In dieser Vorstellung vom Politischen entsteht die absolute Macht des Staates einerseits durch das Komplott und andererseits durch

»L'État néolibéral ment-il? ›Chanstique‹ et statistiques de police«, in: *Terrain* 57 (September 2011), S. 3-14.
60 *La guerre du golfe n'a pas eu lieu* lautet der Titel eines Buches, das Jean Baudrillard 1991 in den Éditions Galilée veröffentlichte.

die Bedrohung, die die ständig auftretenden Komplotte für das Überleben der Gesellschaft darstellen.

Gegenstand des Komplotts ist die *Konstruktion der Realität*. Einerseits formatiert es die Realität auch in ihren scheinbar kontingentesten Dimensionen, als ob sie extrem abgehärtet werden müsste, damit sie nichts mehr erschüttern kann, und andererseits verändert es unablässig ihre Konturen, ob nun in der Gegenwart, in der Vergangenheit oder in der Zukunft (»Die Veränderung der Vergangenheit, das ist die zentrale Doktrin der Engsoz«, S. 257). Die Akteure, die mit ganz verschiedenen Mitteln und in ganz verschiedenem Umfang dazu beitragen, diesen Effekt zu erzielen, wissen selber nicht, worauf die stets kleinteiligen Manipulationen der Dokumente hinauslaufen, die zu vollziehen sie stückweise verpflichtet sind und die nur in Bezug auf eine Gesamtheit Sinn ergeben, die sich aus einer Vielzahl von Teilhandlungen zusammensetzt, deren Koordination nicht nachvollziehbar ist. Die »Realitätskontrolle« (S. 45) ist das hauptsächliche Machtinstrument. Im »Neusprech« nennt es sich »Doppeldenk«:

> Zu wissen und nicht zu wissen, absoluter Wahrhaftigkeit innezusein, während man sorgfältig konstruierte Lügen erzählte, gleichzeitig zwei einander ausschließende Ansichten zu vertreten, zu wissen, daß sie widersprüchlich waren, und an beide zu glauben […], zu vergessen, was vergessen werden mußte, um es sich dann wieder ins Gedächtnis zu rufen, wenn es gebraucht wurde, und es dann gleich wieder zu vergessen; und vor allem, eben dieses Verfahren auf das Verfahren selbst anzuwenden. (S. 46)

Orwell scheint den Totalitarismus zunächst auf eine streng durchorganisierte Gesellschaft zurückzuführen, deren Zentrum von einem allmächtigen und zugleich unsichtbaren Wesen besetzt ist: *Big Brother*. Dieser ist physisch allerdings nicht präsent, sondern nur *medial*. Er ist zwar ständig da, auch in den intimsten Situationen, aber nur durch die Vermittlung von Bildschirmen, die an allen, ob nun öffentlichen oder privaten Orten gegenwärtig sind und in jeder Wohnung stehen wie heute die Fernsehbildschirme. Im Unterschied zu den Geräten, mit denen wir vertraut sind, funktionieren sie aber in beide Richtungen (was im Übrigen inzwischen ein erklärtes Ziel der Fernsehrealität geworden ist). Nachdem er O'Brien in die Hände gefallen ist, entdeckt Winston, dass Big Brother, wie alle Übrigen, auch nur als Artefakt existiert (»Existiert der Große Bruder?/Natürlich existiert er […]/Existiert er so, wie ich existiere?/Sie existieren nicht«, S. 311) – ebenso wie Goldstein, der Verfasser des Buches der Wahrheit, der Kritiker schlechthin. Man kann *1984* als *Bildungsroman* einer sozialen Welt lesen, die nicht nur herausgefunden hat, dass sie konstruiert ist, sondern auch, dass alle Dekonstruktionsbemühungen vergeblich sind. Wie beim Tambaran-Ritual der Arapesh in Neuguinea – das Donald Tuzin untersucht hat[61] –, wo am Ende eines langen und beschwerlichen Initiationsrituals als letztes Geheimnis verraten wird, dass es kein Geheimnis im Sinne eines ultimativen Wissens gibt, auf dem die soziale Ordnung beruht, das heißt, dass es keine Grundlage gibt, besteht der einzige Glaube, den die von Orwell beschriebene Welt zulässt, darin, dass es nichts gibt, was sich zu glauben lohnte.[62] Oder, wenn man so will, dass es zwecklos und selbstzerstö-

---

61 Siehe die Ausgabe der Zeitschrift *Incidence* (Nr. 2, Oktober 2006) über die Formen des Glaubens, die durch Initiationsriten entstehen. Sie enthält mehrere Texte von Donald Tuzin, Octave Mannoni und Claude Lévi-Strauss.

62 Diese Figur – dass das langersehnte Geheimnis vermutlich nicht existiert, es aber gleichzeitig unmöglich ist, die Suche nach ihm aufzugeben, die Bestandteil des Lebens ist – steht wohlgemerkt auch im Zentrum von Franz Kafkas unvollendetem Roman *Das Schloß*, der mehr als 25 Jahre vor *1984* verfasst wurde. So offenbart sich die mysteriöse Figur des Klamm, den die Wirtin nicht bei seinem Namen zu nennen wagt und von dem das Schicksal des Landvermessers K. abhängt, als er schließlich durch ein kleines Guckloch in der Tür zu sehen ist, in seiner Banalität und Mittelmäßigkeit: »die Wangen senkten sich«, ein »schief aufgesetzter, spiegelnder Zwicker verdeckte die Augen«, »die rechte Hand, in der er eine Virginia hielt, ruhte auf dem Knie«, er wirkt wie die Karikatur eines Bürgers, der es sich bequem gemacht hat. Als Größe existiert Klamm nur als Abwesender, »Schatten« oder »Maske«. Die Suche nach ihm führt in eine ausweglose Situation. Klamm zu suchen ist »vergeblich«, aber die Suche nach ihm aufzugeben ist »schlimmer«. (Für eine Deutung, die die Unmöglichkeit der Suche nach

rerisch ist, nach dem Zugang zu einer Welt zu streben, die sich jenseits der konstruierten Realität befindet. Dieser Glaube beziehungsweise dieses absolute Fehlen jeglichen Glaubens ermöglicht das Überleben. Deshalb kann auch die strengste Ordnung aufrechterhalten werden, ohne dass eine durchstrukturierte und kohärente Organisation gegenwärtig sein muss. Sogar auf die Verkörperung der Macht in einer allmächtigen Figur kann verzichtet werden. Ein ähnlicher Effekt lässt sich durch das mechanische Ansammeln von Einzelaktionen erzielen, die sich nach dem Serialitätsprinzip wechselseitig näher bestimmen und sich durch Kontaminierung sukzessive aneinander angleichen.

Genauso verhält es sich mit den Komplotten, deren Realität von ihrer Inszenierung nicht zu unterscheiden ist. Über die Angst nähren die durch sorgfältig orchestrierte, sporadische Terrorakte spürbaren Komplottdrohungen den diffusen Glauben an einen ebenso bedrohlichen wie verdeckten und vielgestaltigen Feind (»ausländische Feinde« und »innere Verräter«, S. 255). Da er schon von seiner Konstruktion her undefinierbar ist, kann dieser Aktant je nachdem, was die politischen Umstände erfordern, von einer beliebigen Entität ausgefüllt werden. Dadurch lassen sich Unterdrückung und permanenter Krieg rechtfertigen. Der Krieg ist der gewöhnliche Zustand des Staates, ohne den er nicht gedeihen kann (eine seiner Parolen lautet: »*Krieg ist Frieden*«, S. 241). Aber dieser fortwährende Krieg ist »von geringer Intensität«, wie man heute sagen würde, so dass »das Wort ›Krieg‹ […] mißverständlich geworden« ist, weil »der Krieg dadurch, daß er permanent wurde, zu existieren aufgehört hat« (S. 240). Diejenigen, die zu den »mißachteten Massen« (S. 87) gehören, »werden sich des Kriegs« ohnehin »nur hin und wieder bewußt«. Auf diese Weise »können sie lange Zeit vergessen, daß Krieg herrscht« (S. 259).

Der zweite Charakterzug, den ich hervorheben wollte, betrifft das Verhältnis zwischen den Vereinheitlichungsabsichten der

---

»Sinn« unterstreicht, siehe Claude Davids erläuternde »notice« in: Franz Kafka, *Œuvres complètes*, Bd. 1, Paris, Gallimard, Pléiade, 1976, S. 1128-1138.)

Macht und der Vergrößerung der sozialen Unterschiede in der politischen Konstruktion, die Orwell in *1984* entwickelt. Die Gesellschaft, die er beschreibt, ist nach einem Verfahren, das nicht auf »Klasse[n] im herkömmlichen Sinne« zurückgreift (S. 252), sehr stark, ja geradezu aufs schärfste oligarchisch hierarchisiert. Trotzdem fußt sie auf dem Grundsatz, dass es dem Staat obliegt, wenn nicht für das Wohlergehen, so doch zumindest für das physische Überleben der Massen zu sorgen, was eine ständige Kontrolle erforderlich macht. Die Formen der Kontrolle, der Belohnung und der Strafe, die in *1984* beschrieben werden, entsprechen einem Staat mit *biopolitischen* Grundsätzen und Rechtfertigungen. Weil das Leben – das »nackte Leben«, wie Agamben sagen würde[63] – der eigentliche Gegenstand des Staates ist, muss dieser bis in die feinsten Poren des täglichen Lebens vordringen. »Der Druck der Realität äußert sich nur in den alltäglichen Lebensnotwendigkeiten – in der Notwendigkeit zu essen und zu trinken, Kleidung und ein Dach über dem Kopf zu haben [...]. Zwischen Leben und Tod, zwischen körperlichem Wohlbehagen und körperlichem Schmerz besteht zwar noch ein Unterschied, aber das ist auch alles« (S. 239).

Trotzdem werden, und das ist eine der hellsichtigsten soziologischen Intuitionen Orwells, die Mitglieder dieser Überwachungsgesellschaft umso stärker kontrolliert und auf wechselseitige Kontrolle und Selbstkontrolle abgerichtet, je gehobener die Position ist, die sie in der Hierarchie bekleiden. Je höher die Personen stehen, desto eher müssen sie nicht nur »die richtigen Ansichten, sondern auch [...] die richtigen Instinkte« haben (S. 254). Beim Abrichten dieser »richtigen Instinkte« spielt die Unterdrückung des sexuellen Begehrens »von Jugend an« (S. 83) eine maßgebliche Rolle (»Weniger die Liebe als vielmehr die Erotik war der Feind«, S. 82). Die Fortpflanzung ist die einzige zugelassene biopolitische Rechtfertigung des Geschlechtsaktes (ob-

---

63 Giorgio Agamben, *Homo Sacer. Le pouvoir souverain et la vie nue*, Paris, Seuil, 1995 [dt.: *Homo sacer. Die souveräne Macht und das nackte Leben*, Frankfurt/M., Suhrkamp, 2002].

wohl die Macht bei der Prostitution »als Ventil für Triebe, die sich nicht völlig unterdrücken ließen«, beide Augen zudrückt, S. 82). Die »Proles« (95 Prozent der Bevölkerung) werden dagegen sehr viel weniger kontrolliert, denn von ihnen werde nichts weiter verlangt, als dass sie »weiterhin arbeiteten und sich fortpflanzten« (S. 89). Sie stehen quasi außerhalb des Gesetzes und außerhalb der Moral, und auf sexueller Ebene ist es ihnen völlig freigestellt, so zu handeln, wie sie möchten. Wie eine andere Parole besagt: »Proles und Tiere sind frei« (S. 90).

In einer derartigen Gesellschaft, deren Funktionsprinzip im Komplott, im staatlichen Komplott, besteht und in der zwischen der Realität und ihrer Repräsentation kein Unterschied mehr zu erkennen ist, ergibt sich die einzig mögliche Position eines *Außen*, von der aus diese Welt als das betrachtet werden kann, was sie ist – um von Kritik ganz zu schweigen –, aus der zufälligen Begegnung von Personen, Gesichtern, Körpern. So wie die Begegnung von Winston und Julia auf einer Lichtung, umgeben von Hyazinthen und Drosseln, nahe eines Baches – deren Intensität ihren Höhepunkt im Geschlechtsverkehr erreicht, so bildet die Liebe in ihrer sexuellen Dimension den einzigen Rückhalt für Authentizität und dadurch die einzige authentisch politische Ressource. Denn nur in der *Unmittelbarkeit* einer Beziehung, die mit Begehren und Körperlichkeit einhergeht, kann die Entfremdung überwunden werden, der die Menschen anheimfallen, wenn sie der Vermitteltheit ausgeliefert sind, die sie sich selbst verlieren lässt. Sogar wenn, wie der tragische Ausgang der Geschichte von Winston und Julia offenbart, auch der Zugang zur Authentizität, den die Liebe gewährt, dazu bestimmt ist, im Verrat unterzugehen, das heißt in der Billigung der Konstruiertheit der Realität.

Die Vermitteltheit, durch die die Präsenz Operationen aus der Distanz untergeordnet wird, ist nicht in sich schon das Komplott, aber sie neigt von Natur aus notwendig dem Komplott zu. Während die Präsenz die Möglichkeit einer direkt aus der Erfahrung hervorgehenden Gewissheit birgt, bietet die Distanz, die einen jeden dazu zwingt, nur Überzeugungen auszubilden, die sich auf nichts anderes stützen als auf das Wort des anderen, die Möglichkeit zur Manipulation, das heißt zu einer Operation, durch die andere intentional so handeln, dass sich bei gewissen Personen gewisse Überzeugungen ausbilden. Wie James Mileham in seiner von Greimas angeregten Analyse der Figur der Verschwörung im Werk von Balzac gezeigt hat, beruht die Art von Intrige, auf der eine Verschwörung aufbaut, immer auf mindestens drei Aktanten, von denen einer gegenüber den beiden anderen eine vermittelnde Position einnimmt. In der Absicht, auf den anderen einzuwirken, übt ein Aktant nicht direkt Macht auf ihn aus, er operiert vielmehr vermittelst eines Dritten, der über seine Vermittlungsrolle Bescheid weiß oder dem nicht bewusst ist, was durch ihn in Gang gesetzt wird.[64]

In der Entgegensetzung der Authentizität der Präsenz und der Doppelbödigkeit der Distanz und in der Kritik an der Vermitteltheit dürfte man ein Thema wiedererkannt haben, das Derrida analysiert hat.[65] Rousseau war einer der großen Vordenker dieses Themas, das zum Beispiel seiner Aversion gegen die repräsentative Demokratie und seinem Eintreten für die direkte Demokratie zugrunde lag. Aber zweifellos ist diese Figur niemals so häufig und so intensiv wieder verwendet worden wie im 20. Jahrhundert, das heißt in einem von den verzweifelten Versuchen der Nationalstaaten beherrschten Zeitraum, sich der Gesamtrealität auf einem Territorium zu bemächtigen, um sie aus der Distanz zu bestimmen. Muss daran erinnert werden, dass sie weitestgehend auch der surrealistischen Haltung zugrunde liegt (mit der intensiven Betonung der Liebe und der zufälligen Begegnung – wie in Bretons *Nadja* – als Königsweg zur Authentizität) und dass sie sich in der situationistischen Kritik fortsetzt und vertieft, die unablässig den geringen Realitätsgehalt der von den Instrumenten der Macht, insbesondere vom Staat inszenierten Realität aufdeckt und die darin verborgenen Komplotte anprangert?

---

64 James W. Mileham, *The Conspiracy Novel. Structure and Metaphor in Balzac's »Comédie humaine«*, Lexington, French Forum, 1982.
65 Jacques Derrida, *De la grammatologie*, Paris, Minuit, 1967 [dt.: *Grammatologie*, Frankfurt/M., Suhrkamp, 1974].

Fünftes Kapitel
Die endlose Untersuchung der »Paranoiker«

Komplott und Paranoia

Man bezeichnet heute häufig diejenigen als »Paranoiker«, die es sich wie Scudder in den *Neununddreißig Stufen* zur Aufgabe gemacht haben, groß angelegte Komplotte aufzudecken. Der Vergleich der politischen Auffassungen solcher Personen mit den Wahnvorstellungen eines Geisteskranken bildet einen Gemeinplatz, der für selbstverständlich gehalten wird. In vielen Fällen stützt er sich auf besonders ausgefallene Komplottanschuldigungen, wenn zum Beispiel Entführungen durch Außerirdische (*alien abductions*) ins Spiel gebracht werden oder Hirnprozesse mit Hilfe von Chemikalien in der Luft ferngesteuert worden sein sollen. Solche unglaubwürdigen Geschichten scheinen besonders die auf »Verschwörungstheorien« spezialisierten Sozialwissenschaftler zu faszinieren, ob sie nun (aus dem Internet heruntergeladenen) Texten entnommen sind, die auf kleine, häufig der extremen Rechten nahestehende[1] Aktivistengruppen zurückgehen, oder aus fiktionalen Werken stammen (wie zum Beispiel der *Akte X*). In Büchern über das Thema des Komplotts wird oft eine Parallele zwischen solchen Fällen und anderen Beispielen gezogen, in denen es eher um die subversiven und heimlichen Aktionen von »Geheimbünden« oder »Sekten« geht. Das Verhältnis von »Sekten« und »Komplotten« lässt sich übrigens anscheinend beliebig umkehren: Dass die Rolle aufgedeckt wird, die imaginäre Sekten in der zeitgenössischen Geschichte spielen, wird manchmal als ein Merkmal angesehen, an dem man Verschwörungstheorien erkennt. Und manchmal werden, und zwar gelegentlich von denselben Autoren – zum Beispiel Psychia-

---

[1] Siehe Pierre-André Taguieff, *La foire aux illuminés. Ésotérisme, théorie du complot, extrémisme*, Paris, Mille et une nuits, 2005.

tern –, Gruppierungen oder Vereinigungen als »Sekten« angesehen, die erklärtermaßen Körperschaften im Sinne des Rechts sind. Diese mit der Anschuldigung der »geistigen Manipulation« einhergehende Einordnung führt zu einem Eintrag in das Sektenregister durch die zuständigen staatlichen Behörden (in Frankreich handelt es sich um die Mission interministérielle de lutte contre les sectes[2]), und die als gefährlich eingeschätzten Aktivitäten dieser Sekten im Untergrund werden vom Verfassungsschutz überwacht.[3]

Inzwischen werden auch die im Übrigen sehr zahlreichen Diskurse bezichtigt, »Verschwörungstheorien« zu entwickeln, die die verdeckten Seilschaften zwischen den Mitgliedern der »Eliten« und zum Beispiel den intellektuellen Kreisen oder internationalen Organisationen aufdecken und anprangern möchten, die bei der Durchsetzung jener ökonomischen Dispositive, die im Zusammenhang mit dem stehen, was wir heute Neoliberalismus nennen, eine Rolle gespielt haben. Die in den Studien über »Verschwörungstheorien« erwähnten Überzeugungen und Gruppierungen können ziemlich unterschiedlich sein. Einige gibt es offenkundig gar nicht (zum Beispiel die »Reptilianer«). Andere haben tatsächlich mehr oder weniger die Form von Geheimbünden, werden aber gemeinhin als real angesehen und von Politikwissenschaftlern oder Historikern erforscht (zum Beispiel die unter dem Namen Skull & Bones bekannte Studentenverbindung an der Universität Yale in den Vereinigten Staaten, der zahlreiche hochgestellte Persönlichkeiten angehört haben sollen). Andere haben – oder hatten – offiziellen Charakter, auch wenn weder ihre Mitgliederliste noch ihre Zusammenkünfte je öffentlich gemacht wurden (zum Beispiel die Bilderberg-Gruppe, die Rosenkreuzer, die Mont-Pèlerin-Gesellschaft, die Trilaterale Kommission usw.). Wiederum andere schließlich sind Einrichtungen, die diskret tätig sind und sich zuweilen genötigt sehen, ge-

---

2 [Eine ministerienübergreifende, direkt dem Premierminister unterstellte Gruppe von Sektenbeauftragten.]
3 Siehe Arnaud Esquerre, *La manipulation mentale. Sociologie des sectes en France*, Paris, Fayard, 2009.

heime, ja sogar illegale Operationen durchzuführen, obwohl sie direkt dem Staat unterstellt sind (zum Beispiel die CIA). Trotzdem werden diese verschiedenen Formen kollektiver Entitäten häufig so behandelt, als ob sie zur selben Gattung gehörten. Entweder ihre Existenz oder der Glaube an ihre Existenz oder die ausgiebige Bezugnahme auf sie in politischen Pamphleten oder fiktionalen Werken wird als Zeichen für das Entstehen einer Geisteskrankheit betrachtet, die sich seit Ende des 19. Jahrhunderts allmählich über die ganze Welt verbreitet haben soll: die Paranoia.[4]

Kann man sagen, dass John Buchan – der Autor, dessen berühmtestes Buch uns im vorigen Kapitel als Leitfaden gedient hat – paranoid war? Zeigt sein Werk, in dem eine der Hauptfiguren die Existenz einer Weltverschwörung aufdeckt und in dem sich eine Geschichte abspielt, die diese Behauptung untermauert (anstatt sie zum Beispiel kritisch zu betrachten oder ihr zumindest skeptisch gegenüberzustehen), Symptome, aus denen sich schließen lässt, dass er ein Fall für den Psychiater ist? Und wie steht es mit den ausgesprochen zahlreichen Lesern, die den Bestseller verschlungen haben, in dem Scudder seine Ideen zum Besten gibt? Sind auch sie paranoid?

Eine klinische Deutung der Paranoia

Zur Präzisierung der Frage, ob John Buchan und seine Leser paranoid waren oder sind, kann man eine Beschreibung der Paranoia heranziehen, die aus der heutigen Psychiatrie stammt. Da wir keine Psychiater sind, habe ich mich für eine Argumentation

---

[4] Beispiele für das Anprangern von Verschwörungstheorien in der französischen Literatur geben außer dem oben zitierten Buch von Pierre-André Taguieff aus akademischer Sicht Véronique Campion-Vincent, *La société parano. Théories du complot, menaces et incertitudes*, Paris, Payot, 2005, und aus journalistischer Sicht Antoine Vitkine, *Les nouveaux imposteurs*, Paris, La Martinière, 2005. In der umfangreichen amerikanischen Literatur über Verschwörungstheorien finden sich zahlreiche ähnliche Musterbeispiele, die wir weiter unten ausführlicher untersuchen werden.

entschieden, die zwar vom technischen Niveau her durchaus ausreichend ist, die aber die psychischen Mechanismen, die in der Paranoia zum Tragen kommen, einem Laienpublikum verständlich machen soll. Der Text von Erich Wulff, der uns gleich leiten wird, erschien denn auch in einem Sammelband, der aus einer sozialpsychologischen Tagung über das Thema der Verschwörung hervorging, die 1985 in Bad Homburg stattfand.[5] Erich Wulffs Analysen weisen für unsere Herangehensweise den Vorteil auf, dass sie keine Ätiologie von Paranoia-Fällen vorlegen, die sich auf die singuläre Geschichte sexueller Orientierungen und familialer Komplexe stützt; sie konzentrieren sich vielmehr auf die allgemeinen psychischen Prozesse, die den Krankheitsverlauf und die Symptombildung begleiten. Erich Wulff orientiert sich an Freuds Theorie der Paranoia, greift aber daraus für seine Deutung vor allem die Besetzungsmechanismen heraus, die Freud am Ende seines Aufsatzes über Senatspräsident Schreber erwähnt.[6] Auch Erich Wulff stellt den Verlust oder die Verschiebung der Besetzung (*cathexis*) und die Abwehrmechanismen ins Zentrum seiner Analyse. Da er sich aber von der phänomenologischen Psychopathologie (und zwar vor allem von der Daseinsanalyse Binswangers) leiten lässt, weitet er den Terminus der Besetzung so weit über seine streng erotische Dimension hinaus aus, dass er noch das allgemeine Interesse an den Gegenständen der Außenwelt zu umfassen vermag. Darunter fällt sowohl die Gesamtheit dessen, was ist, insofern sie mit sozial konstruierten Bedeutungen einhergeht, als auch die Gesamtheit der Menschen, zu denen ein jeder konkrete Beziehungen unterhält. Wulff definiert die Paranoia als partiellen oder totalen Abzug der Besetzung

---

5 Erich Wulff, »Paranoic Conspiratory Delusion«, in: Carl Graumann/Serge Moscovici (Hrsg.), *Changing Conceptions of Conspiracy*, Berlin/Heidelberg/New York, Springer, 1987, S. 171-190.
6 Sigmund Freud, »Psychoanalytische Bemerkungen über einen autobiographisch beschriebenen Fall von Paranoia (Dementia paranoides)«, in: ders., *Gesammelte Werke*, Bd. 8 (Werke aus den Jahren 1909-1913), Frankfurt/M., S. Fischer, 1945, 6. Aufl. 1973, S. 239-316. Die sich auf die Besetzungen und ihre Verschiebungen beziehenden Fragen werden auf den Seiten 303-312 erörtert.

der Außenwelt – was bis zur Katatonie gehen kann. Im Kampf gegen diesen Abzug entwickelt der Kranke den Wahn, der den klinischen Beschreibungen der Paranoia entspricht.

Während der kindlichen Entwicklung verlaufen die Besetzung als affektives Verhältnis zur Welt auf der einen und das kognitive Erlernen der Strukturen der Welt auf der anderen Seite Wulff zufolge parallel zueinander. Die Entwicklung der kognitiven Strukturen endet im Erwachsenenalter. Aber die Besetzung kann bedeutenden Schwankungen unterliegen und von gewissen Gegenständen oder von der gesamten Außenwelt abgezogen werden, die so jegliche Besetzung verliert, so dass das ganze Realitätserleben davon betroffen ist. Die Außenwelt bleibt zwar denkbar und vorstellbar (weil die kognitiven Strukturen erhalten bleiben), sie verliert aber aufgrund des Abzugs der subjektiven Besetzungen ihren unmittelbaren Sinn – ihre Evidenz. Auch die Handlungsgründe verschwinden, wenn das subjektive Interesse fehlt. Die paranoide Illusion ist also als Kompensationsversuch (Abwehrmechanismus) anzusehen, mittels dessen die Besetzung der Welt wiederhergestellt und die durch ihren Abzug entstandenen Lücken im Realitätserleben auf eine Weise wieder gefüllt werden sollen, dass neue subjektive Bindungen – häufig um den Preis einer Regression ins Infantile – möglich werden. Der Kranke erkennt zum Beispiel die Form der Teekanne, dieser *Teekanne-da*, die vor ihm auf dem Tisch steht, aber sie hat psychologisch für ihn keine Prägnanz mehr, keine Evidenz und auch keinen subjektiven Sinn, so dass er nicht in der Lage ist, sie wieder in sein Realitätserleben einzuordnen, und nicht weiß, wie er sich ihr gegenüber verhalten soll. Sie könnte ebenso gut irgendetwas anderes sein. Indem er in Betracht zieht, dass sie eigentlich eine Bombe ist, versieht er seine Auffassung der Welt wieder mit einer Besetzung.

Wulff zufolge – dessen Analysen auf seiner klinischen Erfahrung beruhen – geht die Verschwörungsillusion der Paranoiker meistens nicht von der Überzeugung aus, dass es identifizierbare und benennbare Verschwörungen und Verschwörer gibt, sondern eher von dem starken Gefühl, dass hinter dem äußeren Anschein, dessen unmittelbarer Sinn sich verflüchtigt hat, etwas versteckt liegt. Und dieses Gefühl ist nun durch den Abzug der Besetzung und die Kompensationsversuche bedingt, wieder eine subjektive Bindung zu den Gegenständen der Außenwelt aufzubauen. Die Welt stellt sich also als ein Komplex aus Zeichen dar, die dekodiert werden müssen. Was die anderen von sich zu erkennen geben, ist nicht die Realität; die bleibt hinter dem äußeren Anschein verborgen. Dieses Fremdheitsgefühl kann sich sogar bis auf die Wahrnehmung des eigenen Körpers erstrecken, der in Verdacht gerät, Botschaften auszusenden, die sich nicht deuten lassen. Die Intentionalität bleibt erhalten, aber sie wird von nicht abreißenden wechselnden Eindrücken überflutet, deren wahre Ursache sich nicht identifizieren lässt, was die Handlungsorientierung erschwert, wenn man von vereinzelten Aktivitätsschüben absieht. Solange der Besetzungsverlust anhält, können die Versuche, ihn wettzumachen, nur vorübergehend Erleichterung verschaffen, so dass die Suche nach verborgenen Realitäten und Kausalitäten zu einer buchstäblich unendlichen Aufgabe wird, die unablässig wieder neu begonnen werden muss. Sie stellt einen Zusammenhang zwischen den verschiedenen Bestandteilen der Deutung her, was schon die bloße Möglichkeit eines Zufalls ausschließen soll; auch das Hinnehmen von Ungewissheiten verbietet sich so, weil derart unvollständige Informationen es nicht erlauben würden, zu einer Schlussfolgerung zu gelangen. Im Gegenzug würde daher Wulff zufolge die Haltung, die sich mit partiellen Erklärungen zufriedengibt und in der Lage ist, die Untersuchung abzubrechen, um sich anderen Dingen zuzuwenden, oder die die – als absolut verstandene – Wahrheitsfrage ausklammert, das charakteristische Kennzeichen für eine Verhaltensweise bilden, die sich als »normal« bezeichnen ließe.

Schließlich sei hinzugefügt, dass Wulff die Gefühle und Empfindungen, die den Kranken befallen, klar von den narrativen Dispositiven unterscheidet, mit denen er den anderen und vor allem dem Psychiater verständlich zu machen versucht, was er empfindet. Diese Dispositive, die sich mit nachträglichen Rationalisierungen vergleichen lassen, greifen auf den Bestand an verfügbaren sozialen Repräsentationen zurück. Deshalb können die Verschwörungen, die sie schildern, auch bei den verschiedenartigen Formen von Anschuldigungen Anleihen machen, denen bestimmte Gruppierungen, und zwar häufig Minderheiten, ausgesetzt sind, oder aber sie können aus dem üppigen Bildervorrat schöpfen, den die wissenschaftliche Forschung bereithält, besonders die Zukunftsforschung, die Science-Fiction. Der Kranke behauptet dann, er »empfange« »Funkwellen«, die ihn über »Strahlungen« von außerhalb erreichten, oder er würde von »Außerirdischen« »ferngesteuert« usw. Bei dieser metaphorischen Arbeit kann er sich auch auf das reiche Theatervokabular stützen, das vor allem seit dem antiken Christentum benutzt wurde, um die Falschheit der vordergründig sichtbaren Realität zu unterstreichen, wie in den ausgesprochen zahlreichen moralischen und politischen Diskursen, die sich auf das *theatrum mundi* beziehen.[7] Diese Unterscheidung zwischen den psychischen Zwängen, denen der Kranke unterworfen ist, einerseits und dem in einer besonderen sozialen Formation verfügbaren enzyklopädischen Wissensschatz andererseits, auf den der Patient zurückgreifen kann, um das, was auf ihn einstürmt, zu übersetzen, erlaubt es, zwei verschiedene Zugangsweisen auseinanderzuhalten. Nämlich einerseits den Ansatz, dem es um die psychische Krankheit im eigentlichen Sinne geht, die unter Umständen organische Ursachen hat und als ahistorische Entität behandelt wird, und andererseits den Ansatz, der sich den Formen, die diese Krankheit annehmen kann, und den Ausprägungen zuwendet, die unter bestimmten historischen Umständen für sie charakteristisch sind. Ganz unterschiedliche Phänomene können so eng beieinanderliegen, wie zum Beispiel Vorgänge, die in bestimmten gesellschaftlichen Zuständen auf Hexerei zurückzugehen scheinen,[8] und Vorgänge, die sich in anderen sozialen Kontexten eher auf Science-Fiction oder politische Großmanipulationen berufen.

---

7 Siehe Lynda Christian, *Theatrum Mundi. The History of an Idea*, a. a. O.
8 Siehe zum Beispiel Julien Bonhomme, *Les voleurs du sexe. Anthropologie d'une rumeur africaine*, Paris, Seuil, 2009.

Die ersten Paranoia-Konzeptionen

Da wir nichts über das Seelenleben von John Buchan, familiäre Vorbelastungen und seine sexuellen Besetzungen wissen, sollten wir uns davor hüten, zwischen der Beschreibung dieser Geisteskrankheit – die wir gerade von dem Psychiater Erich Wulff übernommen haben – und dem Leben und Werk dieses Autors auch nur die geringste Parallele zu ziehen. Wenn er paranoid war, scheint seine Erkrankung aber (anders als bei Senatspräsident Schreber) offenkundig weder seine vollständige Integration in die damalige feine Gesellschaft verhindert zu haben noch das, was man eine »Bilderbuchkarriere« nennt: Immerhin hat Buchan etwa dreißig Bücher verfasst, von denen einige sehr erfolgreich waren, und er hat im britischen Staat eine wichtige Rolle gespielt, zunächst beim Geheimdienst, dann als Parlamentsabgeordneter, bevor er das Amt des Generalgouverneurs von Kanada bekleidete. An diesem Beispiel sieht man, wie schwer es ist, eine Verbindung zwischen der psychiatrischen Verwendung und der soziopolitischen Verwendung des Ausdrucks Paranoia herzustellen, die heute häufig als völlig unproblematisch angesehen wird. Erstere bezeichnet eine gewisse Art von Geisteskrankheit und/oder gewisse Einzelpersönlichkeiten, die eine besondere Prädisposition für diese Krankheit besitzen. Letztere kommt erst später unter Essayisten oder Sozialwissenschaftlern auf – besonders bei Politikwissenschaftlern –, um Gruppen oder sogar ganze Gesellschaften zu bezeichnen.

Und trotzdem: Entgegen der Vorstellung, dass die Verwendung des Ausdrucks Paranoia in den Sozialwissenschaften nur ein metaphorisches und vielleicht sogar missbräuchliches Beiprodukt seines rechtmäßigen Gebrauchs auf dem Gebiet der Psychiatrie gewesen ist, möchte ich jetzt einige Punkte anführen, die eher für die umgekehrte These sprechen. Lassen wir dafür zunächst die freudsche Position (von der sich Erich Wulff weitgehend leiten lässt) beiseite – die den Terminus Paranoia zwar aus der Psychiatrie ihrer Zeit übernimmt, ihm aber im Rahmen einer allgemeinen Theorie des Seelenlebens einen spezifischen technischen Sinn und eine präzise Ätiologie verleiht – und wenden wir uns den ersten psychiatrischen Beschreibungen dieser nosologischen Entität zu. Dabei werden wir sehen, dass sich die Identifizierung dieser Geisteskrankheit ganz am Ende des 19. Jahrhunderts auf Merkmale stützt, die auf eine Charakterkunde zurückgehen, deren soziale Dimension auffällig ist.

In der modernen Psychiatrie tritt der Terminus Paranoia erstmals 1863 in Deutschland bei Kahlbaum auf, allerdings in einem so weiten Sinne, dass unter diese Bezeichnung verschiedene Arten von »primären systematischen Wahnvorstellungen« entweder mit oder ohne Halluzinationen fallen.[9] Erst 1899 wird der Terminus Paranoia in der sechsten Auflage von Kraepelins *Lehrbuch der Psychiatrie* mit einer Reihe von Zeichen und Symptomen verbunden, die zumindest bis zur Verbreitung der freudschen Ideen in der Zwischenkriegszeit zur Identifizierung dieser neuen nosologischen Entität dienten. Ein Charakteristikum dieses nosologischen Tableaus besteht in der Berücksichtigung einiger »kleiner Sekundärzeichen«, um eine »klinisch-evolutive Entität« zu bilden. Und die meisten dieser Zeichen, auf die sich die klinische Psychiatrie bei der Beschreibung der Paranoia stützen wird, haben nun bei den maßgeblichen Autoren – Kraepelin in Deutschland, Tanzi in Italien, Sérieux und Capgras in Frankreich – von Anfang an eine soziale und sogar politische Dimension. Der Terminus Paranoia verweist nämlich auf einen pathologischen Persönlichkeitstyp und untrennbar davon auf einen

---

9 Die folgenden Ausführungen zum klinischen Bild der Paranoia in den 1910er Jahren stützen sich vor allem auf Jacques Lacans medizinische Doktorarbeit von 1932, *De la psychose paranoïaque dans ses rapports avec la personnalité*, Paris, Seuil, 1980 [dt.: *Über die paranoide Psychose in ihren Beziehungen zur Persönlichkeit und Frühe Schriften über die Paranoia*, Wien, Passagen, 2002] (besonders auf den ersten Teil: »Die theoretische und dogmatische Stellung des Problems«); auf die in Paul Bercherie (Hrsg.), *Classiques de la paranoïa, Analytica. Cahiers de recherche du Champ freudien*, Bd. 30, Paris, Navarin-Seuil, 1982, versammelten Texte von Kraepelin, Eugenio Tanzi und Paul Sérieux und Joseph Capgras; sowie auf Jacques Postels Aufsatz »Histoire et formes cliniques de la paranoïa«, in: *Travaux du laboratoire de psychologie pathologique et de psychanalyse de l'université de Paris VII*, Bd. XXVIII, Nr. 317, 1974/1975, S. 684-687.

Sozialtypus im Sinne des Gesellschaftsromans des 19. Jahrhunderts, der durch eine Reihe von »psychologischen Merkmalen« charakterisiert ist – Stolz, Misstrauen, psychische Unbeweglichkeit, mangelndes Urteilsvermögen, fehlende Anpassungsfähigkeit –, die zusammen einen »Charakter« beziehungsweise »Persönlichkeitstypus« umreißen. So werden Paranoiker als »Querulanten« beschrieben, die »Verfolgungswahn«, »Deutungswahn« und »Größenwahn« entwickeln. Sie halten sich für Opfer von »Schädigungen« und »Ungerechtigkeiten« und sind im Allgemeinen »sozial verhaltensauffällig«. Ihre »krankhaften Einbildungen« stützen sich auf religiöse oder politische »Überzeugungen« mit »altruistischem« oder »idealistischem« Charakter, und zwar mit einer Leidenschaft, die zum Fanatismus neigt.

Dass die Paranoia den Charakter einer »sozialen« Geisteskrankheit hat, wird besonders von den zwei französischen Schülern von Kraepelin, Sérieux und Capgras, hervorgehoben. Sie haben sich mit der Beschreibung von »Querulantenwahn« und »Deutungswahn« befasst. Nach Einschätzung dieser beiden Psychiater »begeistert« sich der Querulant für »phantastische Projekte oder Erfindungen«; »obwohl er unablässig Worte wie Redlichkeit, Gewissen und Ehre im Munde führt, (…) fehlt ihm jeglicher Begriff von Gut und Böse«. Er wählt »eine Person oder eine Personengruppe« aus, um sie »mit seinem Hass zu verfolgen«, und »weil seinen Beschwerden nicht genügend Aufmerksamkeit geschenkt wird, schließt er daraus auf die Verkommenheit der Allgemeinheit«. Was seine »wahnhaften Deutungen« anbelangt, die häufig mit »Gedanken an Verfolgung und an Größe« einhergehen, so »richten sie sich nicht auf die Tatsachen selbst, sondern auf deren Umstände, Ursachen oder Folgen […]. Wo andere nur Schicksal oder Zufall erkennen, ist er (der Paranoiker) dank seiner Hellsichtigkeit und seines Scharfsinns in der Lage, die Wahrheit und die geheimen Zusammenhänge zwischen den Dingen zu durchschauen«. Und es ist zweifellos diese Neigung, jenseits des phänomenalen Anscheins nach »Ursachen« und »Folgen« von sich als zufällig und zusammenhanglos darstellenden Ereignissen zu suchen, die die beiden Doktoren ermutigt, die an dieser

Art Wahn Erkrankten mit einer anderen Figur zu vergleichen, die sie den »Soziologen« nennen. Ebenso wie der Paranoiker tritt diese Figur ungefähr zu der Zeit erstmals öffentlich in Erscheinung, als Sérieux und Capgras ihre Beobachtungen zu Papier bringen. »Trotz ihrer scheinbaren Verschiedenartigkeit«, schreiben unsere beiden Doktoren, »die allein auf die Art der Zwangsvorstellung und auf unterschiedliche Reaktionsweisen zurückzuführen ist, sind alle Querulanten gleich. Für ihre Psychose sind zwei gleich bleibende Zeichen charakteristisch: eine fixe Idee und intellektuelle Überspanntheit. In dieser Hinsicht besteht kein grundlegender Unterschied zwischen jemandem, der unablässig Prozesse führt und verbissen versucht, Wiedergutmachung für angeblich oder real erlittenes Unrecht zu erlangen, und jemandem, der auf der Suche nach dem Stein der Weisen seine Energie und sein Vermögen für sinnlose Laborarbeiten vergeudet, oder jenem verträumten Soziologen, der seine ganze Inbrust darin legt, die Verbreitung seiner Theorien und ihre Realisierung voranzutreiben«.[10]

Bei Kraepelin, und stärker noch bei Tanzi unter dem Einfluss von Lombroso, stützt sich die Konstruktion der Paranoia auf Motive, die eine Verbindung zum Sozialdarwinismus aufweisen. Die unterschiedlichen Manifestationen des Wahns wurzeln in einer degenerierten Persönlichkeit,[11] werden aber durch die Er-

---

10 Paul Sérieux/Joseph Capgras, »Délire de revendication et délire d'interprétation«, in: Paul Bercherie (Hrsg.), *Classiques de la paranoïa*, a.a.O., S. 100 [Übers. C. P.].

11 Vor allem in dieser Hinsicht widerspricht Freud Kraepelin, dessen Klassifizierung er trotzdem verwendet und der ohnehin die psychiatrische Praxis lange Zeit dominiert hat. Wie Jacques Postel in seiner Einleitung zur [französischen] Übersetzung von Kraepelins Buch *Einführung in die psychiatrische Klinik* (1901), *Leçons cliniques sur la démence précoce et la psychose maniaco-dépressive*, Paris, L'Harmattan, 1997, erklärt, hat Kraepelin den Begriff der »endogenen Psychose« entwickelt. In Kraepelins Augen gehorche jede Krankheit »unterschwellig« demselben »Krankheitsverlauf«, der vom »Endstadium« her interpretiert werden müsse: »Sie (die wechselnde Ausprägung des Krankheitsbildes) lehrt uns aber ferner, dass dort, wo andersartige Krankheitsvorgänge die Verblödung herbeigeführt haben, bei genauerer Betrachtung auch in den Endzuständen noch die Eigenart des Leidens erkennbar

fahrung von »Fehlschlägen« begünstigt. Der Verfolgungswahn beruht auf »mangelhafter Veranlagung«, vor allem »Faulheit« und »Energiemangel«, woraus eine »Unzulänglichkeit für den Kampf mit dem Leben« folgt.[12] Charakteristisch für den Paranoiker im Vergleich zu denen, die man »normale Versager« nennen könnte, ist sein »Widerstand« gegen das Scheitern, sein »leidenschaftlicher Kampf gegen die Unbilden des Lebens, in denen er feindselige Einflüsse erkennt«.[13] Dieser Kampf liegt einer unverhältnismäßigen »Eigenliebe« zugrunde. Diese pathologische Eigenliebe geht zurück auf die Unfähigkeit, die Zuversicht und den Ehrgeiz der Adoleszenz hinter sich zu lassen. Bei normalen Menschen »vererbt« der »zu großen Taten und Erlebnissen drängende Überschwang der Jugend [...] allmählich an den Widerständen des Lebens«.[14] Das ist bei den Paranoikern nicht der Fall. Die für den Paranoiker charakteristische maßlose Überschätzung der eigenen Fähigkeiten und der Größenwahn sind für Kraepelin »das Hinüberspinnen hochfliegender Jugendpläne in das reifere Leben«.[15]

Der Ressentimentmensch als Verkörperung der Moderne

Warum diese psychiatrische und zugleich soziale Beschreibung der Paranoia so großen Erfolg haben und sich auch außerhalb

---

bleibt. Darum ist es eine, wenn auch schwierige, so doch grundsätzlich lösbare Aufgabe, nicht nur beim Beginne einer Geistesstörung den weiteren Verlauf und Ausgang vorauszusagen, sondern auch umgekehrt aus dem Endzustande Rückschlüsse auf die früheren Krankheitsabschnitte zu ziehen« (Emil Kraepelin, *Einführung in die psychiatrische Klinik* (1901), Reprint Saarbrücken, VDM Verlag Dr. Müller, 2006, S. 214).

12 Emil Kraepelin, zitiert bei Jacques Lacan, *Über die paranoide Psychose in ihren Beziehungen zur Persönlichkeit und Frühe Schriften über die Paranoia*, a. a. O., S. 65.
13 Ebd., S. 66.
14 Ebd.
15 Ebd.

des eigentlichen psychiatrischen Feldes verbreiten konnte, ist im Grunde nur zu verstehen, wenn man sieht, dass sie sich auf einen Hintergrund aus alltäglichen Überzeugungen, politischen Voreingenommenheiten und philosophische Weihen beanspruchenden Schemata stützt, die in Europa vom Ende des 19. Jahrhunderts bis zur Mitte der Zwischenkriegszeit verbreitet waren – Schemata, die im Übrigen immer noch zur Verfügung stehen und jedes Mal reaktiviert werden können, wenn in einer besonders heiklen gesellschaftlichen Situation neuerlich Kritik laut wird und die Klasse der *Verantwortlichen* – das heißt diejenigen, die die Machtdispositive kontrollieren – es für dringend geboten hält, die Grenze zu festigen zwischen den wahren Eliten (ihnen selbst) und der Masse jener anmaßenden und gefährlichen Individuen, die ihre Autorität anfechten, weil sie sich in Illusionen wiegen. Das heißt, wie man verstanden haben dürfte, all diejenigen, die nicht wirklich verstehen, warum sie abgehängt (»ausgeschlossen«) werden, obwohl sie die Art von – häufig durch Diplome bestätigten – Fähigkeiten besitzen, die ihnen, schenkt man den offiziell verkündeten Werten Glauben, wenn nicht den Weg vor allem zur intellektuellen Anerkennung bahnen, so doch zumindest das Überleben gestatten sollten.

Diese Thematik und die sozialen und zugleich literarischen Ausprägungen, die sie gefunden hat, lassen sich gut am Beispiel einer Schrift veranschaulichen, in der sie besonders klar entwickelt worden sind. Aus einem reichhaltigen Angebot fiel meine Wahl auf einen ambitionierten, ziemlich einflussreichen Text, in dem das Projekt einer auf die Verschmelzung von Phänomenologie und Soziologie abzielenden Philosophischen Anthropologie formuliert wird, die sich besonders im Deutschland der Zwischenkriegszeit entwickelte und eine der Quellen der Sozialpsychologie darstellt. Es handelt sich um *Das Ressentiment im Aufbau der Moralen* von Max Scheler – einen Text, der zuerst 1912 erschien und dann 1915 verändert noch einmal veröffentlicht wurde.[16]

---

16 Max Scheler, *Das Ressentiment im Aufbau der Moralen* (1912/1915), in:

In *Das Ressentiment im Aufbau der Moralen* versucht Max Scheler zunächst, den Begriff des Ressentiments, wie er von Nietzsche in der *Genealogie der Moral* angelegt worden ist, so zu analysieren, dass sich auf dieser Basis eine die europäische Soziologie der damaligen Zeit erhellende Philosophische Anthropologie entwickeln lässt. Dann versucht er, das Christentum von Nietzsches Anschuldigungen zu entlasten, der in dieser Lehre den Ursprung des Ressentiments sieht. Und schließlich versucht er, den »Humanitarismus« sowie andere Formen der »Werteverschiebung« zu kritisieren, die er in der »modernen Moral« auszumachen glaubt. Besonders der erste Teil mit dem Titel »Zur Phänomenologie und Soziologie des Ressentiments«[17] ist hier für uns von Interesse.

Der Ursprung des Ressentiments, das Scheler als *»seelische Selbstvergiftung«* definiert, liegt in einem »Racheimpuls«, der sich durch seinen *reaktiven* Charakter von der Brutalität unterscheidet. Während sich der Hass bei der Brutalität unmittelbar in Gewalt transformiert und sich dann ohnehin in der Durchführung erschöpft, nimmt die Rache die Form eines Ressentiments an, wenn sie aufgeschoben wird, weil derjenige, der sie üben möchte, weiß, dass er dazu nicht in der Lage ist und sich deshalb zur »Zurückhaltung« gezwungen sieht. Von daher manifestiert sich im Ressentiment ein »Nichtkönnen« und eine *»Ohnmacht«*, die charakteristisch für die »Schwachen« sind: »die vergeblich gegen den Stachel einer Autorität Anlöckenden« wie die *»Dienenden«*. Der Racheimpuls verwandelt sich so in eine »Verbitterung«, bleibt »dauernd unbefriedigt« und wird zu einer allgemeinen Veranlagung, die sich nur noch »auf unbestimmte Objektenkreise« richtet. Als typischer Ausdruck des Ressentiments führt diese Veranlagung zu destruktiven Akten, für die ein »Mangel jedes eigennützigen Motivs« (S. 56) charakteristisch ist. Der Ressentimentmensch zeigt eine ständige »Verletzlichkeit« und trägt »geradezu

---

ders., *Gesammelte Werke*, Bd. 3: *Vom Umsturz der Werte. Abhandlungen und Aufsätze*, Bern/München, Francke, 5. Aufl. 1972, S. 33-147.
17 Ebd., S. 37-68.

(ohne bewußten Willensakt) triebartig [...] in alle möglichen Handlungen und Äußerungen anderer, die gar nicht verletzend gemeint waren, Intentionen der Verletzung fälschlich hinein«. Im »Bewußtsein des ›Rechtseins‹« stellt er außerdem »große innere verhaltene Ansprüche« »bei nicht angemessener äußerer sozialer Stellung«, so wie es, wird in einer Fußnote hinzugefügt, für die »ungeheure Explosion von Ressentiment in der Französischen Revolution gegen den Adel und alles, was mit ihm an Lebensstil zusammenhing« (S. 42), charakteristisch war.

Als er zur Ätiologie der Neigung zum Ressentiment fortschreitet, merkt Scheler an, dass sie an die individuellen »Charaktere« und »Gemütsbewegungen« gebunden sein könne, dass aber diese bei gewissen Personen (allgemein betrachtet bei Frauen) besonders deutlichen Anlagen sich wirklich nur in Kontexten entwickeln, die mit der »Struktur der Sozietät« selbst in Zusammenhang stehen. Dem Ressentiment freien Lauf lasse nämlich »die *Differenz* [...] zwischen der politisch-verfassungsgemäßen [...] Rechtsstellung und öffentlichen Geltung der Gruppen – und ihren *faktischen* [*réelle*] Machtverhältnissen«. Das Ressentiment erreiche demnach seinen höchsten Grad in Gesellschaften, in denen »wie in der unsrigen, ungefähr gleiche politische und sonstige Rechte resp. öffentlich anerkannte, formale soziale Gleichberechtigung mit sehr großen Differenzen der faktischen Macht, des faktischen Besitzes und der faktischen Bildung Hand in Hand gehen: In der jeder das ›Recht‹ hat, sich mit jedem zu vergleichen, und sich doch ›faktisch nicht vergleichen kann‹«. (S. 43) In solchen Gesellschaften empfinden die Schwachen, Verbitterten, Gescheiterten sogar ihr »*Dasein* und Sosein als etwas gleichsam zu Rächendes«. Und Scheler fügt hinzu: »Das – wie Nietzsche mit Recht hervorhebt – ungeheure jüdische Ressentiment ist doppelt genährt durch das Zusammenwirken des ungeheuren Nationalstolzes dieses Volkes (›auserwähltes Volk‹) mit einer Jahrhunderte als *Schicksal* empfundenen Verachtung und Zurücksetzung; neuerdings noch im besonderen Maße durch das Zusammenwirken formaler verfassungsmäßiger Gleichberechtigung mit faktischer Zurücksetzung.«

(Ebd.)¹⁸ Ähnliche Bemerkungen ließen sich freilich über diejenigen machen, die in Folge eines »Klassenressentiments« die Gesellschaft im Namen des »Proletariats« kritisieren.

Bei dieser »Ressentimentkritik« schafft »jede Abhilfe der als mißlich empfundenen Zustände nicht Befriedigung«, weil sie sich aus jenem »wachsende(n) Lustgefühl« speist, »das im puren Schelten und der Negation liegt«. Das Ressentiment liegt also dem *Nihilismus* zugrunde. Es geht mit einer »Verdrängung« einher, die zu »Selbsthass« führt. Im Unterschied zum »gemeinen« Mann aus dem Volke, zum »Verbrecher« oder zum »Streber«, die auf je eigene Weise Männer der Tat sind, ist der Ressentimentmensch schwach, »ohnmächtig«, ein »Krüppel«, dessen Kritik »gar nicht ernstlich ›will‹, was sie zu wollen vorgibt« (S. 44). Der Ressentimentmensch kritisiert diejenigen, die über ihn herrschen, nur insofern er weiß, dass er ihnen in ihren »angeborenen« Anlagen unmöglich ähnlich sein kann. Zum Starken, Herrschenden sagt der Ressentimentmensch: »Alles kann ich dir verzeihen; nur nicht, daß du bist und das Wesen bist, das du bist; nur nicht, daß nicht ich bin, was du bist; ja daß ›ich‹ nicht, ›du‹ bin. Dieser ›Neid‹ entmächtigt die fremde Person von Hause aus schon ihrer bloßen Existenz, die als solche als ›Druck‹, ›Vorwurf‹, furchtbares Maß der eigenen Person empfunden wird.« (S. 45) Das bringt den Ressentimentmenschen dazu, schon die Werte, zu denen er keinen Zugang hat, zu verleugnen. Er »*überdeckt*« diese unerreichbaren Werte deshalb mit einer Schicht von »Täuschungswerten«. »Diese ›Transparenz‹ (im etymologischen Sinne) der wahren, objektiven Werte durch die Scheinwerte hindurch, welche die Ressentimentillusion ihnen entgegensetzt, dieses dunkle Bewußtsein, in einer unechten *Scheinwelt* zu leben, ohne Macht, durch sie hindurchzudringen und zu sehen, was *ist*, bleibt ein unaufhebbares Bestandstück des ganzen Erlebniszusammenhangs.« (S. 51)

---

18 Max Scheler hatte selbst einen protestantischen Vater und eine jüdische Mutter. Er konvertierte zum Katholizismus, bevor er jegliche religiöse Orientierung aufgab.

In dem Bild des Ressentimentmenschen, das Max Scheler zeichnet, dürfte man einige der von Kraepelin und seinen Anhängern beschriebenen Hauptmerkmale des Paranoikers wiedererkannt haben: nihilistische Neigung zur Rundumkritik ohne reales Motiv und ohne Grenzen; Anspruch und Selbstüberschätzung; Neid und Ohnmacht angesichts der Erfordernisse des Lebens; Weigerung, sein Scheitern anzuerkennen und es den eigenen Mängeln zuzurechnen; Verdrängung und Hass auf alles, der sich in Selbsthass verkehrt; manischer Hang zu Unterstellungen; Verlust des Realitätssinns und auch nur der Möglichkeit »de[s] unmittelbare[n] Verkehr[s] mit der Welt und den Sachen selbst«; »dunkle[s] Bewußtsein, in einer unechten Scheinwelt zu leben«, usw. Während Kraepelin sie als Individualpathologie darstellt, wird diese Wesensart von Max Scheler in ihren sozialen und vor allem politischen Dimensionen betrachtet. Da er sich nicht nur als Phänomenologe, sondern auch als Soziologe versteht, löst Max Scheler die Paranoia aus dem individualpathologischen Bereich heraus und erkennt ihr eine starke Tendenz zur Sozialpathologie zu. In diese Pathologie geraten die modernen Demokratien, wenn sie sich gezwungen sehen, von der formalen zur realen Gleichheit überzugehen: Vor allem durch die schulische Ausbildung entfernen sich die Einzelindividuen von ihren Herkunftsbedingungen; sie hoffen auf Zugang zu sozialen Positionen, auf die sie keinen Anspruch erheben können. Und zwar weil die ökonomischen Realitäten der jeweiligen Gesellschaften dem entgegenstehen und auch weil die schulische Ausbildung sie hinters Licht geführt und sie gerade nicht mit den Fähigkeiten ausgestattet hat, die (auch wenn sich das meistens nicht vorab sagen lässt) wirklich nötig sind, um ihre Hoffnungen zu realisieren. Und diese demokratische Illusion, die leichtsinnigerweise von den Demokratien selbst verbreitet worden ist, bildet die größte Gefahr, mit der sie fertigwerden müssen. Der dieser politischen Form innewohnende Widerspruch kündigt unwiderruflich ihren Niedergang an.

Der Aufstand der frustrierten Intellektuellen

Max Scheler reaktiviert und nobilitiert, wenn man so sagen kann, eine Thematik, deren Ursprünge weit zurückliegen, die aber an der Wende vom 19. zum 20. Jahrhundert unter den europäischen Eliten so allgemein verbreitet ist und als so relevant gilt, dass er sie wieder aufgreifen oder vielmehr auf sie hereinfallen kann, ohne sich Gedanken über ihre Geschichte machen, ja sogar im guten Glauben, diese überhaupt nicht kennen zu müssen. Diese Thematik zeigt nachdrücklich, was für eine Gefahr ein Überschuss an gebildeten Männern für eine Gesellschaft darstellt.

Diese Thematik, die erstmals im 17. Jahrhundert im Umkreis des Protestantismus sichtbar wird, ist an die Frage der Bildung und des Zugangs zur Bildung geknüpft. Obwohl weiterhin ein Unterschied zwischen einer guten, dem Gemeinwohl nutzenden Bildung und einer schlechten Bildung mit verheerenden Auswirkungen besteht, kommt es damals zu einer Aufwertung der Bildung. Bildung ist vorteilhaft, wenn Männer sie verkörpern (vor Ende des 19. Jahrhunderts wird der Frauenfrage kaum Beachtung geschenkt[19]), bei denen das Maß des erworbenen Wissens zu der mit einem entsprechenden Maß an Verantwortung ausgestatteten sozialen Position passt, die sie bekleiden. Die Angemessenheit für praktische Regierungsaufgaben, das heißt für die Ausübung von Macht, und sei es auch nur kirchliche Macht, gilt als notwendiges Gegengewicht zu der Hybris, die dem Bildungswunsch innewohnt. Dieser kennt von Natur aus keine Grenzen, er verleitet diejenigen, derer er sich bemächtigt, zur Maßlosigkeit und macht sie anfällig für den Einfluss radikaler und revolutionärer Ideen.

Diese Thematik war seit Mitte der 1960er Jahre Gegenstand verschiedener zeithistorischer Studien. Deren Verfasser nahmen

---

19 Über die Debatten, die diese Frage in Frankreich von Ende des 19. bis Mitte des 20. Jahrhunderts auslöst, siehe Juliette Rennes, *Le mérite et la nature; une controverse républicaine. L'accès des femmes aux professions de prestige 1880-1940*, Paris, Fayard, 2007.

dazu allerdings eine zwiespältige Haltung ein. Manche scheinen ihre vor allem englischen oder französischen Textquellen aus der Zeit vom 17. bis zum 19. Jahrhundert für eine Geschichte sozialer Repräsentation und politischer Schuldzuschreibungen zu verwenden: »Der Überschuss an gebildeten Männern« – um Leonore O'Boyle Ausdrucksweise[20] wieder aufzugreifen – sei die Hauptursache für extremistische Bewegungen und Revolutionen. Dadurch leisten sie einen Beitrag zur Erforschung der Konterrevolution beziehungsweise dessen, was Albert Hirschman »Rhetorik der Reaktion«[21] genannt hat. Andere Historiker erklären unter Verwendung derselben Texte, warum die Gebildeten (oder vielmehr »Halbgebildeten«) in verschiedenen Zeiträumen und in verschiedenen sozialen und politischen Kontexten einen Hang zu radikalen Ideen entwickelt haben. Auch sie scheinen also letztendlich dieselben Gefahren hervorheben zu wollen wie jene Studien, jedenfalls übernehmen sie anscheinend deren spontane soziologische Einschätzung.

Diese Zwiespältigkeit geht zweifellos auf die vielfältigen Verwendungen zurück, die von der Gestalt des entwurzelten und notleidenden, von radikalen Ideen besessenen Halbgebildeten gemacht worden sind. Ebenso wie ein anderes Schema, das oft mit ihm in Verbindung gebracht wird, nämlich diejenigen, die die Existenz eines Komplotts anprangern, zu bezichtigen, dass sie sich in »Verschwörungstheorien« verlieren – auf das wir weiter unten zurückkommen werden –, konnte das Thema des »Überschusses an gebildeten Männern« leicht zwischen rechts und links die Fronten wechseln. Mal hat es vom konservativen Standpunkt aus dazu gedient, Anarchisten, Sozialisten oder Kommunisten aufs Korn zu nehmen, mal diente es vom eher fortschrittlichen (beziehungsweise im amerikanischen Sinne liberalen) Standpunkt aus dazu, den Erfolg der faschistischen Bewegungen in der Zwischenkriegszeit zu erklären. Auf diese Weise

---

20 Leonore O'Boyle, »The Problem of an Excess of Educated Men in Western Europe, 1800-1850«, in: *The Journal of Modern History* 42 (1970).
21 Albert O. Hirschman, *Denken gegen die Zukunft. Die Rhetorik der Reaktion*, München/Wien, Hanser, 1992.

hat es bei der Bildung jener politischen Figur eine Rolle gespielt, der zufolge »sich die Extreme berühren« und Kommunismus, Anarchismus und Faschismus (rot-schwarz-braun) gleichgesetzt werden können. Diese Figur hat bekanntlich einen wichtigen Platz unter den Argumenten eingenommen, die in den Jahren von 1940 bis 1960 dem ersten Neoliberalismus den Weg bahnten.

Und schließlich sei daran erinnert, dass das Schema, das den »Überschuss an gebildeten Männern« mit revolutionären Strömungen in Verbindung bringt, in anderer Form, nämlich als so genannte »relative Frustration«, in der Soziologie der 1960er Jahre wieder auftauchte.[22] In diesem Fall diente es zur Erklärung, warum zahlreiche Studenten, Künstler und Intellektuelle während der Ereignisse des Mai 1968 oder in ihrer Folge in den politischen Extremismus »abgeglitten« sind. Man kann sich den Gedanken nicht ganz verkneifen, dass das Interesse der Historiker für dieses Schema erst durch das Interesse hervorgerufen worden ist, das ihm die Soziologen entgegengebracht haben. Das würde verständlich machen, warum es den Historikern so schwerfällt, sich zwischen den beiden Optionen zu entscheiden, an die wir oben erinnert haben.

Nach Roger Chartier[23] – der M. H. Curtis folgt[24] – wurde die Idee, den Aufstieg von extremistischen Ideen mit dem übermäßigen Vorhandensein von kleinen frustrierten Intellektuellen in Verbindung zu bringen, erstmals zur Erklärung der Entwicklung

---

22 Siehe Garry Runciman, *Relative Deprivation and Social Justice. A Study of Attitudes to Social Inequalities in Twentieth Century England*, Cambridge, Routledge, 1966, und Raymond Boudon, *Effets pervers et ordre social*, Paris, PUF, 1967 [dt. teilweise in: ders., *Widersprüche sozialen Handelns*, Darmstadt/Neuwied, Luchterhand, 1979].

23 Roger Chartier, »Espace social et imaginaire social. Les intellectuels frustrés au XVIIe siècle«, in: *Les Annales* 37/2 (1982), S. 389-400 [dt.: »Die Zeit um zu begreifen. Die frustrierten Intellektuellen des 17. Jahrhunderts«, in: ders. (Hrsg.), *Die unvollendete Vergangenheit. Geschichte und die Macht der Weltauslegung*, Berlin, Wagenbach, 1989, S. 120-139].

24 M. H. Curtis, »The Alienated Intellectuals of Early Stuart England«, in: *Past & Present* 23 (1962), S. 25-43.

des radikalen Puritanismus zum Träger politischer und sozialer Kritik im England des 17. Jahrhunderts herangezogen.[25] Dieses Phänomen sei das Resultat einer Überzahl von Universitätsabsolventen, die, weil nicht genügend vollberechtigte Pfarrstellen zu besetzen waren, arme, arrogante, frustrierte und aggressive *lecturer* geworden seien. Die schwere Aufgabe, einer Gemeinde vorzustehen, konnte so für diese Gelehrten ideell zu keinem Gegengewicht werden, das in der Lage gewesen wäre, den durch ihre ursprüngliche Ausbildung ausgelösten religiösen Überschwang im Zaum zu halten und zu begrenzen. Und auf der Ebene des praktischen Lebens mussten sie einfach unter der Kluft zwischen dem durch jahrelange Studien ausgelösten Streben nach Ansehen und ihren elenden Existenzbedingungen leiden.

Dem Thema des Überschusses an deklassierten Intellektuellen begegnet man im Paris des 18. Jahrhunderts wieder, wo bekannte Schriftsteller den Abschaum aus »hungernden Schreiberlingen« an den Pranger stellen, die ihre Provinznester als halbe Analphabeten in der vergeblichen Hoffnung verlassen haben, in der Hauptstadt ihr Glück zu machen, und deren Verbitterung darin zum Ausdruck kommt, dass sie alle angesehenen Personen und Werte herabwürdigen.[26] Leonore O'Boyle spürt zahlreiche Spuren desselben Motivs im Europa des 19. Jahrhunderts auf, in dem diese vielen gebildeten, arbeitslosen, verbitterten und potenziell aufsässigen Männer als soziale Gefahr galten.[27] Das Thema des zweitklassigen und frustrierten Intellektuellen wird von

---

25 Ich danke Cyprien Tasset, dass er mir großzügigerweise die Dokumentation zu diesem Thema zugänglich gemacht hat, die er im Rahmen seiner Doktorarbeit über das »intellektuelle Prekariat« im heutigen Frankreich zusammengestellt hat.

26 Siehe Robert Darnton, *Bohème littéraire et révolution*, Paris, Gallimard, 1983 [dt. teilweise in: ders., *Literatur im Untergrund. Lesen, Schreiben und Publizieren im vorrevolutionären Frankreich*, München/Wien, Hanser, 1985], und Roger Chartier, *Les origines culturelles de la Révolution française*, Paris, Seuil, 2000 [dt.: *Die kulturellen Ursprünge der Revolution*, Frankfurt/M./New York, Campus, 1995].

27 Leonore O'Boyle, »The Problem of an Excess of Educated Men in Western Europe, 1800-1850«, a. a. O.

den Historikern des 19. Jahrhunderts wieder aufgegriffen und dient ihnen zur Erklärung der Ursachen für die Französische Revolution.²⁸ In verallgemeinerter Form wird es in den 1970er Jahren von vielen Politikwissenschaftlern und Soziologen für ihre Darstellung der Entstehung von revolutionären Veranlagungen herangezogen.²⁹

Nihilismus, Ambivalenz und Ressentiment

Wenn man zwischen diesen drei Themen – dem Paranoiker, dem Ressentimentmenschen und dem deklassierten Intellektuellen –, die deutlich, wenn auch nicht immer explizit aufeinander verweisen und miteinander übereinstimmen, einen Zusammenhang herstellt, zeichnet sich eine Figur ab, auf die man im Spionageroman oder an seinen Rändern in literarischen Werken trifft, die subversive Komplotte in Szene setzen. Es handelt sich um niemand anderen als den Gesellschaftskritiker, genauer gesagt den kritischen Intellektuellen, der als überzähliger, störender, anomischer Halbintellektueller beschrieben wird, der seine eigene Person von der sozialen Arbeitsteilung ausnimmt, sich freiwillig am Rande der Gesellschaft aufhält und dessen Drang zum Hass und revolutionäre Neigungen eine Gefahr für die Gesellschaft darstellen.

Ein Spezifikum des Motivs des überzähligen, zweitklassigen, aufsässigen (und potenziell paranoiden) Intellektuellen liegt in der Verbindung zweier mit der Entwicklung der Sozialwissenschaften einhergehender Motive, nämlich einerseits eines demographisch-ökonomischen Motivs und andererseits eines psychologischen Motivs. Das demographisch-ökonomische Motiv hebt das Missverhältnis zwischen der Anzahl von Menschen, die, weil

---

28 Siehe Augustin Cochin, *L'esprit du jacobinisme. Une interprétation sociologique de la Révolution française* (Vorwort von Jean Baechler), Paris, PUF, 1979.
29 Siehe zum Beispiel Robert Gurr, *Why Men Rebel*, Princeton, Princeton UP, 1974.

sie eine Schul- oder Universitätsbildung durchlaufen haben, vom Anspruch her über ein (ohnehin für zweitklassig gehaltenes) Wissen verfügen einerseits und andererseits den wenigen sozialen Positionen hervor, die sie aufzufangen vermögen. Das psychologische Motiv stützt sich auf das Schema des *Ressentiments*, das Max Scheler uns vor Augen geführt hat. Am Schnittpunkt dieser beiden Motive liegt die revolutionäre Gefahr. Der von Ressentiments erfüllte Mensch hat keine eigenen, mit seiner sozialen Lage zusammenhängenden Wünsche, wie etwa die Angehörigen der Unterschicht. Er strebt genau das an, was für die über ihm Stehenden wichtig ist, kann es aber nicht erreichen. Dadurch gerät er in eine Gewaltspirale – aus Gewalt gegenüber den Herrschenden und ihren Werten und untrennbar davon Gewalt gegen sich selbst.

Das Hauptmerkmal des Ressentiments als Krankheit der gescheiterten Intellektuellen, an deren äußerster Grenze die Paranoia liegt, besteht also darin, dass sie Unzufriedenheit und in deren Folge einen Aufstand auslöst, die beide an keinen realen Gegenstand mehr gebunden sind. Da sie gewissermaßen existentiell sind, kann ihnen mit gewöhnlichen Mitteln, also entweder durch Unterdrückung – die Staatsgewalt gewährleistet die Verteidigung der Privatinteressen – oder durch die Gewährung rein ökonomischer Vorteile weder nachgekommen noch entgegengewirkt werden. Mit den Forderungen, Aufständen und Gewalttätigkeiten des Volkes haben die Regierungen und die Bourgeoisie umzugehen gelernt – glauben sie jedenfalls. Und in der utilitaristischen Moral und in der politischen Ökonomie findet diese Umgangsweise auch soliden theoretischen Rückhalt. Wenn man erst einmal verstanden hat, was das Volk will – und was es will, hat immer mit materiellen Zielen zu tun –, kann man dem Aufbegehren durch eine geschickte Mischung aus Unterdrückung und Bedürfnisbefriedigung (gewöhnlich von nicht so wichtigen Bedürfnissen) leicht ein Ende setzen. Nicht weniger als das Verbrechen ist auch das Aufbegehren dem Kalkül zugänglich. Aber gegenüber Menschen, die von leidenschaftlichem Ressentiment und blankem, aus dem Scheitern resultierenden Hass angetrieben sind, wird es sehr schwer, die öffentlichen Angelegenheiten umsichtig zu steuern.

Über das Ressentiment, das den deklassierten Intellektuellen überkommt, verbindet sich der Tropus der Paranoia mit dem Tropus des Nihilismus, der sich im Anarchisten verkörpert. Ende des 19. Jahrhunderts und in der ersten Hälfte des 20. Jahrhunderts räumt die europäische Literatur der Figur des Anarchisten einen Platz ein, dessen Herausgehobenheit in keinem Verhältnis zu der relativ unbedeutenden Rolle steht, die die anarchistischen Bewegungen in diesem Zeitraum im politischen Leben spielten. So zeigt Uri Eisenzweig in dem Buch *Fictions de l'anarchisme*, welches das Verhältnis von Anarchismus und Literatur am Ende des 19. Jahrhunderts am eingehendsten analysiert,[30] dass die Faszination, die die »anarchistische Gefahr« auf die Medien und die Schriftsteller ausübte, der Attentatswelle in den Jahren zwischen 1892 und 1894 voranging.[31] Die Staatsmacht antwortete darauf mit der Verabschiedung der »Schurkengesetze« – wie Émile Pouget sie nannte[32] – von 1893/1894. Diese Gesetze zielten vor allen Dingen darauf ab, nicht nur die Taten und die »direkte Anstiftung« dazu unter Strafe zu stellen, sondern auch die so genannte »indirekte Anstiftung« und ihre »Rechtfertigung«. Sie wendeten sich also gegen die Freiheit der Rede beziehungsweise des Worts und hatten es dabei sowohl auf die Urheber der Attentate abge-

---

30 Uri Eisenzweig, *Fictions de l'anarchisme*, Paris, Christian Bourgeois, 2001. Die von Uri Eisenzweig vertretene These einer Sympathie der Dichter und einer Antipathie der Romanschriftsteller für den Anarchismus ist für unsere Belange insofern von Interesse, als sie die Frage des Realismus ins Zentrum der Analyse des Verhältnisses von Literatur und literarischem Anarchismus stellt. Während die Dichter, und zwar insbesondere die Symbolisten, eine Analogie zwischen der »direkten Aktion« und dem herstellten, was sie beabsichtigten, der Sprache zuzufügen (die »Poesie der Bombe«), waren die französischen Romanschriftsteller am »Terrorismus« nicht interessiert, weil die »Willkürlichkeit« und »Absurdität« solcher Taten sich ihrer Meinung nach nicht mit einem realistischen Darstellungsrahmen der sozialen Welt vereinbaren ließ.

31 Ebd., S. 27.

32 Émile Pouget/Francis de Pressensé, *Les lois scélérates de 1893-1894*, Paris, Éditions de la Revue blanche, 1899 (Neuausgabe Paris, Le Flibustier, 2008).

sehen als auch auf die Journalisten oder Schriftsteller, die als anarchisten- und ohnehin auch als sozialistenfreundlich galten oder ihnen »Sympathie« oder sogar Toleranz entgegenbrachten.

In der Literatur verfügt der Anarchist oder Nihilist über keine solide dokumentarische Grundlage. Selbst wenn sein Bild realistisch wirkt – wie zum Beispiel bei Conrad –, ist es vor allem metaphysisch. Charakteristisch für den Anarchisten im Roman ist die ambivalente Position, die er innerhalb der sozialen Klassenstruktur einnimmt.[33] Er ist vor allem ein Deklassierter, und diese Deklassierung liegt dem Ressentiment zugrunde, das ihn erfüllt und in den Nihilismus treibt. Sein absoluter Vernichtungswunsch gründet auf einem allumfassenden Hass als Ausdruck eines auf die Gesellschaft umgeleiteten Selbsthasses, dem er nicht ins Gesicht sehen kann. Das Verhältnis zum Studium, zur Bildung und zum Wissen nimmt deshalb in diesem Tableau einen zentralen Platz ein. Der nihilistische Anarchist kann einer ehrbaren, zur feinen Gesellschaft gehörenden Familie entstammen und ein solides Studium absolviert haben. Es ist ihm aber nicht gelungen, eine entsprechende soziale Position zu bekleiden. Und zwar aus Gründen, die meistens mit seinen Verwandtschaftsverhältnissen zu tun haben, die ihn als potenziellen Erben um sein Erbteil gebracht haben, entweder weil seine Familie ruiniert ist oder weil er aus irgendeinem Grunde enterbt wurde oder aber weil es sich um das jüngste oder ein illegitimes Kind handelt. Der Darstellung zufolge ist er also in außergewöhnlichem Maße mit Intelligenz, Wissen und Bildung gesegnet, aber diese außerordentlichen Fähigkeiten werden voll und ganz in den Dienst des Bösen, des Hasses und der Vernichtung gestellt (wie wir zum Beispiel am Fall Moriatry in den Sherlock-Holmes-Geschichten gesehen haben). Es kann sich aber auch um jemanden aus den unteren Schichten handeln, dem es gelungen ist, sich rudimentäre Bildung und Halbwissen anzueignen, entweder auf autodidaktische

---

33 So weist Uri Eisenzweig (*Fictions de l'anarchisme*, a. a. O., S. 103) darauf hin, dass die Figur des (degenerierten und dekadenten) anarchistischen Aristokraten Ende des 19. Jahrhunderts ein Stereotyp in der nationalistischen Literatur ist.

Weise, indem er von der Arbeiterwohlfahrt veranstaltete Abendkurse besuchte, oder indem er von den Halbherzigkeiten der modernen Gesellschaften profitierte, die ihm den Zugang zu einfachen Universitätsabschlüssen ermöglichten, welche ihm aber auf dem Arbeitsmarkt kein Geld einbrachten. Dieser Graben zwischen den Sehnsüchten ihrer Jugend und der erbärmlichen sozialen Lage, in der sich solche Emporkömmlinge befinden, macht aus ihnen neidische, anmaßende, aggressive, herablassende und verbitterte Wesen, die ständig Gefahr laufen, ihre eigenen Fähigkeiten zu überschätzen. Er führt auch dazu, dass sie diejenigen verachten, die bescheidene, aber ehrbare Positionen in der Gesellschaft bekleiden, in der sie entsprechend ihrer Verdienste, ihrer Arbeit und jenes Kalküls eine nützliche Rolle spielen, das ihnen eine realistische Einschätzung erlaubt, womit sie bei den ihnen gegebenen beschränkten Fähigkeiten und Mitteln rechnen können.

Einen Fingerzeig auf diese weit verbreitete Thematik gibt ein Buch, in dem sich die Spionageliteratur, die sich nach 1914 entwickeln wird, bereits ankündigt. Es handelt sich um den Roman *Der Geheimagent*,[34] den Joseph Conrad 1907 veröffentlichte und an dem dem Verfasser besonders viel gelegen haben muss, weil er daraus 1919 ein Theaterstück machte und ihn 1920 nochmals veröffentlichte – versehen mit einem Vorwort, mit dem er auf die Kritiken antworten wollte, die das Erscheinen des Buches nach sich gezogen hatte. Die Veröffentlichung des *Geheimagenten* fällt zeitlich ungefähr mit der von *Das Ressentiment im Aufbau der Moralen* zusammen und veranschaulicht auf exemplarische Weise, wie die Topoi des Ressentiments, der Paranoia und der Deklassierung zu Beginn des 20. Jahrhunderts mit der Furcht vor Revolutionen und dem Entsetzen über Revolutionäre zusammenhängen.

Die »Vermischte Meldung«, die dem Roman als reale Nachricht zugrunde liegt, ist der fehlgeschlagene Anschlag auf das

---

34 Joseph Conrad, *Der Geheimagent. Eine einfache Geschichte*, Frankfurt/M., S. Fischer, 1963.

Observatorium von Greenwich am 15. Februar 1894, das (dem der französischen Übersetzung beigegebenen Anmerkungsapparat zufolge) wahrscheinlich von Fenians – Mitgliedern einer amerikanisch-irischen Bewegung für die Unabhängigkeit Irlands – organisiert und geplant wurde, das Conrad aber den Anarchisten zuschreibt. Die Hauptfigur, Verloc, der einen anrüchigen Laden mit pornographischem Schrifttum betreibt, ist ein Doppelagent: Er ist Mitglied einer Anarchistengruppe (»Zukunft des Proletariats«), steht aber insgeheim im Dienst einer ausländischen Macht (wahrscheinlich Russlands), der er Informationen über die subversiven Aktivitäten seiner Mitstreiter übermittelt. Am Anfang des Buches wird Verloc in die Räume der Londoner Botschaft der Macht einbestellt, die ihn für seine Dienste bezahlt. Ein Gesandtschaftssekretär, Wladimir, der als dandyhafter Liebling der feinen Londoner Gesellschaft dargestellt wird, lässt ihn wissen, dass seine Freunde und er kein Geld mehr bekommen würden, wenn sie keine aufsehenerregenden Taten begehen – das heißt besonders spektakuläre Anschläge –, die die laxe und »zu liberale« britische Regierung aufrütteln und zur Ergreifung von »umfassenden Repressalien« gegen die »Sozialrevolutionäre« drängen würden. »Diese Anschläge müssen nicht unbedingt besonders blutig sein«, argumentiert Wladimir, weil Blutvergießen sogar von hochgestellten Persönlichkeiten und gekrönten Häuptern banal geworden sei und einem gesellschaftlichen »Racheakt« oder bloßem »Klassenhass« zugerechnet würde; es sei »beinahe schon eine Konvention« (S. 37). »Die Empfindungsfähigkeit der Klassen, die Sie angreifen, stumpft schnell ab.« Es müsse, fährt er fort, den Fetisch treffen, »vor dem die gesamte Bourgeoisie auf den Knien liegt«. Und dieser Fetisch sei nichts anderes als die »Wissenschaft«. Allein ein Anschlag auf die Wissenschaft, die »außerhalb der bekannten menschlichen Leidenschaften liegt«, könne als »reine Zerstörung« gelten und lasse keinen Zweifel darüber aufkommen, dass die Anarchisten die feste Absicht hätten, »das gesamte soziale Gebäude einzureißen«. Ein Anschlag auf die Wissenschaft, »der in seiner blanken Zerstörungswut unverständlich, unerklärbar, beinahe unausdenkbar ist«, stelle von daher die nihilistische Tat par excellence dar, die das »Geheul« »all[...] diese[r] idiotischen Intellektuellen« zum Verstummen bringe. Die »willkürlich[e] Gotteslästerung« würde darin bestehen, »eine Ladung auf die Reine Mathematik [zu] werfen«. Aber das sei unmöglich. Daher optiert Wladimir dafür, »sich die Astronomie vorzunehmen«. (S. 40)

Verloc versucht, die »Bande«, die er »in der Hand« hat, für das Erreichen dieses Ziels zu mobilisieren. Drei Anarchisten bilden ihr Zentrum: Karl Yundt ist ein »alte[r] Terrorist«, dessen »impotente[...] Wut an die Erregung eines senilen Wüstlings« erinnert. Er bezeichnet sich selbst als »Vernichter« »ohne Mitleid mit irgendeinem Lebewesen« auf der Welt. Michaelis ist ein Träumer und Theoretiker, ein »Bewährungsapostel«. Er ist fett »aus einem höchst hygienischen Gefängnis entlassen worden«, und es heißt, »daß eine reiche alte Dame ihn dreimal zur Kur nach Marienbad geschickt habe«. Alexander Ossipon schließlich ist ein »ehemaliger Medizinstudent« »ohne Examen« mit »platte[r] Nase« und »dicken Lippen« (der »negroide« Typ). »[G]enannt der Doktor«, ist er »ambulanter Redner vor Arbeitervereinen (Thema: Hygiene in sozialistischer Sicht)«, »mit einem Blick, der von jener unerträglichen, hoffnungslos borniertheit Selbstgefälligkeit funkelte, die einzig der Umgang mit der Wissenschaft dem stumpfen Auges des normalen Sterblichen zu schenken vermag«. (S. 54) Was diesen menschlichen Abschaum eint, ist nichts anderes als das Ressentiment und die Faulheit:

> »[...] obwohl Herrn Verlocs Charakter dem seiner Gefährten durchaus glich, machte er innerlich doch feine Unterscheidungen zwischen sich und den anderen, die er auf unbedeutende Abweichungen stützte. Das verschaffte ihm eine gewisse Befriedigung, denn sein Verlangen nach gutbürgerlicher Ehrbarkeit wurde einzig von seiner Abneigung gegen jede Art ehrlicher Arbeit übertroffen – ein Charaktermangel, den er mit vielen teilte, die sich berufen fühlen, eine beliebige gesellschaftliche Ordnung gewaltsam zu verändern. Denn es liegt auf der Hand, daß niemand gegen die Annehmlichkeiten

und Vorteile revoltiert, die eine solche Ordnung gewährt, sondern nur gegen den Preis, den man dafür in der gängigen Münze von Gesittung, Selbstverleugnung und Arbeit entrichten muß. Die Revolutionäre sind in der Mehrzahl Feinde von Zucht und schwerer Arbeit. Es gibt auch Naturen, deren Sinn für Gerechtigkeit sich angesichts des geforderten Preises empört, den sie für ungeheuerlich hoch, abscheulich, grausam, für erniedrigend, blutsaugerisch und unerträglich halten. Das sind die Fanatiker. Alle anderen Rebellen gegen die Gesellschaft treibt die Eitelkeit, die Mutter edler und niedriger Hirngespinste, die Gefährtin der Dichter, der Weltverbesserer, der Scharlatane, Propheten und Brandstifter.« (S. 60f.)

Von der Individualpathologie zur Sozialpathologie

Bei der Neulektüre von Max Scheler haben wir gesehen, inwiefern das Ressentiment sowohl für Individuen wie für Gesellschaften, ja sogar für die gesamte Moderne charakteristisch sein kann. Diese Perspektive geht auf Denkansätze zurück, in deren Zentrum die *Bildung* steht – eine philosophische Fragestellung, die ein Erbe des Deutschen Idealismus darstellt – und die sich im ersten Drittel des 20. Jahrhunderts am Berührungspunkt von Phänomenologie und Soziologie entwickelt haben. In Verbindung mit neuen, aus der Psychoanalyse kommenden Ideen und der alten, auf dem Gebiet der Medizin und der Psychiatrie noch sehr präsenten Charakterkunde wurden sie seit den 1930er Jahren von der Kulturanthropologie und von der amerikanischen Sozialpsychologie teilweise wieder aufgegriffen. In diesem Kontext kann der Begriff des Charakters zwischen dem Individuellen (der jedem Individuum eigene Charakter) und dem Sozialen (der Nationalcharakter, der Volksgeist, der Geist einer Kultur usw.) hin- und hergehen. Und so wie es Pathologien des Individualcharakters gibt, kann es Kulturen geben, die insgesamt einen pathologischen Charakter aufweisen. Was die Paranoia anbelangt, so lässt sich ein Beispiel für diese Schnittstelle in Ruth Benedicts grundlegendem, 1934 erschienenem Buch *Patterns of Culture* finden.[35]

Die Charakterkunde will eine Methode entwickeln, die es erlaubt, jedes Individuum auf einem allgemeinen Tableau von Charakteren zu verorten (indem sie zum Beispiel »Choleriker« und »leidenschaftliche Menschen« oder »Gefühlsmenschen« und »Phlegmatiker« gegenüberstellt). Diese verschiedenen Typen möchte sie durch den Verweis auf historische Persönlichkeiten anschaulich machen, die sie verkörpern sollen (Danton versus Ludwig XIV., Robespierre versus Kant usw.). Außerdem will sie diese psychischen Typen wie bei Ernst Kretschmer mit Körpertypen in Verbindung bringen. Ebenso »müssen wir uns« nach Ansicht von Ruth Benedict »Kultur [...] als einen großen Kreisbogen vorstellen, an dem alle überhaupt möglichen Kulturelemente aufgereiht sind«, deren »Wesen als das einer Kultur [...] von der Auswahl ab[hängt], die sie unter diesen vielen Kreissegmenten trifft«.[36] So »verwendet« das »kulturelle Schema jeder denkbaren Zivilisation [...] für sich nur einen bestimmten Ausschnitt aus dem großen Bereich möglicher menschlicher Zielsetzungen und Triebkräfte«.[37] Jede Kultur stelle also so etwas wie eine »grundlegende psychologische Tendenz« dar, die nur ihr eigen sei. Und dazu könne man Zugang erlangen, wenn man sowohl alle Einzelheiten der »Zivilisation« registriere, wie sie sich in der Gesamtheit der kulturellen Hervorbringungen einer Gesellschaft (deren Ort par excellence das Völkerkundemuseum ist) niedergeschlagen habe, als auch die Weltanschauung und den »Sittenkanon« jedes einzelnen Individuums untersuche.[38]

Um die grundlegenden psychologischen Tendenzen der beiden Indianervölker näher zu charakterisieren, die Gegenstand

---

35 Ruth Benedict, *Patterns of Culture* (1934), Boston, Mariner Books, 2006. Die folgenden Zitate sind der deutschen Übersetzung *Urformen der Kultur*, Reinbek bei Hamburg, Rowohlt, 4. Aufl. 1963, entnommen.
36 Ebd., S. 23.
37 Ebd., S. 182.
38 Ebd., S. 47.

ihrer Studie sind, die Hopi-Kultur in Neumexiko und die Kwakiutl-Kultur an der amerikanischen Nordwestküste, stützt sich Ruth Benedict ziemlich überraschend, wie man wohl sagen muss, auf ein Werk, für das sie große Bewunderung zu hegen scheint: Oswald Spenglers *Untergang des Abendlandes*.[39] Die Originalität von Spenglers Analyse bestehe darin – behauptet sie –, dass er zwei »kontrastierende Erscheinungsformen innerhalb der abendländischen Kultur [...] unterscheidet«, die zwei großen Schicksalsideen entsprechen: »die apollinische des klassischen Zeitalters und die faustische der Jetztzeit« (in denen man unschwer die von Nietzsche in der *Geburt der Tragödie* eingeführten Kategorien wiedererkennt). Diese Kategorien werden nun von Ruth Benedict wieder aufgenommen, um zum einen den apollinischen Charakter der Puebloindianer zu beschreiben und zum anderen den »dionysischen« Charakter der Kwakiutl-Indianer. Aber auch Ruth Benedict unterläuft die Verwendung des Ausdrucks Paranoia, um die Merkmale der Kwakiutl-Kultur und den Charakter der Individuen zu kennzeichnen, die Teil dieser Kultur sind. Auf die Paranoia gehen nämlich die ständigen Rivalitäts- und Neidäußerungen, die streitsüchtige Überheblichkeit, das leidenschaftliche Streben nach Größe, die Unfähigkeit, mit Frustrationen umzugehen, usw. zurück. Die »Institutionen« dieses Volkes können von daher als Beispiele für kulturellen »Verfolgungswahn« betrachtet werden.[40]

Ist der Übergang vom Individuellen zum Kollektiven erst einmal vollzogen und theoretisch begründet, kann der Verweis auf die bis dahin als individuelle Krankheit behandelte Paranoia jene sozialen und politischen Dimensionen an den Tag legen, von denen wir gesehen hatten, dass sie der Identifizierung dieser Pathologie unterschwellig immer schon innewohnten. Von nun an gestattet eine »wissenschaftliche« Basis, dass der Terminus Paranoia das Büro des Psychiaters verlässt und Revolutionäre mit Verrückten und Revolutionen mit einer Art »Vergiftung« oder

---

39 Ebd., S. 44 f.
40 Ebd., S. 197.

mit kollektiven »Wahnvorstellungen« gleichgesetzt werden. Die Idee ist natürlich banal und wird von Edmund Burke über Hyppolite Taine und Augustin Cochin bis zu François Furet immer wieder aufgegriffen. Aber dieser zentrale Bestandteil der revisionistischen Geschichtsschreibung[41] gelangt so zu neuen Würden. Während des »revolutionären Zyklus«, der von 1789 in Frankreich bis 1917 in Russland reicht, lässt sich so immer wieder derselbe »Persönlichkeitstypus« beobachten, der dieselben pathologischen Merkmale aufweist. Robespierre, Saint-Just und Babeuf sind die typischen Träger einer »paranoiden Ader«. Aber man kann auch bis zu Jean-Jacques Rousseau zurückgehen, der sie inspiriert haben soll, und in dem zahlreiche gelehrte Analysen – ob sie sich nun Psychiatern[42] oder psychiatrisch bewanderten Literaten verdanken – den Prototypen des »Paranoikers« erkannt haben. In seinem Fall wird diese psychologische Veranlagung mal eher dem Ressentiment des aus »bescheidenen« Verhältnissen stammenden autodidaktischen Intellektuellen zugeschrieben, mal eher einer gestörten Sexualität.

Die Psychiatrisierung der alten Thematik des deklassierten Intellektuellen kann sich so unverblümt Bahn brechen. Die »Hungerleider der Feder«, wie Burke sagt, die Mitglieder der Freidenkergesellschaften, die Augustin Cochin für die schlimmsten Gräuel verantwortlich macht, sind nicht nur durch die »univer-

---

41 Siehe Domenico Losurdo, *Kampf um die Geschichte. Der historische Revisionismus und seine Mythen*, Köln, PapyRossa Verlag, 2007, insbesondere S. 45-57.
42 Die Doktoren Paul Sérieux und Joseph Capgras (*Les folies raisonnantes*, Paris, Alcan, 1909) zählen Rousseau zu denjenigen, die an Deutungswahn leiden. Bei David Bensoussan (*La maladie de Rousseau*, Paris, Klincksieck, 1974) findet sich eine Bibliographie mit etwa dreißig Verweisen auf zwischen 1907 und 1966 erschienene Bücher oder Studien über »Jean-Jacques Rousseaus Krankheit«. Und in den Essays am Ende seines Buches *Rousseau. Eine Welt von Widerständen* (a. a. O.) widmet schließlich Jean Starobinski »Rousseaus Krankheit« einige Seiten, allerdings unter einem ganz anderen Gesichtspunkt als seine Vorgänger. Er versucht nämlich »den Gebrauch, den ein Mensch von seiner Krankheit gemacht hat«, zu verstehen, und darüber, fügt er hinzu, »kann uns kein anatomisches Beweisstück belehren« (S. 559).

salistische« Leidenschaft vergiftete »Visionäre der Gesellschaft« ohne jede »praktische Erfahrung«, die »schimärische Theorien« ausarbeiten und einen »fanatischen Hass auf die sündige und ungerechte bestehende Ordnung« entwickeln. Sie sind auch geistig krank. Auf diese Weise, fügt Domenico Losurdo hinzu, von dem wir diese Analyse der revisionistischen Geschichtsschreibung übernehmen, »wird der Konflikt zwischen verschiedenen gesellschaftlichen Klassen zum Zusammenstoß zwischen Gesundheit und Wahnsinn«, so dass »zentrale Momente der modernen und Zeitgeschichte […] Gefahr [laufen], sich auf bloße Kapitel der Psychopathologie zu reduzieren« (S. 97).

Liberalismus oder … Paranoia

Die Entwicklung einer Position, von der aus die politische Geschichte sich als Entgegensetzung von Rationalität und Irrationalität und sogar von geistiger Pathologie und Normalität neu deuten lässt, wird zu einem Großteil von liberalen amerikanischen Intellektuellen – häufig von Politikwissenschaftlern, die akademische Positionen bekleiden – in den Jahren zwischen 1950 und 1960 in Angriff genommen, das heißt in einem Zeitraum, der durch die gleichzeitige Auseinandersetzung mit dem Kommunismus und dem McCarthyismus und dann mit der neokonservativen Offensive geprägt war, die den Präsidentschaftswahlkampf von Barry Goldwater begleitete. Damals wurde damit begonnen, Vokabeln wie Paranoia, Paranoiker und paranoid auf breiter Ebene für die Bezeichnung von politischen Verhaltensweisen sowohl in ihren individuellen als auch in ihren kollektiven Ausprägungen zu verwenden. Das während dieses Jahrzehnts geschaffene neue Begriffsarsenal erlaubt es, verschiedene, an den entgegengesetzten Enden des politischen Raums angesiedelte, entweder mit der extrem Linken oder mit der extrem Rechten zusammenhängende Formen von »Extremismus« miteinander in Verbindung, ja sogar zur Übereinstimmung zu bringen. So können unerbittliche Gegner gleichermaßen abgeurteilt werden, indem gezeigt wird, dass scheinbar entgegengesetzte Ideologien Akteure verführen, die über dieselbe »politische Psychologie« verfügen, welche wiederum auf ihre soziale Position zurückgeht beziehungsweise, in der Ausdrucksweise dieser Theorien, auf ihren »Status«. Dabei hat der Begriff des »paranoiden Stils« eine beinahe mit dem »Totalitarismus«[43] und in anderer Hinsicht mit dem »Populismus«[44] vergleichbare Rolle gespielt.

Richard Hofstadters noch heute berühmtes Buch *The Paranoid Style in American Politics* (es gibt praktisch keine Studie über »Verschwörungstheorien«, die nicht darauf Bezug nähme) hat eine wichtige Rolle bei der Verbreitung der Idee gespielt, dass das Modell der Paranoia als Geisteskrankheit zumindest in metaphorischer Hinsicht einen wirksamen Operator für die Identifizierung, Beschreibung und Verurteilung einer gewissen Art und Weise, sich in politischen Kämpfen zu engagieren, bilden könnte.[45] In Antwort auf die Kritiken, deren Gegenstand sein Buch war, hat Richard Hofstadter sich später damit verteidigt, dass ihm die Entwicklung einer Art Sozialpsychiatrie vorgeschwebt hätte. Beim Prägen des Ausdrucks »Paranoider Stil« habe er – behauptet er – »diesen Terminus eher so verwendet, wie ein Kunsthistoriker über das Barock oder den manieristischen Stil sprechen würde«.[46] Wenn man sich jedoch die intellektuellen Ursprünge seiner Ideen und seine ideologische Entwicklung in Erinnerung ruft, zeigt sich klar und deutlich, was sein Projekt

---

43 Über die Geschichte des »Totalitarismus«-Begriffs in den Jahren zwischen 1950 und 1980 und über seine Verwendung in den politischen und intellektuellen Kreisen Frankreichs in den 1970er Jahren siehe Michael Christofferson, *Les intellectuels contre la gauche. L'idéologie antitotalitaire en France (1968-1981)*, Marseille, Agone, 2009 [engl. Orig.: *French Intellectuals Against the Left. The Antitotalitarian Moment of the 1970s*, New York, Berghahn Books, 2004].

44 Über die Ursprünge und Mehrdeutigkeiten des »Populismus«-Begriffs siehe Ernesto Laclau, *La raison populiste*, Paris, Seuil, 2008 [engl. Orig.: *On Populist Reason*, London, Verso, 2005].

45 Richard Hofstadter, *The Paranoid Style in American Politics* (1965), Neuausgabe mit einem Vorwort von Sean Wilentz: New York, Vintage Books, 2008.

46 Ebd., Einleitung, S. XII [Übers. hier wie im Folgenden C. P.].

dem Zusammentreffen von bestimmten politischen Verhältnissen mit Schemata verdankt, die sich mehr oder weniger auf die Psychoanalyse, wenn nicht sogar auf die Psychiatrie im eigentlichen Sinne berufen (obwohl es nicht sicher ist, dass beide in der damaligen Zeit klar voneinander unterschieden waren) und damals in die Sozialpsychologie und in die amerikanische Soziologie eindrangen.

Als junger Student stand Hofstadter dem Marxismus nahe und trat sogar für kurze Zeit der Kommunistischen Partei Amerikas bei.[47] Von diesem Lebensabschnitt zeugt sein erstes (1944 erschienenes) Buch über den Sozialdarwinismus (ein Ausdruck, der mit seiner Hilfe Eingang in die Sozialwissenschaften gefunden hat) im amerikanischen Denken.[48] Nach dem Krieg wird er Professor für Geschichte an der Columbia University und schließt sich, wie viele Intellektuelle, die zunächst der extremen Linken nahegestanden hatten, den Wissenschaftlern an, die damals den Liberalismus dadurch neu zu begründen versuchten, dass sie ihn aus der Tradition des amerikanischen Radikalismus heraus im Geiste des New Deals deuteten, dem Hofstadter lebenslang verbunden blieb.[49] Er veröffentlicht dann auch eine in-

---

47 Eine ausgezeichnete Analyse von Richard Hofstadters intellektuellem Werdegang findet sich in der Biografie von David S. Brown, *Richard Hofstadter. An Intellectual Biography*, Chicago, The University of Chicago Press, 2007.

48 Richard Hofstadter, *Social Darwinism in American Thought, 1860-1915* (1944), Boston, Beacon Press, 1992.

49 Von dieser Verbundenheit zeugt ein aus einem Vortrag auf einer Tagung über das politische und soziale Umfeld der US-amerikanischen Geschäftswelt im Jahr 1964 hervorgegangener Essay, der am Ende von *The Paranoid Style* steht. In diesem Essay bedauert Hofstadter, dass die Antitrust-Bewegung an Schwung verloren habe. Und dieser Essay schließt mit Worten, in denen sich schon die sozialdemokratische Kritik an dem anzukündigen scheint, was man 20 Jahre später »Neoliberalismus« nennen wird: »Die größte innere Gefahr liegt heute nicht darin, dass wir nicht in der Lage sein könnten, genügend Handelsgüter zu produzieren, weil der Wettbewerb nicht groß genug ist, sondern darin, dass wir scheitern könnten, Sozialeinrichtungen zu entwickeln, die auf die realen menschlichen Bedürfnisse eingehen, insofern sie Zuwendungen und Dienste anbieten, die durch das Ethos des Wettbewerbs nicht im entferntesten berücksichtigt werden.« (S. 237)

tellektuelle Geschichte der politischen Auffassungen der Gründungsväter (Jefferson, Jackson, Lincoln usw.),[50] die sehr einflussreich war. An der Columbia steht Hofstadter den Sozialwissenschaften nahe und knüpft intellektuelle Beziehungen zu Daniel Bell, Seymour Martin Lipset, David Riesman usw. Er liest Max Weber, Freud, aber auch Karl Mannheim und die Philosophen der Frankfurter Schule, von denen viele während des Krieges in die Vereinigten Staaten emigriert waren.

The Paranoid Style ist schwer zu datieren, weil sich die Abfassung des Buches – das sich aus verschiedenen Aufsätzen zusammensetzt – von Mitte der 1950er Jahre – als ein erster Essay über das Thema erscheint – bis Mitte der 1960er Jahre hinzieht. Das Buch, das dann unter diesem Titel erscheint, enthält neben dem ersten, abgeänderten Essay noch andere Arbeiten zu verwandten Themen. Während dieser zehn Jahre beteiligt sich Richard Hofstadter aktiv am Kampf der liberalen Intellektuellen gegen den Aufstieg der extremen Rechten in Amerika – von McCarthy in den 1950er Jahren bis Barry Goldwater in den 1960er Jahren (vor allem indem er sich an Sammelbänden über die radikale Rechte und ihren Antiintellektualismus beteiligt[51]). Dabei erwies er sich gleichzeitig als fest in jenem Antikommunismus verankert, der auf die kurze kommunistische Episode in seiner Jugend gefolgt war, und als scharfer Gegner des wahnwitzigen Antikommunismus der amerikanischen Rechten in den 1950er Jahren.

The Paranoid Style erfährt einerseits Anregungen aus der radikal-liberalen Tradition Amerikas und andererseits aus der Lektüre Webers und Freuds sowie vor allem Mannheims und Adornos. Aus der Tradition des radikalen Liberalismus greift das Buch die Idee wieder auf, dass eine *gesunde* Nation Pluralismus zulässt, die geistige Freiheit schützt und ein Bollwerk gegen jedweden Extremismus errichtet, der seinen irrationalen, antiintellektuel-

---

50 Richard Hofstadter, *The American Political Tradition and the Men Who Made It*, New York, A. Knopf, 1948 (frz.: *Bâtisseurs d'une tradition*, Paris, Seghers, 1966).
51 Richard Hofstadter, *Anti-intellectualism in American Life*, New York, Vintage Books, 1963.

len, übergriffigen und schematisierenden (heute würde man sagen »fundamentalistischen«) Tendenzen nachgibt. Von Max Weber übernimmt das Buch den Begriff des sozialen Status und die Verbindung zwischen bestimmten Statustypen und bestimmten Typen von vor allem politischen Überzeugungen (*status politics*). Aus der Lektüre Mannheims gewinnt es die Idee, dass die eschatologischen Fiktionen – das heißt die Ideologien – und Idealvorstellungen – das heißt die Utopien – in den verborgenen und unerfüllten Wünschen von Einzelpersonen und Völkern wurzeln.[52] Aber vor allem aus der Lektüre von Adornos *Studien zum autoritären Charakter*[53] bezieht es die Idee, dass sich auf der Basis einer Sozialpsychologie, die auf ursprünglich psychoanalytische und/oder psychiatrische Kategorien zurückgreift, eine Gesellschaftskritik entwickeln lässt. Mit Adornos Hilfe befreit er sich von seinem früheren Fortschrittsglauben an das politische Bewusstsein des *Volkes*. Das Proletariat ist auch nicht hellsichtiger als der Rest des Volkes, der sich als national versteht und seine innersten Wünsche zum Beispiel in Barry Goldwaters Programm wiedererkennt.

Diese radikale Rechte bezeichnet Hofstadter – mit einem Ausdruck, den er von Adorno übernimmt – als »pseudokonservative Revolte«, um den Pseudo-Traditionalismus dieser Strömungen hervorzuheben, die die amerikanische Tradition verraten. Obwohl sie »ihren Radikalismus verleugnen«, wohnt ihnen ein »Fanatismus« inne, und ihre politischen Positionen gründen auf einem »Verfolgungsgefühl«, auf der Furcht vor einer »unmittelbar bevorstehenden politischen Katastrophe« und auf der panischen Angst vor kommunistischer »Unterwanderung«. Der letzte Ausdruck wird in einem sehr weiten Sinne verwendet, denn so können zu den verdeckten Agenten des internationalen kommunistischen Komplotts auch die Präsidenten Eisenhower und Kennedy zählen, die bezichtigt werden, das eigentlich für die na-

---

52 David Brown, *Richard Hofstadter. An Intellectual Biography*, a. a. O., S. 92.
53 Theodor W. Adorno, *Studien zum autoritären Charakter* (mit Else Frenkel-Brunswik, Daniel J. Levinson, R. Nevitt Sanford) (1950), Frankfurt/M., Suhrkamp, 1995.

tionale Verteidigung benötigte Geld für die Armenhilfe abzuzweigen. Den Punkt, an dem die nostalgische Verklärung einer sehr gegenwärtigen, imaginären amerikanischen Vergangenheit besonders bei der weißen Unterschicht in den ländlichen Gebieten und einem Teil der Evangelikalen und der Antietatismus des nach Rache für den New Deal strebenden Teils der politischen Elite übereinstimmen, nennt Hofstadter *Populismus*.

Solche politischen Verhaltensweisen sind für Richard Hofstadter Symptome einer psychologischen Störung, die er als *paranoid* bezeichnet. Mit diesem Ausdruck können ebenso gut Einzelindividuen gemeint sein wie politische Strömungen oder soziale Gruppen. Die Paranoia wird nämlich als ein spezifischer Umgang mit politischen Fragen angesehen, der sich unter beliebigen Umständen individuell oder kollektiv äußern kann: als eine Neigung des menschlichen Gemüts. Die Originalität von Hofstadters rhetorischer Verfahrensweise in *The Paranoid Style* besteht darin, die tief unter den Positionen der »pseudokonservativen Revolte« verborgen liegenden psychologischen Neigungen unabhängig von konkreten Konflikten so herauszuarbeiten, dass eine Reihe von historischen Beispielen entsteht, die in Bezug auf ihren Kontext, ihren Gehalt und auf jene Charakteristika ganz verschieden sind, welche diejenigen, die jeweils als Feinde gelten, aufweisen sowie die Anschuldigungen, deren Gegenstand sie sind. Durch diese universalisierende und ahistorische Perspektive kann er die Beispielsfälle, die eher in den Bereich der extremen Rechten oder in den Bereich der extremen Linken gehören, nebeneinander ausbreiten. Genau genommen enthält die letzte Fassung von *The Paranoid Style* Angriffe auf die »ehemaligen Mitglieder der Linken«, »die von einer paranoiden Linken zu einer paranoiden Rechten hinübergewechselt sind und dabei die manichäische Psychologie beibehalten haben, die beiden Tendenzen innewohnt«. So kann Richard Hofstadters Essay unter anderem auf die millenaristischen Sekten im Mittelalter Bezug nehmen; auf Bewegungen, die sich gegen die Freimaurer und die Illuminaten oder auch gegen die Katholiken (besonders gegen die Jesuiten) richteten; auf bestimmte Tendenzen der Abolitionsbewegung, in deren Rahmen von einer »Verschwörung der Sklavenhändler« die Rede war; auf die Anprangerung des »Komplotts der Hochfinanz« oder der »Waffenindustrie« von Seiten der Linken, um den Ausbruch des Ersten Weltkriegs zu erklären; auf die rassistischen Komponenten der amerikanischen Gesellschaft (in erster Linie auf den Ku-Klux-Klan) oder aber in jüngerer Zeit natürlich auf den McCarthyismus, aber auch auf seinen kommunistischen Widerpart.

Auf diese Weise kann Hofstadter einen »paranoiden Stil« herausarbeiten, der für die Verteidigung von ganz verschiedenartigen Dingen herangezogen werden kann. So wie die Paranoia als Geisteskrankheit angelegt worden war, die auf organischen Grundlagen beruhte und deshalb in jedem beliebigen soziohistorischen Kontext auftreten konnte, so kann auch der »paranoide Stil« ein Universalmodell für politische Pathologien abgeben, das die Deutung von Bewegungen erlaubt, die in ganz verschiedenen Gegenden auf der Welt oder historisch in Jahrhunderte auseinanderliegenden Zeiträumen stattfinden. Gemeinsam ist diesen Pathologien, dass sie sich als Feind bevorzugt ein Kollektiv vornehmen, das es zwar real geben mag, dessen quasidämonische Macht aber ebenso überschätzt wird wie die Fähigkeit seiner Mitglieder, sich intentional in einer Art konzertierter Aktion aufeinander abzustimmen, um weitreichende Geheimpläne zur Erlangung großer Machtfülle in die Tat umzusetzen. Und außerdem, dass sie die Verteidiger der gefährdeten Ordnung zu einsamen, auserwählten, uneingeschränkt guten, von allen verhöhnten und sogar verfolgten, aber nichtsdestotrotz auf ihren schlussendlichen Triumph vertrauenden Helden machen.

Man sollte jedoch nicht übersehen, dass Hofstadter dadurch – aus der hohlen Hand, wenn man so sagen kann – auch dazu beiträgt, eine Position zu umreißen und zu stärken, von der aus sich der Glaube an gigantische und teuflische Verschwörungen identifizieren und anprangern lässt, der sich unter bestimmten historischen Umständen eines Volkes bemächtigt, dabei aber behandelt wird, als handele es sich um eine zeitlose psychologische Neigung. Wie nicht sehr überzeugte oder kritische Kommentare rasch angemerkt haben,[54] werfen diese Analysen das Problem auf, wie solide die Position ist, aus der heraus sie vorgenommen werden. Es stellt sich die Frage, ob es sich überhaupt um eine außenstehende und übergeordnete, das heißt, in der Sprache der Sozialwissenschaften formuliert, »objektive« Position handelt oder bloß um einen Standpunkt von vielen, der seinerseits mit Traditionen, Interessen und Vorurteilen behaftet ist. Wenn man eine große Zahl von zwischen der extremen Linken und der extremen Rechten angesiedelten politischen Verhaltensweisen für irrational und sogar pathologisch hält, muss man die Position, von der aus ein solches Urteil gefällt werden kann, solide ausweisen, das heißt sowohl die »objektive« epistemologische Position als auch die politische Position, die der Inbegriff von Rationalität und Normalität sein soll.

So konnten Hofstadters Analysen von den beiden in Frage stehenden Positionen der extremen Linken und der extremen Rechten aus als genauso relativ, partiell und parteiisch eingeschätzt werden wie das, was sie anprangern. Da sie ebenfalls Beschränkungen unterliegen, sind auch sie nur Ausdruck einer beliebigen politischen Wahl beziehungsweise, noch schlimmer, eines Vorurteils. Auf welcher Grundlage, wirft ihm zum Beispiel die John Birch Society vor, die für die extreme Rechte steht, kann er eine Position begründen, die die politische Wahl von 25 Millionen Amerikanern, die den radikalen Ultraliberalismus ablehnen und die Wiederbelebung der eigenen traditionellen Werte fordern, als irrational und pathologisch verwirft? Diese Kritik nahm zu, als bekannt wurde, dass Hofstadter etwa Mitte der 1950er Jahre finanzielle Unterstützung durch den Fund for the Republic erhalten hatte – einer von der CIA über die Ford Foundation finanzierten Organisation, die den wachsenden Einfluss der extremen Rechten bremsen sollte. Wie übrigens in Europa bis Mitte der 1960er Jahre – und zwar auf Vermittlung derselben Stiftung – auch der Kongress für kulturelle Freiheit mit der Absicht unter-

---

54 Siehe David Brown, *Richard Hofstadter. An Intellectual Biography*, a. a. O., S. 148-151.

stützt wurde, die Bildung einer Intellektuellengruppe zu fördern, die antikommunistisch war, aber nicht verdächtig, im Hinblick auf die extreme Rechte besonders nachsichtig zu sein.[55]

Weil sie Kategorien verwendet, die aus der Psychopathologie kommen, um politische Optionen und Werte näher zu bestimmen, denen eine große Zahl von Personen anhängen, erweckt Richard Hofstadters Arbeit einige Widersprüche der repräsentativen Demokratie zu neuem Leben. Durch die Entgegensetzung von Massen, deren irrationale Tendenzen den Zwecken unverantwortlicher, ja sogar perverser politischer Unternehmen dienen, und vernünftigen Einzelpersonen, die in der Einsamkeit der Wahlkabine ihre Macht an die zuständigen Experten abtreten, wirft sie die Frage nach dem Verhältnis von intellektuellen und politischen Eliten auf, das heißt die Frage, wer in der Lage ist, das Volk zu repräsentieren, seine innersten Wünsche zu übersetzen und es zu regieren. Diese Frage bildet den Kern des Liberalismus. Da dieser seit seinen Anfängen eine Anthropologie ausgebildet hat, die den Zugang zur vollen Humanität an die Staatsbürgerschaft und die mündige Ausübung der politischen Rechte bindet, wurde die Trennlinie zwischen Mündigen und Unmündigen für ihn zum Problem. Unter die Letzteren fielen bekanntlich (ganz zu schweigen von den nicht-menschlichen Wesen, die die Menschen heute mühsam in die Politik einzubeziehen versuchen[56]) nicht nur Schwachsinnige, Geisteskranke und Kinder, die der Liberalismus sich nicht anders denn als zukünftige Bürger vorstellen kann,[57] sondern lange Zeit auch Frauen. Die Frage der Repräsentation nimmt in dieser politischen Metaphysik einen zentralen Platz ein. Der wahrhaft menschliche, das heißt

---

55 Ebd., S. 150.
56 Siehe Bruno Latour, *Politiques de la nature*, Paris, La Découverte, 1999 [dt.: *Das Parlament der Dinge. Für eine politische Ökologie*, Frankfurt/M., Suhrkamp, 2010].
57 Siehe Barbara Arneil, »Becoming Versus Being. A Critical Analysis of the Child in Liberal Theory«, in: David Archard/Colin M. Macleod (Hrsg.), *The Moral and Political Status of Children*, Oxford, Oxford UP, 2002, S. 70-96.

überhaupt für die Politik relevante Mensch ist nicht unbedingt derjenige, der sich von anderen repräsentieren lassen kann, sondern eher der, der in der Lage ist, andere zu repräsentieren. Ein »in der vollen Bedeutung des Wortes«, wie es heißt – menschliches Wesen ist ein potenzieller Repräsentant. In diesem Kontext besteht die Hauptgefahr für die Demokratien also in dem Vorhandensein von Massen, die das Recht haben, ihre Repräsentanten zu wählen; doch diejenigen, aus denen sie sich zusammensetzen, sind individuell nicht in der Lage, sie zu repräsentieren, so dass die Massen ihre Macht blind an Politiker abtreten, die ihres Amtes nicht würdig sind.

Obwohl die von Hofstadter entwickelte Argumentation theoretisch ziemlich schwach ist, hat sie in der Praxis ausgesprochen starke Auswirkungen gehabt: An der Schnittstelle von Sozialwissenschaften und Politik bildete sie einen Attraktor, weil sie sich einerseits auf die Erinnerung an die Nazi-Gräuel stützen konnte und andererseits auf die zunehmende Unmöglichkeit, die Enthüllungen über die stalinistischen Lager nicht zur Kenntnis zu nehmen. Von daher hat sie bei der Erneuerung des Liberalismus eine beachtliche Rolle gespielt und auch bei der unaufhaltsamen Entwicklung einer Position, wie sie zum Beispiel in dem, was man in Europa die »Zweite Linke«[58] nennt, zum Ausdruck kam, die sich vor allem negativ durch die doppelte Zurückweisung sowohl der extremen Rechten als auch der extremen Linken definiert. Aber sie hat auch dazu beigetragen, in Form eines wegen des Zusammenhangs von Paranoia und Populismus theoretisch nur sehr schwer dingfest zu machenden Problems ein Thema aufzuwerfen, das sich seither vor allem auf dem Gebiet der politischen Wissenschaften unaufhörlich weiterentwickelt hat und sich in der kritischen Analyse von »Verschwörungstheorien« niederschlägt – einer Kategorie, deren Ränder fließend sind, wie wir sehen werden. Ihr Kern besteht aber aus jenen guten Beispie-

---

58 [Frz. *seconde gauche*, auch *deuxième gauche*, Bezeichnung einer Anthony Giddens' Überlegungen zum »dritten Weg« ähnlichen Linken, die sich nicht mehr auf den Marxismus und die Revolution stützt und in Frankreich etwa von Michel Rocard vertreten wird.]

len – im Sinne von Eleanor Rosch[59] –, die einerseits das Komplott 1 bilden (Kapitalismus + Juden + Anarcho-Kommunisten), das von den Faschisten angeprangert wird, und andererseits das Komplott 2 (Kapitalismus + herrschende Klassen + intellektuelle Eliten), das von den sich als orthodox verstehenden Marxisten angeprangert wird.

Die Paranoia-Epidemie

Im Laufe der folgenden Jahrzehnte fand der Ausdruck Paranoia Eingang in die Umgangssprache und gehörte nun letztendlich nicht mehr zum psychiatrischen Vokabular. Die Frage der Paranoia wurde zu einem Topos des politischen Journalismus und der politischen Wissenschaft. Zur gleichen Zeit wird ein anderer Ausdruck häufig verwendet, um die Art von gravierendem Irrtum zu bezeichnen, der für den Sozialparanoiker charakteristisch ist: der der »Verschwörungstheorie« (deren Auswirkungen auf das Gebiet der Soziologie wir im nächsten Kapitel untersuchen werden). Nach seinem erstmaligen Auftreten in den Jahren zwischen 1950 und 1960 findet dieser Ausdruck in den folgenden Jahrzehnten immer häufiger Verwendung, und zwar in einem Maße, dass es fast unmöglich ist, die so zahlreichen – vor allem englischsprachigen – Artikel und Bücher, die der Frage der Paranoia und der »Verschwörungstheorie« seit etwa 30 Jahren gewidmet worden sind, bibliographisch erschöpfend zu erfassen. Ob es sich dabei nun um von Journalisten verfasste Bücher handelt, um popularisierende Werke oder um gelehrte Analysen, die oft auf internationale Tagungen über die »*Conspiracy Theory*« zurückgehen, die heute ein anerkanntes Forschungsgebiet ist, beinahe eine neue akademische Disziplin. Wie es scheint, sind die Verschwörungstheorien und mit ihnen die Pa-

---

59 Siehe Eleanor Rosch, »Classifications of Real-World-Objects. Origins and Representation in Cognition«, in: P.N. Johnson-Laird/P.C. Watson (Hrsg.), *Thinking. Readings in Cognitive Science*, Cambridge, Cambridge UP, 1977, S. 212-222.

ranoia zu einem wichtigen Thema geworden. Und zwar einerseits im Alltagsleben und darin besonders im Berufsleben, wo Akteure Anschuldigungen, Machenschaften und Nachstellungen ausgesetzt sind, die sie für ungerechtfertigt halten. Und andererseits für die Journalisten, die diesen Anschuldigungen nachgehen. Und schließlich für die Politikwissenschaftler, in deren Augen die Verbreitung der Paranoia und die Zunahme von Verschwörungstheorien heute ein außerordentlich großes Risiko für das demokratische Leben darstellt und die versuchen, dieses Phänomen zu beschreiben und zu »verstehen«.

In der entsprechenden Literatur bezeichnet der Ausdruck Verschwörungstheorie keine Theorie wie jede andere, sondern schließt immer eine Anschuldigung mit ein. Eine Verschwörungstheorie ist nicht nur eine falsche, sondern auch eine gefährliche Theorie. Eine paranoide Theorie. Die ersten Anschuldigungen kommen in den Jahren zwischen 1950 und 1960 im Zusammenhang mit dem Kalten Krieg auf; im Laufe der Jahrzehnte, die auf die Protestbewegungen Ende der 1960er Jahre folgen, die man in Frankreich mit dem Mai 1968 assoziiert, woanders aber, und zwar besonders in den Vereinigten Staaten, mit dem Vietnamkrieg und weltweit mit dem israelisch-palästinensischen Konflikt, entwickeln sie sich dann weiter. Zu Beginn des 21. Jahrhunderts erreichen sie allerdings ein noch nie dagewesenes Ausmaß, das häufig mit den Nachwehen von »Nine-Eleven« und/oder mit der Entwicklung des Internets in Verbindung gebracht wird. Es dürfte schwer sein, heute noch einen Bereich weitab vom politischen Leben im eigentlichen Sinne zu finden, in dem nicht sich wechselseitig überkreuzende Komplott-, Verschwörungstheorie- und Paranoia-Anschuldigungen ausgetauscht werden. Ob es sich um die ökonomische Führung handelt, wo geheime Absprachen unter den Mächtigen dieser Welt enthüllt werden; um Gesundheit und Medizin (zum Beispiel in Bezug auf die Herkunft des HI-Virus oder in Bezug auf die Krankheiten, an denen die Soldaten leiden, die im Golfkrieg gedient haben und die den dabei verwendeten Waffen zugerechnet werden); um Wissenschaft und zum Beispiel um Meteorologie und

Erderwärmung (die Komplottanschuldigungen, die glauben machen wollen, dass die Erwärmung nicht auf menschliches Zutun zurückzuführen ist, beziehungsweise die umgekehrten Anschuldigungen[60]; um die katholische Kirche (häufig in Zusammenhang mit dem *Opus Dei*); ganz zu schweigen von den Geschichten, in denen es an der Grenze zur Ufologie um verwerfliche Beziehungen zwischen menschlichen Regierungen und nichtmenschlichen Eindringlingen oder Beobachtern von anderen Planeten geht (zum Beispiel die Roswell-Affäre).[61]

Die Fokussierung auf die Komplottanschuldigungen und das journalistische und akademische Interesse an Verschwörungstheorien hängen auch mit der Entwicklung dieser Themen in der fiktionalen Literatur vor allem ab den 1970er Jahren zusammen. Seit diesem Zeitraum spielen sie nämlich eine große Rolle in der Literatur, und zwar nicht nur in der Populärliteratur, sondern auch in der anspruchsvollen Literatur (zum Beispiel im Werk von Don DeLillo und Bret Easton Ellis). Aber auch im Film (wo es unzählige Beispiele gibt, man denke nur an *Matrix*, der von vielen Universitätsphilosophen kommentiert wurde) und vor allem in Fernsehserien, für die *Nummer 6* (eine britische Serie von 1967/1968 [i. Orig.: *The Prisoner*]) und *Akte X – Die unheimlichen Fälle des FBI* (eine amerikanisch-kanadische Serie, die 2002 endete) emblematisch geworden sind. Es gibt inzwischen viele, eher von Literatur- oder Medienwissenschaftlern als von Politikwissenschaftlern verfasste akademische Studien, in denen es um die fiktionalen Repräsentationen des Komplotts geht oder in denen fiktionale Repräsentationen sich unter vermeintlich reale Fälle mischen, ohne dass die Grenze immer klar gezogen würde.

---

60 Das wird in George E. Marcus (Hrsg.), *Paranoia within Reason. A Casebook on Conspiracy as Explanation*, Chicago, The Chicago University Press, 1999, gut dokumentiert und ausführlich diskutiert.

61 Was die Vereinigten Staaten anbelangt, ist die vollständigste Quelle für Komplottanschuldigungen und Paranoia-Gegenanschuldigungen von der Amerikanischen Revolution bis in unsere Tage der Band von Peter Knight (Hrsg.), *Conspiracy Theories in American History. An Encyclopedia*, 2 Bde., Santa Barbara, ABC Clio, 2003.

Im Übrigen ist es wahrscheinlich, dass das akademische Interesse an Verschwörungstheorien, die immer größere Zahl von Romanen, die Komplotte und Komplottanschuldigungen in Szene setzen, und schließlich die Neigung von so genannten ganz gewöhnlichen Leuten, an die Existenz von Komplotten zu glauben, einen Kreislauf bilden, so wie jedes Mal, wenn ein neues Repräsentationsfeld entsteht. Es ist also schwer zu sagen, ob, wie man gemeinhin annimmt, der Glaube einer großen Zahl von Menschen an die Existenz von Komplotten im Laufe der letzten zehn oder zwanzig Jahre wirklich in nennenswertem Umfang zugenommen hat. Zur Untermauerung dieses Standpunkts müssten Längsschnittuntersuchungen vorgenommen werden, die es bisher nicht gibt und von denen man auch nicht recht sieht, wie sie vor allem in Bezug auf die Vergangenheit durchgeführt werden könnten. Es ist also möglich, dass sich die von einer weltweiten Paranoia-Epidemie zeugenden Verschwörungstheorien vor allem durch einen Repräsentationseffekt zu einem wichtigen Problem gemausert haben. Das heißt einerseits aufgrund der gerade erwähnten wechselseitigen Widerspiegelungen und andererseits aufgrund der immer größer werdenden Zahl der Medien, und zwar insbesondere eines beinahe allen zugänglichen Mediums wie des Internets, das letztendlich Überzeugungen, die bis dahin innerhalb kleiner geschlossener Gruppen zirkulierten, einer breiten Öffentlichkeit zugänglich macht. Nebenbei sei vermerkt, dass häufig dieselben Leute – für gewöhnlich altgediente Intellektuelle – sich, um zum Beispiel Facebook und vor allem Wikileaks zu verurteilen, über den sozialen und moralischen Wert der Geheimhaltung auslassen, besonders von Staatsgeheimnissen, und gleichzeitig eine Paranoia-Epidemie anprangern, weil sie Anstoß an der Anprangerung von Komplotten nehmen, auf die sie beim Surfen im Internet stoßen. Und zwar ohne dass man recht versteht, ob ihre Empörung die Überzeugungen betrifft, zu denen sie durch dieses Medium Zugang erlangt haben (das sie wohlgemerkt in keiner Weise verwenden müssen, wenn sie solche Schocks vermeiden möchten), oder die Tatsache, dass diese Überzeugungen die Intimität der kleinen Gruppen verlassen haben und nun öffentlich in Erscheinung treten. Bei dieser Gelegenheit sei angemerkt, dass die Verunsicherung dieser anerkannten Eliten über das Übermaß an deklassierten und frustrierten Halbintellektuellen – das wir zu Beginn des 20. Jahrhunderts festgestellt hatten – bei weitem nicht verschwunden ist, sondern heute letztendlich mit der Kritik am Internet zusammenfällt. Dieses neue, interaktive Medium verhindere, dass diejenigen, die über das Wissen verfügen (und dafür bezahlt werden), weiterhin den Zugang zur öffentlichen Verbreitung von Tatsachen und Ideen kontrollieren, weil es einen unbegrenzten Raum eröffne, in dem jeder die wahnwitzigsten Ideen in Umlauf bringen könne. Zugleich glaubt niemand mehr blind, was die zuständigen Experten behaupten, und jeder kann aus dem Internet gefischte Gegenbeispiele oder Gegenansichten anführen, was für die eigentliche Wahrheit und die wahre Demokratie von Nachteil sein kann. Alle glauben an alles Mögliche, aber niemand glaubt mehr an irgendetwas. Das ist die Rückkehr des Nihilismus.

Woran erkennt man Verschwörungstheorien?

Innerhalb dieser umfangreichen und häufig redundanten Literatur lassen sich fünf Arten von Arbeiten unterscheiden, die sich teilweise überschneiden. Erstens die Arbeiten, die sich mit dem Anprangern der verheerenden Folgen von Verschwörungstheorien befassen und meistens Sammlungen von (häufig aus dem Internet heruntergeladenen) Anekdoten und Fällen aus der gegenwärtigen Welt darstellen.[62] Jeder dieser Fälle zeigt, wie Halbgebildete und/oder Halbverrückte abwegige (zum Beispiel dass die Fernsehbilder der ersten Schritte eines Menschen auf dem Mond eine Fälschung sind), wenn nicht gar potenziell kriminelle (zum Beispiel den Glauben an ein in letzter Konsequenz vom

---

62 Zum Beispiel David Aaronovitch, *Voodoo Histories. The Role of the Conspiracy Theory in Shaping Modern History*, London, Jonathan Cape, 2009.

Teufel gesteuertes weltweites islamisches Komplott) Vorstellungen verbreiten. In der zweiten Art von Arbeiten geht es vor allem darum, wie Verschwörungstheorien in die fiktionalen Werke, die Literatur, den Film und vor allem das Fernsehen eingesickert sind.[63] Drittens die ambitionierten Arbeiten, die sich die Beschreibung der derzeit überhandnehmenden »Kultur« der Verschwörung vornehmen. Diese äußert sich in »wahren«, dem zeitgenössischen sozialen und politischen Leben entnommenen Geschichten ebenso wie in fiktionalen Werken, die entweder in den Vereinigten Staaten[64] oder auf der ganzen Welt auf die Globalisierung reagieren.[65] Was sich im letzteren Fall in der Hauptsache durch Massen erklärt, die an einer Welt verzweifeln, die entweder nicht mehr zu verstehen ist, weil sie tatsächlich [*en réalité*] keiner bekannten Regel mehr gehorcht oder weil es durch das Abhandenkommen der grundlegenden Deutungsmuster (und zwar vor allem des Marxismus), die im 20. Jahrhundert im Umlauf waren,[66] unmöglich geworden ist, eine einheitliche Vorstellung davon zu gewinnen.

Andere Versuche verfolgen die Absicht, der Idee der Verschwörungstheorie historische Tiefenschärfe zu verleihen. Sie zeigen anhand von Komplottanschuldigungen aus der europäischen oder amerikanischen Geschichte der vergangenen Jahrhunderte, dass Konspirationismus und Paranoia psychologische Neigungen anthropologischen Zuschnitts sind. Diese können in ganz unterschiedlichen historischen Situationen wachwerden, in denen sich jedoch trotzdem strukturell ähnliche soziale Kontexte

---

63 Siehe als Beispiele unter vielen Gordon B. Arnold, *Conspiracy Theory in Film, Television and Politics*, Westport, Praeger, 2008, und Jodi Dean, *Aliens in America*, Ithaca, Cornell UP, 1998.

64 Zum Beispiel Robert Alan Goldberg, *Ennemies Within. The Culture of Conspiracy in Modern America*, New Haven, Yale UP, 2001.

65 Zum Beispiel Harry West/Todd Sanders (Hrsg.), *Transparency and Conspiracy. Ethnography of Suspicion in the New World Order*, Durham, Duke UP, 2003; Pierre-André Taguieff, *La foire aux illuminés. Esotérisme, théorie du complot, extrémisme*, a. a. O., S. 23-26.

66 Siehe Fredric Jameson, *Postmodernism, or The Cultural Logic of Late Capitalism*, London, Verso, 1991.

erkennen lassen, die zum Beispiel durch das Auftreten eschatologischer oder revolutionärer Bewegungen gekennzeichnet sind, durch Hungersnöte oder andere unfassbare Bedrohungen, durch die Konfrontation mit Menschen, die von woanders herkommen, oder aber durch einen Graben zwischen der Kultur der unterdrückten Massen und der Kultur der Eliten. Dabei wird auf die Komplotte »der Günstlinge« abgehoben, »der Ketzer«, »der Freimaurer«, »der Spekulanten«, »der Katholiken« (unter Protestanten), »der Protestanten« (unter Katholiken), »der Jesuiten«,[67] »der Aussätzigen«, die im mittelalterlichen Katalonien die Brunnen vergiftet hätten,[68] und auf konkrete politische Kontexte (»die Verschwörung von Amboise«, »den Gunpowder Plot«, »die Glorious Revolution« oder aber »die Verschwörung des Auslands« während der Französischen Revolution[69]).

In einer fünften Art von Arbeiten äußert sich schließlich die Sorge, dass man der herrschenden Annahme, der zufolge wir eine Paranoia-Epidemie erleben, nicht ungeprüft zustimmen sollte. Einige von ihnen nehmen eine Analyse der Logiken vor, die man gewöhnlich mit der Paranoia in Verbindung bringt. Entweder, indem sie den individuellen Lebensweg von Personen, denen die Ausbildung von paranoiden Verhaltensweisen vorgeworfen wird, und die Konflikte analysieren, in die diese Personen geraten sind und die schuld an ihrer Störung sein könnten;[70] oder indem sie auf kollektiver Ebene die Affinitäten zwischen Verhaltensweisen, die in gewissen Kontexten als anormal gelten, und Verhaltensweisen herausarbeiten, die in anderen Kontexten,

---

67 Zum Beispiel Geoffrey Cubitt, *The Jesuit Myth. Conspiracy Theory and Politics in Nineteenth Century France*, Oxford, Clarendon Press, 1993.
68 David Nirenberg, *Violence et minorités au Moyen Âge*, Paris, PUF, 2001.
69 Siehe zum Beispiel Barry Coward/Julian Swann, *Conspiracies and Conspiracy Theory in Early Modern Europe, from the Waldensians to the French Revolution*, Aldershot, Ashgate, 2004.
70 Bahnbrechend Edwin Lemerts Aufsatz, »Paranoia and the Dynamics of Exclusion«, in: ders., *Human Deviance, Social Problems, and Social Control*, Englewood Cliffs, Prentice Hall, 1967, S. 197-211 (der zuerst in *Sociometry* 25 (März 1962), S. 2-25, erschienen ist).

und zwar insbesondere im Kontext der wissenschaftlichen Forschung, für normal gehalten werden.[71]

In anderen, theoretischer ausgerichteten Arbeiten geht es um den Begriff der Verschwörungstheorie selbst. Sie bemühen sich um dessen Klärung und Problematisierung und versuchen, den reinen Anprangerungston hinter sich zu lassen.

Man kann ihnen eine Art Analytik der Verschwörungstheorie entnehmen, die die Äußerungsbedingungen hervorhebt, unter denen auf Verschwörungstheorien Bezug genommen wird. Aus dieser Perspektive erinnert die Bezugnahme auf Verschwörungstheorien unweigerlich an Hexereianschuldigungen, wie sie zum Beispiel in der Ethnologie von Jeanne Favret-Saada oder in der Geschichtswissenschaft von Carlo Ginzburg untersucht worden sind. 1) Der Terminus Verschwörungstheorie geht immer mit einer Anschuldigung einher. Niemand behauptet von sich, Urheber einer Verschwörungstheorie zu sein. Der Glaube an eine als konspirationistisch geltende Theorie wird immer *anderen* zugeschrieben. 2) Ein zweites Merkmal betrifft die Reflexivität, die mit der Bezugnahme auf Verschwörungstheorien einhergeht. Sie haben stets die Form, »Ich weiß sehr wohl, aber trotzdem ...«, wie Octave Manonni in einem heute noch berühmten Aufsatz herausgearbeitet hat.[72] So wird praktisch allen Arbeiten über Verschwörungstheorien eine Formulierung folgender Art vorausgeschickt: »Natürlich weiß ich, dass es Komplotte gibt, aber trotzdem werde ich über etwas anderes sprechen, nämlich über die pathologischen Auswüchse von Verschwörungstheorien.« Umgekehrt leiten freilich die Akteure, auf die solche Anschuldigungen abzielen, ihre Aussagen häufig mit einer solchen Formulierung ein: »Ich weiß sehr wohl, dass man mir vorwerfen wird, eine Verschwörungstheorie zu präsentieren. Aber trotzdem steht außer Zweifel, dass ...« 3) Ein dritter Punkt betrifft den Abstand zwi-

---

71 Siehe George E. Marcus (Hrsg.), *Paranoia within Reason*, a. a. O.
72 Octave Manonni, »Je sais bien mais quand même ...«. Dieser ursprünglich 1964 erschienene Aufsatz ist zusammen mit zahlreichen Kommentaren kürzlich in der Zeitschrift *Incidence* 2 (Oktober 2006), S. 167-190, wieder veröffentlicht worden.

schen den sozialen Positionen derjenigen, die Verschwörungstheorien anprangern, und den sozialen Positionen derer, denen vorgeworfen wird, Verschwörungstheorien zu verbreiten. Erstere sind entweder Wissenschaftler oder Intellektuelle oder Journalisten, die eine akademische Ausbildung genossen haben, Letztere eher Autodidakten. Von daher ist es schwierig, zu übereinstimmenden Aussagen über Phänomene zu gelangen, die auf Paranoia und Verschwörungstheorien zu beruhen scheinen; denn man nähert sich ihnen *von unten* oder *von oben*. Das heißt im ersten Fall, dass man die betroffenen Akteure oder Gruppen und zum Beispiel die Personen untersucht, die in das verstrickt sind, was ich an anderer Stelle *Affären* genannt habe,[73] und die die Komplotte anprangern, deren Opfer sie sind. Und im zweiten Fall, dass man eine Vielzahl von Fällen sammelt, die als Ausdruck desselben Phänomens angesehen werden, und Paranoia und Verschwörungstheorien so betrachtet, als ob sie entweder ahistorische oder – was meistens der Fall ist – für die heutige Zeit und die sie umtreibenden Verunsicherungen typische globale Phänomene seien.

Für diese Theoretiker, von denen die meisten davon ausgehen, dass es sehr wohl einen Gegenstand gibt, den man als Verschwörungstheorie bezeichnen kann, besteht das Problem darin, eine klare Trennlinie zu ziehen, die die »wahren Komplotte« auf der einen von den »imaginären Komplotten« auf der anderen Seite zu unterscheiden erlaubt. Nämlich, um ein klassisches Beispiel heranzuziehen, Watergate auf der einen Seite (die Politikwissenschaft sieht es gemeinhin als erwiesen an, dass Präsident Nixon Maßnahmen zur Behinderung der Justiz angeordnet hat) und auf der anderen die Anschuldigung, dass die seit den 1950er Jahren aufeinander folgenden amerikanischen Präsidenten Maßnahmen angeordnet hätten, die vor der Öffentlichkeit verbergen sollen, dass in Roswell sehr wohl Überreste von Außerirdischen entdeckt wurden, die man bis heute versteckt hält.[74] Und genau

---

73 Siehe Luc Boltanski, »La dénonciation publique«, a. a. O., S. 255-266.
74 Über die Roswell-Affäre und allgemein über Komplottanschuldigungen im

an dieser Art von Geschichten, die ein durchschnittlicher Wissenschaftler, der im Allgemeinen der Präsenz von Außerirdischen unter uns nur wenig Glauben schenkt, für übertrieben halten würde, scheiden sich in den Büchern die Geister, deren Ziel darin besteht, einerseits Verschwörungstheorien und andererseits die Entstehung einer wildwuchernden Kultur des Komplotts anzuprangern. Das Problem besteht darin, dass es zwischen diesen beiden Extremen eine große Zahl von Fällen gibt, bei denen sich selbst vom übergeordneten Standpunkt eines unparteilichen Wissenschaftlers aus nur schwer unterscheiden lässt, ob man es mit einem »realen« Komplott oder mit einem »imaginären« Komplott zu tun hat.

Relativ ungewiss bleibt zum Beispiel weiterhin die Frage, ob John F. Kennedy durch die eine Kugel starb, die von einem psychisch gestörten Einzelgänger, Lee Harvey Oswald, abgefeuert wurde, der wiederum am Tag nach seiner Verhaftung von Jack Ruby ermordet wurde, wie die Warren-Kommission ermittelt hat (die so genannte »Einzelschützen-Theorie«), oder ob die Ermordung des Präsidenten der Vereinigten Staaten auf das gemeinschaftliche Handeln mehrerer Schützen und darüber hinaus auf ein Komplott zurückgeht, an dem eine mehr oder weniger große Zahl von Personen beteiligt war. Mit diesem Fall waren bekanntlich viele Akteure beschäftigt, einige von ihnen im offiziellen Auftrag (wie *Polizisten*) und andere, die sich als bloße Amateure auf eigene Faust einschalteten, wie ein *Detektiv*, an dessen Figur ich oben erinnert habe. Bemerkenswerterweise entspringen die Erklärungen und Rechtfertigungen, die beide Seiten vorbringen, ein und demselben positivistischen, ja sogar szientistischen Geist. In dieser Affäre sollen die Schlussfolgerungen beider Parteien auf konkreten Beweisen oder Zeugenaussagen beruhen. Diejenigen, die die These vom »Einzelschützen« vertreten, heben die Rolle des Zufalls bei der Durchführung die-

---

Zusammenhang mit Fliegenden Untertassen siehe die Arbeiten von Pierre Lagrange, besonders: *OVNIS. Ce qu'ils ne veulent pas que vous sachiez*, Paris, Presses du Châtelet, 2007.

ses Verbrechens hervor (Oswald hat in dem Gebäude, von dem aus er geschossen hat, Arbeit gefunden, bevor die Reise des Präsidenten überhaupt geplant war; Ruby befand sich zufällig in der Stadt, in der Oswald getötet wurde, bevor der Zeitpunkt seiner Verlegung überhaupt festgelegt worden war, usw.). Und diejenigen, die behaupten, dass es ein Komplott gegeben habe, stützen sich vor allem auf Zeugenaussagen, die mehr als drei Schüsse erwähnen, was nahelegt, dass mehrere Schützen vor Ort waren. Oder aber auf die Zweifel in Bezug auf den exakten Zeitpunkt der Schüsse, auf Kennedys Verletzungen (an einer einzigen Stelle oder an mehreren) oder darauf, dass die Regierungsorgane der Untersuchungskommission wichtige Details vorenthalten haben. Je nachdem, welche Verschwörungstheorie man zugrunde legt, kommen, zumindest für einen akademisch ausgebildeten Kopf, für das Komplott ganz verschiedene und ganz unterschiedlich wahrscheinliche Anstifter und Nutznießer in Frage (Amerikas extreme Rechte; amerikanische Bankenkreise; der militärisch-industrielle Komplex; die CIA; die Mafia; die Exilkubaner; Fidel Castro; Israel; der vietnamesische Präsident Ngo Dinh Diem; der KGB; Aristoteles Onassis und eine Gruppe von Illuminaten usw.).[75]

Beispiele dieser Art ließen sich viele finden. Sie gaben jeweils Anlass zu Komplottanschuldigungen, die sich auf eine Ungewissheit in Bezug auf das, was wirklich [*réellement*] geschehen

---

75 In den 50 Jahren seit Kennedys Ermordung sind so viele Bücher darüber erschienen, dass ich darauf verzichte, auch nur die bekanntesten zu zitieren. Peter Knight zufolge würde eine vollständige Bibliographie mehr als 2000 Titel umfassen, die Zeitschriftenartikel nicht mitgezählt. Das meines Wissens neueste Buch auf Französisch wurde von einem auf das Erste Kaiserreich spezialisierten Geschichtsprofessor an der Universität Metz verfasst: Thierry Lentz, *L'assassinat de John F. Kennedy. Histoire d'un mystère d'État*, Paris, Livre de Poche, 2010. Peter Knights Buch über die Ermordung Kennedys ist ein Sonderplatz einzuräumen. Sein Interesse besteht nicht darin, eine Lösung des Rätsels vorzuschlagen, es widmet sich vielmehr den Repräsentationen, die dieses Ereignis in den offiziellen Stellungnahmen, in den Reaktionen, die deren Schlussfolgerungen bezweifeln, in der Literatur, im Film und im Fernsehen erfahren hat: *The Kennedy Assassination*, Edinburgh, Edinburgh UP, 2007.

sein könnte, und auf die Infragestellung der offiziellen Version der Ereignisse stützten, die einige Akteure für wenig glaubwürdig hielten.[76] Diejenigen, die sie bezweifeln, wollen nicht nur die Beschreibung dessen, was geschehen ist, ändern, sondern dadurch vor allem auf die Bestimmung der Ursachen einwirken, das heißt auf die Identifizierung der Entitäten, denen die fraglichen Ereignisse zugeschrieben werden können, und damit auf ihren Sinn. Diese Rekonfigurationen laufen Gefahr, nach und nach den Gehalt der gesamten Realität zu erfassen, die sich paradoxerweise in der Vielzahl der Überprüfungsvorgänge, die ihren Zusammenhalt gewährleisten sollen, aufzulösen beginnt. Je mehr sich die Polemik zuspitzt, desto kleiner wird der Maßstab, an dem die Bestandteile des strittigen Ereignisses gemessen werden – dieser oder jener Schusswinkel, dieses oder jenes Einschussloch beziehungsweise dieses oder jenes Autopsiedetail usw. –, und das Eingreifen von Experten wird erforderlich. Die Daten, die diese Experten liefern – ob nun im offiziellen Auftrag auf Seiten der von den Behörden vertretenen Version oder unabhängig und häufig selbsternannt auf Seiten der Kritiker –, wer-

---

76 In der jüngsten europäischen Geschichte bezieht sich eines der am häufigsten angeführten Beispiele auf die Anschläge, die Italien in den »bleiernen Jahren« überschatteten, und zwar besonders auf den Anschlag auf die Piazza Fontana 1969 in Mailand und auf den Bahnhof von Bologna 1980. Nachdem zunächst die extreme Linke Italiens für diese Anschläge verantwortlich gemacht worden war, wurden sie immer häufiger rechtsextremen Gruppierungen in Verbindung mit dem Geheimdienst zur Last gelegt, und zwar vor allem dem Netzwerk *Gladio/Stay Behind*, das Ende der 1950er Jahren von den Amerikanern zur Bekämpfung des wachsenden Einflusses des Kommunismus in Europa geschaffen worden war. Diese Verdachtsmomente verstärkten sich 1990 durch Giulio Andreottis Erklärung zur tatsächlichen Existenz des Netzwerks *Gladio,* die bis dahin immer abgestritten worden war. Siehe die Arbeiten von Hervé Rayner, und zwar besonders »Les théories du complot dans les interprétations du terrorisme en Italie. La prégnance du point de vue cryptologique«, in: Gius Gargiulo/Otmar Seul (Hrsg.), *Terrorismes. L'Italie et l'Allemagne à l'épreuve des années de plomb, 1970-1980*, Paris, Michel Houdiard, 2008, S. 162-193. Siehe auch Robin Wagner-Pacifici, »The Juda Kiss of Giulio Andreotti. Italy in Purgatorio«, in: George E. Marcus (Hrsg.), *Paranoia within Reason*, a.a.O., S. 299-318.

den bei ihrer Veröffentlichung gedeutet, als ob es sich um Äußerungen von Wissenschaftlern handelte, die das Ergebnis eines Experiments diskutieren. Die Situationen, mit denen sie es zu tun haben, weichen nun aber beträchtlich von den experimentellen Bedingungen ab, deren Haupteigenschaft darin besteht, absichtlich so eingerichtet worden zu sein, dass die Anzahl der Hypothesen, die zur Deutung der Ergebnisse vorgebracht werden können, begrenzt ist. Da sie erst nachträglich, wenn das Ereignis vorbei ist, eingreifen, haben diese »Experten« häufig größte Schwierigkeiten, den Kontext zu rekonstruieren, in dem das Ereignis stattgefunden hat, selbst was seine faktische Seite anbelangt (eine Mauer wurde neu gestrichen, ein Gegenstand umgestellt usw.). Außerdem wird im Fall des Experiments eine künstliche *Realität* so angeordnet, dass sich die vielgestaltigen Veränderungen, in denen die *Welt* sich manifestiert, wenn sie keinerlei Zwängen unterliegt, begrenzen und kontrollieren lassen. Umgekehrt ist es im Fall von ereignishaften Situationen häufig nicht leicht oder unmöglich, ausreichend viele Details zusammenzubekommen, um zwischen relevanten, das heißt durch eine Kausalbeziehung mit den »Tatsachen«, die man erklären möchte, verbundenen *Indizien* und den Veränderungen der Umwelt klar unterscheiden zu können, die mit dem Ablauf der inkriminierten Dinge nichts zu tun haben.[77]

---

77 Ein besonders groteskes und besonders tragisches Beispiel für solch vermeintliche »Expertenschlachten« findet sich in der seit mehr als zehn Jahren andauernden Polemik über den Erschießungstod eines palästinensischen Kindes bei Netzarim am 30. September 2000, seine Übertragung im Fernsehen und deren Begleitkommentar, der die Schüsse unter Berufung auf die Zeugenaussage eines Kameramanns und die Kameraaufnahmen der israelischen Armee zuschrieb. Die Gegenseite hat zunächst durch Gegenexperten zu beweisen versucht, dass die Schüsse von palästinensischen Polizisten abgegeben wurden; dann, unter Erweiterung der Anschuldigungen, dass es sich um eine von den Palästinensern gestellte Inszenierung gehandelt habe und dass das Kind, das absichtlich getötet wurde, nicht das Kind gewesen sei, dessen Identität öffentlich bekanntgegeben wurde. Siehe Charles Anderlin, *Un enfant est mort*, Paris, Don Quichotte, 2010.

Was ist ein Komplott?

Eine der Schwierigkeiten, auf die die Präzisierungsversuche, was unter einer Verschwörungstheorie zu verstehen ist, stoßen, geht auf die Verschwommenheit des Begriffs der Verschwörung beziehungsweise des Komplotts selbst zurück. Nehmen wir zum Beispiel die Definition, mit der Peter Knight,[78] einer der größten Verschwörungstheorie-Spezialisten, das Komplott in der Einleitung zu dem nützlichen Nachschlagewerk versieht, in dem er die wichtigsten Fälle von Komplottanschuldigungen in der Geschichte der Vereinigten Staaten seit der Amerikanischen Revolution zusammengestellt hat.[79] Sie lautet folgendermaßen: »Eine *kleine* Gruppe von *mächtigen Leuten spricht* untereinander *heimlich* die *Planung* und *Durchführung* einer *illegalen* und *schädlichen* Aktion *ab*, die *sich* auf den Gang der *Ereignisse auswirkt*.« Wie Peter Knight selbst anmerkt, ist in dieser Definition praktisch jedes Wort problematisch. Die *Größe* des jeweiligen Komplotts ist häufig für den Versuch herangezogen worden, wahre Komplotte von Komplotten zu unterscheiden, die auf Verschwörungstheorien beruhen. So ist zum Beispiel Daniel Pipes[80] ebenso wie Robert Robins und Jerrold Post[81] der Meinung, dass es zwar »kleine Verschwörungen« im Sinne von Absprachen geben mag, durch die sich eine geringe Anzahl von Akteuren erkennbare Vorteile verschaffen wollen, dass Studien über Verschwörungstheorien aber ihr Augenmerk auf die Anschuldigun-

---

78 Peter Knight, *Conspiracy Culture. From the Kennedy Assassination to the X-Files*, London, Routledge, 2000, und *Conspiracy Nation. The Politics of Paranoia in Postwar America*, New York, New York UP, 2002.
79 Peter Knight, »Making Sense of Conspiracy Theories«, in: ders. (Hrsg.), *Conspiracy Theories in American History. An Encyclopedia*, a.a.O., S. 15-23.
80 Daniel Pipes, *Conspiracy. How the Paranoid Style Flourishes and Where it Comes From*, New York, Free Press, 1997 [dt.: *Verschwörung. Faszination und Macht des Geheimen*, München, Gerling-Akademie-Verlag, 1998].
81 Robert S. Robins/Jerrold M. Post, *Political Paranoia. The Psychopolitics of Hatred*, New Haven, Yale UP, 1997 [dt.: *Die Psychologie des Terrors. Vom Verschwörungsdenken zum politischen Wahn*, München, Droemer Knaur, 2002].

gen richten sollten, die auf »weltweite Verschwörungen« Bezug nehmen; denn nur sie stellen eine reale Bedrohung dar, wie die Rolle gezeigt hat, die sie im Nationalsozialismus und im Stalinismus gespielt haben. In vielen Fällen ist diese Grenze jedoch schwer zu ziehen, vor allem weil sie die Macht und, wenn man so sagen kann, die soziale Größe der am Komplott beteiligten Akteure in Rechnung stellen muss. Wenn Letztere sehr groß sind, kann das Komplott sehr weite Kreise ziehen, obwohl die Anzahl der daran Beteiligten gering ist.

Nehmen wir den zweiten Terminus: Handelt es sich wirklich immer um *Leute*, das heißt um menschliche Wesen? Zahlreiche Komplottanschuldigungen nehmen auf das Eingreifen von nichtmenschlichen Wesen Bezug, etwa auf übernatürliche Wesen, Außerirdische oder aber Maschinen, heute vor allem Computer, die aufeinander abgestimmt Macht über die Menschen erlangen können. Auch die Bezeichnung *mächtig* ist problematisch. Sind die Verschwörer mächtig, weil jeder von ihnen außergewöhnliche Kräfte besitzt (wie in der im letzten Kapitel angesprochenen Geschichte der *Großen Vier* von Agatha Christie), oder ist ihre Mächtigkeit bloß das Resultat dieses einen verschwörerischen Zusammenwirkens von Personen, die als einzelne schwach sind, deren Kraft sich aber durch ihre Verbindung untereinander vervielfacht?

Auch der Verweis auf die *Heimlichkeit* versteht sich nicht von selbst. Die Verschwörer können zwar insofern insgeheim aneinander gebunden sein, als jedes Mitglied bei seinem Leben schwört, die Existenz der Verschwörung, an der es beteiligt ist, nicht zu verraten. In zahlreichen Fällen hebt die Komplottanschuldigung aber auf Beziehungen ab, die zwar undurchsichtig und vor allem rechtlich nicht explizit anerkannt, aber doch eher von stillschweigender als von geheimer Natur sind. So kann man diejenigen, die von »herrschender Klasse« sprechen, bezichtigen, sich auf eine Art Komplott zu beziehen. Oder aber – mit einem Beispiel von Knight – darüber nachdenken, dass die männliche Herrschaft eine Art Komplott gegen die Frauen ist. Daraus lässt sich jedoch nicht ableiten, dass jedes Mitglied der herrschenden

Klasse eine Art Verschwörer ist, der geheime Absprachen trifft (wie wir im nächsten Kapitel untersuchen werden), oder dass die Verschwörung der Männer ein gut gehütetes Geheimnis ist, das gleichwohl alle Männer kennen. Auf der anderen Seite gibt es Geheimnisse, die sich wie Firmengeheimnisse und vor allem Staatsgeheimnisse im Rahmen weit gespannter Organisationen entwickelt haben und sich je nach Betrachtungsweise durchaus mit Komplotten in Verbindung bringen lassen – oder auch nicht.[82] Dafür gibt es reichlich Beispiele, zum Beispiel im Fall der Atomenergie. Man denke nur an das *Manhattan Project*, wie der Deckname lautete, den die Vereinigten Staaten dem Unternehmen der Entwicklung und des Baus der ersten Atombombe gaben, das binnen dreier Jahre unter allergrößter Geheimhaltung erfolgreich abgeschlossen werden konnte, obwohl dieses gigantische Unternehmen mehr Arbeiter beschäftigte als die gesamte Automobilindustrie im selben Zeitraum[83] und die Beteiligung von großen Industriekonzernen wie Du Pont de Nemours erforderlich machte.[84] Oder aber an den Bau von Atomwaffenanlagen in Israel, deren Existenz dieses Land über viele Jahre leugnen konnte.[85]

---

82 Den – häufig von Journalisten bekräftigten – Glauben, dass es in unseren »komplexen« und »offenen« Gesellschaften unmöglich geworden ist, Tatsachen lange geheim zu halten, deren Offenlegung von so genannter »historischer« Bedeutung ist, bezweifelt der Text »L'invention de la ›théorie du complot‹ ou les aveux de la sociologie libérale«, der im April 2007 auf der Site *Pièces et Main-d'œuvre* veröffentlicht wurde (⟨http://www.piecesetmaindœuvre.com⟩).

83 Jeff Hughes, *The Manhattan Project. Big Science and the Atom Bomb*, Cambridge, Icon Books, 2002.

84 Pap Ndiaye, *Du nylon et des bombes. Du Pont de Nemours, le marché et l'État américain 1900-1970*, Paris, Belin, 2001.

85 Dem Staat Israel ist es gelungen, sich zwischen Mitte der 1950er Jahre und den 1970er Jahren unter allergrößter Geheimhaltung mit Hilfe der Vereinigten Staaten und Frankreichs ein beachtliches Atomwaffenarsenal zuzulegen, dessen Existenz bis vor sehr kurzem immer wieder geleugnet wurde. Die Geschichte dieses wirtschaftlichen, militärischen und politischen Ereignisses hat Seymour Hersh in *The Samson Option. Israel, America and the Bomb*, London/Boston, Faber and Faber, 1991 [dt.: *Atommacht Israel. Das*

Die Frage der *Absprache* und der *Planung* ist noch heikler. Peter Knight weist darauf hin, dass sie Teil einer auf dem Gebiet der Handlungstheorie viel diskutierten Problematik ist, nämlich der der *agency*.[86] Setzt der Verweis auf Komplotte notwendig explizite Absprachen und Planungen als nur eine von vielen Formen der Umsetzung von Handlungen voraus? In den meisten Fällen von Komplottanschuldigungen ist es nicht unbedingt leicht, einen abgesprochenen Plan zu entdecken, den die beteiligten Akteure genau befolgt haben sollen und dessen Abspulen die vorab gesetzten Ziele erreicht hätte. Auf die typischen, von den Verschwörungstheorieanschuldigungen angeführten Komplott-Beispiele trifft das natürlich zu. Doch das Problem ist, dass es auch auf viele Komplotte zutrifft, die Politikwissenschaftler oder Historiker an der Universität für wahrscheinlich halten. Da die *Absichten* der Akteure, vor allem rückwirkend, meistens durch die Untersuchungen nicht ermittelt werden können, ergibt sich das Dilemma, dass man die Komplottfälle entweder auf Situationen reduziert, in denen klar feststellbare Absichten vorhanden waren, und dann werden Komplotte ziemlich selten. Oder aber man weitet sie auf Situationen aus, in denen »alles so geschieht, als ob« Absichten, deren exakte Bestimmung nicht möglich ist, vorgelegen hätten, und dann wird es schwierig, die wahren von den imaginären Komplotten zu unterscheiden. Der Verweis auf so etwas wie ein »objektives Komplott« – wenn man so sagen kann – hängt stark von der Position des Sprechers ab, die leicht zu kritisieren ist, wenn man ihm böse Absichten unterstellt. Zum Beispiel sieht derjenige, der die Anschuldigungen vorbringt, Ereignisse als Ergebnis eines Komplotts an, die aus einem anderen Blickwinkel als nicht abgesprochener Aufstand eines ganzen Volkes betrachtet werden können. Darin besteht

---

geheime Vernichtungspotential im Nahen Osten, München, Droemer Knaur, 1991], sorgfältig nachgezeichnet.

86 Für den französischsprachigen Raum wird diese Thematik, über die es reichlich Literatur gibt, zum Beispiel in Patrick Pharo/Louis Quéré (Hrsg.), *Les formes de l'action*, Paris, Éditions de l'EHESS, Raison pratique, 1990, diskutiert.

bekanntlich immer die erste Reaktion von Machthabern, wenn sie das Ziel von Revolten sind. Dagegen kann man einwenden, dass umgekehrt die Mächtigen versuchen, eine auf sie gemünzte Komplottanschuldigung schon deshalb von sich zu weisen oder ins Lächerliche zu ziehen, damit sie die *Seilschaften* verbergen können, die sie untereinander verbinden und die aus ihrem Zusammenhalten so etwas wie ein objektives Komplott machen.

Auch der notwendig *illegale* Charakter eines Komplotts ist keineswegs selbstverständlich. Wenn man aus der Illegalität ein notwendiges Kriterium für ein Komplott macht, dann müsste man diejenigen Fälle von der Komplottthematik ausnehmen, in denen der Staat oder direkt dem Staat unterstellte Geheimdienste, Spione oder Angehörige der Spionageabwehr – die allesamt Bezüge von den Verwaltungsbehörden erhalten, denen sie unterstehen – in Komplotte verwickelt sind, und zwar sogar dann, wenn der betreffende Staat nicht im Verdacht steht, »totalitär« zu sein oder ein »Schurkenstaat«, sondern als »Rechtsstaat« anerkannt ist. Bilden Geheimhaltung und Komplott nicht den Kern der – wie Alain Dewerpe es formuliert – »Berufsideologie« der beim Geheimdienst beschäftigten Agenten?[87] Ein solches Kriterium wäre so anspruchsvoll, dass die meisten Komplotte, die in Spionageromanen und in den von Enthüllungsjournalisten verfassten Büchern oder Fernsehbeiträgen vorkommen, unberücksichtigt blieben. Nur in wenigen Fällen – sagt Knight, als er dieses Argument untersucht – nimmt das Handeln der dem Geheimdienst unterstellten, Geheimoperationen durchführenden Agenten eine wirklich illegale Wendung in dem Sinne, dass es sich über die in der Hierarchiekette kursierenden Anweisungen hinwegsetzt, so dass die Entscheidung, sie solchermaßen zu beschreiben, schon eine Voreingenommenheit des Beobachters voraussetzt. Und auch der stets *schädliche* und üble Charakter von Komplotten ist mit Vorsicht zu genießen. Es kann nämlich auch gutgemeinte Komplotte geben, zum Beispiel im Rahmen zwi-

---

87 Alain Dewerpe, *Espion. Une anthropologie historique du secret d'État contemporain*, Paris, Gallimard, 1994, S. 17.

schenmenschlicher Beziehungen, um einer Person Hilfe zukommen zu lassen, die zu stolz ist, darum zu bitten,[88] oder in politischen Gemeinschaften, um Unschuldige zu retten, deren Leben bedroht ist.[89] Und die von den dem Staat unterstellten Geheimdiensten angestifteten Komplotte sind durch den Verweis auf das Gemeinwohl gerechtfertigt, selbst wenn sie sich auf die Staatsräson berufen, das heißt auf eine Moral, die, weil ihr Gegenstand der Schutz des Staates als Kollektivperson ist, die Regeln der gewöhnlichen Moral überschreiten kann, die im Fall von Beziehungen zwischen Einzelpersonen maßgeblich ist.[90]

Und schließlich betrifft die Frage, welches die Entitäten sind, deren Handeln sich auf den Gang der *Ereignisse auswirkt* und auf welche Weise es das tut, einen Punkt, der den Kern nicht nur der Problematik des Komplotts, sondern auch der Sozialwissenschaften im Allgemeinen bildet, nämlich den der historischen Kausalität. Ohne uns jetzt länger damit aufzuhalten, sei angemerkt, dass das tatsächliche Eintreten des Ereignisses für die Komplottanschuldigung nicht unbedingt notwendig ist. Es kann Unternehmungen geben, die unleugbar Verschwörungen waren, die aber keine oder nur sehr geringe Folgen hatten und sich deshalb überhaupt nicht ausgewirkt haben (diese Position wird häufig von skeptischen Forschern eingenommen, die zwar die Existenz von Komplotten einräumen, es aber ablehnen, ihnen irgendeine historische oder soziale Bedeutung beizumessen). Seine Durchführung ist anscheinend ohnehin für die Bestimmung eines Komplotts als Komplott nicht nötig. Davon zeugt die Wei-

---

88 In seinem Bemühen, das aktantielle System von Komplotten herauszuarbeiten, zieht James Mileham derartige Fälle heran (*The Conspiracy Novel*, a. a. O., S. 25-27).

89 David Klugman hat ein Buch über die Einwohner des Dorfes Prélenfrey-du-Gua im Departement Isère geschrieben, die während der Okkupation sogar nach einer Geiselnahme weiter geschwiegen haben, um jüdische Kinder zu retten: *La conspiration des justes* (Nîmes, Lacour, 1994).

90 Siehe Marcel Gauchet, »L'État au miroir de la raison d'État«, in: Yves Charles Zarka (Hrsg.), *Raison et déraison d'État. Théoriciens et théories de la raison d'État aux XVIe et XVIIe siècles*, Paris, PUF, 1994, und Gérald Sfez, *Les doctrines de la raison d'État*, Paris, Armand Colin, 2000.

se, wie die Polizei die vorbeugende Verhaftung von Personen rechtfertigt, zwischen denen mutmaßlich Verbindungen bestehen, zum Beispiel weil sie an denselben Orten verkehren oder gemeinsame Bekannte haben.

Wie der Autor anmerkt, der uns bis hierher bei der Suche nach einer substanziellen Definition von Verschwörungstheorien begleitet hat, kann man sich fragen, »ob die Verleihung eines Etiketts zur Bezeichnung des fraglichen Phänomens nicht zu seiner Erfindung geführt hat, wie es jedes Mal der Fall ist, wenn die Schaffung einer neuen Kategorie letztendlich vereinzelte Möglichkeiten zu einem einheitlichen Gebilde zusammenfügt, das Anspruch auf Kohärenz erhebt«. »Die Bestimmung der Bestandteile des Phänomens«, so fügt er hinzu, wäre dadurch »zu einem Teil des Phänomens selbst geworden«.

Wie weit soll die Untersuchung gehen?

Andere Studien, die sich eher als philosophisch verstehen, arbeiten an einer belastbaren Definition des Begriffs »Verschwörungstheorie«.[91] Wir werden ein Beispiel untersuchen, in dem der Versuch unternommen wird, die Frage der Trennungslinie zwischen wahren und imaginären Komplotten auf die »epistemologische« Ebene zu verschieben, wo sie sich mit der Frage des Unterschieds zwischen akzeptablen und inakzeptablen Theorien deckt. Brian Keeley eröffnet seinen 1999 erschienenen Aufsatz über dieses Problem[92] mit einer apokalyptisch klingenden Äußerung: »Das Jahrtausend geht seinem Ende entgegen, und mit jedem Jahr,

---

91 Für einen kurzen kritischen Überblick über die maßgeblichen Definitionen, die im Umlauf sind, siehe das »Symposium on Conspiracy Theories. Causes and Cures«, in: *The Journal of Political Philosophy* 17/2 (2009), S. 202-227. Die Grundlagen der juristischen Definitionen, mit denen in den USA Komplottanschuldigungen untermauert werden können, analysiert Fred J. Abbate, »The Conspiracy Doctrine. A Critique«, in: *Philosophy and Public Affairs* 3/3 (1974), S. 295-311.

92 Brian L. Keeley, »On Conspiracy Theory«, in: *Journal of Philosophy* 96/3 (März 1999), S. 109-126 [im Folgenden Übers. C. P.].

das vergeht, hat das Verschwörungsdenken das amerikanische Bewusstsein fester im Griff«. Danach werden stereotyp die typischsten Beispiele für Verschwörungstheorien heruntergeleiert (Außerirdische, Geheimbünde, die über die Weltwirtschaft herrschen, Viren, die aus militärischen Forschungslabors entwichen sind, usw.). Auch Keeley will Kriterien finden, die es erlauben, Verschwörungstheorien (im Gegensatz zu gewöhnlichen kleinen Verschwörungen wie zum Beispiel »Überraschungspartys« an Geburtstagen, wie er angibt) sicher zu erkennen, indem er unsere Intuition, worin eine ungerechtfertigte Verschwörungstheorie (*unwarranted conspiracy theories*, UCTs) bestehen könnte, näher beleuchtet – etwa so, sagt er, wie Hume mit Wundern verfährt. Seine Vorgehensweise ist eher prozedural als substanziell. Eine UCT – sagt er – ist eine Erklärung, die immer das Gegenteil von einer anderen, im Gegensatz zu ihr offiziellen Erklärung behauptet. Und zwar, indem sie Ereignisse miteinander in Verbindung bringt, die bis dahin keinen Zusammenhang zu haben schienen, indem sie sich auf Geheimnisse bezieht und indem sie sich auf Datenunregelmäßigkeiten (*errant data*) stützt, die entweder im Rahmen der als korrekt akzeptierten Daten unerklärlich sind oder ihnen widersprechen. Die Stärke von UCTs ist darauf zurückzuführen, dass sie eine einheitliche Erklärung präsentieren, die sowohl akzeptierte als auch unregelmäßige Daten einbezieht und dabei Letztere so behandelt, als seien sie bisher absichtlich nicht berücksichtigt worden. Auf diese Weise werden Argumente gegen UCTs zu Argumenten für UCTs. Je mehr Argumente für die offizielle Theorie die Behörden sammeln, desto mehr Gründe sehen die Verschwörungstheoretiker, ihnen keinen Glauben zu schenken. Das Problem – fügt Keeley zu Recht hinzu – besteht darin, dass die Geschichte der Wissenschaften voll von Beispielen ist, wo theoretische Innovationen sich auf »Datenunregelmäßigkeiten« in dem Sinne stützen, dass sie nicht mit den Standardparadigmen übereinstimmen. Was die UCTs jedoch von der Wissenschaft unterscheidet, ist, dass es die Wissenschaft mit einer passiven Natur zu tun hat, während die UCTs vom Willen gewisser Akteure ausgehen, gewisse Daten geheim zu halten und folglich die Suche nach der Wahrheit zu behindern. Auf diese Weise werden sie unfalsifizierbar. In zahlreichen, von den UCTs angeführten Fällen gibt es jedoch – wie Keeley weiter erklärt – gute Gründe für die Annahme, dass es Kräfte gibt, die Motive für Desinformationskampagnen haben – und die Mittel dazu. Das Nichtfalsifizierbarkeitskriterium ist also nur dann akzeptabel, wenn wir gute Gründe für die Annahme haben, dass es keine mächtigen Agenten gibt, die unsere Nachforschungen in die Irre zu leiten versuchen. Daraus folgt, dass die UCTs nicht wegen ihrer Nichtfalsifizierbarkeit problematisch sind, sondern wegen des Ausmaßes an Skeptizismus, das sie auslösen. Durch sie geraten die verschiedenen Institutionen in Verdacht, die die als verbindlich geltenden Daten festgelegt haben. Auf diese Weise zeigt sich die beträchtliche Rolle, die unser Vertrauen in Institutionen und die sie repräsentierenden Personen bei der Bildung und Rechtfertigung unserer Überzeugungen im Allgemeinen spielt. Sogar unserem Glauben an die Wahrheit wissenschaftlicher Aussagen liegt letztlich kein anderes Prinzip zugrunde als unser Vertrauen in die Seriosität der wissenschaftlichen Institutionen. Im öffentlichen Raum gibt es jedoch auch Institutionen und Mechanismen, die für solide Überzeugungen stehen, wie die freie Presse und die Regierungsorgane. Zur Logik der UCTs gehört es aber nun, die Gültigkeit aller von diesen offiziellen Instanzen getroffenen Aussagen einem wachsenden, an Nihilismus grenzenden Zweifel zu unterziehen. Und letztlich gibt dieser von den UCTs erzeugte, überhandnehmende Skeptizismus eine zuverlässige Grundlage für die Einschätzung ab, dass es sich um ungerechtfertigte Theorien (*unwarranted theories*) handelt.

Einer der Vorzüge der von Keeley entwickelten Argumentation ist ihre Ehrlichkeit. Er geht von einer sich als epistemologisch verstehenden Position aus, die all jene Deutungen beiseitelassen möchte, die er »soziologisch« nennt, und landet am Ende bei einer Schlussfolgerung, die sich auf soziale Logiken und Autoritäts-, wenn nicht Machtverhältnisse beruft. Wir müssen die Verschwörungstheorien verwerfen, weil wir in die öffentlichen

Instanzen Vertrauen haben müssen, die die offiziellen Erklärungen liefern. Eine solche Schlussfolgerung treibt den Kult des *Vertrauens* – eines Gefühls, das am Ursprung des liberalen Politikverständnisses eine große Rolle gespielt hat, wo es als Gemütsbewegung und zugleich als notwendig für die Kooperation angesehen wurde – weit über die ohnehin schon optimistische Auffassung von Locke hinaus, der sehr wohl wusste, wie eng Vertrauen und Verrat verschwistert sind.[93]

Den voluntaristischen Charakter der Schlussfolgerung, bei der Keeley am Ende landet, nimmt ein anderer Philosoph, Juha Räikkä, zum Anlass, in seiner Antwort auf Keeleys Aufsatz zehn Jahre später darauf zu beharren, dass wir oft gute Gründe haben, die offiziellen Behauptungen in Zweifel zu ziehen.[94] Die Behörden können auch Lügen verbreiten. Saddam Husseins Behauptung, dass der Anschlag auf das World Trade Center im September 2001 das Werk der Bush-Verwaltung gewesen sei, konnte im Irak als offizielle Theorie gelten, in den Vereinigten Staaten jedoch als Verschwörungstheorie, merkt Räikkä an. Und was soll man von Colin Powells offizieller Behauptung vor dem UN-Plenum halten, dass der Irak über Massenvernichtungswaffen verfüge? Lee Basham zitierend,[95] schließt Juha Räikkä daraus, dass ein gewisser Grad an Skeptizismus durchaus vernünftig ist, weil die öffentlichen Einrichtungen nicht unbedingt vertrauenswürdig sind, wenn gewichtige Interessen auf dem Spiel stehen, dass der Skeptizismus aber problematisch wird, wenn er sich zu einem

---

93 Über die Rolle, die dem Vertrauen bei verschiedenen politischen Philosophen zukommt, insbesondere bei Locke, siehe John Dunn, »Trust and Political Agency«, in: Diego Gambetta (Hrsg.), *Trust. Making and Breaking Cooperative Relations*, Oxford, Basil Blackwell, 1988, S. 73-93, und über das Verhältnis von Vertrauen und Misstrauen siehe Niklas Luhmann, *Vertrauen. Ein Mechanismus der Reduktion sozialer Komplexität* (1968), 4. Aufl. Stuttgart, Lucius und Lucius, 2000, S. 92 ff.
94 Juha Räikkä, »On Political Conspiracy Theories«, in: *The Journal of Political Philosophy* 17/2 (2009), S. 185-201.
95 Lee Basham, »Living with the Conspiracy«, in: *The Philosophical Forum* 3 (2001), S. 265-280, und »Malevolent Global Conspiracy«, in: *Journal of Social Philosophy* 34 (2003), S. 91-103.

Glauben an die Existenz von weltweiten Verschwörungen ausweitet. Auf das Kriterium der Größe kommen wir noch zurück.

Diese Diskussion ist deshalb von Interesse, weil sie die Frage aufwirft, wie weit die Untersuchung gehen soll und – wobei sie auf der Gegensätzlichkeit von offiziellen Autoritäten und Einzelpersonen ohne Mandat beharrt – wer sie führen soll. Das Fortsetzen der Untersuchung über Grenzen hinaus, die von anderen für vernünftig gehalten werden, ist eines der Merkmale, die am häufigsten mit der in ganz gewöhnlichen Alltagssituationen üblich gewordenen Bezeichnung Paranoiker oder paranoid in Verbindung gebracht werden, und zwar besonders dann, wenn solche Untersuchungen oder ein solcher Argwohn eine kritische Form annimmt. Eine misstrauische Haltung wird zweifellos zu Recht umso häufiger als Zeichen für eine psychische Störung angesehen, je unmittelbarer die Untersuchungsgegenstände zur Umgebung des Betreffenden gehören und je näher die verdächtigten Personen ihm stehen, zum Beispiel wenn es sich um Freunde, Kollegen oder Familienangehörige handelt.[96] Im Fall von Nahbeziehungen zu Personen oder Dingen ist davon auszugehen, dass Gewohnheit und Commonsense, die vor allem auf Sinnesdaten beruhen, ausreichen, um einen akzeptablen Grad an Vertrauen herzustellen, so dass man sich in den meisten Situationen die Untersuchung sparen kann. Da die Untersuchung den gewöhnlichen Handlungsablauf unterbricht und zudem ein Drängen und Fragen voraussetzt, das als zudringlich und aggressiv empfunden werden kann,[97] würde ein Alltagsleben, in dem schon die kleinste Interaktion vorab oder nachträglich einer Untersuchung unterzogen werden würde, übertrieben hohe Kosten nach sich ziehen, die die meisten sozialen Beziehungen gefährden und allmählich alle für das Handeln benötigten Kräfte aufzehren

---

96 Siehe Luc Boltanski, »La dénonciation publique«, a. a. O.
97 Über die sozialen Höflichkeitsnormen, die in verschiedenen Gesellschaften das Stellen von Fragen regeln, siehe Esther Goody (Hrsg.), *Questions and Politeness*, Cambridge, Cambridge UP, 1978.

würden. Das belegen Studien über die Auflösung von Beziehungsfeldern in stark angespannten politischen Situationen – zum Beispiel aufgrund der Allgegenwärtigkeit einer autoritären Macht in einer Überwachungsgesellschaft, in der sich die Menschen fortwährend gegenseitig ausspionieren. Das war im stalinistischen Russland besonders während der Jahre vor dem Zweiten Weltkrieg der Fall, in denen auf Veranlassung der politischen Machthaber groß angelegte Denunziationskampagnen stattfanden.[98] Ähnliche Auswirkungen haben Bürgerkriegssituationen, in denen es bei der Selbstdarstellung und der Anerkennung des Anderen – denen die ersten Arbeiten von Erving Goffman gewidmet waren[99] – nicht mehr bloß um die Wahrung der sozialen Ehre ging, oder, in Goffmans Worten, des »Gesichts«, sondern um Leben und Tod.

Ein besonders schlagendes Beispiel dafür liefern Natali Suarez' Beobachtungen des Alltagslebens in den Gebieten Kolumbiens, in denen entweder die FARC oder paramilitärische Truppen die Macht übernommen haben. In solchen Situationen ist die Ungewissheit, wie viel Vertrauen man anderen schenken kann – vor allem wenn es sich um Unbekannte handelt –, so groß und mit solchen existenziellen Gefahren verbunden, dass der kleinsten Interaktion ein langwieriger Annäherungsprozess vorausgeht, in dem nach Zeichen für die Zugehörigkeiten, Loyalitäten und Absichten desjenigen Ausschau gehalten wird, mit dem man es zu tun hat. Und außerdem eine beträchtliche Erhöhung der Reflexivität und der Selbstkontrolle, damit man dem Anderen keine sozialen Informationen liefert, derer er sich bedienen könnte, um einem zu schaden. Ein Auftreten, das in ei-

---

98 Für Beispiele aus dem Alltagsleben unter der stalinistischen Herrschaft in der UdSSR siehe Oleg Kharkhordin, *The Collective and the Individual in Russia. A Study of Practices*, Berkeley, University of California Press, 1999, und François-Xavier Nérard, *Cinq pour cent de vérité. La dénonciation dans l'URSS de Staline*, Paris, Tallandier, 2004.
99 Siehe besonders Erving Goffman, *Wir alle spielen Theater. Die Selbstdarstellung im Alltag*, a. a. O., und *Les rites de l'interaction*, Paris, Minuit, 1974 [dt.: *Interaktionsrituale. Über Verhalten in direkter Kommunikation*, Frankfurt/M., Suhrkamp, 1986, 3. Aufl. 1994].

nem friedlicheren Kontext als »paranoid« angesehen werden würde, zeugt in diesem Fall ganz einfach von äußerster Vorsicht. Die »Überlebenskunst« ersetzt die »Lebenskunst«, das »Savoir-Vivre«.[100]

Die Mittel, über die die Akteure verfügen, um den ihnen nahegehenden Geschichten Sinn zu verleihen, können sich aber auch in ganz gewöhnlichen umstrittenen Situationen – die wir *Affären* genannt haben[101] – als unzureichend erweisen. Dann widersprechen verschiedene Versionen dessen, was geschieht oder geschehen ist, einander, so dass die Ungewissheit, wie der Andere handeln wird und welche Absichten er verfolgt, selbst bei solchen Vorfällen schwer zu verringern ist, an denen die betreffenden Personen beteiligt oder bei denen sie Augenzeugen waren.[102] Und wenn die Entfernung zwischen der vertrauten Umgebung und den Kontexten wächst, in denen Ereignisse eintreten, von denen man nur über Bekannte weiß, die behaupten, darüber zu berichten, kann diese Ungewissheit nur weiter zunehmen.[103] In diesen Fällen, das heißt in Bezug auf die meisten Ereignisse, die man »historisch« nennt, haben alle Informationen, die dem Einzelnen zur Verfügung stehen, indirekten Charakter; sie erreichen ihn über die Medien, ob es sich dabei nun um journalistische Reportagen oder um Daten handelt, die die offiziellen, das heißt unter staatlicher oder überstaatlicher Kontrolle stehenden Stellen liefern. Die nicht direkt in diese Ereignisse verwickelten Personen, die sich aber trotzdem betroffen fühlen können – entweder weil

---

100 Natalie Suarez, »Le savoir (sur) vivre dans un contexte de guerre civile«, Doktorarbeit an der EHESS [École des hautes études en sciences sociales], Paris, 2010.
101 Für Beispiele für Affären auf verschiedenen Gebieten siehe Luc Boltanski/Laurent Thévenot (Hrsg.), *Justesse et justice dans le travail*, Paris, PUF, 1989, und für historische Fälle Luc Boltanski/Élisabeth Claverie/Nicolas Offenstadt/Stéphane Van Damme (Hrsg.), *Affaires, scandales et grandes causes*, a. a. O.
102 Siehe Renaud Dulong, *Le témoin oculaire. Les conditions sociales de l'attestation personelle*, Paris, Éditions de l'EHESS, 1998.
103 Dieses Problem wird erörtert in Luc Boltanksi, *La souffrance à distance*, a. a. O.

sie annehmen, dass diese Ereignisse sich auf ihr Alltagsleben auswirken könnten, oder über ideologische Kanäle, die räumlich entfernte Situationen leicht näher rücken lassen –, können nur dann Stellung beziehen, wenn sie sich ein Urteil über den Wahrheitsgehalt dessen bilden, was ihnen als real dargestellt wird. Und dieses Urteil hat keine andere Grundlage als die Glaubwürdigkeit, die sie den Instanzen zubilligen, die die Informationen übermitteln; diese Glaubwürdigkeit hängt wiederum von dem Grad ab, in dem sich diese Instanzen bei früheren Gelegenheiten in als ähnlich empfundenen Fällen als vertrauenswürdig oder unzuverlässig erwiesen haben. Während Kausalbeziehungen, die – wie Hume uns demonstriert hat[104] – niemals auf unleugbaren Indizien beruhen können, sich in Situationen der Nähe auf *Gewohnheit* stützen oder, im Fall von wissenschaftlichen Experimenten, auf Wiederholbarkeit, können sie in Situationen, in denen der Gegenstand des Glaubens entfernt liegt, allein auf die Logik des *Vorherigen* bauen. Diese wird ausgiebig von Journalisten verwendet, die, weil sie unter Hochdruck arbeiten müssen, einem Ereignis Sinn verleihen und sich Geschichten über dieses Ereignis ausdenken, indem sie es mit früheren Ereignissen *in Verbindung bringen*, die als ähnlich angesehen werden. Diese *Serialisierungs*-Prozesse erfordern eine Auswahl aus der Vielzahl der vorliegenden Informationen, ob es sich dabei nun um Zeugenaussagen, Erzählungen, Fotografien oder Filme handelt. Selbst wenn der Reporter und diejenigen, die am Desk seiner Arbeit eine Form geben (zum Beispiel durch das Hinzufügen von Titeln oder das Platzieren und Beschriften der Fotos), »gewissenhaft« sind, wie es so schön heißt – wenn sie also nicht versuchen, ge-

---

104 David Hume, *Eine Untersuchung über den menschlichen Verstand*, Stuttgart, Reclam, 1967: »Der Geist kann unmöglich jemals die Wirkung in der mutmaßlichen Ursache finden, nicht einmal durch die sorgfältigste Forschung und Untersuchung. Die Wirkung ist nämlich von der Ursache gänzlich verschieden und kann folglich niemals in ihr entdeckt werden. Die Bewegung der zweiten Billardkugel ist ein von der Bewegung der ersten völlig verschiedenes Ereignis, und in der einen ist nichts vorhanden, was den geringsten Hinweis auf die andere gäbe.« (S. 46)

wisse Ereignisse absichtlich zu verheimlichen oder ihre Schilderung zum Beispiel durch ein geschicktes Zusammenschneiden von Zeugenaussagen zu verändern –, ist das Ergebnis notwendig Ausdruck eines »Standpunktes«.

Und auch die Glaubwürdigkeit der offiziellen Stellen wird nach der Logik des *Vorherigen* bewertet. Da die so genannten »gewöhnlichen« Menschen nicht über die Mittel verfügen, sich selbst ein Urteil über deren Vertrauenswürdigkeit zu bilden, gelangen sie auch in diesem Fall nur mittelbar zu einer Meinung über die Glaubwürdigkeit dieser oder jener Instanz. Dabei stützen sie sich auf die Arbeit von Journalisten, wenn diese zu einem späteren Zeitpunkt auf manchmal auch länger zurückliegende Affären zurückkommen (der so genannte Enthüllungsjournalismus), aber zum Beispiel auch, wenn Prozesse stattfinden, in deren Verlauf Informationen »ausgepackt« werden, die bis dahin »im Dunkeln« geblieben waren. Die Popularisierung historischer akademischer Arbeiten kann den gleichen Effekt haben, wenn deren Verfasser Zugang zu bis dahin verschlossenen Archiven erhalten haben und mit »Enthüllungen« über Ereignisse aus der jüngeren Vergangenheit aufwarten können. So konnte man in den auf den Fall der Berliner Mauer und das Ende des Kalten Krieges folgenden Jahren sehen, wie sich die Medien mit Berichten über »Staatslügen« füllten. Diese enthüllten die Wahrheit über Operationen, die Geheimdiensten zugeschrieben wurden – in erster Linie der CIA und dem KGB –, die der staatlichen Macht direkt unterstanden. In seiner Kritik an dem bei der Erwähnung von Geheimdiensten von »Leuten, die nicht als naiv gelten wollen«, häufig angeschlagenen »Ton belustigter Herablassung« macht Carlo Ginzburg die Bemerkung, dass dies »ein wahrhaft merkwürdiges Verhalten« sei, »wo wir doch in einer Welt lebten, die bis gestern noch von zwei Supermächten beherrscht war, die vom ehemaligen Direktor des CIA beziehungsweise vom Favoriten des verstorbenen Leiters des KGB angeführt wurden. Die Historiker der Zeitgeschichte täten gut daran, sich zu fragen, ob diese Koinzidenz nicht ein neues Phänomen anzeigt: eine spezielle, verhältnismäßig autonome Rolle, die von den Geheimdiensten auf internationaler Ebene in wachsendem Maße wahrgenommen wird.«[105]

Nebenbei bemerkt war das Vertrauen, das die »Öffentlichkeit« den von den offiziellen Stellen gelieferten Informationen schenkt, in den Jahren zwischen 1940 und 1950 eines der Hauptgegenstände der amerikanischen Sozialpsychologie; der Anstoß für diese Forschungen kam von denselben Auftraggebern, die darauf bedacht waren, mehr über die Auswirkungen ihrer Kampagnen während des Zweiten Weltkriegs und danach während des Kalten Krieges zu erfahren. Das Problem bestand darin, das, was bei der Bildung von »politischen Einstellungen« und »Überzeugungen« unter die Autorität von Institutionen fällt, von dem zu unterscheiden, was unter die Autorität von Personen fällt, die »Bezugsgruppen« angehören.[106] Wenn die Glaubwürdigkeit der offiziellen Instanzen durch nachträgliche »Enthüllungen« von Persönlichkeiten erschüttert worden ist, die zugeben, bei der Manipulation von Informationen eine Rolle gespielt zu haben, richtet sich das Vertrauen auf Personen, von denen, eben weil sie ohne jedes Mandat sind, angenommen wird, dass sie den gewöhnlichen Leuten näherstehen, dass sie sich gegenüber den Interessen, die im Spiel sind, als unabhängiger erweisen und dadurch vertrauenswürdiger sind. Diese Logik lässt sich in zahlreichen, noch nicht lange zurückliegenden Affären beobachten, die häufig eine »ökologische« (zum Beispiel die Atomindustrie betreffende) oder biopolitische Dimension haben (zum Beispiel die Affäre um »verseuchtes Blut«[107]). Für die zur Veröffentlichung gelangende, eigentliche journalistische Enthüllungsarbeit sind bei diesen Affären Whistleblower verantwortlich,[108] deren Glaubwür-

---

105 Carlo Ginzburg, *Der Richter und der Historiker. Überlegungen zum Fall Sofri*, Berlin, Wagenbach, 1991, S. 61 f.
106 Mehrere maßgebliche Aufsätze über diese Themen sind versammelt in Eleanor Maccoby/Theodor Newcomb/Eugene Hartley, *Readings in Social Psychology*, New York, Holt, Rinehart & Winston, 3. Aufl. 1958.
107 Siehe Marie-Angèle Hermitte, *Le sang et le droit. Essai sur la transfusion sanguine*, Paris, Seuil, 1998.
108 Siehe Luc Boltanski/Francis Chateauraynaud/Jean-Louis Derouet/Cyril Lemieux/Didier Torny, »Alertes, affaires et catastrophes. Logique de l'ac-

digkeit als Einzelpersonen oder zusammen genommen darauf beruht, dass sie ein Expertenwissen geltend machen, das von jenen offiziellen Stellen unabhängig ist, die versucht haben, sie auszuschließen, mundtot zu machen und zu verfolgen.

Das Verhältnis der offiziellen Versionen zu den davon abweichenden Versionen ist bei einer gewissen Anzahl von Affären für die liberalen Demokratien eine zentrale Frage. Diese beruhen nämlich auf zwei miteinander verbundenen Prinzipien: erstens auf der über Repräsentationsverfahren, das heißt durch Institutionen vermittelten Selbstregierung des Volkes durch das Volk; und zweitens auf der Freiheit der Rede beziehungsweise des Worts in der Öffentlichkeit, die im Prinzip allen Bürgern bei den meisten Themen gewährt wird.[109] Dieses Recht ist die Grundlage für Kritik. Das Wort soll geglaubt werden, andere überzeugen. Die Freiheit der Rede beziehungsweise des Worts geht also mit der Freiheit des Glaubens beziehungsweise der Überzeugungen im Sinne der Gedanken- oder Meinungsfreiheit Hand in Hand. Diese beiden Grundpfeiler des Liberalismus stützen sich auf die Vorstellung einer allen gemeinsamen Vernunft, die, wenn sie in einem deliberativen Rahmen wirksam wird, erlauben soll, dass die Auswahl zwischen schädlichen und/oder nicht überzeugenden Meinungen und nützlichen/einleuchtenden Meinungen fast wie nach einem Naturmechanismus erfolgt. Was aber tun, wenn eine mehr oder weniger große Anzahl von Menschen an Dinge glaubt, die als unsinnig oder gefährlich einzuschätzen

---

cusation et pragmatique de la vigilance«, in: *Actes du séminaire »Programme Risques collectifs et situations de crise«*, Paris, CNRS, 1996. Francis Chateauraynaud/Didier Torny, *Les sombres précurseurs. Une sociologie pragmatique de l'alerte et du risque*, Paris, Éditions de l'EHESS, 2000. Und über die Entstehung des Interesses, das den Whistleblowern in den Vereinigten Staaten entgegengebracht wird, A. F. Westin, *Whistle Blowing*, New York, McGraw-Hill, 1981.

109 Eine gründliche Analyse der Paradoxien, die die Freiheit der Rede beziehungsweise des Worts als Grundrecht hervorruft, nimmt Marcela Iacub vor: *De la pornographie en Amérique. La liberté d'expression à l'âge de la démocratie représentative*, Paris, Fayard, 2010, besonders die Einleitung und S. 63-82.

sind? In den zeitgenössischen Gesellschaften hat man dieses Problem immer häufiger unter Rückgriff auf eine Expertenlogik gelöst: Der Experte erlangt durch eine Institution Glaubwürdigkeit, die ihm bei gewissen Themen Autorität verleiht. Was aber tun, wenn selbst die Experten sich entweder aus Nachlässigkeit oder weil sie vor häufig groben Fälschungen und Täuschungen wissentlich die Augen verschlossen haben, einen Fehler zuschulden kommen lassen (in Paul Jobins Buch über die Arbeit, die Gewerkschaften und Verbände in Japan mehr als zwanzig Jahre lang geleistet haben, um die Existenz der Minamata-Krankheit nachzuweisen, die auf quecksilberhaltige Industrieabwässer zurückgeht, finden sich zahlreiche Beispiele für derartige Fälle[110]).

Akzeptables und Inakzeptables

Die Erklärungen, die zusammen genommen einem Ereignis *Sinn verleihen* sollen, werden immer in einem narrativen Rahmen entwickelt – egal, ob es sich um ein so genanntes »persönliches« oder um ein so genanntes »historisches« Ereignis handelt. Diese beiden Komplexe – das Persönliche und das Historische – lassen sich ohnehin nicht völlig unabhängig voneinander betrachten. Einerseits haben historische Ereignisse für einige Akteure persönlichen Charakter, weil sie körperlich, gedanklich und emotional in sie hineingezogen werden, und unpersönlichen Charakter für andere, die sie nur aus der Ferne wahrnehmen. So ist die Ermordung von Präsident Kennedy ein persönliches Ereignis für seine Ehefrau und seine Kinder, aber ein historisches Ereignis für die große Mehrheit der Amerikaner. Andererseits kann ein Ereignis, das zunächst nur lokalen und persönlichen Charakter hat, weil es nur einige, direkt daran beteiligte Einzelpersonen berührt, so weit aufgebauscht werden, dass es eine große Zahl von anderen Personen, ja nahezu alle Einwohner eines Landes be-

---

110 Paul Jobin, *Maladies industrielles et renouveau syndical au Japon*, Paris, Éditions de l'EHESS, 2006.

trifft, was ihm dann historischen Charakter verleiht. Dieser Prozess lässt sich im Fall von Affären beobachten – für die in Frankreich die Dreyfus-Affäre das paradigmatische Beispiel darstellt –, in deren Verlauf die direkt betroffenen Personen damit beginnen, für ihr Anliegen so viele andere Akteure wie möglich zu gewinnen.

Die ereignishaften Gegenstände, auf die sich die Komplottanschuldigungen und die Verschwörungstheorie-Anschuldigungen der Gegenseite beziehen, nehmen also die Form von Erzählungen oder Schilderungen an. Aus dem nicht ontologischen, sondern soziologischen Blickwinkel, der uns hier interessiert, existieren diese Gegenstände nur in Bezug auf ihre Übermittlung, weshalb in erster Linie die Art ihrer Übermittlung und ihrer Rezeption Aufmerksamkeit verdient. Jemand schildert jemand anderem ein Ereignis. Diese Schilderung enthält »Tatsachen«, das heißt Informationen, die sich auf Körper und deren raum-zeitliche Situierung beziehen (jenes Individuum war zu jener Zeit an jenem Ort oder nicht; jener Brief wurde in jenem Augenblick abgeschickt oder nicht; usw.) und manchmal durch direkte Beobachtung, manchmal durch das Einholen von Zeugenaussagen, manchmal durch logische Rückschlüsse, also Inferenzen abgesichert sind. Diese Informationen verleihen den jeweiligen Ereignissen eine gewisse Bedeutung (jemand ist tot; jenes Gebäude ist eingestürzt; usw.). Aber diese »Tatsachen« reichen nicht aus, um ihnen Sinn zu verleihen, das heißt ihre Einbettung in eine Kausallogik zu gestatten. Damit dieser zweite Schritt möglich ist, muss eine *Erklärung* des fraglichen Ereignisses gegeben werden, das heißt seine Schilderung muss ein neues Format bekommen, das die Bestimmung seiner Ursachen erlaubt. Die Ursachen für ein Ereignis anzugeben, bedeutet nun aber, sein Eintreten dem aktiven Handeln von gewissen, bereits identifizierten Entitäten zuzuschreiben, was eine Auswahl aus den verfügbaren Tatsachen und/oder die Anzweiflung einiger von ihnen und das Einholen von anderen voraussetzt, damit es möglich wird, sie in einer Form zu organisieren, die eine gewisse innere Kohärenz aufweist.

Aus diesem Blickwinkel besteht dann die Hauptfrage, die die

ereignishaften Gegenstände aufwerfen, darin, welche Bedingungen erfüllt sein müssen, damit einige Schilderungen, in denen über sie berichtet wird, für *akzeptabel,* andere dagegen für *inakzeptabel* gehalten werden. Im Allgemeinen werden Schilderungen von einer großen Mehrheit von Personen akzeptiert, wenn sie ihnen irgendetwas abgewinnen können. So glaubt (soviel ich weiß) jeder, dass General de Gaulle 1940 wirklich nach London gegangen ist und sich während des Krieges zum Beispiel nicht in der UdSSR versteckt gehalten hat, so dass die Fotos, die ihn in Begleitung von Churchill zeigen, frisiert wären oder einen als General verkleideten Doppelgänger zeigen. Bei den Schilderungen, die uns hier beschäftigen, ist das nicht der Fall. Sie finden keine allgemeine Zustimmung. Mehrere konkurrierende Schilderungen erheben gleichermaßen Anspruch darauf, die wahrheitsgetreue Version dessen wiederzugeben, was geschehen ist. Einige von ihnen werden nur von einer Minderheit geglaubt und widersprechen den von einer Mehrheit der Personen geglaubten offiziellen Schilderungen. Andere können offiziellen Charakter haben, aber trotzdem von der Mehrheit für unzutreffend gehalten werden, die entweder anderen Schilderungen den Vorzug gibt, nichts darüber weiß oder je nach Äußerungssituation zwischen verschiedenen Möglichkeiten hin und her schwankt.[111] Im Fall der Ermordung Kennedys zum Beispiel zeigen in den Vereinigten Staaten durchgeführte Meinungsumfragen, dass ungefähr drei Viertel der befragten Personen denken, dass die von der Warren-Kommission präsentierte offizielle Version (der »Einzelschütze«) falsch oder zweifelhaft ist und dass dieser Mord auf eine »Verschwörung« zurückgeführt und mit anderen politischen Verbrechen in Verbindung gebracht werden muss, die in den 1960er Jahren begangen wurden.[112]

Ob eine bestimmte Schilderung akzeptiert oder abgelehnt

---

[111] Darüber, wie Zustimmung je nach Äußerungssituation in ein und derselben Person in Ungläubigkeit übergehen kann, siehe Élisabeth Claverie, *Les guerres de la Vierge. Une anthropologie des apparitions,* Paris, Gallimard, 2003.

[112] Siehe Peter Knight, *The Kennedy Assassination,* a. a. O., S. 163.

wird, ist offenkundig auch von früheren Erfahrungen der betroffenen Personen und ihrer Bindung an andere oder an bestimmte Lebensformen abhängig. Man kann versuchen, die Zustimmung zu bestimmten Schilderungen ebenso wie den Zweifel an oder die Ablehnung von davon abweichenden Schilderungen mit der sozialen Position in Verbindung zu bringen, die diese Personen bekleiden, und zwar zum Beispiel mit ihrer sozialen Klasse, ihrem Geschlecht, ihrer nationalen oder ethnischen Zugehörigkeit usw. Man kann außerdem versuchen, einen Zusammenhang zwischen diesen Optionen und den Positionen herzustellen, die diese Personen in der Vergangenheit gegenüber anderen Ereignissen oder im Hinblick auf ihre sei es religiösen, moralischen oder politischen Orientierungen im Allgemeinen eingenommen haben. So hat das Rechts- oder Linkssein, eine eher nationalistische oder eher sozialistische Einstellung während der Dreyfus-Affäre unleugbar eine Rolle dabei gespielt, welcher der verschiedenen Schilderungen für oder gegen Dreyfus[113] jeweils zugestimmt wurde, auch wenn dieser Zusammenhang sich sogar in einem Fall, in dem die Polarisierung so weit ging wie in diesem, nicht automatisch herstellte, zumindest nicht in den Augen der Akteure, die in der »Affäre« am engagiertesten waren.[114] Trotz-

---

[113] Für eine Analyse der Schriftstellerpetitionen während der Dreyfus-Affäre siehe Christophe Charle, *Naissance des intellectuels, 1880-1900*, Paris, Minuit, 1990.

[114] »Ich war jung«, schreibt Léon Blum in seinen Erinnerungen an die Dreyfus-Affäre (*Souvenirs sur l'affaire*, Paris, Gallimard, 1935 [dt.: *Beschwörung der Schatten. Die Affäre Dreyfus*, Berlin, Berenberg, 2005), »und es gab etwas, das die Erfahrung mich noch nicht gelehrt hatte: dass die trügerischste aller geistigen Übungen darin besteht, das Verhalten eines Menschen bei einer wirklich unvorhergesehenen Herausforderung vorausberechnen zu wollen. Man täuscht sich fast mit Gewißheit, wenn man eine solche Frage mit psychologischen Überlegungen aufgrund des uns bereits Bekannten zu beantworten sucht, durch eine Art logischer Verlängerung des uns bekannten Charakters des betreffenden Menschen und seines bisherigen Lebens. Jede Herausforderung ist neu, und jede findet einen neuen Menschen vor. Unter den Stars des Antidreyfusismus – und sogar des Dreyfusismus – gab es manche, die nicht an ihrem logischen Platz standen, an dem Platz, den die Logik für sie vorgesehen hätte, und dieses Hinüber-Herüber irritierte mich in meiner Einfalt.« (S. 47)

dem hängen diese verschiedenen Arten des Interesses, die bewirken, dass diese oder jene Person eher geneigt ist, dieser oder jener Schilderung Glauben zu schenken, von der Beschaffenheit des Ereignisses ab, das darin dargelegt und erklärt wird.[115] Ihre Entfaltung würde uns also zwingen, eine nahezu unbegrenzte Zahl von Fällen Revue passieren zu lassen.

Ich würde eine andere Vorgehensweise vorschlagen. Diese besteht in dem Versuch, die formalen Eigenschaften genauer zu fassen, denen eine Schilderung in einer bestimmten Äußerungssituation genügen muss, um für akzeptabel oder, wenn man so will, diskutabel gehalten zu werden, und zwar auch von Personen, die der Art und Weise, wie gewisse Ereignisse darin dargelegt werden, keinen Glauben schenken. Diese aus der Linguistik übernommene Optik (die die Frage von wahr und falsch durch die Frage ersetzt, ob etwas für den Sprecher einer bestimmten Sprache akzeptabel oder inakzeptabel ist) bringt uns dazu, die narrativen Grammatiken zu analysieren, von denen die Zulässigkeit oder Nichtzulässigkeit der Schilderung des Ereignisses abhängt. In Bezug auf unseren Gegenstand wirft diese Analyse allerdings mehr noch als bei der Art von Fällen, die für die Linguistik von Interesse sind, die Frage auf, ob die Urteile über die Akzeptabilität entsprechend der mal dispositionellen, mal situationellen Eigenschaften derer, die sie formulieren, variieren.[116]

---

115 So unternimmt Pierre-André Taguieff in *La foire aux illuminés. Ésotérisme, théorie du complot, extrémisme* (a. a. O.) den Versuch, aus einer, wie wir gesehen haben, als wir uns die Arbeiten von Richard Hofstadter wieder in Gedächtnis gerufen haben, nunmehr klassischen Optik heraus, den Glauben an »Verschwörungstheorien« mit extremistischen, in diesem Fall gemeinhin rechtsextremen politischen Positionen in Verbindung zu bringen. Die Beispiele, die er gibt, sind sicherlich überzeugend, aber sie erlauben weder die Entfaltung des ganzen Spektrums der atypischen historischen Erklärungen noch die Klärung der Frage, wie diese Theorien als inakzeptabel identifiziert werden, insbesondere nicht im Fall von Schilderungen, die eine Zwischenposition zwischen dem, was gemeinhin akzeptiert wird, und dem, was gemeinhin abgelehnt wird, einnehmen.

116 Zu diesem Punkt siehe die Arbeiten in der Soziolinguistik, und zwar vor allem William Labov, *Sociolinguistique*, Paris, Minuit, 1976 [engl. Orig.: *Sociolinguistic Patterns*, Philadelphia, University of Pennsylvania Press,

Distributionsuntersuchungen werden nun aber schon auf dem Gebiet der Linguistik eher selten vorgenommen, und sie sind auch im Fall der Art von Schilderungen, die hier für uns von Interesse sind, nicht unbedingt häufiger. Ihre Durchführung würde ohnehin sehr heikle Probleme aufwerfen, vor allem wegen der Abhängigkeit dieser Schilderungen von der Äußerungssituation. Die Untersuchung durch Fragebögen und sogar durch Interviews schneidet bekanntlich die vielfältigen Äußerungskontexte letztendlich auf eine sehr begrenzte und sehr stereotype Situation zurück: dass nämlich ein Gespräch von begrenzter Dauer an einem neutralen Ort den Meinungsforscher, der die Untersuchung durchführt, häufig ein Hochschulangehöriger, und eine so genannte »gewöhnliche« Person zusammenbringt, die nicht weiß, was wirklich von ihr erwartet wird, und sich im besten Licht darstellen möchte, das heißt dem entsprechend, was sie für die Erwartungen desjenigen hält, mit dem sie spricht.[117] So

---

1972), und vom selben Autor *Le parler ordinaire dans les ghettos noirs des États-Unis*, Paris, Minuit, 1993 [engl. Orig.: *Language in the Inner City*, Philadelphia, University of Pennsylvania Press, 1972].

[117] Eine Technik, die erforschen soll, wie aus den Medien bekannte Ereignisse bei den Menschen ankommen (wie wir sie gerade ausprobieren), besteht darin, der Untersuchung die Form eines gemeinsamen Spiels zu geben. Gerade aufgrund ihres spielerischen Charakters scheint sie deshalb von Interesse zu sein, weil sie die Respektabilitätszwänge und Selbstzensureffekte, die so stark auf der Äußerungssituation von der Art des Gesprächs lasten, zumindest teilweise außer Kraft setzt. Da keine Technik in ihren Auswirkungen neutral ist, tut sie das aber natürlich nur, indem sie die Bereitschaft zur Phantasie und Spielfreude fördert, die in dem Verhältnis, das normale Menschen zu ihnen allein oder vor allem aus den Medien bekannten Ereignissen haben, zweifellos ohnehin schon enthalten ist. Sie sieht folgendermaßen aus: eine Gruppe (im Allgemeinen von 12 bis 18 Personen) wird in vier Teams unterteilt, die Hand in Hand arbeiten. Jedes Team erhält einen Stapel Karten. Auf den Karten im ersten Stapel stehen Ereignisse jüngeren Datums (zum Beispiel der Unfall im Atomkraftwerk von Fukushima in Japan oder die Affäre Strauss-Kahn, die sich im Frühjahr 2011 im New Yorker Sofitel abgespielt hat, usw.). Auf den im zweiten stehen Entitäten oder Gruppierungen, von denen man annehmen kann (oder nicht), dass sie in Bezug auf diese Ereignisse Verantwortung tragen (zum Beispiel »die Geheimdienste«, »die Naturgewalten«, »die Ausländer«, »Gott« usw.). Auf den im dritten stehen Entitäten oder Gruppierungen,

wie der Linguist von der Hypothese eines »normalen« Sprechers ausgeht, der – wie man sagen muss – ihm gleicht wie ein Ei dem anderen, entschließen wir uns also bei diesem Untersuchungsstand dazu, die Konturen dieser Grammatiken von einer Position aus zu umreißen, die ein Redner, der sich auf der universitären Bühne Gehör verschaffen will, einnehmen würde, was ohnehin für die Mehrzahl der Autoren der Fall ist, die über Verschwörungstheorien geschrieben haben – meistens um deren Widersinnigkeit und Gefährlichkeit anzuprangern.

Die Grammatik der Normalität

Lassen Sie mich rasch präzisieren, auf welche Weise ich in diesem Rahmen den Begriff Grammatik benutze, der ganz verschieden verwendet werden kann. Er bezeichnet ein implizites System von zwingenden Einschränkungen, die bei der Äußerung berücksichtigt werden müssen, wenn dem, um das es sich handelt, Spannungen oder Widersprüche innewohnen, die – so weit wie möglich – zu umgehen oder zu verbergen sind, um die Aussage akzeptabel zu machen. Da diese Einschränkungen aber nicht nur von dem Gegenstand abhängen, von dem die Rede ist, sondern auch von dem Kontext, in dem er zur Sprache kommt, können diese grammatischen Bedingungen je nach Äußerungs-

---

von denen man annehmen kann (oder nicht), dass sie in besonderem Maße Opfer dieser Ereignisse sind. Und auf den Karten im vierten Stapel stehen schließlich Entitäten oder Gruppierungen, von denen man annehmen kann (oder nicht), dass sie dazu beitragen können, die Situationen zu verbessern, zu der diese Ereignisse jeweils geführt haben (die *Adjuvanten* in der Terminologie von Greimas). Das erste Team wählt ein Ereignis aus, das an eine für alle sichtbare Tafel geschrieben wird. Das zweite, das dritte und das vierte Team wählen einen oder mehrere verantwortliche Aktanten, Opfer-Aktanten beziehungsweise Adjuvanten-Aktanten aus. Die Bezeichnungen dieser Aktanten werden neben das Ereignis an die Tafel geschrieben. Daraufhin beginnt eine allgemeine Diskussion (die aufgezeichnet wird) über die Stichhaltigkeit dieser Zuschreibungen, so dass die Übereinstimmungen und Unstimmigkeiten vor allem in Bezug auf die Kausalketten zum Vorschein kommen.

situation variieren, und zwar besonders danach, ob diese Situation öffentlich oder privat, offiziell oder spielerisch usw. ist.

Ich werde dafür ein Beispiel geben, das direkt mit der Frage der Paranoia-Anschuldigungen zusammenhängt. Dabei stütze ich mich auf eine von mir durchgeführte Studie über die Akzeptanzbedingungen der öffentlichen Anprangerung von Ungerechtigkeiten.[118] Der Korpus, auf dem diese Studie beruhte, bestand aus (nicht abgedruckten) Briefen an die Zeitung *Le Monde*, in denen Ungerechtigkeiten angeprangert wurden. Viele von ihnen bezogen sich auf die Existenz bösartiger, verdeckter Komplotte. Die befragten Journalisten merkten an, dass einige dieser Briefe problemlos für glaubwürdig gehalten werden konnten und dass andere »zweifellos« von »Paranoikern« stammten. Zwischen diesen beiden Extremen lag ein breites Spektrum von Einsendungen, bei denen es nach dem Urteil dieser Journalisten nötig gewesen wäre, eine lange und aufwändige Untersuchung durchzuführen, um darüber entscheiden zu können, welcher Stellenwert zwischen Normalität und Wahnsinn ihnen zuzuschreiben sei. Die anhand dieses Materials durchgeführte Arbeit bestand einerseits darin, (mehr als hundert) Variablen festzulegen, die so kodiert werden konnten, dass der substanzielle (Art der Klage usw.) und formale (stilistische Eigenheiten usw.) Gehalt dieser Briefe statistisch repräsentiert wurde. Und andererseits darin, ein Gremium von fünf zufällig ausgewählten Richtern zu bitten, alle Texte zu lesen und jeden Brief entsprechend ihrer Einschätzung der Normalität oder des Wahnsinns des Absenders mit einer Note (von 1 bis 10) zu versehen. Diese Noten wurden dann in die statistische Analyse einbezogen, die die narrative Struktur des Textes in Form von Faktorenplänen beschreibt. Der Abgleich der Eigenschaften der Texte mit den Noten, die sie erhielten, erlaubte es, die Zeichen zu identifizieren, anhand derer die Richter meinten, es mit einer von einer normalen Person oder von einer geistesgestörten Person abgeschickten Sendung zu tun zu haben.

Eine öffentliche Anprangerung von Ungerechtigkeiten muss

---

118 Luc Boltanski, »La dénonciation publique«, a. a. O., S. 255-366.

eine spezifische Spannung überwinden, die etwas Gewalttätiges hat und kurz gesagt folgendermaßen aussieht: Jemand prangert einen Gewaltakt an, dessen Opfer er gewesen sei und für den er Wiedergutmachung fordert. Dadurch nimmt er aber die Anschuldigung eines Dritten vor, der eine Einzelperson sein kann oder ein Kollektiv. Und wie jeder öffentliche Anschuldigungsakt hat auch diese Anschuldigung gewalttätige Züge. Zur Verringerung dieser Spannung ist der Einsatz von narrativen Mitteln erforderlich, die die Schilderung der inkriminierten Ereignisse *desingularisieren*, also weniger einzigartig machen sollen. Davon sind sowohl die Art, wie die Schilderung formuliert ist, als auch ihre Äußerungsbedingungen betroffen. Nehmen wir folgende Beispiele: Eine der am häufigsten verwendeten Figuren ist die der *zunehmenden Verallgemeinerung*. Der Urheber der Schilderung geht von seinem singulären Fall aus und bringt ihn mit anderen Fällen in Verbindung, die er für ähnlich hält und die anderen passiert sind, so dass er seinen öffentlichen Anprangerungsakt mit dem Argument rechtfertigen kann, dass er ihn nicht aus Eigeninteresse vollzieht, sondern um des Gemeinwohls willen, was seine Gewaltsamkeit abmildert. Aus den gleichen Gründen besitzt die Anprangerung, die Denunziation, höhere Beweiskraft, wenn sie nicht vom Opfer selbst, sondern von einem Aktanten (dem »Denunzianten« oder Ankläger) vorgebracht wird, der nicht persönlich unter den inkriminierten bösen Taten zu leiden hatte. Und zwar besonders dann, wenn dieser Aktant entweder jemand ist, der sich auf eine spezifische Autorität berufen kann, die sich in moralische Autorität umwandeln lässt (zum Beispiel ein berühmter Professor am Collège de France), oder ein Kollektiv ist (zum Beispiel eine Menschenrechtsorganisation).

Die als anormal eingestuften Sendungen stammten von Personen, denen es nicht gelungen war, solche trickreichen Manöver auf überzeugende Weise umzusetzen. Meistens handelte es sich um Personen, die sich selbst zum Opfer erklärten, ohne dass sich andere ihrer Klage annahmen, und deren Anschuldigungen sich oft gegen Nahestehende richteten. Diese Personen versuchten zwar trotzdem, Desingularisierungsfiguren in ihre Klagen einzubauen – was zeigt, dass sie sehr wohl um die Zwänge, die auf dieser Art Aussage lasten, wussten –, taten dies aber auf so ungeschickte und so unglaubwürdige Weise, dass diese Maßnahmen nicht nur nichts bewiesen, sondern ganz im Gegenteil die Zweifel nicht nur an der Wahrhaftigkeit ihrer Worte, sondern tiefergehend an ihrer geistigen Gesundheit noch verstärkten. Von den sehr vielen benutzten Figuren wären der Rückgriff auf falsch verwendetes juristisches Vokabular zu erwähnen; die Bezugnahme auf nicht vorhandene (zum Beispiel nur aus der Ehefrau des Klägers und seinen Kindern bestehende) Unterstützergruppen; oder aber trickreiche Versuche, sich in den Augen des Lesers größer zu machen, als man ist, zum Beispiel indem man sich »hochtrabende«, aber wenig überzeugende Titel zulegt oder aber die Sendung mit Unterschriften übersät, die mit dem Vermerk »gelesen und genehmigt« versehen sind.

All das geschieht, als ob es den Verfassern dieser Briefe nicht gelänge, die Anforderungen dessen zu erfüllen, was man *Grammatik der Normalität* nennen kann; ihr Scheitern äußert sich besonders über die Tricks oder Manöver, die sie vollziehen, um sich ihr anzupassen, aber die jeweiligen Äußerungskontexte lassen diese Versuche wenig glaubwürdig erscheinen. Besondere Bedeutung kommt in dieser Grammatik der Normalität der Frage der *Größe*, das heißt des Wertes und der sozialen Bedeutung der verschiedenen Aktanten zu, die in der Schilderung vorkommen – und entweder nur für sich selbst stehen oder kollektive Größen verkörpern können – oder aber, wenn man so will, der Art und Weise, wie in ihr verschiedene *Maßstabsspielräume* zum Ausdruck kommen.[119] Dass man das Opfer eines Komplotts von großer Tragweite sei, in das auch weit entfernte Persönlichkeiten verwickelt sind, deren bösartige Machenschaften sich weltweit auswirken, ist zum Beispiel nur sehr schwer glaubhaft zu machen, wenn man als an diesem Komplott Beteiligte nur unwichtige Personen aus dem unmittelbaren Umfeld, ja sogar

---

119 Jacques Revel, *Jeux d'échelle. La micro-analyse à l'expérience*, Paris, Seuil, Gallimard, EHESS, 1998.

langjährige Arbeitskollegen oder Mitglieder der eigenen Familie benennt. Solche Anschuldigungen können eine gewisse Glaubwürdigkeit erlangen, wenn der, der sie äußert, selbst eine hochgestellte Persönlichkeit ist (zum Beispiel der Premierminister eines Landes, in dem ein Bürgerkrieg wütet); wenn sie aber von jemand Beliebigem kommen, dem man nicht a priori ansieht, warum er zur Zielgruppe einer Geheimorganisation gehören sollte, werden sie leicht für verrückt gehalten. Doch sind so abgrundtiefe Gräben wohlgemerkt nicht unbedingt ausreichend, um die Urheber solcher Anschuldigungen zu entmutigen, die zum Beispiel argumentieren könnten, dass sie unwillentlich Zeuge einer Angelegenheit von großer Wichtigkeit geworden seien (eine Figur, die im Rahmen von Spionageromanen häufig weiterentwickelt wird).

Die Grammatik der Wahrscheinlichkeit

Nach dem Modell der Grammatik der Normalität, die wir uns gerade in groben Zügen in Erinnerung gerufen haben, könnte man zweifellos auch versuchen, die Konturen von etwas zu umreißen, das man *Grammatik der Wahrscheinlichkeit* nennen könnte. Die Frage der Wahrscheinlichkeit wurde vor allem einerseits in der Narratologie in Bezug auf die Romanliteratur[120] und andererseits in der Wissenschaftstheorie oder Epistemologie historischen Wissens erörtert; im ersten Fall steht die Frage der Repräsentation im Vordergrund, im zweiten die Frage, welchen Bedingungen die Inferenzen, also die logischen Schlussfolgerungen, genügen müssen, um für wahrscheinlich gehalten zu werden.[121]

---

120 Siehe vor allem Gérard Genette, der in »Vraisemblance et motivation«, in: ders., *Figures II* (1969), Paris, Seuil, 1979, S. 71-100, die wahrscheinliche Aussage als eine Aussage definiert, die sich ihre Begründung sparen kann, das heißt, dass sie nicht preisgeben muss, wozu sie in der Ökonomie der Erzählung dient.

121 Ein klassisches Beispiel ist Morris Cohen/Ernest Nagel, *An Introduction to Logic and Scientific Method* (1934), London, Routledge & Kegan Paul, 1963.

Im Fall der Romanliteratur ist die Wahrscheinlichkeit zu weiten Teilen eine Folge der Kohärenz, die der Verfasser seiner Schilderung gibt. Eher, als dass diese »innere« Wahrscheinlichkeit der Schilderung »Glaubwürdigkeit« verleiht, stellt sie die Anerkennung der Fiktion als solche, als »autonomes Universum« sicher.[122] Im Fall des wissenschaftlichen und historischen Wissens geht man davon aus, dass die Wahrscheinlichkeit von den Bedingungen abhängt (im Rahmen eines Experiments oder auch nicht), unter denen die Beobachtungen gemacht und/oder, zum Beispiel im Fall der Archäologie, die verschiedenen Bestandteile gewonnen wurden, deren Abgleichung logische Schlussfolgerungen zulässt.

Im Gegensatz zu vielen Erkenntnistheoretikern, die eher dazu neigen, sie einander entgegenzusetzen, definiert John Dewey in seinem Bemühen, zwischen der wissenschaftlichen Erkenntnis und dem Alltagswissen ein Kontinuum herzustellen, die *Untersuchung* beziehungsweise *Forschung* als einen Schritt der alltäglichen Erfahrung, wenn diese auf Situationen stößt, deren Unbestimmtheit Zweifel oder Verunsicherung aufkommen lassen. Nur wenn diese Verunsicherung durch die Beobachtung und Auswahl wichtiger Merkmale in ein *Problem* transformiert wird, gibt es einen Ausweg aus einer solchen Situation.[123] Diese Umwandlung macht es wieder möglich zu *handeln*, und weil es die Ausgangssituation transformiert, ist dieses Handeln das hauptsächliche, sowohl kognitive als auch praktische Instrument zur Lösung des identifizierten Problems und stellt es einen Ausweg aus dem Zustand der Verunsicherung dar, der die Untersuchung in Gang gesetzt hat. Zugleich ändert die Untersuchung zwangsläufig sowohl das Objekt als auch das Prädikat (S. 156). Dieser konzeptuelle Rahmen ist deshalb interessant, weil er die kogniti-

---

122 Siehe Nathalie Kremer, »Vraisemblance et reconnaissance de la fiction. Pour une redéfinition de la vraisemblance dans le cadre d'une poétique romanesque« (⟨http://www. Fabula.org⟩, Dokument Nr. 128).
123 Siehe John Dewey, *Logic. The Theory of Inquiry* (1938), New York, Holt, Rinehart & Winston, 1966 [dt.: *Logik. Die Theorie der Forschung*, Frankfurt/M., Suhrkamp, 2002].

ven und die praktischen Bestandteile der Erfahrung eng miteinander verknüpft. Aus diesem Grund interessiert John Dewey sich besonders für die Art von Verunsicherung, die eine Person befällt, wenn sie in einem Handlungsablauf feststeckt, dem sie nicht mehr zu folgen vermag, und für die Problematisierungsweise, die sie entwickelt, um diese Unterbrechung des Handlungsablaufs zu beheben. Diese Hervorhebung des situierten Handelns erlaubt es ihm, die Personen als »pathologisch« zu bestimmen, deren Zweifel nicht aufhören und die ständig Untersuchungen anstellen, obwohl die Situation nicht als solche »verworren oder dunkel« ist, was, wie Dewey sagt, von einer »*withdrawal from reality*«, einer »Realitätsflucht« zeugt (S. 132). Durch diese Konzeption der Untersuchung hebt John Dewey gleichwohl das persönliche Erkennen (das Urteil, sagt er, kann sich nur in einer Einzelperson bilden) in all seiner Intimität hervor; es steht mit einer Situation in Zusammenhang, mit dem Handeln, das sich daraus ergibt, und mit den Emotionen, die es häufig begleiten (S. 186). Aus diesem Grund macht er einen klaren Unterschied zwischen dem direkten Wissen (»*knowledge-by-acquaintance*«) – zum Beispiel, dass man einen bestimmten Nachbarn kennt – und dem Wissen-über (»*knowledge-about*«) – zum Beispiel über Julius Cäsar –, den er in seinem Text explizit mit der französischen Unterscheidung von *connaître* und *savoir* [kennen und wissen] in Verbindung bringt (S. 185). Einen großen Teil seiner Arbeit widmet John Dewey den indirekten Erkenntnisformen und dem, was deren Aussagen mehr oder weniger wahrscheinlich macht. Dabei verlässt er allerdings das Gebiet der persönlichen Erfahrung und entwickelt eine Epistemologie des historischen Wissens.

Die Probleme, die die Wahrscheinlichkeit im Fall der Art von Schilderungen aufwirft, die sich in den Büchern über »Verschwörungstheorien« finden, lassen sich danach unterscheiden, ob man diese Schilderungen von der Position dessen aus betrachtet, der sie äußert, oder von der Position derjenigen aus, die sie rezipieren. Die Urheber dieser Theorien nehmen häufig die Identität eines Gelehrten oder Experten an, und zwar sogar beziehungsweise vor allem dann, wenn sie über keine durch einen Auftrag oder zumindest einen akademischen Titel beglaubigte Autorität verfügen. Sie versuchen, ihren Beweisführungen einen untadeligen wissenschaftlichen Anstrich zu geben, häufig indem sie die positivistischen Haarspaltereien der »echten« Gelehrten noch verstärken. Wenn man sie kritisch betrachten will, können die Schilderungen, die sie hervorbringen, also auf eben dem Gebiet, auf dem sie sich verorten möchten – dem Gebiet der Beweise, der logischen, inferentiellen Schlussfolgerungen, der Wahrscheinlichkeitsrechnungen usw. –, von Experten angezweifelt werden. Wie häufig angemerkt worden ist, begegnen sie diesen Kritiken oft mit einer Verteidigungsstrategie, die darin besteht, den Verdacht auszuweiten, vor allem indem sie den Durchblick oder die Aufrichtigkeit ihrer Opponenten in Frage stellen.

Doch die Frage der Wahrscheinlichkeit stellt sich anders dar, wenn man sie vom Standpunkt einer beliebigen Einzelperson aus betrachtet, die diese Schilderungen rezipiert, ohne im Mindesten an ihrer Entstehung oder am Gang der Ereignisse, auf die sie sich beziehen, beteiligt zu sein. Es handelt sich nicht um einen »Experten«, der auf gleicher Augenhöhe reagieren und die Untersuchung auf dem betreffenden Gebiet weiter fortsetzen könnte, um neue »Indizien« zu sammeln, die es ihm erlauben würden, ein ganzes Arsenal von Argumenten und Gegenargumenten zu entwickeln. Aber es handelt sich auch nicht um eine Person, die sich mit problematischen Alltagssituationen herumschlägt – um eine »gewöhnliche Person«, die »gewöhnlichen Erfahrungen« ausgesetzt ist.[124] Die Ermordung von Kennedy – um

---

[124] In den nach seinem Tode veröffentlichten Bemerkungen *Über Gewißheit* beharrt Ludwig Wittgenstein bei der Diskussion von Moores Ansichten über den Commonsense auf der Unterscheidung zwischen der Art von Ungewissheit, die sich infolge einer persönlichen Erfahrung äußert, und der Art von Ungewissheit, die sich anlässlich von Tatsachen oder Deutungen entwickeln kann, die von anderen übermittelt wurden und die, um für selbstverständlich genommen zu werden, eine gewisse Form von vorherigem Vertrauen oder »Glauben« voraussetzt. Um glauben zu können, was man mir berichtet, »(m)uß ich nicht irgendwo anfangen zu trauen?« D. h. »ich muß irgendwo mit dem Nichtzweifeln anfangen.« (Fragment 150)

das oben verwendete Beispiel wieder aufzugreifen – mag dieser Person etwas bedeuten oder sie kaltlassen, aber die Schilderung, die sie davon erhält, und die Erklärungen, die ihr gegeben werden, wurzeln in beiden Fällen in keinerlei direkter Erfahrung. Obwohl derjenige, dem derartige Schilderungen übermittelt werden, auch nicht mit einem Romanleser im eigentlichen Sinne gleichzusetzen ist – er weiß, dass die ihm dargebotene Schilderung sich nicht als fiktional, sondern als »real« versteht –, kann er sie rezipieren, indem er die Art von Dispositionen reaktiviert, die er durch seine Vertrautheit mit Krimis erlangt hat, handelt es sich dabei nun um Romane, Filme oder Fernsehserien. Er kann von daher spielerisch mit ihnen umgehen – in derselben Spannung, die die Auflösung eines Rätsels hervorruft, das dadurch, dass die Information von offizieller Seite kommt, ihn nur umso mehr verunsichern dürfte. Das heißt in der Überzeugung, dass die Schilderung, die er erhält, »ihn in die Irre führen« soll – worin der »Gattungsvertrag« des Krimis besteht –, denn der Verfasser hat sich als »nicht situierbare Äußerungsinstanz« davor gehütet, dem Leser »alles zu sagen, was er weiß«; er hat eine »Informationsauswahl« vorgenommen und die »allgemeine Darstellung der Tatsachen« so manipuliert, dass er ihn auf eine falsche Fährte lockt.[125] Die Versuchung ist also groß, die Schilderung wie eine Konstruktion von vielen zu behandeln und ihren Gehalt auf den Prüfstand zu stellen, indem sie über den Umweg der Imagination in ein größeres Ensemble von »möglichen Welten«[126] eingebettet wird.

Dennoch liegt der Gedanke nicht fern, dass die Frage, wie die

---

Denn es handelt sich um eine *Entscheidung*: »Wir müssen vielmehr die Rolle der Entscheidung für und gegen einen Satz erst bestimmen.« (Fragment 198) Diese Entscheidung ist allerdings widerrufbar: »Ich habe eine Unmenge gelernt und es auf die Autorität von Menschen angenommen, und dann manches durch eigene Erfahrung bestätigt oder entkräftet gefunden.« (Fragment 161) (Ludwig Wittgenstein, *Über Gewißheit*, in: ders., *Werkausgabe*, Bd. 8, Frankfurt/M., Suhrkamp, 1989, S. 113-257).

125 Siehe Pierre Bayard, *Qui a tué Roger Ackroyd?*, a. a. O., S. 80.
126 Über Fiktionen als Konstruktionen von möglichen Welten siehe Thomas Pavel, *Univers de la fiction*, Paris, Seuil, 1988.

Aufteilung nach Wahrscheinlichem und Unwahrscheinlichem vor sich geht – die eng mit der Frage der Urteilskraft zusammenhängt –, selbst in einem Fall wie diesem Vorbedingungen gehorcht, die sich präzisieren lassen müssen. Sie sind wahrscheinlich von zweierlei Art. Die ersten kann man als *realistisch* bezeichnen.[127] Sie bestehen darin, neue Informationen mit bereits als gültig anerkannten Informationen zu vergleichen. Diese Vorgehensweise kann man in Anlehnung an die journalistische Praxis *Informationsabgleich* nennen.[128] Derjenige, dem ein Ereignis geschildert wird, bringt diese Schilderung mit anderen Schilderungen in Zusammenhang: von Tatsachen, die er für ähnlich hält, und/oder Ereignissen, die er aus persönlicher Erfahrung kennt. Erfahrungen von Lüge, Täuschung und sogar von Situationen, an denen mehrere Personen aktiv beteiligt sind, von denen man mit guten Gründen annehmen kann, dass sie sich abgesprochen haben, um einem zu schaden, sind Teil der persönlichen Erfahrung der meisten Menschen und haben sich durch ihre Schmerzlichkeit in ihr Gedächtnis eingegraben. Diese Schilderungen und diese unterschiedlichen Erfahrungen bilden eine Art enzyklopädischen Wissensschatz, aus dem mehr oder weniger feststehende Informationsbestandteile abgerufen werden können, die sich mit den verschiedenen Informationen decken, aus denen sich die aktuell vorliegende neue Schilderung zusammensetzt. Wahrscheinlich findet eine neue Schilderung umso leichter Akzeptanz, je mehr Informationsbestandteile sie enthält, die mit bereits abgespeicherten Informationsbestandteilen in Zusammenhang gebracht werden können. Es ist leichter und von daher weniger aufwändig zu glauben, dass Kennedy aufgrund eines von der CIA und der Mafia – zweier in zahlreichen journalistischen und/oder fiktionalen Schilderungen bereits vertretenen Entitäten – geschmiedeten Komplotts ermordet wurde, als dass er einer Verschwörung von Illuminaten zum Opfer fiel, die zwar in einigen Schilderungen mit historischem An-

---

127 Siehe Cyril Lemieux, *Le devoir et la grâce*, Paris, Economica, 2009.
128 Siehe Cyril Lemieux, *Mauvause presse*, Paris, Métailié, 2000.

spruch vorkommen, denen man aber nicht an jeder Straßenecke begegnet. Schilderungen, in denen Wesen auftreten, deren körperlicher Zustand nur schwer bestimmbar ist – entweder weil anzunehmen ist, dass sie keinen Körper besitzen, wie im Fall von übernatürlichen Wesen, oder weil ihre Körper noch nie öffentlich zu sehen waren, wie im Fall von außerirdischen Besuchern –, machen von daher zusätzliche Anstrengungen erforderlich, damit sie auf Zustimmung stoßen. Dieselben Bemerkungen ließen sich auch über Fälle machen, in denen der Informationsabgleich eine beträchtliche Verschiebung der zeitlichen oder räumlichen Maßstäbe voraussetzt, weil die gelieferten Erklärungen sich auf das Eingreifen von entweder sehr weit entfernten oder aus einer weit zurückliegenden Vergangenheit stammenden Entitäten berufen, was zusätzliche Hypothesen darüber voraussetzt, wie sie über einen so langen Zeitraum überleben konnten, ohne dass es jemand merkte. Trotzdem stützen sich ganz gewöhnliche Abgleichsverfahren offenbar häufig auf Maßstäbe, deren Spielraum sich vom Nahen zum Entfernten und vom Vertrauten zum medial Vermittelten erstreckt. Auf solchen Verfahren beruht das, was die Sozialpsychologie früher die »Verankerung« von »Stereotypen« und »Vorurteilen« nannte. Wenn ich aus persönlicher Erfahrung weiß, dass mein Nachbar, ein in der Vorstadt wohnender junger Mann, mit seiner Stereoanlage unerträglichen Lärm macht, und durch die Medien Kenntnis erhalte, dass Jugendliche in der Vorstadt Autos abbrennen, setzt sich in mir ein Gefühl der Antipathie gegenüber meinem Nachbarn fest, das sich in Bezug auf ein schwammiges Gebilde von Akteuren verallgemeinern lässt: auf die »Vorstadtjugendlichen«.

Trotzdem spielen nicht nur diese Rezeptions- und Übermittlungsmodalitäten der Schilderung des Ereignisses, die man als *narrativ* bezeichnen kann, eine Rolle. Sie stehen mit anderen Modalitäten, die man als frei erfundenes *Fabulieren* bezeichnen kann, in einem Spannungsverhältnis. Diese Modalitäten kann man zu präzisieren versuchen, indem man die von den russischen Formalisten entwickelte Entgegensetzung von Werken »mit Sujet«, die die Form einer *Schilderung* oder *Erzählung* annehmen, und *Fabeln* wiederaufgreift. In beiden Fällen wird vom Übermittler und vom Rezipienten der Geschichte eine gewisse Kohärenz erwartet, was voraussetzt, dass eine Auswahl aus dem verfügbaren Material getroffen wird. Doch während im Fall der Erzählung die Kohärenzzwänge vor allem die Chronologie, die räumliche Stimmigkeit, das Verhältnis der Aktanten und die Kausalität betreffen, sind sie im Fall der Fabel im Wesentlichen symbolischer Art; in ihr erfolgt die Auswahl und Organisation nach Prinzipien, die man entweder eher als ästhetisch oder eher als moralisch bezeichnen kann, wenn man diese Termini im weiten Sinne versteht. Wenn die übermittelte Geschichte zu diesen Formen neigt, muss sie Figuren entwickeln, deren Haupteigenschaft darin besteht, auf so genannten paradoxen Behauptungen zu beruhen, weil sie den Erfahrungsdaten und besonders den Sinnesdaten widersprechen. Wie die Arbeiten besonders über das Märchen und den Mythos aus dem Grenzgebiet von Ethnologie und Kognitionswissenschaften nahelegen,[129] trägt der paradoxe Charakter einer Behauptung zu ihrer Abspeicherung im Gedächtnis bei und erleichtert ihre Übermittlung, und sei es nur, weil das, was dabei in den Vordergrund tritt, sich vom Hintergrund der gewöhnlichen Erfahrung abhebt. Informationssprachlich könnte man sagen, dass das Auftreten von unzeitgemäßen Handlungen oder Wesen, deren körperliche Präsenz unklar und deren Absichten unergründlich sind, in Geschichten, die sich auf die Gegenwart beziehen, eine Signalfunktion ausübt, die die Dispositionen des Rezipienten verändert und ihn zum Fabulieren bringt[130] – das heißt, wenn man deren pathologische Erscheinungsformen einmal ausklammert, zu einer äußerst sozialen Tätigkeit, denn Fabulieren lässt sich am besten

---

129 Siehe Pascal Boyer, *Et l'homme créa les dieux. Comment expliquer les religions*, Paris, Laffont, 2001 [dt.: *Und Mensch schuf Gott,* Stuttgart, Klett-Cotta, 3. Aufl. 2011].

130 Über die soziale und politische Rolle der Neubeschreibung von aktuellen Ereignissen in Märchen siehe Jonathan Skinner, »Taking Conspiracy Seriously. Fantastic Narratives and Mr Grey the Pan-Afrikanist on Montserrat«, in: Jane Parish/Martin Parker (Hrsg.), *The Age of Anxiety. Conspiracy Theory and the Human Sciences*, Oxford, Blackwell, 2001, S. 93-111.

zu mehreren. Man kann es sich als Frage-und-Antwort-Spiel vorstellen, bei dem jeder dazu ermuntert wird, die vorgegebenen Elemente mit neuen Details *auszuschmücken* und anzureichern, die zwar imaginär sind, aber auf der symbolischen Ebene zu der ästhetischen und/oder moralischen Ausrichtung passen, die der bei dieser Interaktion manipulierte semantische Stoff letztendlich annimmt.

Ob die beiden Modalitäten, auf die wir gerade hingewiesen haben, sich ausgleichen, hängt möglicherweise zu einem Großteil von der Äußerungssituation ab. Die von nicht autorisierten Stellen übermittelten Schilderungen, in denen Ereignisse berichtet und erklärt werden, deren Umstände nicht feststehen, sind ihrerseits dazu bestimmt, dass diejenigen, die sie rezipiert haben, sie anderen berichten. Doch je nachdem, ob diese Übertragung öffentlich oder privat, vor Autoritätspersonen oder engen Freunden, in einem so genannten »seriösen« Rahmen oder in einem spielerischen Kontext usw. erfolgt, klingt sie eher nach einer Schilderung oder eher nach dem, was wir eine Fabel genannt haben. Oder aber je nachdem, ob der Sprecher persönlich die Verantwortung für die Schilderung übernimmt, die er übermittelt, oder ob er sie, manchmal mit neuen Details angereichert, einfach nur an andere weitergibt, ohne sich auf ihre Äußerung wirklich einzulassen. In der Logik des Gerüchts, dieses Diskurses ohne Subjekt, bei dem niemand den Wahrheitsgehalt gewährleistet, den wir aber gleichwohl spielerisch ohne Abstriche genießen können, fällt es deshalb besonders leicht, den narrativen Realismus hinter sich zu lassen und zu Aussagen überzugehen, in denen die paradoxen Komponenten der geschilderten Ereignisse im Vordergrund stehen.

Den zwei Formen, deren Konturen wir gerade umrissen haben – die narrative Form der Erzählung beziehungsweise Schilderung und die symbolische Form der Fabel –, scheinen also zwei Arten zu entsprechen, wie Geschichten zirkulieren.[131] Wenn

---

131 Im Schema dieser beiden Zirkulationsweisen von Geschichten lässt sich Marx' Beschreibung der Zirkulationsweisen von Waren, die präkapitalisti-

die Geschichte eher in einer narrativen Form zirkuliert, stehen die Akteure und ihre Überzeugungen im Mittelpunkt. Derjenige, der sie rezipiert, versucht das, was ihm gesagt wird, mit den aus seiner Erfahrung stammenden Daten und/oder mit anderen Schilderungen abzugleichen. Sein Standpunkt gegenüber der fraglichen Affäre kann sich dadurch ändern, und diesen neuen Standpunkt versucht er anderen mitzuteilen, indem er nun die Geschichte auf seine Weise schildert. Wenn die Zirkulation der Geschichte eher eine fabulierende Form annimmt, steht die Geschichte selbst im Zentrum, und die Personen, die sie aufgreifen und verbreiten, sind gewissermaßen nur ihre Diener oder Helfer. Dabei stellt sich weniger die Frage, ob Letztere persönlich von dem überzeugt sind, was sie übermitteln, sondern, was sie zur *Anreicherung* der Geschichte beitragen, die bei jeder dieser Weitergaben von einer Person zur anderen mit zusätzlichen, immer paradoxeren, aber auf symbolischer Ebene auch immer kohärenteren Elementen ausgestattet werden muss.

Um Klarheit über die Art von Geschichten zu erlangen, die in den Büchern über Verschwörungstheorien geschildert werden, muss neben der Grammatik der Normalität und der Grammatik der Wahrscheinlichkeit noch eine dritte Grammatik analysiert werden, nämlich die Grammatik, die hinter der Beschreibung der sozialen Bindungen steht und dabei nebenher auch die Werturteile steuert, denen diese Bindungen unterliegen können. Mit dieser Grammatik werde ich mich im nächsten Kapitel beschäftigen, das der Art und Weise gewidmet ist, wie die kausale Erklärung der Ereignisse und der Entitäten, denen sie zuzuschreiben sind, sich im Fall der Soziologie darstellt – jenes Faches, in dem es eben gerade um die Beschreibung und die Analyse der verschiedenen Modalitäten des sozialen Bandes geht.

---

sche und die kapitalistische, wiedererkennen: nämlich Ware – Geld – Ware versus Geld – Ware – Geld. Siehe Anselme Jappe, *Les aventures de la marchandise. Pour une nouvelle critique de la valeur*, Paris, Denoël, 2003.

Sechstes Kapitel
Die Policey der soziologischen Untersuchung

Die Soziologen und ihre »Dummheiten«[1]

In dem vor nicht allzu langer Zeit erschienenen Buch *Le bêtisier du sociologue*, in dem sie die ihrer Einschätzung nach größten Schwächen ihrer Kollegen brandmarkt, hat Nathalie Heinich auch dem Verdacht und dem Komplott ein Kapitel gewidmet.[2] Zum Auftakt beanstandet die Autorin die Bemerkung eines Kollegen, der ihr vorgeworfen habe, dass sie durch Interviews gewonnene persönliche Äußerungen wörtlich nehme, ohne der Tatsache Rechnung zu tragen, dass die Leute manchmal »lügen beziehungsweise sich selbst belügen«. Dann holt sie weiter aus und zeichnet die Charakterzüge eines Soziologentypus nach, den sie »Soziologen des Verdachts« nennt. Und diesen »Soziologen des Verdachts« bringt sie schließlich mit dem »Verschwörungstheoretiker« in Verbindung. Er würde nämlich nur »eine ziemlich allgemein verbreitete Neigung auf seine professionelle Praxis übertragen«: die Neigung – sagt sie – »zu Verschwörungstheorien«, die ein anderer Kollege von ihr schon »vor längerem ausgiebig beobachtet« habe. Es folgt ein ziemlich standardisiertes verschwörungstheoretisches Tableau (Misstrauen gegenüber Eliten und Medien, Glaube an Manipulationen, Ablehnung von offiziellen Informationen zugunsten von Geschwätz aus dem Internet usw.) mit dem üblichen Verweis auf die extreme Rechte (die »Holocaustleugner«) und die extreme Linke (die von »Klassenfeinden« spreche) und dann noch – entsprechend den Intuitionen der Doktoren Sérieux und Capgras ein Jahrhundert zu-

---

1 [Frz. *Bêtises*; Anspielung auf die in diesem Kapitel zitierte soziologische »Stilblütensammlung« (*bêtisier*) von Nathalie Heinich, die sich im Deutschen nicht nachvollziehen lässt.]
2 Nathalie Heinich, *Le bêtisier du sociologue*, Paris, Klincksieck, 2009, S. 31-36 [im Folgenden Übers. C. P.].

vor – auf die Paranoia. »Man braucht die intellektuellen Milieus gar nicht lange zu frequentieren, um zu bemerken, dass die Paranoia dort zu den häufigsten Berufskrankheiten gehört. [...] Die Soziologie des Verdachts ist eine ziemlich verbreitete Form davon, wenn sie auch als solche immer noch nicht besonders aufgefallen ist« (S. 33). Gemeinsam ist der »Soziologie des Verdachts«, den »Verschwörungstheorien« und der »Paranoia« vor allem die »intentionalistische Grundannahme«, das heißt die »systematische Reduktion allen Handelns auf eine bewusste (aber möglichst verdeckte, daher böse) Absicht. Auch neigt diese Geisteshaltung dazu, jedwede Kausalität intentionalistisch zu zerschlagen. [...] Darin zeigt sich das Paradigma des Komplotts: hinter allem steckt eine Strategie, die verborgen wird, um das Eigeninteresse (in den ausgefeilteren Deutungen das Klasseninteresse) zu maximieren.«

Interessant an diesem Abschnitt ist, dass er auf polemische und schroffe Weise Ablehnungsformen und Kritiken unterstreicht, die manchmal von außen und manchmal sogar fachintern geäußert wurden und die Soziologie unablässig – je nach Epoche und Autor mehr oder weniger explizit – begleitet haben. Und zwar in einem Ausmaß, dass es nicht übertrieben ist, in den zahlreichen Debatten und Umschwüngen, die die Entwicklung dieses Faches geprägt haben, intellektuelle Prozesse zu sehen, durch die diese Anschuldigungen entweder entkräftet oder vermieden oder im Gegenteil die Übernahme der kritisierten Positionen gefordert werden sollten – im gleichzeitigen Bemühen, sie mit einer theoretischen Grundlage zu versehen. Die Untersuchung dieser Debatten in ihrem ganzen Ausmaß und häufig auch in ihrer ganzen Komplexität würde dieses Kapitel zu einer voluminösen soziologischen Abhandlung anschwellen lassen.

In ihrer Argumentation bringt Nathalie Heinich zwei Probleme miteinander in Verbindung, die relativ unabhängig voneinander sind. Das erste, das über die Grenzen der Soziologie hinausreicht, und sei es nur, weil es vor allem durch die Entwicklung der Psychoanalyse aufgeworfen worden ist, betrifft den Zugang der Menschen zu ihrem eigenen Innenleben: in welchem Maße sie also über einen Schlüssel verfügen, der es ihnen erlaubt, ihre Handlungsgründe zu verstehen und zu formulieren und dabei der Wahrheit näherzukommen. Auf dem Gebiet der Soziologie im eigentlichen Sinne ist die Idee, dass die »Motive« die die Akteure für ihr Handeln angeben, nicht die wahren »Gründe« für dieses Handeln sind, und dass die Ersten manchmal nur dazu da sind, die Letzteren zu vertuschen, übrigens am entschiedensten von Vilfredo Pareto vertreten worden. Er entwickelt sie mit Hilfe der doppelten begrifflichen Gegenüberstellung von *logischen Handlungen* und *nicht-logischen Handlungen* einerseits und von *Residuen* und *Derivationen* andererseits (Residuen sind häufig auftretende Handlungsgründe, und Derivationen betreffen die Erklärungen, die die Akteure abgeben, wenn sie versuchen, über ihr Handeln Rechenschaft abzulegen).[3]

Ich werde diese Frage beiseitelassen, weil sie im Unterschied zu dem, was sich am so genannten »psychologischen« Roman beobachten lässt, für die Thematik des Kriminalromans oder der Spionageerzählung keine oder nur eine marginale Rolle spielt. In den Kriminal- oder Spionageromanen gehen die Akteure, und zwar besonders die Verbrecher oder Spione, strategisch vor; sie wissen, was sie tun, oder täuschen sich in den Fällen, in denen sie den wirklichen [*réel*] Zweck ihres Handelns nicht kennen, weil sie absichtlich von anderen getäuscht oder »manipuliert« worden sind. Der »Verdacht« oder das Misstrauen betrifft in den Fällen, die uns hier beschäftigen, also nicht das »intime Verhältnis zu sich selbst«, von dem Maurice Blanchot spricht, den Nathalie Sarraute im *Zeitalter des Mißtrauens* zitiert,[4] das »Gefühl der Leere« oder die »inneren Abgründe«, die sich im modernen Menschen auftun. Noch nicht einmal die Dekonstruktion des Subjekts, die sich nach dem Roman der Philosophie und So-

---

3 Vilfredo Pareto, *Allgemeine Soziologie*, Tübingen, Mohr (Siebeck), 1955. Die Analyse der nicht-logischen Handlungen erfolgt in den Kapiteln II und III, die von Residuen und Derivationen in den Kapiteln VI-XI.
4 Nathalie Sarraute, *L'ère du soupçon* (1956), Paris, Gallimard, 1989, S. 21 [dt.: *Zeitalter des Mißtrauens. Essays über den Roman*, Frankfurt/M., Suhrkamp, 1975, S. 17 ff.].

ziologie bemächtigt hat und der zufolge das »Selbst« nur noch als »eine mehr oder weniger glückliche Ansammlung von Elementen […], die aus einem gemeinsamen Grunde stammen«, anzusehen ist.[5] Dies hat zur Folge, dass schon die einheitliche Biografie, mit der sich vor allem bedeutende Persönlichkeiten brüsten, wenn sie ihr Leben für »gelungen« halten und zum Beispiel darangehen, es in »Memoiren« offenzulegen, als Illusion, das heißt nachträgliche Rekonstruktion betrachtet werden kann. Wo der *Verdacht* gleichwohl im Zentrum des Kriminalromans und Spionageromans steht, ist er Teil einer ganz anderen Topik. Es handelt sich um die Topik, die, wie wir gesehen haben, die transparente Realität, die der moderne Staat gewährleisten soll, in eine Krise versetzt und deren *Doppelgängerin* enthüllt – jene verdeckte und kriminelle Realität, die insgeheim von Akteuren ausgeheckt wird, deren Absichten und strategische Schachzüge bis ins Innere des Staates selbst reichen.

Die Frage der Kausalität

Das zweite Problem, auf das Nathalie Heinich hinweist, ist dagegen genuin soziologisch, obwohl es auch für die Geschichtswissenschaft von Interesse ist, vor allem weil diese Disziplin Schemata in ihre Dispositive integriert hat, die aus der Soziologie stammen. Dieses Problem betrifft die Frage, welchen *Entitäten* die soziologische Analyse in ihren Beschreibungen Rechnung tragen soll und welche Größe sie haben. Handelt es sich ausschließlich um einzelne Menschen oder auch um andere, umfangreichere Entitäten, die häufig *Kollektive* genannt werden? Diese Frage stellt sich jedes Mal dann mit besonderer Schärfe, wenn die Soziologie einen Gesellschaftszustand – der in auffälligem Kontrast zu den Zuständen steht, die in anderen, vergleichbaren Gesellschaften herrschen –, sozialen Wandel oder, auf noch drängendere Weise, ein *Ereignis erklären* möchte, das

---

5 Ebd., S. 29.

heißt ein ganzes Paket gleichzeitig eintretender Fakten, deren singuläres Zusammentreffen in einem Kollektiv beliebiger Größe einen plötzlichen Zustandswandel zu bewirken vermag. Mit den ihr eigenen Mitteln betritt die Soziologie dabei das Gebiet der Geschichte, und sei es auch nur die Geschichte der Gegenwart. Weil sie sich einem Gegenstand widmet – der »sozialen Welt« oder »Gesellschaft« –, der sich in den Augen derer, die in ihm agieren und seine Zeugen sind (wenn nicht seine Opfer), in Form einer Ereigniskonstellation äußert, war die Soziologie von Anfang an mit der Frage der Kausalität konfrontiert. Da sie in einem Kontext entstanden ist, der vom Durchbruch der Experimentalwissenschaften geprägt war, die sich auf Dispositive stützen, die den Beweis für jene Kausalbeziehungen liefern sollten, die der physischen Welt eine stabile Grundlage verleihen,[6] konnte die Soziologie die Frage der Kausalität nicht außer Acht lassen, wenn sie ihren Anspruch, als Wissenschaft anerkannt zu werden, aufrechterhalten wollte. Im Rahmen der »Moralwissenschaften«, die sich in der zweiten Hälfte des 18. Jahrhunderts entwickeln, soll das Projekt, das damals Form annimmt, die Beziehungen zwischen den Wesen berechenbar machen, die das bilden, was man später – mit einem Ausdruck, der damals einen neuen Sinn anzunehmen beginnt – Gesellschaft nennen wird.[7] Diese Berechenbarkeit kann sich nun aber eher auf die Beziehungen zwischen Einzelpersonen untereinander beziehen – wie in Adam Smiths *Theorie der ethischen Gefühle*[8] oder wie

---

6 Über die Geschichte der experimentellen Methoden und ihrer narrativen Ausdrucksformen siehe Christian Licoppe, *La formation de la pratique scientifique. Le discours de l'expérimentation en France et en Angleterre (1630-1820)*, Paris, La Découverte, 1996.

7 Siehe Johan Heilbron, *Naissance de la sociologie*, Marseille, Agone, 2006, S. 122-125.

8 Die Theorie des »unparteiischen Zuschauers« und der »Sympathie«, die von Newtons Physik beeinflusst ist, beruht auf einem Modell, das eine geringe Zahl von interagierenden Aktanten umfasst (den Patienten, der leidet; denjenigen, der ihn betrachtet; den unparteiischen Zuschauer, der ein unbeteiligter, in den empirischen Zuschauer introjizierter Zuschauer ist; und schließlich den Wohltäter oder den Bösewicht, der die Leiden des Opfers hervorgerufen hat). Siehe David Raphaël, »The Impartial Spectator«, in: Andrew

bei Bentham⁹ – oder eher auf die Beziehungen zwischen aufeinanderfolgenden politischen Entitäten, deren Entwicklungsgesetze man zu entdecken versucht.¹⁰ Von Anfang an sieht sich die Soziologie so zwischen zwei Orientierungen hin- und hergerissen, die auf ältere Perspektiven zurückgehen – nämlich einerseits auf die Philosophie des Geistes (und später dann die Psychologie) und andererseits auf die Geschichtswissenschaft – und deren Anziehungskraft sie erliegt.

Wendet sich die Soziologie der Psychologie zu, sind die Entitäten, die sie wählt, im Wesentlichen Individuen, denen man Motive und Absichten zuschreiben kann, deren Aktivitäten man beschreiben kann und die man an die Position eines vollwertigen Handlungssubjekts setzen kann, ohne auf besonderen Widerstand zu stoßen. Da sie sich aber von der Psychologie dadurch unterscheidet, dass sie sich mit diesen Individuen nicht als isolierten Monaden befasst, sondern während sie *interagieren*, muss die Soziologie schon in diesem Fall mit Entitäten arbeiten, die einen größeren Maßstab und eine größere Stabilität aufweisen und keine Personen im eigentlichen Sinne sind. Dabei handelt es sich um die *Situationen*, in denen diese Individuen interagieren. Die Soziologie oder Sozialpsychologie neigt von daher dazu, diese Situationen gewissermaßen für sich genommen zu betrachten und zum Beispiel eine Typologie für sie vorzuschlagen, in der jenen Merkmalen Rechnung getragen wird, die unabhängig vom empirischen Kontext, in dem der jeweilige situative Zustand beobachtet wird, als mehr oder weniger stabil gelten. Diese Option gestattet die Beschreibung und sogar die Erklärung der Sachlage oder des Zustandswandels, das heißt der Ereignisse. Diese haben

---

Skinner/Thomas Wilson (Hrsg.), *Essays on Adam Smith*, Oxford, Clarendon Press, 1975, S. 83-99, und für eine Anwendung auf dem Gebiet der Soziologie Luc Boltanski, *La souffrance à distance*, a. a. O., S. 58-87.

9 Siehe Christian Laval, *L'homme économique. Essai sur les racines du néolibéralisme*, a. a. O., vor allem S. 309-317.

10 Das Modell dafür findet sich in Condorcets 1795 postum erschienenem Werk *L'esquisse d'un tableau historique des progrès de l'esprit humain*, Paris, Garnier-Flammarion, 1988 [dt.: *Entwurf einer historischen Darstellung der Fortschritte des menschlichen Geistes*, Frankfurt/M., Suhrkamp, 1976].

relativ begrenzte Umfänge und Folgen, vielmehr hängen ihre Umfänge und Folgen von der Position ab, die die sich in der beobachteten Situation befindenden Personen innerhalb größerer Gruppen einnehmen, und insbesondere von den Auswirkungen ihres Handelns und ihrer Entscheidungen auf andere Akteure – mit anderen Worten, von ihrer Macht. Bei der minutiösen Beschreibung von verschiedenen empirischen Situationen lassen sich gemeinsame Merkmale feststellen, zum Beispiel zwischen einem Wortwechsel in einem Café und einer Auseinandersetzung zwischen Staatschefs auf einem Gipfeltreffen. Aber die Folgen dieser beiden Arten von Streit gehören nicht derselben Ordnung an, vor allem dann nicht, wenn man die weiteren Personen bedenkt, deren Alltagsleben davon betroffen sein könnte: im ersten Fall sind es wahrscheinlich wenige und im zweiten sehr viele. Um diesen Unterschieden Rechnung zu tragen, kann sich die bloße Aufzeichnung des in der beobachteten Situation nachweisbaren Tuns und Treibens als unzureichend erweisen. Um sie zu verstehen, muss auf andere, mehr oder weniger umfassendere Entitäten Bezug genommen werden, in denen die beobachteten Akteure Positionen einnehmen. Und diese Entitäten sind nun keine Personen und auch keine Situationen.

Demgegenüber kann sich die Soziologie auch historischen und geographischen Disziplinen zuwenden, die umstandslos auf großformatige Entitäten wie Staaten, Imperien, Völker, Ozeane, Kontinente usw. zugreifen, und zwar häufig über lange Zeiträume hinweg. Dann sind die Entitäten, die der Soziologie in der Hauptsache zur Verfügung stehen – auf die ihre Erklärungen sich beziehen und zwischen denen sie Kausalbeziehungen herstellt – aber keine Personen mehr. Besonders wenn sie kausaler Art ist, wirft die Beschreibung der zwischen diesen Entitäten bestehenden Beziehungen zumindest jedes Mal dann heikle Probleme auf, wenn die bis dahin ausschließlich verwendeten mathematischen Modelle in normaler Sprache ausgedrückt werden sollen. Im Unterschied zur Physik, wo die betrachteten Gegenstände behandelt werden können, als ob sie nur in der Sprache der Mathematik existieren, müssen die Gegenstände der Soziologie (und übrigens auch der Ökonomie) in mehreren Sprachen beschreibbar sein. Sie sind nur unter der Bedingung verstehbar, dass die in mathematischer Form beschriebenen und deswegen formalisierten Gegenstände (zum Beispiel die *Variablen* eines Modells) weiterhin in einem Verhältnis zu den Gegenständen stehen, die in normaler Sprache beschrieben werden. Doch sobald die Soziologie die normale Sprache verwendet – was sie gar nicht vermeiden kann –, stellt sich die Frage, ob ihre Beschreibung realistisch oder metaphorisch gemeint ist. Wenn die Soziologie die Beziehung zwischen Variablen kommentieren soll, muss sie nämlich kollektive Entitäten – wie Staaten, Gruppen, »sozioprofessionelle Kategorien«, Industriezweige usw. – einführen, auf die sich nur schwer Bezug nehmen lässt, ohne sie an die Position eines vollwertigen Handlungssubjekts zu setzen und ihnen sogar, zumindest implizit, so etwas wie einen Willen, ja selbst Absichten zuzuschreiben.

Eine der Lösungen für dieses Problem bestand darin, das Feld der berücksichtigten Gegenstände beträchtlich zu beschränken, damit zwischen der Behandlung, die sie erfahren, und der Art und Weise, wie man über Menschen und ihre Handlungsmodalitäten spricht, so genau wie möglich unterschieden werden kann. Wenn sie die Grenzen von Modellen mit festgelegter Axiomatik nicht überschreitet, kann die Soziologie, besonders dann, wenn sie sich im Wesentlichen auf statistische Daten stützt, Korrelationen zwischen Variablen aufzeigen und zum Beispiel die Veränderungen erklären, die eine Variable durch die Einwirkung einer oder mehrerer anderer Variablen erfährt. Doch bei dieser Option werden die Ereignisse aus dem Feld der Disziplin ausgeschlossen, die absolute Singularitäten sind; ihre Erforschung wird der Psychologie überlassen, wenn sie klein sind, und wenn sie groß sind, der Geschichtswissenschaft, die in dieser Hinsicht als »weiche« Wissenschaft betrachtet wird. Es ist jedoch schwer, diesen Entschluss konsequent durchzuhalten. Und zwar vor allem einfach dadurch, dass außer für die Soziologen (beziehungsweise einige von ihnen) für die Akteure nur *das, was geschieht*, von Interesse ist, weil sie besonders in Zeiten der Ungewissheit und des Wandels hoffen, aus der Analyse dessen, was passiert, Orientierungshilfen für ihr Handeln ableiten zu können. Um aber das, was passiert, mit Hilfe eines mehr oder weniger großen Maßstabes zu beschreiben und zu erklären (zum Beispiel eine Wirtschaftskrise, einen Aufstand, ein besonders »schändliches« Verbrechen, eine Unternehmenspleite, die Präsenz von immer mehr Obdachlosen in den Zentren der Großstädte usw.), sind die Soziologen gezwungen, drei problematische Operationen durchzuführen. Einerseits müssen sie das, was passiert, qualifizieren, das heißt die Ereignisse identifizieren, indem sie sie mit anderen, für gleichartig gehaltenen Ereignissen in Zusammenhang bringen und sie zu Ereignisklassen verbinden. Andererseits müssen sie Entitäten identifizieren, die keine Personen sind, und sie zu Entitätsklassen zusammenfügen (wie soziale Klassen, Altersklassen, Geschlechter, ethnische Gruppen usw.). Und schließlich müssen sie eine Beziehung zwischen solchen Ereignissen und solchen Entitäten herstellen, so dass das Eintreten dieses oder jenes Ereignisses dem Handeln dieser oder jener Entität *zugeschrieben* werden kann.

Solche Operationen unterscheiden sich wohlgemerkt nicht grundlegend von den Operationen, die so genannte normale Menschen – all jene, die keine Soziologen sind – bei ihren alltäglichen Tätigkeiten zumindest jedes Mal dann vollziehen, wenn sie angesichts einer Ungewissheit nach Handlungsorientierung suchen. Solche Untersuchungen – in dem Sinne, wie der Pragmatismus diesen Terminus verwendet – können die unmittelbare Umgebung betreffen oder bis in größere Komplexe reichen; dann stützen sie sich auf Informationen aus den Medien – wenn nicht gar auf soziologische Arbeiten – oder auf Schilderungen von Journalisten, die sich ihrerseits häufig von soziologischen Schriften anregen lassen. Meistens bestehen diese Untersuchungen ohnehin (wie man im letzten Kapitel gesehen hat) in einem ständigen, oft ziemlich unkontrollierten Hin und Her zwischen dem, was man aus Erfahrung weiß, und dem, was einem nur medial vermittelt bekannt sein kann. Die Entitäten, die im soziologischen Diskurs vorkommen, und die Entitäten, auf die sich die

Akteure beziehen, werden nun aber zumindest teilweise in derselben Sprache zum Ausdruck gebracht, auch wenn deren Konturen bei ihrer Verwendung durch Soziologen gemeinhin präziser ausfallen als bei normalen Menschen. Und zwar aus mindestens zwei Gründen, an die ich gerade erinnert habe: Erstens kann die Soziologie keine Sprache nur für sich alleine schaffen; dann verlöre sie jegliche Verständlichkeit. Sie muss Verhaltensweisen beschreiben, die einen »Sinn« haben, das heißt in die Sprache der Akteure übersetzt werden können.[11] Zweitens findet der soziologische Diskurs nicht hinter verschlossenen Türen auf der universitären Bühne statt, sondern hat Rückwirkungen auf die Alltagswelt, insbesondere durch die politischen Entscheidungen, bei denen in den gegenwärtigen Gesellschaften in immer stärkerem Maße auf den Rat von »Experten« vertraut wird, weswegen sie auch »reflexiv« genannt werden konnten.[12]

Die unvermeidbare Nähe zwischen alltäglichen Handlungen und soziologischen Erklärungen und zwischen den Ereignissen und den Entitäten, die in beiden Fällen eine Rolle spielen, wird freilich von den Soziologen häufig als eine enge Beziehung angesehen, derer man sich schämen müsste. Sie ruft eine Verunsicherung hervor, an der die Frage des Komplotts und die »Verschwörungstheorie«-Anschuldigungen großen Anteil haben. Wenn näm-

---

[11] Als er den Begriff des Sinns bei Max Weber erörtert, schreibt Peter Winch: »So ist zum Beispiel Liquiditätspräferenz ein technischer Begriff der Ökonomen: er wird im allgemeinen nicht von Geschäftsleuten bei der Abwicklung ihrer Geschäftsangelegenheiten gebraucht, sondern von dem Ökonomen, der das Wesen und die Konsequenzen bestimmter Arten des wirtschaftlichen Verhaltens *erklären* möchte. Aber dieser Begriff ist logisch gebunden an andere, die in der wirtschaftlichen Praxis selbst vorkommen, denn sein Gebrauch durch den Ökonomen setzt voraus, daß er versteht, was es heißt, Geschäftsangelegenheiten abzuwickeln, was wiederum ein Verstehen solcher geschäftlicher Begriffe wie Geld, Profit, Kosten, Risiko usw. einschließt. Nur dadurch, daß seine Deutung zu diesen Begriffen in Beziehung steht, wird sie zu einer Deutung der wirtschaftlichen Praxis im Gegensatz etwa zu einem Stück Theologie.« (*Die Idee der Sprachwissenschaft und ihr Verhältnis zur Philosophie*, Frankfurt/M., Suhrkamp, 1974, S. 115f.)

[12] Siehe Anthony Giddens, *Die Konstitution der Gesellschaft. Grundzüge einer Theorie der Strukturierung*, Frankfurt/M./New York, Campus, 1988.

lich das deutlichste Zeichen, an dem man eine der Paranoia bezichtigte Person erkennt, darin besteht, dass sie historische oder persönliche Ereignisse dem Handeln großformatiger Entitäten zuschreibt, denen sie eine Art von Intentionalität und Handlungsvermögen zuspricht, wie soll man dann vermeiden, dass ähnliche Anschuldigungen gegen die Soziologen gerichtet werden? Entwickeln diese nicht ebenfalls narrative Dispositive, in denen zum Beispiel soziale Klassen, wirtschaftliche Interessengruppen, Lobbys, Systeme, Strukturen, Milieus, Organisationen[13] usw. vorkommen, denen sie manchmal durchaus Absichten, strategische Fähigkeiten oder Reaktionen unterstellen und die sie so in ihren Beschreibungen zwangsläufig an die Position von vollwertigen Handlungssubjekten setzen? Wenn ein Soziologe von der oder den herrschenden Klasse(n) spricht, vom »Proletariat«, von den Frauen, von »Vorstadtjugendlichen«, dem »militärisch-industriellen Komplex«, dem »Kapitalismus«, von »Kleinunternehmern«, »Eliten«, »Intellektuellen«, von der »Asbest-Lobby«, »populistisch ausgerichteten Bewegungen«, »Gewerkschaften« usw., läuft er dann nicht Gefahr, der vermeintlich »wissenschaftlichen« Untermauerung von Verschwörungstheorien bezichtigt zu werden?

Juristische Entitäten, soziologische Entitäten und narrative Entitäten

An dieser Stelle muss eine andere Frage eingeschoben werden, nämlich die Frage nach der Beziehung zwischen Soziologie und Recht. Auch das Recht formt nämlich ohne Unterlass kollektive Entitäten, steckt ihre Konturen ab, legt die Ausdrücke fest, mit denen man sie legal bezeichnen darf – alles Praktiken, die in der Theorie der juristischen Person formalisiert worden sind. Das Recht stellt auch Regelungen auf, die genau angeben,

---

13 Siehe Michel Offerlé, *Sociologie des groupes d'intérêts*, Paris, Montchrestien, 1998.

was diesen Entitäten zuzuschreiben ist, und deren Gebiete abgrenzen (»Spezialgebiet der juristischen Person«), das heißt, sie nehmen eine genaue »Bestimmung ihrer notwendig durch den verfolgten Zweck beschränkten Aktivitäten« vor. Infolgedessen spezifiziert das Recht auch sämtliche *Ereignisse*, die von Seiten dieser Entitäten zu erwarten sind und für die man ihnen die Verantwortung zuschreiben kann – entweder um sie ihnen zugutezuhalten oder um sie bei Fehlschlägen zu bestrafen. So fordert zum Beispiel das Vereinsrecht, dass die Zwecke des Vereins, dessen rechtliche Anerkennung ansteht, genau angegeben werden, weil die Idee eines Vereins ohne genaue Zielsetzung, der sozusagen nur auf sich selbst verwiese (ein Verein, der eine ausschließlich *phatische* Funktion hätte, wie es in der Linguistik heißt), juristisch sinnlos wäre. Die eingetragenen Zwecke dürfen nicht illegal, subversiv oder kriminell sein und auch nicht im Widerspruch zu anderen Rechtsklauseln stehen. Diese Spezifikation eines Feldes rechtlich anerkannter Zuschreibungen schließt implizit alle anderen Ereignisse gleich welcher Art aus, so dass es möglich wird, eine Entität zu bestrafen, die ihre Kompetenzen dadurch überschritten hat, dass sie auf fremdem Gebiet aktiv geworden ist. So erwartet man zum Beispiel von einer Ölfirma, dass sie nach Öl bohrt, und nicht, dass sie sich in die Politik eines Landes einmischt, das ihr eine Konzession ausgestellt hat.

Erwähnt sei außerdem, dass diese Entitäten, wenn sie erst einmal rechtlich etabliert sind, ein gegenüber all jenen Individuen, aus denen sie bestehen und deren Anzahl relativ gleichgültig ist, mehr oder weniger unabhängiges Dasein führen. Daraus folgt, dass die Frage, ob eine anerkannte Entität, die kein einziges Mitglied mehr hat – die also gewissermaßen ein leeres Gebilde wäre –, weiterhin »existiert« oder nicht, sich zumindest als »Grenzfall« oder »Schulbeispiel« stellen kann. Das belegen zum Beispiel Yan Thomas' Arbeiten[14] über die Entstehung des Begriffs der »ju-

---

14 Siehe vor allem Yan Thomas, »*Fictio Legis*. L'empire de la fiction romaine et ses limites médiévales«, in: *Droits* 21 (Juli 1995), S. 17-64, und ders., »Le sujet de droit, la personne et la nature«, in: *Le Débat* 100 (Mai-August 1998), S. 87-107.

ristischen Person« im römischen und mittelalterlichen Recht, die über eine von den natürlichen Personen unabhängige Existenz verfügt (ein Problem, das im mittelalterlichen Recht behandelt wird, betrifft zum Beispiel die Frage, ob eine Klosteranlage, deren Bewohner alle gestorben sind, weiterhin als Gegenstand existiert oder nicht). Die Zugehörigkeit der Mitglieder zu den Entitäten muss dagegen klar von der Nicht-Zugehörigkeit unterschieden werden und darf nicht in der Schwebe bleiben. Juristisch gesehen, gehört niemand einer Entität *mehr oder weniger* an (obwohl sich in der Praxis einzelne Personen zum Beispiel mehr oder weniger rege an den Aktivitäten einer Organisation beteiligen können). Der Eintritt einer Person in eine Entität muss Gegenstand eines ausdrücklichen Verfahrens sein (zum Beispiel bei einer Kandidatur), und ebenso verhält es sich mit ihrem Austritt (zum Beispiel durch Ausschluss oder Kündigung), was nicht ausschließt, dass sie nach verschiedenen Modalitäten abgestuft tituliert wird (Vollmitglied, Ehrenmitglied, vorläufiges Mitglied, stellvertretendes Mitglied usw.).

Die juristisch definierten Entitäten verfügen deshalb über klare Konturen, obwohl die Individuen, die sie umfassen, immer zu vielen verschiedenen Gebilden gehören, deren Anzahl theoretisch unbegrenzt ist. Das Verhältnis dieser Zugehörigkeiten untereinander kann durch ausdrückliche Unvereinbarkeitsregeln, durch Kumulierungsverbote (von Ämtern oder Bezügen) oder aber durch Verfahren reguliert werden, die »Interessenkonflikte« eindämmen sollen. Die Rechtsfiktion gestattet es jedoch, diese Individuen jedes Mal nicht nur in verschiedenen Zusammenhängen, sondern beinahe so zu betrachten, als ob es sich um verschiedene Personen handelte. Besonders sichtbar ist das zum Beispiel im Verwaltungsrecht, wenn ein Beamter zur Verantwortung gezogen wird und sich die Frage stellt, ob er die ihm zugeschriebenen Taten »im Dienst« oder »außer Dienst« und »als Privatperson« begangen hat.[15] Schließlich sei hinzugefügt, dass

---

15 Über diese verschiedenen Punkte siehe Madeleine Grawitz, »De l'utilisation en droit de notions sociologiques«, in: *L'année sociologique*, 3. Folge, 1966, S. 92-102.

die juristischen Entitäten immer Vertreter, Verantwortliche oder Sprecher haben, die natürliche Personen sind, gewöhnliche Individuen mit einem echten Körper, die diese Entitäten repräsentieren, in ihrem Namen sprechen und in manchen Fällen für das diesen Entitäten zugeschriebene Handeln strafrechtlich zur Verantwortung gezogen werden können. Deren Rolle hat in dem Sinne offiziellen Charakter, als dass sie, wenn sie erst einmal rechtlich anerkannt ist, nur durch einen Sprechakt wieder in Frage gestellt werden kann, der seinerseits rechtlichen Charakter hat.

Deshalb spielt das Recht eine wesentliche Rolle beim Stabilisierungsprozess der Realität. Es trägt dazu bei, sie verstehbar und vorhersehbar zu machen, indem es die Kausalketten vorformt, die aktiviert werden müssen, um die eintretenden Ereignisse zu deuten. Da von ihm erwartet wird, dass es Ereignisse mit Entitäten verbindet, muss es über einen enzyklopädischen Speicher von Entitäten verfügen, die es als rechtsgültig anerkennt. Wie in der Einleitung vorgeschlagen, kommt ihm die Aufgabe zu zu sagen, *was es mit dem, was ist, auf sich hat*, und diese Urteile über das Seiende mit Werturteilen zu verbinden. Aus diesem Grund kann das Recht nur von Institutionen vertreten werden – die in den gegenwärtigen Gesellschaften meistens dem Staat unterstellt sind –, und umgekehrt ist jedes Dispositiv, das Recht zu sprechen vermag, zu den Institutionen zu zählen.[16] In diesem Sinne kann man sagen, dass das Recht eine semantische Instanz ist – insofern es die juristischen Qualifikationen der Fälle festlegt[17] – und zugleich der ontologische Operator schlechthin. In einem gewissen Gesellschaftszustand ist es nämlich das Recht, das – mit einem Ausdruck von Alain Badiou[18] – die »*Zählung-als-Eins*« vornimmt und dadurch die endlose Dialektik vom Ei-

---

16 Siehe Luc Boltanski, *Soziologie und Sozialkritik*, a. a. O.
17 Siehe Olivier Cayla, »La qualification, ou la vérité du droit«, in: *Droits. Revue française de théorie juridique* 18 (1993), S. 1-18.
18 Alain Badiou, *L'être et l'événement*, Paris, Seuil, 1988, S. 31-39 [dt.: *Das Sein und das Ereignis*, Bd. 1, Zürich, diaphanes, 2005, S. 37-45].

nen und Vielen in einer Weise unterbricht, die endgültig wäre, wenn sie nicht ständig kritisiert werden würde.

Eine der Besonderheiten von juristisch definierten Entitäten besteht darin, dass der Umstand, dass man sie an die Position eines vollwertigen Handlungssubjekts setzt und ihnen sogar Intentionen unterstellt, im Allgemeinen als nicht besonders problematisch angesehen wird, wahrscheinlich eben gerade weil sie von Menschen aus Fleisch und Blut repräsentiert werden, was eine Art stillschweigendes Hin und Her zwischen »juristischen Personen« und »natürlichen Personen« erlaubt. Wenn man sich auf solche kollektiven Entitäten bezieht, entgeht man der Anschuldigung, dass man Verschwörungstheorien Vorschub leiste, sicherlich am ehesten. Schlagen wir eine große, auf ihren guten Ruf bedachte Abendzeitung (*Le Monde*) an dem Tag auf, an dem diese Zeilen geschrieben werden. Die Titel der Artikel enthalten größtenteils entweder die Namen von natürlichen Personen, vor allem wenn sie groß sind (zum Beispiel wichtige Politiker), wobei auf ihre Zuständigkeiten Bezug genommen wird, oder die Namen beziehungsweise Abkürzungen von juristisch konstituierten Entitäten, und zwar vorrangig die Namen von Ländern, Städten oder Regionen, politischen Parteien oder aber Firmen. Es finden sich auch Ausdrücke, die Personengruppen bezeichnen, dies aber nur, wenn sie vorher eine juristische Abgrenzung erfahren haben (»die Arbeitslosen«). Sehr viel seltener finden sich jedoch Ausdrücke, die »Personen mit ungewissem Rechtsstatus« bezeichnen, wie die Juristen sagen, die keine klar abgegrenzten Gruppen bilden (zum Beispiel »die traditionelle Rechte«). Oder auch nur Entitäten, die zwar in Statistiken vorkommen können, aber mehr oder weniger unscharfe Ränder haben, und für die es keine Repräsentanten gibt, wie »die Arbeiter« oder »die Armen«. Ganz vermieden werden schließlich Ausdrücke, die sich auf Gruppen beziehen und diese mit einem kritischen Ausdruck oder einer negativen Eigenschaft versehen (»die Faschos«, »die Vollidioten«) oder auf ihre ethnische Herkunft (»die Juden«, »die Vorstadtaraber«, »die Schwarzen«) oder eine Behinderung (»die Schwachsinnigen«) verweisen. Überflüssig hervorzuheben, dass in der alltagssprachlichen Rede auf solche Entitäten trotzdem sehr häufig Bezug genommen wird, besonders in Äußerungssituationen privater Natur – weswegen wir sie als narrative Entitäten bezeichnet haben.

Wenn sie Entitäten verwendet, die kollektiven Charakter haben, ist es für die Soziologie am einfachsten und sichersten, sie wie die Journalisten dem Bestand von anerkannten Entitäten zu entnehmen, die vorab einer juristischen Qualifikation unterzogen worden sind. So geht sie ohnehin häufig vor, besonders wenn sie auf staatliche oder überstaatliche Rechenzentren oder Datenbanken zurückgreift, aus denen sie Daten bezieht, die bereits nach Stichworten auf juristischer oder parajuristischer Grundlage organisiert sind. Diese Vorgehensweise weist jedoch das Manko auf, dass sich Daten, die sich klar von den Daten unterscheiden, die die offiziellen Stellen und die als seriös geltenden Medien in großer Zahl hervorbringen, so nicht leicht zusammenstellen lassen. Das heißt, bei dieser Vorgehensweise kommen kaum Vorstellungen von der Realität zustande, deren Originalität sich dem spezifischen Vorteil der Verwendung einer wissenschaftlichen Methode verdankt. Wenn sie ausschließlich Dispositive konstruiert, in denen bereits rechtlich anerkannte Entitäten vorkommen, läuft die Soziologie Gefahr, mit den Rechts- und Verwaltungswissenschaften verwechselt zu werden; sie lässt Zweifel an dem Mehrwert aufkommen, den beizubringen sie in der Lage wäre.

Auf der anderen Seite können die Soziologen die juristisch festgelegten Entitäten auch für überholt halten, weil sie dem sozialen Wandel nicht Rechnung getragen haben und nicht entsprechend modifiziert worden sind. Oder sie könnten aus einer dann eher kritischen Haltung heraus urteilen, dass deren offizieller Charakter die Realität hinter ihrer scheinbaren Beschreibung verberge und sich die real existierenden Entitäten von den offiziellen Entitäten aus weder identifizieren noch erforschen ließen, weil ihre Konturen sich nicht deckten. Der Soziologe muss also seine eigenen Referenzentitäten beziehungsweise Bezugsgrößen schaffen oder »konstruieren«, wie es heißt, und deren

Gültigkeit mit den Untersuchungsmitteln, über die er verfügt, wie das Interview und vor allem die statistische Analyse, nachweisen. Und außerdem muss er ihnen spezifische Namen geben (wie »Jugendliche mit Migrationshintergrund«, »Erben«, »neues Kleinbürgertum« usw.) und dabei vermeiden, dass sie mit den vagen und häufig kränkenden Ausdrücken verwechselt werden könnten, mit denen die Entitäten bezeichnet werden, die wir narrativ genannt haben. Wenn diese Operation gelingt, können die von den Soziologen konstruierten Entitäten von den Medien übernommen werden und sogar zu den Stichworten der offiziellen Stellen hinzukommen. In gewisser Weise verleiht dieser Prozess solchen Entitäten tendenziell eine unleugbare, reale Existenz, denn die Akteure verwenden sie fortan selber und erkennen sich in den soziologischen Beschreibungen wieder, wie man anlässlich der Analyse der Entstehung und Offizialisierung der Kategorie der Führungskräfte feststellen konnte, zu der die Soziologie ihren Beitrag geleistet hat.[19] Vor allem wenn sie kritisch ausgerichtet ist, läuft der Soziologe bei der Konstruktion des Gegenstandes seiner Analysen immer Gefahr, dass man ihn bezichtigt, ein Artefakt erzeugt zu haben, weil er einer nicht existierenden Gruppe Substanz verliehen, ihr Handlungen zugeschrieben und Absichten unterstellt hat, auch wenn diese »objektiv« genannt werden, um sie von den intentionalen Ausrichtungen der Individuen zu unterscheiden. Man kann ihm vorwerfen, eine imaginäre Entität – zum Beispiel die »herrschende Klasse« – aufs Korn genommen zu haben und dabei von seinen Gefühlen und politischen Gründen geleitet worden zu sein. Wenn man ihm nicht gar vorhält, dass er – als Gelehrter, was umso fahrlässiger ist – ein Äquivalent zu den Verschwörungstheorien geschaffen habe, aus denen sich das Ressentiment der Versager, Neider und Verrückten speist. Solche Anschuldigungen – die wir im vorigen Kapitel für das Gebiet der Politik untersucht haben – sind

---

19 Luc Boltanski, *Les cadres. La formation d'un groupe social*, Paris, Minuit, 1982 [dt.: *Die Führungskräfte. Die Entstehung einer sozialen Gruppe*, Frankfurt/M./New York, Campus, 1990].

so konstant, dass es sich lohnt, noch etwas bei der Art und Weise zu verweilen, wie sie in das Gebiet der Soziologie Einzug gehalten haben.

Der »Aberglaube« der Sozialwissenschaften

In einem berühmten Plenarvortrag auf dem 10. Internationalen Kongress für Philosophie in Amsterdam[20] stellt Karl Popper 1948 die Verbindung zwischen zwei Fragen her, die aus ganz verschiedenen Richtungen kommen: einerseits die Frage nach den für die soziologische Analyse relevanten Entitäten, und andererseits die Frage nach der Rolle von Verschwörungen in der Geschichte von Politik und Gesellschaft. Diese Operation – ein echter intellektueller Gewaltakt – hat in der Geschichte der Sozialwissenschaften eine sehr wichtige Rolle gespielt. Einerseits hat sie der Ablehnung und Verurteilung eine Grundlage und epistemologische Legitimität verschafft, denen besonders der Marxismus und der Durkheimismus (vor allem von Seiten der Philosophen, die sich auf Pareto oder Carl Schmitt berufen, wie Jules Monnerot oder Julien Freund in Frankreich, deren Weg vom Liberalismus zum Rechtsextremismus sich kurze Zeit mit dem Weg von Raymond Aron kreuzte[21]) ausgesetzt waren.

---

20 Dieser Vortrag (»Prognose und Prophetie in den Sozialwissenschaften«) wurde wieder abgedruckt in: Karl Popper, *Gesammelte Werke in deutscher Sprache*, Bd. 10: *Vermutungen und Überlegungen. Das Wachstum der wissenschaftlichen Erkenntnis*, Tübingen, Mohr/Siebeck, 2. Aufl. 2009, S. 515-531.
21 Jules Monnerot und Julien Freund, beide aktive Résistancekämpfer, haben eine wichtige Rolle bei der Verbreitung von Pamphleten gegen den Durkheimismus (Jules Monnerot, *Les faits sociaux ne sont pas des choses*, ein Buch, das 1946 erschien) und vor allem gegen den Marxismus gespielt. Dabei stützten sie sich auf antidemokratische intellektuelle Traditionen (Pareto, Mosca, Schmitt). Sie standen zunächst Raymond Aron nahe (der Julien Freunds Doktorvater war), und ihre Arbeit kreiste um den Kampf gegen den Kommunismus, weshalb sie eine Zeit lang als »Liberale« bezeichnet wurden. Danach, vor allem nach 1968, näherten sie sich der extremen Rechten an, beteiligten sich am Club de l'Horloge [zwischen RPR und Front National angesiedelter politischer Think-Tank] und am GRECE [Groupement

Andererseits hat sie eine neue Art von sozialwissenschaftlicher Praxis angestoßen, die von der neoklassischen Ökonomie inspiriert war; Raymond Boudon war einer ihrer einflussreichsten Vertreter. Und schließlich verdanken wir Karl Poppers Vortrag die Einführung der auf Bloßstellung und Disqualifizierung angelegten Formel von den »Verschwörungstheorien der Gesellschaft« in die Sozialwissenschaften.

Karl Popper hat in seinem Vortrag den Ehrgeiz, ein genuin wissenschaftliches Programm für die Sozialwissenschaften zu skizzieren, das diese endlich in den Dienst einer »rational gestalte(te)n« Politik stellen sollte (S. 515). Wie es sich gehört, geht dieses Neugründungsunterfangen von einer Kritik am Zustand der Sozialwissenschaften aus, wie sie sich Popper zufolge Mitte des 20. Jahrhunderts darstellten. In noch polemischerer Zuspitzung nimmt diese Kritik Einwände wieder auf, die Karl Popper in seinen Artikeln für die Zeitschrift *Economica* 1945 entwickelt hatte (und die alle zusammen unter den Titel *Misère de l'historicisme* ins Französische übersetzt wurden[22]). Zu Beginn dieses Buches beschreibt Popper die Merkmale, die – ihm zufolge – den Historizismus (im Gegensatz zum »methodologischen Naturalismus«) kennzeichnen. Von diesen Merkmalen halten wir zunächst die Hypothesen fest, die er »ganzheitlich« oder »holis-

---

de recherche et d'études pour la civilisation européenne, rechtsextremer französischer Theoriezirkel] (siehe Serge Audier, *La pensée anti-68. Essai sur les origines d'une restauration intellectuelle*, Paris, La Découverte, 2008, vor allem S. 53-76). Pierre-André Taguieff hat unlängst eine intellektuelle Biografie zur Rehabilitation Julien Freunds veröffentlicht, den er als »Liberalkonservativen« bezeichnet. Der pamphlethafte Ton des Buches erlaubt Taguieff eine persönliche Abrechnung mit der intellektuellen Linken (*Julien Freund. Au cœur du politique*, Paris, La Table ronde, 2008).

22 Karl Popper, *Misère de l'historicisme*, Paris, Plon, 1956 [dt.: *Das Elend des Historizismus*, Tübingen, Mohr/Siebeck, 1965, 6. durchges. Aufl. 1987. Während die französische Taschenbuchausgabe (Presses Pocket, 1988), die Boltanski verwendet, auf der 9., von Popper überarbeiteten Auflage der englischen Ausgabe *The Poverty of Historicism*, London, Routledge & Kegan Paul, 1976, beruht, liegt der hier verwendeten, von Popper autorisierten deutschen Übersetzung die 2. Auflage des englischen Originals von 1960 zugrunde].

tisch« nennt, um sie von den »atomistischen« Hypothesen zu unterscheiden (eine Entgegensetzung, die sich zu weiten Teilen mit der klassischen Unterscheidung von *Holismus* und *Individualismus* deckt). Die Verfechter des Historizismus gehen davon aus, dass »die Gegenstände der Soziologie, die sozialen Gruppen, [...] nie als bloße Aggregate von Personen betrachtet werden [dürfen]. Die soziale Gruppe ist *mehr* als die bloße Summe ihrer Mitglieder und ist auch *mehr* als die bloße Summe der rein persönlichen Beziehungen, die jeweils zwischen den einzelnen Mitgliedern bestehen« (S. 14). Der »ganzheitliche Charakter« ist ein »Organismus-Charakter« (S. 16). Ein zweites, für unsere Absichten relevantes Merkmal ist der »methodologische Essentialismus« (im Gegensatz zum »methodologischen Nominalismus«, der »in den Naturwissenschaften die Oberhand behalten hat«, S. 23). Er besteht in dem Glauben, »daß die Sozialwissenschaft die Aufgabe hat, soziologische Entitäten, wie den Staat, das wirtschaftliche Handeln, die soziale Gruppe usw., zu verstehen und zu erklären, und daß dies nur durch eine tiefschürfende Erforschung der Essenzen dieser Entitäten möglich ist«, wobei »Universalbegriffe« verwendet werden, um »das Wesentliche vom Akzidentellen zu unterscheiden« (S. 24). Ein dritter Charakterzug des Historizismus ist der Glaube, dass die Sozialwissenschaften »Gesetze und allgemeine Tendenzen« aufstellen und sogar ein »Entwicklungsgesetz« der Gesellschaft entdecken könnten (S. 83). Solche Irrtümer gehen darauf zurück, dass »die Sozialwissenschaften [...] ihre Entwicklung in sehr großem Maße der Kritik sozialer Verbesserungsvorschläge [verdanken], genauer gesagt, Versuchen, festzustellen, ob damit zu rechnen ist, daß eine bestimmte wirtschaftliche oder politische Handlungsweise ein erwartetes oder erwünschtes Ergebnis herbeiführen wird« (S. 47). Dieser »holistischen oder utopischen Sozialtechnik«, »›die Gesellschaft als Ganzes‹ nach einem feststehenden Gesamtplan ummodeln will«, setzt Popper die »Stückwerk-Sozialtechnik« entgegen, die »typisch« für die Mentalität des Ingenieurs sei und im »Herumbasteln« und Ausflicken bestehe. Der Ingenieur sucht seine Ziele »schrittweise durch kleine Eingriffe zu erreichen, die sich dauernd verbessern lassen«, denn er »weiß, daß wir nur aus unseren Fehlern lernen können. Daher wird er nur Schritt für Schritt vorgehen und die erwarteten Resultate stets sorgfältig mit den tatsächlich erreichten vergleichen, immer auf der Hut vor den bei jeder Reform unweigerlich auftretenden unerwünschten Nebenwirkungen.« (S. 53f.) (Was man später »paradoxe Effekte« nennen wird.[23])

In sehr viel schärferer Form vereint der Amsterdamer Vortrag die in *Das Elend des Historizismus* präsentierte epistemologische Kritik mit der theoretischen und politischen Polemik, die in *Die offene Gesellschaft und ihre Feinde*[24] insbesondere gegen den Historizismus von Hegel und Marx entfacht wurde – beides übrigens Bücher, die zur gleichen Zeit im neuseeländischen Exil konzipiert und geschrieben worden sind, um zu zeigen, »wie das, was ich ›Historizismus‹ nannte, sowohl den Marxismus als auch den Faschismus inspirierte«.[25] »Prognose und Prophetie in den Sozialwissenschaften« bezichtigt diese der Korruption durch eine Lehre, in der Popper das »Überbleibsel eines altertümlichen Aberglaubens« sieht, was sie zu gewagten und schädlichen »Prophezeiungen« verleite. Der Hauptverantwortliche für diese Abirrung wird gleich zu Beginn genannt: Es handelt sich um den Marxismus, dem eine auf Hegel zurückgehende Geschichtsphilosophie innewohnt. Dieser »historizistischen Lehre der Sozialwissenschaften« entspricht eine Politik, die Popper als »historizistische Lehre der Politik« bezeichnet, das heißt als »die Idee, daß

---

23 Siehe Raymond Boudon, *Widersprüche sozialen Handelns*, a.a.O., und Albert Hirschmans Kritik an Boudon in *Denken gegen die Zukunft. Die Rhetorik der Reaktion*, a.a.O.
24 Karl R. Popper, *Gesammelte Werke in deutscher Sprache*, Bd. 5 und 6: *Die offene Gesellschaft und ihre Feinde*, Bd. 1: *Der Zauber Platons* (1957), Bd. 2: *Falsche Propheten* (1958), Tübingen, Mohr/Siebeck, 8. verbess. und durchges. Aufl. 2003 (bis 6. Aufl. München/Bern, Francke-Verlag). Deutsche Übersetzung von Paul K. Feyerabend. Im Orig.: *The Open Society and its Enemies*, Bd. 1: *The Spell of Plato* (1945), Bd. 2: *The High Tide of Prophecy. Hegel, Marx and the Aftermath* (1945), Princeton, Princeton UP, 1963.
25 Karl R. Popper, *Gesammelte Werke in deutscher Sprache*, Bd. 15: *Ausgangspunkte. Meine intellektuelle Entwicklung* (1979), Tübingen, Mohr/Siebeck, 2012, S. 167.

es die Aufgabe der Politik ist, die Geburtswehen unmittelbar bevorstehender politischer Entwicklungen zu lindern« (S. 518). Der historizistische Irrtum beschränkt sich jedoch nicht auf den Marxismus, denn Popper stellt ihn noch in anderen sozialwissenschaftlichen Strömungen und vor allem bei John Stuart Mill fest, der ihn »von (Auguste) Comte übernommen« hat. Die Geschichtsphilosophie, insofern sie den Glauben an eine notwendige historische Entwicklung weckt, sei jedoch bei weitem nicht der einzige Feind einer rationalen Sozialwissenschaft. Der Hauptfehler der Sozialwissenschaften bestehe darin, dass sie das Verhalten von »soziale(n) Ganzheiten« wie »Gruppen, Nationen, Klassen, Gesellschaften, Zivilisationen, und dergleichen« zu ihrem Untersuchungsgegenstand wähle (S. 522). Dieser »*naive Kollektivismus*« müsse »durch die Forderung ersetzt werden, daß die Analyse sozialer Phänomene, einschließlich der Kollektive, als Untersuchung von Individuen und deren Handlungen und Beziehungen durchgeführt werden sollte« (S. 518).

In dieser Phase seiner Beweisführung hält Popper es gleichwohl für nötig, den Leser vor einer weiteren Abirrung zu warnen, deren Quelle wiederum in der Tendenz liegt, im vorsätzlichen und aufeinander abgestimmten Handeln »irgendwelcher mächtiger Individuen oder Gruppen« das Kausalgesetz von sozialen Phänomenen zu sehen, und zwar besonders, sagt Popper, von »Dingen, die die Menschen in der Regel nicht wollen, wie Krieg, Arbeitslosigkeit, Armut, Mangel« (ebd.). Und diese zweite Abirrung nennt Popper »*Verschwörungstheorie der Gesellschaft*«. Er entlastet Marx von dem Vorwurf, hinter dieser Theorie zu stecken, und macht dafür eher die »vulgärmarxistische Verschwörungstheorie« verantwortlich (S. 525). Es ist jedoch klar, dass er auch auf Faschismus und Nationalsozialismus abzielt, denn die Hinwendung des »Vulgärmarxismus« zur Verschwörungstheorie hält er für einen »Niedergang«: den »Niedergang von Marx zu Goebbels« – ein Vergleich, der eine Analogie von Marxismus und Nationalsozialismus nahelegt, die – wie bereits erwähnt – von den »Totalitarismus«-Theorien ausgenutzt worden ist. Auch hierbei handele es sich um einen »Aberglauben«, der sogar noch älter sei als der Historizismus. Er bestehe darin, die Kausalität von sozialen Phänomenen zwar nicht den »Intrigen« der »Götter Homers« zuzuschreiben, dafür aber den »Weisen von Zion«, den »Monopolisten«, den »Kapitalisten« oder den »Imperialisten« (S. 524).

Gleichwohl glaubt Popper, dass es nötig ist, die Behauptung, der Glaube an die Existenz von »Komplotten« sei absolut trügerisch, abzuschwächen. Es gäbe zwar, sagt er – und wie wir gesehen haben wird dies zu einem Tropus in den Studien über Verschwörungstheorien –, sehr wohl »Verschwörungen«. Aber sie seien »nicht sehr häufig« und hätten keine nennenswerten Auswirkungen:

> Gegen die Verschwörungstheorien der Gesellschaft will ich natürlich nicht die Behauptung ins Feld führen, daß Verschwörungen niemals vorkommen. Aber ich will zwei Behauptungen aufstellen: Erstens, daß sie nicht sehr häufig sind und daß sie den Charakter des sozialen Lebens nicht verändern. Wenn es plötzlich keine Verschwörungen mehr gäbe, würden wir dennoch grundsätzlich den gleichen Problemen gegenüberstehen, denen wir immer gegenübergestanden haben. Zweitens behaupte ich, daß Verschwörungen sehr selten erfolgreich sind. Die erzielten Resultate weichen in der Regel stark von den angestrebten Zielen ab. (Man denke beispielsweise an die Verschwörung der Nationalsozialisten.) (Ebd.)

Auf diese Weise werden zwei gefährliche Illusionen zerstört. Einerseits der naive soziologische Glaube an »Ganzheiten«, die wie Subjekte des sozialen Handelns behandelt würden – was allein »Individuen« sein könnten. Andererseits der nicht minder trügerische Glaube, dass das Handeln von Individuen, wenn sie sich absprechen und sich entsprechend organisieren, auf soziale Phänomene Einfluss nehmen könne. Deshalb kann Popper definieren, was die »Hauptaufgabe der theoretischen Sozialwissenschaften« bildet: »Sie besteht in der Feststellung von unbeabsichtigten Rückwirkungen beabsichtigter menschlicher Handlungen.« (Ebd.) Also von Individuen, die einen Willen haben und je nach individuellen Motiven und Interessen intentional handeln. Aber obwohl jedes dieser Individuen die eigenen Handlungsmotive kennt, verfügen sie nicht über die Mittel, ihre Wünsche oder ihren Willen so weit zur Übereinstimmung bringen zu können, dass sie im gemeinsamen Handeln zusammenfänden. Wenn man es dabei bewenden lässt, bleiben – wie jeder schnell zugeben wird – nicht viele Möglichkeiten, den sozialen Wandel zu verstehen, zu erklären und unter Umständen zu antizipieren oder zu steuern; seine Zufälligkeit bietet dem Handeln keinen Ansatzpunkt, ja noch nicht einmal der Deutung. Außerdem geht dieser theoretische Rahmen zwingend mit einem Koordinationsdispositiv einher, das weder eine Ordnung noch einen Plan noch eine Absprache darstellt, und obwohl dieses Koordinationsdispositiv so nah wie möglich bei den Wünschen und Interessen der Akteure verbleibt, hat es gleichwohl den überindividuellen Charakter einer »die persönlichen Besonderheiten überschreitenden allgemeinen Form« beziehungsweise, in der in *Über die Rechtfertigung* verwendeten Sprache, eines »übergeordneten gemeinsamen Prinzips«.[26] Dieses Dispositiv, das auf ökonomischem Gebiet auf der Qualifikation von Personen durch ihre Wünsche und Interessen und auf der Reduktion von Gütern auf ihren Preis beruht, ist nichts anderes als der *Markt* (beziehungsweise die strategischen Antizipationen in der Spieltheorie). Der Marktmechanismus wird dabei freilich so weit ausgedehnt, dass er alle sozialen Phänomene zu erklären vermag – das macht Gary Beckers Werk auf die systematischste Weise anschaulich[27] –, was darauf hinaus-

---

26 Luc Boltanski/Laurent Thévenot, *Über die Rechtfertigung*, a. a. O., S. 37.
27 So hat Gary Becker von Ende der 1950er bis in die 1990er Jahre mikroökonomische Rational-Choice-Modelle für die Erklärung von Investitionen in die Bildung verwendet (das Humankapital), von Partnerwahl und Scheidung, von Diskriminierung, Familie, Verbrechen, Allokation von Zeit, Geschmacksbildung usw. Eine seiner Absichten bestand darin, einen theoretischen Rahmen zu konstruieren, der die statistisch ausgerichtete empirische Soziologie nach dem, was er als das Scheitern der zu Beginn seiner Arbeit noch vorherrschenden parsonschen Soziologie ansah, zu strukturieren in

läuft, die verschiedenen Handlungsmodalitäten auf ein und dieselbe Ebene zurückzuführen und die Verschiedenartigkeit der politischen Metaphysiken nicht zur Kenntnis zu nehmen, auf denen die Übereinkunft jeweils beruht.[28]

In seinem Amsterdamer Vortrag begnügt sich Popper jedoch nicht mit der Verallgemeinerung eines aus der Mikroökonomie übernommenen Koordinationsmodus, mit dessen Hilfe er die Frage der sozialen und historischen Kausalität neu stellen will, wobei die Ereignisse weder wirkmächtigen Individuen noch kollektiven Entitäten zugeschrieben werden, sondern dem zufälligen Zusammentreffen einer Vielzahl von Einzelaktionen in einem hypothetischen, nach dem Modell des Marktes konstruierten Raum. Er verleiht dieser Konstruktion auch noch hohen politischen und moralischen Wert. Denn allein diese Lösung kann sicherstellen, dass sich die Gräuel nicht wiederholen, zu denen die Erfindung und Verbreitung von »holistischen« Geschichtsauffassungen geführt haben, die zusammen mit »Verschwörungstheorien der Gesellschaft« den Nazi-Terror hervorbrachten. Man kann gleichwohl davon ausgehen, dass die Nazi-Gefahr nicht Poppers unmittelbare Sorge darstellte. Zu der Zeit, als er seinen Vortrag hielt, war das, was er »Vulgärmarxismus« nennt, viel eher die Inkarnation des Feindes, und die Gefahr, der er vorbeugen will, geht darauf zurück, dass Ereignisse, »die Menschen in der Regel nicht wollen« (»Krieg, Arbeitslosigkeit, Armut«), gelinde gesagt unscharfen Entitäten zugeschrieben werden, die »Monopolisten«, »Kapitalisten« oder »Imperialisten« heißen. Nachdem es aber erst einmal epistemologische Weihen erlangt hat, beginnt das Argument, seine politische Zielrichtung

---

der Lage war. (Siehe sein Gespräch mit Richard Swedberg in: Richard Swedberg, *Economis and Sociology. Redefining Their Boundaries. Conversations with Economists and Sociologists*, Princeton, Princeton UP, 1990, S. 27-46; und für eine Analyse des Platzes, den Gary Becker im Grenzbereich zwischen Ökonomie und Soziologie innehatte, Richard Swedberg, *Principles of Economic Sociology*, Princeton, Princeton UP, 2003 [dt.: *Grundlagen der Wirtschaftssoziologie*, Wiesbaden, VS Verlag für Sozialwissenschaften, 2009]).

28 Luc Boltanski/Laurent Thévenot, *Über die Rechtfertigung*, a. a. O.

hinter sich zu lassen, und am Ende bringt es alle soziologischen Diskurse in Misskredit, die auf irgendwelche kollektiven Entitäten (»Gruppen, Nationen, Klassen, Gesellschaften, Zivilisationen und dergleichen«) Bezug nehmen, das heißt die meisten Analysen, die sich dieser Disziplin zugehörig fühlen.

Der Kern des Arguments besteht in der Herstellung eines notwendigen Zusammenhangs zwischen der Bezugnahme auf kollektive Entitäten und der Bezugnahme auf eine Verschwörung. Der Verweis auf eine kollektive Entität und der Verweis auf eine Verschwörung werden wie zwei gleichwertige Vorgänge behandelt. Die Frage der Intentionalität ist dabei zentral. Verschwörungen, deren Existenz Popper – wie wir gesehen haben – nicht leugnet, verbinden eine im Allgemeinen beschränkte Anzahl von Einzelakteuren, die in der Absicht, die Macht an sich zu reißen, ihre Handlungen zu koordinieren versuchen. Diese Absicht kann man *gemeinsam* nennen, weil sie sie aneinander ausdrücklich eröffnet haben. Insofern bildet die Verschwörung durchaus eine kollektive Form, deren Möglichkeit Popper anerkennt. Sie muss also zweifellos an die Position eines vollwertigen Handlungssubjekts gesetzt werden können. Aber Popper bestreitet – scheinbar zu Recht –, dass diese auf eine vorherige Absprache gründende Art von kollektiver Intentionalität auch Gruppen mit großer Personenzahl zugeschrieben werden kann. Wie hat man es sich zum Beispiel vorzustellen, dass alle Mitglieder einer sozialen Klasse – sagen wir, um möglichst nah bei Poppers Besorgnissen zu bleiben, der »herrschenden Klasse« – alle ihre Handlungen durch eine beständige und explizite Absprache koordinieren sollen?

Es ist gleichwohl bemerkenswert, dass Popper nicht auf die Unterscheidung von juristisch konstituierten Entitäten und den Entitäten eingeht, die wir oben *narrativ* genannt haben. Letztere mögen leichte Beute für seine Kritik sein, aber mit den juristischen Entitäten verhält es sich anders. Denn schon die Orientierung auf das Recht – wenn sie denn darin besteht, die *Zählung-als-Eins* zu untermauern – soll eine deliberative Abstimmung und eine gemeinsame Entscheidungsfindung ermöglichen, die der *Sprecher* öffentlich macht. Und wenn nun die Deliberation nach einem angemessenen Verfahren durchgeführt worden ist, muss diese Entscheidung – entsprechend dem Modell kommunikativen Handelns in der Theorie von Jürgen Habermas – als äußerst rational angesehen werden. Auf einen derartigen Mechanismus stützt sich im Übrigen nicht nur die Bildung von großen politischen Gebilden, und zwar vor allem von Demokratien, zu deren Verteidigung Popper angetreten ist, sondern auch die von Firmen, in deren Organisation, auch wenn sie weiterhin hierarchischen Charakter hat, über Aktionärsversammlungen, Expertenkommissionen usw. auch kollektiven Lenkungsdispositiven Platz eingeräumt wird. Ganz zu schweigen von Organisationen (wie zum Beispiel der OECD oder der Weltbank), deren Aufgabe auf nationaler oder supranationaler Ebene darin besteht, die Koordinierung von großräumigen, vor allem ökonomischen Konglomeraten zu verbessern, die wie Ganzheiten behandelt werden. Ein eigenes Fachgebiet, das Management, das schon zu Poppers Zeit sehr rege war und sich seither immer weiter entwickelt hat, ist ganz und gar der Rationalisierung dieser Koordinierungsfunktionen gewidmet – eine Rationalisierung, die sich auf die Sozialwissenschaften, insbesondere auf die Ökonomie stützt, aber auch auf die Soziologie oder die Kognitionswissenschaften.

Wie kann man Poppers Fluch entgehen?

Die Offensive, an die ich gerade in groben Zügen erinnert habe und zu deren Hauptverantwortlichen Karl Popper gehört, ist natürlich nicht ohne Auswirkungen auf die Entwicklung der gesamten soziologischen Disziplin geblieben, und zwar besonders in Bezug auf die Frage, welche relevanten Entitäten die Soziologie geltend machen kann. Diese Wirkung setzte jedoch nicht unmittelbar ein, und die Bemühungen, dieses Paradigma zu verallgemeinern, die manchmal die Form eines Kreuzzugs annahmen, stießen auf den Widerstand jener Denkrichtungen und

-schulen, die, weil sie sich mit kollektiven Entitäten beschäftigten und sie auf der Suche nach Erklärungen verwendeten, nicht einsahen, warum sie sie über den Haufen werfen sollten. In Frankreich war dieser Widerstand besonders groß, weil die Bezugnahme auf soziale Klassen, die in die Dispositive des Wohlfahrtsstaates (wie die staatliche Wirtschaftspolitik, die sozioprofessionellen Kategorien, die volkswirtschaftliche Gesamtentwicklung usw.) eingeflossen war, hier eine quasi objektive Existenz genoss und breite Anerkennung erfuhr, auch von Seiten so genannter »normaler« Menschen.[29] Deshalb machte sich die Wirkung von Poppers Argumenten vor allem bemerkbar, als diese Dispositive nach und nach in Frage gestellt wurden und dann auseinanderfielen – ungefähr zwischen der zweiten Hälfte der 1970er Jahre und den 1990er Jahren. Wie mir scheint, kann man einige der Neuerungen und theoretischen Umschwünge, die die Soziologie während der letzten fünfzig Jahre geprägt haben, trotzdem als Versuche deuten, dem zu entgehen, was man *Poppers Fluch* nennen könnte. Ohne ins Detail zu gehen – was wiederum zwangsläufig das Ausmaß einer ganzen Abhandlung annehmen würde –, will ich jetzt auf einige von ihnen hinweisen.

DER METHODOLOGISCHE INDIVIDUALISMUS

Die einfachste Art, Poppers Fluch zu entkommen, besteht darin, dessen Wohlbegründetheit anzuerkennen und zu versuchen, die

---

29 Wie die Studie gezeigt hat, die wir darüber durchgeführt haben, wie die Menschen die Klassifikationen verinnerlicht haben, die mit der Einführung des Wohlfahrtsstaates einhergingen, und zwar vor allem die sozioprofessionellen Kategorien, war das noch Anfang der 1980er Jahre der Fall. Die sozioprofessionellen Kategorien, die in der Bürokratie und gleichzeitig kritisch verwendet wurden, gehörten zu der kognitiven Ausrüstung, die so genannten »normalen« Menschen für ihre eigene Identifikation, die Identifizierung anderer und für ihre Orientierung im sozialen Raum zur Verfügung stand. (Siehe Luc Boltanksi/Laurent Thévenot, »Finding One's Way in Social Space. A Study Based on Games«, in: *Social Science Information* 22, 4/5 (1983), S. 631-681.)

Sozialwissenschaften zu verbessern. Die Strömungen mit dem Ehrgeiz, eine direkt durch die Mikroökonomie angeregte, auf einem statistischen Apparat und/oder mathematischen Modellen beruhende Soziologie zu entwickeln, stehen am direktesten mit den von Popper gemachten Vorschlägen in Verbindung. In den USA haben sie in den Jahren zwischen 1960 und 1970 große Bedeutung gewonnen (die Theorien des »rationalen Handelns«), und in Frankreich wurden sie vorbildlich vom »methodologischen Individualismus« vor Augen geführt, der von Raymond Boudon und seinen Schülern entwickelt wurde. In diesem Rahmen ist das Individuum das logische Atom der Analyse. Es bestimmt sich durch Handlungsgründe nach Maßgabe von Rationalitäten, die einerseits von den Informationen abhängen, über die es verfügt (begrenzte Rationalität) und andererseits nicht ausschließlich ökonomischen Motiven gehorchen, sondern auch eine axiologische oder kognitive Ausrichtung aufweisen. Soziale Phänomene sind das Produkt des Zusammenwirkens dieser individuellen Vorlieben, so dass der Versuch, sie durch die Zugehörigkeit zu Kollektiven zu erklären, nichts bringt.

Diese elegante Lösung hinterlässt jedoch erhebliche Rückstände. Vor allem die Tatsache, dass mit Namen versehene Gemeinschaften oder Kollektive bei weitem nicht nur von Soziologen im Munde geführt werden, fällt vollständig aus ihrem Deutungsfeld heraus. Wenn Soziologen sich darauf beziehen, greifen sie bei ihren Versuchen, die Gesellschaft theoretisch zu durchdringen, in gewisser Weise lediglich eine Konstruktionsart wieder auf, die die Akteure bei ihren sozialen Aktivitäten unablässig selbst anwenden. Beispiele für Gesellschaften, in denen diese Art der Konstruktion von reflexivem sozialem Handeln fehlt, dürften wahrscheinlich schwer zu finden sein. Eine Soziologie, die Modelle dafür schaffen möchte, wie soziale Akteure »kollektive Prozesse« erzeugen, das heißt Gesellschaftlichkeit herstellen, kann sehr wohl davon ausgehen, dass Gemeinschaften oder, allgemeiner gesprochen, Kollektive Fiktionen sind – was sich in gewisser Weise nicht leugnen lässt. Dabei muss sie freilich anerkennen, dass diese Fiktionen offenbar notwendig sind und von daher zumindest in dieser Eigenschaft einen Platz in der soziologischen Theorie finden müssen. Der methodologische Individualismus tut sich, kurz gesagt, schwer, eine Theorie jener Institutionen zu entwickeln, die den Dispositiven, die für das soziale Leben unverzichtbar zu sein scheinen, zugrunde liegen.[30] Eine Gefahr, der der methodologische Individualismus ebenso wie die Rational-Choice-Theorie entgegentreten muss, besteht darin, Beschreibungen und Erklärungen zu liefern, die auf mathematischen Modellen beruhen und von der Erfahrung der Akteure häufig vollständig abgekoppelt sind. Wenn im Konstruieren von Kausalsystemen, die sich von den gemeinhin geltenden Erklärungen abheben, eines der Vorrechte der Wissenschaft besteht, ja sogar eine ihrer Anforderungen, sollte gleichwohl nicht unerwähnt bleiben, dass Wissenschaftlichkeit im Fall der Sozialwissenschaften noch an eine weitere Bedingung gebunden ist, die darin besteht, die Erfahrung der Akteure und die Sprache, in der sie sie beschreiben und deuten, in das Modell mit einzubeziehen.

DER ANALYTISCHE MARXISMUS

Ähnliche Anmerkungen lassen sich über zwei Strömungen machen, deren Erfindung im ersten und Radikalisierung im zweiten Fall als Versuche gedeutet werden können, die theoretischen Gebilde zu retten, die am direktesten von Poppers Angriffen betroffen waren, nämlich einerseits über den analytischen Marxismus und andererseits über den Strukturalismus. Der vor allem in den angelsächsischen Ländern (von Gerald Cohen, John Roemer, Jon Elster und Philippe Van Parijs) während der 1980er Jahre entwickelte analytische Marxismus ist ein Erneuerungsversuch des Marxismus, bei dem dieser mit Hilfe ebenjener Werkzeuge neu gedeutet wird, die ihm vorher den Garaus machen

---

30 Über diesen Punkt siehe Luc Boltanski, *Soziologie und Sozialkritik*, a.a.O., Kapitel 3.

sollten, nämlich vor allem mit Hilfe des logischen Positivismus und der Rational-Choice-Theorie.[31] Im Hinblick auf das, was uns hier interessiert – nämlich die Auswahl von relevanten Entitäten – möchte der analytische Marxismus den »Hegelschen Holismus« hinter sich lassen, er vertritt einen Atomismus, ja sogar Reduktionismus. Auf diese Weise versucht er, sich der »überflüssigen Entitäten« zu entledigen und seine Analysen auf jene »einfachen logischen Formen« zu stützen, die der logische Positivismus fordert. In der Absicht, eine rationale Theorie der Ausbeutung zu entwickeln, die nur der Beschaffenheit individueller Strategien Rechnung trägt, verwendet John Roemer so aus der Mikroökonomie stammende Modellierungswerkzeuge und -formen auf dem Gebiet der Ökonomie, um die Arbeitswerttheorie zu dekonstruieren. Für den Philosophen und Soziologen Jon Elster muss der Marxismus auf der Grundlage der »Entscheidungen, Handlungen und Strategien der Akteure« neu konstruiert werden. Das heißt im Rahmen einer »Rational-Choice-Theorie«, die auf die »Spieltheorie« zurückgreift, um »die sozialen Interaktionsprozesse zu analysieren«. In der Einleitung seines umfangreichen Buches über Marx[32] beruft er sich auf den »methodologischen Individualismus«, den er als »Form des Reduktionismus« ansieht: »Der Übergang von sozialen Institutionen und zusammengesetzten Verhaltensmodellen zu Individuen ist dem Vorgang analog, der von Zellen zu Molekülen führt.« (S. 32) Er wendet sich gegen den »methodologischen Kollektivismus«, der behaupte, »dass es überindividuelle Entitäten gäbe, die den Individuen in der Erklärungsreihenfolge vorausgingen« (S. 21).

---

31 Für einen Gesamtüberblick auf Französisch kann man »Le marxisme analytique anglo-saxon« heranziehen, eine Sondernummer der Zeitschrift *Actuel marx*, Paris, PUF, 1990 (eine Ausgabe, die von Étienne Balibar, Jacques Bidet, Jean-Jacques Lecercle und Jacques Texier herausgegeben wurde), und Fabien Tarrit, »Un étrange marxisme. Essai de délimitation des contours du marxisme analytique« (auf der Site //actuelmarx.u-paris.10.fr/m4tarrit.htm abrufbar).
32 Jon Elster, *Karl Marx. Une interprétation analytique*, Paris, PUF, 1989 [engl. Orig.: *Making Sense of Marx. Studies in Marxism and Social Theory*, Cambridge, Cambridge UP, 1985, im Folgenden Übers. C. P.].

So sei zum Beispiel die Arbeit »heterogen«; ihre einzelnen Bestandteile könnten deshalb nicht »an einem gemeinsamen Maßstab« gemessen werden (S. 691), was die Theorie der Ausbeutung und folglich auch die Theorie sozialer Klassen wertlos mache. Nach und nach wird sogar die Idee des Kapitalismus selbst in Frage gestellt, denn »das ›Kapital‹ wirke (bei Marx) manchmal mysteriöserweise wie ein Handelnder, der über einen eigenen Willen verfüge« (S. 689). Daraus folgt, dass die Ideen der Ausbeutung und der sozialen Klassen in diesem neu erfundenen Marxismus einer »Theorie der Verteilungsgerechtigkeit« weichen müssen (S. 691). Der wahre Marx ist Rawls. Auf diese Weise schlägt, wie es häufig der Fall ist, wenn man versucht, die Waffen des Gegners für die eigene Verteidigung zu nutzen, die analytische Erneuerung des Marxismus letztendlich allmählich in einen Prozess gegen den Marxismus um.

DIE RADIKALISIERUNG DES STRUKTURALISMUS

Die Reaktion des Strukturalismus auf Poppers Fluch ist in eine andere, ja in die entgegengesetzte Richtung gegangen, denn er hat nicht versucht, seine Positionen abzuändern, im Gegenteil: Er hat sie auf die Spitze getrieben. Die strukturalistische Ausrichtung ist offenkundig das genaue Gegenteil des methodologischen Individualismus, und ganz offensichtlich ist sie eine der Zielscheiben von Poppers Kritik. Man kann jedoch trotzdem davon ausgehen, dass ihre Radikalisierung in den Jahren zwischen 1960 und 1970 – vielleicht unbeabsichtigt – eine der Formen gewesen ist, die die Suche nach Möglichkeiten angenommen hat, das Problem Popper zu umgehen. Die Arbeiten, die auf Strukturen Bezug nehmen, sind nämlich dann besonders anfällig für poppersche Anschuldigungen, wenn in ihren Beschreibungen weiterhin Individuen vorkommen, die jenen Strukturen gewissermaßen innewohnen oder sie ausfüllen, deren Existenz das Resultat ihrer Handlungen ist. In diesem Fall sehen sie sich mit dem heiklen Problem konfrontiert, wie genau das Verhältnis von

Strukturen, die dargestellt werden, als ob sie unabhängig von den Individuen existieren, und den individuellen Verhaltensweisen der Handelnden zu verstehen ist, die man auf das Handeln dieser Strukturen zurückführt. Die ökonomischste Weise, dieses Problem zu vermeiden, besteht in der Verringerung des Raumes für Akteure (die – mit einem Ausdruck von Louis Althussser – auf die Rolle von bloßen »Trägern« der Struktur reduziert werden) beziehungsweise sogar darin, sie quasi aus der Beschreibung verschwinden zu lassen (wie in manchen Texten von Nicos Poulantzas[33]). Dann kann man ein Tableau der sozialen Welt entfalten, das vollständig aus Strukturen besteht – allerdings auch dieses Mal um den Preis eines Bruchs mit der alltäglichen Erfahrung, der angesichts von Kritik häufig unter Verweis auf den unbewussten Charakter von sozialen Determinierungen gerechtfertigt wird (aber ist – wie Michel Henry eingewandt hat – der Verweis auf das »Unbewusste« in diesem Fall nicht ein weiterer Avatar der Bewusstseinsmetaphysik?[34]).

DIE HABITUSTHEORIE

Zu großen Teilen versucht die von Pierre Bourdieu entwickelte Theorie des *Habitus,* dieses Problem zu lösen. Sie stützt sich vor allem auf Arbeiten der durch die Kreuzung von Ethnologie und Psychoanalyse entstandenen amerikanischen Kulturanthropologie (Margaret Mead, Gregory Bateson, Abram Kardiner, Ralph Linton und, womöglich vor allem, Erik Erikson). Die theoretischen Dispositive, die in dieser Strömung entwickelt wurden, um zwischen den Beschreibungen einer als Ganzheit verstandenen Kultur, die sich in ihren Institutionen und Objekten abgelagert hat, einerseits, und einer von den Akteuren verinnerlich-

---

33 Nicos Poulantzas, *Pouvoir politique et classes sociales*, Paris, Maspero, 1968 [dt.: *Politische Macht und gesellschaftliche Klassen,* Frankfurt/M., Athenäum Fischer Taschenbuchverlag, 1974, 2. überarb. Aufl. 1975].
34 Siehe Michel Henry, *La généalogie de la psychanalyse. Le commencement perdu*, Paris, PUF, 1985.

ten Matrix andererseits hin- und herwechseln zu können, überträgt die Habitustheorie auf die Analyse der sozialen Klassen in den gegenwärtigen Gesellschaften. Diese theoretischen Dispositive erlauben eine Lösung des klassischen Problems des »Sitzes der Kultur«. Dadurch wird der Gleichklang verständlich, den Feldstudien zwischen den Merkmalen einer Kultur, die anhand von objektiven Spuren identifiziert wurden, und den individuellen Verhaltensweisen der Akteure beobachtet haben, die im Rahmen einer bestimmten Kultur handeln und denken.

Ich möchte hier auf die zahlreichen Kritiken an den kulturalistischen Analysen nicht näher eingehen. Eine der wichtigsten besteht in dem Hinweis auf die Schwierigkeiten, auf die das Unterfangen stößt, eine bestimmte Kultur geographisch und zeitlich einzugrenzen und sie kartographisch objektivieren zu wollen, was häufig nur artifiziell möglich ist.[35] In Pierre Bourdieus Arbeit über die sozialen Klassen schafft die Habitustheorie vor allem den Übergang von den Klassen, als objektivierten Ganzheiten oder, wenn man so will, als Strukturen, zu den Verhaltensweisen, den Deutungen und sogar den Gefühlen der diese Klassen ausfüllenden Handelnden. Und vor allem dient sie dazu, diese Operation durchzuführen und trotzdem Poppers Fluch zu entgehen. Für die bourdieusche Soziologie besitzen die Mitglieder einer sozialen Klasse wenn nicht denselben Habitus, so doch zumindest einen mehr oder weniger ähnlichen Habitus, weil sie besonders in ihrer Jugend die gleichen Bildungserfahrungen gemacht haben, so dass sie relativ vergleichbare Wahrnehmungs- und Handlungsschemata verinnerlichten. Dadurch wird es möglich, die Sympathie, die sie spontan füreinander empfinden, die gegenseitige Anziehungskraft (zum Beispiel in Liebesbeziehungen) und vor allem die Tatsache nachzuvollziehen, dass sie dazu neigen, auf Ereignisse, die sie berühren, auf dieselbe Weise zu reagieren.

Dieses Schema ist besonders nützlich, um die Beziehung der

---

35 Siehe vor allem Jean-Loup Amselle/Elikia M'Bokolo (Hrsg.), *Au cœur de l'ethnie. Ethnies, tribalisme et État en Afrique*, Paris, La Découverte, 1985.

Mitglieder der herrschenden Klassen untereinander nachzuvollziehen. Die Art von Seilschaft, die zwischen ihnen besteht, vor allem wenn es um die Verteidigung ihrer Privilegien geht, kann so gedeutet werden, ohne dass man sich auf eine explizite Absprache berufen muss, wodurch man einer »Verschwörungstheorie«-Anschuldigung entgeht. Die Ausübung von Herrschaft setzt zwar die eine oder andere Koordinierungs- oder – mit Pierre Bourdieu gesprochen – »Orchestrierungs«-Form voraus. Aber es handelt sich – wie er es nennt – um ein »Orchester ohne Dirigenten«. Dieses theoretische Dispositiv erlaubt die ihrerseits nicht unproblematische Wiederbelebung und Rehabilitierung des vom methodologischen Individualismus angezweifelten Begriffs der sozialen Klasse. In einigen Hinsichten lässt es sich zumindest formal mit der Art von Lösung vergleichen, die die Generative Grammatik für das Problem des »Ortes der Sprache« vorschlägt, das ebenso heikel ist wie das Problem des »Ortes der Kultur« oder der »Klassenkultur«. Die Beschreibung einer Sprache setzt nämlich die Berücksichtigung einer offenen Menge von linguistischen Mitteln voraus, die den Äußerungen einer Vielzahl von Sprechern entnommen wurden, von denen aber niemand alle beherrscht. Wenn man auf die prinzipiell unbegrenzte Beschreibung der Substanz verzichtet und stattdessen nach den vom Sprecher und/oder Akteur verinnerlichten Generierungsschemata sucht, ist es möglich nachzuempfinden, wie dieser die Worte und Taten der anderen Sprecher/Akteure verstehen kann – im doppelten Sinn von entschlüsseln und von Verständnis zeigen. Und zwar ohne sie vorher selbst ausgesprochen oder vollzogen zu haben, denn sie sind das Produkt derselben Schemata.

Diese Art, das Problem Popper zu umgehen, hat bekanntlich zu zahlreichen Kritiken geführt. Einige dieser Kritiken – die ich eben beim Kulturalismus erwähnt habe – heben die Schwierigkeit hervor, die ein geschlossener, in sich homogener Erfahrungsschatz darstellt, auf dem eine Klassenkultur beruhen könnte. Andere merken an, dass der manchmal aus der Habitustheorie abgeleitete Anspruch, nicht nur Aussagen und Verhalten zu deuten, sondern in gewisser Weise auch deren Durchführung vorherzusehen, wenn der Habitus des Sprechers/Akteurs erst einmal festgestellt worden sei, vergesse, was sie der Situation verdanken, in die die Äußerung und/oder Handlung eingebettet ist. Im starken Sinne verstanden, kann der Habitus die nicht akzeptable Form einer verinnerlichten Programmierung annehmen. Aber im schwachen Sinne verstanden, verliert er sich in der vagen Vorstellung einer »sozialen Persönlichkeit« oder – mit Abram Kardiners Ausdruck[36] – einer »Basispersönlichkeit«. Das heißt, dass es der Habitustheorie, weil sie die Absicht hatte, Strukturen und Personen zusammenzudenken, nicht gelungen ist, die Vorbehalte popperscher Prägung verstummen zu lassen, wenn sie sie nicht sogar noch weiter vergrößert hat. Der kleine Auszug aus Nathalie Heinichs Buch zu Beginn dieses Kapitels zielt implizit ohnehin vor allem auf die Soziologen ab, die sich auf das Werk von Pierre Bourdieu berufen, über das Nathalie Heinich kürzlich ein sehr kritisches Buch veröffentlicht hat, hinter dem die Anschuldigung steht, hier werde eine Soziologie des Verdachts und des Komplotts praktiziert.[37]

DER MIKROSOZIOLOGISCHE ANSATZ

Wir werden jetzt schnell noch zwei weitere Wege untersuchen, die die Soziologie eingeschlagen beziehungsweise gebahnt hat, um Poppers Fluch zu entgehen. Es handelt sich einerseits um Strömungen, deren Forschung bei all ihrer Unterschiedlichkeit auf die Beobachtung und Analyse von Aktionen und Interaktionen im situativen Kontext ausgerichtet ist. Und andererseits handelt es sich um Netzwerkanalysen.

Dass in Frankreich in den Jahren zwischen 1980 und 1990 soziologische Arbeiten entstanden, die von der Ethnomethodologie, der Phänomenologie oder dem Interaktionismus und allge-

---

36 Siehe Luc Boltanski, »Usages faibles, usages forts de l'habitus«, in: Pierre Encrevé/Rose-Marie Lagrave (Hrsg.), *Travailler avec Bourdieu*, Paris, Flammarion, 2003, S. 153-162.
37 Nathalie Heinich, *Pourquoi Bourdieu*, Paris, Gallimard, 2007.

meiner noch von im Pragmatismus wurzelnden Ansätzen beeinflusst waren, lag häufig an Forschern, die vom Marxismus, vom Strukturalismus oder von der bourdieuschen Soziologie her kamen. Sie waren für die Kritik an diesen Strömungen empfänglich, scheuten aber den großen Sprung, den eine Hinwendung zum methodologischen Individualismus auch – das sollte nicht verschwiegen werden – durch die ihm häufig als Seelenersatz dienende neoliberale Ausrichtung politisch bedeutet hätte. Diese manchmal durch den Verweis auf die Postmoderne und das »Ende der großen Erzählungen« gerechtfertigte Option erlaubte die Umgehung von Poppers Fluch aus mindestens zwei Gründen: Der erste geht schlicht und einfach auf den Maßstab zurück, der den durchgeführten Beobachtungen zugrunde liegt. Wenn man die unterschiedlichsten Situationen zum Gegenstand nimmt und beschreibt, was passiert, ergeben sich soziologische Beschreibungen, die sich nicht mühsam auf großformatige Entitäten wie Staaten, soziale Klassen, den Kapitalismus beziehen müssen. Die Akteure stehen im Zentrum der Analyse. Man kann sie an die Position eines vollwertigen Handlungssubjekts setzen, ohne gegen den logischen Purismus der Nachfahren des Wiener Kreises zu verstoßen, und die Operationen, die sie vornehmen, mit Hilfe des begrifflichen Rahmens der Handlungstheorie beschreiben.

Der zweite, sehr viel entscheidendere Grund geht aber auf die von der so genannten »linguistischen Wende« der Sozialwissenschaften beeinflusste Entscheidung zurück, vorzugsweise die Art und Weise zu beschreiben und zu analysieren, wie die »Akteure selbst« die Wesen in ihrer Umgebung bezeichnen – seien diese nun nah oder fern, aus Fleisch und Blut oder nicht. Das heißt die Art und Weise, wie sie sie *qualifizieren*, wodurch sie einen Beitrag zur »*Performanz*« der sozialen Welt leisten. In dieser Art von soziologischem Diskurs kann durchaus auf großformatige kollektive Entitäten oder auf Institutionen Bezug genommen werden, die ein konsequenter Individualist für reine Fiktionen halten würde. Gerechtfertigt wird dies aber dadurch, dass diese Entitäten oder Institutionen in den Aussagen der Akteure

»selbst« vorkommen, so dass der Soziologe als reine Aufzeichnungsinstanz der Berichte, in denen die Menschen ihr Tun und Treiben schildern, aufgefordert ist, keinen Einfluss auf ihren ontologischen Status zu nehmen. In Bezug auf das Thema, das uns als roter Faden dient, kann der Soziologe so in den Texten, die die Resultate seiner Forschungen dokumentieren, die Existenz von kleinen *Verschwörungen* oder groß angelegten *Komplotten* durchaus erwähnen. Aber nur weil diejenigen, die er getroffen hat, für Prozesse, die sie in ihrer Umgebung oder im weltweiten Maßstab beobachtet haben, diese Ausdrücke verwendet und Beschreibungen entwickelt haben, die diese Verwendung rechtfertigen sollen. Er muss sich also keine Gedanken über den Wahrheitsgehalt solcher Behauptungen machen, zum Beispiel indem er nach Beweisen oder Kriterien sucht, die es ihm gestatten würden, die Vorstellungen, die ihm übermittelt werden, in Zweifel zu ziehen oder für gültig zu erklären.

Mit den Ereignissen verhält es sich genauso. Nämlich zum Beispiel im Fall von *Affären* (denen ich mehrere Arbeiten gewidmet habe), die sich um einzelne Fälle herum entwickeln, in denen einige Akteure eine Ungerechtigkeit erkennen. Was wir Affären genannt haben, sind Ereignisse, die je nach ihrer Größe, das heißt je nach der Anzahl der Personen, die es den Verfechtern einer Sache zu deren Gunsten zu mobilisieren gelingt, gewöhnlich in zwei verschiedenen Rahmen abgehandelt werden: manchmal eher im Rahmen einer interaktionistischen Mikrosoziologie, wenn sie nämlich relativ unbedeutend zu sein scheinen; und manchmal eher in einem politisch-historischen Rahmen, wenn nämlich diese Affären an Bedeutung gewinnen und so eingeschätzt werden, dass sie eine Rolle bei dem Wandel gespielt haben, der eine staatliche Gemeinschaft erfasst hat. Der Reiz, die Affäre wie eine *Form* zu behandeln, die nach verschiedenen Maßstäben entstehen und sich entwickeln kann, liegt genau darin, dass man so die Unterscheidung von *Mikro-* und *Makro-*Ebene umgeht. Aber auch in der Verwendung einer spezifischen Methodologie, die nicht darin besteht, dass man nach Indizien oder Beweisen sucht, mit deren Hilfe bestimmte Versionen für gültig erklärt und andere ausgeschlossen werden können – wie es häufig in der Ereignisgeschichte geschieht –, sondern darin, dass man die Art und Weise zum Gegenstand macht, wie die »Akteure selbst« zwischen dem, was wirklich geschehen ist, und dem, was falsch oder mit Vorsicht zu genießen ist, zu unterscheiden gedenken. Das läuft darauf hinaus, dass nicht das Ereignis im eigentlichen Sinne Berücksichtigung findet, sondern die Prozeduren und Dispositive, die mit seiner Konstruktion oder sozialen Dekonstruktion einhergingen. Wenn das fragliche Ereignis die Grundwerte, an die sich der Forscher gebunden fühlt, nicht betrifft, wirft diese Art von Ansatz, den man als *methodologischen Relativismus* bezeichnen kann, übrigens bemerkenswerterweise keine unüberwindbaren Probleme auf; in Fällen, die seine ehernsten Überzeugungen berühren, dürfte es dagegen sehr schwierig werden, diesen Ansatz umzusetzen. So ist es zum Beispiel für einen Forscher, der mehrere Vorfahren in den Nazilagern verloren hat, praktisch unmöglich, die geistige und moralische Kraft für die Erforschung von Affären aufzubringen, die sich um die Holocaustleugnung herum gebildet haben, und dabei – und sei es nur aufgrund einer methodischen Entscheidung – eine Haltung einzunehmen, die die verschiedenen, miteinander konfligierenden Versionen *symmetrisch* behandelt: das heißt, so zu tun, als ob die Frage der Existenz der Gaskammern offen wäre. Obwohl so etwas auf keine theoretische Entscheidung zurückgeht, sondern mit empirischer Psychologie zu tun hat, zeigt es die Grenzen dieser Methode gut, ohne sie gleich wertlos zu machen.

Trotzdem sei angemerkt, dass der Reiz dieser Methode darin besteht, dass sie die Kreativität und den Erfindungsreichtum der Akteure unterstreicht und die Intelligenz des Sozialen spürbar macht, die sie unter Beweis stellen – was immer sie auch sind. Oder, wenn man so will, dass sie ihre Kompetenzen (und zum Beispiel ihr Moralgefühl oder ihren Sinn für Gerechtigkeit[38]) zum Gegenstand macht und dadurch den Abstand zwischen

---

38 Siehe Luc Boltanski, *L'amour et la justice comme compétences*, a.a.O.

dem Soziologen, der den Durchblick hat, und den (in den klassischen Versionen des Strukturalismus) durchsichtigen und unsichtbaren oder (in den kritischen Versionen) missbrauchten Akteuren verringert. Ihr Mangel besteht jedoch darin, dass es durch sie sehr schwer, wenn nicht unmöglich wird, die soziale Welt als bereits vorhandenen Kosmos, der das Handeln des Einzelnen systematisch einschränkt, kartographisch zu repräsentieren. Im äußersten Fall verhindert sie sogar, dass der Platz von jenem Etwas besetzt wird, das wir bisher »Gesellschaft« genannt haben und das eigentlich den Gegenstand der Soziologie bilden sollte.

DIE NETZWERKANALYSEN

In der Soziologie der sozialen Netzwerke, die sich vor allem ab den 1980er Jahren entwickelt und sich als ein neues, auf einer streng relationalen Ontologie beruhendes Paradigma darstellt,[39] kann man einen letzten Versuch sehen, Poppers Fluch zu umgehen. Weil sie mit solidem methodologischem Rüstzeug und Algorithmen ausgestattet ist, die eine automatisierte (unter anderem von Ronald Breiger geschaffene) Handhabung erlauben, konnten nämlich dank dieser theoretischen Position, die Harrison White[40] (und indirekt Morenos Soziometrie[41]) viel verdankt, zahlreiche empirische Arbeiten entstehen, in denen gar keine Entität mehr vorausgesetzt wird – auch wenn am Ende der Analyse unter Umständen kollektive Entitäten entstehen können. »Bei der Netzwerkanalyse«, schreiben Alain Degenne und Michel Forsé denn auch, »gibt es kein Mittel, vorab zu wissen, wie sich die Gruppe oder der Status zusammensetzt, das heißt wie die Be-

---

39 Siehe Daniel Parrochia, *Philosophie des réseaux*, Paris, PUF, 1993.
40 Siehe den grundlegenden Aufsatz von Harrison White und seinen Mitarbeitern: Harrison White/Scott Boorman/Ronald Breiger, »Social Structure from Multiple Networks. 1. Blockmodels of Roles and Positions«, in: *American Journal of Sociology* 81/4 (1976), S. 730-780.
41 Jacob Levy Moreno, »La méthode sociométrique en sociologie«, in: *Cahiers internationaux de sociologie* II (Doppelheft), 1947, S. 88-101.

ziehungskombinationen entstehen.« Von dieser Position aus ist die Struktur oder die Form des Netzwerks die Hauptvorgabe, durch die »emergente Effekte« erzeugt werden können. Daraus folgt, dass die Netzwerkanalyse den Anspruch erheben kann, eine Architektur zu konstruieren, die den Gegensatz von Individualismus und Holismus hinter sich lässt, weil »die Struktur nur der ermergente Effekt der Interaktionen ist«.[42] Die Konstruktion in Netzwerken erlaubt nämlich die Verwendung von Totalisierungsweisen, die auf allgemeiner Konnektivität beruhen und deshalb von der Singularität der beobachteten Beziehungen und der Wesen, die sie verbinden, unberührt bleiben. Letztere können menschliche Wesen oder ebenso gut nicht menschliche Wesen sein, wie in den Arbeiten von Michel Callon und Bruno Latour. Und da schließlich das Netzwerk, dessen Grenzen im Wesentlichen vom Umfang der Untersuchung des Forschers abhängen, per definitionem offen ist, überwindet es den Gegensatz von Mikro und Makro. Das Netzwerk kann sich immer weiter ausbreiten und Wesen verbinden, die sonst isoliert und dadurch bedeutungslos bleiben würden. So erlaubt es die Vorstellung von Gegenständen, die zwischen einer durch feste, aber geschlossene Verbindungen definierten »kristallisierten Gestalt« und einer »chaotischen Gestaltlosigkeit« anzusiedeln sind, in der kein Band es möglich macht, zwischen einem Bestandteil und einem anderen mehrmals denselben Weg zu nehmen.[43]

Wie die anderen radikalen Formen des Strukturalismus erlaubt es die Netzwerkanalyse also tatsächlich, sich der sperrigen und unschicklichen Entitäten zu entledigen, die Popper vor den Kopf gestoßen hatten. Dieses Ziel wird übrigens von Harrison White und seinen Mitarbeitern in ihrem bereits erwähnten grund-

---

42 Alain Degenne/Michel Forsé, *Les réseaux sociaux*, Paris, Armand Collin, 1994, S. 7-16 [Übers. C. P.].
43 Über die Prinzipien der Konstruktion in Netzwerken, ihre Ursprünge und ihre Verwendungen, vor allem im Management, siehe Luc Boltanski/Ève Chiapello, *Le nouvel esprit du capitalisme*, Paris, Gallimard, 1999, besonders S. 208-230 [dt.: *Der neue Geist des Kapitalismus*, Konstanz, UVK, 2003, besonders S. 188-204].

legenden Aufsatz von 1976 explizit genannt. Die Soziologie, schreiben sie in der Vorrede zu jener langen, im *American Journal of Sociology* erschienenen methodologischen Arbeit, schleppe weiterhin Begriffe mit sich herum, die wie die Begriffe der »Kategorie« oder der »Klasse« ein Erbe des 19. Jahrhunderts seien, dessen archaische Vision einer abgeschotteten und geschlossenen Welt sie in die Gegenwart transportierten. Es sei Zeit, fügen sie hinzu, diesen überholten Vorstellungen ein Ende zu setzen und Beschreibungswerkzeuge zu schaffen, die der Offenheit der modernen Gesellschaften angepasst sind.[44]

Netzwerke und Seilschaften

In Bezug auf Poppers Vorwürfe weist die Analyse von sozialen Netzwerken gleichzeitig noch einen anderen Vorzug auf. Sie macht nämlich dem Komplott ein Ende, das sich in einem riesigen Beziehungsgefüge zwischen Knotenpunkten auflöst, ob diese nun mit Personen besetzt sind oder nicht. So entgeht die

---

44 »In den Diskursen aller Soziologen werden primitive Ausdrücke beibehalten – ›Status‹, ›Rolle‹, ›Gruppe‹, ›Soziale Kontrolle‹, ›Interaktion‹ und ›Gesellschaft‹ erschöpfen die Liste bei weitem nicht –, die auf einem Anhäufungs- oder Aggregatprinzip beruhen, ob es sich nun um Personenaggregate, Kollektivitätsaggregate, Aggregate von miteinander verbundenen ›Positionen‹ oder von ›Akteuren im Allgemeinen‹ handelt. Solche Aggregate haben die Soziologen auf zwei verschiedene Weisen verwendet: einerseits, indem sie die Existenz von kategorialen Aggregaten (›funktionalen Subsystemen‹, ›Klassen‹) behaupteten, deren Beziehung zur konkreten Sozialstruktur faktisch sehr lose ist, andererseits, indem sie Statistiken verwendeten, die nach Maßgabe von deren kategorialen Attributen auf die Individuen zutreffen (zum Beispiel die weißen Protestanten der unteren Mittelschicht, die in der Innenstadt leben und demokratisch wählen). […] Konträr zu diesen weit verbreiteten Ideen verfügen wir über eine wachsende Liste von empirischen Beweisen in Bezug auf die Auswirkungen und die Häufigkeit von ›Unfällen‹ oder ›Zufällen‹ beim tatsächlichen Funktionieren von Gesellschaften (d. h. von Abweichungen zwischen dem kategorialen Modell, das den spezifischen Effekt der Variablen feststellen soll, und der Realität).« (Harrison White/Scott Boorman/Ronald Breiger, »Social Structure from Multiple Networks«, a. a. O., S. 733 [Übers. C. P.].)

Soziologie auch der Anschuldigung, sich in »Verschwörungstheorien« zu verlieren. Das sieht man gut, wenn man bedenkt, wie der Ausdruck Netzwerk sich gewandelt hat, der zunächst dazu diente (und im alltäglichen Sprachgebrauch immer noch dazu dient), undurchsichtige und meistens juristisch nicht abgesicherte Beziehungen zwischen Individuen zu bezeichnen, die sich wohlmöglich als illegitim erweisen und auf Seilschaften gegründet sein könnten, die auf Kosten des öffentlichen Wohls verdeckten Interessen dienen. Das ist zum Beispiel noch in einem von zwei Journalistinnen verfassten Buch der Fall (*Les bonnes fréquentations. Histoire secrète des réseaux d'influence*), in dem die verschiedenen in den 1990er Jahren in Frankreich aktiven Netzwerke ans Licht gebracht werden sollen (»die Protestanten«, »die Juden«, »die Freimaurer«, »die Katholiken«, »die Homosexuellen«, »die früheren Trotzkisten«, »die ehemaligen Occident-Anhänger«,[45] »die Intellektuellen« usw.).[46] Nach dem soziologischen Netzwerk-Paradigma könnte man dagegen solche Einheiten nicht identifizieren und schon gar nicht brandmarken, weil sich die Analyse der Verbindungen zwischen den verschiedenen Individuen, die diese »Netzwerke« bilden, in keiner Weise von den Analysen unterscheiden würde, die man erhielte, wenn man ein Beziehungsdiagramm von irgendwelchen anderen Individuen erstellen würde. Sie könnte allenfalls das Vorhandensein von dichteren Beziehungen an einigen Stellen des Diagramms herausarbeiten.

Festzuhalten ist indessen, dass diese eleganten Netzwerkanalysen Probleme aufwerfen, die den Problemen ein wenig ähneln, die wir im Fall des methodologischen Individualismus und vor allem des Strukturalismus in seinen radikalen Formen angesprochen haben. Sie neigen nämlich dazu, alle möglichen Repräsentationen beziehungsweise Vorstellungen von der sozialen Welt zu vereinheitlichen, und verlieren dabei die Spezifität aus dem

---

45 [Rechtsextreme politische Bewegung im Frankreich der 1960er Jahre.]
46 Sophie Coignard/Marie-Thérèse Guichard, *Les bonnes fréquentations. Histoire secrète des réseaux d'influence*, Paris, Grasset, 1997.

Blick, die Orte, Gebiete, Felder usw. in den Augen der Akteure besitzen. Auf der Basis einer streng netzwerkhaften Beschreibung dürfte es schwer werden, ein Arbeitslager von einem Ferienlager zu unterscheiden. Vor allem fehlt ihr jegliche kritische Perspektive, was zweifellos einer der Gründe ist, warum die Managementwissenschaften sofort eifrig darum bemüht waren, sich diesen Konstruktionsmodus der sozialen Realität zu eigen zu machen. Aber auch in diesem Fall wird der Erfahrung der Akteure wiederum kaum Beachtung geschenkt.

Auf der Grundlage einer methodisch orthodoxen soziologischen Netzwerkanalyse wäre es zum Beispiel schwer, ein Buch wie *Le président des riches. Enquête sur l'oligarchie dans la France de Nicolas Sarkozy* zu schreiben, das kürzlich von zwei anerkannten, auf die Erforschung der Oberschichten spezialisierten Soziologen veröffentlicht wurde.[47] Dieses Buch verfolgt nämlich die Absicht, die guten Beziehungen zwischen »Politikern«, »Geschäftsmännern«, »Großgrundbesitzern«, »Generälen« und »Persönlichkeiten aus Medien, Kunst und Kultur« zu beschreiben. Die Beziehungen, die zwischen ihnen bestehen, sind »vertraut und wurzeln in der gemeinsamen Schulzeit oder geographischen Herkunft. Die Mitglieder des Netzwerks kommen aus demselben sozialen Milieu und stehen sich ideologisch nahe. Die zwischen ihnen gesponnenen Fäden erinnern an ein Spinnennetz oder vielmehr an jene dreidimensionalen Konstruktionen, in denen alle Punkte mit allen anderen verbunden sind.« Die »Mitglieder dieser Oligarchie«, fügen die Verfasser hinzu, »bilden den Vorstand von Total oder der BNP Paribas,[48] treffen sich in der Lounge des Automobilclubs[49] oder bei einer Sitzung des Siècle,[50] in den Logen der Pferderennbahn Longchamp oder auf dem Green beim Golf in Mortefontaine. Sie begegnen sich bei den

---

47 Michel Pinçon/Monique Pinçon-Charlot, *Le président des riches. Enquête sur l'oligarchie dans la France de Nicolas Sarkozy*, Paris, La Découverte, 2010 [im Folgenden Übers. C. P.].

48 [Französische Großbank.]

49 [Exklusiver Club an der Pariser Place de la Concorde.]

50 [Elitärer Club von Führungspersönlichkeiten.]

Antiquitätenhändlern am Quai Voltaire oder in den Galerien auf der Avenue Matignon und nehmen an denselben Diners teil. Ihre gemeinsame Zugehörigkeit zu den Vereinen zum Schutz des nationalen Kulturguts, zu Lobbyistengruppen, zu den Freundeskreisen der Absolventen der Grandes Écoles überwindet am Ende alle Spaltungen, die durch die Spezialisierung der Ämter und Tätigkeitsbereiche entstehen könnten. Ganz zu schweigen von den endogamen Eheschließungen, die die familiären Bande innerhalb jenes Nährbodens vervielfachen, aus dem sich die Führungsschicht reproduziert.« (S. 39)

Ein Netzwerkpurist würde Michel Pinçon und Monique Pinçon-Charlot umgehend die meisten der von ihnen verwendeten Ausdrücke vorhalten (wie Personen-, Orts-, Unternehmensnamen usw.), die den Stoff für ihre Beschreibung jener sozialen Beziehungen abgeben, die das »Netzwerk« bilden, um das es in ihrer Arbeit geht, vor allen Dingen einen Ausdruck wie »Führungsschicht«. Zweifellos wären ihm auch die Qualifikationen zuwider, die diese Soziologen diesen Namen zuweisen (»ideologisch nahestehend«, »Oligarchie«), und die Metaphern, auf die sie zurückgreifen (»Fäden spinnen«, »Nährboden«). Man muss allerdings zugeben, dass ohne diese Namen, Qualifikationen und sogar Metaphern das »Netzwerk«, dem dieses Buch gewidmet ist, einen großen Teil seiner Spezifität und damit das verlieren würde, was seine Erforschung so interessant macht. Um zu vermitteln, was ein Netzwerk ist, stellen Alain Degenne und Michel Forsé eine Grafik an den Anfang ihres Buches, auf der eine Karte von Korsika zu sehen ist, neben der Figuren eingezeichnet sind, die man aus der Identifizierung von Netzwerken (Straßennetze, Wirtschaftsströme usw.) zwischen verschiedenen Punkten des Inselgebiets gewonnen hat, dessen Umrisse weggelassen wurden. Wenn diese Grafik uns etwas »sagt«, wie es heißt, dann gerade wegen des Kontrastes zwischen dem kartographischen Bild von Korsika einerseits, das einem beliebigen Leser, so wenig vertraut er auch mit der Geographie Frankreichs und seiner Gebiete sein mag, leicht die fragliche Insel zu erkennen erlaubt, und einem Gewirr von Punkten und Linien, die, weil sie aus ihrer konkreten Verwurzelung in einem Gebiet herausgelöst worden sind, niemandem etwas sagen außer vielleicht einem Geographen, der auf die Verwendung von Netzwerkdiagrammen spezialisiert ist.

Wie soll man mit der Multipositionalität umgehen?

Eines der Probleme, die die Art von Studie aufwirft, für die wir gerade ein Beispiel gegeben haben, betrifft das Verhältnis der von der Soziologie entwickelten Entitäten, der juristisch definierten Entitäten und der Entitäten, die wir narrativ genannt haben. Dieses Problem – dem wir bereits begegnet sind – hängt mit der Möglichkeit zusammen, dass ein Individuum einer unbegrenzten Zahl von Entitäten, und zwar besonders verschiedenen juristisch definierten Entitäten, angehört. Es hängt also mit etwas zusammen, was man *Multipositionalität* nennen kann.[51] Die Feststellung, dass jemand einen Platz in der Regierung innehat oder in einem Aufsichtsrat; dass er einer Familie angehört; dass er an dieser oder jener Hochschule unterrichtet oder Mitglied dieses oder jenes Clubs ist – alles Entitäten, die mehr oder weniger klar umrissen und deren Zwecke juristisch mehr oder weniger festgelegt sind –, ist keine besonders innovative soziologische Operation. Obwohl sie zum Beispiel von einem Netzwerkspezialisten für methodisch fehlerhaft gehalten werden kann, ist sie moralisch oder politisch auch nicht besonders bedenklich. Anders verhält es sich, wenn es bei der Analyse darum geht, einen Akteur oder mehrere Akteure zu *verfolgen* – wie man heute in Bezug auf Güter oder Sendungen sagt –, also seinem oder ihrem Weg durch mehrere Entitäten zu folgen, von denen jede einzelne spezifische Ziele hat (wie die Ausbildung der Jugend, die politi-

---

[51] Luc Boltanski, »L'espace positionnel. Multiplicité des positions institutionnelles et habitus de classe«, in: *Revue française de sociologie* 14 (1973), S. 3-26.

sche Lenkung eines Staates, die Ankurbelung der Wirtschaft, die Werbung für bestimmte Erholungsarten usw.).

Die Aufdeckung der verschiedenen Zugehörigkeiten und vielfältigen Verbindungen, die aus diesen Zugehörigkeiten erwachsen, bringt neuartige Entitäten zum Vorschein – der Soziologe kann versuchen, sie mit Hilfe eines Namens näher zu bestimmen –, deren Umrisse verschwommen und deren Ziele unklar sind, von denen man aber annehmen kann, dass sie eine Konzentration von *Macht* darstellen. Und zwar in dem Sinne, dass die Macht, die jeder aus seiner Zugehörigkeit zu einer spezifischen Entität beziehen kann (Aufsichtsratsmitglied zu sein, ist eine Machtposition), sich zum einen durch Mehrfachzugehörigkeiten und zum anderen aufgrund der persönlichen Beziehungen vervielfacht, die sich daraus ergeben. Wenn man sich nun Gedanken über die Art und Weise macht, wie der Bereich der persönlichen Beziehungen, die in einer freien Gesellschaft »niemanden etwas angehen«, sich mit dem Bereich der Beziehungen überlappt, die auf die Bekleidung anerkannter Positionen in Organisationen zurückgehen, oder darüber, welche Rolle »private Unterredungen« oder »informelle Mitteilungen« bei den Entscheidungsfindungen spielen, die sich auf institutionelle Autoritäten berufen,[52] taucht dadurch eine heikle Frage wieder auf, die mit der Bestimmung der Paranoia zusammenhängt: nämlich die Frage nach dem Verhältnis von *Inoffiziellem* und *Offiziellem*, die, wie wir gesehen haben, den Kern der jeweiligen Komplottanschuldigungen und der Gegenanschuldigungen ausmacht, dass man sich in Verschwörungstheorien verliere. Es ist jedoch schwer für die Soziologie, vor allem, wenn sie sich als kritisch in dem Sinne versteht, dass sie soziale Asymmetrien beschreiben und erklären möchte, sich immer nur an die offiziellen Kategorien zu halten. Besonders wenn man bedenkt, dass viele solcher Asymmetrien einem ungleichen Verhältnis zu den institutionell

---

52 Ein Beispiel aus jüngerer Zeit gibt Caroline W. Lee, »Is there a Place for Private Conversations in Public Dialogue? Comparing Stakeholder Assessments of Informal Communication in Collaborative Regional Planning«, in: *American Journal of Sociology* 113/1 (2007), S. 41-96.

vorgeschriebenen Verfahrensweisen und Regeln entspringen, die manch einer genauestens befolgen muss, während andere sie umgehen können, vor allem indem sie mit der Ununterscheidbarkeit von Öffentlichem und Privatem spielen.[53]

Eine Schwierigkeit der Soziologie geht darauf zurück, dass ihr Gegenstand zugleich aus Personen und aus Entitäten besteht, die keine Personen sind. Die Bezugnahme auf diese Entitäten gestattet es, Personen näher zu bestimmen (jemand ist Mitglied des Staatsrats, ein anderer Vorstandsmitglied in einer großen Firma usw.). Aber (glücklicherweise) ist keine Entität so umfangreich und allumfassend, dass die Bezugnahme auf sie genügen würde, um die gesamte Identität einer Person abzudecken, so wie im Rahmen der neoklassischen Ökonomie der Preis alle für die Einschätzung der Qualität einer Handelsware notwendigen Informationen enthalten soll (was die Ökonomie der unvollständigen Information und der Informationsasymmetrien[54] oder die Ökonomie der Konventionen[55] übrigens bestreitet). Es gehört zur Alltagsmetaphysik der Mitglieder unserer Gesellschaft, diejenigen Wesen als *Personen* anzuerkennen, die, weil sie sich nicht auf eine Anhäufung von Eigenschaften reduzieren lassen, nicht auf einen Schlag vollständig erkannt werden können, auch nicht vom Akteur selbst, der beim Handeln »riskieren« muss, »das Subjekt des Handelns [...] zu enthüllen«, ohne dass er wüsste, »wen er eigentlich offenbart, wenn er im [...] Handeln unwillkürlich sich selbst mitoffenbart«.[56] Es gehört ebenfalls zu dieser Metaphysik, dem Umstand Rechnung zu tragen, dass diese Wesen über ein Gedächtnis verfügen, das es ihnen erlaubt, Spu-

---

53 Siehe Luc Boltanski, *Soziologie und Sozialkritik*, a.a.O., S. 207-214
54 Siehe den wegweisenden Aufsatz von George Akerlof, »The Market for ›Lemons‹. Quality, Uncertainty and the Market Mechanism«, in: *Quarterly Journal of Economics* 84/3 (1970), S. 488-500.
55 Einen allgemeinen Überblick über die Ökonomie der Konventionen und die Probleme, zu deren Lösung dieser Ansatz beitragen möchte, gibt Philippe Batifoulier (Hrsg.), *Théorie des conventions*, Paris, Economica, 2001.
56 Hannah Arendt, *Vita activa oder Vom tätigen Leben*, München/Zürich, Piper Verlag, 8. Aufl. 1994, S. 169 (engl. Orig.: *The Human Condition*, Chicago, Chicago UP, 1958).

ren von früheren Begegnungen und Prüfungen räumlich und zeitlich in Erinnerung zu behalten, ob diese sich für sie nun günstig oder nachteilig ausgewirkt haben.[57] Und diese Begegnungen und Prüfungen verteilen sich nun auf das Berufsleben und das Privatleben, und zwar sogar in dessen intimsten Momenten, ohne dass man sie immer klar dem einen oder anderen dieser beiden Komplexe zuordnen könnte.

Die liberale Unterteilung in einen Bereich des öffentlichen Lebens, das einem Transparenzgebot unterliegt, und einen Bereich des Privatlebens,[58] das als Heimstatt des Intimen, ja sogar des Geheimen angelegt ist, die strukturell der Unterscheidung von Offiziellem und Inoffiziellem entspricht, bildet so die Grundlage für zahlreiche kritische Operationen.[59] Und zwar insbesondere für jene, deren Gegenstand die öffentliche Aufdeckung verdeckter Machtquellen ist, die den Personen in offiziellen Positionen sowohl institutionell als auch individuell zugutekommen, deren Bekleidung mit der Ausübung einer Macht einhergeht, die sich in dem Sinne als legitim darstellt, dass sie begrenzt, unter Kontrolle und transparent ist. Man denke an jene Anschuldigungen, bei denen Personen, die dadurch Gefahr laufen, als Paranoiker bezichtigt zu werden, die private Verwendung von öffentlichen Gütern und Vergünstigungen oder die Verwandlung von Vorteilen, die im privaten Bekanntenkreis erworben wurden, in

---

57 Über diese verschiedenen Punkte siehe Luc Boltanski, *L'amour et la justice comme compétences*, a. a. O., Erster Teil: »Ce dont les gens sont capables«, besonders S. 96-109.

58 Über die Entstehung dieser Unterteilung und die Aporien, zu denen sie führen konnte, vor allem im Fall von Exhibitionismusprozessen (wurde die Tat öffentlich oder privat begangen?), siehe Marcela Iacub, *Par le trou de la serrure. Une histoire de la pudeur publique (XIXe-XXI siècles)*, Paris, Fayard, 2008.

59 Eine der Auswirkungen dieser liberalen Unterteilung in Öffentliches und Privates bestand in der Modifizierung der Bedeutung von *Freundschafts*-Beziehungen, die sich in der antiken Welt, aber auch in der aristokratischen Gesellschaft bis in die Politik erstrecken konnten. Zu diesem Punkt siehe die Arbeiten von Allan Siver, und zwar vor allem »Friendship in Commercial Society. Eighteenth-Century Social Theory and Modern Sociology«, in: *American Journal of Sociology* 95/6 (Mai 1990), S. 1474-1504.

sich öffentlich niederschlagende Vorrechte anprangern und aufdecken. Die Analyse dieses Tauziehens zwischen der häuslichen Welt und der staatsbürgerlichen Welt – um die in *Über die Rechtfertigung* verwendeten Ausdrücke wieder aufzugreifen[60] – liegt jedoch auch jenen soziologischen Arbeiten zugrunde, deren Mehrwert teilweise auf *zusätzliche Informationen* zurückgeht, die sie dem, was allgemein bekannt ist, hinzufügen. Und eben dadurch dienen sie der Kritik. In einer politischen und sozialen Welt, in der der Unterschied von Öffentlichem und Privatem sakrosankt und vermutlich aus dem Privatleben stammende Informationen verboten wären, hätte eine solche Kritik so gut wie keinen Entfaltungsspielraum. Allein die offiziellen Informationen dürften die öffentliche Debatte speisen, die dann nichts mehr von einer »Debatte« hätte. Auf diese Weise funktionieren übrigens bekanntlich die so genannten »totalitären« Gesellschaften.

---

60 Luc Boltanski/Laurent Thévenot, *Über die Rechtfertigung*, a. a. O., vor allem S. 323-339. In der ab der Dritten Republik entstehenden französischen Gesellschaft besteht das Anprangern von »Skandalen« zu weiten Teilen im Aufdecken des Vorhandenseins von Verbindungen zwischen Personen, die unterhalb der juristischen Verbindungen – die in der staatsbürgerlichen Welt politisch die einzig legitimen sind – verlaufen und deren Relevanz sich in Bezug auf eine häusliche Welt herstellt (was im Ancien Régime legitim war). Diesen Verbindungstypus bezeichnet Rousseau in *Gesellschaftsvertrag* als »Umtriebe«, die, weil sie immer wieder neu zustande kommen, für den »Hang« der Regierungen »zur Entartung« verantwortlich sind (siehe *Du contrat social*, Paris, Gallimard, Pléiade, Bd. III: *Écrits politiques*, 1964, vor allem S. 421-438 [dt.: *Vom Gesellschaftsvertrag*, Stuttgart, Reclam, 2003, vor allem S. 77-96]). Durch die Entgegensetzung von persönlichen Verbindungen und sozialen Verbindungen, die durch die aktive Zwischenschaltung des Rechts desingularisiert wurden, lassen sich diese – in den Worten Michael Walzers – »privaten Intrigen mit öffentlicher Wirkung« in die Logik der Verschwörung rückübersetzen. Ab der Französischen Revolution wird ihre genuin politische Rolle, die im Ancien Régime noch als relativ normal galt, zu einer beständigen Empörungsquelle (siehe Michael Walzer, *Regicide and Revolution. Speeches at the Trial of Louis XVI*, Cambridge, Cambridge UP, 1974, S. 28).

Soziologische Untersuchungen, journalistische Untersuchungen, polizeiliche Untersuchungen

Das Hauptwerkzeug der Soziologie ist die Untersuchung. Dabei kann sie sich auf ein breitgefächertes Spektrum von Operationen stützen: lange Interviews, Fragebögen, die statistisch ausgewertet werden, Archivrecherchen, das Sammeln von Informationen aus den Medien, interne Organisationsberichte, Jahreschroniken, Verwaltungsunterlagen usw. Nun sind aber die Soziologen nicht die Einzigen, die Untersuchungen vornehmen. Einige der Mittel, die sie einsetzen, können auch von anderen Informationsspezialisten verwendet werden, und zwar in erster Linie einerseits von Journalisten – besonders diejenigen von ihnen, die »investigativ« arbeiten – und andererseits von Polizeibeamten, dem Staat unterstellten Nachrichtendiensten oder aber zu großen Privatunternehmen gehörenden Agenturen, deren Zahl beständig wächst.[61]

Soziologen nehmen niemals auf gerichtliche oder polizeiliche Untersuchungen Bezug, es sei denn, um sich zu empören, und noch weniger auf die Art von Untersuchungen, die Spione anstellen (in Spionagehandbüchern wird dagegen auf »akademische Forschungen« und auf die »Sozialwissenschaften« Bezug genommen, um die Ähnlichkeiten und Unterschiede dieser beiden Ermittlungsarten zu unterstreichen[62]). Was die journalistischen

---

61 »Die großen Privatunternehmen haben effektive und leistungsstarke Programme zum Sammeln und Verwalten von Informationen entwickelt. War diese Praxis, die man hochtrabend als ökonomische Intelligenz bezeichnete und medial vermarktete, anfänglich auf die Konkurrenten gemünzt, wuchs sie sich rasch zu einer Suche nach Auskünften über die öffentliche Hand und ihre mutmaßlichen Absichten aus, über die eigenen Angestellten und darüber hinaus allgemein über potenzielle Verbraucher.« (François Thuillier, *L'Europe du secret. Mythes et réalité du renseignement politique interne*, Paris, La Documentation française, 2000, S. 145 [Übers. C. P.].) Siehe auch Ludovic François/Julien Lévy, *L'intelligence économique, outil de marketing. Un enjeu organisationnel*, Paris, ESKA, 2003.

62 Zwei Beispiele dafür: »Der Gegenstand einer nachrichtendienstlichen Analyse (*intelligence analysis*) (zum Beispiel die politische Situation in einem fremden Land und ihre mögliche Entwicklung) ist dem sozialwissenschaft-

Untersuchungen anbelangt, so sind die meisten Soziologen darauf bedacht, sich davon abzuheben, obwohl sie ohne zu zögern deren Ergebnisse verwenden, wenn sie ihnen vertrauenswürdig erscheinen. Und viele Soziologen, so muss man hinzufügen, intervenieren ihres Zeichens – als »Experten« – in den Medien (Gastkommentare in den Zeitungen, Teilnahme an Radio- oder Fernsehsendungen usw.). Der zumindest zweideutige Charakter des Verhältnisses, das die Soziologie zum Journalismus unterhält, war lange Zeit kein Thema; heute wird über ihn vor allem in den pragmatischen Strömungen der Soziologie nachgedacht, die analysieren wollen, durch was sich die *Grammatiken*, die hinter diesen beiden Tätigkeiten stehen, unterscheiden, aber auch, was sie gemeinsam haben.[63] Solche Forschungen brechen ein Tabu, weil sie zwei Berufsgruppen miteinander in Verbindung bringen, deren Mitglieder häufig dieselbe Ausbildung haben (zum Bei-

---

lichen Gegenstand vergleichbar. Beide Zugangsarten weisen jedoch auch beträchtliche Unterschiede auf, die nahelegen, dass verschiedene Herangehensweisen nötig sein könnten, selbst wenn der Kontext derselbe ist. Um nützlich zu sein, muss eine nachrichtendienstliche Analyse bei der Erörterung der für eine politische Situation in einem fremden Land entscheidenden Charakteristika die Faktoren hervorheben, die manipuliert oder verändert werden können. Schließlich ist der Konsument der Analyse vor allem an der Möglichkeit interessiert, diese politische Situation zu verändern und nicht nur daran, sie zu kennen.« (Abram N. Shulsky, *Silent Warfare. Understanding the World of Intelligence*, Washington, Brassey's, 1993, S. 191 [Übers. C. P.].) »Worin unterscheidet sich die Spionage (*intelligence*) von der Marktforschung, die zahlreiche Unternehmen durchführen, und von den traditionellen Forschungen, die in den Laboratorien, den Think Tanks und den Universitäten stattfinden? Schließlich haben auch diese verschiedenen Forschungsarten das Ziel, die Ungewissheit zu verringern. Die Antwort lautet, dass die meisten Methoden, die im nachrichtendienstlichen und im nicht-nachrichtendienstlichen Rahmen zum Einsatz kommen, identisch sind – mit genau dem Unterschied, dass der Nachrichtendienst, wenn die Informationen mit den traditionellen (günstigeren) Mitteln nicht beschafft werden können, über ein breites Spektrum an Spezialtechniken verfügt. Ein Hochschullehrer hat kaum Aussichten, Telefongespräche abzuhören.« (Robert M. Clark, *Intelligence Analysis. A Target-Centric Approach*, Washington, CQPress, 2010, S. 9 [Übers. C. P.].)

63 Siehe Cyril Lemieux (Hrsg.), *La subjectivité journalistique*, Paris, Éditions de l'EHESS, 2010.

spiel in der politischen Wissenschaft), aber in Organisationen eingebunden sind (zum Beispiel in den CNRS im einen Fall und in eine große Tageszeitung im anderen), deren Funktionsweise die Tätigkeit ganz unterschiedlichen Zwängen unterwirft. Aus der Distanz eines naiven Beobachters sind diese verschiedenen Untersuchungsmethoden, auch wenn sie sich in ihren Mitteln, ihrer Zwecksetzung und der Art der Schriften klar unterscheiden, die ihre Ergebnisse dokumentieren – in sozialwissenschaftlichen Buchreihen veröffentliche Spezialstudien, Magazinartikel oder »populäre« Bücher, vertrauliche Berichte –, einander allerdings doch nicht völlig fremd. Das belegt die – bereits erwähnte – Möglichkeit, dass Soziologen journalistische Untersuchungen benutzen, dass aber auch Journalisten sich veranlasst sehen können, gerichtliche, behördliche, ja sogar polizeiliche Untersuchungen zu verwenden, wenn es ihnen gelingt, über gut unterrichtete »Quellen« an vertrauliche Dokumente zu gelangen.

Die Ähnlichkeit dieser verschiedenen Untersuchungsarten stützt sich zweifellos besonders auf die Fälle, in denen es darum geht, ein aktuelles Ereignis und/oder einen sozialen Wandel zu deuten, das und/oder der genügend hervorsticht, um »Schlagzeilen« zu machen. Die Untersuchung konzentriert sich dann auf ausgewählte Individuen, von denen man annimmt, dass sie einschlägig oder »typisch« sind. Man beginnt, ihre Beziehungen zu einer gewissen Zahl von Personen oder Entitäten nachzuzeichnen, die offiziell oder inoffiziell, legal oder illegal sein können, usw. Die Untersuchung besteht also darin, Informationen über diese Individuen zu sammeln und sie zu »verfolgen« – wenn man so sagen kann –, so dass die Wege, die sie in verschiedenen Räumen und verschiedenen Organisationen zurückgelegt haben, durch die Aufzeichnung der Spuren rekonstruiert werden, die ihre Kontakte hinterlassen haben, und zwar so, dass sich nach und nach ihr Bekanntenkreis abzeichnet.[64] Diese formale

---

64 Siehe zum Beispiel das Buch des Politikwissenschaftlers Hervé Rayner über die Aktion »Saubere Hände« in Italien, und zwar besonders seine Art der Re-

Ähnlichkeit ist besonders gut sichtbar, wenn der Soziologe eine Untersuchung über eine Gruppe durchzuführen hat, die weder juristisch festgelegt (wie zum Bespiel die Gesamtheit der Mitglieder dieser oder jener Organisation) noch vorab definiert ist, und sei es bloß im Rahmen einer auf einer Kriterienkombination (zum Beispiel den Stichworten der sozioprofessionellen Kategorien) beruhenden Taxonomie. Vor allem in den Fällen, in denen der soziologische Gegenstand im Nachzeichnen der Umrisse einer »im Entstehen begriffenen« Gruppe besteht, die noch nicht Gegenstand einer Art offizieller, durch die Aufnahme unter die administrativen Stichworte erkennbarer Anerkennung war, wird dabei von »typischen Beispielen« ausgegangen.[65] Diese können auf der Basis des Alltagswissens vorab identifiziert worden sein, oder weil sie von Schriftstellern oder Journalisten aufgegriffen und zum Teil bereits stilisiert wurden (zum Beispiel die »Bobos«, die »Vorstadtjugendlichen«, das »intellektuelle Prekariat«, die Ausgeschlossenen[66] usw.).

---

konstruktion dessen, was er das »Andreotti-Netzwerk« nennt (Hervé Rayner, *Les scandales politiques. L'opération »Mains propres« en Italie*, Paris, Michel Houdiard, 2005, S. 253-268). »Seine [Andreottis] unvergleichliche Position auf dem politischen Feld geht auf die soziale Oberfläche eines Netzwerks zurück, das in der Kirche, bei den amerikanischen Autoritäten, den staatlichen Institutionen (hauptsächlich Armee, Polizeieinheiten, Verfassungsschutz, diplomatisches Corps, Staatsanwaltschaft, Industrie und Banksektor), aber auch in der Privatindustrie und in der *Cosa Nostra* gut verankert ist.« [Übers. C. P.] Auf den folgenden Seiten fächert Hervé Rayner die vielfältigen Verbindungen auf, aus denen dieses »Netzwerk« besteht, und zeigt dann, wie sie sich im Laufe des Prozessfeldzuges auflösen.

65 Richard Barbrook hatte die glänzende Idee, in einem Buch sämtliche Ausdrücke und ihre Definitionen zusammenzustellen, die Soziologen (oder Sozialphilosophen) geschaffen haben, um die nebulösen Gebilde zu bezeichnen, die ihrer Meinung nach die Basis für im Entstehen begriffene Gruppen bilden, deren zentrale Rolle im ökonomischen und sozialen Leben in der mehr oder weniger nahen Zukunft sich bereits abzeichnet. Zum Beispiel: »*knowledge workers*« [Wissensarbeiter], »*cognitarians*« [Kognitariat], »*swarm-capitalists*« [Schwarmkapitalisten], »*hackers*« [Hacker] usw. Siehe *The Class of the New*, London, Mute Publishing, 2007 [dt.: *Die Klasse des Neuen*, Wien, Verlag Neue Arbeit, 2009] (ich danke Cyprien Tasset für den Rat, dieses Buch zu lesen).

66 Über die Geschichte der Kategorie der »Ausgeschlossenen« und ihrer Ver-

Die Personen, von denen der Soziologe denkt, dass sie diesen Typen mehr oder weniger entsprechen, werden interviewt. Im weiteren Verlauf der Untersuchung wird dann jede Person, die zu einem Interview bereit war, gebeten, den Soziologen mit weiteren Kontakten zu versorgen (Stichprobenauswahl beziehungsweise »Sampling« nach dem »Schneeballprinzip«). In anderen Fällen stützt sich der Soziologe auf das durchgeführte Interview – zum Beispiel im Rahmen einer »Lebenslaufanalyse« –, um andere Personen zu identifizieren und wenn möglich zu kontaktieren, mit denen derjenige, der seine Informationsquelle ist, in Verbindung steht oder stand und deren Namen er im Laufe des Interviews erwähnt haben könnte. Wenn die Person, die im Zentrum der Untersuchung steht, eine bekannte Persönlichkeit ist, können derartige Daten auch von anderen Informanten bezogen oder in Jahreschroniken oder dem Internet ausfindig gemacht werden. So gehen häufig jene Journalisten vor, die die »unautorisierte« Biografie einer noch voll aktiven Persönlichkeit schreiben wollen, die über Macht verfügt, deren Bedeutung und Konturen die Untersuchung eben gerade deutlich machen soll (zum Beispiel die Untersuchung, die Laurent Mauduit – ein Journalist, der für die *Libération* und dann für *Le Monde* gearbeitet hat – über Alain Minc angestellt hat[67]).

Soziologen und auf ihren guten Ruf bedachte Journalisten verfolgen zwar ganz andere Ziele als Polizisten oder Verfassungsschützer, wenn diese Akten und Dossiers über eine Person und über die Milieus, in denen sie verkehrt, anlegen, ganz zu schweigen von ihren Methoden; sie arbeiten niemals mit Zwang, Drohungen, Lügen oder der »Manipulation« von Informanten. Trotzdem kommt es häufig vor, dass Soziologen zögern, den Personen, denen sie gegenübersitzen und die ihre »Informanten« sind, alle Daten zu verraten, über die sie selbst im Hinblick auf die Zie-

---

schiebung von der Sprache der Sozialarbeiter in die soziologische Terminologie und schließlich in den Verwaltungsjargon und die statistischen Klassifikationsstichwörter siehe Emmanuel Didier, »De l'›exclusion‹ à l'exclusion«, in: *Politix* 34 (1996), S. 5-27.
67 Laurent Mauduit, *Petits conseils*, Paris, Stock, 2007.

le ihrer Untersuchung, ihren Umfang oder ihre Auftraggeber verfügen. Einer der Gründe, die gemeinhin zur Rechtfertigung angeführt werden, warum man die genaue Bestimmung des Untersuchungsgegenstandes im Ungefähren belässt, ist methodologischer Art: Man vermeidet es zum Beispiel, die Gruppe, die Gegenstand der Untersuchung ist, mit einem Ausdruck zu belegen, den der Befragte erkennen, übernehmen und seinerseits verwenden könnte, damit er keine »in den Mund gelegten Antworten« gibt. Man nimmt nämlich an, dass eine zu deutliche Fragestellung auf Seiten des Befragten zu stereotypen Antworten führen würde, die das befriedigen sollen, was er für die Erwartungen des Fragestellers hält. Dann würde das Interview nicht mehr das Bild wiedergeben, das der »Akteur selbst« sich von seiner Situation und seinem sozialen Status macht. Ein anderes Motiv kann, besonders dann, wenn die Gruppe, die Gegenstand der Untersuchung ist, sozial nicht wertgeschätzt wird, in der Befürchtung bestehen, die interviewte Person zu verstimmen oder vor den Kopf zu stoßen, indem man ihr das Gefühl gibt, an ihr nur als Trägerin eines Stigmas interessiert zu sein, oder umgekehrt, wenn die »Eliten« Gegenstand der Untersuchung sind, ihren Argwohn zu wecken, indem man sie befürchten lässt, dass die Untersuchung kritische Ziele verfolgen könnte. (In den »oberen Etagen« glaubt man häufig, und im Allgemeinen zu Unrecht, dass die Soziologen die Machtinstanzen mit kritischen Augen betrachten.)

Was den Verwendungszweck der Untersuchung betrifft, so kann es als besser gelten, ihn nicht zu verraten, wenn die Studie, bei deren Durchführung wissenschaftliche Unparteilichkeit zugesichert wurde, trotzdem nicht nur für eine Veröffentlichung in einer Fachzeitschrift vorgesehen ist, sondern vorher noch ein Bericht für eine Verwaltungsbehörde oder ein Unternehmen abgefasst werden muss, die oder das sie in Auftrag gegeben und zu ihrer Finanzierung beigetragen hat. Solche Befürchtungen sind in einer »reflexiven Gesellschaft« keineswegs unbegründet, in der die Informationen, die die Arbeit der Soziologen aus ihrer Position als »Experten« liefert, in einen Kreislauf eintreten, in dem wissenschaftliche Studien, journalistische Essays, Verwaltungsberichte und politische Entscheidungen enge Beziehungen unterhalten und manchmal ineinander übergehen. Die bestinformierten, das heißt im Allgemeinen die höher gebildeten Befragten wissen das ganz genau, obwohl sie nicht über die Mittel verfügen, alle Verbindungsglieder dieses hermeneutischen Zirkels zu rekonstruieren, dessen Beitrag zur Deutung dessen, was geschieht, die die Akteure, die Macht haben, vornehmen, und dadurch zur Bestimmung der Realität nicht zu leugnen ist.

In den Beispielen, die wir bisher gegeben haben, bestand der Untersuchungsgegenstand für die Soziologen vor allem darin, die Konturen einer sozialen Entität, die noch nicht statistisch erfasst worden ist, nachzuzeichnen und ihre Eigenschaften zu analysieren; und für die Journalisten bestand er darin, über ein Ereignis aufzuklären, indem sie die Wegstrecke und die Verbindungen eines Individuums untersuchen, das daran beteiligt gewesen sein soll. In keinem der beiden Fälle wird auf ein Komplott Bezug genommen, obwohl solche Operationen von einem streng individualistischen Standpunkt aus mehr oder weniger als Auswüchse einer Verschwörungstheorie angeprangert werden könnten. Anders verhält es sich mit Polizeiuntersuchungen und besonders mit Untersuchungen oder Überprüfungen im Vorfeld – wie sie vom Verfassungsschutz durchgeführt werden –, die in vorbeugender Absicht die Milieus oder, wie man heute sagt, die *Szenen* (ein Ausdruck, der sich auf schwammige relationale Gebilde bezieht, um sie von »Organisationen« oder »Bewegungen« zu unterscheiden, die offiziell definiert sind) durchforschen wollen, so dass sich so etwas wie die Bildung von *Komplotten* feststellen lässt. Diese sind nicht notwendig auf eine bestimmte Tat hin ausgerichtet, und ihre Aufdeckung kann den strafbaren Ereignissen, denen es vorzubeugen gilt, vorangehen. Doch im Fall einer Straftat muss die Untersuchung den schwammigen »Szenen« die klareren Konturen von »rechtswidrigen Vereinigungen« geben, so dass man nicht nur den oder die einer Straftat Beschuldigten vorsorglich verhaften kann, sondern auch die Personen, die zu ihrem sozialen Umfeld oder zur selben »Szene« gehören wie sie.

In einem Rechtsstaat dürfen solche kollektiven Festnahmen allerdings nicht völlig willkürlich wirken. Sie müssen auf rechtlich anerkannten Strafbarkeitsmotiven fußen. Diese Motive sollten so formuliert sein, dass sie kollektive Entitäten mit verschwommenen Konturen erfassen, die aus Personen bestehen, deren mutmaßliche Beteiligung an den fraglichen Straftaten (ob sie nun tatsächlich begangen wurden oder nicht) sehr indirekt und dadurch sehr schwer zu beweisen sein kann. Der bloße Umstand, dass jemand eine Person, die sich strafbar gemacht haben soll, kennt, mit ihr in Verbindung steht, mit ihr sogar verwandt oder aber durch die Zugehörigkeit zum selben (Sport-, religiösen, Nachbarschafts-)Verein verbunden ist, bildet keinen hinreichenden Grund für eine Verhaftung. Es müssen also juristische Kategorien zur Verfügung stehen, die solche Operationen gestatten. Im Kampf gegen mutmaßlich – tatsächlich oder potenziell – kriminelle kollektive Entitäten sehen sich die juristischen Abgrenzungsversuche jedoch mit Problemen konfrontiert, die jenen Problemen ähneln, auf die wir im vorigen Kapitel anlässlich der Anstrengungen gestoßen sind, die die Politikwissenschaft auf sich nehmen muss, um Kriterien zu finden, die zu definieren erlauben, was unter einem »Komplott« zu verstehen ist.

Sehen wir uns zum Beispiel das Buch der Juristin Maria Luisa Cesoni über die »organisierte Kriminalität« an. Einer der Gegenstände dieses Buches ist es, die Strafbarkeit von »kriminellen Vereinigungen« beziehungsweise in jüngerer Zeit von »organisiertem Verbrechen, Korruption, Geldwäsche, Betrug, Terrorismus« in transnationalen Kontexten genauer zu bestimmen.[68] Dabei kommen ganz verschiedene Aktivitäten in den Blick, die »vom internationalen Autodiebstahl bis zum Schwarzmarkt für Atomerzeugnisse reichen, von der Organisation der illegalen Einwanderung bis zum illegalen Glücksspiel, vom Frauen- und Kinderhandel bis zur Korruption«. Diese Aktivitäten »setzen verschie-

---

68 Siehe Maria Luisa Cesoni, *Criminalité organisée. Des représentations sociales aux définitions juridiques*, Paris, Librairie générale de droit et de jurisprudence, 2004 [im Folgenden Übers. C. P.].

dene Arten von Akteuren, unterschiedliche Organisationsgrade und verschiedene Kombinationsmöglichkeiten untereinander und mit völlig legalen Aktivitäten voraus« (S. 4). Diesbezügliche neue Rechtsbestimmungen reagieren vor allem auf eine »allgemeine Vorbeugungspolitik« gegenüber »Geheimbünden«, »professioneller Bandenkriminalität«, »mit mafiösen Methoden oder legal agierenden Organisationen« (S. 6). Wo immer jedoch, fügt die Autorin hinzu, »der Versuch, einen einheitlichen Gegenstand ›organisiertes Verbrechen‹ oder ›organisierte Kriminalität‹ zu identifizieren, von verschiedenen Forschern tatsächlich unternommen worden ist – was internationale Vergleichbarkeitsstudien möglich machen würde –, endete er aufgrund der zu großen Diversität der Phänomene, die gemeinhin unter diesen Namen fallen, […] mit der Feststellung, dass dies unmöglich sei«. Dennoch, fährt sie fort, »wird jenseits der unterschiedlichen inhaltlichen Ausprägungen, die Ausdrücke wie organisierte Kriminalität und Mafia bei verschiedenen Autoren erhalten, dieses letztere Phänomen auch in den neuesten Arbeiten noch häufig als das kriminelle Phänomen par excellence betrachtet, das die demokratischen, ökonomischen und politischen Institutionen gefährdet und sogar zu einem Instrument der letzteren zu werden droht« (S. 11). Wie diese Bemerkung unterstreicht, besteht eine der Schwierigkeiten, die die juristische Definition von »organisierter Kriminalität« bewältigen muss, darin, dass diese Kriminalität, abgesehen davon, dass ihre »Organisiertheit« häufig schwer nachweisbar ist, die Grenzen zwischen Legalem und Illegalem, Institutionellem und Mafiösem[69] und zwischen Machenschaften von unabhängigen Akteuren und jenen Machenschaften überschreiten kann, hinter denen unter der Hand die Staaten stehen.[70] So stellt sich das schwierige Problem der »klaren Identifi-

---

69 Wanda de Lemos Capeller zufolge besteht eines der Probleme darin, »dass illegale Märkte Funktionen innerhalb der legalen Wirtschaftssysteme übernommen haben« (siehe »La transnationalisation du champ pénal. Réflexions sur les mutations du crime et du contrôle«, in: *Droit et société* 35 (1997), S. 61-77).
70 Es ist häufig schwer, die »Befehlskette« zurückzuverfolgen, die undurchsich-

kation der Grenzen zwischen Zulässigem und Unzulässigem« (S. 12). Solche Definitionsversuche gründen meistens auf »polizeilichen Rekonstruktionen«. Nun sind aber »die Informationen, die die Polizei bereitstellt, davon beeinflusst, welche Vorstellung sie selbst von dem Phänomen hat (und auch von den Mitteln, die ihr in diesem Fall für die Ermittlung zur Verfügung stehen). Es sei darauf hingewiesen, dass die Polizei im Vorfeld häufig Beschuldigungen auf der Grundlage ihrer eigenen operationellen Definitionen erhebt.« (S. 17) Eines der Probleme, das die Art von polizeilicher Untersuchung aufwirft, auf die Maria Luisa Cesoni sich bezieht und die häufig vorbeugenden Charakter hat, besteht einerseits darin zu bestimmen, welche Verbindungen als verdächtig anzusehen sind, und andererseits darin, bei der Konstruktion des Netzwerkes, das diese Verbindungen kumulativ bilden, eine Grenze zu ziehen. Das sieht man zum Beispiel gut an den Antiterrorgesetzen (in Frankreich das so genannte »Loi Perben II«[71]). Diese Gesetze erlauben nicht nur die Festnahme von jemandem für eine Tat, die er noch nicht begangen hat, den man jedoch verdächtigt, dass er die Absicht hat, sie zu begehen, sondern sie erlauben auch, eine unbegrenzte Anzahl von Personen in Gewahrsam zu nehmen, zu denen er Beziehungen unterhalten hat, ja die sogar einfach nur an einem Ort gesehen worden sind, den er wiederum gewöhnlich besucht hat (im Fall der Anschuldigung des »islamistischen Terrorismus« zum Beispiel eine Kultstätte).

Diese Überlegungen legen nahe, dass die Unterschiede zwischen soziologischer Untersuchung, journalistischer Untersuchung und polizeilicher Untersuchung nicht grundsätzlich epis-

---

tig sein kann und von einem individuellen Akt zu den Anweisungen zurückreicht, die ihn veranlasst oder genehmigt haben. Siehe Élisabeth Claverie/Raphaëlle Maison, »L'entreprise criminelle commune devant le Tribunal pénal international pour l'ex-Yougoslavie«, in: Pierre Truche (Hrsg.), *Juger les crimes contre l'humanité vingt ans après le procès Barbie*, Lyon, ENS Éditions, 2009, S. 183-205.

71 Das Gesetz kann eingesehen werden unter ⟨http://www.legifrance.gouv.fr/affichTexte.do?cidTexte=JORFTEXT000 000 249 995&dateTexte=&categorieLien=id⟩.

temologischer Art sind. Sie alle werfen die Frage nach der Bestimmung der relevanten kollektiven Entitäten und die Frage auf, wie das Verhältnis zwischen den identifizierten Individuen und diesen Entitäten zu deuten ist, deren Umrisse mehr oder weniger vage sein können. Ihr Unterschied geht vor allem auf die Art und Weise zurück, wie sich bei der Untersuchung das Verhältnis zwischen dem Fragenden und dem Befragten gestaltet und besonders vom Respekt und vom Takt in der Art einer »Sorgfaltspflicht«,[72] die der Erste gegenüber Letzterem an den Tag legt – ein Verhältnis, das strengen Regeln unterliegt und unterliegen sollte. Die erste ist die Datenanonymisierung, um den Ruf und unter gewissen, besonders problematischen Umständen (wie die oben anlässlich der Arbeit von Natalia Suarez erwähnten Bürgerkriegssituationen) sogar die Sicherheit der befragten Personen nicht zu gefährden. Diese Anforderung, der Historiker nicht nachkommen müssen, weil die Personen, die Gegenstand ihrer Arbeit sind, häufig schon sehr lange Zeit tot sind, stellt für die Journalisten ein Problem dar, die, wenn sie »aktuell« arbeiten – wie man sagt –, besonders auf die »Verifizierbarkeit« der Informationen achten müssen, die sie in Umlauf bringen, was es in vielen Fällen notwendig macht, Namen zu nennen. Von der Polizei, deren Ziel es ist, Menschen ins Visier zu bekommen und polizeilich zu erfassen, wird eine solche Anforderung bekanntlich in keiner Weise beachtet. Dass der Polizei der geringste Respekt gegenüber normalen Menschen fehlt, die immer noch mehr oder weniger so behandelt werden, als seien sie Verdächtige, wird mit der Verteidigung der Sicherheit begründet, die heute das Hauptargument für die Einschränkung von Freiheiten ist.[73]

Auf einer grundsätzlicheren Ebene hängt der Unterschied zwischen diesen drei Untersuchungsarten davon ab, welches Verhältnis sie zur Frage des *Urteils* aufweisen, soweit Menschen da-

---

[72] Über diese verschiedenen Punkte siehe Cyril Lemieux (Hrsg.), *La subjectivité journalistique*, a.a.O., S. 284-298.
[73] Siehe Mathieu Rigouste, *L'ennemi intérieur. La généalogie coloniale et militaire de l'ordre sécuritaire dans la France contemporaine*, Paris, La Découverte, 2009.

von betroffen sind. Das letzte Ziel einer gerichtlichen Untersuchung ist immer das Urteil, und sogar in den Fällen, in denen die beschuldigte Person entlastet wird, kann schon die bloße Tatsache, dass sie »verdächtig« und »in eine Affäre verwickelt« war, Auswirkungen auf den weiteren Verlauf ihres Lebens haben, die einer Strafe gleichkommen. Journalisten verfügen nicht über die Autorität zu urteilen. Dennoch weisen die Informationen, die sie in Umlauf bringen, in vielen Fällen Ähnlichkeiten mit Urteilen auf, und die Drohung, gewisse Dinge oder auch die bloße Tatsache öffentlich zu machen, dass diese oder jene Person sich geweigert habe, sie zu sehen oder mit ihnen zu sprechen, bildet ein gewichtiges Argument, über das sie verfügen, um ihre potenziellen Informanten dazu zu bringen, sich ihnen anzuvertrauen. Dank dieser reputationellen Macht können sie übrigens eine wesentliche Rolle für das Funktionieren von Demokratien spielen, weil sie ein Gegengewicht zur Macht der Verwaltungsbehörden bilden und sich zum Beispiel zu Fürsprechern von *Fällen* machen können, die verloren wären, wenn man sich allein auf die polizeilichen und gerichtlichen Instanzen verlassen müsste.

Im Unterschied zu diesen beiden Untersuchungsarten besteht die Spezifität der soziologischen Untersuchung nun aber wenn nicht im radikalen Verzicht auf das Urteil, so doch zumindest darin, keine Urteile über einzelne Personen zu fällen, was der Soziologie übrigens häufig als Relativismus angekreidet wird – eine in den Augen unserer Zeitgenossen anscheinend besonders schwerwiegende Sünde. Dieser Urteilsverzicht ist in allen Fällen, sogar, beziehungsweise vor allem, im Fall der kritischen Soziologie, geboten. Aus diesem Grund ist diese Letztere häufig genötigt, auf Systeme, Dispositive oder Strukturen Bezug zu nehmen – was ihr, wir haben oben daran erinnert, ebenfalls ausgiebig vorgeworfen worden ist. Aber nur unter dieser Bedingung kann sie es vermeiden, Einzelpersonen gezielt zu treffen. »Die Gestalten von Kapitalist und Grundeigentümer zeichne ich keineswegs in rosigem Licht«, schrieb Marx im Vorwort zur ersten deutschen Ausgabe des *Kapitals*. »Aber es handelt sich hier um die Personen nur, soweit sie *die Personifikation ökonomi-*

scher Kategorien sind, *Träger von bestimmten Klassenverhältnissen* und *Interessen*.«[74] Die Soziologie ist kein Kriminalroman, weniger noch eine Spionagegeschichte, auch wenn sie manchmal versucht, Rätsel zu lösen, und sich mit der Frage des Komplotts konfrontiert sieht.

Das Ereignis in journalistischen Schilderungen und soziologischen Studien

Um eine Vorstellung von den Zwängen zu bekommen, denen das soziologische Schreiben als literarische Gattung unterliegt, werden wir uns jetzt ein Buch ansehen – *La face cachée du pétrole* –, das Éric Laurent,[75] ein auf internationale Beziehungen spezialisierter Journalist, der beim *Figaro* und bei *France Culture* tätig war, vor einigen Jahren veröffentlicht hat. Dieser Autor, der als »Sonderkorrespondent« auftritt, kann auf zahlreiche Publikationen zurückblicken, die als Taschenbücher erschienen sind und für ein breites Publikum bestimmt waren. Versuchen wir, bei der Lektüre dieses Buches anhand der darin verwendeten Art von Rhetorik die Punkte herauszufinden, die einer der akademischen Soziologie zuzurechnenden Schrift zum Beispiel von einem »Doktorvater« vorgeworfen werden würden, der die Arbeit eines seiner Studenten bewerten soll. Die Klagen beträfen sicherlich vorrangig all das, was in einem derartigen Buch an den Spionageroman erinnert, obwohl die geschilderten Tatsachen und Ereignisse alle authentisch sein sollen, was sie übrigens zweifellos auch sind.

Auf einige dieser Punkte möchte ich jetzt aufmerksam machen. A) Erstens und ganz besonders offensichtlich die sehr häu-

---

74 Karl Marx, *Das Kapital, Erster Band* (1867), in: Karl Marx/Friedrich Engels, *Werke*, Bd. 23, Berlin, Dietz Verlag, 1971, S. 16 [Hervorhebungen L. B.].
75 Éric Laurent, *La face cachée du pétrole*, Paris, Pocket, 2006 [im Folgenden Übers. C. P.].

fige Bezugnahme auf *Geheimnisse*, die der Autor aufzudecken vorgibt (»eine sorgfältig verborgene Realität« – S. 12; »die Wahrheit liegt weit von der Legende entfernt« – S. 19). B) Die Herstellung von versteckten Verbindungen zwischen Akteuren, die auf den ersten Blick weit voneinander entfernt oder Gegner zu sein scheinen (»Dreihundert Männer kontrollieren den Westen« – S. 59). C) Die Häufung von Namen, wobei sich große Persönlichkeiten und Männer aus der »zweiten Reihe« mischen, die im Dunkeln agieren. D) Die ständige Präsenz des Äußerungssubjekts (»ich half dabei«, »ich knüpfte Kontakte«, »ich entdeckte«). E) Die Schilderung der Untersuchung selbst wird in die Schilderung der Resultate der Untersuchung eingeflochten (»ich traf ihn in seinem Palast [...]. Ich entdecke die Hofetikette, jenen Ort der unterwürfigsten Huldigungen ...« – S. 28; »eine Diskussion mit David Rockefeller ist eine merkwürdige Erfahrung« – S. 152). F) Die sehr ausgiebige Verwendung von Metaphern (»Der letzte Akt eines Stückes ›voller Schall und Wahn‹ [...] wird immer noch hinter verschlossenen Türen gespielt« – S. 12; »Massig, mit dem Gesicht einer Bulldogge« – S. 228). G) Detailhäufungen, die in keiner Verbindung zur Gesamtargumentation stehen (»Er empfing mich im Rollkragenpullover« – S. 35; »Auf dem niedrigen Tisch zwischen uns liegt eine bestickte weiße Zierdecke und mit einem seltsamen Tick streicht Speer am Ende jeder Antwort mit seinen Fingern über den Stoff« – S. 79). H) Die abwechselnde Bezugnahme auf Individuen, rechtlich anerkannte Entitäten und jene Art von Entitäten, die wir narrativ genannt haben (»eine Gemeinschaft von spanischen Mystikern« – S. 47). I) Zwischen dem Anschein nach weit voneinander entfernten und unterschiedlichen Reihen angehörenden Ereignissen wird sehr schnell ein Zusammenhang hergestellt. J) Und schließlich sehr zahlreiche und häufige Maßstabswechsel, die den Leser aus dem Büro eines der Großen dieser Welt in ein Labor des iranischen Geheimdienstes oder an einen Marktstand im Nahen Osten führen.

Noch deutlicher sichtbar werden die Spezifitäten der journalistischen Gattung im Verhältnis zur soziologischen Gattung, wenn man *La face cachée du pétrole* mit einem anderen Buch vergleicht, das sich als soziologisch versteht: mit *Der neue Geist des Kapitalismus*. Beide Bücher erschienen ungefähr gleichzeitig, und beide haben die Jahre zwischen 1970 und 2000 zum Gegenstand. Außerdem bieten sie beide Beschreibungen an, denen verschiedene Maßstäbe zugrunde liegen, manchmal eher makrosoziologischer Art (weltweit im Fall von *La face cachée* und frankreichweit im Fall vom *Neuen Geist* – eine Engführung, die diesem Buch übrigens mehrfach vorgeworfen wurde) und manchmal eher mikrosoziologischer Art (oftmals ein Treffen von Staatschefs oder Experten im Fall von *La face cachée* und ein Unternehmen oder sogar eine Werkstatt im Fall vom *Neuen Geist).* Ebenso kommen in beiden Büchern juristisch definierte Entitäten (zum Beispiel die OECD), individuelle Entitäten und soziologische Entitäten vor, die man als vage bezeichnen könnte (in erster Line der Kapitalismus im *Neuen Geist*).

Doch trotz dieser Ähnlichkeiten springen die Unterschiede ins Auge. In *Der neue Geist des Kapitalismus* sind die Sprecher fast gar nicht präsent (lediglich in Prolog und Einführung, im Postskriptum und im Nachwort der neuen [französischen] Taschenbuchausgabe wird auf sie angespielt). Die konkreten Schritte, die für die Zusammenstellung der Dokumentation beziehungsweise für die Durchführung der Untersuchungen erforderlich waren, werden nicht im Einzelnen beschrieben und vor allem methodologisch kommentiert. Es kommen zwar Personennamen in dem Buch vor, besonders von Politikern (zum Beispiel von Valéry Giscard d'Estaing), es wird aber viel seltener auf Einzelpersonen Bezug genommen als in *La face cachée* und nirgends geht damit eine Beschreibung zum Beispiel ihres Auftretens, ihrer Laune oder ihrer körperlichen Hexis einher. Auch dem Paratext wird in beiden Fällen sehr ungleiche Bedeutung beigemessen. Im *Neuen Geist* werden die in dem Buch getroffenen Aussagen durch eine große Zahl von Fußnoten und Verweisen auf andere Bücher oder Aufsätze belegt (mehrere Hundert gegenüber weniger als etwa hundert in Éric Laurents Buch). Aus beiden Büchern spricht der Wille, die zu jener Zeit eintretenden Veränderungen nicht nur zu beschreiben, sondern auch zu erklären. Deshalb finden in beiden Fällen kausale Dispositive Verwendung, die das Auftreten gewisser Ereignisse dem Handeln gewisser Entitäten zuschreiben sollen. Aber diese Entitäten unterscheiden sich in den jeweiligen Büchern. In *La face cachée* handelt es sich vor allem entweder um Länder oder Firmen oder Staatschefs oder Wirtschaftsbosse (die Art Akteure, die in den Zeitungsberichten über große internationale Zusammenkünfte wie in Davos oder über die G-20-Treffen vorkommen) oder aber um sehr viel weniger bekannte Menschen, deren geheime, aber trotzdem entscheidende Rolle der Autor aufdecken möchte. Ganz zu schweigen von den Geheimdiensten, die in *La face cachée* sehr häufig erwähnt werden (was zur Nähe dieses Buches zu Spionagegeschichten beiträgt), im *Neuen Geist* aber vollständig fehlen. Die Entitäten, die im *Neuen Geist* geltend gemacht werden, sind zumeist strukturell, das heißt unpersönlich.

Über die Ereignisse, die jeweils herausgegriffen werden, ließe sich dasselbe anmerken. In *La face cachée* sind es grundsätzlich Ereignisse, deren Bedeutung von den politischen und ökonomischen Autoritäten oder Medien unmittelbar erkannt wurde (zum Beispiel die »Ölkrise« von 1973). *Der neue Geist* interessiert sich eher für langsame, schrittweise Veränderungen oder für verstreute, auf einzelne Sektoren beschränkte Ereignisse, die im Moment ihres Auftretens keine große Aufmerksamkeit erregten – bis auf einige von ihnen, die von anderen Soziologen analysiert wurden, um nachträglich aufzudecken, dass sie gewissermaßen System hatten, auch wenn es ein Irrtum wäre, sie eindeutig für geplant zu halten (zum Beispiel der allmähliche Richtungswechsel der sozialpolitischen Rahmenbedingungen nach dem Scheitern der »Nouvelle Société«[76] Mitte der 1970er Jahre oder aber die Umstrukturierungen in den Unternehmen und die Neuorganisation der Produktionsprozesse, die kurz darauf

---

76 [Ein von Premierminister Jacques Chaban-Delmas 1969 unter Präsident Georges Pompidou angestoßener politischer Liberalisierungsprozess, der als Antwort der Politik auf die Maiunruhen von 1968 angesehen wird.]

beginnen). Man muss jedoch zugeben, dass beide Bücher auf eine Art globale Intentionalität Bezug nehmen, nämlich in *La face cachée* auf den Willen der Mächte und der Mächtigen, die Kontrolle über die strategische Ressource, die das Öl darstellt, zu behalten, und im *Neuen Geist* auf die Anstrengungen, die jene Instanzen unternehmen, die sich unter dem vagen Terminus Kapitalismus subsumieren lassen, um aus der Gewinn- und Produktivitätskrise der Jahre zwischen 1965 und 1975 herauszukommen. Man muss jedoch einräumen, dass dieser Wille, der in beiden Fällen den soziohistorischen Veränderungen zugrunde liegt, im Fall des *Neuen Geistes* sehr viel weniger in Personen oder Organisationen verkörpert ist als im Fall von *La face cachée*.

Ein deutlicher Unterschied zwischen beiden Büchern betrifft die Handhabungsweise der Begriffe, auf denen die Analyse fußt. *La face cachée* ist nicht ganz ohne konzeptuelles Rüstzeug; das würde die Schilderung der Ereignisse oder der Absichten, die zu ihrem Eintreten geführt haben, oder auch nur der Untersuchung selbst, die viel Raum in dem Buch einnimmt, schlechterdings unmöglich machen. Aber die aufgebotenen Begrifflichkeiten oder Kategorien verschwinden zumeist hinter den Beschreibungen; sie werden nicht eigens behandelt und auch nicht in Bezug auf einen vorgegebenen konzeptuellen Rahmen gerechtfertigt. Die Beschreibungen, die im *Neuen Geist* vorkommen, werden dagegen von zahlreichen, im eigentlichen Sinne konzeptuellen Analysen unterbrochen, die den Erzählfluss stören, so dass das Buch aus zwei verschiedenen Perspektiven gelesen werden kann: einerseits als Beschreibung dessen, was zu jener Zeit in der sozialen Welt geschehen ist (ein tief greifender Wandel der Umrisse der Realität und der Dispositive, die ihren Zusammenhalt gewährleisten, ihr gewisse Beschränkungen auferlegen und diese gleichzeitig rechtfertigen sollen); andererseits als Beschreibung dessen, was sich in der Soziologie getan hat, in der viele verschiedene Stimmen Kategorien liefern sollen, mit deren Hilfe die Beschreibungen aufeinander abgstimmt und einander nähergebracht werden können, so dass es möglich wird, verschiedene empirische Beschreibungen in großflächigere Tableaus zu integrieren, die auf demselben konzeptuellen Rahmen fußen.

Das Aufzählen der stilistischen Figuren, denen man in *La face cachée* begegnet und die man übrigens häufig in Reportagen wiederfindet, welche einige ihrer Stilmittel aus Romanen übernehmen (und die in dem Fall, den wir herausgegriffen haben, manchmal an den Spionageroman erinnern), und der Vergleich mit *Der neue Geist* sollen, wie man verstanden haben dürfte, nicht zur Herabsetzung des ersten gegenüber dem zweiten Buch führen. Obwohl ich neben Ève Chiapello zu den Verfassern des *Neuen Geistes* gehöre, habe ich nicht vor zu zeigen, dass dieses Buch »seriöser« oder »glaubwürdiger«, um nicht zu sagen »wissenschaftlicher« ist als *La face cachée*. Das Problem, um das es hier geht, betrifft ohnehin nicht die Frage, ob dieses oder jenes Buch besser ist als dieses oder jenes andere Buch (es gibt zweifellos gelungenere soziologische Bücher als *Der neue Geist* und gelungenere journalistische Bücher als *La face cachée*). Sondern es geht um die Leistungen und Grenzen der verschiedenen Gattungen. Da ich kein Journalist, sondern Soziologe bin, kommt es mir vor allem darauf an, den Leser auf die beträchtlichen Zensur- und Selbstzensurmechanismen hinzuweisen, auf denen das sozialwissenschaftliche Schreiben beruht. Diese Selbstzensur, die bekanntlich das verinnerlichte Urteil der Kollegen ist, lässt sich nicht nur an der außergewöhnlichen Häufung von Vorsichtsmaßnahmen erkennen, die für diese Art des Schreibens charakteristisch ist – die Bedeutung des Paratexts und der Fußnoten ist dafür nur das offensichtlichste Zeichen. Sie äußert sich auch in modalisierenden Formulierungen wie »mehr oder weniger«, »häufig«, »es sieht ganz so aus, als ob«, »es ist durchaus denkbar, dass«, »vor allem«, »insbesondere« usw., deren Aneinanderreihung viel dazu beträgt, dass sich die Texte aus unseren Fächern in die Länge ziehen, und die ihre Lektüre manchmal auch, darin dürften sich alle einig sein, etwas mühsam machen. Diese Schreibnormen, die »zum Sagen zwingen«, wären gewissermaßen nicht so schädlich, wenn sie nicht mit noch strengeren Normen einhergingen, die »am Sagen hindern«.[77] Letztere tangieren vor allem die Art und Weise, wie Ereignisse und Entitäten – und zwar besonders Personen oder »Persönlichkeiten«, narrative Entitäten und Entitäten, die zwischen Offiziellem und Inoffiziellem anzusiedeln sind – im Text selbst Präsenz erlangen können. Sie können ihren Platz darin nur über zwei Rhetoriken finden, die beide zu ihrer Auflösung führen.

Auf einer ersten rhetorischen Ebene wird das Ereignis als Resultat sich überschneidender »*Performanzen*« von zahllosen Wesen angesehen (die Menschen oder nichtmenschliche Wesen sein können), deren Liste sich nicht abschließen lässt, die man aber als *Akteure* ansieht, das heißt als diejenigen, aus deren Handlungen die soziale Welt, in die sie eintauchen, *entsteht*. Das Ereignis wird also in einen Rahmen gepresst, der, wie die Motive und rationalen Begründungen der Akteure auch, aus einer Vielzahl ineinander verschlungener Aktionen und Reaktionen, Praktiken und Repräsentationen, (Mikro-)Mächte und beschränkter Mittel besteht. In Bezug auf die Frage des Ereignisses ist die lähmende Wirkung noch größer, weil dieser Rahmen nur *vorausgesetzt* werden kann; denn kein noch so fleißiger Soziologe hat die Möglichkeit, Zugang zu den Ressourcen zu erlangen, die notwendig wären, um diesen Rahmen wirklich in seinem ganzen Umfang beschreibbar zu machen. Auf einer zweiten rhetorischen Ebene ändert sich die Position, die der Soziologe einnimmt. Diese Verschiebung besteht darin, die soziale Welt nicht als *gerade entstehende* anzusehen, sondern als eine, die von einem Gesamtstandpunkt aus in gewisser Weise *schon da* ist. Die häufigste Art, sie zu beschreiben, besteht dann in der Identifizierung einer Reihe von Zwängen – welche ein organisationaler Ansatz in Verbindung mit einem statistischen Ansatz oft aus einer historischen Perspektive heraus freilegen kann –, die sich zu erkennbaren Strukturen kombinieren lassen. Doch in diesem Fall ver-

---

77 Die Unterscheidung von »zum Sagen zwingen« und »am Sagen hindern« wird 1977 von Roland Barthes in seiner Antrittsvorlesung am Collège de France eingeführt.

liert das Ereignis einen großen Teil seiner Spezifität, das heißt seiner Macht, als eine Eigentümlichkeit, die geschieht (und ebenso gut auch nicht hätte geschehen können), Neues zu schaffen. Es bleibt zwar mehr oder weniger präsent, aber lediglich als eine von vielen Möglichkeiten, wie Kräfte sich äußern, die ihm vorausgehen und ihm folgen werden und bestenfalls durch seine Vermittlung Eingang ins Bewusstsein finden, das heißt als Phänomen.

In jemand Neugierigem, der außerdem Soziologe ist, ruft die Lektüre eines Buches wie *La face cachée* wechselhafte Gefühle hervor. Vom soziologischen Standpunkt aus ist das Buch in keiner Weise wirklich befriedigend, vor allem weil es auf die Launen und Entschlüsse der großen Figuren und großen Instanzen sowie auf die Strategien zu ausführlich eingeht, die aus der zweiten Reihe oder in halbillegalen Laboren verfolgt werden, und nicht genug auf die beteiligten Kräfte, die Herrschaftsverhältnisse, die in den Auseinandersetzungen, die das Buch beschreibt, engagierten Völker und die sozialen Veränderungen, die sich »*from below*« herausschälen. Der gewöhnliche Leser kann aber damit zufrieden sein, dass sich Ereignisse, die ihm über die Medien schon vereinzelt zu Ohren gekommen sind, zu einer dokumentierten, kohärenten Schilderung fügen, die sie so miteinander verknüpft, dass sie einen Sinn bekommen. Ist solch eine Art von Zufriedenheit an sich schon verwerflich? Gehört sie nicht zu den normalen Erwartungen, die ein Leser hegen kann, wenn er ein soziologisches Buch aufschlägt, genauer gesagt vor allem dann, wenn er selbst kein Soziologe ist, das heißt, wenn seine Lektüre sich weniger auf die epistemologischen und formalen Eigenschaften des Buches richtet, das er in Händen hält, als auf seinen Inhalt?

Man kann einem Buch wie *La face cachée* zwar keine Ungenauigkeiten in den Details vorwerfen, zum Beispiel die Erhöhung der Zahl der Autos, die weltweit gefahren werden, deren Verifizierung mühsam wäre und in Bezug auf die sich der Leser auf die Autorität des Autors als Journalist verlässt, wohl aber die etwas plumpe Art, wie es seine These vorbringt (in diesem Fall die Vorherrschaft der Vereinigten Staaten und die Machenschaften an der Führungsspitze dieses Landes, um diese Vorherrschaft zu behalten). Über diese These kann man diskutieren, und in den Blogs, die dieses Buch kritisieren, wird sie auch diskutiert.[78] Derartige Kritiken wurden jedoch auch im Hinblick auf den *Neuen Geist* laut, was mich an Max Webers Bemerkung erinnert, dass eine Beschreibung und vielleicht vor allem eine Erklärung nur in Bezug auf »Wertbeziehungen« möglich ist, das heißt auch in Bezug auf eine Perspektive, auf Interessen, Besorgnisse und vielleicht auf eine Ursache.[79]

Die Soziologie, die es sich zur Aufgabe macht, die zeitgenössische Realität von innen heraus zu erklären (allerdings indem sie gewissermaßen so tut, als ob sie sie von einem externen Standpunkt aus betrachtete), so dass sie dem, was geschieht, Sinn verleiht, und die außerdem ihre Deutungen einer möglichst großen Zahl von Leuten zugänglich machen soll, um einen Beitrag zur öffentlichen Debatte zu leisten, gerät paradoxerweise häufig in Verlegenheit, wenn sie sich Erwartungen gegenübersieht, die vom Auftauchen eines Ereignisses hervorgerufen werden,[80] das man als »unvorhergesehen« bezeichnen könnte, wenn das kein Pleonasmus wäre. Ihre eigenen wissenschaftlichen Ansprüche erlauben ihr nämlich nur noch Zugang zu zwei Arten von Entitäten, die entweder nichts miteinander zu tun haben oder in ein Spannungsverhältnis zueinander geraten können. Eine erste Option besteht darin, dass man von Einzelpersonen ausgeht, die entweder statistisch oder monographisch Berücksichtigung finden. Im einen Fall werden einige von ihren Verhaltensweisen

---

78 Siehe zum Beispiel »Éric Laurent, le roi des menteurs!!!«, htpp://monde2 bestfriend.over-blog.com.
79 Siehe Max Weber, *Gesammelte Aufsätze zur Wissenschaftslehre*, Tübingen, Mohr/Siebeck, 3. Aufl. 1968, S. 245 ff. und S. 511 ff.
80 Als Gegenbeispiel kann Alain Dewerpes großartiges Buch über das Massaker von Charonne gelten: *Charonne 8 février. Anthropologie d'un massacre d'État*, Paris, Gallimard, Folio Histoire, 2006. Aber um der Genauigkeit willen muss man zweifellos zum einen sagen, dass Alain Dewerpe eigentlich nicht den Beruf des »Soziologen« ausübt, sondern den des Historikers, und zum anderen, dass er der Sohn eines der Opfer dieses Massakers ist.

nach vorab festgelegten Kategorien ausgewählt und wie statistisch gewonnene, unabhängige Variablen behandelt, wodurch sich letztendlich die Einheit von Personen und ihren Handlungsgründen auflöst. Im anderen Fall werden sie in konkreten Situationen beobachtet, das allerdings um den Preis einer Maßstabsverkleinerung, die ihre Verhaltensweisen nur noch handlungstheoretisch interpretierbar macht und keine Berücksichtigung der Gesamtheit erlaubt. Die andere Option besteht darin, von Anfang an kollektive Entitäten oder Strukturen vorzugeben, die sich über lange Zeiträume erstrecken und praktisch von den Personen und dem, was ihnen geschieht, absehen. Allerdings meistens um den Preis einer Verdinglichung der analytischen Rahmenbedingungen, deren Konturen sich letztendlich mit den Konturen der bestehenden Machtzentren, wie etwa Firmen, Organisationen und vor allem politischen Entitäten, insbesondere Staaten, decken.

Die Schwierigkeit, vor der die Soziologie steht, wenn sie sich ihren Gegenständen unter Rückgriff auf einen dieser beiden Ansätze zuwenden will, wird umso offensichtlicher, je weniger Berührungspunkte zwischen den Begriffssystemen, deren Festlegung weitestgehend auf die politische Konstruktion der europäischen Nationalstaaten abgestimmt war, einerseits und andererseits einer Realität bestehen, die sich vor den Augen der Akteure immer deutlicher von den Dispositiven, die sie eigentlich einrahmen sollten, abzulösen beginnt. Um dieses Hindernis zu überwinden, müsste man vor allem über konzeptuelle Rahmen verfügen, mit deren Hilfe man Kausalbeziehungen ins Spiel bringen könnte, die gleichzeitig nach verschiedenen Maßstäben erfasst werden würden. In gewisser Weise steht genau so ein Projekt hinter den modernen Formen des Romans. Das macht sich besonders ab der zweiten Hälfte des 19. Jahrhunderts im großen Gesellschaftsroman bemerkbar, der normale Figuren in Szene setzt, die sich mit historischen Ereignissen herumschlagen, die sie überfordern, und gleichzeitig die Mächtigen, die durch ihr Handeln versuchen, diese Ereignisse unter Kontrolle zu bringen und zurechtzubiegen. Dieses literarische Projekt hat den Weg des soziologischen Projekts so oft gekreuzt, dass schwer zu erkennen ist, welches von beiden dem anderen als Vorbild gedient hat.[81] Aber die großen Begriffsapparate, die diesen Sinntransfer erlaubten, sind in den fast ununterbrochenen Krisen und Kriegen, die die Beziehungen zwischen den europäischen Staaten im 20. Jahrhundert geprägt haben, untergegangen. Um diese globalen Rahmenbedingungen (wieder-)herzustellen oder neue zu erfinden,[82] müsste man zweifellos in der Lage sein, das Entsetzen und die Fassungslosigkeit hinter sich zu lassen, zu denen Historiker, Soziologen und Journalisten mit ihrer Enthüllung beigetragen haben, dass zwischen den breit angelegten literarischen oder soziologischen Erzählungen (den »Großen Erzählungen«) und dem ebenfalls weitreichenden, aber kriminellen politischen Handeln der Staaten objektiv eine Komplizenschaft besteht. Ebenso wie die Politik, die seit mehreren Jahrzehnten von solchen Offenbarungen erschüttert wird, muss sich auch die Sozio-

---

[81] Siehe Wolf Lepenies, *Die drei Kulturen. Soziologie zwischen Literatur und Wissenschaft*, München/Wien, Hanser, 1985 (Taschenbuchausgabe Frankfurt/M., S. Fischer, 2002).

[82] Wozu – bekanntlich – einige der anregendsten (häufig als poststrukturalistisch bezeichneten) gegenwärtigen theoretischen Unternehmungen neigen, die im Anschluss an Foucault versuchen, den globalen politischen und ökonomischen Wandel mit der Ausbildung von neuen Subjektivitätsformen zu verknüpfen und/oder Rahmenbedingungen zu konstruieren, die es erlauben, den Maßstabswechsel unter Kontrolle zu bringen. Und zwar indem sie manchmal das Risiko eines globalen Ansatzes eingehen, der dazu neigt, die Akteure aus dem Blick zu verlieren, und manchmal das Risiko einer Verallgemeinerung des Lokalen. Aus einer großen Anzahl von Arbeiten ist hier, vor allem was die Behandlung der Maßstäbe anbelangt, an Saskia Sassen, *La globalisation. Une sociologie*, a. a. O., zu denken; was die politischen Dispositive anbelangt, an Wendy Brown, vor allem an *Murs. Les murs de séparation et le déclin de la souveraineté étatique*, Paris, Les prairies ordinaires, 2009 [engl. Orig.: *Walled States, Waining Sovereignty*, Cambridge/Mass., The MIT Press, 2010], und natürlich an Antonio Negris Werk, besonders Michael Hardt/Antonio Negri, *Empire. Die neue Weltordnung*, Frankfurt/M./New York, Campus Verlag, 2002; Michael Hardt/Antonio Negri, *Multitude. Krieg und Demokratie im Empire*, Frankfurt/M./New York, 2004; Antonio Negri/Giuseppe Cocco, *Global. Luttes et biopouvoir à l'heure de la mondialisation. Le cas exemplaire de l'Amérique latine*, Paris, Amsterdam, 2007.

logie, die sich niemals ganz aus ihrer Abhängigkeit von den politischen Rahmenbedingungen und Orientierungen wird befreien können,[83] davon erst noch erholen. Man kann nur auf eine »baldige Genesung« der Politik hoffen, wie die Mediziner sagen, die, vor allem wenn sie sich aus ihrer Unterwerfung unter die sich gegenwärtig auf dem Höhepunkt ihrer Macht und zugleich ihres Siechtums befindende Form des Nationalstaats befreit, auch der Soziologie eine neue Zukunft eröffnen würde.

---

83 Siehe Luc Boltanski, *Soziologie und Sozialkritik*, a. a. O., S. 15-37.

Epilog
Und die Geschichte kopierte die Literatur

In dem Jahr, in dem *Die neununddreißig Stufen* erschienen, schrieb ein Prager Schriftsteller, von dessen Existenz John Buchan mit Bestimmtheit nichts wusste, einen Roman, den *Prozeß*, der erst zehn Jahre später, kurz nach seinem Tod, auf Betreiben seines Freundes Max Brod veröffentlicht wurde. Ich habe hier nicht den Ehrgeiz, die x-te Deutung des *Prozesses* vorzunehmen, der zweifellos nach der Bibel zu einem der am häufigsten ausgelegten Bücher gehört. Trotzdem scheinen mir die unleugbaren formalen Ähnlichkeiten der im *Prozeß* geschaffenen Situationen mit den Figuren des Rätsels, des Komplotts und der Untersuchung die objektiven Absichten und das zum Vorschein zu bringen, was man den geschichtlichen Sinn der beiden literarischen Gattungen nennen könnte, die uns als Leitfaden gedient haben. Indem er die Dispositive umkehrt und unterläuft, auf denen jene Kriminalromane und Spionageromane beruhten, deren Erfolg die ersten Jahre des 20. Jahrhunderts geprägt hat, arbeitet *Der Prozeß* in gewisser Weise an ihrer Enthüllung, und er wirft ein düsteres Licht nicht nur auf diese eigentlich nur zur Unterhaltung gedachten Erzählungen, sondern auch auf die Verhältnisse, die in der Realität hinter ihnen standen und die tragische Wendung der europäischen Geschichte bereits ahnen ließen. So offenbart er etwas, auf das diese Erzählungen nachdrücklich, aber zweifellos unbewusst ausgerichtet sind, und vielleicht auch das, was sie zum Geschehen beigetragen haben. Das heißt, den Moment, in dem die Religion des Staates mit ihrer vollen Entfaltung auch den Punkt erreicht, an dem die »moralische Empörung«,[1] deren Rückversicherung in der Verurteilung von Verbre-

---

[1] Svend Ranulf, *Moral Indignation and Middle Class Psychology. A Sociological Study*, Kopenhagen, Levin & Munskgaard, 1938. Dieses Buch wurde von einem Soziologen und Althistoriker verfasst. Sein Anlass war der Aufstieg der Nationalsozialisten in Deutschland. Es hebt die Art und Weise hervor,

chen besteht, und das Begehen von Verbrechen in sehr großem Maßstab ununterscheidbar werden. So wie Jorge Luis Borges in dem Satz nahelegt, den wir diesem Buch als Motto vorangestellt haben, hat das, was er – spöttisch – als eigentlich »unfaßbar« darstellt, sehr wohl stattgefunden, wie er weiß. Die Geschichte hat die Literatur kopiert.[2]

Meine Argumentation lautet folgendermaßen: Die »mechanische Verkettung«,[3] auf der *Der Prozeß* beruht, ist ganz genauso konstruiert wie ein Kriminalroman, allerdings wie einer, den man in einem Spiegel betrachten würde, das heißt symmetrisch und umgekehrt. Ohne in detaillierte Analysen einzusteigen, werde ich dieses Argument schnell zusammenfassen, indem ich diesen Roman unter den Hauptaspekten betrachte, die uns für den ursprünglichen Kriminalroman und/oder Spionageroman relevant erschienen waren.[4]

---

wie die – mit Benedict Anderson gesprochen – imaginären, »erfundenen Gemeinschaften« versuchen, sich ihrer Einheit rückzuversichern und ihr eine Grundlage zu geben, indem sie unter den Ausländern und Außenseitern Opfer auswählen, die sie beschuldigen und verfolgen.

2 Im Nachhall zum Thema »Vom Verräter und vom Helden« wird man sich an den Traum von Arthur Rowe in Graham Greenes 1943, ein Jahr vor der Novelle von Borges erschienenen *Zentrum des Schreckens* (a. a. O., S. 85 f.) erinnern. In diesem Traum trinkt Arthur Rowe, der gleichzeitig ein Kind und der gejagte Mann ist, zu dem er wurde, in seinem Elternhaus Tee mit seiner Mutter. Mutter, sagt er zu ihr, »du hast immer über die Romane gelacht, die Miss Savage las – Romane über Spione, Mord und Gewalttaten und mit wilden Verfolgungsjagden mit dem Auto; aber, meine Liebe, das ist das wirkliche Leben; das haben wir seit deinem Tod aus dieser Welt gemacht. Ich bin dein kleiner Arthur, der keinem Käfer etwas zuleide tun kann, und gleichzeitig bin ich ein Mörder. [...] Ach, meine Liebe, meine Liebe! Ich bin froh, daß du nicht mehr lebst. [...] Ich muß dir die ›Geschichte der zeitgenössischen Gesellschaft‹ leihen. Sie umfaßt Hundert Bände, aber die meisten gibt es in billigen Volksausgaben: ›Der Tod in Piccadilly‹, ›Die Diamanten des Botschafters‹, ›Die gestohlenen Marineakten‹, ›Diplomatie‹, ›Sieben Tage Urlaub‹, ›Die vier Gerechten‹ ...«

3 Gilles Deleuze/Félix Guattari, *Kafka. Pour une littérature mineure*, Paris, Minuit, 1975, S. 145-157 [dt.: *Kafka. Für eine kleine Literatur*, Frankfurt/M., Suhrkamp, 1976, S. 112-122].

4 Franz Kafka, *Der Prozeß* (1925), *Gesammelte Werke*, Frankfurt/M., S. Fischer Verlag, 1994.

Nehmen wir zunächst die Frage des *Rätsels*. Im Fall des Kriminalromans beginnt die Erzählung mit einem rätselhaften Ereignis. Dieses Ereignis hat zwar eine Bedeutung (meistens ist jemand ermordet worden), um aber *Sinn zu erlangen*, muss es einer Entität, gewöhnlich einer Person oder einer Personengruppe, *zugeschrieben* werden. Die Suche nach dieser Entität und der Zuschreibungsvorgang bilden die Hauptmotive der Narration. Eine Reihe von Figuren kommen als Verdächtige in Betracht, und der Detektiv muss herausfinden, wer von ihnen der Täter ist. Im *Prozeß* wird diese narrative Situation umgekehrt, denn der Schuldige steht von Anfang an fest; ihm wird unmittelbar eine Straftat zugeschrieben. Das Ereignis, das eigentlich am Ausgangspunkt der Untersuchung stehen soll, bleibt dagegen rätselhaft. Man weiß nicht, worum es sich handelt, und man wird es auch nie erfahren.

Sehen wir uns nun das Verhältnis des Staates zu jenem Aktanten an, den wir mit einem von Greimas übernommenen Ausdruck als *Opponenten* bezeichnet haben. Während der Staat im ursprünglichen Kriminalroman eine Organisation ist, und zwar eine durchsichtige Organisation, ist dieser Gegner, wie wir gesehen haben, häufig ebenfalls eine Organisation, aber eine Geheimorganisation, deren Verästelungen undurchschaubar sind und die sich wie ein Parasit bis in die oberste Staatsspitze an die legalen Organisationen geheftet hat. Da die Mitglieder dieser Organisation ihre Zugehörigkeit geheim halten, kann der Leser angesichts dieser oder jener Figur nicht a priori wissen, ob die wahre [*réelle*] Identität dessen, der ihm präsentiert wird, wohl mit seiner offiziellen Identität übereinstimmt, oder ob es sich eigentlich um ein Mitglied der undurchsichtigen Geheimorganisation handelt. Die undurchsichtige und subversive Geheimorganisation hat nämlich im Unterschied zum Staat und allgemeiner noch zu legalen Organisationen keine klaren Konturen. Sie nimmt die Form eines Netzwerks mit verschwommenen Grenzen an, so dass niemand ihren Umfang kennt. Im *Prozeß* ist die Situation umgekehrt, denn die staatliche Organisation wird als undurchsichtig und verschwommen dargestellt, und man kann nie genau wissen, ob diese oder jene Figur von ihr unabhängig ist oder aber insgeheim zu ihrem Funktionieren beiträgt, zum Beispiel als Informant oder Spion. Um nur einige Beispiele zu nennen: So tragen etwa die Wächter, die am Anfang des Romans kommen, um K. zu verhaften, keine Uniformen, durch die man sie sofort deutlich als Beamte erkennen würde. Was die drei Bankangestellten anbelangt, die K. im Zimmer von Fräulein Bürstner antrifft, so weiß man genau wie danach im Fall der meisten anderen Figuren (vor allem des Priesters) nicht, ob sie Handlanger der staatlichen Organisation sind oder nicht. Eine legale Organisation ist eine hierarchische Organisation, in der die Repräsentanten des Staates und die Autoritätspersonen als solche identifizierbar sind. Umgekehrt werden im Spionageroman die eigentlich Mächtigen gemeinhin als geheimnisvolle, Pseudonyme tragende Figuren im Hintergrund dargestellt, die derjenige, der die Untersuchung durchführt, zu identifizieren versucht, häufig vergeblich. Im *Prozeß* hat K. es nun aber immer nur mit den niederen Rängen des Staatsapparats zu tun, und diese kennen nicht einmal die Identität der Würdenträger und Autoritäten, deren Befehle sie ausführen. Ebenso verhält es sich natürlich mit dem Gesetz und den Verfahrensregeln, auf die ständig Bezug genommen wird, die aber, wie im Fall der Mafia, niemals explizit ausgesprochen werden, so dass sogar diejenigen, die sich auf sie berufen, ihren genauen Inhalt nicht zu kennen scheinen.

Die Vorstellung der gesamten Realität erfährt dieselbe Art von Umkehrung. Wir haben gesehen, dass sich das Rätsel im ursprünglichen Kriminalroman und/oder Spionageroman vom Hintergrund einer feststehenden und vorhersehbaren Realität abhebt, für die der Nationalstaat garantiert. Diese manchmal minimale Veränderung der Realität ist das Zeichen, das auf die Spur des Verbrechens führt, wenn sie nicht schon für sich genommen ein Verbrechen darstellt. Im *Prozeß* ist es nun aber umgekehrt das Eingreifen der staatlichen Entität in das Leben des Bürgers K., das eine wohlgeordnete Realität stört und verändert. Diese Veränderung erfasst das Verhalten von K.s Bekannten ihm gegenüber, das von Vertrauen in Misstrauen umschlägt, die Stimmung von K. selbst (dessen bis dahin auf einen wöchentlichen Besuch bei einer Prostituierten beschränktes Sexualverhalten erratisch wird) und die physische Realität selbst. So verändern sich in dem Augenblick, in dem ihm seine Verhaftung mitgeteilt wird, die Umrisse der Zimmer in der Pension, in der K. wohnt, und der Platz, an dem die Möbel stehen. In eindringlicher Beschreibung erfahren fast alle Orte ähnliche Deformationen; keiner von ihnen zeigt sich in seiner gewöhnlichen Gestalt. Das schlagendste Beispiel – man könnte jedoch noch zahllose andere nennen – ist der Gerichtssaal, der im finsteren Dachgeschoss eines heruntergekommenen Mietshauses liegt und sich als ein charakterloser, mit seltsamen Leuten angefüllter Raum präsentiert, in dem eine politische Versammlung stattfinden könnte. Wie in einem von Freud beschriebenen Traum konzentriert sich entsprechend dem Prozess der Verdichtung eine Vielzahl von verschiedenen Assoziationen in einer einzigen Vorstellung. Genauer gesagt, überlagern sich verschiedene Realitäten wie im Spionageroman. Die normale, gewöhnliche Realität bleibt scheinbar so bestehen, wie sie war. K. wird in Freiheit belassen. Er wohnt immer noch in derselben Pension und besucht dieselben Freunde und dieselben Cafés. Er arbeitet immer noch in derselben Bank, und seine Kollegen versäumen es nicht, wie üblich seinen Geburtstag zu feiern. Aber hinter dieser Realitätsfassade zeichnet sich eine andere Realität ab, deren scheinbar irrealer, aber eigentlich sehr viel realerer Charakter *die Realität der Realität* in der Form, die sie bisher innehatte, in Frage stellt.

Eine andere symmetrisch-umgekehrte Figur besteht in der Übertragung der Detektivfigur auf die Figur des Verbrechers. In einem Kriminalroman oder Spionageroman versucht der Detektiv, den Verbrecher zu identifizieren, der im Gegensatz dazu sein Verbrechen verbergen möchte. Im *Prozeß* verhält sich nun aber K. manchmal wie ein Verbrecher, der die Existenz der Straftat leugnet, die niemand kennt und die ihm zur Last gelegt wird. Er tut zunächst so, als amüsiere er sich über einen Scherz, und empört sich dann über einen Justizirrtum. Und manchmal verhält er sich wie ein Detektiv, der sich aktiv an der Jagd auf den Schuldigen beteiligt. Er beginnt nämlich nachzuforschen, welche der Verhaltensweisen, die er in der Vergangenheit an den Tag gelegt hat, nicht nur imaginär, sondern real strafbar gewesen sein könnten, ohne dass er gewissermaßen selbst davon wusste. Mehr noch: Er bemüht sich um die Erforschung der verschiedenen Schichten seiner Persönlichkeit, der verschiedenen, sich in seiner Person konzentrierenden und unter seinem Namen versammelten Persönlichkeiten, um herauszufinden, welcher von ihnen die den Prozess gegen ihn rechtfertigende Missetat – das heißt das rätselhafte Ereignis, mit dem jeder nicht umgekehrte Kriminalroman beginnt – möglicherweise zugeschrieben werden könnte. Es ist übrigens diese Art Haltung, die einen der zahlreichen Kommentatoren – Jürgen Born (der Weiss zitiert) – davon sprechen lässt, dass *Der Prozeß* ein »Seelenkrimi« sei.[5]

Im *Prozeß* ist der Staat allgegenwärtig. Aber er tritt nur in Form eines groß angelegten Komplotts in Erscheinung, dessen Grenzen unmöglich zu bestimmen sind und von dem sich im Laufe des Romans nach und nach herausstellt, dass es nahezu alle Figuren, denen K. begegnet, in sein Netz einzubeziehen versucht. Man kann den *Prozeß* natürlich auch als so etwas wie eine quasi klinische Beschreibung eines Falles von paranoidem Wahnsinn lesen. Eine ganze Reihe von Indikatoren weisen in diese Richtung, besonders die Art und Weise, wie K. in den Situationen, denen er sich gegenübersieht, Dinge entdeckt, die ihm anormal erscheinen und in denen er »Zeichen« erkennt, die seine Deutung verlangen. Zeichen, die für ihn bestimmt sind. Beunruhigenderweise scheint alles in seiner Umgebung seine unmittelbare Bedeutung zu verlieren, und K., in dem sich die Banalität, das heißt die Normalität schlechthin verkörpert, sieht so die Realität, die gesamte Realität sich mit Rätseln anfüllen, deren Sinn er herauszufinden versucht. Besonders gilt das für die Scherze, die die Personen, die seinen Weg kreuzen, anscheinend aus dem

---

[5] Zitiert in: Jean-Pierre Morel, *Le procès de Franz Kafka*, Paris, Gallimard, 1998, S. 57 [Übers. C. P.].

Stand machen und die ihn schmerzlich berühren, als ob sie eine geheime, ihn betreffende Absicht enthielten. Zu diesem Verfolgungs- und Deutungswahn kommt Größenwahn zwingend hinzu. Die Bedeutung, die K. seiner Person beimisst, die beneidenswerte Position, die er angeblich in der Bank, bei der er angestellt ist, bekleidet, die prominenten Persönlichkeiten, mit denen zu verkehren er sich brüstet (wie zum Beispiel den Staatsanwalt), bilden ebenfalls klassische Bestandteile des Krankheitsbildes der klinischen Paranoia. Und ebenso verhält es sich mit der dem geregelten Leben, das er *früher* geführt hat, völlig fremden Art von erotischer Entfesselung, die sich K.s nach seiner Verhaftung bemächtigt. Dieser erotische Ausbruch, der sich erstmals schon an dem Abend, als die Wächter in der Pension ankommen, in der K. wohnt, in den Küssen äußert, mit denen er seine Nachbarin, Fräulein Bürstner, unvermittelt überhäuft, dann in seinem Verhältnis mit der Frau des Gerichtsdieners und danach mit Leni, scheint ebenso wie das instrumentelle Verhältnis, das er zu den Frauen aufbaut, die er zu verführen beabsichtigt (sie sollen ihm helfen, seinen Prozess zu gewinnen), direkt aus der klinischen Beschreibung der Paranoia übernommen worden zu sein. In diese Richtung weist auch der narrative Rhythmus: Mal verläuft die Erzählung so, als ob K. ihr Verfasser wäre, das heißt als ob *Der Prozeß* das Bekenntnis eines Paranoikers wäre – darin etwa den *Denkwürdigkeiten eines Nervenkranken* von Senatspräsident Schreber vergleichbar.[6] Mal, und zwar besonders dann, wenn es genau darum geht, diese paranoiden Züge hervorzuheben, setzt sich der Erzähler leicht von K.s Person ab, und seine Gegenwart äußert sich in zurückhaltenden Formulierungen wie »Ihm schien, dass« oder aber »K. glaubte zu sehen« oder aber »K. dachte, dass sie nur so tat als ob …« – etwa so wie ein Psychiater auf der Grundlage der ihm vorliegenden Bekenntnisse seines Patienten einen Paranoiker beschreiben würde.

Dieses »typische«, das heißt mit der Beschreibung der Psy-

---

6 Daniel Paul Schreber, *Denkwürdigkeiten eines Nervenkranken* (1903), Repr. Gießen, Psychosozial-Verlag, 2003.

chiatrie Anfang des 20. Jahrhunderts übereinstimmende Bild des Paranoikers wird jedoch vom *Prozeß* umgekehrt zurückgespiegelt, was die Transformationen verdoppelt, die wir bereits in Bezug auf den Kriminalroman Gelegenheit hatten festzustellen. Aus der distanzierten psychiatrischen Perspektive wurde nämlich deutlich, dass der Paranoiker vor allem ein Querulant ist. Er begnügt sich in keiner Weise mit den offiziellen Beteuerungen und Rechtfertigungen, wie normale Menschen es täten, er gibt keine Ruhe, treibt seine Untersuchung immer weiter voran und gefährdet so die soziale Ordnung. Ebendieser Charakterzug rückt ihn in die Nähe des Gesellschaftskritikers, ja sogar des Soziologen. Nun hat aber K. weder etwas von einem Querulanten noch von einem Rebellen noch von einem Kritiker noch auch nur von einem Analytiker, der in der Gesellschaft seiner Zeit scharfsinnig nach verborgenen Dimensionen sucht, die er enthüllen könnte. Die Vorstellung, dass es eine geheime Realität gibt, die sich unterhalb der vordergründig sichtbaren Realität befindet und wahrer ist als sie, ist ihm vollkommen fremd. K. ist ganz im Gegenteil die normalste aller normalen Personen. Er ist ein Verfechter der Ordnung, der mit der bestehenden Ordnung völlig zufrieden ist. Er malt sich nicht einmal in der Phantasie aus, dass es eine andere Ordnung geben könnte. Wie wir gesehen haben, ist K. sogar bereit, sich an der ihn betreffenden Untersuchung zu beteiligen und so mit den Staatsbeamten zusammenzuarbeiten, die sich anscheinend zu seiner Verfolgung verbündet haben – allerdings unter der Bedingung, dass diese ihm die Zeichen von Achtung und Minimalrespekt zuteilwerden lassen, die er in Anbetracht seines sozialen Status verdient zu haben glaubt. Er hat also nur einen einzigen Wunsch: dass alles wieder so wird wie *früher*.

Man dürfte also begriffen haben: Indem er den Kriminal- und/oder Spionageroman und auch die Paranoia umgekehrt widerspiegelt, *enthüllt Der Prozeß* die impliziten Voraussetzungen, die zum einen in einer zu dem Zeitpunkt, als dieser Roman geschrieben wurde, relativ neuen literarischen Gattung – mit großer Zukunft – enthalten sind, und zum anderen in der Identifizierung einer Geisteskrankheit, die fünfzehn Jahre zuvor mit großem Getöse auf dem Gebiet der Psychiatrie erstmals in Erscheinung getreten war. Auf einer streng *formalen* Ebene ist ein solcher Enthüllungsvorgang weitgehend mit der Enthüllung vergleichbar, die das Christentum René Girard zufolge in Bezug auf die Form Religion vornimmt, was es Girard gestattet, die Frohe Botschaft des Evangeliums als Verkündung des Endes des Religiösen zu deuten. In der Art von eschatologischer Mythologie, die René Girard entwirft, ist die Form Religion untrennbar mit der Anschuldigung und Verfolgung eines Sündenbocks verbunden. Diese Figur findet sich in der Leidensgeschichte Jesu wieder. Doch während in den antiken Religionen der Angeklagte wirklich schuldig ist, ist er im Fall des Christentums wirklich unschuldig, und diese Umkehrung reicht aus, um die triebhaften Prozesse zu enthüllen, auf denen jene Form von kollektiver Efferveszenz – wie Durkheim gesagt hätte –, die sich in religiösen Ritualen äußert, beruhte – und immer noch beruht.[7] Im *Prozeß* wird jedoch ganz offensichtlich eine andere Religion enthüllt: die des Nationalstaates, des vermeintlichen »Verfassungsstaates«, der auf der Achtung des Gesetzes gründet, den »Frieden«, die Identität seiner Bürger (K. hört nicht auf, fieberhaft nach seinen Ausweispapieren zu suchen, die in seinen Augen eine Art Rechtfertigung darstellen) und, allgemeiner noch, eine geregelte, vorhersehbare Realität garantiert, deren Unerbittlichkeit auf der von »Willkür befohlene[n] Rolle im Spiel der Notwendigkeit« beruht.[8] Wie viele Auslegungen sich zu zeigen bemüht haben, bedeutet dies die Enthüllung und Ankündigung der in diesem neuen Avatar der zum Nationalstaat gewordenen Form Staat schlummernden Gefahren – einer Form, die sich im 19. Jahrhundert in Europa ausbreitet und zu der Zeit, als der Roman zu Beginn des Ersten Weltkrieges geschrieben wurde, bereits schwer an den kommenden Gräueln zu tragen

---

7 René Girard, *Le bouc émissaire*, Paris, Grasset, 1982 [dt.: *Der Sündenbock* (1988), Zürich/Düsseldorf, Benziger, 1998].
8 Hannah Arendt, »Franz Kafka«, in: dies., *Die verborgene Tradition. Essays*, Frankfurt/M., Jüdischer Verlag, 1976, S. 95-116, hier S. 98.

hat.⁹ Das, was sich im *Prozeß* erahnen ließ, musste *Realität* werden, also tatsächlich geschehen, damit dieses Buch zum Symbol eines radikalen Wandels dessen werden konnte, was man mit dem Untertitel des großen Buches, das Erich Auerbach zwischen 1942 und 1945 im Istanbuler Exil geschrieben hat, wo er als von der Nazidiktatur Verfolgter Zuflucht gefunden hatte, »dargestellte Wirklichkeit in der abendländischen Literatur« nennen kann.¹⁰ *Unsere*, mit Verbrechen, Rätseln und Komplotten gespickte, immer wieder von ihrer Doppelgängerin bedrohte Realität, welche wir uns durch die Lektüre von Kriminalromanen und Spionageromanen, die uns – so könnte man in Anspielung auf Hegel sagen – wenn nicht das »Morgengebet«, so doch zumindest das Abendgebet ersetzt, als ebenso anormal wie banal zu betrachten angewöhnt haben. Zwielichtig, aber spannend. Die Realität eben.

---

9 Über Kafkas libertäre Neigungen und über den *Prozeß* als Enthüllung »des entfremdeten und repressiven Charakters des modernen Staates, und zwar einschließlich desjenigen, der sich selbst als ›Rechtsstaat‹ bezeichnet«, siehe Michael Löwy, *Franz Kafka. Rêveur insoumis*, Paris, Stock, 2004, S. 81-100.

10 Erich Auerbauch, *Mimesis. Dargestellte Wirklichkeit in der abendländischen Literatur* (1946), Tübingen/Basel, Francke, 10. Aufl. 2001.

Danksagung

Dieses Buch wurde zwischen 2008 und 2011 geschrieben und hat von den Diskussionen profitiert, die sich mit Kollegen – mit so vielen Kollegen, dass ich darauf verzichte, sie aufzuzählen – um die in *Soziologie und Sozialkritik* angeschnittenen Themen herum entsponnen haben. Doch vor allem ist dieses Buch die Frucht eines freundschaftlichen, ja sogar familialen Verkehrs. Freunde, die in den soziologischen Fragen, die die Literatur, der Journalismus, das Recht oder das Kino und das Fernsehen aufwerfen, beschlagener sind als ich, haben mich großzügig mit Know-how über Dinge versorgt, von denen ich bis dahin keine Ahnung hatte, und ich hoffe, dass sie sich durch meine, wie ich zugeben muss, häufig ungeschickten Bemühungen, dieses Wissen praktisch umzusetzen, nicht missbraucht fühlen werden. Es handelt sich insbesondere um Gabriel Bergounioux, Sabine Chalvon-Demersay und Philippe Roussin. Arnaud Esquerre und Marcela Iacub haben mich bei der Vorbereitung dieser Arbeit unterstützt und ein zweites Mal, als sie mit Kennerblick und Scharfsinn eine erste Fassung des Buches lasen. Übermäßig habe ich auch von dem Austausch innerhalb jenes kleinen Think-Tanks profitiert, der sich zu meinem Glück in meiner Reichweite befindet, beinahe ohne dass ich meine Wohnung verlassen muss. Mein Bruder Jean-Élie, Linguist und Anglist, hat seine Leidenschaft für englischsprachige Kriminalromane und Spionagegeschichten auf mich übertragen – auch für die Filme, die auf ihnen beruhen. Meine Tochter Ariane, eine auf das 16. Jahrhundert spezialisierte Historikerin, hat mir viel über die Anfänge der Komplott-Problematik beigebracht. Mein Sohn Christophe, ein großer Reporter, hat mir geholfen, die Ähnlichkeiten und die Unterschiede zwischen soziologischem und journalistischem Schreiben zu verstehen. Mit meiner Ehefrau Élisabeth Claverie, deren Forschungsgebiet die Anthropologie des Völkermordes und der Einsetzung von internationalen Gerichtshöfen ist, die über jene urteilen sollen, die im Verdacht stehen, dazu Beihilfe geleistet zu haben, habe ich mich täglich ausgetauscht. Bei diesem Austausch ging es vor allem um die Frage, was unter »organisiertem Verbrechen« oder »gemeinschaftlichen kriminellen Handlungen« zu verstehen ist. Diese Frage betrifft die Problematik des Verhältnisses von individuellen und kollektiven Entitäten und dadurch direkt die des Komplotts. All diesen mir am nächsten Stehenden möchte ich hier meine Dankbarkeit ausdrücken. Der vorliegende Text verdankt auch der aufmerksamen Durchsicht von Mauro Basaure, Emmanuel Didier, Damien de Blic, Corentin Durand, Jeanne Lazarus und allgemeiner noch der intellektuell ungemein anregenden Atmosphäre viel, die in dem Laboratorium – der Groupe de sociologie politique et morale an der EHESS und am CNRS – herrscht, in dem ich meiner Arbeit jetzt seit mehr als zwanzig Jahren nachgehe. Wie gewöhnlich war Éric Vigne, ohne den aus dieser Schrift niemals ein Buch geworden wäre, auch ein aufmerksamer und strenger Lektor. Ihm gilt mein großer Dank für die Hartnäckigkeit und Sturheit, mit der er die Sozialwissenschaften gegen alle Widerstände verteidigt. Schließlich sei auch den Korrektoren gedankt, die ihre kostbaren orthographischen, syntaktischen und typographischen Fähigkeiten in den Dienst dieses Textes gestellt und dadurch dazu beigetragen haben, das bei den Éditions Gallimard eingereichte Typoskript in ein Buch zu verwandeln.

Ich danke außerdem den Leitern und Teilnehmern der Seminare, in denen ich diese Arbeit vorgestellt habe. Ihre Fragen und Kritiken waren für mich sehr nützlich. Ich denke besonders an die von Élie Kongs im Oktober 2010 organisierte Tagung über die Neuausrichtung der Kritik; an das gemeinsame Seminar über Attributionsprozesse von EHESS und der Universität Paris-VIII, das ich 2010/2011 zusammen mit Damien de Blic, Maître de Conférence an dieser Einrichtung, und Cyril Lemieux, Directeur d'études an der EHESS, abgehalten habe; an Marcela Iacubs Seminar über das Verhältnis von Recht und Literatur an der EHESS, in dem diese Arbeit im Januar 2011 vorgestellt wurde; an das im April 2011 von Mauro Basaure im Rahmen des Instituto de Humanidades der Universität Diego Portales (Santiago de Chile) organisierte Seminar, das mir Gelegenheit gab, die in dieser Arbeit entwickelten Ideen während dreier besonders intensiver Stunden mit chilenischen Kollegen verschiedener Fächer (Literaturwissenschaft, Philosophie, Soziologie) zu diskutieren; an den im Juni 2011 an der Berliner Humboldt-Universität auf Einladung der Professoren Jean Greisch und Rolf Schieder gehaltenen Vortrag. Frühere Fassungen des zweiten Kapitels sind zum einen erschienen in dem 2009 von Rainer Forst, Martin Hartmann, Rahel Jaeggi und Martin Saar zu Ehren von Professor Axel Honneth im Suhrkamp Verlag herausgegebenen Sammelband *Sozialphilosophie und Kritik*, zum anderen in der von der École normale supérieure Lettres et sciences humaines von Lyon auf Vermittlung von Arnaud Fossier, Éric Monnet und Lucie Tanguy im Frühjahr 2011 veröffentlichten Zeitschrift *Tracés*. Großer Dank gebührt auch Professor David Stark für seine Einladung zu einem Aufenthalt an der Columbia University im April 2010, der mir die Möglichkeit gab, meine Dokumentation zu vervollständigen.

Zum Abschluss muss ich noch sagen, dass ich in meinem Entschluss, dieses Buch in Angriff zu nehmen, wesentlich von der so genannten Tarnac-Affäre bestärkt wurde, bei der Julien Coupat, den ich zu einer Zeit kennenlernte, als er als EHESS-Student an meinem Seminar teilnahm, und der seither ein Freund geworden ist, einer der Hauptbeschuldigten war. Mit dem Schreiben dieses Buches habe ich ungefähr einen Monat nach Beginn dieser Affäre im November 2008 angefangen, und das Angehen dieser Arbeit hat mir geholfen, meine aufgewühlten Gefühle und meine Empörung in einem Akt reflexiver Verschiebung unter Kontrolle zu bringen. Ich hoffe inständig, dass das Urteil, das an dem Tag, an dem ich diese Zeilen schreibe, immer noch nicht gesprochen wurde, die »Neun von Tarnac« entlasten wird – was aber den Schaden, den die Art von polizeilicher Verbissenheit verursacht hat, der Julien Coupat und seine Mitstreiter ausgesetzt waren, offenkundig nicht wiedergutmachen wird.

Namenregister

Aaronovitch, David 62 Fn.
Abbate, Fred J. 368 Fn.
Adorno, Theodor W. 81 Fn., 342 f.
Agamben, Giorgio 149 Fn., 239 Fn., 304
Akerlof, George A. 446 Fn.
Alexander, Jeffrey 264 Fn.
Ambler, Eric 83, 232, 259, 277 f., 280 f.
Amiel, Henri Frédéric 205
Amselle, Jean-Loup 432 Fn.
Anderson, Benedict 63, 474 Fn.
Andreotti, Giulio 360 Fn., 452 Fn.
Angenot, Marc 298 Fn.
Ansart, Pierre 160 Fn.
Archard, David 347 Fn.
Arendt, Hannah 446 Fn., 481 Fn.
Arneil, Barbara 347 Fn.
Arnold, Gordon B. 354 Fn.
Aron, Raymond 416
Assouline, Pierre 179
Astier, Isabelle 199
Audier, Serge 417
Auerbach, Erich 482
Austin, John Langshaw 125

Badiou, Alain 412
Balibar, Étienne 220, 429
Balsamo, Jean 159 Fn.
Balzac, Honoré de 60, 154 Fn., 157, 185, 306
Barbrook, Richard 452 Fn.
Barruel, Abbé Augustin 268

Barthes, Roland 467
Baruch, Marc-Olivier 67
Basaure, Mauro 115, 484 f.
Basham, Lee 371
Bateson, Gregory 431
Batifoulier, Philippe 446
Baudou, Jacques 144
Baudrillard, Jean 300
Bauman, Zygmunt 142 Fn., 264
Bayard, Pierre 42 Fn., 393 Fn.
Beaud, Olivier 48 Fn., 216
Becker, Gary S. 422 f.
Bell, Daniel 342
Benedict, Ruth 336 f.
Beniger, James R. 136 Fn.
Benjamin, Walter 125 Fn.
Bensoussan, David 338 Fn.
Bentham, Jeremy 404
Bercherie, Paul 315, 317 Fn.
Bergounioux, Gabriel 149 Fn., 483
Bertillon, Alphonse 114, 136
Bidet, Jacques 429 Fn.
Blanchot, Maurice 401
Blic, Damien de 55 Fn., 484
Bloom, Clive 83 Fn., 232 Fn., 240, 266 Fn.
Blum, Léon 382 Fn.
Bodin, Jean 48 Fn.
Boltanski, Luc 18 Fn., 24 f. Fn., 44 Fn., 52 Fn., 55 Fn., 57 Fn., 76 Fn., 81 Fn., 111 Fn., 122 Fn., 126 Fn., 141 Fn., 154 Fn., 159 Fn., 199 Fn., 205 Fn., 217 Fn., 372 Fn.,

487

374 Fn., 377 Fn., 386 Fn., 404 Fn., 412 Fn., 415 Fn., 417 Fn., 422 f. Fn., 428 Fn., 434 Fn., 437 Fn., 439 Fn., 444 Fn., 446 f. Fn., 448 Fn., 472 Fn.
Bonhomme, Julien 313 Fn.
Bord, Lucien-Jean 93 f. Fn.
Born, Jürgen 478
Boudon, Raymond 326 Fn., 417, 419 Fn., 427
Bourdieu, Pierre 77, 81, 98, 187, 431-435
Boyer, Pascal 396 Fn.
Bozzetto, Roger 92 Fn.
Brayard, Florent 252, 253 f. Fn.
Breiger, Ronald 438, 440 Fn.
Breton, André 306
Brissenden, Robert Francis 35 Fn., 133 Fn.
Brod, Max 473
Brown, Dan 79
Brown, David 341 Fn., 343 Fn., 346 Fn.
Brown, Wendy 471 Fn.
Buchan, John 68, 83 Fn., 229, 231 f., 238, 240, 246, 251 f., 254, 259, 262, 266, 269, 277, 280 f., 309, 314, 473
Bull, Malcolm 140
Burke, Edmond 338
Butler, Samuel 258
Butts, Denis 240 Fn.

Caillavet, Henri 126 Fn.
Callon, Michel 439
Campion-Vincent, Véronique 309 Fn.
Capgras, Joseph 315-317, 338 Fn., 399
Carr, Caleb 90 Fn.
Castro, Fidel 359

Catherine, Robert 162 Fn.
Cayla, Olivier 412 Fn.
Céline, Louis-Ferdinand 44 Fn., 236
Cesoni, Maria Luisa 456, 458
Chalvon-Demersay, Sabine 483
Chandler, Raymond 144 Fn.
Charle, Christophe 382 Fn.
Charlot, Monica 148 Fn., 212 Fn., 214 Fn., 442 Fn., 443
Chartier, Roger 326, 327 Fn.
Chateauraynaud, Francis 377 f. Fn.
Chesterton, Gilbert Keith 21, 51, 72, 286-288
Chiapello, Eve 96 Fn., 439 Fn., 466
Childers, Erskine 68, 232, 243
Christian, Lynda 75 Fn., 313 Fn.
Christie, Agatha 42, 72, 246 f., 363
Christofferson, Michael 340 Fn.
Clark, Robert M. 450 Fn.
Claudel, Paul 60
Claverie, Élisabeth 52 Fn. 55 Fn., 122 f. Fn., 126 Fn., 141 Fn., 143 Fn., 162 Fn., 374 Fn., 381 Fn., 458 Fn., 483
Cocco, Giuseppe 471 Fn.
Cochin, Augustin 328 Fn., 338
Cohen, Gerald 428
Cohen, Morris A. 389 Fn.
Cohn, Norman 271, 274 Fn.
Collins, Wilkie 65, 156 Fn.
Collovald, Annie 17 Fn., 82 Fn.
Condorcet, Nicolas de 404 Fn.
Conrad, Joseph 238, 331-333
Corcuff, Philippe 184 Fn.
Coupat, Julien 485
Courtine, Robert J. 193 Fn.
Coward, Barry 355 Fn.

Cubitt, Geoffrey 355 Fn.
Curtis, Mark H. 326

Dallens, Serge 101 Fn.
Danton, Georges Jacques 336
Darnton, Robert 327 Fn.
Daston, Lorraine 39
David, Claude 303 Fn.
Dean, Jodi 354 Fn.
Debord, Guy 197
Degenne, Alain 438, 439 Fn., 443
Deleuze, Gilles 474 Fn.
DeLillo, Don 351 Fn.
Dennett, Daniel 27 Fn.
Derouet, Jean-Louis 377 Fn.
Derrida, Jacques 306
Deschamps, Jean-Claude 25 Fn.
Desrosières, Alain 50 Fn., 137 Fn.
Detienne, Marcel 71 Fn.
Dewerpe, Alain 366, 369 Fn.
Dewey, John 390 f.
Dickens, Charles 100 Fn., 258
Didier, Emmanuel 139 Fn., 162 Fn., 299 f. Fn., 353 Fn., 377 f. Fn., 484
Donald, Miles 266 Fn.
Doyle, Arthur Conan 30 f., 35 Fn., 64-66, 72, 88-90, 92 Fn., 107 Fn., 109 Fn., 119 Fn., 128, 135 Fn., 137 Fn., 148, 149 Fn., 151, 169, 223, 246
Drumont, Edouard 271
Dubois, Jacques 156 Fn., 173 Fn., 185 Fn.
Dulong, Renaud 374 Fn.
Dunn, John 371 Fn.
Durand, Corentin 484
Durkheim, Émile 41 Fn., 61 Fn., 104, 175 f., 481
Dury, Richard 35

Eco, Umberto 88 Fn.
Eisenhower, Dwight David 343
Eisenzweig, Uri 330, 331 Fn.
Ellis, Bret Easton 351
Elster, Jon 428 f.
Enderlin, Charles 361 Fn.
Erikson, Erik 431
Esquerre, Arnaud 308 Fn., 483

Faivre, Antoine 30 Fn.
Fallois, Bernard de 204 Fn.
Favret-Saada, Jeanne 71, 356
Féval, Paul 34 Fn., 153 f.
Flandrin, Jean-Louis 127 Fn.
Fleming, Ian 240 Fn.
Fleury, Lison 184 Fn.
Ford, Boris 100 Fn.
Forsé, Michel 438, 439 Fn., 443
Forst, Rainer 87 Fn., 485
Fossier, Arnaud 485
Foucault, Michel 48, 114 f. Fn., 137 Fn., 471 Fn.
François, Ludovic 449 Fn.
Frenkel-Brunswik, Else 343 Fn.
Freud, Sigmund 79 Fn., 88 Fn., 117 Fn., 136 Fn., 220 Fn., 310, 317 Fn., 342, 477
Freund, Julien 416, 417 Fn.
Furet, François 338

Gaboriau, Émile 65, 73, 151, 153, 155 f., 157 Fn., 169
Galton, Francis 136
Gambetta, Diego 371
Gargiulo, Gius 360 Fn.
Gauchet, Marcel 367 Fn.
Gearon, John 282
Genette, Gérard 389 Fn.
Giddens, Anthony 348 Fn., 408 Fn.
Ginzburg, Carlo 79, 88, 117 Fn.,

136 f., 270, 271 Fn., 273, 356, 376, 377 Fn.
Girard, René 481
Giscard d'Estaing, Valéry 463
Goebbels, Joseph 253, 420
Goffman, Erving 75 f., 143 Fn., 373
Goldberg, Robert A. 354
Goldwater, Barry 339, 342 f.
Goody, Esther 372 Fn.
Grawitz, Madeleine 411 Fn.
Green, Richard Lancelyn 89 Fn., 151 Fn.
Greene, Graham 83, 232, 281, 292-294, 474 Fn.
Greimas, Algirdas Julien 238, 306, 385 Fn., 475
Greisch, Jean 485
Gribaudi, Maurizio 63 Fn.
Grignon, Hélène 100 Fn.
Guattari, Félix 474 Fn.
Guenancia, Pierre 108 Fn.
Gurr, Robert 328 Fn.

Habermas, Jürgen 122 Fn., 425
Hacking, Ian 76 Fn.
Hadot, Pierre 70 Fn.
Haggard, Henry Rider 240 f.
Halimi, Suzy 148 Fn.
Hammett, Dashiell 144 Fn.
Hardt, Michael 471 Fn.
Hartley, Eugene 377 Fn.
Hartmann, Martin 485
Hegel, Georg Wilhelm Friedrich 419, 482
Heider, Fritz 25 Fn.
Heilbron, Johan 403 Fn.
Heinich, Nathalie 399 f., 402, 434
Henry, Michel 240, 431
Hermitte, Marie-Angèle 377
Hersh, Seymour 364 Fn.

Himes, Chester 144 Fn.
Himmelfarb, Gertrud 213 Fn., 258 Fn.
Hirschman, Albert 325, 419 Fn.,
Hitchcock, Alfred 68
Hitler, Adolf 243, 252-254
Hobbes, Thomas 190
Hofstadter, Richard 340-348, 383 Fn.
Honneth, Axel 87 Fn., 142 Fn., 485
Household, Geoffrey 243
Hughes, Jeff 364 Fn.
Hugo, Victor 157
Humbert, Marie 126 Fn.
Hume, David 123 Fn., 141 Fn., 169, 175
Hussein, Sadam 371
Hussey, Christopher 154 Fn.

Iacub, Marcela 378 Fn., 447 Fn., 483 f.

James Premack, Ann 26
Jaeggi, Rahel 485
Jaffro, Laurent 108 Fn.
Jameson, Fredric 354 Fn.
Jappe, Anselm 197 Fn., 398 Fn.
Jastrow, Joseph 140
Jobin, Paul 379
Joly, Anténor 34 Fn.
Joly, Maurice 272-275
Johnson-Laird, Philip 349 Fn.

Kafka, Franz 16, 302 f. Fn., 474 Fn., 478 Fn., 481 Fn., 482 Fn.
Kahlbaum, Karl Ludwig 315
Kalifa, Dominique 119 Fn., 130 Fn., 136 Fn., 157 Fn.
Kaplan, Fred 133 Fn.
Kardiner, Abram 431, 434

Kaufmann, Laurence 175 Fn.
Keeley, Brian 368-371
Kelley, Harold 25 Fn.
Kennedy, John Fitzgerald 343, 358f., 362 Fn., 379, 381 Fn., 392, 394
Kershaw, Ian 253 Fn.
Kestner, Joseph A. 101 Fn.
Kharkhordin, Oleg 373 Fn.
Klingopulos, G. D. 100 Fn.
Klugman, David 367 Fn.
Knight, Peter 351 Fn., 359 Fn., 362f., 365f., 381 Fn.
Kongs, Élie 484
Kracauer, Siegfried 38, 88, 104, 109f., 295
Kraepelin, Emil 46, 315-318, 323
Kremer, Nathalie 390 Fn.
Kretschmer, Ernst 336
Kuhn, Thomas S. 24 Fn.

Labov, William 383 Fn.
Lacan, Jacques 117 Fn., 315 Fn., 318 Fn.
Lacassin, Francis 152 Fn.
Laclau, Ernesto 340 Fn.
Lagrange, Pierre 358 Fn.
Lamaison, Pierre 143 Fn.
Lang, Fritz 243 Fn., 282
Laslett, Peter 94 Fn.
Latour, Bruno 347 Fn., 439
Laurent, Éric 461, 463, 469 Fn.
Laval, Christian 209 Fn., 404 Fn.
Lazarus, Jeanne 484
Leblanc, Maurice 68, 90, 169, 229
Le Carré, John 83, 263 Fn., 291-295
Lecercle, Jean-Jacques 429 Fn.
Lee, Caroline W. 445 Fn.
Leguay, Catherine 126 Fn.
Lemert, Edwin 355 Fn.

Lemieux, Cyril 126 Fn., 377 Fn., 394 Fn., 450 Fn., 459 Fn., 484
Lemoine, Michel 186 Fn., 189 Fn.
Lemos Capeller, Wanda de 457 Fn.
Lentz, Thierry 359 Fn.
Lepenies, Wolf 471 Fn.
Le Queux, William 68
Leroux, Gaston 68, 169
LeRoy, Panek 101
Lesage, Alain-René 32
Levinson, Daniel J. 179 Fn., 343 Fn.
Lévi-Strauss, Claude 54, 91, 302
Lévy, Julien 449 Fn.
L'Heuillet, Hélène 108 Fn.
Licoppe, Christian 403 Fn.
Lilti, Antoine 141 Fn.
Linhardt, Dominique 52 Fn., 175
Linton, Ralf 431
Lipset, Seymour Martin 342
Lits, Marc 27 Fn.
Locke, John 371
London, Jack 258f., 286, 288, 290
Löwy, Michael 482 Fn.
Losurdo, Domenico 338 Fn., 339
Luhmann, Niklas 371 Fn.
Lyon-Caen, Judith 17 Fn., 154

Maccoby, Eleanor 377 Fn.
Macdonald, Dwight 297 Fn.
Macleod, Colin M. 347 Fn.
Maison, Raphaëlle 458 Fn.
Malle, Bertram 25 Fn.
Manchette, Jean-Patrick 82, 144 Fn., 296

Mannheim, Karl 181, 342f.
Mann, Michael 93 Fn., 97 Fn., 138
Mannoni, Octave 302 Fn.
Marcus, George E. 351 Fn., 356 Fn., 360 Fn.
Martinko, Mark 25 Fn.
Marx, Karl 268, 349, 354, 397, 419, 420, 429f., 460, 461 Fn.
Marx, Roland 212 Fn.
Mauduit, Laurent 453
Maugham, William Somerset 83, 192
Maupassant, Guy de 29
Maza, Sarah 123 Fn.
M'Bokolo, Elikia 432 Fn.
McEvoy, Sebastian 125 Fn.
Mead, Margaret 431
Mellier, Denis 100 Fn.
Menegaldo, Gilles 30 Fn., 35 Fn., 92 Fn.
Messac, Régis 28 Fn., 38 Fn.
Mileham, James 306, 367 Fn.
Miller, Franck 69 Fn.
Minc, Alain 453
Monnerot, Jules 416
Monnet, Éric 485
Morel, Jean-Pierre 478 Fn.
Morelli, Giovanni 79 Fn., 88 Fn., 136, 273
Moreno, Jacob Levy 438
Moore, George 392 Fn.
Mosca, Gaetano 416 Fn.
Müller, Elfriede 144 Fn.

Nagel, Ernest 389 Fn.
Napoléon III 63, 100, 272f., 275f.
Napoli, Paolo 138 Fn., 177 Fn.
Naugrette, Jean-Pierre 30 Fn., 35 Fn., 90 Fn., 92 Fn., 148 Fn.
NDiaye, Pap 364 Fn.

Negri, Antonio 471 Fn.
Neill, Roy William 90 Fn.
Nèrard, François-Xavier 373 Fn.
Neveu, Éric 17 Fn., 82 Fn.
Newcomb, Theodor M. 377 Fn.
Newsinger, John 297f. Fn.
Newton, Isaac 33, 403
Ngo Dinh Diem 359
Nietzsche, Friedrich 290, 320f., 337
Nirenberg, David 355 Fn.
Nisbet, Robert 40 Fn.
Nixon, Richard 357
Noiriel, Gérard 48, 49 Fn., 137 Fn.

O'Boyle, Leonore 325, 327
Offenstadt, Nicolas 52 Fn., 55 Fn., 122 Fn., 126 Fn., 141 Fn., 374 Fn.
Offerlé, Michel 409 Fn.
Onassis, Aristoteles 359
Oppenheim, Phillips 68
Orwell, George 297, 298 Fn., 300-302, 304
Oswald, Lee Harvey 337, 358f.
Oudin, Bernard 91 Fn., 109 Fn.

Pareto, Vilfredo 401, 416
Parish, Jane 396 Fn.
Parker, Martin 396 Fn.
Parrochia, Daniel 438 Fn.
Pascal, Blaise 33
Paul, Robert S. 89 Fn.
Pavel, Thomas 28 Fn., 32 Fn., 393 Fn.
Pharo, Patrick 365 Fn.
Peirce, Charles Sanders 88
Pinçon, Michel 442 Fn., 443
Pinçon-Charlot, Monique 442 Fn., 443
Pipes, Daniel 362

Poe, Edgar Allan 29f., 65, 89, 149 Fn., 151, 169
Popper, Karl 416f.,
Post, Jerold M. 362
Postel, Jacques 315 Fn., 317 Fn.
Pouget, Émile 330
Poulantzas, Nicos 431
Powell, Colin 371
Premack, David 26 Fn.
Pressensé, Francis de 330 Fn.

Quéré, Louis 365 Fn.

Räikkä, Juha 371
Ranulf, Svend 473 Fn.
Raphael, David 403 Fn.
Rawls, John 430
Rayner, Hervé 360 Fn., 451f. Fn.
Rennes, Juliette 324 Fn.
Renoir, Jean 236
Revel, Jacques 80, 388 Fn.
Reynolds, George 34 Fn., 153
Rice Burroughs, Edgar 241 Fn.
Riesman, David 342
Rigouste, Mathieu 459 Fn.
Riot-Sarcay, Michèle 63 Fn.
Robespierre, Maximilien 336, 338
Robins, Robert 362
Rodriguez, Robert 69 Fn.
Roemer, John 428f.
Rollin, Henri 270 Fn.
Rosch, Eleanor 349
Roubaud, Jacques 81 Fn.
Rousseau, Jean-Jacques 141 Fn., 306, 338, 448 Fn.
Roussin, Philippe 44 Fn., 123 Fn., 483
Ruby, Jack 358f.
Runciman, Garry 326 Fn.
Ruoff, Alexander 144 Fn.

Saar, Martin 485
Sade, Donatien de 35 Fn., 201
Saint-Exupéry, Antoine de 237 Fn.
Sanders, Todd 354 Fn.
Sarkozy, Nicolas 442,
Sarraute, Nathalie 401
Sartre, Jean-Paul 139 Fn.
Sassen, Saskia 48 Fn., 58 Fn., 471 Fn.
Schieder, Rolf 485
Schleret, Jean-Jacques 144 Fn.
Schmitt, Carl 250, 254, 416
Schreber, Daniel Paul 310, 314, 479
Sebeok, Thomas A. 88 Fn.
Sedillot, René 224 Fn.
Seed, David 232 Fn.
Sérieux, Paul 315-317, 338 Fn., 399
Serres, Michel 295
Seul, Otmar 360 Fn.
Sfez, Gérald 367 Fn.
Shulsky, Abram N. 450 Fn.
Silver, Allan 447 Fn.
Simenon, George 64, 152f., 166, 174f., 178, 179 Fn., 182 Fn., 184-186 Fn., 189 Fn., 195, 201, 204, 222, 224 Fn., 227
Simmel, Georg 59 Fn.
Skinner, Jonathan 396 Fn., 404 Fn.
Smith, Adam 33, 403, 404 Fn.
Spengler, Oswald 337
Sperber, Dan 26
Spire, Alexis 165, 197f.
Starobinski, Jean 141 Fn., 338 Fn.
Sternhell, Zeev 257
Stevenson, Robert Louis 30 Fn., 34f., 92, 139
Suarez, Natalia 373, 374 Fn., 459
Sue, Eugène 34 Fn., 63, 153f.
Summerscale, Kate 131 Fn.

Starck, David 485
Mill, John Stuart 420
Swaan, Abram de 49 Fn., 183 Fn.
Swann, Julian 355 Fn.
Swedberg, Richard 423 Fn.
Sylvestre, Jean-Pierre 108 Fn.
Symons, Julian

Tadié, Benoît 70 Fn.
Taguieff, Pierre-André 307 Fn., 309 Fn., 354 Fn., 383 Fn., 417 Fn.
Taine, Hyppolite 338
Tanguy, Lucie 485
Tanzi, Eugenio 315, 317
Tarde, Gabriel 41 Fn.
Tarantino, Quentin 69 Fn.
Tarrit, Fabien 429 Fn.
Tasset, Cyprien 327 Fn., 352 Fn.
Testart, Alain 116 Fn.
Texier, Jacques 429 Fn.
Thévenot, Laurent 25 Fn., 52 Fn., 97 Fn., 115 Fn., 374 Fn., 422 f. Fn., 426 Fn., 448 Fn.
Thomas, Yan 410
Thompson, John 127 Fn.
Thuillier, François 162 Fn.,
Thuillier, Guy 162 Fn., 449 Fn.
Tilly, Charles 26 Fn.
Todorov, Tzvetan 29 Fn.
Torny, Didier 377 f. Fn.
Trom, Dany 175 Fn.
Troplong, Raymond-Théodore 94 Fn.
Truche, Pierre 458 Fn.
Tulard, Jean 162 Fn.
Tuzin, Donald 302

Van Damme, Stéphane 52 Fn., 55 Fn., 122 Fn., 126 Fn., 141 Fn., 374 Fn.
Van Parijs, Philippe 428
Vareille, Jean-Claude 118 Fn.
Vernant, Jean-Pierre 71 Fn.
Vidocq, François Eugène 30 Fn., 156 f. Fn., 158, 160, 168, 172
Vigne, Éric 297 Fn., 484
Vitkine, Antoine 309 Fn.
Voltaire 32 f., 122-124, 143-145, 443

Wagner, Peter 50 Fn.
Wagner-Pacifici, Robin 360 Fn.
Walzer, Michael 448 Fn.
Watson, P. C. 349 Fn.
Weber, Max 141, 165, 205, 216, 342 f., 408 Fn., 469
West, Harry 354 Fn.
Westin, Alan 378 Fn.
White, Harrison 438 f., 440 Fn.
Williamson, Oliver 217, 218 Fn.
Wilson, Thomas 404 Fn.
Winch, Peter 408 Fn.
Winder, Simon 240 Fn.
Wittgenstein, Ludwig 24, 392 f. Fn.
Woods, Brett F. 277 Fn., 292 Fn.
Wulff, Erich 310-312, 314

Xifaras, Mikhaïl 94 Fn.

Zamiatine, Eugène
Zarka, Charles 367 Fn.

Sachregister

Absichten 16, 22f., 27f., 34, 38, 43-45, 49, 51, 60, 79, 114f., 117, 121, 147, 156f., 179f., 200, 216, 226, 230f., 233, 241, 246, 251, 258, 279f., 292, 294, 297 Fn., 303, 306, 312, 321, 330, 333, 345f., 354, 361, 365, 369, 373f., 376, 396, 400-402, 404, 406, 409, 413, 415, 418, 421f., 424, 429, 430, 434, 442, 449, 455, 458, 465, 473, 479
Siehe auch Intentionen
Absprache 350, 362, 364f., 422, 424, 433
Siehe auch konzertierte Aktion
Siehe auch Koordination(smodus)
Siehe auch Seilschaften
Äußerung 47, 52, 109, 110, 156, 169, 189, 199, 259, 283, 321, 337, 356, 361, 368, 381, 383-385, 387, 388, 393, 397, 399, 414, 433f., 462
Affäre 18, 121-127, 357, 374, 436f., 122-127 Fn.
Dreyfus-Affäre 124f., 380, 382
Humbert-Affäre 126 Fn.
Siehe auch Skandal
Agentur 359, 370, 374-378, 392f., 119 Fn., 156f. Fn.
Ambivalenz 33, 249-251, 263-266, 293, 328-332
Analepse 118
Anarchist(en) 15, 34f., 59, 61, 83, 95, 100 Fn., 102f., 119f., 160 Fn., 169, 171, 210, 213, 225f., 238, 242, 253, 255, 260f., 263, 286-289, 291, 297, 325f., 330f., 333f.
Anerkennung 77, 81f., 142, 211, 259, 319, 452
Anprangerung 298, 345, 352, 356, 386f.
Anschuldigung 57, 124f., 127f., 193 Fn., 260, 278, 283-286, 288, 291, 308, 313, 320, 344, 350f., 352, 354, 356f., 359, 361 Fn., 365, 386f., 389, 400, 408f., 413, 415, 430, 433f., 441, 445, 447, 458, 481
Komplottanschuldigung, siehe Komplott
Die Soziologie unter Anschuldigung, siehe Soziologie
Siehe auch Schuldzuschreibungen, politische
Antiintellektualismus 340-345
Antisemitismus 179 Fn., 252, 266, 269, 274 Fn.
Arzt 39, 109, 130, 176, 182f., 224
Ausnahme(zustand) 42, 72, 105f., 140, 149, 239, 288
Außerirdische (Besucher) 307, 313, 357f., 363, 369, 395
Ausweispapiere 137, 481
Authentizität (versus Doppeltes Spiel) 261, 305f.
Autorität 24, 124, 174, 217, 254, 320

Autorität des Experten 177, 377, 379, 387, 392
Autorität des Staates 15, 47, 49, 79, 104, 136, 218, 233, 479
  Grundlagen der Autorität 255
  Politische Autorität 212 f., 464

Banken (und Bankiers) 15, 59, 62, 255, 257, 263, 266, 276-278, 280, 359
  Siehe auch Finanzen
Beamte(r) 23, 62, 67, 73, 82, 101, 106, 128 f., 132, 146, 154, 156-158, 163-167, 172, 174-176, 180 f., 183, 187-189, 192-197, 199-201, 203 f., 206, 211 f., 224, 231, 238, 258, 271, 275, 411, 449, 476, 480
  Beamtenverbände 85, 163, 379
  Beamter versus Mensch 73, 166, 172, 189, 192-194, 200 f., 204, 206, 231
  Apolitismus der Beamten 176
  Einfacher Beamter 132, 181, 196 f.
  Hoher Beamter 62, 132, 193 Fn., 195
  Siehe auch Verwaltung
Bedienstete 93, 94, 97-99, 102, 113-115, 131 f., 221
  Elitebedienstete 73, 84, 94-96, 98, 101, 115 f., 133, 135, 229, 294
Behörden (Autoritäten) (die) 143, 161, 177, 198, 308, 360, 366, 369, 371, 460
Berechenbarkeit 108, 403
  Siehe auch Kalkül
  Siehe auch Rechner

Besetzung (affektive) 310-312, 314
Beweise 26, 45, 123, 231, 286, 358, 361 Fn., 392, 436, 440, 456
Bindung (affektive) 41, 67, 87, 106, 114, 116, 133 f., 155, 166, 175, 181, 250, 256 f., 295, 311 f., 382
Biopolitik 48 f. Fn.
Blaue Bibliothek 53 Fn.
Bombe 27, 35, 282, 311, 330 Fn., 364 Fn.
  Atombombe 364

Chaos 34, 55, 288
Charakter 22, 26, 32, 35-38, 40, 47, 55, 63, 72, 90-93, 99, 102, 108, 114, 121, 131, 141, 143, 146, 151, 156, 161 f., 168 f., 187, 190, 198, 203, 205, 215, 222, 227, 231, 235, 243 f., 248, 252 f., 256, 261, 265, 278, 284, 308, 315-318, 320 f., 331, 334-337, 343 f., 349, 399, 412
  Nationalcharakter 48, 162, 168, 335
Charakterkunde 114, 315, 335 f.
Common Sense 40, 105, 108, 111 f., 255, 372, 392 Fn.

Dandyismus 35 Fn., 83
Deklassierung 331 f.
Demokratie 61-64, 83, 141, 215 f., 249 f., 265, 306, 353, 378, 325, 460, 471 Fn.
  Demokratie und Kapitalismus: 138, 219, 297
  Demokratie und Meinung 164, 216, 378, 381
  Demokratie und Paranoia 323, 350

Kritik der Demokratie 249, 306, 323, 347, 348, 353
Detektiv (versus Polizist) 21, 30, 38, 42, 44, 69, 72, 73, 81f., 87-89, 92, 102-114, 117f., 120f., 124, 128, 130f., 134, 144, 146f., 149, 151f., 168-172, 181, 207-209, 231, 233, 246, 358, 475, 477f.
  Kritischer Detektiv 82, 144f.
  Macht des Detektivs 90, 149
Deutung 14, 36-38, 44, 75, 85, 107, 111, 115, 131, 168, 198f., 200, 205, 243, 255f., 283, 299f., 302 Fn., 309f., 312, 354, 361, 370, 392, 400, 408, 422, 427, 432, 455, 469, 473, 478
  Deutungsmacht 197, 199f., 204, 255
  Deutungsmuster 107, 111, 115, 312, 345, 354, 370, 408, 455
  Deutungswahn 146, 316, 338 Fn., 479
  Konflikt der Deutungen 283
Distanz (versus Präsenz) 169, 176, 305f., 451
  Siehe auch Entfernung (Ferne) 56, 162, 239, 374, 379
Doppeltes Spiel (Zwiespältigkeit, Scheinheiligkeit) 115, 211, 231, 286, 325
  Siehe auch Authentizität
  Siehe auch Lüge
  Siehe auch Täuschung

Empörung 123, 127, 155, 288, 352, 448 Fn., 473, 485
  Einhellige Empörung 123, 127
  Moralische Empörung 473

Entfernung (Ferne) 56, 162, 239, 374, 379
Enthüllung 3f., 79, 106, 120, 126, 207, 257, 286, 294, 296, 348, 366, 376, 377, 471, 473, 481f.
Entitäten 14, 18, 25-27, 34, 38-40, 43f., 53, 56, 62, 79f., 96, 145f., 207, 232, 235f., 255, 268, 276, 294, 299, 360, 367, 380, 384f. Fn., 394f., 404f., 407, 410, 412-415, 423f., 426, 429, 435, 438f., 444-446, 451, 459, 462, 464, 467, 469
  Entitätenklassen 407f.
  Imaginäre Entitäten 435
  Individuelle Entitäten 38, 132, 232, 255, 429, 463, 484
  Juristische Entitäten 38, 409, 411-414, 424, 444, 462f.
  Kollektive Entitäten 14, 77, 79, 255f., 268, 293, 309, 406f., 411, 413f., 423f., 426, 435, 438, 456, 459, 470, 484
  Politische Entitäten 39, 56, 61, 235, 404f., 470
  Soziologische Entitäten 18, 39, 79f., 398, 402, 404f., 407-409, 414-416, 418, 425, 444, 446, 463
Ereignis 14, 18, 22, 24-27, 30f., 33, 36f., 41f., 73, 75, 85, 103f., 108, 122, 131 Fn., 144, 207, 232f., 236, 255f., 276, 299, 326, 359, 360f., 364 Fn., 365, 367, 369, 374-376, 379f., 382-385, 387, 394-398, 402-404, 406-410, 412, 423, 432, 436f., 451, 455, 461f., 464f., 467-470, 475, 478

Ereignisklassen 407
Abfolge, (Gang) der Ereignisse 362, 367, 392
Sinn der Ereignisse 25, 27, 181, 266, 316, 369, 375, 379
Erfahrung 24f., 47, 54, 56, 60, 83, 152, 165, 185 Fn., 187, 203f., 245, 247, 285, 292, 298f., 305, 311, 339, 382, 390-396, 398, 407, 428, 431-433, 442, 462
Ermordung 290, 295, 358f., 379, 381, 392
Kennedys Ermordung 358f., 362 Fn., 379, 381, 392, 394
Siehe auch Mord
Erzählung(en) (Schilderungen) 16f., 28-32, 34, 37, 63, 66, 38f., 83 Fn., 88, 90 Fn., 91, 109 Fn., 119 Fn., 144, 153, 155f., 170f., 189, 195, 198f., 204, 223, 225, 232, 236, 238, 263, 284, 286f., 292 Fn., 375, 380, 473
Abgleich von Erzählungen 41, 386, 394
Akzeptable versus Inakzeptable 379, 381, 383, 385
Große Erzählungen 435, 471
Kohärenz der Erzählungen 390, 396
Soziologische Schilderungen versus journalistische Schilderungen 471
Über das Leben (Lebenslaufanalyse) 167, 453
Übermittlung von Erzählungen 126, 393, 395-398
Erziehung (englische) 49, 94, 97
Eschatologie 284, 481

Experte 84, 103, 120, 130, 184, 347, 353, 360f., 379, 391f., 408, 425, 450, 454, 463
Expertenwissen 378f.
Der Soziologe als Experte 183

Fabel 396f.
Falsifizierbarkeit 370
Faschismus 267, 280, 326, 419f.
Antifaschismus 281f.
Feind 60, 64, 68 Fn., 69f., 121, 157, 170, 231, 233, 235, 237f., 239, 242, 244, 250f., 253f., 260, 262, 280, 294, 300, 303f., 335, 344f., 419, 423
Feind des Inneren 250-253, 264f., 303
Klassenfeind 399
Unsichtbarer Feind 239, 368
Volksfeind 257
Fernsehen 17, 241 Fn., 354, 359 Fn., 361 Fn., 483
Fernsehserien 246, 351, 393
Fernsteuerung (geistige) 307
Fiktion(al), fiktiv 13, 19, 43, 91, 131 Fn., 141, 146, 258, 261, 280, 286f., 307, 309, 351, 354, 393f.
Rechtsfiktion 411
Film 68f., 90 Fn., 246, 282, 293 Fn., 351, 354, 359 Fn., 375, 393, 483
Siehe auch Kino
Finanz(welt) 58f., 60f., 92f., 126, 184 Fn., 215, 217, 226, 242, 273f., 345, 454
Hochfinanz 252, 263 Fn., 345
Fluch (Poppers) 425f., 430, 432, 434f., 438
Formen, symbolische 17, 19, 55, 141, 145, 217, 397

Freimaurer 119 Fn., 268, 344, 355, 441

Gattungen, literarische 13, 16f., 27-29, 31, 34, 36, 38-40, 47, 51, 54, 61-65, 68-72, 80-83, 86-89, 101, 151f., 154f., 160, 171, 176, 207, 229-232, 235, 238, 251, 259, 266, 277, 283, 293, 298, 461, 473, 480
Geheim(nisse, Geheimhaltung) 34, 43, 59, 63, 78, 84-86, 97, 120f., 128, 131f., 147, 153-155, 185, 193 Fn., 210, 214, 221, 235, 237f., 241, 245, 247f., 256, 260, 267f., 271, 275, 289, 291, 294, 302, 316, 350, 352, 364, 366, 370, 447, 462, 464, 475, 480
   Geheimagenten 83 Fn., 229, 238, 240 Fn., 229 Fn., 332
   Geheimbünde 15, 34, 81f., 99, 100 Fn., 119 Fn., 241, 271, 276, 280, 288, 307f., 369, 457
   Geheimdienste 68, 83, 148, 238, 244, 267, 282, 285, 288, 292, 294, 296, 314, 360 Fn., 366f., 376f., 384 Fn., 462, 464
   Staatsgeheimnisse 352, 364
Gelehrter (Wissenschaftlicher) 103 Fn., 415
Gemeinschaften 56, 142, 257, 367, 427, 474 Fn.
Gerücht 56, 126, 157 Fn., 165, 397
Geschicht(swissenschaft) 17, 356, 359 Fn., 402, 404, 406, 419f.
   Geschichte und Literatur 473f.
   Politische Geschichte 160, 339
   Revisionistische Geschichtsschreibung 338f.
Geschlechter(verhältnis) 35, 140, 205, 407
Gesellschaft(en) 13f., 17 Fn., 25, 30, 33, 35, 37, 40-43, 46-48, 50, 66f., 70, 74, 77-79, 92-94, 96, 99 Fn., 101f., 104, 115, 119 Fn., 112 Fn., 125, 129 Fn., 133, 135-138, 140-145, 147-149, 153f., 159, 166, 168, 170, 173, 175-177, 184, 186, 206, 208-211, 214, 216-219, 221-223, 233, 235, 238, 250, 252-255, 258 Fn., 265, 278-281, 286f., 289, 291, 293, 297, 301, 304f., 308, 313f., 319, 321-324, 328, 331-336, 338f., 343, 345, 364 Fn., 372 Fn., 373, 379, 402f., 408, 412, 416, 421, 423f., 427, 431 Fn., 432, 438, 440, 445-448, 454, 474 Fn., 480
   Die feine Gesellschaft 40
   Klassengesellschaft 92, 135, 147
   Politische Gesellschaft 175
   Überwachungsgesellschaft 304, 373
   Zivilgesellschaft 47, 214, 216
Geständnis 184 Fn., 204
Gewalt (Gewalttätigkeit, Gewaltsamkeit) 72, 100, 110, 113, 115, 120, 125 Fn., 127, 141, 158-160, 183, 190, 192, 199, 203, 206, 211, 218, 225, 230-232, 236, 246, 249, 291, 320, 329, 387, 416, 474

Gewalt des Kapitalismus 218
Gewalt, die vom Staat ausgeht 47, 54, 84, 87, 105, 125, 131, 158f., 162, 172, 200, 206, 218, 222f., 329
Gewalttätigkeit der Anschuldigung 120
Anarchistische Gewalt 260
Deutungsgewalt 199, 204
Politische Gewalt 125, 114 Fn.
Polizeigewalt 124
Grammatik(en) 383, 385, 450
Grammatik der Normalität 385, 388, 398
Grammatik der Wahrscheinlichkeit 389, 398
Generative Grammatik 433
Grenzen, nationale 15, 50, 62, 72, 132, 137, 217, 250

Habitus 187, 431-434, 444 Fn.
Häusliche Logik 165
Hasenente 140, 265
Siehe auch Ambivalenz
Hass 116, 242, 316, 320, 323, 328f., 331, 333, 339
Selbsthass 116, 322f., 331
Herrschaft(sstrukturen) 197, 214, 247, 253 Fn., 259, 269, 273, 284, 297, 299, 363, 373 Fn., 433
Herrschaftsverhältnisse 140f., 468
Männliche Herrschaft 363
Hexerei 60, 71, 313, 356
Historizismus 417-419, 421

Identifizierung (Techniken zur) 15, 49, 64, 75, 112, 114 Fn., 136f., 181, 229, 248, 315, 337, 340, 360, 426 Fn., 443, 467

Identität 27, 43, 48f., 60, 81, 137, 140, 142f., 152, 155, 157, 183, 190, 206, 230f., 280, 289, 361, 391, 446, 475f., 481
Identitätsmissbrauch 190
Falsche Identitäten 157, 179, 263, 280, 289,
Nationale Identität 162, 263f.
Offizielle Identität 27, 39, 361, 475
Ideologie(n) 35 Fn., 181 Fn., 218, 227, 269, 298, 340, 343, 366
Illuminaten 344, 359, 394
Imagination (und imaginär) 16, 55, 63f., 70f., 110, 112, 213 Fn., 251, 258 Fn., 297, 307, 344, 357f., 365, 368, 393, 397, 415, 474 Fn., 478
Individualismus, methodologischer 426-430, 433, 435, 441
Indiz 22, 45, 69, 80 Fn., 109, 136f., 231, 361, 375, 392, 436
Inferenz(iell) (logische Schlussfolgerung) 25, 88, 107f., 110f., 113, 117, 380, 389f., 392
Institutionen 44 Fn., 48, 85, 217, 337, 377, 429, 435, 452 Fn.
Institutionentheorie 428, 431
Institutionen und Expertenlogik 379
Institutionen und Kapitalismus 217, 218 Fn.
Institutionen und Realität 25, 47, 63
Institutionen und Recht 412
Demokratische Institutionen 378, 457
Wissenschaftliche Institutionen 370, 428
Intellektuelle 181, 226, 268, 326-330, 334, 338f., 347,

352f., 357, 409, 441, 452
Intellektuelles Prekariat
  327 Fn., 452
Frustrierte Intellektuelle 324,
  326f., 353
Liberale Intellektuelle 339,
  341f.
Intentionalität 27, 38, 79, 114,
  294, 312, 409, 424, 465
Intentionen 26f., 79, 312f.
  Siehe auch Absichten
Interaktionismus 76, 434
Internet 307, 350, 352f., 399,
  453
Islamophobie 263 Fn.

Journalist (Journalismus) 13, 84,
  270, 376f., 349, 449-451,
  483
Journalismus und Soziologie
  450, 458
Journalistische Untersuchungen
  13, 449-451, 458
Investigativer Journalismus
  (Enthüllungsjournalismus)
  84, 270, 376f.
Politischer Journalismus 349
Juden 59, 178, 253, 255, 262f.,
  264f., 266 Fn., 268f., 272,
  275f., 278, 283, 349, 413, 441
  Siehe auch Antisemitismus
Justizirrtümer 106, 477

Kalkül 208f., 329, 332
Kapitalismus 15, 59-61, 66, 72,
  140, 212 Fn., 215, 218f., 255,
  257, 260, 263, 265, 267, 269,
  276f., 283, 289, 291, 296f.,
  349, 409, 430, 435, 439 Fn.,
  463, 465
Kapitalismus und Staat 57f.,
  60, 62, 72, 212, 215,
  217-219, 260, 263, 265,
  296
Institutionen des Kapitalismus: 217f.
Kausalität 14, 18, 26, 256, 266,
  299, 312, 367, 396, 400, 402f.,
  421, 423
Soziale Kausalität 18, 421
Kino 17, 90, 186 Fn., 226, 236,
  241 Fn., 291, 483
  Siehe auch Film
Klasse (soziale) 57f., 66, 80, 82,
  93, 94 Fn., 98, 103, 114f., 127,
  132, 135, 140, 173, 176f., 213,
  222, 331, 382, 407, 409, 424,
  426, 430, 432f., 435
Klassenkampf 136, 259f.
Soziale Klassen im viktorianischen England 212 Fn.
Soziale Klassen in den Sherlock-Holmes-Geschichten
  92, 93, 94, 98, 103
Arbeiterklasse 160
Herrschende Klasse 15, 93,
  98, 127, 132, 160, 223, 255,
  258, 260f., 278, 281, 283,
  287, 349, 409, 415, 423,
  433
Kommunismus 263 Fn., 326,
  339, 342, 360 Fn., 416 Fn.
Kompetenzen (soziale) 158,
  183
Komplott(e) 307, 362f.,
  365-368, 380, 408, 445
Komplottanschuldigungen
  260, 278, 283-286, 288,
  307, 351f., 354, 357 Fn.,
  359, 362f., 365, 368, 445
Komplotte der Eliten 260,
  277, 281, 283, 349
Komplotte der Hochfinanz
  277, 345

501

Komplottform 43, 284
Antikommunistische Komplotte 285, 349
Bürokratien als Komplotte 294 f.
Definition des Komplotts 43, 44 Fn., 78, 85, 362
Gutgemeinte Komplotte 366
Identifizierung von Komplotten 360
Imaginäre Komplotte 357 f., 365, 368
Internationale Komplotte 238, 283, 343
Jüdisches Komplott 264, 269, 272, 283, 349
Kommunistische Komplotte 285, 343, 349
Kultur des Komplotts 358
Planung von Komplotten 362, 365
Die Realität als Komplott 85, 285, 306
Spiegelverkehrte Komplotte 260
Der Staat als Komplott 56, 235, 394, 296, 300, 478
Staatliche Komplotte 85, 235, 301, 305 f., 364
Symmetrisierung der Komplotte 284, 286
Weltweite Komplotte 269, 276
Siehe auch Verschwörung
Konspirationismus 354
Siehe auch Verschwörung(stheorien) 14, 241-243, 247, 267, 269-271, 280, 291, 306-311, 313, 325, 340, 345, 348-365, 367-372, 380 f., 383 Fn., 385, 391, 394, 398-400, 408 f., 413, 415-417, 420 f., 423 f., 433, 436, 441, 445, 448, 455
Kontrolle 67, 70, 98, 136, 138, 180, 220 f., 301, 304, 374, 440, 447, 465, 470 f., 485
Kontrolltechniken 136 Fn.
Kontrolltheorien 96 Fn.
Selbstkontrolle 98, 133, 220, 304, 373
Konventionen 44, 69, 333
Ökonomie der Konventionen: 446
Konzertierte Aktion 345
Koordination(smodus) 85, 301, 423
Koordinationsdispositiv 422
Kraftprobe 72
Krieg 48, 56, 67 f., 83, 85, 90, 97, 135, 160, 171, 185 Fn., 222, 229, 232, 234-240, 242, 245, 249-253, 255, 258 Fn., 262, 267, 269, 273, 275, 277 Fn., 280, 282, 284 f., 292, 296, 298 Fn., 300, 303, 315, 319, 341 f., 345, 350, 373, 376 f., 389, 420, 423, 459, 471, 481
Kriegszustand 232, 234, 275
Balkankrieg 245
Bürgerkrieg 67, 85, 160, 222, 298 Fn., 373, 389, 459
Burenkrieg 135 Fn., 240
Erster Weltkrieg 56, 68 Fn., 83, 90, 229, 236, 251, 255, 262, 280, 285, 292, 345, 481
Geheimer Krieg 237
Golfkrieg 299 f., 350
Kalter Krieg 213, 229, 284, 350, 376 f.,
Kolonialkrieg 135
Permanenter Krieg 303
Rassenkriege 252

Religionskriege 48
Spanischer Bürgerkrieg 298
Vietnamkrieg 350
Zweiter Weltkrieg 83, 90, 280, 373, 377
Kriminalroman 13, 15-17, 27f., 30-34, 36-40, 41f., 44-47, 50-55, 57f., 61-65, 67-76, 79-82, 86f., 108f., Fn., 131 Fn., 144 Fn., 151f., 160, 168, 171f., 174, 176, 180, 190, 207f., 219, 221, 229-234, 239f., 246, 263, 295, 401f., 461, 473-478, 480, 482f.
Der Kriminalroman als Feld 81, 82 Fn.
Kriminalroman englischer Art 16, 28, 35, 65, 67f., 83, 92 Fn., 131 Fn., 133 Fn., 151, 168, 172, 208, 221, 225, 483
Kriminalroman französischer Art 16, 28, 65, 69, 73, 82, 144 Fn., 151f., 160, 168, 172, 180, 208, 225, 229
Kriminalroman und Demokratie 62, 64
Kriminalroman und Soziologie 74-76, 79
Exotischer oder historischer Kriminalroman 40
Formale Struktur des Kriminalromans 27, 42 Fn., 65, 72, 89, 118, 131 Fn., 144, 149 Fn., 151, 173, 207, 229, 234
Kritischer Kriminalroman (Krimi) 51, 280
Metaphysik des Kriminalromans 51
Kriminaltechnik 109, 114 Fn., 156

Kritik (Sozial-) 18f., 24, 44 Fn., 57 Fn., 199 Fn., 217 Fn., 298, 412 Fn., 428 Fn., 446 Fn., 472 Fn., 483
Kritik und Soziologie, siehe Soziologie
Fähigkeiten zur Kritik 63
Gespiegelte Kritik 480
Kulturalismus 433

Legalität (Rechtmäßigkeit) 104f., 136, 111f., 120, 134, 146f., 177, 199, 214, 233
Legalität als Handicap für den Staat 106
Legalität und Illegalität 96, 366
Legalität und Normalität 103, 105f., 111
Leserbindung 41, 250, 295
Liberalismus 137, 216, 265f., 308, 326, 339, 341f., 347f., 378, 416
Radikaler Liberalismus 346
Literatur 16f., 19, 28f., 60, 145, 157, 162, 260, 327 Fn., 330f., 350f., 353f., 359 Fn., 471 Fn., 473f., 482-484
Literatur und Wissenschaft 19, 485
Anspruchsvolle Literatur 17, 51
Kolportageliteratur 53
Nationalistische Literatur 281, 331
Populärliteratur 13, 17, 53, 68f., 86, 167, 170, 186, 241 Fn., 351
Satirische Literatur 298
Lüge 33, 56, 145, 195, 200, 204, 210, 231, 260, 298, 301, 371, 394, 399, 453
Staatliche Lügen 376

Macht 15, 18, 44, 52, 72, 81, 83f., 93 Fn., 96, 99, 105, 110, 113, 137, 142, 148, 199, 203, 214 Fn., 215, 221, 238, 247-249, 253, 256-258, 262, 267, 272, 274f., 280, 303f., 306, 321f., 321f., 324, 326 Fn., 333, 345, 347f., 362 Fn., 363, 373, 405, 424, 445, 447, 453, 455, 460, 468
  Macht der Verwaltung versus politische Macht 160-162, 174, 226f.
  Macht des einfachen Beamten 196, 198
  Macht des Kapitalismus 61f., 66, 217
  Macht des Staates (staatliche Macht) 110, 138, 158, 214, 223, 250, 257, 300, 376
  Machtinstrumente 301
  Absolut(istisch)e Macht 139, 145, 204, 300
  Autoritäre Macht 373
  Bürokratische Macht 301f.
  Despotische Macht 138f.
  Kirchliche Macht 324
  Legitime Macht 77, 122-124, 158, 223, 233, 255, 257, 447
  Lokalmächte 161, 176, 223
  Mikromächte 467
  Ort der Macht 254f., 257
  Politische Macht 44, 77, 110, 123, 163, 223
Mafia 222, 359, 394, 457, 476
Manipulation 274, 293f., 300f., 306, 313, 377, 399, 453
  Geistige Manipulation 308
  Politische Manipulation 274, 313

Marionetten 44, 247, 249, 255, 263 Fn., 267
  Siehe auch Manipulation
Markt 48 Fn., 169, 253, 332, 422f., 456f.
Marxismus, analytischer 428-430, 435
Massen 206, 252f., 303f., 347f., 354f.
Maulwürfe 57, 281
McCarthyismus 339, 345
Medien 17, 126, 299, 330, 352, 374, 376, 384 Fn., 395, 399, 407, 414f., 442, 449f., 464, 468
Metaphysik 51, 281, 298, 431, 446
  Politische Metaphysik 19, 251, 262, 280, 283, 347, 423
Mikrohistorie 80 Fn.
Milieus, soziale 156, 162, 177, 186, 188, 223, 442
Missachtung 142
Moderne 16f., 26, 50, 58, 88, 142, 225, 264f., 267, 318, 335
  Moderne und Liberalismus: 265
Mord 27, 29 Fn., 42, 52, 94 Fn., 103 Fn., 131 Fn., 134, 140, 155, 171, 174, 191, 210, 239, 241-244, 259, 279, 282, 286, 288-291, 295, 358, 359 Fn., 379, 381, 392, 394, 474 Fn., 475, 483
  Mordbüro 259, 286, 288-291
  Auftragsmord 289
  Siehe auch Ermordung
  Siehe auch Verbrechen
Multipositionalität 444

Nationalismus 69, 170, 227, 267f., 276
Netzwerke 37, 161, 438-441, 443, 458
Nihilismus 260, 287f., 322, 328, 330f., 353, 370
Normalität 103f., 105, 346, 339
   Normalitätssinn 105, 111 Fn., 112, 386, 478
   Fragilität der Normalität 106, 121
   Grammatik der Normalität 385, 388f., 398
Notwehr 84, 105, 134, 231

Oberschichten 128f., 157 Fn., 212 Fn., 248, 278, 289, 291, 442
Öffentlich (versus Privat) 47, 64, 67, 72, 76 Fn., 83-86, 120, 123, 128, 129, 130f., 132, 135, 146-148, 152f., 163, 166, 170f., 172, 174, 179, 182, 183, 210, 213-216, 219f., 221, 225, 233f., 239, 301, 308, 317, 321, 330, 352, 357, 361 Fn., 370f., 377, 386f., 395, 397, 425, 441, 446-449, 460, 469
Öffentliche Hand 214, 221, 234, 449 Fn.
Öffentlichkeit 16, 47, 122, 124, 126, 128-131, 133, 143, 146, 170, 214f., 226, 247, 352, 357, 377f.
Ökonomie, politische 39, 329
Offiziell versus Inoffiziell 15, 39, 50, 56, 72f., 77f., 84f., 123f., 127, 145, 147, 149, 215, 231, 235, 249, 256f., 267, 275f., 280, 308, 319, 358, 359 Fn., 360, 369-372, 374, 376-378, 381, 386, 393, 399, 412, 414f., 445, 447f., 451f., 455, 467, 475, 480

Paradoxe Effekte 419
Paranoia 14bf., 46, 309-311, 314-318, 323, 329f., 337, 339f., 345, 350f., 354-357, 360 Fn., 362 Fn., 386, 400, 409, 445, 480
   Paranoia und Komplott 307
   Paranoia und Politik 344, 349
   Paranoia und Populismus 348
   Paranoia und Ressentiment 332
   Paranoia und Soziologie 400
   Erfindung der Paranoia 314f., 318, 323
   Klinische Paranoia 479
   Verbreitung der Paranoia: 309, 349f., 352, 355
Personen: 214, 292f., 404f., 446f.
   Einzelpersonen 40 Fn., 48, 143, 216, 236, 343, 347, 367, 372, 378f., 403, 460, 463, 469
   Juristische Personen 160, 413
   Öffentliche Personen 171, 215, 221, 397
   Qualifikation (nähere Bestimmung) von Personen 422
   Singuläre Personen 181, 232
Pervers 34, 71, 73, 82f., 103, 209, 326 Fn., 347
Phänomenologie 75f., 319f., 335, 434
Phantastisch(e) (Erzählung) 27-31, 35f., 284

Philosophie 59 Fn., 81 Fn., 87 Fn., 94 Fn., 140, 401, 408 Fn., 416, 430 Fn., 485
  Philosophie des Geistes 404
  Analytische Philosophie 29 Fn., 298
  Geschichtsphilosophie 17, 419 f.
  Politische Philosophie 19, 190, 192
Pittoresk 154, 156
Politik (politisch) 14-17, 19, 37, 39, 44, 48, 51-59, 61-67, 77, 82, 89f., 110, 122-125, 127-130, 136, 139, 141 Fn., 144 Fn., 145f., 154f., 157, 159-164, 166, 168, 170f., 173-178, 180, 183, 190, 192, 194f., 208, 212f., 215-217, 220, 222-227, 234f., 242, 246, 250-254, 258 Fn., 262f., 267, 271, 274-279f., 283-285, 293, 296, 298-300, 303-305, 307, 309, 313-316, 319, 321, 323, 325, 327, 329f., 337, 339-350, 354f., 362, 364, 367, 371, 373, 377, 381-383, 396, 404, 408, 410, 413, 415-420, 423, 425, 431, 435f., 441 Fn., 444, 448-452, 455, 457, 464, 470-472, 477
  Politiker 348, 413, 442, 463
  Politische Angelegenheiten 67
  Politische Auffassungen (Ansichten, Meinungen) 166, 226, 307, 342
  Politische Dispositive 16
  Politische Eliten 163, 212 Fn., 344, 347
  Politische Entscheidungen 37, 408, 424, 455
  Politischer Extremismus 144, 326, 339, 342, 416
  Politische Formen 52f., 55
  Politische Gleichheit 62, 139
  Politische Gründe 264, 343, 415
  Politische Katastrophe 274, 343
  Politische Konstruktion 234, 253, 304, 423, 470
  Politische Ontologien 15, 125
  Politische Ordnung 51 [politische Konstellationen], 54f., 57
  Politische Pathologien 345
  Politische Rechte 347
  Politisches Regime (Regierungsform) 65, 138, 139 Fn., 159-161
  Politische Systeme 62
  Politische Unstetigkeit 160
  Politische Utopie 48, 181 Fn.
  Politische Verhaltensweisen 339, 344, 346
  Politischer Wandel 162f., 280f., 469 Fn.
  Geopolitik 100
  Moral und Politik 159, 166, 174f., 177, 329, 347 Fn., 423, 444, 484
  Niederungen der Politik 157 Fn.
  Rational gestaltete Politik 417
Polizei 13, 21, 23, 30, 35, 73, 82, 87, 102, 112, 114 Fn., 121, 123f., 128-130, 132, 134f., 138f., 142, 144 Fn., 146, 156 Fn., 157, 157, 161, 165-167, 171-174, 176-183, 187f., 193 Fn., 197, 202f., 206, 213, 224-226, 243, 249, 263 Fn., 270, 272f., 279f., 282f., 288,

368, 449, 451f., 455, 458-460, 485
Polizeimaßnahme 50, 176f., 178, 180
Polizeipräfektur 30 Fn., 165 Fn., 193 Fn., 197
Geheimpolizei 270
Korruptheit der Polizei 82, 144
Politische Polizei 157
Polizist 23, 30 Fn., 58, 62, 69, 72f., 81, 87f., 101, 106, 110, 121, 128, 130, 131 Fn., 132, 134, 144, 147, 151f., 156, 160, 165, 167-172, 184, 187, 189, 192, 194f., 198, 201, 203, 207, 211, 226, 243f., 246, 289, 358, 361, 453
Polizist als Verbrecher 145, 157, 158f.
Polizist und Soziologe 113
Polizist versus Detektiv (siehe Detektiv) 69, 87, 106, 110, 121, 128, 147, 151f., 172, 231
Kompetenzen des Polizisten 73, 87f., 110, 134, 182f.
Streifenpolizist 181
Typus des englischen Polizisten 246, 278, 288
Typus des französischen Polizisten 73, 151, 222
Populismus 340, 344, 348
Pragmatismus 75f., 80, 407, 435
Presse 45, 47, 60, 63, 100, 129, 131 Fn., 132, 146, 214, 216, 221, 370
Siehe auch Medien
Proletariat 179, 258-261, 322f., 343, 409
Prozess 15, 27 Fn., 81, 97, 122, 140, 142, 166, 283, 299, 307, 310, 142, 166, 283, 299, 307, 310, 317, 373, 376, 380, 400, 312, 415, 427, 479f., 436, 447, 452, 464, 473, 477f., 479, 481, 484
Prüfung 18, 45, 47, 52f., 72, 74, 168, 234, 360, 447, 455
Prüfung des Staates 52f., 230
(Über-)Prüfungsformate 25, 44
Psychiatrie 14f., 45, 60, 107, 111, 309, 314f., 335, 340f., 481
Psychoanalyse 51, 273, 335, 341, 400, 431
Psychologie 24, 25 Fn., 40, 107, 315, 344, 362, 404, 406, 437
Politische Psychologie 340
Sozialpsychologie 25 Fn., 113, 319, 335, 341, 343, 377, 395, 404
Psychopathologie 310, 339, 347

Qualifikation (nähere Bestimmung) 25

Rache 69, 243, 345, 289, 320, 321, 333, 344
Rätsel 13f., 16f., 21-24, 26f., 29-32, 34-36, 63, 68 Fn., 87, 90, 95 Fn., 99, 103f., 107f., 110, 112f., 119-121, 130f., 132, 134 Fn., 137 Fn., 142, 147, 155f., 178, 203, 221, 224, 232, 243, 246, 359, 393, 461, 473, 475
Rätsel und Eigentümlichkeit 24, 29, 112, 119
Rätsel und Realität 24, 28f., 37, 53, 65, 75, 119, 145, 208, 233, 236, 239, 476, 478

Rätsel und Verbrechen 69f., 81, 111, 171f., 482
Wissenschaftliche Rätsel 24, 87
Rational (und Rationalität) 31, 33, 36, 55, 60, 111 Fn., 205, 224, 289, 312, 339, 346, 417, 420, 422 Fn., 425, 427, 429, 467
Rational Choice 422, 428f.
Razzia 178f., 206
Reales 36, 261
Reales versus Realität 36
Realität 13 16f., 18, 25, 28f., 32f., 36-39, 42f., 45-49, 51, 53f., 57, 59, 63f., 67, 76-81, 85, 88, 95, 103-109, 112, 117, 121f., 124f., 126, 130, 139, 146-148, 174, 207, 210, 222f., 227, 230f., 230-233, 236f., 239, 250f., 256f., 265, 265, 275, 280, 283, 286, 288, 298-304, 306, 311-313, 323, 360f., 402, 412, 414, 440 Fn., 442, 455, 462, 465, 469, 473, 477f., 480-482
Realitätsebene 15, 33, 43f., 54, 84, 207, 209, 233, 263, 287, 477
Realität und Recht 50, 134, 145, 208
Realität und Staat 14, 46, 49, 52f., 55, 61, 63, 65, 72, 82, 233f., 251, 284, 305, 470, 476
Realität versus Welt 19, 21, 24, 28, 31, 110, 113, 119, 285
Auflösung der Realität 300
Aufrechterhaltung der Realität 71, 174, 237

Dekonstruktion der Realität 75, 302
Fragilität der Realität 55, 63, 75
Die gesamte Realität 29, 55, 283, 478
Konstruktion der Realität 18, 76, 301
Kontrolle der Realität 301
Realität der Realität 51, 75, 85, 207f., 477
Repräsentation (Vorstellung von) der Realität 13f., 17, 33, 286, 414, 476, 480
Schwachstellen der Realität 71, 73, 210
Soziale Realität versus Physische Realität 28f., 43, 74, 250, 477
Stabilität der Realität 28, 65, 230, 237
Zusammenbruch der Realität 237
Rechenzentren 414
Rechner 208f., 276
Recht 26, 38f., 72, 84f., 87 Fn., 104f., 119f., 125, 128, 134, 138f., 141f., 147f., 159, 170, 172f., 178, 198-200, 208, 211, 214 Fn., 217f., 254, 256, 259, 262, 308, 321, 347f., 378, 409-413, 424, 448, 483f.
Recht und Soziologie 409, 414
Gewalt des Rechts 125
Ohnmacht des Rechts 72
Verwaltungsrecht 411
Rechtfertigung 25, 52 Fn., 53, 72, 84, 111, 115 Fn., 125 Fn., 142, 158, 165, 252, 269, 290, 304, 330, 358, 370, 422, 423 Fn., 448, 454, 480f.

Regelmäßigkeiten, soziale 37, 41, 74, 104
Regeln 31, 44, 47, 50, 72, 81, 95-98, 113, 132, 165, 174, 185 Fn., 186, 196f., 199-201, 219, 290, 300, 354, 411, 448, 459, 476
   Abweichen (Abrücken) von der Regel 95, 97f., 111-113, 121, 127, 134, 142, 148, 200, 219, 225, 367
   Asymmetrie gegenüber den Regeln 445-447
   Bürokratische Regeln 97, 104, 106, 126, 148, 202, 300
   Kapitalismus und Regeln 219
   Uneinheitliche Regeln 199f., 219, 250
   Verfahrensregeln 476
   Zugehörigkeitsregeln 411
Reich (Neu-) 99, 161, 171, 212 Fn., 213f., 224-226, 238, 245, 247-249, 253, 261, 263f., 274, 289, 334
Relativismus 108 Fn., 160, 227, 460
   Methodischer Relativismus 437
Repräsentationseffekte 352
Reputation (Ruf) 116, 161, 215, 216, 219, 232, 460
Ressentiment 116, 318-323, 328-332, 334f., 338, 415
   Klassenressentiment 322
Revolution(en) 24 Fn., 61, 63 Fn., 100 Fn., 103, 123 Fn., 136 Fn., 157 Fn., 160, 166, 242, 247, 258, 267-269, 275, 287, 325-328, 332, 337f., 348 Fn., 355, 448 Fn.
   Amerikanische Revolution 351 Fn., 362
   Französische Revolution 138 Fn., 156 Fn., 321, 327 Fn., 328, 338, 355, 448
   Glorious Revolution 355
   Konterrevolution 325
   Totale Revolution 287f.
Revolutionär(e) 59, 61, 100 Fn., 102, 103 Fn., 119 Fn., 120, 225, 257, 259-262, 268, 273f., 278, 324, 326-329, 332, 335, 337, 355
Revolutionäre Rechte 259
Sozialrevolutionäre 333
Roman 28f., 32 Fn., 33, 35, 45, 65, 68f., 72f., 82, 89f., 124, 133, 151f., 154, 156f., 167-169, 171, 175, 179, 185f. Fn., 191-194, 202, 209f., 224, 227, 229, 232-234, 238, 240f., 243, 246f., 251f., 257-259, 278, 282, 288, 292f., 294, 300, 302, 330-332, 352, 390, 393, 466, 470, 473f., 476, 478, 480f.
Roman noir 69, 82, 144 Fn., 168, 233
   Abenteuerroman 31, 65 Fn., 68, 240, 267
   Apokryphe Romane 90
   Fortsetzungsroman 34 Fn., 152-156, 159
   Gesellschaftsroman (sozial ausgerichteter Roman) 39-42, 63, 65, 153, 316, 470
   Imperialroman 240
   Justizroman 153, 157 Fn.
   Kriegsroman 235f.
   Psychologischer Roman 401
   Schelmenroman 27f., 31-33, 35-37, 236
   Verbrecherroman 154f., 159

Viktorianischer Roman 92, 100, 258

Sadismus 201-203, 206
Sanktion (Strafe, Bestrafung) 53, 105, 112f., 125 Fn., 127, 129, 135, 151, 165, 169, 188, 192, 209, 304, 330, 460
Schuldzuschreibungen, politische 325
Schweigekartell 188
Seilschaften 77f., 161, 278, 308, 366, 435, 441
    Seilschaften und Netzwerke 440
    Politische Seilschaften 222
Sekten 307f., 344
Serialität 139, 303
Serie(n) 142
    Serialisierung von Ereignissen, siehe auch Ereignis
    Fernsehserien, siehe auch Fernsehen
Sexualität 101, 114 Fn., 126f., 196, 285, 338
Sinn 18, 22, 24 Fn., 25, 25f., 33, 48, 52, 56, 65, 75, 88, 105, 112, 118, 139, 200, 233, 251, 290, 301, 302f. Fn., 312, 314, 317, 360, 374f., 378, 380, 400, 468f., 471, 475, 478
    Sinn für Moral (Moralgefühl) 112, 134, 167, 220, 255, 437
    Sinn versus Bedeutung 139, 258, 290, 311, 360, 374f., 379f., 403, 468f.
    Siehe auch Common Sense
Situationismus 306
Skandal 21, 55, 121, 126-131, 146, 165, 263 Fn., 288, 448 Fn.
    Siehe auch Affären
Skeptizismus 76, 108 Fn., 170, 227, 370f.
Soziologie 14f., 17 Fn., 18f., 24, 25 Fn., 39, 41, 44, 50, 57 Fn., 74-80, 86, 113, 126 Fn., 127 Fn., 165, 175f., 184, 199 Fn., 217 Fn., 252, 290, 319f., 326, 335, 341, 349, 398, 400-406, 408f., 412 Fn., 414-416, 418, 422 Fn., 423 Fn., 425f., 427, 428 Fn., 432, 434-436, 438, 440f., 444, 446, 449, 460f., 465, 469f., 471 Fn., 472
    Die Soziologie des Detektivs 113-115
    Die Soziologie des Polizisten 189-194, 210f.
    Soziologie und Journalismus 450
    Soziologie und Literatur 470-472
    Soziologie und Politik 466f.
    Soziologie und Selbstzensur 384, 466
    Soziologie und Spionage 449
    Die Soziologie unter Anschuldigung 400, 415
    John Buchans Soziologie 251f., 254
    Kritische Soziologie 445, 460
    Mikrosoziologie 434, 436, 463
    Reflexive Soziologie 188f., 427, 454
Spaltung 152, 158, 164, 188, 203f., 263, 443
    Spaltung im Kriminalroman 72f., 110, 147, 160, 172, 246

Spaltung im Spionageroman 72, 231
Spionageroman 13, 34, 42, 57-59, 68f., 79, 82f., 229, 234f., 237, 239f., 243, 246, 253, 259, 263, 277f., 281, 293f., 296, 328, 366, 389, 461, 466, 476f.
  Spionageroman und Journalismus 270, 366, 461
  Spionageroman und Kriminalroman 15f., 28, 40, 42, 50-52, 54f., 57, 60-64, 72, 74-76, 78-80, 82, 86, 101, 229-232, 401f., 473f., 476, 480, 482
  Spionageroman und Soziologie 74-76, 79, 86
  Der Staat im Spionageroman 44, 56, 58f., 81, 171, 231f., 234, 248, 250, 293f., 476
Spiritismus 30, 107 Fn.
Sprechakt 126, 412
Sprecher (Sprachrohr) 57, 84, 365, 383, 385, 397, 412, 425, 433f., 460, 463
Staat 14, 18, 46-50, 52-54, 56-58, 61-63, 64-67, 72f., 77-79, 81-85, 96-98, 101, 104f., 106, 110, 123, 125, 127, 132f., 136, 138f., 141f., 144, 146f., 149, 153, 157 Fn., 158-164, 170-173, 175-177, 179 Fn., 180, 182f., 192, 205-207, 209, 211-226, 229-235, 237-239, 242, 247-251, 255, 257, 261, 263-267, 271, 274f., 280-282, 284f., 292-294, 296, 300, 303f., 306, 309, 314, 366f., 402, 405f., 412, 418, 435, 445, 449, 457, 470f., 473, 475f., 478, 481, 482 Fn.

Staat im Frieden oder im Krieg 232-235
Staatsräson 49, 84, 148, 159, 192, 216, 220, 292, 295, 367
  Absolutistischer versus Konstitutioneller 138f., 216, 219
  Autoritärer Staat 64, 265, 373
  Bürgerstaat 216
  Bürokratischer Staat 216, 219
  Demokratischer Staat, siehe auch Demokratie
  Englischer versus Französischer Staat 64-69
  Fortbestand des Staates 67
  Moderner Staat 56-58, 64
  Nationalstaat 46-48, 50, 53-63, 65, 74, 78, 83, 93 Fn., 137, 142, 162, 168, 211, 223, 230, 230, 235f., 249-251, 265, 268, 306, 470, 472, 476, 481
  Rechtsstaat 66, 72, 101, 106, 129, 135f., 141, 146f., 158, 172, 225f., 366, 456, 482
  Religion des Staates 473
  Schwäche des Staates 79, 147
  Souveräner Staat 48, 132, 212
  Sozialstaat 48
  Verbrecherischer Staat 83f.
  Wohlfahrtsstaat 49, 138, 183, 426
Statistik (statistisch) 39, 41, 47, 50, 77, 137, 138, 299 Fn., 386, 406, 413, 415, 422, 427, 440 Fn., 499, 453, 455, 467, 469f.
  Statistische Stichwörter 453
  Kriminalstatistik 41
Stellen, offizielle (Regierungsorgane) 359, 370, 449, 453, 455, 467

511

Strukturalismus 428, 430, 435, 438f., 441
Subjektivitäten (subjektive Befindlichkeiten) 47, 60, 227, 268
Subversive Machenschaften (Unterwanderung) 71, 343
Suspense (Spannung) 51f., 56-58, 65 Fn., 73, 137 Fn., 153, 155, 194, 216, 221, 262, 300, 387, 393
Szenen 155, 203, 455

Täuschung 33, 84, 96, 264, 379, 394
Tatsache 27, 60, 74f., 102 Fn., 103, 108, 117f., 124-126, 129, 131 Fn., 142, 146, 184, 188, 232, 256, 265, 316, 352f., 361, 364, 380, 392 Fn., 393f., 399, 427, 432, 460, 461
  Siehe auch Indiz
Territorium (Gebiet) 15, 48 Fn., 58f., 136, 137 Fn., 159, 212, 218, 230, 235, 250, 255f., 263, 306
  Territorium und Ströme (im Fluss) 263
Terrorismus (und Antiterrorismus) 330 Fn., 456, 458
Theatrum mundi 75, 313
Totalitarismus 301, 340, 420
Transformation(ssystem) 40, 42 Fn., 48, 58, 65, 71, 76, 80, 82f., 89, 122, 123 Fn., 126 Fn., 145, 152, 227, 229, 233f., 259, 281, 283, 287, 480

Über-Ich 220f., 242
Übernatürliches 28-30, 107, 111, 363, 395

Übertretung (von Gesetzen, Regeln) 30, 41, 52, 97, 104, 112f., 126f., 131f., 134, 151, 154 Fn., 155, 169f., 174, 222
Umstände 14, 32, 36f., 46f., 53, 55, 98, 105, 112, 134, 155, 159, 168f., 174, 178, 180, 187, 190f., 210, 215, 221f., 313, 316, 344f., 397, 422, 438, 459
  Politische Umstände 14, 303
Ungewissheit (Unsicherheit) 16, 18, 39, 53, 57, 64, 83, 99, 103, 114, 126 Fn., 127f., 136 Fn., 146, 178, 255, 257, 312, 359, 373, 392 Fn., 450 Fn.
  Ungewissheit beim Handeln 44, 75, 374, 406f.
  Ungewissheit in Bezug auf die Macht 235, 255, 257
  Radikale Ungewissheit 119, 231
Untersuchung 13f., 16f., 25 Fn., 26, 30f., 42 Fn., 43-47, 63f., 68, 72, 80, 87, 118, 122 Fn., 124, 144, 151, 156, 167, 181, 183, 207, 209f., 232, 238 Fn., 240, 272, 289, 297 Fn., 307, 312, 363, 368, 372, 375 Fn., 384-386, 390-392, 399f., 407, 420, 439, 449-456, 458-460, 462f., 465, 473, 475f., 480
  Untersuchungsgegenstände 73, 372, 420, 454f.
  Grenzen der Untersuchung 26, 44f., 372, 439
  Polizeiliche Untersuchungen (Ermittlungen) 13, 181, 449, 451, 458
  Verwendungszweck der Untersuchung 454
Urteil 98, 112f., 124, 129, 164, 184, 187, 192, 194, 234, 340,

346, 375f., 383, 386, 391, 395, 398, 412, 459f., 466, 473, 484f.
Aussetzen des Urteils 164
Fehlurteile 106
Kritisches Urteil 234
Werturteil 398, 412
Utopie(n) 48, 181 Fn., 284, 343

Verachtung 31, 295, 321
Siehe auch Missachtung
Verbrechen 14, 21, 23, 29 Fn., 41f., 51f., 57, 69f., 71, 81, 104, 106, 111, 119f., 123, 126 Fn., 128, 131 Fn., 145, 151, 157 Fn., 171f., 180, 185 Fn., 186, 188f., 190, 194 Fn., 209f., 211, 225, 233, 239, 243, 246, 248, 253, 279, 281, 290, 329, 259, 407, 422 Fn., 474, 476f., 482
Verbrechen aus Leidenschaft 170
Verbrechen und Eigentümlichkeit 104, 106
Alltägliches Verbrechen 70, 147
Erzählung (Schilderung) des Verbrechens 118, 155
Gleichheit gegenüber dem Verbrechen 57
Organisiertes Verbrechen 456f., 484
Perfektes Verbrechen 208
Politisches Verbrechen 122, 155, 157 Fn., 170, 180, 381
Potentielles Verbrechen 104
Verantwortung für das Verbrechen 42
Siehe auch Ermordung
Verbrecher 23, 27, 34, 41f., 44f., 52f., 57, 70f., 73, 81-84, 100, 111, 114, 119f., 125 Fn., 136, 157, 159, 167, 172, 180f., 186f., 189f., 206, 209, 211, 225, 233f., 253, 263, 291, 322, 401, 177
Verbrecherlaufbahn 158
Geborene(r) Verbrecher 209
Gleichsetzung von Verbrecher und Detektiv 70f., 120f.
Gleichsetzung von Verbrecher und Revolutionär 102, 119
Große Verbrecher (Kriminelle) 21, 71, 73, 101f., 120, 233
Mögliche(r) Verbrecher 136
Politische(r) Verbrecher 155, 381
Rückfälliger Verbrecher (Wiederholungstäter) 114 Fn., 120, 136
Verdacht(smomente) 15, 44, 53, 55, 57, 78, 85, 100, 107, 131 Fn., 179 Fn., 180, 207, 230, 239, 245, 248, 299, 312, 360 Fn., 366, 370, 392, 399-402, 400, 484
Verdachtsraum 126 Fn.
Ausweitung des Verdachts 57
Generalverdacht 60, 107
Soziologie des Verdachts 400, 434
Zeitalter des Verdachts (Misstrauens) 299, 401
Verdächtige(r) 47, 106, 114 Fn., 117, 121, 126 Fn., 147, 173, 182, 184, 194, 198, 200f., 203, 205, 226, 239, 459, 475
Vereinigungen (Verbände, Vereine) 163, 282, 308
Kriminelle Vereinigungen 85, 180, 455f.

Verfolgung 206, 316, 480f.
  Verfolgungswahn 316, 318, 337
Verhöre 192, 201-204, 226
Vermischte Meldungen 53 Fn., 130f. Fn.
Vernunft 21, 44, 46, 88, 100 Fn., 139 Fn., 192, 236, 347, 371f., 378
Verräter 56, 231, 238, 248-250, 303, 474
Verschwörung 14, 241, 242f., 247, 267, 271, 280, 291, 306, 309-311, 313, 345, 354f., 362-364, 367, 369, 372, 381, 394, 416, 421, 424, 436, 448 Fn.
  Verschwörung des Auslands 355
  Kleine Verschwörungen 362, 369, 436
  Siehe auch Komplott
  Nazi-Verschwörung 423
Verschwörung(stheorien) 14, 270, 307-309, 325, 340, 348-354, 356-358, 362, 368-370, 383 Fn., 385, 91, 398, 399f., 409, 413, 415, 417, 421, 423, 441, 445
  Verschwörungstheorien und Soziologie 269, 399, 408f., 417, 420f., 424, 434, 436, 441, 445, 455
Vertrag 208, 213, 218, 289f.
Vertragsnetzwerke 208
Vertrauen 26, 101, 109, 116, 130, 133, 141 Fn., 161, 163, 208, 220, 224, 248f., 274, 370-373, 375, 377, 392 Fn., 450, 460, 477
Verunsicherung 16, 46, 51f., 54f., 60, 62, 86, 105, 107, 145f., 183, 353, 357, 390f., 408
Verwaltung 67, 73f., 78, 145, 152f., 161-166, 167, 172, 173-177, 180f., 183, 189, 196-198, 214, 220, 223f., 226f., 240, 259, 366, 371
Vichyismus 227
Volk 94, 97f., 99, 102, 114, 132f., 135, 154 Fn., 157, 159, 167, 187, 212 Fn., 249, 254f., 257f., 259f., 266f., 269, 275, 277, 281, 321f., 329, 337, 343, 345, 347, 365, 378, 405, 468
  Das Volk als Nation 66
  Das Volk als Proletariat: 93f., 97f., 102, 113f., 116, 132, 258, 343
  Auserwähltes Volk 321
Vorherigen (Logik des) 375f.
Vorhersehbarkeit 232
  Vorhersehbarkeit von Handlungen (Taten, Handeln) 37
  Siehe auch Ungewissheit

Wahrheit 15, 44, 55f., 57, 117, 123, 210, 248, 250, 299, 302, 312, 316, 353, 370, 375, 401, 462
  Wahrheitsgehalt 125, 375, 397, 436
  Wahrheit und Normalität 312f., 316f.
  Wahrheit und Staat 15
  Enthüllung der Wahrheit 120, 210, 376
  Inoffizielle Wahrheit 145
  Wert der Wahrheit 78
Wahrscheinlichkeit (Glaubwürdigkeit) 19, 35, 53, 198f.,

208, 375-377, 379, 389-392, 398
Whistleblower 377, 378 Fn.
Widerspruch 15, 54f., 57, 61f., 67, 72, 85, 91, 113, 136, 140, 143, 147, 179, 199f., 203, 215, 246, 252, 301, 323, 326 Fn., 347, 385, 410, 419 Fn.
- Arbeit des Widerspruchs 91, 347
- Hermeneutischer Widerspruch 57

Wissenschaft 13, 24 Fn., 28, 31, 38, 41, 45, 47, 49f., 51, 54, 70, 74, 78f., 86-88, 90, 95, 117, 177, 181, 299, 313, 333f., 337, 348, 350, 356-358, 369f., 375, 389f., 392, 396, 403, 406, 408f., 414, 416 Fn., 417f., 428, 451, 454, 466, 469, 471 Fn.
- Experimentalwissenschaften 403
- Kognitionswissenschaften 396, 425
- Moralwissenschaften 403
- Politische Wissenschaft 269, 308, 314, 328, 339, 350f., 357, 365, 451 Fn., 456
- Sozialwissenschaften 13, 15, 41, 47, 54, 80, 176, 183, 269, 307, 314, 328, 341f., 346, 348, 367, 416-421, 423 Fn., 425, 427f., 435, 449, 451, 466, 484

Wissensschatz (enzyklopädischer Speicher) 109, 313, 394, 412

Wort [*parole*] 56, 71 Fn., 103, 298, 306, 348, 378, 433
- Wort von Autoritäten 56
- Freiheit der Rede bzw. des Worts 330, 378
- Umgang mit dem Wort 55, 198

Zusätzliches 233
Zuschreibung 22, 25 Fn., 26, 42, 53, 81, 299, 325, 385 Fn., 410, 475
»Zweckmäßigkeit ohne Zweck« 88, 110, 295

Soziologie und Systemtheorie
im Suhrkamp Verlag
Eine Auswahl

Dirk Baecker
- Die Form des Unternehmens. stw 1453. 288 Seiten
- Organisation und Management. stw 1614. 348 Seiten
- Organisation als System. stw 1434. 384 Seiten

Claudio Baraldi/Giancarlo Corsi/Elena Esposito. GLU. Glossar zu Niklas Luhmanns Theorie sozialer Systeme. stw 1226. 248 Seiten

Karl-Heinrich Bette. Systemtheorie und Sport. stw 1399. 307 Seiten

Günter Burkart/Gunter Runkel (Hg.). Luhmann und die Kulturtheorie. stw 1725. 289 Seiten

Elena Esposito
- Die Fiktion der wahrscheinlichen Realität. Aus dem Italienischen von Nicole Reinhardt. es 2485. 127 Seiten
- Soziales Vergessen. Formen und Medien des Gedächtnisses der Gesellschaft. stw 1557. 419 Seiten
- Die Verbindlichkeit des Vorübergehenden: Paradoxien der Mode. 192 Seiten. Kartoniert

Peter Fuchs
- Die Erreichbarkeit der Gesellschaft. Zur Konstruktion und Imagination gesellschaftlicher Einheit. 291 Seiten. Gebunden
- Intervention und Erfahrung. stw 1427. 160 Seiten
- Moderne Kommunikation. Zur Theorie des operativen Displacements. 248 Seiten. Gebunden

- Die Umschrift. Zwei kommunikationstheoretische Studien: »japanische Kommunikation« und »Autismus«.
  stw 1216. 198 Seiten
- Das Unbewußte in Psychoanalyse und Systemtheorie. Die Herrschaft der Verlautbarung und die Erreichbarkeit des Bewußtseins. stw 1373. 240 Seiten

Peter Fuchs/Andreas Göbel (Hg.). Der Mensch – das Medium der Gesellschaft? stw 1177. 368 Seiten

Hans-Joachim Giegel/Uwe Schimank. Beobachter der Moderne. Niklas Luhmanns ›Die Gesellschaft der Gesellschaft‹.
stw 1612. 352 Seiten

Matthias Grundmann (Hg.). Konstruktivistische Sozialisationsforschung. Lebensweltliche Erfahrungskontexte, individuelle Handlungskompetenzen und die Konstruktion sozialer Strukturen. Beiträge zur Soziogenese der Handlungsfähigkeit. stw 1429. 352 Seiten

Kai-Uwe Hellmann. Soziologie der Marke.
stw 1679. 532 Seiten

Kai-Uwe Hellmann/Rainer Schmalz-Bruns. Theorie der Politik. Niklas Luhmanns politische Soziologie.
stw 1583. 319 Seiten

André Kieserling
- Kommunikation unter Anwesenden. Studien über Interaktionssysteme. 520 Seiten. Gebunden
- Selbstbeschreibung und Fremdbeschreibung. Beiträge zu einer Soziologie des soziologischen Wissens.
  stw 1613. 306 Seiten

Bruno Latour
- Die Hoffnung der Pandora. Untersuchungen zur Wirklichkeit der Wissenschaft. Aus dem Englischen von Gustav Roßler. stw 1595. 386 Seiten
- Eine neue Soziologie für eine neue Gesellschaft. Aus dem Englischen von Gustav Roßler. Mit Abbildungen. 488 Seiten. Gebunden
- Das Parlament der Dinge. Für eine politische Ökologie. Aus dem Französischen von Gustav Roßler. 365 Seiten
- Wir sind nie modern gewesen. Versuch einer symmetrischen Anthropologie. Aus dem Französischen von Gustav Roßler. stw 1861. 205 Seiten

Dieter Lenzen (Hg.). Irritationen des Erziehungssystems. Pädagogische Resonanzen auf Niklas Luhmann. stw 1657. 236 Seiten

Niklas Luhmann
- Ausdifferenzierung des Rechts. Beiträge zur Rechtssoziologie und Rechtstheorie. stw 1418. 459 Seiten
- Das Erziehungssystem der Gesellschaft. Herausgegeben von Dieter Lenzen. stw 1593. 236 Seiten
- Funktion der Religion. stw 407. 324 Seiten
- Die Gesellschaft der Gesellschaft. Zwei Bände. stw 1360. 1164 Seiten
- Gesellschaftsstruktur und Semantik. Studien zur Wissenssoziologie der modernen Gesellschaft.
  Band 1. stw 1091. 319 Seiten
  Band 2. stw 1092. 294 Seiten
  Band 3. stw 1093. 458 Seiten
  Band 4. stw 1438. 185 Seiten
- Ideenevolution. Beiträge zur Wissenssoziologie. Herausgegeben von Andre Kieserling. stw 1870. 400 Seiten
- Die Kunst der Gesellschaft. stw 1303. 517 Seiten
- Legitimation durch Verfahren. stw 443. 261 Seiten

- Liebe als Passion. Zur Codierung von Intimität.
  stw 1124. 231 Seiten
- Die Moral der Gesellschaft. Herausgegeben von Detlef
  Horster. stw 1871. 401 SeitenDie Politik der Gesellschaft.
  Herausgegeben von André Kieserling. stw 1582. 444 Seiten
- Protest. Systemtheorie und soziale Bewegungen. Herausgegeben und eingeleitet von Kai-Uwe Hellmann.
  stw 1256. 216 Seiten
- Das Recht der Gesellschaft. stw 1183. 598 Seiten
- Die Religion der Gesellschaft. stw 1581. 368 Seiten
- Schriften zur Kunst und Literatur. Herausgegeben und mit
  einem Nachwort von Niels Werber. stw 1872. 300 Seiten
- Schriften zur Pädagogik. Herausgegeben und mit einem
  Vorwort von Dieter Lenzen. stw 1697. 350 Seiten
- Soziale Systeme. Grundriß einer allgemeinen Theorie.
  stw 666. 675 Seiten
- Theorie der Gesellschaft. Neun Bände in Kassette. Die Kassette enthält: Soziale Systeme / Die Gesellschaft der Gesellschaft / Die Wissenschaft der Gesellschaft / Die Wirtschaft der Gesellschaft / Das Recht der Gesellschaft / Die Kunst der Gesellschaft / Die Politik der Gesellschaft / Die Religion der Gesellschaft / Das Erziehungssystem der Gesellschaft. Zusammen 5100 Seiten
- Die Wirtschaft der Gesellschaft. stw 1152. 356 Seiten
- Die Wissenschaft der Gesellschaft. stw 1001. 732 Seiten
- Zweckbegriff und Systemrationalität. Über die Funktion
  von Zwecken in sozialen Systemen. stw 12. 390 Seiten

Niklas Luhmann/Peter Fuchs. Reden und Schweigen.
stw 848. 227 Seiten

Niklas Luhmann/Karl Eberhard Schorr. Reflexionsprobleme
im Erziehungssystem. stw 740. 390 Seiten

Niklas Luhmann/Karl Eberhard Schorr (Hg.). Zwischen Intransparenz und Verstehen. Fragen an die Pädagogik. stw 572. 325 Seiten

Niklas Luhmann/Stephan H. Pfürtner (Hg.). Theorietechnik und Moral. stw 206. 267 Seiten

Rudolf Maresch/Niels Werber (Hg.)
- Kommunikation – Medien – Macht. stw 1408. 450 Seiten
- Raum – Wissen – Macht. stw 1603. 309 Seiten

Richard Münch. Offene Räume. Soziale Integration diesseits und jenseits des Nationalstaats. stw 1515. 318 Seiten

Armin Nassehi. Der soziologische Diskurs der Moderne. 502 Seiten. Gebunden

Armin Nassehi/Gerd Nollmann (Hg.). Bourdieu und Luhmann. Ein Theorievergleich. stw 1696. 272 Seiten

Frithard Scholz. Freiheit als Indifferenz. Alteuropäische Probleme mit der Systemtheorie Niklas Luhmanns. 287 Seiten. Kartoniert

Rudolf Stichweh
- Der frühmoderne Staat und die europäische Universität. Zur Interaktion von Politik und Erziehungssystem im Prozeß ihrer Ausdifferenzierung im 16.-18. Jahrhundert. 427 Seiten. Gebunden
- Wissenschaft, Universität, Profession. Soziologische Analysen. stw 1146. 402 Seiten
- Theorie der Weltgesellschaft. Soziologische Analysen. stw 1500. 275 Seiten

Helmut Willke
- Atopia. Studien zur atopischen Gesellschaft.
  stw 1516. 263 Seiten
- Dystopia. Studien zur Krisis des Wissens in der modernen
  Gesellschaft. stw 1559. 291 Seiten
- Heterotopia. Studien zur Krisis der Ordnung moderner
  Gesellschaften. stw 1658. 356 Seiten
- Supervision des Staates. 380 Seiten. Gebunden

›Kulturwissenschaft‹
im Suhrkamp Verlag
Eine Auswahl

Mieke Bal. Kulturanalyse. Herausgegeben von Thomas Fechner-Smarsly und Sonja Neef. Übersetzt von Joachim Schulte. Mit zahlreichen Abbildungen. 372 Seiten. Gebunden

Michail M. Bachtin. Rabelais und seine Welt. Volkskultur als Gegenkultur. Übersetzt von Gabriele Leupold. Herausgegeben und Vorwort von Renate Lachmann. stw 1187. 546 Seiten

Roland Barthes
- Fragmente einer Sprache der Liebe. Übersetzt von Hans-Horst Henschen. st 1586. 279 Seiten
- Die helle Kammer. Bemerkungen zur Photographie. Übersetzt von Dietrich Leube. Mit zahlreichen Abbildungen. st 1642. 138 Seiten
- Die Körnung der Stimme. es 2278. 416 Seiten
- Mythen des Alltags. Übersetzt von Helmut Scheffel. es 92. 152 Seiten

Karl Heinz Bohrer. Plötzlichkcit. Zum Augenblick des ästhetischen Scheins. es 1058. 261 Seiten

Jonathan Crary. Aufmerksamkeit. Wahrnehmung und moderne Kultur. Übersetzt von Heinz Jatho. Mit zahlreichen Abbildungen. 408 Seiten. Gebunden

Ute Daniel. Kompendium Kulturgeschichte. Theorien, Praxis, Schlüsselworte. stw 1523. 476 Seiten.

Norbert Elias. Über den Prozeß der Zivilisation. Soziogenetische und psychogenetische Untersuchungen. Zwei Bände.
- Band 1. Wandlungen des Verhaltens in den weltlichen Oberschichten des Abendlandes. stw 158. 334 Seiten
- Band 2. Wandlungen der Gesellschaft. Entwurf zu einer Theorie der Zivilisation. stw 159. 492 Seiten

Norbert Elias/Eric Dunning. Sport und Spannung im Prozeß der Zivilisation. (Gesammelte Schriften. Band 7. Herausgegeben im Auftrag der Norbert Elias Stichting, Amsterdam, von Reinhard Blomert, Heike Hammer, Johan Heilbron, Annette Treibel und Nico Wilterdink.) Übersetzt von Detlef Bremecke, Wilhelm Hopf und Reinhardt Peter Nippert. Bearbeitet von Reinhard Blomert. 528 Seiten. Leinen

Michael Giesecke
- Sinnenwandel, Sprachwandel, Kulturwandel. Studien zur Vorgeschichte der Informationsgesellschaft. stw 997. 374 Seiten
- Von den Mythen der Buchkultur zu den Visionen der Informationsgesellschaft. Mit CD-Rom. stw 1543. 464 Seiten

Ernst H. Gombrich/Julian Hochberg/Max Black. Kunst, Wahrnehmung, Wirklichkeit. Übersetzt von Max Looser. es 860. 156 Seiten

Jack Goody. Die Logik der Schrift und die Organisation von Gesellschaft. Übersetzt von Uwe Opolka. 323 Seiten. Gebunden

Jack Goody (Hg.). Literalität in traditionellen Gesellschaften. Übersetzt von Friedhelm Herboth und Thomas Lindquist. 502 Seiten. Leinen

Jack Goody/Ian Watt/Kathleen Gough. Entstehung und Folgen der Schriftkultur. Übersetzt von Friedhelm Herboth. Einleitung Heinz Schlaffer. stw 600. 161 Seiten

Hans Ulrich Gumbrecht. 1926. Ein Jahr am Rand der Zeit. Übersetzt von Joachim Schulte. 514 Seiten. Gebunden

Hans-Ulrich Gumbrecht/Ursula Link-Heer (Hg.) Epochenschwellen und Epochenstrukturen im Diskurs der Literatur- und Sprachhistorie. stw 486. 536 Seiten

André Leroi-Gourhan. Hand und Wort. Die Evolution von Technik, Sprache und Kunst. Übersetzt von Michael Bischoff. Mit 153 Zeichnungen des Autors. stw 700. 532 Seiten

Claude Lévi-Strauss
- Strukturale Anthropologie I. Übersetzt von Hans Naumann. Mit Bildtafeln. stw 226. 453 Seiten
- Strukturale Anthropologie II. Übersetzt von Eva Moldenhauer u.a. stw 1006. 426 Seiten.

Rudolf Maresch/Niels Werber (Hg.). Raum – Wissen – Macht. stw 1603. 309 Seiten

Winfried Menninghaus. Ekel. Theorie und Geschichte einer starken Empfindung. 592 Seiten. Gebunden

Robert Pfaller. Die Illusionen der anderen. Das Lustprinzip in der Kultur. es 2279. 352 Seiten

K. Ludwig Pfeiffer. Das Mediale und das Imaginäre. Dimensionen kulturanthropologischer Medientheorie. 624 Seiten. Gebunden

Philipp Sarasin. Reizbare Maschinen. Eine Geschichte des Körpers 1765-1914. stw 1524. 512 Seiten

Philipp Sarasin/Jakob Tanner (Hg.). Physiologie und industrielle Gesellschaft. Studien zur Verwissenschaftlichung des Körpers im 19. und 20. Jahrhundert. stw 1343. 529 Seiten

Thomas Schlich/Claudia Wiesemann (Hg.). Hirntod. Zur Kulturgeschichte der Todesfeststellung. stw 1525. 352 Seiten

Georg Simmel
- Philosophie des Geldes. (Gesamtausgabe Band 6). Leinen und stw 806. 787 Seiten
- Hauptprobleme der Philosophie. Philosophische Kultur. Leinen und stw 814. 530 Seiten

Michael Tomasello. Die kulturelle Entwicklung des menschlichen Denkens. Zur Evolution der Kognition. Übersetzt von Jürgen Schröder. 288 Seiten. Gebunden

Robert Weimann (Hg.). Ränder der Moderne. Repräsentation und Alterität im (post)kolonialen Diskurs. stw 1311. 356 Seiten

Alfred North Whitehead
- Kulturelle Symbolisierung. Herausgegeben und übersetzt von Rolf Lachmann. stw 1497. 147 Seiten
- Denkweisen. Herausgegeben und übersetzt von Stascha Rohmer. stw 1532. 208 Seiten